図説

# 江戸料理事典

新装版

松下幸子

柏書房

勝川春亭画「江戸大かばやき」1804〜10年頃（財団法人 味の素 食の文化センター 所蔵）

# まえがき

本書は江戸時代の料理や料理用語について、当時の料理書にもとづき、原文を引用しながらその料理を作ることができるように解説したものである。さらに料理書その他の文献から、料理及び食生活に関する図を選んで本文に添え、『図説江戸料理事典』とした。したがって書名の江戸は都市としての江戸ではなく江戸時代のことである。

**項目の選定と配列について**

事典は一般に五十音順に項目を配列するのが通例であるが、本書は料理法による料理の種類ごとにまとめて配列することを試みた。料理は料理法のほか、材料や調味料などによって限りなく種類が多く、到底網羅することはできないので、項目としては江戸時代料理書への記載回数の多いもの、内容のわかりにくいものなどを取り上げ、その他については料理法ごとに、はじめに概説を加えることで補足した。配列の順序には特に根拠はなく、主食的なものから副食的なものとし、その後に加工食品、調味料、菓子、飲物、料理用語の順に配列した。生鮮食品類については既刊の事典類が多いので項目としては取り上げず、最初に「江戸時代の魚鳥野菜」としてまとめて記述した。なお、五十音順の索引を巻末に付して検索の便に備えた。

## 料理の分類と項目の記述について

料理の分類は難しく、汁物と煮物、寄物と蒸物など区別しにくいものもある。たとえば「潮煮」は、現在は煮物として潮汁とは別のものとされるが、江戸時代料理書では潮煮の名で汁物とするもの、あるいは煮物とするものがあり、潮汁の名は見当たらない。また「一献煮」は吸物に分類されている。また料理書によって料理法に違いがあり、判断しにくいものもある。たとえば「ふわふわたまご」は、本書では焼物として分類したが、煮物とする説もある。

各項目の記述は、まず料理書にもとづいた解説を記したが、江戸時代以前からある料理や食品については、前時代までの変遷についてもあらましを記した。本書は原典からの引用が多く、原文では現在「焼き物」とするところを「焼物」としてあるので、解説の記述も「焼物」とするなど、誤読のおそれのない場合は現在の送り仮名の用法に従っていない場合もある。なお関連項目については「→：」によって所在を示した。

江戸時代の料理書には、手書きの写本（書き写した本と著者の手稿本を含む）と、印刷して刊行された刊本とがあり、合わせて二百余種といわれる。本書で出典としてあげたものは、料理法の記述のある料理書に限定し、献立の中に名称のみある場合などは取り上げていない。また料理法の記述のある料理書のすべてを出典として網羅するには力及ばず、著者の知る範囲の料理書に拠ったものである。

また、出典として記載した料理書のすべてについて原文を引用するには紙数の制限があるので、おもなものについてのみ引用し、他は所在巻数を記した。

なお『守貞謾稿』については、明治四十一年（一九〇八）に稿本を整理編集して刊行された『類聚近世風俗志』を用い、引用文の所在も同書に拠る。

出典からの原文の引用は、料理書の成立年代順に記載し、料理内容の変遷を見ることができるように配慮した。また原文には句読点や濁点がないので、読みやすいように一字あけたり、誤読のおそれのない場合に限って、濁点や振仮名、送り仮名をつけるなどした。

図説　江戸料理事典　新装版　目次

〔詳細目次〕

## めし類


あずきがゆ【小豆粥・赤小豆粥】 12
あずきめし【小豆飯・赤小豆飯】 12
いもめし【芋飯】 13
いわしめし【鰯飯・鰮魚飯】 14
えびめし【海老飯】 14
かきぞうすい【牡蠣雑炊】 14
かきめし【牡蠣飯】 15
かつおめし【鰹飯】 15
かびたんめし【甲比丹飯】 15
かゆ【粥】 16
きじめし【雉子飯】 16
くこめし【枸杞飯】 17
くちなしめし【山梔子飯】 17
けいはん【鶏飯】 17
こしょうめし【胡椒飯】 18
ことりぞうすい【小禽雑炊】 18
ごもくかゆ【五目粥】 18
ごもくめし【五目飯・骨董飯】 19
こわめし【強飯】 19
さくらめし【桜飯】 20
しじみめし【蜆飯】 20
せきはん【赤飯】 21
ぞうすい【雑炊・雑水・雑吸・増水】 21
そばめし【蕎麦飯】 22
そめいい【染飯】 22
だいこんめし【大根飯】 23
たいめし【鯛飯】 23
たきぼしめし【焚乾飯・焼干飯・炊乾飯】 23
たけのこめし【筍飯・竹子飯】 24
たまごかゆ【玉子粥】 24
たまごめし【玉子飯・鶏卵飯】 25
ちゃがゆ【茶粥】 25
ちゃめし【茶飯】 25
とうふめし【豆腐飯・菽乳飯・豆乳飯】 26
なめし【菜飯】 26
ならちゃめし【奈良茶飯・寧良茶飯】 27
にぎりめし【握飯・摶団飯】 28
ねぎめし【葱飯・根葱飯】 29
のりめし【海苔飯・紫菜飯】 29
ふたたびめし【二度飯・餅飯】 30
ほうはん【芳飯・包飯・苞飯・餝飯・法飯】 30
まつたけめし【松茸飯】 31
みそかゆ【味噌粥】 31
みょうじめし【苗字飯・名字飯】 31
むぎめし【麦飯】 32
やまぶきめし【山吹飯】 33
ゆとりめし【湯取飯】 33
〔表〕江戸時代の変わり飯一覧 34


## すし類


いちやずし【一夜鮓】 42
いなりずし【稲荷鮓・稲荷鮨】 42
おこしずし【起し鮓】 43
きずし【生鮓】 43
きらずずし【雪花菜鮓】 44
こけらずし【柿鮓・柿鮨】 45

ささまきずし【笹巻鮓】45
さつまずし【薩摩鮨】46
さばずし【鯖鮓・鯖鮨】46
すずめずし【雀鮓・雀鮨】47
たけのこずし【筍鮨】47
とりがいずし【鳥貝鮓】48
なまなれ【生成】48
なれずし【馴鮓】49
にぎりずし【握鮓・握鮨】50
はこずし【箱鮓・箱鮨・筥鮓】51
まきずし【巻鮓・巻鮨】51
まるすし【丸鮓】52

## めん類

あつむぎ【熱麦】57
うどん【饂飩】57
きしめん【碁子麺】58
きりむぎ【切麦】58
くずきり【葛切】59
くずそうめん【葛素麺・葛索麺】59
じょよめん【薯蕷麺】60
すいせん【水繊・水煎・水蟾・水泉】61
すいとん【水団・水飩】61
そうめん【素麺・索麺】62
そばがき【蕎麦掻】64
そばきり【蕎麦切】64
にゅうめん【煮麺・入麺】66
ひやむぎ【冷麦】66
むぎきり【麦切】67
らんぎり【卵切・蘭切】67

## 汁物類

あおがちじる【青搗汁】73
あかざし【赤差し】73
あつめじる【集汁】74
あわゆきすいもの【淡雪吸物】74
あんこうじる【鮟鱇汁】74
いっこんに【一献煮】75
かきすいもの【牡蠣吸物】75
かすじる【糟汁・粕汁】76
かわいり【皮煎】76
かんぜじる【観世汁】76
きらずじる【雪花菜汁】77
くじらじる【鯨汁】77
こいのいいりじる【鯉の胃入汁】78
ごじる【呉汁】78
こだたみじる【海鼠畳汁】79
さんのしる【三の汁】79
しゃかじる【釈迦汁】79
しゅみせんじる【須弥山汁】80
しんじょすいもの【糝薯吸物】81
じんふじる【准麩汁】81
すいもの【吸物】81
すましじる【清汁・澄汁】82
すりながしじる【摺流汁】83
たぬきじる【狸汁】83
たらじる【鱈汁】84
つるのしる【鶴の汁】84
ときいれたまご【溶き入玉子】85
どぶじる【酴醿汁】85
とろろじる【薯蕷汁】86
なっとうじる【納豆汁】86
なんばんじる【南蛮汁】87
にのしる【二の汁】87

にんじんじる【人参汁】88
ぬかみそじる【糠味噌汁】88
ばくちじる【博奕汁】89
はららじる【鮞汁】89
ひやしる【冷汁・寒汁】89
ふくさじる【袱沙汁・服紗汁】90
ふぐじる【鰒汁・河豚汁】90
ふなのしる【鮒の汁】91
ほんじる【本汁】91
みそしる【味噌汁】92
もうりゅう【毛琉】92
やなぎにまり【柳に鞠】93

## なます・さしみ類

あえまぜ【和交・醤交】98
あおずなます【青酢膾】98
あおぬたなます【青饅膾】99
あたためなます【温め膾】99
あらい【洗い】100
いけもり【生盛・活盛】100
おがわたたき【小川叩】101
おきなます【沖膾】102
おろしなます【卸膾】102
かきあえ【掻和・抓和】103
かきたい【掻鯛】103
かぞうなます【加雑膾・加増膾・和雑膾】104
こだたみ【海鼠湛味・海鼠畳】105
こづけなます【子付膾】105
さかびて【酒浸】106
ぬたなます【饅膾・滑膾・沼田膾】107
ひずなます【氷頭膾】108
ひでりなます【ひでり膾】108
みずあえ【水和】109
みずがい【水貝】109
やきほねなます【焼骨膾】110
やまぶきなます【山吹膾】111
りょうりなます【料理膾】112

## 煮物類

あまに【甘煮】116
いせどうふ【伊勢豆腐】116
いとこに【従兄弟煮】116
いまでがわどうふ【今出川豆腐】117
いもまき【芋巻】117
いりかき【煎蠣】118
いりたまご【煎玉子】118
いりとり【煎鳥・熬鳥】119
いりまつたけ【煎松茸】119
いりもの【煎物・熬物】120
いりやき【煎焼・熬焼】121
うけたまご【うけ玉子】121
うしおに【潮煮】122
うずみどうふ【埋豆腐】122
うめがか【梅が香・梅が鰹】123
うらじろしいたけ【裏白椎茸】123
えどに【江戸煮】124
おらんだに【阿蘭陀煮】124
かいやき【貝焼】124
きゃらに【伽羅煮】125
くじいと 125
くずしどうふ【崩し豆腐】126
けんちん【巻繊・巻煎・巻蒸・巻煮】126
こうらいに【高麗煮】127

こくしょう【濃漿・濃醤・濃塩・殻焦】127
こごり【凝魚】128
ごさいに【五斉煮】128
こしこたまご【漉粉玉子】129
こにもの【小煮物】129
さかふ【酒麩】130
さくらいり【桜煎】130
ざぜんまめ【座禅豆】131
しおに【塩煮】131
しぐれに【時雨煮】132
じぶに【じぶ煮】132
しゅんかん【笋羹・筍羹】133
すいり【酢煎】134
すぎやき【杉焼】134
すっぽんに【鼈煮】135
するがに【駿河煮】135
せんば【煎羽・煎葉・船場】136
せんばに【船場煮・煎盤煮】136
ぞうに【雑煮】137
たたきごぼう【叩き牛蒡】138
つつみたまご【包玉子】138
つつみとうふ【包豆腐】139
ていかに【定家煮】139
でんぶ【田夫・田麩】140
としゅんきん【都春錦】141
なべやき【鍋焼】141
なまかわ【生皮】142
なんばに【難波煮】142
なんばんに【南蛮煮】143
にあえ【煮和】143
にいろ【煮色】144
にうめ【煮梅】144
にがい【煮貝】145
にしめ【煮染】145
にぬきたまご【煮貫玉子・煮抜玉子】146
にぬきとうふ【煮貫豆腐・煮熟豆腐】146
にびたし【煮浸】146
のっぺい【濃餅・能平】147
のぶすま【野衾】147
はちはいとうふ【八盃豆腐・八杯豆腐】148
はなたまご【花玉子】148
ひしぎたまご【拉玉子】149
ふくらいり【脹煎・膨煎】149
ふくろたまご【袋玉子】149
ふとに【太煮】150
ふわふわどうふ【ふわふわ豆腐】150
ほねぬき【骨抜】151
まきするめ【巻鯣】151
みのに【蓑煮・美濃煮】152
ゆやっこ【湯奴】152
わたに【腸煮】153
わらに【藁煮】153

## 焼物類

あつふのやき【厚麩の焼】158
あらしおやき【粗塩焼・荒塩焼】158
いしやき【石焼】159
いろつけやき【色付焼】159
うちつけやき【打附焼】159
おにがらやき【鬼殻焼・鬼柄焼】160
おらんだやき【紅毛焼・和蘭陀焼】160
かすてらたまご【家主貞良卵・粕てぃら

玉子】 160
かばやき【蒲焼・樺焼・椛焼】 161
きじやき【雉子焼】 162
ぎせいどうふ【擬製豆腐】 162
きんしたまご【金糸玉子】 163
くしやき【串焼】 164
ことりやき【小鳥焼】 164
しおやき【塩焼】 165
しぎやき【鴫焼】 165
すぎいたやき【杉板焼】 166
すきやき【鋤焼】 167
すずめやき【雀焼】 167
せりやき【芹焼】 167
つけやき【付焼】 168
つぼやき【壺焼】 168
でんがく【田楽】 169
でんぽうやき【伝法焼・田保焼】 171
どぞうやき【土蔵焼】 171
はまやき【浜焼】 172
ひとつやき【一つ焼】 173
ふのやきたまご【麩の焼玉子】 173
ぶりやき【鰤焼】 173
ふわふわたまご【ふわふわ玉子】 174
へぎやき【折焼・片木焼】 175
ほうろくやき【焙烙焼・炮烙焼】 175
まきたまご【巻玉子】 175
まつかぜくわい【松風慈姑】 176
まつかぜとうふ【松風豆腐】 176
まつかぜやき【松風焼】 177
やきはまぐり【焼蛤】 177
やきびたし【焼浸】 178
やきまつたけ【焼松茸】 178
やまぶきやき【山吹焼】 179
ろうやき【蠟焼】 179

## 寄物・蒸物・揚物類

あげごぼう【揚牛蒡】 184
あげだし【揚出】 184
あげふ【揚麩】 185
あぶらあげどうふ【油揚豆腐・油上豆腐】 185
あられとうふ【霰豆腐】 186
あわむし【粟蒸】 186
あわもりたい【泡盛鯛】 186
いりだし【煎出】 187
うどんとうふ【饂飩豆腐】 187
かぶらむし【蕪蒸】 188
こはくたまご【琥珀玉子】 188
ごまどうふ【胡麻豆腐】 189
せたとうふ【瀬多豆腐・勢田豆腐】 189
たけのこきざみよせ【筍刻み寄】 190
たまごとうふ【玉子豆腐】 190
ちゃわんたまご【茶碗玉子】 191
ちゃわんむし【茶碗蒸】 191
ちょうろぎよせころも【草石蚕寄衣】 192
てんぷら【天麩羅】 193
にこごり【煮凝】 194
によせ【煮寄】 194
ひりょうず【飛龍頭・飛龍子】 195
ふろふき【風呂吹】 195
むしかい【蒸貝】 196
ゆぶき【湯吹】 197
よせぎんなん【寄銀杏】 197
よせくるみ【寄胡桃】 198
よせくわい【寄慈姑】 198

よせもの【寄物】 199
りきゅうたまご【利休卵】 200

## 和物・浸物類

あおあえ【青和】 204
おらんだあえ【夷人和・紅毛和】 204
がぜちあえ【がぜち和】 204
きのめあえ【木の芽和】 205
くさあえ【臭和】 206
くろあえ【黒和】 206
ごまあえ【胡麻和】 206
しらあえ【白和】 207
すあえ【酢和】 207
すさい【酢菜】 208
てっぽうあえ【鉄砲和】 208
にくあえ【梅肉和】 209
ひたしもの【浸物】 209
まつたけひたしもの【松茸浸物】 210
みかわあえ 210
わさびあえ【山葵和】 212
わたあえ【腸和】 212

## 漬物類

あさづけ【浅漬】 216
あちゃらづけ【阿茶羅漬・阿茶蘭漬】 216
あまづけ【甘漬】 216
いんろうづけ【印籠漬】 217
うずまきづけ【渦巻漬】 217
うめぼしづけ【梅干漬】 218
かすづけ【粕漬・糟漬】 219
かびたんづけ【かびたん漬】 219
かまくらづけ【鎌倉漬】 220
かみなりぼしうり【雷干瓜】 220
くきづけ【茎漬】 221
こうじづけ【麹漬・糀漬】 221
しおから【塩辛】 222
しおどり【塩鳥】 222
しおびき【塩引】 223
すづけ【酢漬・醋漬】 223
すておぶね【捨小舟】 224
せんまいづけ【千枚漬】 225
だいこんはやづけこうのもの【大根早漬香物】 226
だいこんひゃっぽんづけ【大根百本漬】 226
たくあんづけ【沢庵漬・宅庵漬・宅安漬】 226
どぶづけ【酴醾漬】 228
なすびしおおしづけ【茄子塩圧漬】 228
なづけ【菜漬】 228
ならづけ【奈良漬】 229
なんばんづけ【南蛮漬】 229
にっこうづけ【日光漬】 229
ぬかづけ【糠漬】 230
ぬかみそづけ【糠味噌漬】 230
はやみそづけ【早味噌漬】 231
ふくだみ【福溜・小貝醤・福多味】 231
みそづけ【味噌漬】 232
もりぐちづけ【守口漬】 232
やたらづけ【家多良漬】 233
らっきょうさんばいづけ【薤三杯漬】 233
〔表〕江戸時代のおもな漬物（香の物）と出典一覧 234

## 加工食品類


あさくさのり【浅草海苔】 239
あわゆきとうふ【淡雪豆腐】 240
あわゆきはんぺん【淡雪半片・淡雪半平】 241
いもしんじょ【芋糝薯】 241
いりこ【煎海鼠・熬海鼠】 242
うおそうめん【魚素麺】 243
うつぷるいのり【十六島海苔・十六嶋海苔】 243
うめひしお【梅醤】 244
えびつみいれ【海老摘入】 244
おおいたかまぼこ【大板蒲鉾】 244
おぼろどうふ【朧豆腐】 245
かのこしんじょ【鹿子糝薯】 246
かまぼこ【蒲鉾・蒲穂子・魚糕】 246
かまぼこどうふ【蒲鉾豆腐】 247
からざけ【乾鮭・干鮭】 248
からすみ【鱲子・唐墨】 249
かんてん【寒天】 249
くしあわび【串鮑・串蚫】 250
くずし【崩し】 251
こいたかまぼこ【小板蒲鉾】 251
こおりこんにゃく【氷蒟蒻・凍蒟蒻】 252
こおりどうふ【氷豆腐・凍豆腐】 253
このこ【海鼠子】 253
このわた【海鼠腸】 254
こはくたまご【琥珀玉子】 254
こんにゃく【蒟蒻・蒟蒻】 255
しあんふ【思案麩】 256
しんじょ【糝薯・真薯・新庄】 256
すいぜんじのり【水前寺苔・水禅寺苔・水泉寺苔】 257
たつくり【田作り】 258
つみいれ【摘入】 259
つみいれとうふ【摘入豆腐】 259
とうふ【豆腐】 259
ところてん【心太】 261
なっとう【納豆】 262
はんぺん【半片】 263
ふ【麩】 264
ふくめ【福目】 265
ほそかまぼこ【細蒲鉾】 266
まきかまぼこ【巻蒲鉾】 266
もみふ【揉麩】 267
ゆば【湯葉・湯婆】 267
ろくじょうどうふ【六条豆腐・六浄豆腐】 268


## 調味料類


あおず【青酢】 272
あわせず【合せ酢】 272
いりざけ【煎酒・熬酒】 272
いりざけず【煎酒酢】 273
かつおだし【鰹出汁】 273
からかわ【辛皮】 274
からしず【辛子酢】 274
かんぴょうだし【干瓢出汁】 276
きんざんじみそ【金山寺味噌・径山寺味噌】 277
くるみず【胡桃酢】 277
けしず【芥子酢】 278
こおりおろし【氷卸】 278

ごとみそ【五斗味噌】278
ごまず【胡麻酢】279
こんぶだし【昆布出汁】279
さかしお【酒塩】280
さかだし【酒出し】280
さとう【砂糖・沙糖】280
さんばいず【三杯酢・三盃酢】282
しいたけだし【椎茸出汁】282
しお【塩】282
しょうじんいりざけ【精進煎酒】283
しょうじんのだし【精進の出汁】284
しょうゆ【醤油】284
しらず【白酢】286
す【酢】286
すみそ【酢味噌】287
だし【出汁】288
だしざけ【出し酒】288
たでず【蓼酢】289
たまごず【玉子酢】289
たまり【溜】289
たれみそ【垂味噌・溏味噌】290
どぶ【酴醾】291
とめかす【留粕】291
なまだれ【生垂】291
にぬき【煮貫】292
にはいず【二杯酢・二盃酢】292
ぬかみそ【糠味噌】292
はなしお【花塩】293
はやいりざけ【早煎酒・早熬酒】293
ひしお【醤】294
ふくさみそ【袱紗味噌・和味噌・服紗味噌】295
ほろみそ【法論味噌】295
まんねんず【万年酢】295
みずだし【水出汁】296
みそ【味噌】296
みそず【味噌酢】298
みりん【味醂・美醂】298
やきしお【焼塩】298
わさびず【山葵酢】299

## 菓子類

あめ【飴】304
あるへいとう【有平糖】305
いくよもち【幾代餅・幾世餅】305
いりがや【煎榧】305
ういろうもち【外郎餅】306
うずらやき【鶉焼】306
おこしごめ【粔籹米・興米】307
かしわもち【柏餅】307
かすてら【カステラ】308
かせいた【かせ板】309
かるめいら【カルメラ】310
ぎゅうひあめ【求肥飴】311
きんぎょくとう【金玉糖】311
きんとん【金団】312
くさもち【草餅】312
くじらもち【鯨餅】313
くずまんじゅう【葛饅頭】314
くずもち【葛餅】314
けいらん【鶏卵】315
ごぼうもち【牛蒡餅】316
こんぺいとう【金平糖・金餅糖・糖花】316
さくらもち【桜餅】317

さめがいもち【醒井餅】317
さんしょうもち【山椒餅】318
しおがま【塩釜】319
じょよまんじゅう【薯蕷饅頭】319
しらたま【白玉】320
しるこ【汁粉】320
すすりだんご【啜団子】321
せんべい【煎餅】322
そうきゅうもち【宗及餅・宗休餅】323
だいふくもち【大福餅】324
だいぶつもち【大仏餅】324
たまごそうめん【玉子素麺・鶏卵素麺】325
だんご【団子】325
ちまき【粽・茅巻】326
つばきもち【椿餅】327
はくせつこう【白雪糕】328
ふのやき【麩の焼】329
ぼたもち【牡丹餅】330
まつかぜ【松風】330
まめあめ【豆飴】330
まんじゅう【饅頭】331
みずから【不見辛・水辛】333
ゆきもち【雪餅】334
ゆべし【柚餅子・柚圧・柚干】334
ようかん【羊羹】335
らくがん【落雁】337

## 飲物類

あさじざけ【麻地酒・浅地酒】343
あまざけ【甘酒・醴】343
いもざけ【芋酒】344
うめしゅ【梅酒】345
くこちゃ【枸杞茶】345
くわざけ【桑酒】345
こうせん【香煎】346
こげゆ【焦湯】346
こしゅ【古酒】347
しょうがしゅ【生姜酒】348
しろざけ【白酒】348
ずりんしゅ【豆淋酒】349
せんちゃ【煎茶】350
たまござけ【玉子酒】352
つかみざけ【摑み酒】352
ならちゃ【奈良茶】352
にんどうしゅ【忍冬酒】353
ねりざけ【練酒】353
ねりゆ【煉湯】354
はとざけ【鳩酒】354
はぶしざけ【羽節酒】354
ぶどうしゅ【葡萄酒】355
もろはく【諸白】356

## 料理用語

あわゆき【淡雪・泡雪】358
あんかけ【餡掛】358
いちょうぎり【銀杏切】359
うわおき【上置】359
かいしき【改敷・掻敷】359
かいせき【懐石】360
かいせきりょうり【会席料理】360
かげをおとす【かげを落す】361
かのつめぎり【鹿の爪切】362
きりちがえ【切違え】362

くずだまり【葛溜】362
くりしょうが【栗生姜】363
けぎり【毛切】363
けん【権・見】364
こうのもの【香物】364
こぐちぎり【木口切・小口切】365
さいのめぎり【賽の目切】365
ささがき【笹掻】366
さんぎきり【算木切】366
じがみぎり【地紙切】366
したじ【下地】368
しっぽくりょうり【卓袱料理・卓子料理】368
しはんぎり【四半切】369
しもふり【霜降】370
じゅうびき【重引】370
すいぎり【剝切】371
すいくち【吸口】372
すのもの【酢の物】372
せぎり【背切・瀬切】373
せごし【背越】373
せんぎり【繊切・千切・線切】374

だいびき【台引】374
たんざくぎり【短冊切】375
つつぎり【筒切】375
つま【妻】375
なげづくり【投作】376
はなかつお【花鰹】377
ひらかつお【平鰹】377
ふちゃりょうり【普茶料理】377
ぶりきり【鰤切】378
ほそづくり【細作】379
ほんぜんりょうり【本膳料理】379
よりかつお【寄鰹】380

資料提供：財団法人　味の素　食の文化センター
国立公文書館

# 江戸時代の魚鳥野菜

江戸時代の魚鳥野菜について記したものには、『本朝食鑑』や『和漢三才図会』があるが、料理書の中では『料理無言抄』、橘川房常の『料理集』、『厨人必用』、『新撰庖丁梯』などが詳しい。『料理物語』は二十の部から構成されているが、第一海の魚の部、第二磯草の部、第三川魚の部、第四鳥の部、第五獣の部、第六きのこの部、第七青物の部であり、はじめに料理の材料となる魚鳥野菜を取り上げている。

## 魚介類

『伝演味玄集』には食品の上下について「山と里は里が上、里と海は海上、四足と二足は二足上、二足と海は海上」とあり、海のものは当時最も上位のものであった。魚介類は第一のご馳走であり、料理書にも魚介類の料理は多い。料理書に最も多く登場する魚介類を五十音順にあげると、鮎・海老・鯛・鱈・海鼠《なまこ》・蛤であり、次に鯵・鮑・烏賊・鰹・こち・鮭・さより・鱸《すずき》・蛸・鰤《ぶり》などである。その次に赤貝・あさり・鮟鱇《あんこう》・鰯・鰻・牡蠣《かき》・鰈《かれい》・きす・鯨・鯉・栄螺《さざえ》・鯖・鰆《さわら》・たいらぎ・平目・河豚《ふぐ》・鮒・鮪・まな鰹・みる喰などが続いている。

当時は魚介類の格付けがはっきりしており、『黒白精味集』によると、上魚としては、鯛・鱸・鯉・鰭白《はたしろ》・鮒・鮭・鱒・鰆・鮟鱇・石鰈《いしかれい》・甘鯛・鱠残魚《きす》・細魚《さより》・鮎・白魚・生鱈をあげ、中魚には蛸・烏賊・海鼠・鯔《ぼら》・鯒《こち》・赤魚・鱑《ひらめ》・鰹・目近《めじか》・赤鱏《あかえい》・茂魚《もうお》・魴鮄《ほうぼう》・鯵・石首魚《いしもち》・鱓《うなぎ》・鯇《あら》・すばしりをあげている。下魚には生鰤《ぶり》・鯥《むつ》・黒鯛・鯲《どぜう》・おこぜ・沙魚《はぜ》・嶋鯵・生鯖・うぐい・はえ・鰊《かど》・生鯨・鮫・まぐろ・生鰯・ひしこ・河豚・鮗《このしろ》・こはだ・さつぱ（つなし）などである。

鯛は前時代までの鯉にかわって江戸時代には第一位の

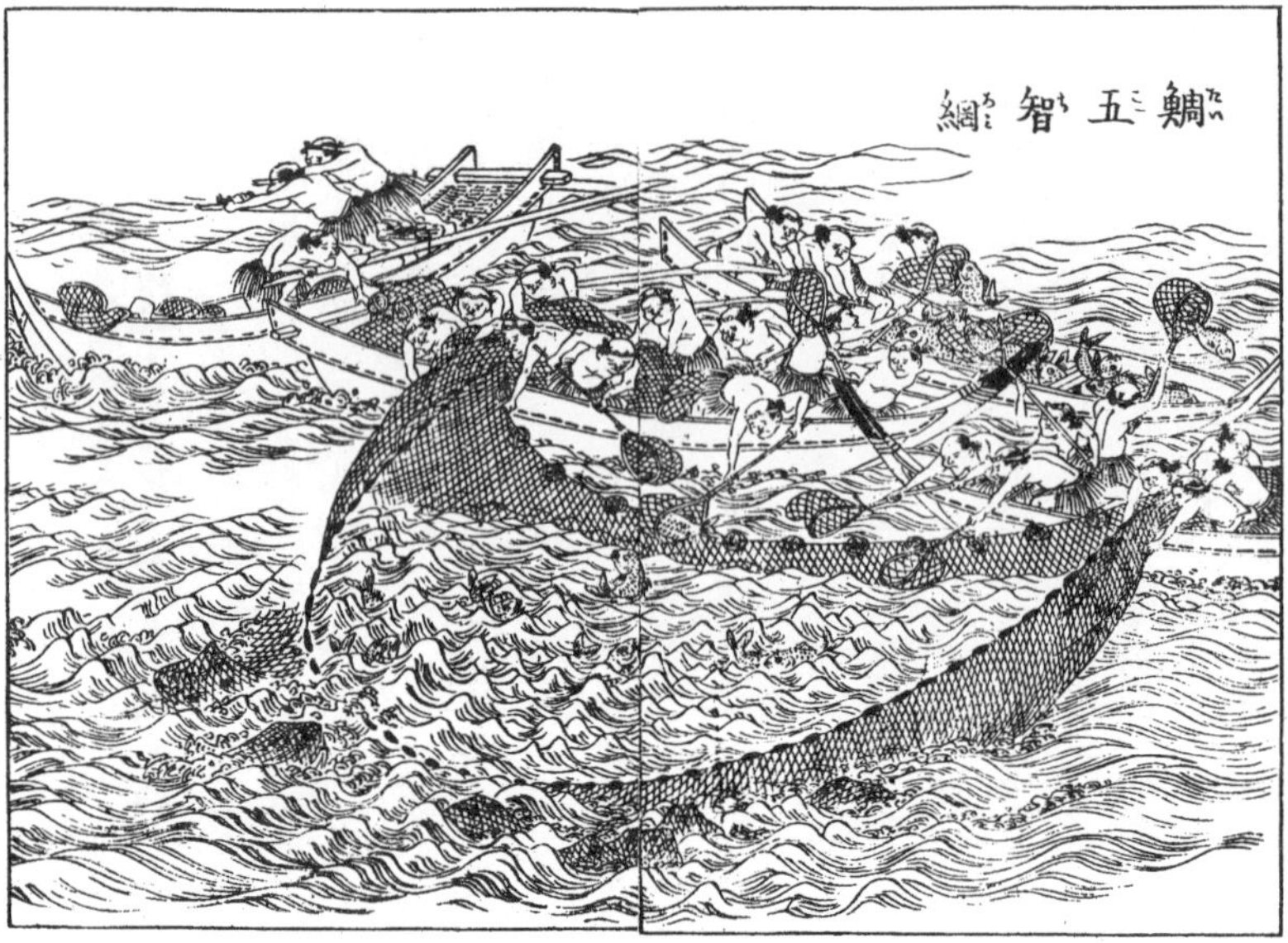


『日本山海名産図会』より

魚となり、現在も同じであるが、現在は高級魚のまぐろや河豚が当時は下魚になっている。まぐろは「しび」ともいう別名と、脂の多いことから嫌われ、河豚は毒に当たることがあったためらしい。鰯は昔から下魚の代表的存在になっている。

## 鳥・卵類

江戸時代は肉はおもに鳥肉であった。『料理物語』の鳥の部には「鶴　白鳥　鴈《がん》　雉子　山鳥　ばん　けり　鷺　五位《ごい》　鶉　雲雀《ひばり》　鳩　鴫《しぎ》　水鶏《くいな》　桃花鳥《つぐみ》　雀　鶏」の十八種があげられている。鶏は古くから殺生禁止令の対象となっていたこともあり、また時を告げる神聖な鳥とされ食用とされなかったらしい。江戸時代になって乱獲によって野鳥が減り養鶏が行われるようになり、南蛮料理の材料として用いられたこともあって料理書にも鶏が見られるようになる。しかし鶏はあまり好まれなかったらしく、『江戸料理集』(一六七四)には、鶏料理を供する時には嫌う人が多いので、その場合に備えて替料理を準備しておくようにという記述がある。料理書に多いのは鴨の料理で、当時の人々は鴨を最も好んだらしい。

格付けからいえば第一位は鶴で、将軍や大名の正式の膳に用いられ珍重されている。

卵（鶏卵）の食用の記録が見られるのも江戸時代からで、天明五年（一七八五）には、『万宝料理秘密箱』『万宝料理献立集』という卵料理の専門書も刊行され、百種以上の卵料理や卵を主材料にした献立を記載している。

しかし江戸時代の卵は現在にくらべて高価なものだったらしく、『守貞漫稿』によると湯出《ゆで》鶏卵《たまご》大一個約二十文で、うどんやそば一椀十六文、種物《たねもの》で二十四文から三十二文とある。

## 獣類

江戸時代初期の『料理物語』の獣の部には「鹿　狸　猪　兎　川うそ　熊　犬」があげられているが、その後の料理書では異国料理を扱ったもの以外、獣肉料理はほとんど見られない。橘川房常の『料理集』には、せん切りの牛肉と銀杏《いちょう》切り牛蒡を入れたみそ汁「うしの本汁」があるが、「たべ候ものは百五十日の穢《けがれ》と申候」とことわり書が添えてある。

異色なのは『黒白精味集』で、下巻の中に「肉食の

『料理献立抄』より

類」があり、九頁にわたって肉料理を記している。動物としては「鹿　猪　かもしか　狸　狐　豚　兎　狼　赤犬　牛　鼠　蛇　蛙　柳の虫　臭木の虫　百足《むかで》　いなご」があげられていて、爬虫類や昆虫も含まれている。とくに珍しいのは豚で、「皮を賞味する也　毛焼してわらにてよく摺《す》り　小口より作り用う　肉も用う」として差身、汁、吸物、煮物などの料理法を記している。

　しかし獣の下拵《ごしら》えについては「総て四足の類鹿《しし》臭して悪し　料理にて臭きなし　臓腑に手を不付《つけず》　肉をそぎ取作りて冷水にて晒し候得ば水血の如く成也　幾篇も水を替　水のすむ迄水をかえ　よく水気を取　冷酒かけ置候へば三十日はもち申也」とあるので、獣臭への嫌悪感は強かったらしい。

　獣肉食は食穢や臭いから抵抗感はあったらしいが、実際にはかなり行われていたらしく、彦根藩主から代々将軍家へ牛肉のみそ漬を献上していたことはよく知られているが、江戸中期の江戸城大奥御膳所の合食禁（食べ合わせ）を記した『公厨食禁』には「四足の肉也」と注をつけたあぶり肉や牛肉の名がある。また幕末の桑名藩士、渡部平太夫の書いた『桑名日記』の天保十年（一八三九）の記事には、牛肉を買って孫たちに煮て食べさせ、せがまれるままに四日も続けて食べさせたとあり、庶民の間にも牛肉の美味は知られていたようである。

## 野菜類

　江戸時代の料理書に多く見られる野菜は、大根、いも類、瓜類などで葉菜類は少ない。当時は飢饉がたびたびあり、空腹をみたすことのできる根菜類や果菜類がおもに栽培されて、葉菜類の栽培は少なく、そのかわりに野草や山菜が用いられたという。『料理物語』の青物の部には、現在と同じ野菜として菜　大根　牛房《ごぼう》　薯蕷《やまのいも》　里芋　烏芋《くわい》　蓮　ふき　めうが　芹《せり》　独活《うど》　ちしゃ　白瓜　木瓜《きうり》　冬瓜《かもうり》［とうがん］　茄子　にら　葱《ひともじ》　あさつき　竹子　わさび　じゅんさい　しそ　もやし　はうれん［ほうれん草］などがある。現在は野草や山菜とされる「たんぽぽ　よめがはぎ［よめな］　蓬《よもぎ》　常木《くさぎ》　はこべ　なづ菜　土筆《つくつくし》　蕨《わらび》　すべり莧《ひゆ》　藜《あかざ》　薊《あざみ》　たで　からしの葉　芥子《けし》の葉　大豆《まめ》の葉　ははき草　くこ　野びる　たらの若芽　藤葉《ふじのは》」や「牡丹　芍薬《しゃくやく》　口なし　萱草《かんぞう》　菊　のうぜん［のうぜんかずら］　忍冬《にんどう》　すまふ取［すみ

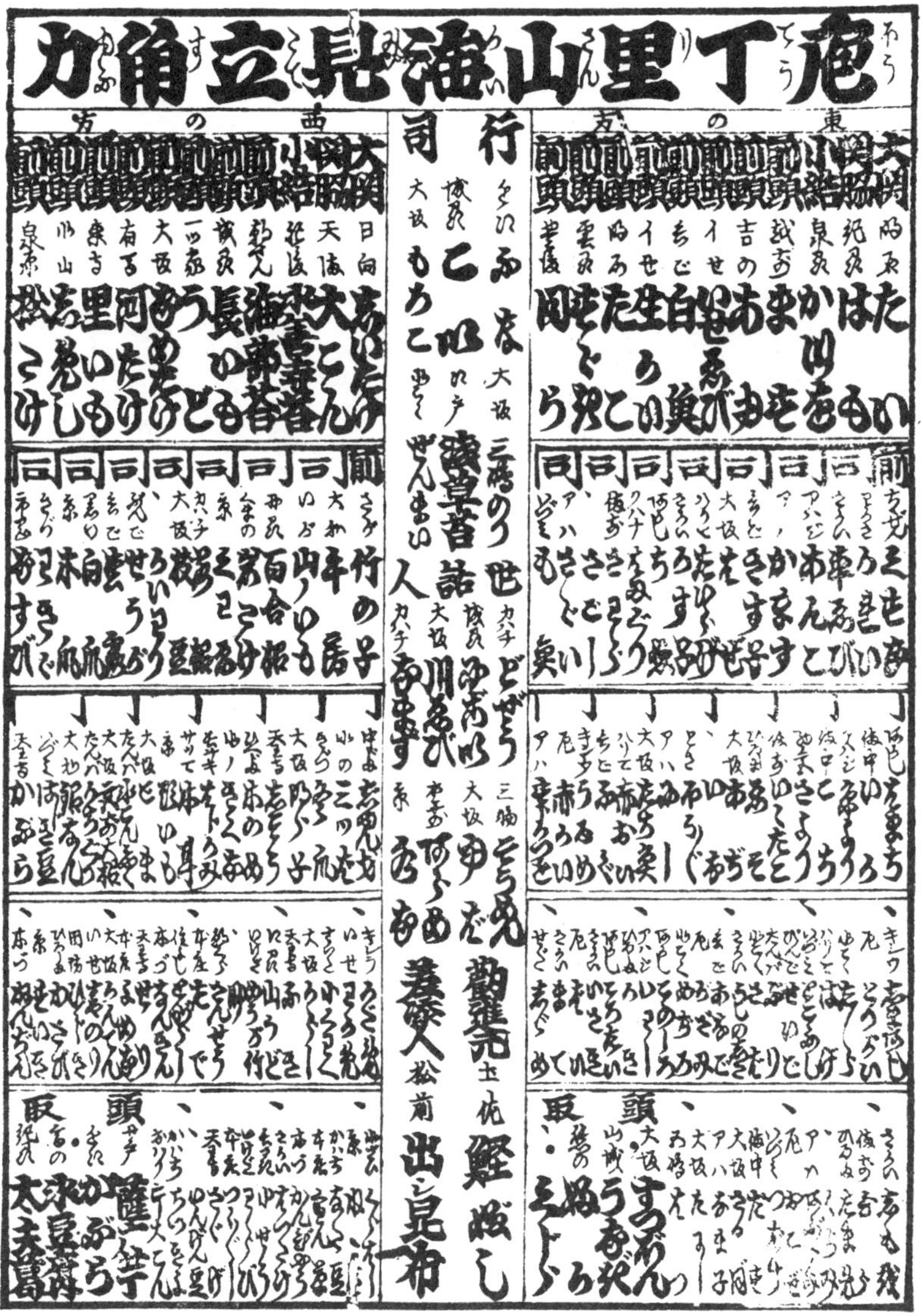


包丁里山海見立角力（天保十一子の十一月改正新版）

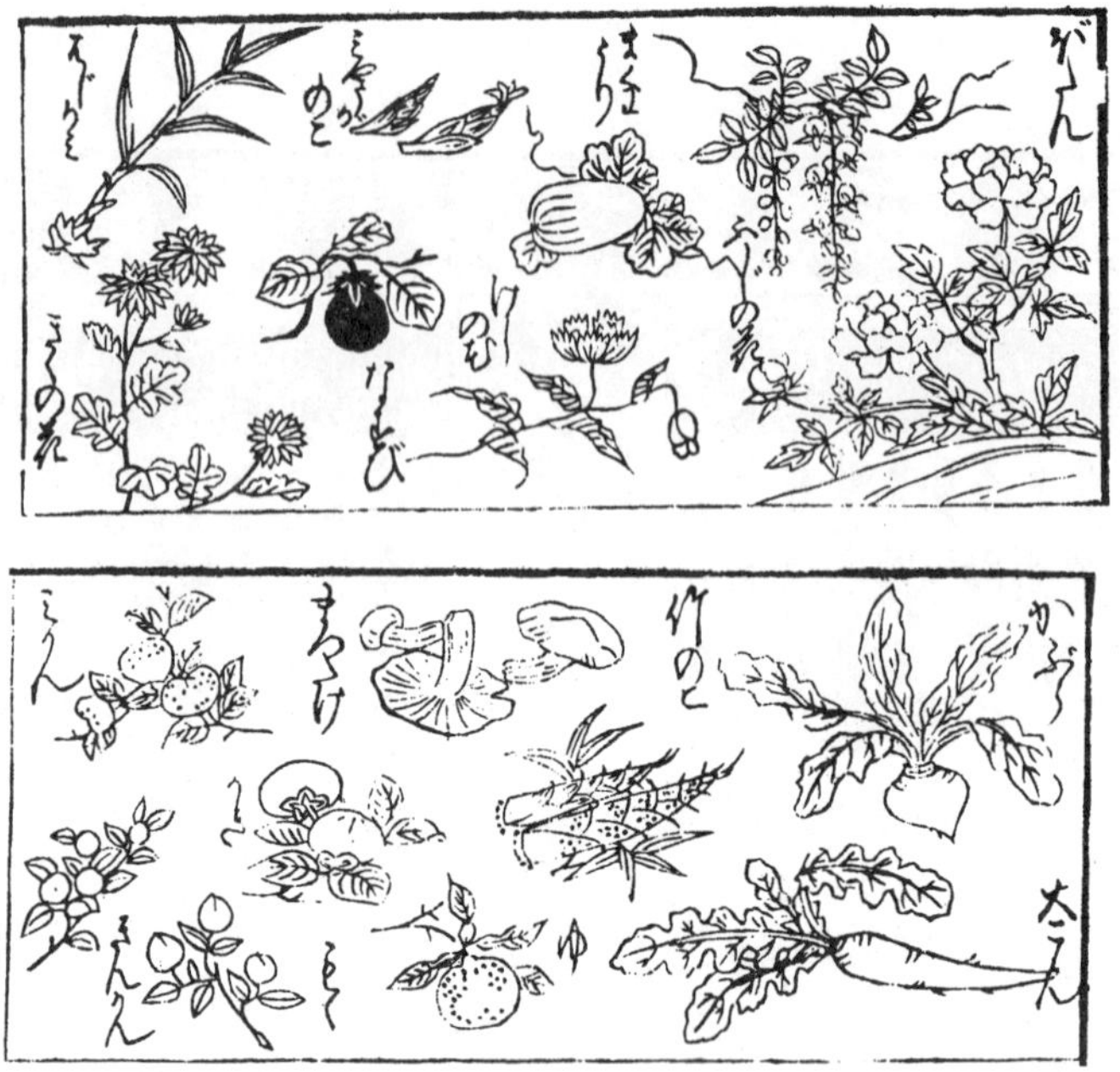

『当流節用料理大全』より

れの別名」　べに［紅花］」などの花もある。

　江戸時代に魚や野菜の初物が珍重されたことは、初鰹の高値の話などでよく知られているが、初物商売を制限する御触書はたびたび出ており、『御触書寛保集成』から元禄六年十二月の御触書をみると「しいたけ　正月より四月まで。はうふう［防風］　二月より。たで　三月より。ねいも　三月より。なすび　五月より。枇杷　五月より。ささげ　五月より。梨子《なし》　七月より十一月まで。松茸　八月より。御所柿　九月より十二月まで。久年母九月より三月。つくし　二月より。わらび　三月より。はせうが　三月より。竹の子　四月より。白ふり［白瓜］五月より。真桑瓜　六月より。りんご　七月より。めうど　八月より。ぶどう　八月より十二月まで。蜜柑　九月より三月まで」とあり、これらの品々の商売はこの時期にするようにと定めている。なお、当時の月は太陰暦で、現在の月とくらべると約一月遅い。

　また天保十三年（一八四二）には、周囲を囲《かこ》い炭団《たどん》などであたためた室《むろ》中で、きうり・茄子・いんげん・ささげの類を促成栽培した「もやし物」は奢侈を導くもとになるので作ってはいけないという町触（町を対象にした御触）も出ている。

## 魚鳥野菜の食禁

「食禁」とは食べることを禁ずることで、二種以上の食品を同時に食べた時に障害が起こる喰合わせの禁、すなわち「合食禁」と、その月にその食品を食べることをいましめた「月禁」とがある。現在は迷信として問題にされない食禁が、江戸時代には生活の中に根づいていたようで、料理書には食禁について記したものもある。次の出典により月禁についてまとめ、各出典は番号によって項目の上に記した。

①和歌食物本草（一六三〇年）
②料理集（橘川房常）（一七三三年）
③当世料理筌（一八〇八年）

月禁

**一月**

①なまたで　なまひともじ　なし　たぬき
②たで　なし
③狸肉此月くらへば神を損《そんす》　葱《ひともじ》此月くらへば顔に腫物を生ず　梨蓼よろしからず　鰤魚頭《ぶりのかしら》春は虫あり食すべからず　鳥獣魚類の肝　酸《すき》もの春は喰《くう》べからず

**二月**

①たぬき　にわとりのたまご　たでのほ　九日に魚を食せず
②たで　玉子　なし　悪心
③兎肉此月くらへば神をやぶる　鶏卵此月くらへば心をやぶる　黄花菜《こうくはさい》此月くらへば痼疾を発す　陳俎［古い漬菜］此月くらへば痼疾を発す　日陰流水《ひかげのりゅうすい》此月呑ば瘧疾を発す　梨子《なし》此月食事《くうこと》あしし　すべて生冷なる物を喰ふべからず　酸物《すきもの》　大辛物《おおいにからきもの》此月くらふべからず　にんにく此月くらへば気をふさぎ志性を破る　韮《にら》此月くらへば大益ありと千金方に出づ

**三月**

①にんにく　たでのほ　とり　けだ物　かのえとらの日うををいむ
②たで
③小蒜《ひる》　鶏卵　鳥獣の五臓　なまのらつきやう　韮此月食すべからず　熱病を発する也

**四月**

①きじ　うなぎ　ひともじ　にんにく
②雉子　油こき物　肥濃　煮餅

**五月**

①もち　此月は君子はいんじをつつしみあぢはひをうすく

して食す
②油つよき物　煮餅
③冷物及び生瓜蜂蜜を忌む　びわと焼肴一時に食ふべからず　谷川の停《たまり》水を飲《のむ》べからず　魚鼈《ぎょべつ》のよだれ水にあり是をのめば瘕となる

### 六月

①がん　あひる沢水
②沢水　鴈
③生冷《せいれい》をくひのみするをいむべし　韮　鴨　雁　此るいあまり宜しからず

### 七月

①ひし　あざみ　がん　蜜
②鴈　みつ漬
③雁肉《がんのにく》　思邈《しはく》云此月食へば神を破る　又礼記に此月食へば人に益あらず　蓴菜《じゅんさい》　李廷云七月虫多く著く　此を食へば霍乱《かくらん》せしむ

### 八月

①にんにく　はじかみ　かに　にわとりのたまご
②玉子傷神　せうが損寿
③生姜八九月食ふべからず　茄子秋の後多く食ふべからず目を損ず　烏芋《くろくわい》小児に宜しからず

### 九月

①はじかみ　かに　からうり
②かに　きふり
③生姜　八九月多く食へば春に至りて眼を病む　寿を損じ筋力《すじほね》を減らす　妊婦これを食へば生るる子六指ならむ冬瓜《とうぐわ》今月食へば反胃《はんい》を病む　霜ふりて後食ふべし

### 十月

①いのしし　さんせう
②山枡《さんしょう》　損心
③山椒を多く食へば血脈を破る　にらを食へば涕《はな》多く出る霜に枯たる菜を食へば面《おもて》のいろを損ずとなり

### 十一月

①おしどり　かのしし［鹿］　かめ
②禁なし
③亀　すっぽん　おしどり　すべて甲ある物　ふるき乾物の魚　生の韮　生の薤《おおにら》［にんにく］　生菜　又火に焙《あぶ》る肉を食ふべからず

### 十二月

①にら　うなぎ　かに　かめ
②かに
③獐肉《くじか》［きばのろの古名］　猪豚肉《いのししぶた》　霜に爛《ただ》れたる菓菜を食ふ事なかれ　韮を多く食ふべからず　牛肉を食へば神を破る

# めし類

「米俵を運ぶ福の神たち」1789〜1805年頃
(財団法人 味の素 食の文化センター所蔵)

穀物を炊いたものを「めし」というが、狭義では米飯を指し、また食事を指してめしという場合もある。ここでは米飯を主とし、雑炊、粥もふくめて「めし類」としてまとめた。

稲作は日本では弥生時代に始まるといわれ、米は蒸すか煮るかして食用とされた。中世までは米を甑《こしき》（蒸器）で蒸した強飯《こわいい》を飯《いい》とよび、水を加えて煮たものを粥とよんだ。粥は加える水の量によって固粥《かたかゆ》と汁粥とあり、固粥は姫飯《ひめいい》ともよんで、現在の飯《めし》にあたり、汁粥は現在の粥に相当する。奈良時代には上流階級の食事には強飯が正式のものであったが、平安時代末ごろからは姫飯も用いられるようになり、室町時代には両者が並行して用いられ、江戸時代からは姫飯が飯となり、強飯は儀式用、行事用として用いられるようになった。

日本人の主食は米というけれども、昭和初期までは階級や貧富、地域などによって大きな違いがあった。大正七年（一九一八）の内務省の調査でも、都市部は米飯で、村落部の多くは雑穀や蔬菜を混炊しており、米飯が全国に普及したのは、米が配給制になった昭和十五年（一九四〇）ころからといわれている。

江戸時代には、農民は収穫の半分以上の米を年貢米として納め、次には肥料その他の費用にあてるために売って金に換え、残りの一部は冠婚葬祭や盆・正月などのハレの日のために貯え、日常の食事にまわせる分はごく僅かであったという。そのため米は野菜類を大量に加えた「かて飯」や、雑炊、粥として食べるのが普通であった。一方三都（江戸・京都・大坂）やその他の都市に住む人々の主食は米であった。幕府や藩は農民から取り立てた年貢米を、自家消費する分以外は、米商人を通して都市で金に換えたので、都市は米の消費地となり、都市の住民は米を主食とした。そのため米価の安い時期には脚気が流行し、特に江戸に多かったので「江戸わずらい」ともいわれた。しかし凶作で米不足になると米価は高騰して下層民は困窮し、米屋の打ちこわしなども起こり、都市では米価が庶民の生活に大きく影響した。

『守貞謾稿』には、当時の米の食べ方について概略次のように書かれている。幕府以下大名は一粒ずつ選んだ白米を炊いて食べている。一般の人々は三都とも粳《うるち》米を釜で炊くのが普通であるが、田舎では麦を混ぜることが多く、混ぜる割合は半々、または麦七米三といろいろである。三都でも麦飯を用いることがあるが、その多くはとろろ汁をかけて食べるためや養生のためで、田舎のように倹約のためではない。日常食は江戸では朝に飯を炊いて味噌汁とともに食べ、昼は冷飯で野菜か魚肉などの一菜を添え、夕飯は茶漬けに香の物を添える。京坂では昼に飯を炊き、煮物あるいは魚類またはみそ汁など二、三種を添え、朝飯と夕飯には冷飯に茶、香の物を添える。しかし大店《おおだな》などでは三食とも飯を炊き、また一日に二回炊く家もある。京坂では朝夕冷飯なので冬には茶粥や白粥を作り、粥を好む傾向があるが、江戸では粥より雑炊を好むようである。

江戸時代のめし類の専門書としては『名飯部類』（一八〇二）があり、日常の飯の炊き方から始めて、豆、野菜、魚介、鳥肉その他を加えた変わり飯など飯類が八十七種、雑炊二十種、粥十種、鮓三十三種の作り方を記している。変わり飯の多くが、すまし汁、加《か》料《やく》（薬味）を添えて食べる汁かけ飯であることは当時の特色であろう。『名飯部類』の例言《そえごと》の中に、魚鳥など油濃いものを加えた飯には性軽く味の淡白な北国米（加賀・柴田・村上米など）が適し、野菜や豆など淡白なものを加える飯には、性厚く味のうまい西国米（肥後・筑前・備前米など）が適し、いずれもよく精白して用いるようにとあり、米の銘柄は、都市では当時から重要視されていたようである。

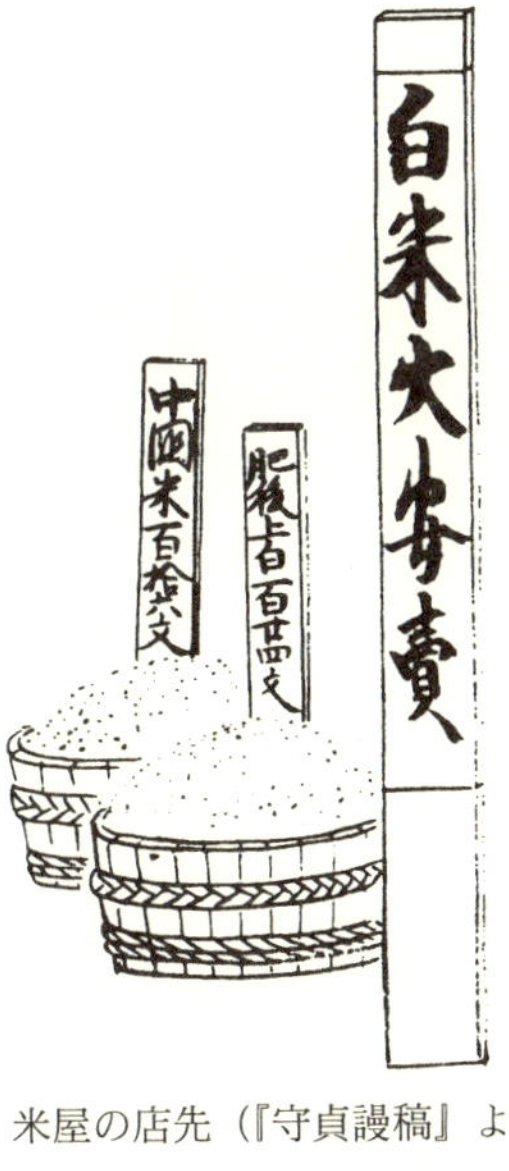

米屋の店先（『守貞謾稿』より）

## あずきがゆ【小豆粥・赤小豆粥】

小豆を入れたかゆ。一月十五日の小正月には小豆がゆを食べる習慣が古くからある。『守貞謾稿』には京坂では塩味、江戸では甘くして食べるとあるが、近世の公家の記録にこの日の小豆がゆに砂糖をかけたとあるので、砂糖をかけることは江戸後期には広く行われたようである。

出典 ①『料理網目調味抄』巻二 ②『名飯部類』糜《か》粥《ゆ》の部 ③『守貞謾稿』第二十八編

①小豆粥 米一升に小豆四升塩を加へ 夏日にふたのよき器に入れ 井の底にて能《よく》冷し砂糖用ふ

②赤小豆粥 此烹法戸々《たきやういへく》常にし食ふゆへに不記《しるさず》 赤小豆を洗ひ常のごとく煮熟《よくにや》し いかき[ざる]にうつし煮汁をとり 粳米《こめ》和合《まぜあは》し煮る 豆粒《まめ》を用いずとぞ 尤《もつとも》花焼塩を粥上に点す 酒後に最もよろしといへり

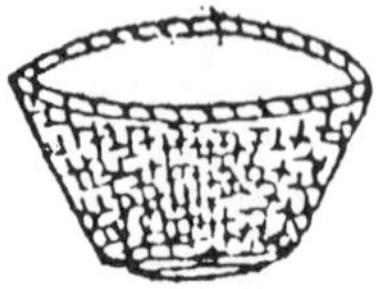

いかき（『和漢三才図会』より）

③正月七日は三都ともに七草粥十五日は小豆がゆ也 京坂あずきかゆには塩を加へ炊ぎ食す 江戸は塩を加へず炊《たき》後専ら霜糖を加へ食す これ常に粥を食し馴ざるの故に糖味を仮て食之《これをしよくす》也

## あずきめし【小豆飯・赤小豆飯】

粳《うるち》米に煮た小豆とその煮汁を混ぜて炊いた飯。江戸時代には毎月一日と十五日に小豆飯を炊く風習があり、地方によっては近年まで続いていた。また初午《はつうま》にも小豆飯がつきもので「小豆飯を炊けば初午とみる」ということわざもあり、小豆飯を炊くと初午だと早合点してしまう短絡的な考え方のたとえである。

出典 ①『料理網目調味抄』二巻 ②『名飯部類』諸菽飯の部 ③『料理調法集』飯之部

①小豆飯 白米一升に小豆四合のしぶをとり あとのゆで湯にてたく 塩少加

②赤小豆飯《あづきめし》 戸々《いえいえ》四時《ときどき》佳節《せつく》賀寿に究《きはめ》て炊く事にして炊婦《めしたき》もよくその法を通暁《がてん》す ゆへに不記 尤《もつとも》赤小豆粳米合和《あはせかた》の多少衆々《ひとびと》の意に随て増減有といえど 大凡《おうよそ》赤小豆二合粳米八合の量《つもり》中和《よきかげん》にして衆口《みな》に適するに堪えたり

## いもめし【芋飯】

芋を混ぜて炊いた飯。芋としては里芋、やまのいも、さつまいもなどがあるが、江戸時代の芋飯の芋はおもに里芋である。米に混ぜる芋の分量は好みによるが、かてもの（米を節約するために混ぜるもの）として加える場合は多量に用いる。

出典 ①『黒白精味集』上巻四 ②『料理伊呂波庖丁』③『甘藷百珍』尋常品 ④『名飯部類』尋常飯の部甘藷めし、青芋《さといも》飯 ⑤『都《と》鄙《ひ》安逸伝《あんいつでん》』

⑤里芋飯　米壱升に里芋壱升をよく洗ひ　大きなるは二つに切　小《ちいさ》きは其儘《そのまま》にて米と一所《いっしょ》にかきまぜ塩を程よく入れて焚《たく》べし　もつとも水かげんは常の通りなり　さて焚あげ暫く熟《むま》しおきて杓子にてかきまぜうつし食すべし　大に徳《とく》分《ぶん》なり／薩摩《さつま》芋《いも》飯　薯の腐りを切つて捨皮を去《とら》ず其儘いつも菜にたくよりは少し細かに切　飯のふきあがる頃入れて塩も程よくいれ蓋をして木を引暫くむまし置き　杓子にてかきまぜ櫃へうつし食すべし　右米壱升にさつま芋二百目ばかりいるれば米四合のかはりはすべし

『都鄙安逸伝』より

## いわしめし【鰯飯・鰮魚飯《いはし》】

鰯を炊き込んだ飯。鰯の加え方にはいろいろあり、頭骨などを除いた魚肉ばかりを炊き上がる前の飯の上においてむらす方法、頭とわたをとった鰯を炊き上がる前の飯に尾を上にしてさし込み、炊き上がってから尾を引っぱり骨を抜きとり肉ばかり飯の中に残す方法、同様にして頭を上にさし込んで炊き上がって頭を引いて骨を抜きとる方法などがある。いずれも器に盛ってからすまし汁をかけ、葱みじん切り、浅草海苔、唐辛子などの薬味を添える。

出典 ①『黒白精味集』上巻四 ②『料理伊呂波庖丁』巻一 ③『料理珍味集』巻五 ④『料理早指南』二編 ⑤『名飯部類』調魚飯の部 ⑥『料理調法集』飯之部

②火を引かんとする前かた　いわしの頭をさりてよく洗ひて逆《さかさ》に飯へさし込て其後火を引べし　それより能《よく》むれたるときさし込たるいわしの尾を引立てれば骨はことごとく抜るなり　飯は上より下へよくまぜて出すべし　すまし汁やくみいろいろ仕立べし

## えびめし【海老飯】

塩ゆでにした伊勢海老または車海老の肉を細かくほぐし飯の上におき、すまし汁をかけ薬味を添えるもの。飯をくちなしなどで黄色に染めることもある。

出典 ①『料理伊呂波庖丁』 ②『料理伝』 ③『素人庖丁』二編 ④『料理調法集』飯之部

③伊勢海老を塩湯煮して肉《み》をとり出し　楊子竹串などの先にて細かくほどき飯の上に置《おく》こと前のごとし　焚終《たきおわり》てかつを出《だし》しやうゆかげんして出す　かやくは　こせう　浅草のり　きのめ

## かきぞうすい【牡蠣雑炊】

牡蠣を入れた雑炊。

出典 ①『名飯部類』雑炊の部 ②『素人庖丁』二編 ③『守貞謾稿』第二十八編

①牡蠣を洗ひ残殻《かけがら》を去り　味そ汁に洗ひ米を入れ　一沸《ひとふき》して後牡蠣を入れふたたび一沸しそのまま薪をひきしばらくして食ふ　世に牡蠣ざうすいにおろしだいこん　きざみだいこん　割ねぎの類を加する有　好に随ふべしといへど牡蠣ざうすいは牡蠣一品にて多く入れざるがよき也

③京坂にてはかきぞうすいを食す　味噌汁炊也　蠣を交《まぜ》る也　これを雑炊の上製とす

**かきめし【牡蠣飯】**

牡蠣のむき身を炊き込んだ飯。江戸時代にはすまし汁をかけて薬味を添えるのが普通であった。

出典　①『料理珍味集』巻一　②『料理伝』　③『名飯部類』調魚飯の部　④『素人庖丁』二編

③牡蠣割出し残殻《かけがら》を揉去り壱　斗（ママ）　洗ひ米一升の量《つもり》を以て炊く　もつとも割出し水を馬尾篩《すいのう》にて漉《こ》し炊水に和し用ひ粳米飯《こめめし》を常のごとく炊て飯水《めし》沸溢時《ふきあがるとき》牡蠣を入煮熟《にうま》し　達《だ》失《し》汁　加料《かやく》はおろしだいこん　柚みじんきざみ　胡椒末《こ》の類を置

すいのう（『料理早指南』より）

**かつおめし【鰹飯】**

鰹の肉をゆでてほぐしたものを飯に混ぜ、すまし汁をかけ薬味を添える。

出典　①『黒白精味集』上巻四　②『料理伊呂波庖丁』巻一　③『料理伝』　④『素人庖丁』二編　⑤『料理調法集』飯之部

①鰹おろし皮を引湯煮する也　皮を入れ候へばなまぐさくしてあしく　むしり候時血合《ちあい》の少も入らぬ様にこまかにむしり岡交ぜにする也　飯には少し色付たるがよし　くちなし多きはにがみ出る也　汁はすまし　かやくねぎ　大こんおろして　たで　しそ　めうが［茗荷］のこ　青豆など入たるもよし

**かびたんめし【甲比丹飯】**

カピタンは江戸時代に日本に来たヨーロッパの船の船長であるが、この飯は骨も粉にしてかけ汁に加える鯛飯の一種で、名の由来はわからない。魚飯の最上なりとあるが、栄養的にもカルシウム豊富な鯛飯である。

出典　『素人庖丁』二編

この仕やう　まづ飯は通例のごとくすこしやはらかに焚《たく》な

り　さて鯛の大小にかぎらず何枚にてもその時に応ずべし　水洗よくし三枚におろし両肉《りやうみ》の腹骨をすきとり　平作りにしまづ鉢などに入れ置き　残りし尾首中骨《かしらなかほね》とも残らずこまかに切りて　よき火にてよく焼きて薬研《やげん》にておろし　金すいのふにてふるひ　残りし粕をば炮ろくにて煎《い》り　幾度も右のごとくして残らず粉にし　さて味噌汁を常のごとく焚《た》きて鉢などにうつし入れて　右の粉とまぜ合すべし　味噌も焼味噌にすれば風味もつともよし　その後　前に作りたる肉《み》と右汁と一緒に席へ出すべし　もつとも喰《くい》やうは常のごとく飯を茶わんに盛り　その上へつくり身を置きて彼《かの》汁をかけて喰ふなり　加益《かやく》には　とがらし　浅草のり　陳皮　葱小口　干さんせう　右五品手塩皿に入れて出す　人数によりて魚の多少心得あるべし　殊のほかよく喰えるものなり　およそ魚飯《ぎよはん》の中にこれほど美味なる物なし　もつとも下戸上戸《げこじやうご》共大ひによろこぶ誠に魚飯の最上なり　食して知り玉ふべし

## かゆ【粥】

ふつうの飯よりも水を多く加えて米をやわらかく煮たもの。『本朝食鑑』（一六九七）には、かゆは体調を整え五臓を養うとあり、米から作るかゆのほうが飯からのかゆよりはおいしいとしている。米と水の割合は料理書によって異なり、米四合に水一升のものから、米一升に水七升五合のものなどある。かゆの食べ方も現在とは違うようで、かゆには味をつけずに、醤油味のかけ汁や葛あんをかけるのがふつうだったようである。かゆの種類には白粥、茶粥、小豆粥、甘藷茶粥、炒大豆茶粥、割粥、味噌粥などがあった。

出典　①『料理網目調味抄』二巻飯之部　②『名飯部類』糜粥《かゆ》の部　③『料理調法集』飯之部　④『都鄙安逸伝』

③米一升に水七升五合にて煮候へば加減よき也　能《よく》にへ候時なべの底におきを付置候てよし

## きじめし【雉子飯】

ゆでて細かくした雉《きじ》の肉を混ぜた飯で、すまし汁をかけ薬味を添える。飯にくちなしで色をつけることもある。

出典　①『合類日用料理抄』巻四　②『黒白精味集』上巻四　③『料理伊呂波庖丁』巻一　④『料理早指南』二編　⑤『料理調法集』飯之部

③土佐の上鰹節を煮出して飯をしかけ焚《たく》なり　雉子は実《み》ば

かりつくり湯がきてめしの上に置出すべし　汁すまし　役味しなしな有べし

**くこめし【枸杞飯】**

くこの若葉を炊き込んだ飯。くこは『和歌食物本草』に「枸杞の葉は目をあきらかに風を去るすぢほねかたく血をもうるほす」とあるように体によいものとされ、茶や餅などにも用いられた。

出典　①『料理伊呂波庖丁』巻一　②『料理早指南』二編　③『名飯部類』諸菜飯の部　④『料理調法集』飯之部

①くこの葉をつみてざつと塩にてもみ水にてそぎよくしぼりてこまかにきざみ　なかば煮《にへ》たるとき打こみて一とたき焚上るなり　少し塩をくわへて吉《よし》

『食物知新』より

**くちなしめし【山梔子飯】**

くちなしの実をきざみ水に浸して得る黄色い水で炊いた鮮黄色の塩味の飯。「黄飯《おうはん》」ともよび、現在も大分県の郷土料理になっている。

出典　①『料理伊呂波庖丁』巻一　②『名飯部類』染汁飯の部　③『料理早指南』二編三編「黄飯」　④『料理調法集』飯之部

①くちなしをきざみ布袋に入れ水にひたししぼりてその水にてたくべし

**けいはん【鶏飯】**

鶏を下ごしらえして丸のままゆでて、そのゆで汁で飯を炊き、火を弱くする前に細かくむしった鶏肉をのせて炊き上げ、器に盛ってから薬味をのせ、かけ汁をかける。『黒白精味集』（一七四六）『名飯部類』（一八〇二）には鶏の血を炊き水に加える方法も記されている。現在も奄美大島の郷土料理に鶏飯があり、飯の上には鶏肉のほか椎茸、金糸卵、葱などの具をのせ調味した鶏のスープをかけ汁とする。

出典　①『黒白精味集』上巻四　②『名飯部類』烹鳥

飯の部　③『料理伊呂波庖丁』巻一　④『素人庖丁』二編　⑤『料理調法集』飯之部

④これはかしわの若きやはらかなる鳥を羽根《はね》尾首《をかしら》腸《わた》とも取去り　丸にて水にてよく洗ひ　其まま湯煮し　その湯にて米をしかけて焚《たく》べし　さて鳥の肉《み》をば随分こまかにむしり　木を引く前に上に置き　焚終《たきおわり》てよく交合《まぜ》し　かつを出し　せう油かげんして汁を仕立　かやくは　おろし大根ねぶか小口　とがらし

**こしょうめし【胡椒飯】**

こしょうの粉を加えて炊いた飯。江戸時代にはこしょうは薬としても用いられ、うどんの薬味にも欠かせないものであった。『和歌食物本草』には「胡椒こそ辛く大温《うん》気《き》を下し中を温《あたた》め魚《うを》の毒消す」とある。

出典　①『料理珍味集』巻一　②『名飯部類』名品飯の部　③『料理調法集』飯之部

①米一升に胡椒粉小匙に二はい醤油末《すえ》のかさに一はい一所に交仕《まぜ》入飯にたく　しるは鰹出し醤油からくなきやうに加減して青刻《あおきざみ》昆布みじかく切入　こうとう[吸口]は大根おろし　陳皮《ちんぴ》　唐がらし　山葵《わさび》

②洗ひ米一升に胡椒末《こ》六分の量を用ひ水率《みづつもり》常のごとくにし炊　達失汁《だし》にて食ふ　加料《かやく》を用ひず

**ことりぞうすい【小禽雑炊】**

小鳥を骨ごとたたいて団子にしたものを入れた雑炊。原文では団子の大きさを「むくろじほど」と表現しているが「無患子《むくろじ》」はムクロジ科の落葉高木で、果実は直径二センチほどで、中の黒い種子は羽根つきの羽根の球に用いられる。

出典　『名飯部類』

小とりの類何によらず好《このみ》に随ひ　常のごとく洗浄し　俎の上にて庖丁を以てよく叩き　掌中《てのうち》に酒を塗り　弾丸《むくろじ》ほどに丸め置き　味そ汁にて常のごとく雑炊を煮て　米の熟《にへ》たる時　鳥丸[鳥の団子]を入れ　一二沸《ふたふきほど》して器《わん》に盛り　芹を葉と根を切り去り　茎ばかりを微塵《みじん》にきざみ上におく

**ごもくかゆ【五目粥】**

白かゆに数種の細《ほそ》切りのかやくをのせ、醤油味のかつおだしをかけるもの。

出典　『素人庖丁』二編

これも常のごとくかゆを仕かけ　かやくには　焼玉子細切《ほそきり》　割ねぎ随分ほそく　木くらげ細切　ほどき海老　この加益《かやく》にて　かつを出し醤油かげんをよくし出すべし　かゆ余りかたきはわるし　心得べし

## ごもくめし【五目飯・骨董飯】

現在は野菜、魚介類など数種の具を細かく切って炊き込んだ醤油味の飯をいう。江戸時代のごもく飯は、白飯に数種の具を混ぜてすまし汁をかけたもので「集飯《あつめめし》」ともよんだ。また江戸中期以前の料理書には芳飯の名で記載されている。↓∴ほうはん

出典　①『料理伝』集飯　②『料理早指南』二編　③『名飯部類』名品飯の部　④『素人庖丁』二編　炊き込む具の取合が十二例あり。⑤『料理調法集』飯之部

③飯を常のごとく炊き飯水沸溢《ふきこぼれ》て後　鰒魚《あはび》　煠麩《あげふ》　焼玉子　椎茸　まつな　三葉　芹の類　切様好《このみ》に随《したが》ひ　飯上に置炊熟《うま》す　達失汁《だしじる》　加料《かやく》を点《おき》て食ふ　尤《もっとも》まつな　芹の類青色愛《めで》ん人には余品を飯上におき　菜類は飯を器にうつし入れて後に和すべし

## こわめし【強飯】

おこわ。糯米《もち》を蒸籠《せいろう》で蒸したかための飯。米だけを蒸した白蒸《しらむし》は仏事に用い、小豆《あずき》を混ぜた赤飯は祝儀に用いるが、現在では一般におこわといえば赤飯をいう。なお白蒸にはゆでた黒豆を蒸し上げてから混ぜることが多い。

↓∴せきはん

出典　①『黒白精味集』上巻四　②『名飯部類』尋常飯の部

①白米壱斗一夜水に漬蒸す　黒大豆五合湯煮して水に漬あくを出し岡交《おかまぜ》にする也

②世上赤飯をもて強《こは》めしと云ふ　しかれども赤飯は糯米《もちごめ》に粳米を加し煮赤豆《たきあずき》とともに甑《こしき》[せいろう]上に蒸すゆへに赤飯と呼ぶ　強飯にあらずと云説有　強飯は粢糯一品《もちごめひとすじ》極上のものを択《えら》び搗熟《つきぬき》て水に洗ひ浄し一夜水に浸し翌日笊籬《いかき》

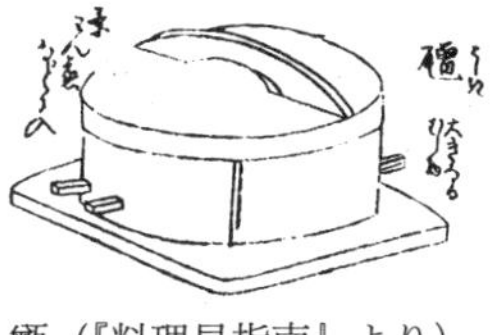

甑（『料理早指南』より）

［ざる］にあけ甑上にて蒸し熟《うま》し黒豆を点散《ちら》す

**さくらめし【桜飯】**

蛸《たこ》の足をゆでて薄く小口切りにし飯に混ぜたもので、すまし汁をかけ薬味を添える。現在は醤油味で炊いた飯をさくら飯という。『料理調法集』に塩桜茶飯があり「茶に醤油酒塩《さかしお》を入焚《たく》也」とあるが、現在のさくら飯の名の由来であろうか。

出典 ①『名飯部類』調魚飯の部 ②『素人庖丁』二編

②これは中《ちう》なる蛸魚《たこ》をば　さつと湯煮して足を一本宛小口よりいかにも薄く切作《きりつく》りにし　前のごとく飯の出来《できる》前上に置き　その後よくまぜ合《あわし》　かつを出しかけ汁加益《かやく》とも前［鯛飯］に同様にして出すべし

**しじみめし【蜆飯】**

飯にしじみを炊き込み、すまし汁をかけかやくを添えるもの。飯をくちなしの煮出し汁で炊いた黄飯《おうはん》にして、しじみを混ぜるものもある。

出典 ①『料理早指南』二編 ②『名飯部類』 ③『素人庖丁』二編

①蜆めし　黄飯にして　ふりしじみ［湯がいて洗ったしじみ］をまぜる也　但し黄飯はくちなしを煮出し　めしをしかけるなり　又あらひたる米を　くちなしの水へ付おきてつねのごとくにたくもよし　加やく　ねりがらし　もみのり　汁継《しるつぎ》［汁をつぐ道具］　すまし例の通りにして　これにもづくをはなす

③蜆飯　これはしじみのよき物を湯煮し　肉《み》を出し水にて洗ひ　前のごとく飯の木［薪］を引く前に上に置く　その後まぜ合し出す　かつを出し醤油かげんし加益《かやく》同前［おろし大根　ねぶか小口　唐辛子］　もつとも通用の身しじみ［しじみむきみ］を遣ふべからず　石灰の気有て風味　甚《はなはだ》　悪し　別に此方にて湯煮して取りたる身は味格別美なり　必売歩く肉《み》しじみをば遣ふ事なかれ

汁次（『普茶料理抄』より）

**せきはん【赤飯】**

糯《もち》米に、煮た小豆《あずき》またはささげとその煮汁を混ぜて蒸した赤い飯。多くは祝い事に用いるが、その理由は赤い色は邪気をはらい厄除《やくよ》けの力をもつと信じられていること、古代の米は赤米であったので祝儀には赤い飯を用いるなど諸説ある。鎌倉末期の成立といわれる宮中の献立を記した『厨事類記』では、上巳《じょうし》、端午、重陽《ちょうよう》などの節日には赤飯が供されているが、民間で慶事に赤飯を用いるのは江戸時代になってからのことらしい。↓∴こわめし

出典 ①『黒白精味集』中巻四 ②『名飯部類』尋常飯の部「強飯」にあり ③『守貞漫稿』第二十八編

①白米壱斗一夜小豆の煮汁に漬置きむすなり　小豆弐升五合あずきさわさわと煮立　茶のごとく煮汁に色の付たる所を汲取　米へかけ置て蒸也

③今世甑《こしき》にかけ蒸す者を強飯と云　必ず糯米《もちごめ》也　吉事には小豆を交へ赤飯と云ふ

**ぞうすい【雑炊・雑水・雑吸・増水】**

飯に野菜その他の具と水を加えて、みそや醬油で味を付け煮たもの。『守貞漫稿』には京坂では雑炊とよび、江戸ではおじやというとある。『名飯部類』（一八〇二）は雑炊の部とかゆの部に分けて記載しているが、その区別は判然とせず、かゆは米から炊き具を入れず味を付けないものを指しているようである。『名飯部類』雑炊の部には菁蕪《まな》雑炊をはじめ乾菜《ほしな》　青苔《のり》　水《みづ》　韮《にら》　葱《ねぎ》　長菘《ながな》　豆乳《とうふ》　雪花菜《きらず》　菜菔《だいこん》　菜蔔塩　茄子《なすび》　瓢瓤《なかご》　蕎麦《そば》　麦粉《こ》　撒《ふり》　鯨　河豚《ふぐ》　牡蠣《かき》　小禽《ことり》　鳬《かも》などの雑炊の作り方がある。

出典 ①『料理網目調味抄』二巻 ②『料理秘伝記』第五 ③『名飯部類』雑炊の部 ④『料理調法集』飯之部

③韮ざうすい　韮の根を去り水にて洗ひ五六分に切り湯煮し　味噌汁を常のごとく煮　淅米《あらひごめ》を汁の多少に応じ入れ二三沸して後　韮を入れ煮熟し食《うま》ふ　加料《かやく》　陳皮《ちんぴ》末《まつ》　辣茄末《とうがらしのこ》　擦柚《おろしゆ》など見合に置く

④薄みそにて仕立てべし　飯を洗て煮るべし　菜にはねぎの類一種入るべし

**そばめし**【蕎麦飯】

粳《うるち》米にそば米を混ぜて炊いた飯。そば米は殻がついたままのそばの実を塩水でゆでてから天日に干し、乾燥してから脱穀したもの。

出典 ①『料理早指南』二編 ②『名飯部類』名品飯の部

②去皮蕎麦《かわむき》〔信州より出る俗そば米と云〕四合　粳米六合の量《つもり》にてまぜあはし洗ひ　炊水《しかけみず》一升三合余を以て常のごとく炊熟す　だし汁　加料《かやく》

**そめいい**【染飯】

色をつけた飯のことで、おもにくちなしで糯《もち》米を黄色く染めて蒸した飯をいう。江戸時代には駿河国瀬戸（現在の藤枝市内）の名物で『東海道名所図会』には「名物染飯瀬戸村の茶店に売るなり　強飯を山梔子《くちなし》にて染めてそれを摺《す》りつぶし小判形に薄く干し　乾かしてうるなり」とあり、瀬戸の染飯は東海道の旅人の携帯食だったらしい。

出典 『名飯部類』染汁飯の部

山梔子《くちなし》を水に洗ひ剉《きざみこまか》細にして水に浸しよく黄汁を出し取

瀬戸染飯（『東海道名所図会』より）

る　糯米を淅《あら》ひ　梔子汁《くちなしみず》に浸事一宿《ひとよ》　翌日糯米を笊籬《いかき》に写して後甑《こしき》上におき蒸す事常のごとし　もつとも甑上におきたる糯米に前《さき》の浸水《つけみず》を二三次点注《どうちかけ》べし　黄色最美なり　鬱金《うこん》を用ひ右の山梔《くちなし》に換《かわ》るものを香飯といふ　ともに塩を点《ちら》し食ふ

**だいこんめし【大根飯】**
大根を炊き込んだ飯。大根おろしの搾《しぼ》り汁で飯を炊き大根は入れないものもある。

出典 ①『料理伊呂波庖丁』巻一 ②『大根料理秘伝抄』 ③『料理伝』 ④『名飯部類』尋常飯の部 ⑤『都鄙安逸伝』

⑤大根飯は常《つね》たく飯の中又は麦飯の中にても大根を鱠《なます》のごとくきざみ飯の吹あがる時蓋をとり飯の上へ入れ塩をも程よくいれ蓋をして焚きあげ　さて暫く熟《むま》しおきうつす時かきまぜ食してよし　常年《つねのとし》食するには大根飯に醬油の出し汁かけて食すれども　米価《こめのね》高き時は米のすくなくいるやうする事なれば　大根を多く入れ塩も喰《くひ》かげんに入れかけ汁なしに食すべし

**たいめし【鯛飯】**
現在の鯛飯には、醬油味の飯に鯛のそぼろをのせたものもあるが、江戸時代の鯛飯は白飯が炊き上がる直前に飯の上に鯛の肉ばかりのせ、炊き上げてから鯛肉を細かくほぐし飯に混ぜ、すまし汁をかけ薬味を添えるものである。鯛肉はゆでてから用いる方法もある。

出典 ①『料理伊呂波庖丁』巻一 ②『料理珍味集』巻三 ③『鯛百珍料理秘密箱』巻下 ④『素人庖丁』二編 ⑤『料理一色集』

④これも魚の水洗よくし　三枚におろし腹骨をすきとりその後川水にて右のあらをいかきなどに入れて湯煮しとり去《のけ》　跡の湯へ直《すぐ》に米を仕かけ焚《たく》べし　さて木を引《ひか》んとする前　彼両肉《かのりやうみ》をそのまま上に置き焚終その肉《み》を取出し　楊子《やうじ》などにて細かくむしり　新敷布巾《あたらしきふきん》につつみてもむべしよくもみて飯に交合《まぜ》す　かけ汁はかつを出し醬油かげんすべし　加益《かやく》　おろし大こん　ねぶか小口　浅草のり　とからし［とうがらし］

**たきぼしめし【焚乾飯・焼干飯・炊乾飯】**
ふつうの飯の炊き方で、炊き上がった時に炊き水が完全に飯に吸収されるように、定量の水を加えて炊いた飯。

出典 ①『料理塩梅集』天の巻 ②『料理網目調味抄』巻二 ③『黒白精味集』上巻四 ④『料理伊呂波庖丁』巻一 ⑤『名飯部類』尋常飯の部

⑤家常飯《できあいめし》 一云焚乾飯 この炊法《たきやう》戸《いへ》々朝なゆふな人々はよく炊製《たきな》れたる所なれば爰《ここ》に用なきに似たれども諸飯の原由《もと》迎賓《らいきやく》の魁《おも》饌たり〈中略〉今炊婢《めしたき》老練《らうこう》のものにその水率《みづかげん》を聞たるを左にしるす 新穀《しんまい》淅米《かしこめ》一升に水一升 これ新穀淅《あら》ひ時を過ての水かげん也 淅米即時《あらひたてのまま》に炊には更に水一合を増し入れ 旧穀《こまい》淅米一升に水一升一合余 これまた旧穀淅ひて時を過すの水率《みづかげん》也 淅米即時に炊は更に水一合余を増添べし 右の水率を以て一斗一石にても准知《ならひしる》べし もつとも水率法のごとくとも焼火《たきび》の緩《ぬるき》急《きつき》多《おほき》少《すくなき》になりて焔気《ひのいきり》の透徹《とふり》に遅速ありて生熟《しんのできる》相半ものあり よく心を水率と釜下《たきやう》焼薪とに用ふべし〽飯焚くに初チョロ〳〵中バン〳〵沸《ふき》ての後は少しゆるめよとか 俚歌《さとひうた》といへどよく炊米に意を得たり 故に鄙を捨ずして爰に贅《かいつけ》す

## たけのこめし【筍飯・竹子飯】

現在のたけのこ飯はたけのこを入れた味つけ飯であるが、江戸時代は白飯にたけのこを炊き込み、すまし汁をかけ薬味を添えている

出典 ①『黒白精味集』上巻四 ②『名飯部類』名品飯の部

②淡竹《はつちく》用ひ苦竹《またけ》用ゆべからず 味ひ少し苦くゑぐうしてあくつよし 末およそ三四寸柔らか成る所を切取塩湯をたぎらせその中に入ゆにし切て 飯を常のごとく炊《たき》薪を断《ひき》て後飯上に置き熟《うま》す 達失《だし》汁加料《かやく》紫蘇《めしそ》苗 花蜀椒《はなさんせう》 浅草紫菜《のり》よろし

## たまごかゆ【玉子粥】

卵を入れたかゆ。現在もよく作られるが、醤油などで味つけすることが多い。出典のものは、味つけをせずに器に盛ってから、吸物より濃い目のかけ汁と薬味を添える。

出典 『素人庖丁』二編

玉子かゆ これはまず白粥を余り薄からぬやうに焚《たき》よく熟したる時木を引《ひき》 その時玉子を人数相応に入れ 釜の中にてよく杓子にて上下へかきまぜ 直《すぐ》に盛りて出すべしかつを出し 醬油 少鹹《すこしから》く仕立べし かやくは せうがわさび 浅草のり ねぎ小口 右の中にて見合遣《つか》ふべし酒後もつともよきものなり

**たまごめし【玉子飯・鶏卵飯】**

卵を混ぜた飯。いり卵、金糸卵、刻んだゆで卵、生卵など、加える卵の下ごしらえはいろいろであるが、多くはすまし汁をかけて薬味を添える。

出典 ①『料理一色集』②『黒白精味集』上巻四 ③『料理伊呂波庖丁』巻一 ④『料理早指南』二編 ⑤『素人庖丁』二編 ⑥『料理調法集』飯之部

③ちらし玉子にして飯にかけ出す　ゆでて黄身ばかりもみてかけたる又よし　尤《もつとも》しるはすましにてやくみ有べし

⑤常のごとく米をよくかしぎ　すこし和《やは》らかに仕かけ焚《たき》木をひき　玉子を人数相応に打割　能《よく》かき廻し上よりざぶりとかけ　釜の中にてまぜ合し暫く蓋をすべし　その後釜より直《ぢか》に盛り出すか食籠《ひつ》にうつし出すもよし　かけ汁かつをのだし醤油かげんして　加益《かやく》には　こせう　浅草のりねぎの小口　とがらし

**ちゃがゆ【茶粥】**

茶の煎じ汁で炊いたかゆ。『守貞謾稿』に江戸ではかゆは好まれないが京坂では冬の朝に冷飯を茶かゆにするとあり、現在でも奈良、三重、和歌山などの県には朝食に茶がゆを食べる習慣がある。

出典 ①『料理網目調味抄』二巻 ②『名飯部類』糜粥《かゆ》の部

①米を黄色になる程いり茶にて焼《たく》　杓子にて練《ねる》はあしく外にかけ茶有はよし　惣《そうじ》て茶がゆは土釜よし

②まづ信楽《しがらき》の煎茶上品のものを紙焙《かみほう》じにして　土釜にて湯を能滾沸《よくたぎら》したるに入れ烹出《にだ》し滓《かす》を去り置く　西国米を精白《しろつき》にし常のごとく洗ひ茶の分量に応じ入（大抵烹茶一升に米四合の量にてよろし）煮る事常のごとし　焼塩を山葵《わさび》おろしにて擦《おろ》し入れ即時《そのまま》食す

**ちゃめし【茶飯】**

現在は茶飯といえば醤油味の飯をいうが、江戸時代の茶飯は茶を用いた飯で、茶の煎じ汁で炊くものと、挽茶や煎茶の粉を混ぜたものがあった。『守貞謾稿』には江戸では夜二更後（午後九―十一時ごろ）茶飯売りが茶飯と餡掛《あんかけ》豆腐を売り歩くとある。

出典 ①『料理伊呂波庖丁』巻一 ②『料理早指南』二編 ③『名飯部類』染汁飯の部 ④『料理調法集』飯之部

茶飯売り（『守貞謾稿』より）

①常の焚干飯《たきぼしめし》をさらさらとたきて釜より少しづつうつしながら挽茶をむらなくふるべし　あまり多きはあしし　汁はうすしやうゆ塩梅《あんばい》あるべし
③まづ信楽《しがらき》上品の煎茶を烹《に》出し滓《かす》を去り　粳米《こめ》の多少に応じ炊水《しかけみず》に用ひ食塩《しほ》一匙《すくひ》入れ炊く事常の如し

**とうふめし**【豆腐飯・菽乳飯・豆乳飯】

豆腐を混ぜた飯。豆腐の下ごしらえの仕方には、賽《さい》の目《め》に切りゆでる、揚げる、味を付けるなどがあるが、いずれもすまし汁をかけ薬味を添える。

出典　①『料理伊呂波庖丁』巻一　②『豆腐百珍続編』絶品　③『料理伝』　④『料理早指南』二編

④とうふくずし　ゆでてよくしぼりこまかにもみて　うすぜうゆとさかしほ[酒塩]にて　あまきかげんにあぢを付　めしはつねのごとくたきて　よくむれてのち　とうふをまぜるなり　加役《かやく》　のりもみて　とうがらしせん　わさび　ちんぴ　けし　汁継《しるつぎ》[汁をつぐ道具]　すましつねの通り

**なめし**【菜飯】

「青菜飯」ともよぶ。かぶや大根などの葉をゆでて細かく刻み、薄い塩味で炊いた飯に混ぜたもの。『鈴鹿家記』の応永元年（一三九四）の記事にも菜飯があるが、江戸時代には広く庶民に親しまれたらしく、将軍吉宗のころには浅草に目川《めがわ》菜飯屋があり流行した。これは目川（現在の滋賀県内）の菜飯田楽が江戸に入ったものといい、『嬉遊笑覧』には菜飯に田楽を添えるのは寛永のころからであろうとある。

出典　①『料理網目調味抄』二巻　②『料理伊呂波庖

丁』巻一　③『料理伝』　④『名飯部類』諸菜飯の部　⑤『料理調法集』飯之部

④青菜飯　皇国《みくに》には菜菔《だいこん》菁蕪《かぶら》胡蘿蔔《にんじん》茎葉《くきは》其他など通しいふもの多し　皆用ひて飯に和し青菜めしと呼ぶ　諸菜とも葉ばかりをとり能《よく》洗ひ浄し刻《きざみ》細《こまか》にして笊籬《いかき》或は馬尾篩《すいのう》に盛《いれ》ずいぶん湯をたぎらし上よりそそぎかけても　或はにへ湯の中に浸し入　即《そのまま》引あげ　塩飯を常のごとくに炊き　注子《めしつぎ》写《うつ》し入れ飯と攪和《まぜあわ》す　又刻菜《きざみな》を湯烹《ゆに》せずして飯上の水盡《ひ》きたる時　飯上に置き熟《うま》して後　注子《と》に収る時攪和するも香味《にほひ》よろし　しかれども菜色黄暗《うすき》にして賓《きやく》に給《まいら》するに興なきに似たり

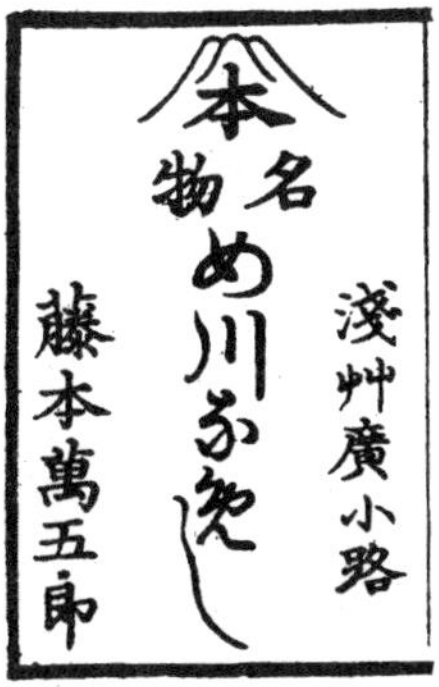

『江戸買物独案内』より

**ならちゃめし【奈良茶飯・寧良茶飯】**

「奈良茶」ともいう。茶の煎じ汁で炊く茶飯にいり大豆などを加えて炊き上げ、茶汁をかけて食べるもの。『本朝食鑑』（一六九七）には、奈良の東大寺、興福寺の僧舎で作られたのが始まりで、いり黒豆、小豆、焼栗などを加えてもよく、感冒、頭痛、気うつなどにきくとある。江戸では明暦の大火（一六五七）のあと浅草金龍山門前の茶店で奈良茶飯を豆腐汁、煮染《にしめ》、煮豆などとともに売り出したのが始まりで流行し、その後京坂にも広まったという。

出典　①『料理塩梅集』天の巻後段部　②『料理網目調味抄』二巻　③『黒白精味集』上巻四「名奈茶飯」　④『料理伊呂波庖丁』巻一　⑤『料理秘伝記』第五　⑥『名飯部類』諸菽飯の部

③名奈茶飯　米二升せんじ茶を入れ常の水かげんにしかけ盃に酒一つ入る　めし煮立よほどにへ申候時盃に醤油一つ入る也　惣《そうじ》てめしに塩気候は　はじめより入れ候得ば　米すくみて煮へかね申候　よく煮立入申候がよく候　茶飯といふ時は茶ばかりにてたく也　名奈茶は黒豆いりて皮を取り入る　又黒豆さつと湯煮して入るも有《あり》　又粒ささげ　小

河崎万年屋奈良茶飯（『江戸名所図会』より）

豆など入てたく也　茶飯に詰茶をほいろにかけもみて入る
その時は煎茶入れず
⑥茶めしに　黄大豆の日乾したるものを洗ひ盤上にひろげ
石臼《うす》の類にて圧鎮《おしまわ》し燋皮《いりかわ》を吹去り加し　炊き熟し　ふたた
び極上の煎茶を烹《に》て飡《つけ》食す

## にぎりめし【握飯・摶団飯】

「おにぎり」、「おむすび」ともいう。手のひらに塩をつけ、熱い飯を握ったもの。出典では飯を竹の皮に包んで巻き、大きく細長く作ってから切る簡便法を記しているが、専用の箱を使って切って作る握飯を切飯《きりめし》という。『貞丈雑記』には、強飯《こわめし》を握りかためて鳥の玉子のように丸く少し長く作った握飯を古くは屯食《とんじき》というとあり、近世まで公家は握飯を屯食とよんでいた。『守貞謾稿』は、握飯について、京都、大坂では俵形にし表に黒胡麻を少し振ったりするが、江戸では円形か三角形で径一寸五分、厚さ五六分にするものが多く、胡麻を振ることは稀で、握ってから焼くものもある。江戸では掌《てのひら》で握るほか木形で押してつくる。また江戸では芝居見物の弁当には握飯を焼いたもの十個に、こんにゃく、焼豆腐、芋、蒲鉾、玉子焼などを添えた幕の内弁当を用い、一人前の折入が百文であると記している。

出典 『名飯部類』

摶団飯《にぎり》　世人常に看花弄月《はなみつきみ》の行厨《べんとう》に充《いれ》て、その製記《はふ》する及ばず品《な》目を列《いだ》するばかり也といへど　急速《にはか》の為に一法を人の説《いふ》によりて左に掲《あ》ぐ法には　飯を常のごとく炊くに食塩《しほ》を淅米《あらひごめ》一升に十三匁のかけめを秤入《いれ》て煮熟《にうま》し枯竹皮《たけのかは》の本末《もとすゑ》を切《きり》て水に濡《しめ》し　飯を竹皮上にひろげならし堅固《かたく》し巻て線条《いとひぼ》の類にて四五結定《よところほどくくり》てしばし圧《お》鎮し置き庖丁にて切り竹皮を去り　炒胡麻をまきつける　もつとも近火尋問《かじみまい》に贈る時は　摶団《にぎる》中に漬大根茄子《だいこんなすこうのもの》の類を薄く切り片《へぎ》し入れたるよし

**ねぎめし**【葱飯・根葱飯】

葱の細切りを混ぜた飯。すまし汁をかけ薬味を添える。『名飯部類』（一八〇二）には、栗、皮牛房、椎茸、麩、魚肉などを細かにして葱とともに煮ておき、くちなし飯に混ぜ、だし汁をかける葱飯がある。

出典 ①『料理早指南』二編 ②『名飯部類』名品飯の部 ③『料理調法集』飯之部

①ねぎ白根ばかりほそくせんにうちてよくゆでこぼし水をきりをき　扨《さて》めしをつねのごとくたき　ふき上るころに右ねぎを上に置きふたをしてむし上るなり　又一しゆ白ねこまごまにしてはじめより米にまぜてたく　加役《かやく》　とうからしやきてきざみ　のりもみて　汁継《しるつぎ》　すましからきあんばい

**のりめし**【海苔飯・紫菜飯】

浅草海苔をあぶって細かくもみ、飯の上におくか混ぜたもの。すまし汁をかけ薬味を添える。

出典 ①『料理早指南』二編 ②『名飯部類』名品飯の部 ③『料理調法集』飯之部

①浅くさのりほいろ［焙炉］にかけこまかにもみてをかまぜにするなり　但しかならずすいのふにてふるひ落る位にもむべし　常のごとくすこしこはめにたき　よくむれてのちにのりをまぜる　加役《かやく》　ねぎせん　ちんぴこまごま　ゆずこまごま　けし　ことうからし　汁継《しるつぎ》　すまし　但しあまきよし　たまりすこし入る

**ふたたびめし**【二度飯・餴飯】

湯取飯《ゆとりめし》と区別しにくく、『料理伝』は同様のものとしている。『料理塩梅集』（一六六八）『黒白精味集』（一七四六）には蒸飯の名で同様のものがある。また『料理伊呂波庖丁』（一七七三）『料理調法集』では硬めに炊いた飯に酒を少し振って蒸したものを二度飯としている。↓：ゆとりめし

出典 ①『料理塩梅集』天の巻飯部 ②『料理網目調味抄』二巻飯之部 ③『黒白精味集』上巻四 ④『料理伊呂波庖丁』巻一飯之部 ⑤『料理調法集』飯之部

②如常《つねのごとく》飯に焚《たき》あつゆにてあらひ又釜に入《いれ》蒸す

③すこしこわく焚上《たきあげ》て酒すこしふりて蒸《むす》べし　上白米をもつてすべし

**ほうはん**【芳飯・包飯・苞飯・餝飯・法飯】

室町時代からあり、器に盛った飯の上に味付けした野菜や乾肴の細かく刻んだものを置き、すまし汁をかけるもの。もとは精進の材料で僧家で作られたので法飯とも書く。具の材料の色の取り合わせや芳飯の食べ方には細かいしきたりがあったようである。江戸中期以後の料理書には芳飯は見られなくなり、同様のものがごもく飯の名で登場する。なお『料理網目調味抄』（一七三〇）は鶏飯や松茸飯のように一種類の具でも、せん切りにして味付飯の上にのせれば皆包飯であるとしているが、他の料理書では数種の具を用いた場合の名称としている。↓：ごもくめし

出典 ①『料理物語』第九 ②『料理網目調味抄』 ③橘川房常著『料理集』 ④『黒白精味集』上巻四

①芳飯の汁　にぬきよし　かまぼこ　くり　生姜　おろし玉子ふのやき　なあへて　あげこぶ　めうが　花がつほのり　きざみ候ものは何《いずれ》もこまかに仕よく候　精進の時はいろいろつくり次第に入

③芳飯　飯は常の通也　色を付たるもよし　上置《うわおき》色々也　花鰹　ろくでふ[六条豆腐]　かさいのり　青のり　本嶋のり　くるみ　栗せん　生姜のせん　摺身《すりみ》のせん　玉子のせん　うす串鼠《くしこ》　上こんぶ　しいたけ細引　小豆　やゑなり　大角豆　菊の花　めうがの子　しそ　たで　柚　鳥せん切あへ何にても　右の外何にても飯の上置にして　又跡より皿に盛替を出す也

## まつたけめし【松茸飯】

現在の松茸飯は薄切りの松茸を加えて炊いた味付飯、または下味を付けた松茸を炊き上げた味付飯に混ぜたものであるが、江戸時代には白飯に下味をつけた松茸を混ぜ、すまし汁をかけるものであった。

出典 ①『黒白精味集』上巻四 ②『料理伝』 ③『名飯部類』名品飯の部

②松茸をすまし汁にて煮あげ　かさは細に切て　じくはずいぶんほそくさき飯に交る也　さて盛出すには柚を薄くわきりにして壱切宛椀へ入　そのうへへ右の飯をもりて　まつたけのにあげたるすまし汁を塩梅《あんばい》よくして付て出すなり

## みそかゆ【味噌粥】

焼きみそで味つけしたかゆで、風邪に効くというもの。

出典 『名飯部類』糜粥の部

味噌をよくすり　鍋に水を入れず味噌を焼着《やきつけ》　その後水を入攪《まぜ》味そをよく混和《ときあわ》して汁に応じ洗ひ飯を入れ　ふたたび一沸《ひとふき》し熱《あつき》に乗じて葱微塵《みぢん》きざみ　生姜汁《せうがしぼりじる》を点じ食ふ　よく風邪を去《さます》とぞ

## みょうじめし【苗字飯・名字飯】

普通の飯に対して、菜飯《なめし》、鶏飯《けいはん》のように具を加えて特に名の付いている飯。現在は変わり飯という。『料理早指南』二編（一八〇二）には夜食膳として苗字飯の献立があるが、大部分に加役《かやく》（役味・薬味）と汁継《しるつぎ》が添えられ、苗字飯の多くは汁かけ飯であったことが知られる。

出典 『料理早指南』二編に海苔飯、枸杞《くこ》飯、紫蘇飯、ぎばめし、蕎麦飯、豆腐飯、根葱《ねぎ》飯、信濃飯、魚飯、雉

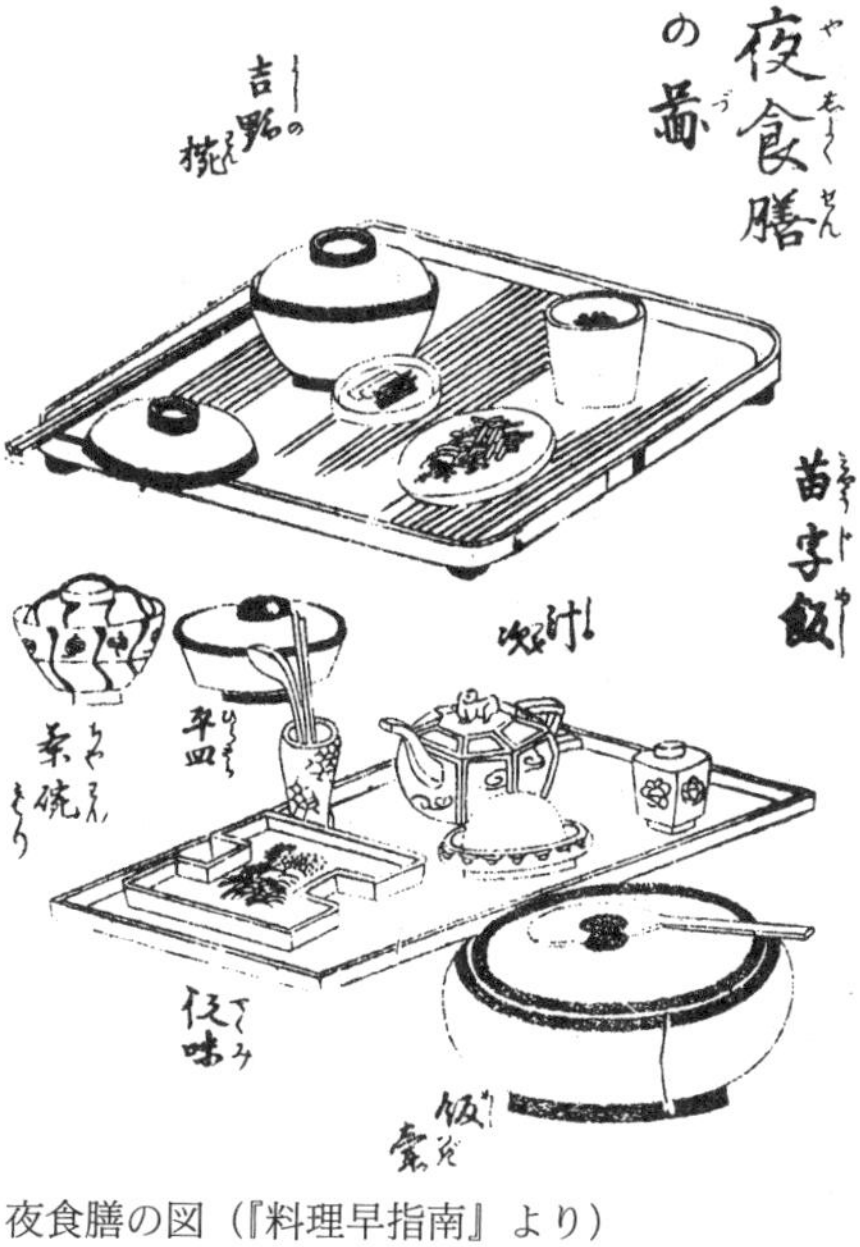

夜食膳の図（『料理早指南』より）

子飯、蜆《しじみ》めし、玉子飯、ごもく飯、ういきやう飯、茶飯の作り方と献立がある。

魚飯《ぎょはん》　魚［鯛　平目　鰹］おろし　身をすりてゆがき　よくもみてかなずいのふにてこす　めし常のごとくにたき　よくむれてのち魚をまぜる

ういきやう飯　つねのめしの上に　ういきやうの粉をかける也　加役《かやく》　やきみそ　大こんしぼりじる　汁継　すまし常の通り　あまきかげんよし

## むぎめし【麦飯】

「ばくはん」ともいう。大麦の飯で、普通は米に混ぜて炊く。料理書によると、大麦は多くはえまし麦として用い、ひきわり麦も一部に見られる。「えまし麦」は「咲麦」と書き、大麦を水に漬けてふやかしたもの、または大麦を煮てやわらかくし粒に割れ目のできたものをいい、訛ってよばし麦、よまし麦とも記載されている。えまし麦は粘りのなくなるまで水で洗い、米に混ぜて炊く。大麦と米の割合は麦一升に米三合から五合くらいである。

出典　①『合類日用料理抄』巻四　②『料理網目調味抄』二巻　③『黒白精味集』上巻四　④『料理伊呂波庖丁』巻一　⑤『料理伝』　⑥『名飯部類』　⑦『都鄙安逸伝』

③麦飯　麦は水戸竹林　大和麦など上麦也　よく舂抜《つきぬき》［精白］たるがよし　取わけ　麦　粟　稗のなま舂なるは喰へぬもの也　一日水にひやしよくよくえまして水に入れ幾度も洗《あらひ》たてながし　せいろうへかけ蒸す也　えまし手にてそろそろもみとくと洗ひ申さず候へば　ねばり取過《とりすぎ》申さず候　さて湯取飯少し交《まぜ》て出す

⑦麦飯焚《たき》やう　麦飯は何処《いづく》の農家にても焚事《たくこと》なれば　ここに記すに及ばざれども　町家にては焚《たき》たる事なき方もあればあら〳〵左にしるす　まず搗《つき》たる麦をよくあらひ　釜に水を程よく入れて焚べし　もつとも飯を焚やうに大火にてたくにおよばず　煮《にえ》たる時分　籭《いかき》に打《うち》明け　水をかけ手にてかき廻し　又水をかけてはかき廻し〳〵して　よくぬまりのとれるやうあらひ　さて米を常の水加減に仕かけ　その上へ右あらひたる麦をいれよくならして焚べし　さてたきあげて木を引き　燠《おき》もとりて　煙草三四ふくのむ間過《すぎ》て焼《たき》つけやうのもの鉋屑《かんなくず》又は杉の葉　藁などのものをぱつと燃《もや》すべし　さすれば飯に脂気《ねばりけ》なくして宜し　これ麦飯《ばくはん》を焚《たく》秘伝なり

**やまぶきめし【山吹飯】**
山吹の花の色のような黄色い飯。三種の料理書に、山吹の花、卵黄、にんじんとそれぞれ異なるものを用いた山吹飯がある。

出典 ①『黒白精味集』上巻四 ②『名飯部類』③『料理伝』

①山吹の花葉こき干《ほし》てきざみ　飯に入れ焼《たく》也
②鶏卵《たまご》を湯にて煮　殻を去り白肉《しろみ》を用ひず　黄肉《きみ》ばかりを銅篩《かなすいのう》の底にて磨《すり》漉し　芹《せり》三葉の類を微塵《みじん》にきざみ　家常飯[ふつうの飯]を寧楽茶《ならちゃ》々椀[奈良茶用の蓋つきの飯茶碗]に盛り　右二品をおきちらし達失《だし》汁にて食ふ
③根人じん生にておろし　飯のにへ立《たち》し所へ置きうます也　うつすとき交《まぜ》る也　葉はこまこまにたたき　さつと湯をかけよくしぼり塩を合せ　日めしにまぶす也

**ゆとりめし【湯取飯】**
湯取法によって炊いた飯。炊乾飯《たきぼしめし》よりも水の量を多くして炊き、大体やわらかくなったらざるに上げて湯を捨て、また釜に入れて弱火で炊き上げる。ざるに上げてから水をかけて粘りを取り、蒸器で蒸す方法もある。江戸時代には病人に適する飯として作られていた。『料理塩梅集』（一六六八）には「湯取飯は心気を養はず　正味を捨て飯の糟《かす》を用る故に養にならざる也　正味をまいりてこそ気となりて養とはなれ」とあって、炊飯途中で栄養素の溶け出した湯を捨てるのはよくないと説き、健康人は炊乾飯にするようにすすめている。↓：ふたたびめし

出典 ①『料理塩梅集』天の巻飯部 ②『料理網目調味抄』二巻飯之部 ③『黒白精味集』上巻四 ④『料理伊呂波庖丁』巻一 ⑤『料理伝』⑥『料理調法集』飯之部

⑤米一升に水二升の余も入れ　しごくの粥にたきていかきへあけ　にへ湯にてねばりを洗ひながし　又もとのかまへあけうまし置く　極《ごく》和らかにしてかるし　ふたゝびめし同断
⑥淅米《かし》[といだ米]水沢山に入大方煮えたる時ざるに揚《あげ》　水にて洗　能《よく》水気を去　むしきにて蒸なり

## 江戸時代の変わり飯一覧

| 成立年 | 材料／出典 | 葉菜類 | 草木の芽・葉の類 |
|---|---|---|---|
| 一六九七 | 本朝食鑑 | 菜飯 | 枸杞の葉飯、荷《はす》葉《のは》飯 |
| 一七四六 | 黒白精味集 | 葉飯 | |
| 一七四八-九頃 | 料理伝 | 菜飯、干菜飯、しそ飯 | うこぎ飯 |
| 一七七三 | 料理伊呂波庖丁 | 菜飯、干菜飯、紫蘇飯 | たびらこ飯、木の芽飯、枸杞《くこ》飯、五加《うこぎ》葉飯、蓬葉飯、皂角《さいかち》飯、糠子《ぬかご》飯 |
| 一八〇一 | 料理早指南 | 紫蘇飯、ぎばめし | 枸杞飯 |
| 一八〇二 | 名飯部類 | 青菜《あおな》飯、羊腸菜《よめな》飯、乾菜めし、紫蘇飯、鹹蓬《まつな》飯 | 木の葉飯、枸杞葉飯、五加葉飯、榎葉飯《えめし》、藤葉飯《ふじのはし》、荷葉飯、零餘子《むかご》飯 |
| 一八〇五 | 素人庖丁二編 | | |
| 一八二三 | 料理調法集 | 菜飯、紫蘇飯、ぎば飯、はんごう飯 | たびらこ飯、木のめ飯、枸杞飯、うこぎ飯、藤飯、さいかち飯、零餘子飯 |
| 一八三三 | 都鄙安逸伝 | 大根葉飯、芋の葉飯 | |

| 豆類 | その他の植物 | 茸類 | いも類 | 茎菜類 | 根菜類 |
|---|---|---|---|---|---|
| 赤小豆飯<br>角豆《ささげ》飯 | | | 芋飯 | 葱飯 | |
| | 栗飯 | 松茸飯 | 芋飯 | | 山吹飯<br>蓮飯 |
| | | まつたけ飯 | | | 大根飯<br>かぶら飯<br>山吹めし（人参） |
| 小豆飯<br>青ささげ飯<br>実ささげ飯 | 栗飯<br>椎の実飯<br>茄子《なすび》飯 | | 芋飯 | | 大根飯<br>蕪飯<br>蓮飯 |
| 赤飯 | | | | 根《ね》葱《ぎ》飯 | 信濃飯 |
| 赤小豆《あづき》飯<br>紅豆《ささぎ》飯 | 栗飯<br>柚めし<br>阿漕《あこぎ》飯 | 松たけ飯 | 青芋飯<br>甘藷飯<br>とろゝ飯 | 淡竹筍めし<br>葱めし | 萊菔《だいこん》飯 |
| | | | | | |
| 小豆飯 | 栗飯<br>胡麻飯<br>茴香飯<br>茄子飯 | 初茸飯 | 薯蕷飯 | 葱飯 | 蕪飯<br>蓮飯 |
| | 唐茄子飯 | | 里芋飯<br>薩摩芋飯 | | 大根飯 |

| 出典 | 豆類 | 海藻類 | 染類 |
|---|---|---|---|
| 本朝食鑑 | 大豆飯 | | 奈良茶飯 |
| 黒白精味集 | | | 名奈茶飯 |
| 料理伝 | | わかめ飯 | |
| 料理伊呂波庖丁 | 緑《やえ》豆《なり》飯、黒豆飯、刀《なた》豆《まめ》飯 | | 茶飯、奈良茶飯、山梔子《くちなし》飯 |
| 料理早指南 | | 海《の》苔《り》飯 | 茶飯 |
| 名飯部類 | 緑《ぶん》豆《どう》飯、黒豆飯、ほたるめし、蠶《そら》豆《まめ》飯、豌豆飯、大《ま》豆《め》飯、青《あお》大豆《まめ》飯 | 海《か》帯《ため》飯、紫《の》苔《り》飯 | 茶飯、利休めし、寧楽茶めし、茶粥、あげ茶、甘藷茶粥、炒大豆《まめ》茶粥、山梔子めし、染飯、香飯 |
| 素人庖丁 二編 | | | |
| 料理調法集 | 緑豆飯、大豆飯、枝豆飯 | 磯飯、海苔飯 | 茶飯、白茶飯、塩桜茶飯、くちなし飯 |
| 都鄙安逸伝 | | | 茶粥、あげ茶粥、入茶がゆ、薩摩芋茶粥 |

| 魚類 | その他 | |
|---|---|---|
| | 豆腐の滓《カス》飯 | |
| 鰹飯<br>鰯飯 | 芳飯 | |
| たい飯<br>かつお飯<br>はむ飯 | 豆腐飯<br>集飯(ごもく飯) | |
| 鯛飯<br>鰹飯<br>鰯飯 | 豆腐飯 | 紅花飯 |
| 魚飯<br>鰯飯 | 豆腐飯<br>ういきょう飯<br>ごもく飯 | |
| 道味魚飯《たいめし》<br>浜焼めし<br>鰮魚《いわし》飯<br>はまちめし<br>はも飯<br>うなぎめし | 豆腐《とうふ》飯<br>雪消飯<br>珠光めし<br>雪花菜《きらず》飯<br>蒟蒻《こんにゃく》飯<br>胡椒飯<br>ういきょう飯<br>骨董飯<br>吹寄せめし | 道観飯 |
| 鯛飯<br>かびたん飯<br>黒人飯<br>鯛の子飯<br>堅魚飯<br>鰯飯<br>いか飯<br>鱧飯<br>桜飯 | ごもく飯 | |
| 魚飯<br>鰹飯<br>鰯飯 | 豆布飯<br>狸飯<br>ごもく飯 | |
| | 雪花菜飯 | |

| 材料／出典 | 魚類 | 貝類 | 肉類 |
|---|---|---|---|
| 本朝食鑑 | | | 鶏飯、雉《きじ》飯 |
| 黒白精味集 | | 蜊飯、赤貝飯、蛺《たいらぎ》飯 | 鶏飯、玉子飯、鷺飯、雉子飯 |
| 料理伝 | 海老飯 | かき飯 | 鶏飯、きじ飯 |
| 料理伊呂波庖丁 | 海老飯、ひしこ飯 | | 鶏飯、鶏卵飯、鴨飯、雉子飯 |
| 料理早指南 | 鱈の子飯 | 蜆《しじみ》めし | 玉子飯、雉子飯 |
| 名飯部類 | 海糟魚《あみざこ》飯、呉魚《たらの》子飯、乾呉魚飯 | 蜆肉めし、鰒魚《あわび》めし、牡蠣飯 | 鶏肉飯《けいはん》、鶏卵飯・山吹めし、鴨肉めし、焼鳥めし |
| 素人庖丁二編 | 小鮎飯、鮦《ぼら》飯、ど志やう飯、海老飯、網雑喉《あみざこ》飯・千疋《せんびき》飯、煎子飯、鯛の子飯 | 蜆飯、鳥貝飯、蠣飯、蛤飯 | 鶏飯、玉子飯、小鳥飯 |
| 料理調法集 | 海老飯、白魚飯、鯷《ひしこ》飯 | 蜆飯、蛤飯 | 鶏飯、鶏卵飯、鴨飯、雉子飯 |
| 都鄙安逸伝 | | | |

# すし類

喜多川歌麿筆『絵本江戸爵』より

すしの漢字には、鮓、鮨、寿司などが用いられるが、本来は「酸し」で、酸っぱいものの意味であるという。すしの始まりは魚の貯蔵法で、塩漬にした魚を米飯に漬けておくと、米飯は自然発酵によって乳酸を生じて腐敗菌の繁殖をおさえ、乳酸は魚肉に浸透して魚は酸っぱくなる。魚自体も漬け込んでいる間に自己消化を起こして、たんぱく質は分解されて旨味《うまみ》のあるアミノ酸などを生成するのでおいしくなる。このようにしてできたすしの原型は「馴れずし」と呼ばれて、現在は滋賀県名産の鮒ずしだけになっている。

鮒ずしは鮒の大きさによって漬ける期間は数か月から二年にもなるので、米飯は酸味の強い粥状になっており、魚だけを食べるものである。奈良、平安時代のすしはこの馴れずしであり、奈良時代の『養老令』中の『賦役令』には、「鰒鮓《あわび》」「貽貝鮓《いがい》」の文字が見られ、平安時代の『延喜式』には貢納品として、鮨年魚《あゆ》、鮨鰒、貽貝鮨、鮒鮨、猪鮨、鹿鮨など各種の鮨がある。鮓と鮨は同義とされているが、飯の中に魚介類などを入れて漬けるのが鮓で、魚介類などの中に飯を詰めて漬けるのが鮨という区別があったらしいともいう。『今昔物語集』(一一一〇年頃)には京都の路傍で鮎《あゆ》ずしを売る女の話、太り過ぎの公家《くげ》がやせるために、鮎ずしを副食に水飯(水をかけた飯)を食べたが、大量だったのでやせなかった話などあり、鮎ずしは日常的な食物だったらしい。

室町時代になると漬け込み期間の短い「生なれ」や「こけらずし」も作られるようになり、また筍、茄子、茗荷《みょうが》などの野菜のすしもあってすしは多様化し、材料の米飯も食べるようになって、副食的なものから主食に近いものに次第に変化していく。

江戸時代も初期には馴れずしや生なれも多く作られているが、中期になると発酵した酸味にたよらずに、飯に酢を加えて作る早ずしが考案されて、箱ずし(押しずし)や巻ずしが作られるようになる。さらにその後、文政年間(一八一八~三〇)には、酢漬の魚肉などのすし種をすし飯の上にのせて握った握りずしが、江戸で売り出されて流行するようになった。大坂でも文政末頃には江戸風握りずしを売る店が出来たが、江戸のようには流行せず、現在も箱ずしは大阪ずしの名で知られている。

江戸時代の料理書には、すしの作り方の記載も多く、「名飯部類」(一八〇二)には「鮓の部」があって三十三種のすしの作り方を記しており、その一つに「みさご鮓」がある。これは『料理珍味集』(一七六四)にもあるので原文を次に紹介する。「海辺にみさごという鳥あり　海に入りて魚をとり　木の枝に置きて己《おの》が小便をかけ置き　又海に入りて魚をとる事幾度《いくたび》も是《かく》の如し　此《この》魚を鮓に漬けるに味美なり　此魚枝に有《ある》を下よりとれば　みさごかまわず　若《も》し上よりとれば　此木へ重《かさね》て魚持来る事なし　鮓のつけやう別に子細なし」。真偽は別として面白い話である。

幕末の『守貞謾稿』は、すし売りについておよそ次のように記している。

「三都(江戸・京都・大坂)とも自店あるいは屋体見世で売っているが、江戸ではすしを箱や籠に入れて売り歩く者もいる。京坂のすしは四寸四方の大きさの鳥貝ずしが一箱四十八文、こけらずしは一箱六十四文で、十二くらいに切って一つ四文で売る。また椎茸と独活《うど》を入れた海苔巻ずしがあり、この三品が一般的な京坂のすしであり、梅酢漬の紅生姜を添える。

江戸でも、もとは京坂のように箱ずしが主であったが近年はすたれて握りずしが多く、また海苔巻は干《かん》瓢《ぴょう》のみを入れる。添えるものは酢につけない生姜と、蓼の二種である。そのほか一つ六文くらいの毛ぬきずしもあるが、他のすしは高価なものが多く、一つ四文から五、六十文まであった。天保の改革の時に高価なすしを売っていた者二百余人が捕えられて手鎖(手錠)の刑に処せられ、その後四文か八文になったが、近年はまた二、三十文のすしを売る者もいる。江戸にはすし屋が多く毎町一、二戸あり、蕎麦屋は一、二町に一戸である。また、冬はすしが売れなくなるので、江戸では十月以後、名あるすし屋以外は昆布巻を作ってすしと共に売るが、京坂ではそのようなことはしない」

すしの価格にも社会情勢が反映し、関東と関西の違いなど、すしを通して当時の風俗を知ることができる。

**いちやずし**【一夜鮓】

「早ずし」ともいう。作ってから一日くらいで食べるすし。『料理物語』（一六四三）では塩をした飯に魚を入れ、草つとに包んでたき火であたため、発酵が促進され一晩で馴れるもの、『茶湯献立指南』（一六九六）では魚肉を酢につけてから飯と交互に重ねて押すもので、一夜鮓の名は広義に用いられている。『嬉遊笑覧』（一八三〇）には「むかしの鮓は飯を腐らしたるものにて　みな源五郎鮒の鮓の如し　早鮓といふも一夜すしなり」とある。

出典　①『料理物語』第二十　②『茶湯献立指南』巻四

①一夜ずしの仕様　鮎をあらひ　めしを常の塩かげんよりからうして魚《うお》に入《いれ》　草つとにつつみ　庭に火をたき　つとともにあぶり　その上をこもにて二三返《べん》まき　かの火をたきたる上におき　おもしをつよくかけ候　又柱《はしら》にまき付《つけ》つよくしめたるもよし　一夜になれ申候　塩魚はならず候

②一夜鮓は献立の魚を沖膾《おきなます》ほどにひらりと大に作り　二時ほど酢に付置《つけおき》引上げ水けの無様《なき》にかわかし　飯《いい》成程きれいにこしらへ一段一段にならべ　おしをよくかして二三日ほどして出す　翌日にても不《くるしからず》レ苦なり

**いなりずし**【稲荷鮓・稲荷鮨】

甘からく煮た油揚げを袋状に開いてすし飯を詰めたすし。名称の由来は狐は油揚げを好むということから、狐を稲荷の神の使いとする稲荷信仰と結びついて稲荷ずしとよぶようになったという。「しのだずし」ともよぶのは大阪の信太《しのだ》の森の狐の伝説からという。店売りが主で料理書には見当たらない。

『近世商賈尽狂歌合』より

出典 ①『近世商賈尽狂歌合』 ②『守貞謾稿』
①いなりずし 天保年中飢饉の時より初《はじま》り大いに流行す いづれより起原にや 所々にありて其もと未詳 其後狸ずしといふもの売出せしが廃れて稲荷而已今に繁昌せり
②天保末年江戸にて油あげ豆腐の一方をさきて袋状にし木耳《きくらげ》干瓢等を刻み交へたる飯を納めて鮨として売巡る 日夜売レ之ども夜を専として行灯《あんどん》に華表《とりい》を画き 号《なづけ》て稲荷鮨或は篠田鮨という

**おこしずし【起し鮓】**

すし飯に種々の具を細かく切ってまぜ合わせ、箱型の枠に詰め重しで押したすし。食べる時に箸やさじでほりおこすところからの名。「すくひ鮓」ともよび、押さないで丼鉢に入れたものは「散《ちら》しずし」ともいう。『守貞漫稿』には、散しずしは「ごもく鮓」とも「起し鮓」ともよび、すし飯に椎茸、玉子焼、紫海苔、芽紫蘇、蓮根、笋《たけのこ》、蚫《あわび》、海老、魚肉は酢に漬けて、皆細かにきざみ飯にまぜ丼鉢に入れ、上に金糸玉子焼などを置く。丼は一人分は小さい丼鉢に入れて百文か百五十文であり、また数客分を大きな器に入れて出し、手塩皿（小皿）に取り分けて食べる場合もあると記している。

出典 『名飯部類』
おこしずし 前のこけら鮓の具を薄く細く切りて飯にまぜあはし 少しく厳醋《きふきす》をふり桶笸《おけばこ》にいれて 竹皮にて覆ひ蓋《ふた》制圧鎮《しおしかけ》する等の事 前のこけら鮓のごとし 暫《しばらく》して食ふにさじ はしを以て鋤発《ほりをこ》しぬる故におこしずしと云ふ 又右のごとく製し すくひ鮓と号《な》して 浪花《おうざか》江北堂島の辺に貨《うる》家《いへ》あり これ先のすくひ飯の類にして 利運《りうん》を寿《ことほぐ》の号《な》にして別《ことこしらへ》製あるにあらず

**きずし【生鮓】**

新鮮な魚に塩をしてから酢でしめたもの。語源は「生《なま》成《なれ》」からと考えられ、速成のため酢を用い生ずしとなったものであろう。出典①は生成に近く、②は酢でしめる記述が省略されたものと考えられる。

出典 ①『料理網目調味抄』三巻「鮓」 ②『素人庖丁』二編
①鮒一夜塩してその塩を洗ひまためしに塩加減して腹にこめ脇に詰て漬るを生《き》ずしと云ふ
②まなかつを生ずし これも魚の水洗ひよくし 三まいに

おろし　裏表より塩を当《あて》てしばらく重《おし》をかけおき　その後水にて一へんあらひ　布巾にて水気をとり平作《ひらづくり》または乱切　角切　糸作　いづれにても心まかせにして　漬さんせう　青さんせう　たで　ほたて　きのめ　芽しそ　この中にて出《いだ》すべし

## きらずずし【雪花菜鮓】

すし飯のかわりに、豆腐のしぼりかすの雪花菜（おから、卯の花）に酢、砂糖、塩などで味付けして用いたすし。

出典　①『名飯部類』②『素人庖丁』初編

①つなし雪花菜鮓《からずし》　魚製異成《かはり》なして飯を雪花菜《きらず》に代《かえ》たるばかり也　もつとも雪花菜の塵を択《えら》ひすて　すり鉢にてすり常のごとく豆油《しょうゆ》にていり　さんせうの末《こ》を少しくいれよくまぜ魚腹《はらい》に収る　又腥気《なまくさ》きを厭ふ人は焼目を付てよし　腥気なし

②このしろ雪花菜《きらず》鮓　常のごとく水あらひして中骨をとり塩をすこしあて置き　暫《しばらく》してよき鮓にひたし　さて豆腐のからに醬油にて味を付《つけ》よくいり　右の酢に浸したる魚を取出し　布巾にてよくぬぐひ　肉中へかの豆腐のからを込入《こみいれ》よき重しにて押す事二時ばかり　小口切にして出すべし

『素人庖丁』より

## こけらずし【柿鮓・柿鮨】

箱ずし（押しずし）の一種で、薄く切った魚肉や貝肉、卵焼き、椎茸などを、こけらぶき（薄い木片のこけら板でふいた屋根）のように、箱型の枠に詰めたすし飯の上にのせて重しで押したすし。名称もこけらぶきに由来する。室町時代の記録にもこけらずしの名は見られるが、江戸時代になると料理書にも記載が多い。江戸時代初期の『料理物語』では塩かげんした飯に薄切りの魚肉を混ぜて酢を用いないが、『名飯部類』（一八〇二）は前述のようなこけらずしである。『名飯部類』は長文なので作り方を次に要約すると、飯は米一升に水一升の割合で塩五勺を加えて炊く。さましてからすし桶箱に竹の皮をしいたものに詰め、平らにして貝をならべ、また飯をつめ具をならべ、その上から酢をふりかける。竹の皮で上を覆い蓋をして重しをかけ、しばらくして庖丁に酢を塗って切る。ならべる具は上等には鯛、鮑《あわび》、松菜、中等から下等は赤貝、きくらげ、栗、薄焼卵、たけのこ、椎茸、みつばなどとあり、薬味は蓼《たで》、山椒、生姜である。また、店によってはこけらずしに小倉鮓、わかさ鮓、千倉鮓、淀川鮓などの名をつけて売っているが、安価でよい品ではないとある。→：はこずし

出典 ①『料理物語』第二十 ②『料理網目調味抄』雑之部 ③『料理秘伝記』第四 ④『料理早指南』三編 ⑤『名飯部類』鮓の部 ⑥『素人庖丁』初編

①鮭をおろし身をひら〳〵とおほきにつくり めしに塩かげんしてかきあはせ そのまゝをしかけ申すばかり也

②こけら鮓は鯛 鱸《すずき》 鯔《ぼら》 鮎その他藻魚 いわし 鰤《ぶり》なども可漬 まづ一塩して飯をかたく炊 塩加減して桶にばら〳〵と飯を敷 魚を並べ 一返一返飯を置き魚をならべ漬べし

## ささまきずし【笹巻鮓】

小鯛、鯵などの魚に塩をしてから酢じめにし、すし飯を握った上にのせて熊笹の葉で巻いたすし。魚の小骨を抜くのに毛抜きを用いたところから「毛抜鮓」とも呼ぶ。『守貞謾稿』には「へつつい川岸毛抜鮓は十六文にて

『守貞謾稿』より

各々笹巻にす　巻て後桶に積み石を以て圧レ之《これをおす》　深川横櫓小松鮓」とある。

## さつまずし【薩摩鮨】

「酒ずし」ともいう。酢を使わず、飯に塩と砂糖少々を混ぜた地酒をたっぷりとかけ、鰤《ぶり》や鯛など海の幸と、たけのこ、蕪、人参、椎茸など山の幸を下拵《したごしら》えして混ぜて重しをかけ、昔は数日、今は数時間おいて作る。この作り方の酒ずしは鹿児島の郷土料理であるが、江戸時代料理書には見えず、『名飯部類』(一八〇二)には薩摩鮨として酒ずしがあり、現在のものの原形であろうか。

出典　①『名飯部類』鮓の部　②『素人庖丁』初編

「田舎すし」が薩摩ずしと同じ

①薩摩すし、薩州にては昔時《そのかみ》より鮓を製《おす》には完《まる》ずしのみなりしが　今は都会《はんくわ》にならひこけらすしをも漬製《つける》といへど　稀々にして　多くはあぢむろの類の完すしなりと　その法余国に変り酢を用ひず酒にて成漬《したつ》る也　まづ右の魚類いづれにても鱗を去り　背より庖丁にて腸骨を切とり　水に洗ひよく水気を乾《かはか》し　塩を少しく撒置《ふりおく》　しばらくしてふたゝび水にて塩を洗ひ落して後　酒にしばらく浸引《つけ》あげ置　飯を炊き冷《さま》し新しき酒を右の飯よきほどに調匂《まぜ》て魚の頭尾《をかしら》まで収《いる》ること鯖の鮓のごとし　飯を収るにも酒をつかひ　さて筥《はこ》に竹の皮をしき酒をそゝぎ右の飯を一通り敷く　魚鮓《すし》を並べ飯をその上に置　また酒をふりいくたびも同じくし竹の皮にて覆ひ蓋制し筥を覆《かへ》し随分つよき圧石《おもし》かけ中なる酒をたらし一日を経て食すとぞ

## さばずし【鯖鮓・鯖鮨】

現在の鯖ずしは、しめ鯖とすし飯を用いた姿ずし、または棒ずしである。江戸時代料理書の鯖のすしは塩鯖を用い、酢を使わず飯で漬け込み発酵させて酸味を出した姿ずしと、しめ鯖にして箱ずしにし一日くらいで食べるものとある。

出典　①『名飯部類』鮓の部　②『料理山海郷』巻五

①鯖のすし　まづ塩鯖を水にて洗ひ　しばらく塩を出してのち骨皮を去り　前のこけらすしの条《ところ》の飯を頭よりさし入れ尾まで置き　肉《み》を合しすし桶に竹の皮をしきその上に飯を一通おき右のすし鯖を並べ　またその上に飯をおき桶の浅深によりいくたびも同じくし　竹の皮にて上を覆ひ蓋制し圧石《おもし》をかけ日を経て飯の酸味魚に移りたるを出し　上下の飯を除《はらい》て切《きり》賞する事　何々の丸ずしもかくするぞ法なれ

しかれども人々の好悪ありて衆人に適《あはせ》難し　ゆへに即時に食供《もてなし》せん料に北鯖［若狭丹後地方に産し塩漬にしたもの］の夏に日数を経ざるものを択《えら》び　水にて洗ひしばらく塩を出してのち骨皮を去り　厳酢《きふきす》にてふたゝび洗ひ　醋《す》よくたらし飯を入ること前のごとくし　筥《はこ》桶に入並らべ蓋制圧鎮《おし》例のごとくにして後切出す　右のごとく製し今井すしと呼《い》へり

**すずめずし【雀鮓・雀鮨】**

鯔《いな》・小鯛などの小魚を頭をつけたまま背開きにし、塩と酢でしめてから腹にすし飯を詰めたすし。本来は江鮒《えぶな》（鯔《いな》、鯔《ぼら》の子）で作り、鰭《ひれ》をピンとはったところが雀の飛ぶ形に似ているところからの名。また『嬉遊笑覧』には「摂津名物のうち雀鮓江ふな也　腹に飯を多く入たるが雀のごとくふくるれば　かくいふなりといへり」とある。現在は型を使った押しずしになっている。

出典　①『料理物語』第一　名吉の項に「いな　すずめずし」　②『茶湯献立指南』巻七　③『名飯部類』鮓の部

②すずめずしは摂州大坂の名物也　小ぼらのすし也　都にてはいなと云ふ

③ゑぶな　いなの小なるもの　いなのごとく洗ひ製し飯を収《いる》るのその形状の雀に似たるとての名也と　江北編笠茶やの名品《めいぶつ》なり

**たけのこずし【筍鮨】**

味をつけて煮たたけのこの薄切りをすし飯の上に並べておした箱ずしと、丸ごと塩味で煮た竹の子の節を抜き中にすし飯を詰め、しばらく押してからそぎ切りにしたものとある。

出典　①『名飯部類』鮓の部　②『新撰会席しっぽく趣向帳』

①淡竹筍の随分新しきを以て皮を去り根を断　完《まる》ながら稀しやうゆにて烹《に》　小刀を持て節間《ふしあひ》をくりて前のおこし鮓の飯核肉《ぐ》をにぎり円《まろ》め末より堅くつめ置て　すし桶に並べおして一伏時《ひととき》ばかりして殺《そぎ》切にす　又こけらすしのごとく製し　たけの子を薄く片切にし稀豆油《うすしやうゆ》に烹て多く入たるをも筍のすしと云ふ

②竹の子すしは竹のこをゆで冷し飯と塩を合し竹の子ならべ桶に漬さか押にかけて水気を取　一日半にて漬る也

**とりがいずし【鳥貝鮓】**

箱ずしの一種で鳥貝のみをすし飯の上に並べて押したすし。幕末のころ、すしは鮓店あるいは屋台見世で売られ、また箱や籠などでかついで売り歩いた。京坂では方四寸の鳥貝鮓一箱が四十八文、こけらずしが六十四文であった。→：はこずし

出典　①『名飯部類』鮓の部　②『守貞謾稿』第二十八編

①鳥貝の随分鮮《あたら》しきを腸を出し　水に洗ひ　塩湯をよくたぎらし　鳥貝を入　いかにもさつと湯をとおし籠にあげ水気をたらし後を収《いる》る　また一説に鳥貝の腸を去り水にて洗ひ至つてうす豆油《しやうゆ》にてさと烹《に》　切片《ふたつ》にし桶に飯を入　そのうへに鳥貝を置切食すとも

すし売り（『守貞謾稿』より）

**なまなれ【生成】**

「なまなり」ともいう。半馴れずしのこと。馴れずしは魚を米飯へ漬け込む期間が二、三年から二カ月くらいと長いので、米飯は乳酸発酵して粥《かゆ》状になり魚肉だけを食べる。生なれは一カ月から数日と漬け込み期間を短くして、米飯に酸味が少し出たところで魚肉も米飯も食べるもの。魚がまだ生々《なまなま》しいので生なれという。室町時代に始まり江戸時代には次第にすたれて、現存するものに吉野の鮎の生なれ、紀州の鯖の馴ずしがある。

出典　①『料理物語』第三「鮒なまなり」　②『料理塩梅集』天の巻鮨部

②鮒鮓漬方　古酒一升に塩三合入せんじ候　但鮓二三日の内に可喰時は酢一合入　五六日も可置《おくべき》時は酢は不入《いれず》也　飯は常のよりは少こわくしてよくさまし　右のせんじ候酒にて喰塩より少辛く合申候　鮒にはよき加減に塩をして一時ほどしませてその塩水にてさつとあらひ右の飯にてつけ申

候　飯の分料は鮒に応じ申候　右の鮓五六日も置申候時はめしの塩　なまなりよりは辛く仕候　押はつけ候時より二時程はかろく仕　それより次第〳〵におもく押懸申候　冬ならば十日過程に口あけ出申候　生なれの時は冬は五六日にてはよし　大鮒ほど久しく候

**なれずし**【馴鮓】

塩漬けにした魚を塩味をつけた米飯に漬け込み、重しをして半年から一年熟成させたすし。魚は自己消化によりたんぱく質が分解してアミノ酸の旨味《うまみ》を生じ、米飯は糖化して乳酸発酵による酸味が魚肉に浸透し、馴れずし独特の風味が形成される。すしの原形といわれ、魚の貯蔵法として始まったもの。奈良時代からあるが、室町時代以後は生《なま》なれや飯ずしが発展して馴れずしは減少した。現存するものに滋賀県の鮒鮓がある。

出典　①『合類日用料理抄』巻四　②『名飯部類』鮓の部　もろこ淡海《あふみ》ずし、鮒ずし、淡海鮒ずし

①江州鮒の鮨　寒の内に漬申候　ゑらを取　ゑらより腸をぬき　頭を打ひしぎ　折敷《おしき》に塩を沢山にため両方より鮒を塩の上へおし付塩付候ほどつけ鮨に漬申候　黒米をこわめ

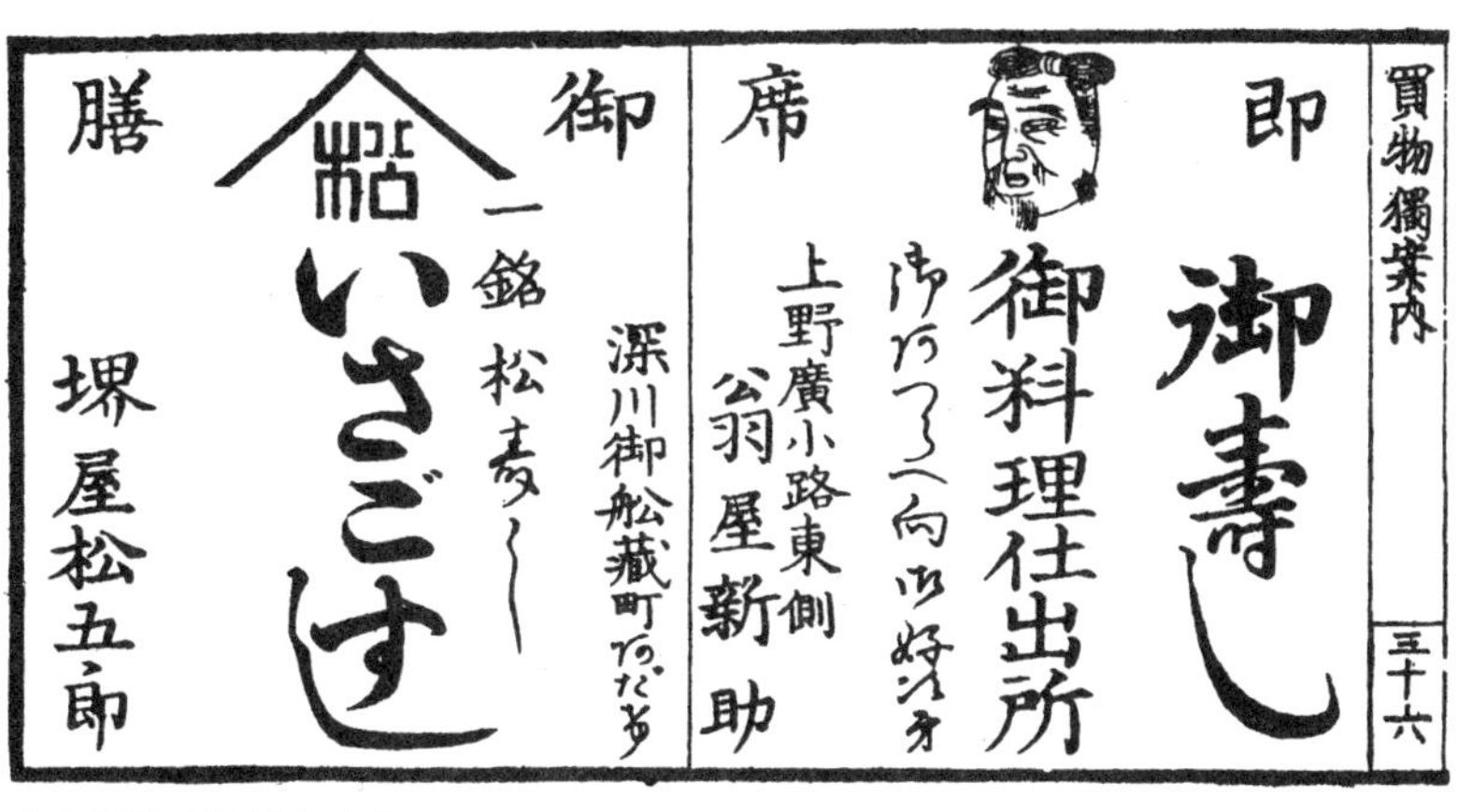


『江戸買物独案内』より

しに仕　よくさまし喰塩に塩をまぜ飯沢山に漬申候　初《はじめ》成程おしつよく置二十日程過ておしを常の鮨のかげんほどに弱置申候　七十日程過てよくなれ候　いつ迄も持申候翌年夏秋の時分も結句風味よく骨も一段と和《やはらか》に成申候　これもおしをゆるめ申候時分に塩水を蓋の上へため申候　取《とり》出《いだし》候のち内の魚飯のかたおりに不成《ならぬ》やうに直し　押をかけ　右の塩水又ため置申候

**にぎりずし**【握鮓・握鮨】

すし飯に新鮮な魚介類や卵焼きなどのすし種《だね》をのせて握ったすし。江戸後期の文政五、六年（一八二二、二三）ころに江戸両国の華屋与兵衛が始めたものという。『皇都午睡』（一八五〇）には「東都の鮓といへば皆握り鮓のみにして京摂の如く切鮓なし」とあり、江戸ではすし屋や屋台で売られて流行した。握りずしはこのように専門店で作られたので料理書には見当たらないが、『守貞謾稿』（一八五三）には詳細な記述があり、現在とほとんど同じである。

出典　『守貞謾稿』第二十八編

江戸今製は握り鮓也　鶏卵焼　車海老　海老そぼろ　白魚まぐろさしみ　こはだ　あなご甘煮長のまま也　以上大略価八文鮓也　其中玉子巻は十六文許也　之《これ》に添えるに新生薑《しょうが》の酢漬　姫蓼等也　又隔等には熊笹を用ひ　又鮓折詰などには鮓上に下図の如く熊笹を斬て之《これ》を置き飾とす京坂にては隔にはらん[葉蘭]を用ひ　又添物には紅生姜と云て梅酢漬を用ふ

『守貞謾稿』より

## はこずし【箱鮓・箱鮨・筥鮓】

すし飯を箱型の枠に詰め、その上に魚介類などを並べ、押し蓋で押したすし。押すところから「押しずし」ともよび、型から抜いて適当な大きさに切るところから「切りずし」ともいう。『守貞謾稿』によると、幕末には江戸では握りずしが流行したが、京坂では箱ずしと巻ずしであった。箱ずしにはこけらずしと鳥貝一色をのせた鳥貝ずしとがあった。

出典　『守貞謾稿』第二十八編

筥鮓と云《いふ》は方四寸計《ばかり》の下図の如き筥に飯に酢と塩を合せまづ半をいれ　醤油煮の椎茸を細かにきり納之《これにおさむ》　また飯を置きその上に図の如く鶏卵やき　鯛の刺身　蚫《あわび》の薄片を置て縦横十二に斬る

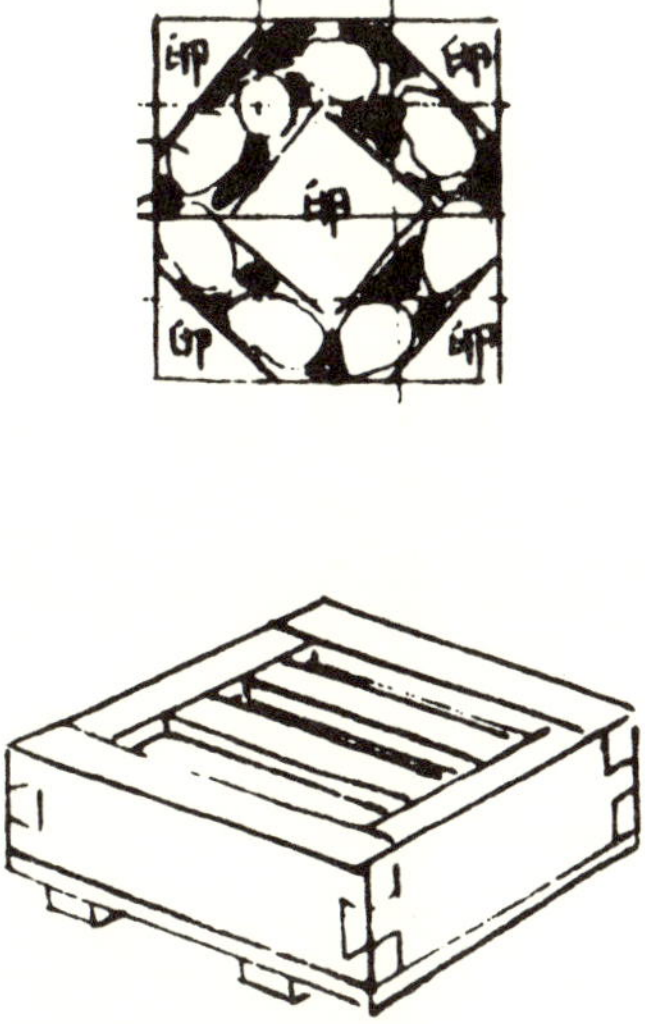

『守貞謾稿』より

## まきずし【巻鮓・巻鮨】

現在の巻ずしは浅草海苔の上にすし飯を平らにのせ、いろいろな種をしんにして巻いたすしで、卵焼きで巻くものもある。

江戸後期の『名飯部類』（一八〇二）では現在の巻ずしと同じであるが、中期の『料理山海郷』（一七五〇）では魚肉の鮓を大根おろしで巻き、『献立部類集』（一七七六）では浅草海苔やすし飯を用いているが、しんは魚の鮓である。

出典　①『料理山海郷』巻二　②『献立部類集』上巻「まきずし」　③『名飯部類』鮓の部

①巻鮓　辛み大根をおろし塩を合せよくしぼり　川鱒を作り酢に塩を合漬おき　おろしをまんべんにならし鱒をおきてまき　その上を簀《す》[すだれ]にて半日ばかりしめおき薄刃にてこぐち切にしてもちゆ

③巻すし又紫菜《のり》まきすし　浅草紫菜を板上にひろげて前こけらすしの飯を置　加料《ぐ》には鯛　鰒魚《あわび》　椎茸　野蜀葵《みつば》　紫《め》

蘇苗《しそ》の類を用ひ堅く巻　巾《ふきん》を水にてしめし上に覆ひしばらくして切《きる》　紀州加太和布《め》にても右のごとくし和布巻《めまき》すしと云ふ

## まるすし【丸鮓】

「姿ずし」ともよび、頭をつけたままの魚を背開きか腹開きにし、内臓と骨をとって塩をしてから酢じめにし、腹にすし飯を詰め、もとの姿のように形を整えたすし。

出典　『素人庖丁』初編

丸すし　うほせ　きすこ　小たい　ゑぶな　いな　さば　うるめ　小あぢ　せいご　たなご　かます　このしろ　つなし　あゆ　ふな　右のるいいづれもよし　仕様常のごとく洗ひ　背よりわり　中ほね腹のほねともとりのけ　塩をあて暫してよく酢にひたし置く　扨《さて》とり出《いだ》し布巾などにて水気をふきとり　首《かしら》より尾先迄飯を込み桶にならべて重《おもし》すべし　又すがたにかまはず風味を専一とせば魚の上したに飯を置きておすべし　風味格別にて尤《もっとも》よし

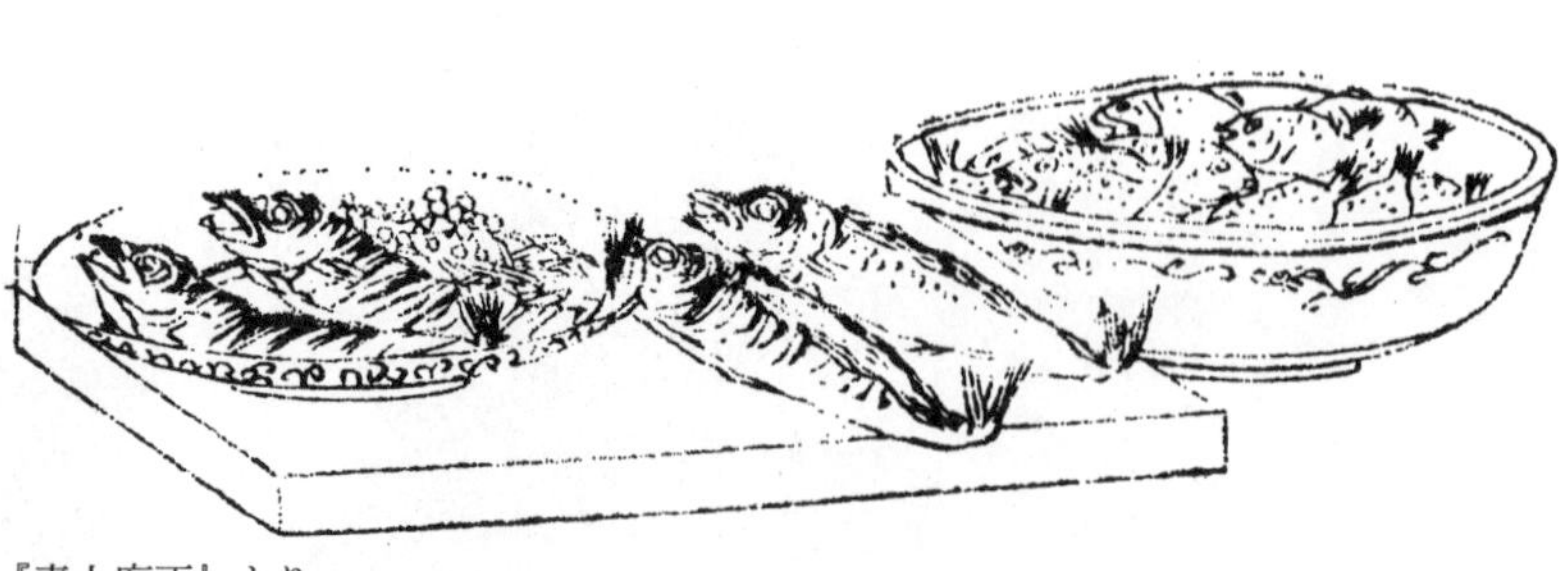

『素人庖丁』より

# めん類

葛飾北斎画「見附のそば屋」（財団法人 味の素 食の文化センター所蔵）

江戸時代のめん類には、小麦粉を材料とするものに、うどん、冷麦、そうめん、きしめんがあり、そば粉で作るものにそば切り、葛粉《くずこ》を用いるものに葛切り、葛そうめん、水せんなどがある。

めん類の代表的なものは、うどんとそば切りで、江戸時代初期の万治から貞享のころには、江戸では振売り（行商）で売り歩く者が多く、店売りでは菓子屋が副業でこしらえて売っていたという。その後専業の店ができて流行し、幕末には江戸では一町に一軒そば屋があり、京坂では四、五町に一軒、あるいは五町か七町に一軒、所により十余町に一軒のうどん屋があったと『守貞謾稿』に記されている。

うどんが江戸時代以前からあったのにくらべて、そば切りは江戸時代初期からのもので歴史は浅く、江戸でも享保のころまではうどん屋でそば切りを売っていたものが、そば切りのほうが繁昌するようになってそば屋とよぶようになり、かたわらうどんも売っていた。京坂ではうどん屋が繁昌し、かたわらそばも売っていた。この江戸はそば屋、京坂はうどん屋という傾向は現在も変わらず続いている。

そうめんは、めん類の中では最も歴史が古く、もととなる索餅《さくべい》は奈良時代からあり、江戸時代には大和の三輪をはじめ名産地として知られているところも多かった。『和漢三才図会』には、備州《びんご》の三原、奥州の三春から産するものは細く白くてよく、予州《いよ》、阿州《あわ》のものも劣らないが、和州《やまと》の三輪のものは昔から有名であ

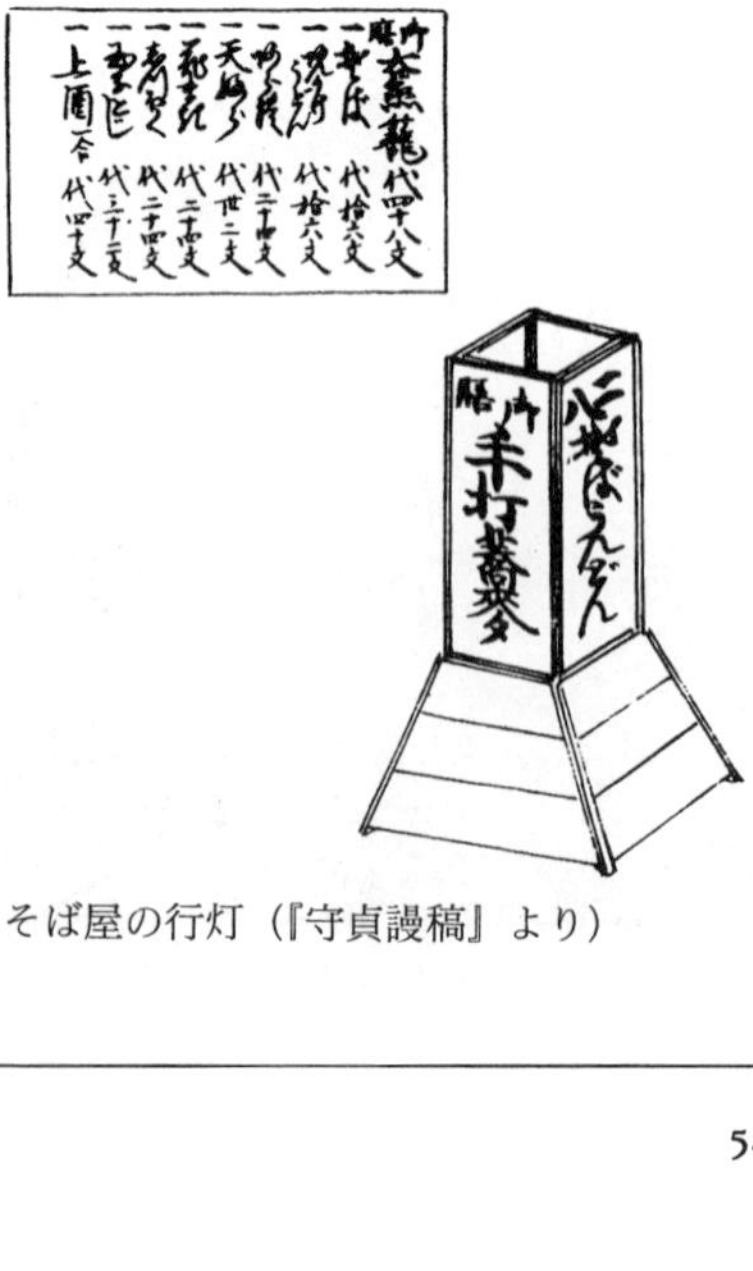
そば屋の行灯（『守貞謾稿』より）

るがよくないと、当時のそうめんの品質についても詳しい。なお、そうめんは製品として売られたので、料理書に作り方の記載はない。江戸時代には五節句の一つである七夕には瓜や果物とともにそうめんを供え、将軍、公家をはじめ民間の家々でもそうめんを食べ、また贈り物にもした。

そば切りも、江戸中期ごろから年越しそばの風習が始まり、現在も盛んに行われていて、大晦日《おおみそか》になるとそば屋が大繁昌する。その由来についても諸説あって、そば切りは細く長いので長寿を願ってとか、金箔の細工師が金粉の散らばったものを集めるのに、そば粉をこねた塊を用いることから、金が集まるのを願ってなどといわれている。地方によっては年越しそばはなかったようで、『浪華の風』には、大坂では大晦日には麦飯をたき、赤鰯を添えて食べるが、これは江戸で蕎麦切を食べることと同じであると書かれている。

めん類の食べ方について調べてみると、元禄五年（一六九二）刊の『女重宝記《おんなちょうほうき》』二の巻に「麺類くい様」の項がある。「索麺《そうめん》くふ事　汁をおきながら　一箸二箸索麺を椀よりすくひ入《いれ》て　さて汁を取《とり》あげくふべし　その後は汁を手にもちすくひ入《いれ》　食ひてもくるしからず　汁を替へ候はば　はじめはいくたびも汁を下に置きすくひ入　とり上《あげ》くふべし　温飩《うどん》もくひ様おなじ事なり　蕎麦切など男の様に汁をかけくふ事有べからず　索麺のごとくくふべし　辛味　臭味〔薬味類〕などかならず汁へ入《いる》べからず」。この書は女性向きの生活便利事典ともいえる実用書であるから、室町末期の『食物服用之巻』ほど形式偏重ではないが、現代人

そうめん食うところ（『女重宝記』より）

から見ればかなり細かい作法である。

　うどんの供し方を図解入りで記したものには『羹学要道記』（一七〇二）があるので要約する。

「客への膳には椀と梅干をのせた手塩皿（小皿）と胡椒壺を置く。梅干をつけるのは、温かい物を食べると肺臓が開くが、梅干を食べると元のように肺臓がしぼむからである。梅干のかわりに大根おろしを用いてもよいが、それはうどんがもたれやすいのを防ぐためである。うどんは黒塗の飯鉢に入れ、さめないように熱湯をかけて出すが、うどんの茹で湯を用いてはいけない。その他につけ汁を入れた金色《かないろ》、指湯《きしゅ》の器、汁こぼしの鉢を用意する。客は椀に飯鉢からうどんをとって入れ、熱い指湯をかけ、つけ汁は椀の蓋につぎ、うどんにつけ汁をつけながら食べる。つけ汁が薄くなったら汁こぼしの鉢へ捨て、またつけ汁を注ぐ」。

　ここで料理書の中のめん類の位置をみると『料理物語』（一六七四）では第十七の「後段の部」に、うどん、そば切り、葛そうめんなどのめん類が登場する。『料理塩梅集』でも「後段部」にめん類がある。後段《ごだん》とは『貞丈雑記』に「客のもてなしに飯の後に麺類にても何《いずれ》にても出《いだ》すを今の世には後段と云ふ　いにしへはなき詞《ことば》なり」とあるように、本膳料理では、一の膳、二の膳などで食事が終わったあと、吸物や肴が出て酒宴となり、その後に後段として、めん類や餅などの軽食が供される。めん類は庶民のものとして流行した一方で、正式のもてなし料理の後段としても用いられていた。

うどんの膳立（『羹学要道記』より）

**あつむぎ【熱麦】**

熱い切麦の意味で、冷麦に対していう。→：きりむぎ

出典 『料理塩梅集』天の巻後段部

あつむぎ方　これも常の切麦のごとくにゆで　水に漬け冷し　さて水をしたみ［水を切り］人はだなる湯に入置《いれおく》　もり出す時うどんのごとくさし湯にて出申候也

**うどん【饂飩】**

めん類の一種で、小麦粉を薄い塩水でよくこねてから、めん棒で薄くのばし細く切ったもの。うどんの由来については諸説があるが、『嘉元記』の正平七年（一三五二）五月十日のくだりに、酒の肴の一つとしてウトムとあるのが文献への初出といわれる。江戸時代のうどんの作り方は『料理物語』（一六四三）にみられるように現在とほとんど同じであるが、薬味として胡椒と梅干を添えているのが現在と異なる。『羹学要道記』（一七〇二）のうどんの献立の図にも胡椒壺と梅干があり、近松門左衛門の浄瑠璃の中に「本妻の悋気《りんき》と饂飩に胡椒はお定り」という文句があるというから、当時はうどんに胡椒は付き物だったらしい。『守貞謾稿』によると、京坂の人はうどんを好みうどん屋が多く、兼ねてそばも売り、江戸の人はそばを好むのでそば屋が多く、兼ねてうどんも売る。うどんのたね物として、しっぽく（うどんの上に焼鶏卵、蒲鉾、椎茸、くわいなどを加える）、あん平（しっぽくと同様にして葛醤油をかける）、鶏卵（うどんの卵とじ）、小田巻（しっぽくと同じ品を加え鶏卵を入れて蒸す）などをあげている。

出典 ①『料理物語』第十七 ②『料理塩梅集』天の巻後段部 ③『合類日用料理抄』巻二 ④『本朝食鑑』穀部之一 ⑤『羹学要道記』 ⑥『黒白精味集』中巻七 ⑦『料理山海郷』巻二 ⑧『料理早指南』四編

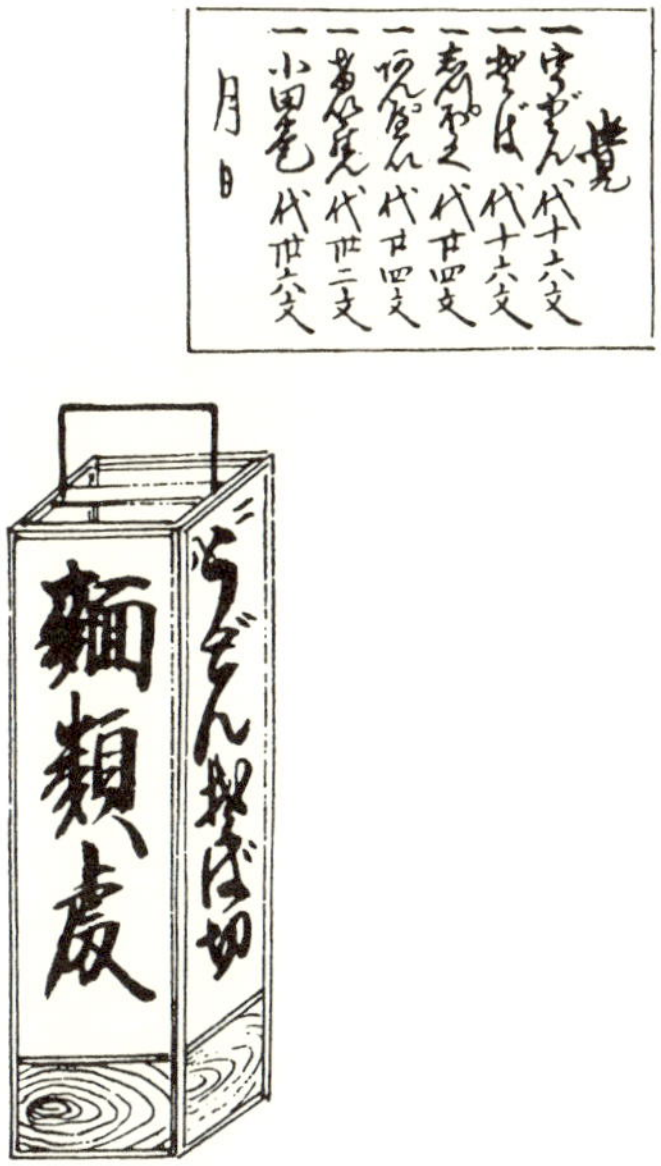

うどん屋の行灯（『守貞謾稿』より）

①粉いかほどうち申候共　塩かげん夏はしほ一升に水三升入れ　冬は五升入れて　その塩水にてかげんよきほどにこね　うすにてよくつかせて　玉よきころに　いかにもうつくしく　ひゞきめなきやうによく丸め候てひつに入れ　布をしめしふたにして　風のひかぬやうにしてをき　一づつ取出しうちてよし　ゆでかげんはくひ候て見申候　汁はにぬき又たれみそよし　胡椒　梅

⑦うどんのこ　ずいぶん堅くこね　御座《ござ》につゝみふむ事ねまり出るまでよくふみ　それより水ゆでにする　六ふき目より火を引てうます［蒸らす］　六ふき目より汁をこしらゆる也　極上のしやうゆ　鰹出しにてせんじるなり　汁出来る迄にうどんはよくうめる也

**きしめん【碁子麺】**

碁子《きし》は碁石《ごいし》のことで、もとは小麦粉を水でこねて薄くのばし、竹筒の切口で丸く碁石のように押し切ったもので、ゆでてきな粉をかけて食べたもの。江戸時代になると平打ちうどんのことをきしめんとよび、めんが薄めで幅広なのが特色で、「ひもかわ」ともいう。『本朝食鑑』には経革《ひもかわ》とあり、『守貞漫稿』には「ひもかはと云ふは芋川の伝訛ならん　又ちなみに云ふ今江戸にてひもかはと云ふ平打うどんを尾の名古屋にてはきしめんと云ふ也」とある。

出典　①『本朝食鑑』穀部之一　②『料理山海郷』巻二　③『料理伊呂波庖丁』巻四「紐皮うどん」　④『貞丈雑記』巻六

②きし麺　うどんのこ塩なしにこね常のごとくふみて薄く打つ　はゞ五分ほどの短冊にきり汁にてかげんするなり　打粉多くつかへば汁ねばる　打粉少くして汁多く仕懸《しかけ》るがよし　汁　酒　しやうゆをくはへ少しあまく仕懸る　花かつを大がきにして入るべし　饂飩《うとん》を打込煮上て置く　ねぎ二寸斗《ばかり》に切　たくさんに入れ　煮て後右のうどんを入れてもちゆ　鰹もみこみ打《うち》たるもおもしろきなり

**きりむぎ【切麦】**

小麦粉を薄い塩水でよくこねてめん棒で薄くのばし、うどんより細く切っためん。手で引きのばすそうめんに対して切麦とよんだ。室町後期からのものと思われ、熱くして食べるのを熱麦《あつむぎ》、冷やして食べるのを冷麦という。

↓：あつむぎ、ひやむぎ

出典　①『料理物語』第十七　②『合類日用料理抄』

巻二
①切麦　これも塩かげんうちやう何もうどん同前　汁はに
ぬき又たれみそに　からし　たで　柚
②切麦の方　右うどんの仕やう同前也　切様とひやし申候
分ちがひ申候　うどんより細《こまか》に切申候

## くずきり【葛切】

葛粉に湯を加えてこね、めん棒で薄くのばして細く切りゆであげたもの。現在葛切りと呼ばれているものは江戸時代の水《すい》せんに当たり、名称に混乱が見られる。葛切りは『松尾久重茶会記』の寛永十二年六月十三日の献立にあり、江戸初期からのものらしい。そば切りと同様の食べ方や、きな粉や砂糖をかけた菓子としての食べ方がある。→∴すいせん

出典 ①『合類日用料理抄』巻二 ②『和漢精進新料理抄』 ③橘川房常『料理集』 ④『黒白精味集』中巻七 ⑤『古今名物御前菓子図式』 ⑥『料理早指南』四編 ⑦『精進献立集』初編

④葛切　くず一升を四度ほどにこね申　随分熱湯にてこね
申也　湯ぬるく候へば悪敷《あしく》候　もつとも一こね〳〵にして
打仕廻申して又こね候て打申也　こね置少し間有之候へば
うたれ不申《もうさず》候（中略）さてそば切のごとく打ち　はゞ二分
半三分ばかりに切り　湯煮して水へあけ水を替出す　汁薄
だし四盃　酒だし二盃　溜りと醤油にて一盃入れせんじ合
せ　水にて冷し出す　擂《すり》からし　擂蓼《たで》よし　この汁を甘汁
と云ふ
⑦くずきり　かんぶつやにあるを　湯に二ふきほどたきて
水におろしひやし置き　すいのふへあげて能《よく》たらし　きな
粉にさとうをあはしてかける

## くずそうめん【葛素麵・葛索麵】

葛粉で作ったそうめん。原料の葛粉の一部を水でといて加熱し糊状にしたものに残りの葛粉と湯を加えて練り、これを底に小さい穴をあけた容器に入れて熱湯の中に押し出し、ゆでてから水で冷やして作る。現在は春雨《はるさめ》と呼ばれ、馬鈴薯でん粉などを主原料とした乾燥製品である。葛そうめんは後段《ごだん》（食事後の食べ物）としての記載が多いが、刺身として煎酒《いりざけ》とおろしわさびを添えた例もある。

出典 ①『料理物語』第十七 ②『料理塩梅集』地の巻 ③『合類日用料理抄』巻二 ④橘川房常『料理集』

⑤『黒白精味集』中巻七　⑥『料理秘伝記』第五　⑦『料理早指南』四編　⑧『精進献立集』二編

⑤葛素麺　くずを細《こまか》に振るひ粉にして　さてくずの粉少し水にてとき水の漸《ようやく》にごり申様にして煮立　飯の取湯の様にしてあけてさまし　その葛湯にて右の葛の粉をねり　こねかげん手にてすくい上げ見候へば　指の間より糸のごとく能《よく》つゞきおち切れ申さず候が吉《よし》　早く落ち申候へばこねかげんゆるき也　さて御器［飯椀］の底に人さし指の通る程の穴を開け　柄杓のごとく柄をみじかくして　ねりたるくずをくみ入れ　さて湯のたちたる上へ　かの穴に洩らぬ様に指を当てさしあげ　当たる指をはなし候へば穴よりもる也　御器をあげ候へばほそく出来　御器をさげ候へば太く成也　さてさつと煮てすいのふにてすくい上げ　水に入れ冷しよき程に切出す　汁右［葛切］同然　白砂糖　たゝきくるみなど置出す

**じょよめん【薯蕷麺】**

粳《うるち》米の粉に摺《す》りおろしたやまのいもを混ぜてこね、うどんのように打って切り、ゆでてから水に入れて冷やし、椀に盛って熱湯をさしあたためて供するめん。つけ汁や薬味はうどんと同じ。粳米の粉に糯米《もちごめ》の粉を混ぜる作り方もあるが、『合類日用料理抄』（一六八九）は、糯米、卵、小麦粉など混ぜるのはよくないと記している。なお薯蕷《じょよ》とはやまのいものこと。

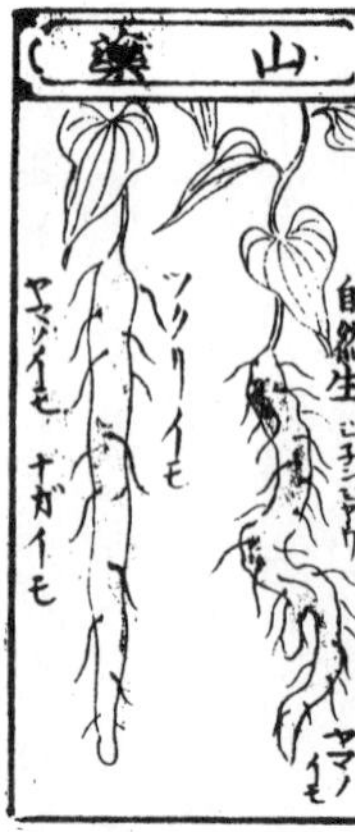

『食物知新』より

出典　①『料理物語』第十七　②『合類日用料理抄』巻二　③『料理塩梅集』天の巻後段部　④『黒白精味集』中巻七　⑤『料理珍味集』⑥『料理秘伝記』第五　⑦『料理献立抄』⑧『料理早指南』四編

④薯蕷麺　秋冬はうるの米　新米成程上白に搗《つき》　洗ひかはかして細にはたき粉にして絹振ひにてふるひ　春夏は餅米少し入れてよし　但し春はうる米一升へ餅米五勺程　夏は一升へ一合程入れてよし　次第に米ひねになりねばりなきゆへ也　こね様いづれも同事也　長芋皮むきおろしよく摺《すり》てめしの取湯《とりゆ》［重湯］少《すこし》ばかりのべて摺合　さて米の粉をこね温飩《うどん》のごとく打切て　湯をたて［煮立て］さつと煮て水

の中へ取りあげて置けば暫置きてものびず切れもせぬもの也　さて出し際に熱湯に漬けて椀に盛　又熱湯をさして出す　汁温飩の汁同然にして　こせうの粉付て出す

**すいせん【水繊・水煎・水蟾・水泉】**
葛粉を水でといて、水せん鍋（水せん用の鍋）に薄く流し入れ、その鍋底を熱湯に浮かべて半透明になったら、そのまま水せん鍋を熱湯中に押し込んで完全に糊化させる。次にこれを冷水中に入れて冷やし、水中で糊化したものをへらではがし、板上にとり上げて細く切ったもの。現在これを葛切りと呼ぶが、本来の葛切りは葛粉を湯でねって薄くのばし、細く切ってからゆでたものである。水せんは室町初期の成立といわれる『庭訓往来』にも、点心（茶うけの菓子）の一つとして記載がある。→くずきり

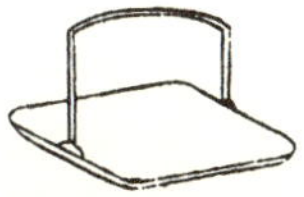
水せんなべ
（『料理早指南』より）

出典　①『料理物語』第十七　②『料理塩梅集』地の巻　③『合類日用料理抄』巻二　④『和漢精進新料理抄』　⑤『黒白精味集』中巻七　⑥『精進献立集』

⑤水泉　葛の粉水にてとき　爪の上へ一露落して見候へば爪の上より流れ不落《おちず》　たまりている程にしてよし　さて湯を立[煮立て]　水泉鍋へ杓子にて少づつくみ入れ　大かたふのやきのうすさ　夫《それ》より薄きほどにして湯せんにて色かわりたる時　湯の中へすいせん鍋共に打込取上　水の中へ鍋共に入れ冷し　水の中にてへらにて落し水に入置く　さて板の上へ一枚づつそろ〳〵上げ　薄刃にてはゞ二分ばかりづつに切　水にさわし[さらし]　皿に盛水溜《ため》出す　汁同然[葛切に同じ]

**すいとん【水団・水飩】**
現在のすいとんは小麦粉を水でこねて団子状にちぎり、醤油またはみそ仕立の汁で野菜などとともに煮たものであるが、すいとんは室町時代からある古い料理で、材料や形は時代によって違いがある。江戸初期の『料理物語』（一六四三）では葛粉《くずこ》をねり薄くのばして短冊形に

切っているが、後期の『料理早指南』（一八〇一）では葛粉に小麦粉を混ぜてねり、ちぎって入れるつみ入れ形になっている。そして中期の『黒白精味集』（一七四六）にはその両方の記載がある。また幕末の『守貞謾稿』には「江戸にては温飩粉《うどんこ》を団し味噌汁を以て煮たるを水飩と云」とあり、また京坂では心太《ところてん》を晒《さら》したものを水飩とよぶが同名異物で、本来のすいとんは冷やし白玉のようなものであろうとしている。

出典　①『料理物語』第十七　②『黒白精味集』中巻七　③『古今名物御前菓子図式』上巻　④『料理早指南』四編　⑤『守貞謾稿』第五編「心太売」

①水飩　くずのこを是《これ》もとも水にてこねよくつくねあはせ竹にても木にてもうちのべ　はゞ二三分長さ三寸ばかりにもきり申候　みそにだしくはへにる　にらか又はいづれにてもうは置《おき》よし　但《ただし》ゆにをして入れてよし

②水とん　薄き味噌汁にて葛をとき　飯の取湯よりも少しこわめにして湯立て少しさまし　それにて葛の粉をよき程にこねて　のばし切りて湯煮して　中味噌汁にて妻なすびなど入仕立よし　又丸くくわんし中みそへ直に入れ煮立てたるもよし

④水とん　上々のうどん粉にくずのこ合せ　にえゆにてねり合せ　汁にたてゝつみ入る也

## そうめん【素麵・索麵】

小麦粉に水と塩を加えてねり合わせためん種《だね》に、植物油を塗り、よりをかけながら細く引きのばし、天日乾燥したごく細いめん。鎌倉時代に中国から伝来したものといわれ、室町時代には専門の職人やそうめん売りがいた。江戸時代には大和の三輪素麵をはじめ、山城大徳寺、武蔵久我、越前丸岡、能登輪島、備前岡山、長門長府、伊予松山などのそうめんが名物として知られていた。七夕にそうめんを食べる風習は室町後期からあり、江戸時代にも貴賤の別なく七夕は冷そうめんで祝った。『本朝食鑑』には、そうめんはゆでてうどんや冷麦と同様のつけ汁で食べるか、またはゆでてからみそ汁や醬油汁で煮て食べ、後者を入麵《にゅうめん》というとある。料理書にそうめん料理は少ないが、ゆでたそうめんを器に盛って上に葱《ねぎ》、椎茸、ぎんなんなどのかやくを置き、葛汁《くずじる》をかけた「葛にうめん」、同様にしてとろりとしたみそ汁をかけた「こくせう麵」、ゆでたそうめんを紅で染めた「紅そうめん」

大和三輪索麵（『日本山海名物図会』より）

などがある。↓：にゅうめん

出典 ①『本朝食鑑』穀部之一 ②『精進献立集』二編「紅そうめん」③『素人庖丁』三編「葛にうめん」「こくせう麵」

②べにそうめん そうめん湯煮し水へ入れ いかき「ざる」へたらし置き 鉢へ紅を入れそうめんを入れかきまぜよき時分《じぶん》に少し酢を入る

③葛にうめん 此《この》仕やう極上のそうめんを常のごとく湯煮し水にうつし 直《す》ぐに手を入れず最初は箸でかきまはしその水をとり捨《すて》てその後《のち》手にてよくもみあらひ 幾度《いくたび》も水をかえていかきに揚《あげ》置きて こんぶ豆の出しに椎たけの漬水をまじへ 醬油酒しほかげんよく合し 葛をよき程にのばし せり みつば ねぎ きくな かいわり ほうれん草 椎茸 松茸 しめぢ やき栗 ぎんなん くわい 長芋 麵の類 こふたけ 岩たけ ゆば 刻《きざみ》ゆば これ等の中にて三種か五種取合せ加益《かやく》に用《つか》ふ 此余《よ》は好みにまかせつかふべし さて器にそうめんを盛り上にかやくを置き右のうす葛をかけて出す 葛は少し濃きかたもつともよし菓子椀又大平梅椀などによし 但し吸口は せうが こせう きのめ さんせう 花柚《はなゆ》 柚の皮 とうがらし わさびこのうちにて見合せ用ふべし

**そばがき**【蕎麦掻】

「そばねり」、「そばかいもち」ともよぶ。そば切り以前からあったそば粉の食法で、そば粉を熱湯で練って餅状にし、つゆや醤油などをつけて食べるもの。

出典 ①『料理山海郷』巻四 ②『料理早指南』四編

①蕎麦練 そばこ常のそばねりのごとく鍋にて堅くねりてその上へ水一はい入れてたく これはそばのあくけをとる為也 ゆをすてそののち練なをすべし 杓子にてねるはあしし 女竹《めたけ》きせるのらうほどに切練るべし これにてはなべにもつかずよき也 膳を出すにさゆあつくわかしわんに入れ 右のそば練玉子ほど宛取 湯に浮《う》けて出す こうとう[吸口]はつねのそば切のごとし 汁はかつを水出してその後醤油をくわへ加減するなり 水出しおほくてはしるうすくなる也 よくよく心得べし

②蕎麦がいもち又そばがきとも云

**そばきり**【蕎麦切】

そば粉を水でこねて薄くのばし細く切ってゆで、つゆを付けたり煮たりして食べるめん。現在は「そば」とよぶが江戸時代は「そば切り」とよんだ。そば切りの文献初出は『慈性日記』の慶長十九年(一六一四)の記事で、そのころには作られていたらしい。江戸初期の料理書ではそば切りのつなぎに飯のとり湯(おも湯)やすった豆腐を用いており、小麦粉をつなぎに用いるようになったのは元禄か享保のころらしいという。江戸初期にはやった蒸しそばは、さっとゆでてから蒸籠で蒸すもので、小麦粉が入らず長く茹でると切れやすかったためかと考えられる。現在ももりそばを蒸籠に盛るのは蒸しそばの名

そばの器(『守貞謾稿』より)

残りという。当時そば切りはうどんとともに菓子屋がこしらえて売り、後にうどん屋が出来てそば切りも売るようになった。江戸ではそば切りのほうが繁盛するようになってからそば屋とよぶようになり、万延元年（一八六〇）には江戸府内のそば屋の数は三七六三店にのぼったという。また品書きにはかけそばのほか、あられ（ばか貝の貝柱をのせたもの）、天ぷら、花巻（浅草海苔をあぶって揉《も》んでのせたもの）、しっぽく、玉子とじ、鴨南蛮、親子南蛮などの種物《たねもの》もあり、もりそばもあった。

出典　①『料理物語』第十七　②『料理塩梅集』天の巻後段部　③『合類日用料理抄』巻二　④『黒白精味集』中巻七　⑤『料理山海郷』巻三　⑥『料理秘伝記』第五　⑦『料理早指南』四編　⑧『守貞謾稿』四編生業上「温飩蕎麦屋」

①めしのとり湯にてこね候て吉《よし》　又はぬる湯にても又豆腐をすり水にてこね申事もあり　玉をちいさうしてよし　ゆで湯すくなきは悪しく候　煮へ候てから笊《いかき》［ざる］にてすくひぬる湯の中へ入れさらりと洗ひ　さて笊に入れ煮へ湯をかけ蓋をしてさめぬように又水けのなきやうにして出してよし　汁はうどん同前　その上大根の汁加へ吉《よし》　花鰹

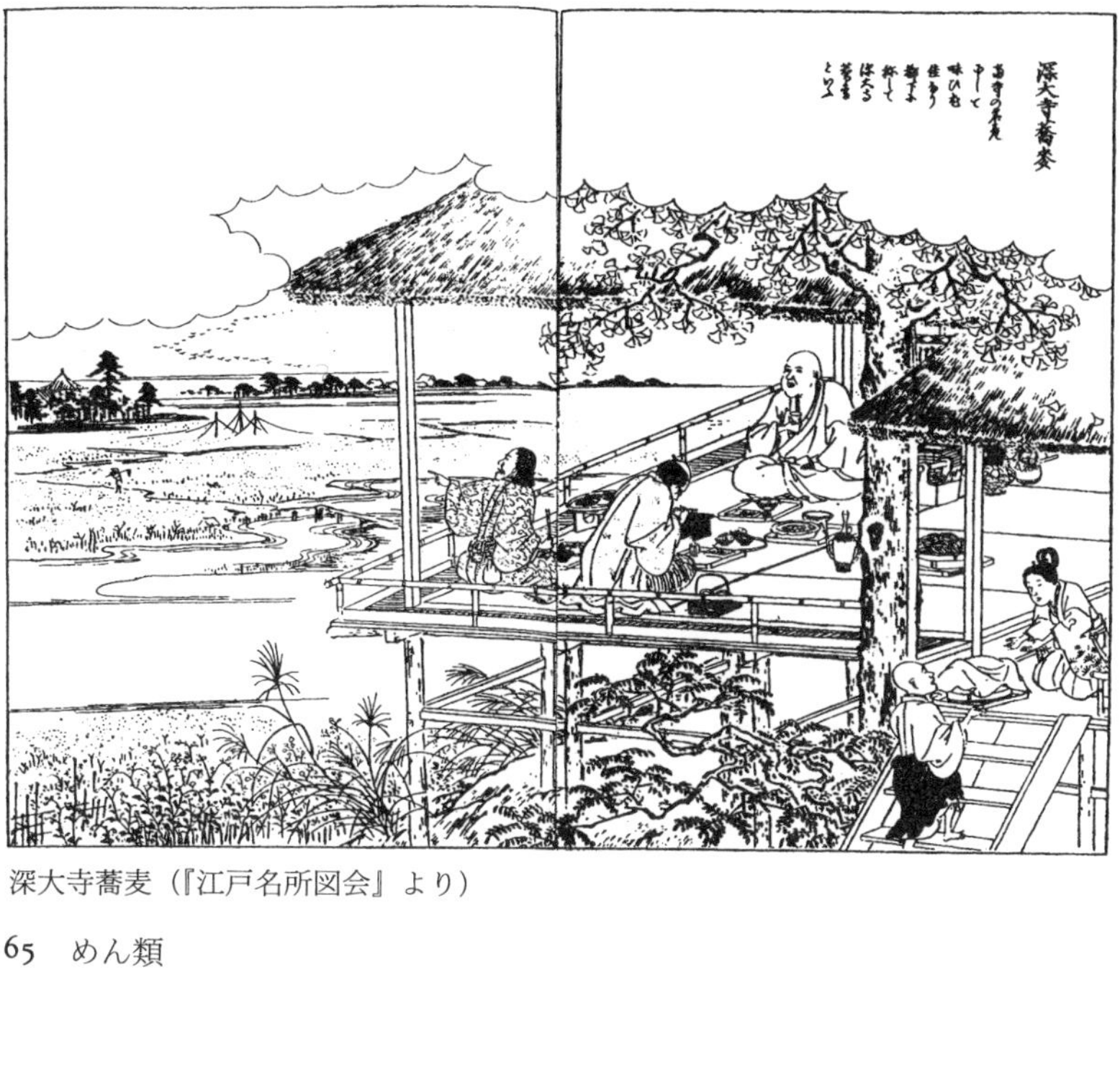


深大寺蕎麦（『江戸名所図会』より）

おろし　あさつきの類　又からし　わさびも加へよし
⑦上々のそばこ一升に上々うどんのこ一合五勺入れてよし　めしのとり湯にてこねるか又はぬるま湯にてこねてよし　これもござに包みふむべし　玉をちいさくするよし　ゆでかげんはこわくせんとおもはばよくゆでるべし　やはらかにせんと思はばざつとゆでてあげよく水にて洗ひねばりをとり　ざるにひろげていかにもあつきをかけ布をしめし置きてふたにし　しばらく水をきりてもり出すべし

## にゅうめん【煮麵・入麵】

煮麵の変化した語で、煮込み素麵の略。室町時代からある古い料理で、調味には古くはみそ、江戸時代中頃から醬油が用いられた。→：そうめん

出典　①『料理物語』第十七　②『黒白精味集』中巻七

①にうめん　まづ素麵をみじかくきりゆで候てさらりとあらひあげをき　たれみそにだしくはへふかせ入候　小なねぶか　なすびなど入れてよし　うすみそにても仕立候　胡椒　さんせうのこ

②にうめん　素麵を湯煮して鉄火箸にてかき廻し候へば油気取るゝ也　扨《さて》水へ入れよく洗ひ　味噌にても醬油にても汁を煮立　さてそうめんへ熱湯をかけ　ざるに入れて蕎麦切などのごとく　ふたをしてむし置《おき》　はしに掛　煮立たる煮汁をくゞらせ椀に盛　露を不入《いれず》　茄子　さゝげ　椎茸のせん　花かつをを上置《うわおき》にして出す

## ひやむぎ【冷麦】

切麦をゆでて水で冷やし、冷たくして汁をつけて食べるもの。室町中期の『尺素《せきそ》往来』に「截麵《きりむぎ》は冷濯《ひやしあらい》」とあり、古くから行われていた。料理書への登場は少ないが『本朝食鑑』（一六九七）には冷麦について、切麦をゆでてから水ですすぎ冷水に浸して氷のように冷たくし、うどんのつけ汁を用いて食べる。芥子泥《からしでい》（練り辛子）を加えると風味を増し、暑い時節によいとある。現在はうどんより細く、そうめんより太いめんを冷麦という。→：きりむぎ

出典　①『本朝食鑑』穀部之一　②『料理早指南』初編

②大鉢に　小鰹よく洗ひ丸にてむし　ひや麦大ばちに入れ冷水一ぱい入れて出す　そば切したじからし

**むぎきり【麦切】**

大麦切りの略称で、大麦の粉を水でこねてのばし、うどんのように細く切ったもの。おろした長芋でこねるものもある。

出典 ①『料理物語』第十七 ②『合類日用料理抄』巻二 ③橘川房常『料理集』に「大麦切」④『黒白精味集』中巻七に「大麦切」⑤『料理早指南』四編

②大麦よくつき粉にし念を入れふるひ申候 捌水《さて》にてこねうち申候 ゆでかげんはめん〳〵好《このみ》の通 給《たべ》申候時はそば切の料理に同じ

**らんぎり【卵切・蘭切】**

「卵麵《らんめん》」ともよび、卵を入れて打っためん。蘭切りは美称。一般にそばについていうが、『料理集』『黒白精味集』の卵切りは小麦粉を用いている。

出典 ①橘川房常『料理集』②『黒白精味集』中巻七 ③『料理早指南』四編

②卵切 温飩の粉一升玉子四つ 右四つの玉子二つ先へ入れあらこねして 又二つ後より入れ 水少し入れこね 温飩のごとくにふまず そば切の如く切打也 蕎麦の味出る也 汁かやくそばの通り

③蘭めん そばこ一升に玉子十四五くだき入れ こねてうつなり 此外《ほか》とうふをすりて入るもよし 山のいもおろして入るもよし

# 汁物類

『料理献立抄』より

現在は、汁は飯に添えて供するもの、吸物は酒の肴として供するものと定義されているが、料理としては類似のものなので、汁物類としてまとめた。

汁物の歴史をさかのぼると、古くは「羹《あつもの》」という料理名がある。『和名類聚抄』には、汁の実に野菜類を用いたものを羹とよび、魚鳥肉を用いたものを臛《あつもの》というとあるが、あつものは熱物の意味で、熱い汁物と解釈されている。また『延喜式』には羹とは別に汁があるが、その違いは判然としない。羹は中身の多い煮物に近い汁、とろみのある汁とも考えられる。室町時代以降は羹は汁の中に含まれるようになり、江戸時代になると羹は料理名としては見られなくなる。料理書には古語として鯉のあつ物があり、『物類称呼』には、雑煮を羹とよぶ例の記載がある。

近世の献立では、汁は飯とともに供するもの、吸物は酒の肴として供するものとされ、江戸時代の料理書にも、汁の部、吸物の部として別に記載されている。たとえば『料理物語』（一六四三）では第九汁之部第十四吸物之部として、四十六種の汁、六種の吸物の作り方を記している。汁は日本料理の献立構成の基本的なもので、二汁五菜、三汁七菜などの本膳料理の献立も、汁の数によってその内容を示し、また日常の食事の簡素なものを一汁一菜と表現したりする。『歌仙の組糸』（一七四八）の「料理心得之事」にも、料理の中では飯、汁、煮物が基本であるから、とくに心して作るようにと記している。

料理としての汁と吸物の違いは、汁は飯に添える副菜なので味は濃いめにする、吸物は酒に合うように薄味にし、また供する時機が大切であるとされる。『黒白精味集』（一七四六）には「吸物肴は第一出ししほ也　前後する時は味を失ふ　節に中を得る事肝要也故に塩梅も必とする事なし」として、次のような話を記している。ある大名が新しく料理人を召し抱えられた時、たまたま珍客があったので、心してよい料理を作るよう命じた。その料理人は下拵《したごしら》えをすませてから、台所で客と同じ膳の前に座り、汁も客より先に自分が味をみて濃い薄いと下働きに指図し、客が酒を飲めば自分も飲み、時機をみてあの肴、この吸物と指図し、客が一眠りしてお目ざめと聞くと、自分も起きてその時の口に合うような吸物を出した。その結果料理は最上の出来とほめられたという。客に合わせて塩梅《あんばい》し供することが、とくに吸物では大切なことを教えてくれる話である。

『料理網目調味抄』（一七三〇）の汁之部には、みそ仕立、すまし仕立の区別のほか、汁の名として、鯨汁、鮒汁、河豚《ふく》汁、鱈汁、鮟鱇《あんこう》汁、鯛とろろ汁（鯛のすり身にやまのいものすりおろしをまぜ、汁に入れたもの）、鰌《どじょう》汁、蜆汁、鳥汁、薯蕷《とろろ》汁、菜汁、芋汁、ずいき汁、昆布汁、わかめ汁、蕗汁、韮汁、葱汁、蘿菔《だいこん》汁、蕪《かぶら》汁、苣汁、人参汁（大根を用いる）、茄子《なすび》汁、笋《たけのこ》汁、不《ふ》識《し》汁（小豆・蕗・くさ木の芽の三種を入れた汁）、納豆汁、納豆もどき汁、河豚もどき汁、水雲《もずく》汁をあげている。汁に用いる鳥としては鶴、雁《がん》、雲雀《ひばり》、白鳥、蒼鷺《あおさぎ》、鷭《ばん》、鳧《かも》、雉子、鳩、鶉、鶏、鶏卵をあげ、当時は鶏よりも野鳥がよく用いられている。魚貝類では、鯛、鱸《すずき》、鱧《はも》、鮖《こち》、藻魚《もうお》、河豚、鱣《ふか》、鮟鱇、鮮鱈《なまたら》、塩鱈、鯨、鮭、鯉、鮒、しろ魚《いお》、鱝《えい》、蜆、蛤、鰕《えび》類などである。

『素人庖丁』より

吸物之部にあげてあるものは数が少なく、鯉、鮒、鮎、鰌、王余魚《きすこ》、塩鱈、蠣《かき》、豆腐、納豆、淡雪で、鳥類として「汁に似ざる様に取合 もり方 按排《あんばい》 かろくすべし 大かただし塩仕立なるべし 取合《とりあわせ》もの汁の部に出る」と注意書がある。また魚貝として「右におなじ専《もつぱら》に用《もちいる》もの しろ魚 かき 蛤 にし さゞい馬刀《まて》 あさり みるくい 取合のり みる 花いか花あわび えび」と吸物によく用いられるものをあげている。

椀のいろいろ（『茶湯献立指南』より）

## あおがちじる【青搗汁】

略して「あおがち」ともいう。雉《きじ》のはらわたをたたいて、すり鉢ですってだし汁でのばし、雉の肉やごぼうなどの具を入れたみそ仕立の汁。室町時代からあり、冬に作るものであった。「あおがち」は青褐色《あおがち》（青みの強い褐色）からの名とする説もある。

出典 ①『料理物語』第九 ②『料理塩梅集』地の巻 ③『伝演味玄集』二ノ上 ④『料理秘伝記』第一 ⑤『新撰庖丁梯』 ⑥『料理早指南』四編

③青がち　きじ　牛房　菌類　竹の子そのほか作意次第
雉子《きじ》の身を少しすりて味噌を入れ鍋にて黄色にいり　それを外の鍋にうつし　だしを入塩梅《あんばい》して鳥又夫々《それぞれ》を入る也

⑤雉子青かちの法　つねのごとくあらひ料理してさて腸胆《わたきも》などを洗ひ　まないたの上にてよくよくたたき　その後すり鉢にて能《よく》すりだし汁にてとき　雉子の肉をこのみに随《したが》ひて切り　右のすりのべの汁にていり出す　もっとも酒をよく煮かへしだしにてにる也

## あかざし【赤差し】

白みそ仕立のみそ汁に赤みその差しみそをして作る。現在は赤差しはなく赤出しがある。赤出しは昭和二十一年頃から関西地方で始まった呼び名で、八丁みそ（三州みそとも呼ぶ豆みそ）で仕立てたみそ汁をいうが、もとは白みそ仕立に八丁みそを添えて作ったというから、赤差しから変化して赤出しになったと考えられる。

出典 『精進献立集』初編

汁あかざし　白みそになごやみそ少しすりまぜ汁にたてる　ちさ[ちしゃ] 湯煮して切り又煮こむ　たかのつめとうがらし小口に一二分に切りすい口

『食物知新』より

**あつめじる【集汁】**
略して「あつめ」ともいう。魚介類の干物やつみ入れなどに、野菜類をいろいろ取り合わせ集めたものを入れて作った汁で、みそ仕立、またはすまし仕立にする。室町末頃からある古い料理。なお集汁に似て野菜類のみで作るものを「むしつ汁」というと『料理早指南』（一八〇四）にある。

出典 ①『料理物語』第九 ②『江戸料理集』三、四、六 ③『料理網目調味抄』二巻 ④『黒白精味集』上巻四 ⑤『料理秘伝記』第一 ⑥白蘆華『料理集』 ⑦『料理早指南』四編

①中味噌にだし加へよし 又すましにも仕候 大こん ごぼう いも たうふ 竹の子 串鮑《あわび》 干《ひ》ふく[ふぐの干物] いりこ つみ入なども入るよし その外いろいろ

④集汁 雁 わり付かぶ 皮牛房 しめじなども取合する也 惣《そうじ》て鶴 雁などの鳥に匂ひの有鳥はその香ひを失わぬ様にする事也 妻にも匂ひたけき物をつかはざる事第一なり だしを遣《つか》ふ事又此の心也 だしにて主役の味を付増にはあらず 是故味噌 せうゆを吟味してだしを遣わざる事也 だしはただ味噌醤油の味をますのみ 惣《そう》じて料理の心得皆此如《かくのごとく》し 妻もうど よめなどの香ひのたけき物取合ぬ事也 主とする物香ひ味を取失わざる事第一の心得也

**あわゆきすいもの【淡雪吸物】**
卵白を泡立て加熱して、ふわりと凝固させた淡雪を吸物に仕立てたもの。→：あわゆき[料理用語]

出典 『黒白精味集』中巻六

玉子の白身ばかりを鉢へ入れ 箸二本にて茶を立てるごとくかき廻せば 泡の如くふくれ上る也 鍋に湯を煮立《たて》 そろりと入《いる》れば鍋一ぱいに成る也 蓋をして暫くして雪のごとく成る時 下地を外の鍋にて だし塩仕立にして しんじょの如く盛り出す 軽き吸物ゆへ 汁少しにうまくして吉《よし》 かくし醤油入れてもよし 切形する時は箸にてたてる[泡立てる]時に 葛少し入れてたて 盛る時に鍋の中へ板を入れすくい取り 四角 三角に切形してすぐ椀に盛り青み取合せ出す 黄身せんにして上置にしてもよし

**あんこうじる【鮟鱇汁】**
あんこうの皮、肉、臓物を入れたみそ汁で、『江戸料理集』（一六七四）には、取り合わせは用いないが、もし

用いるならば豆腐、わかめ、大根などであり、吸口はすり山椒、枝山椒、根深《ねぶか》（ねぎ）などとある。

出典 ①『料理物語』第九 ②『料理塩梅集』天の巻汁部 ③『江戸料理集』三、六 ④『伝演味玄集』二ノ上 ⑤『黒白精味集』上巻四 ⑥『料理秘伝記』第一

①鮟鱇の汁　皮をはぎおろし切りて　皮をも実をもにえ湯へ入れ　しらみたる時あげ水にてひやし　その後酒をかけ置く　みそ汁にえ立候とき魚を入れどぶをさし　塩かげんすい合せ出し候也　又すましの時はだしばかりにかげも少おとし候　この時は上置《うわおき》つくりしだいに入る

⑤鮟鱇汁　あんこふを作り湯煮して切り　道具［臓物］を妻にして中味噌也　鰭《ひれ》の筋を上置にして出す　吸口すり山《さん》升《しょう》也　禁裏はすまし也

**いっこんに【一献煮】**

一献は一喉《いっこん》の転訛で魚一尾の意味。小鮒などを丸のまま煮たみそ吸物。式料理の鮒の場合に用いられる例が多い。一献焼もある。

出典 ①『江戸料理集』六煮方「鮒一献煮方」 ②『伝演味玄集』二の上

②一献煮　鮒《ふな》壱つそのままにて吸物にする也　味噌仕立てなり　饗膳の三の汁に用ふ　折鮒の時は庖丁あり

**かきすいもの【牡蠣吸物】**

牡蠣の吸物で、とろろをかける作り方もある。

出典 ①『合類日用料理抄』巻五 ②『黒白精味集』中巻六

②蠣吸物　深川かきよし　丸かき共云う　煎酒にて塩梅してかきを入れ　かき廻しその儘出す　煮過《すぎ》候へばかたく成也　とろろをかけたるもよし　大かき一つ　又中なれば二つも三つも　とろろかけ候時は少《すくな》きかきよし　とろろ長いも摺《すり》　常のとろろよりこく　水だし摺のべかける也

カキ

『食物知新』より

**かすじる【糟汁、粕汁】**
酒の粕を加えた汁で、塩蔵した鮭や鰤《ぶり》などの魚と野菜を実に用いることが多い。塩味仕立、またはみそを加えることもある。

出典　『料理早指南』三編、四編

しほ鰹の糟汁　これは岩城の上々[岩城産の塩鰹]を中賽《ざい》[中位の賽の目切り]に身どり　上々のとめ糟を汁にすり入て煮る　にんじん　ごぼう　大こん　里いも各中角に切りつまに入る　やく味　ねぎ　とうがらし（三編）
糟汁　とめかすをみそと等分にすりまぜ　だしにてのばし煮たててかすをこす也（四編）

**かわいり【皮煎】**
鳥類の皮を煎り、調味しただしを加え鳥肉と妻を入れて作る料理で、料理書では汁物に分類されていることが多い。室町後期の『四条流庖丁書』にもあり、鳥類のほか鮭の皮を用いている。↓：なまかわ[煮物]

出典　①『料理物語』第九　②『料理塩梅集』天の巻　③『江戸料理集』三　④『伝演味玄集』二の上　⑤『料理秘伝記』第一　⑥『料理伝』　⑦『料理早指南』四編

①かわいりは雁にても鴨にても皮をいり　だしを入れ　ほねをせんじ　なまだれ少しさしてみを入れ　しほかげんすい合せ出し候　これも妻は時分の物　惣別《そうべつ》きの子は鳥汁にいつも入れ候てよし　すい口　わさび　柚《ゆ》
②皮煎すまし汁方　伝に云《いう》　皮いりの汁ばかり少し醤油さすなり　まず汁鍋にて塩いる　その塩を取りあとによき程塩残すなり　さて鴈《がん》にても鴨にてもその皮入れいる也　さてだし入れにる也　煮へ立申時に妻共を入る　妻にはうど　塩松茸　榎茸　極月《しはす》末正月ころ迄はよめな入れよし　この外悪し　惣じてすまし汁には妻の多きはあしきと古人も申伝《つたへ》たり

**かんぜじる【観世汁】**
豆腐を薄く切って、みそ汁に入れてあんをかけたもの。中身の多い汁物。

出典　①『料理物語』第九　②『豆腐百珍続編』十三　③『料理早指南』四編　④『料理調法集』汁の部

①観世汁　たうふをうすくきり　中みそにてしたて候也　これもあんをかけ出してよし／鯉の観世汁　鯉をおろしちいさくきりて　たうふをあぶりきり入《いれ》　中みそにて吉《よし》　けし　さんせうのあんをかけて出してよし

②観世斟羹《じる》　薄きり豆腐を稀稠《うすくこく》の中末醤《ちうみそ》にて烹《に》て　胡麻あんをかくるなり　濃醤と略《ほぼ》同じ

③常みそにて　とふふをうすくそぎて入る　あげぎはに葛をときてはなすなり

④豆ふ薄きりみそ汁にて仕立る也　あんをかけてよし

**きらずじる【雪花菜汁】**

「おから汁」、「卯の花汁」ともよぶ。おから（豆腐のしぼりかす）を入れたみそ汁で、おからは切らずに用いられるところから、きらずというといわれる。

出典　①『黒白精味集』上巻四　②『年中番菜録』

①きらずよく摺《す》り　毛すいのふにてこして仕立　はららこひず〔鮭の頭の軟骨〕　五分切《きり》ねぎ　又生鰯つぶつぶ切り入れてよし　ひしこの頭を取り入れてもよし　吸口　刻《きざみ》ねぎ　中味噌也

②ほそ切の油あげ　牛房ささがき　こんにやくなど通用のかやくなり　吸口　せり　三つ葉　山せう　ねぎの類なり　酒の吸ものにしてよし　ていねいにすればすり鉢にてよくすりてつかふべし

**くじらじる【鯨汁】**

鯨の肉を実にしたみそ汁またはすまし汁。妻には大根、ごぼう、青菜、たけのこ、みょうがなどが用いられた。鯨は勇魚《いさな》ともよばれて古くから日本人に親しまれ、はじめは鯨油をとるのが目的で肉は捨てたらしいが、江戸時代には『鯨肉《げいにく》調味方《ちょうみほう》』も刊行され、料理法も多彩であった。鯨汁は年末の煤払《すすはら》いの日の夜食とする習慣が江戸時代には各地にあった。鯨汁に用いる鯨肉は地方により異なり、捕鯨の盛んな地方では生肉を、内陸地方では塩蔵品を用い、その部位も皮鯨（皮の下の白い脂肪の部分）、

『食物知新』より

身鯨（皮鯨の下の赤肉部分）などいろいろであったらしい。

出典 ①『料理物語』第九 ②『江戸料理集』三 ③『料理網目調味抄』二巻 ④『料理早指南』四編 汁の部加減の事 ⑤『年中番菜録』

①鯨汁はすましにかげを落し候　みそ汁にても仕立て候　妻ごぼう　大こん　茎立《くきたち》[花茎を用いる菜]などよし　竹の子めうがつくり次第　鯨は作りさつとにえ湯をかけることもあり　又鯨にさつと煮てよきも有　はじめこわく煮候て後よきも有　可心得也《こころうべきなり》

④鯨汁　多くは白みそ六分　常みそ四分にして吉《よし》　もつともどぶをさすべし　又常みそばかりにどぶをさしても

⑤身鯨汁　牛房さゝがき又大こんなど取合せ味噌汁もよし　吸口柚　山せうの粉などよし

## こいのゐいりじる【鯉のゐ入汁】

鯉の肉と胆嚢を入れたすまし汁またはみそ汁。鯉の消化管は食道に続いて腸があり胃はなく、ここでいう「ゐ」は胆嚢をさしている。胆嚢は小さな球形の袋で中に緑色の苦い胆汁が入っており、鯉料理の時はつぶさないように取り除く。出典②③④は『料理物語』とほぼ同文。

出典 ①『料理物語』第九 ②『黒白精味集』上巻四 ③『料理秘伝記』第一 ④『料理早指南』四編

①鯉のゐいり汁は　まづゐをとりゐと細《ほそ》わたをよくたゝき鍋に入れきつね色にいりてかすをとり　酒にてもだしにても鍋を流しすて後だしを入れ煮申候　鯉は三枚におろしうろこともに切り入れ候　夏はうろこ入れる事あしく候　口伝在之《これあり》　塩加減大事也　又ゐをすりて酒にてのべ別に置《おき》苦味の加減吸合せ出す流《りゅう》も在之

## ごじる【呉汁】

大豆を水に浸してやわらかくしてから、すり鉢ですりつぶしたものを呉《ご》とよび、呉を入れたみそ汁を呉汁という。現在も地方によってはよく作られるが、『料理早指南』（一八〇四）の作り方は呉をみそ汁でのばしてから布袋で漉《こ》し、また青豆を用いる点が現在と異なる。原典の青豆は枝豆ではなく緑大豆、白豆は黄大豆と考えられる。

出典 『料理早指南』四編

青まめよく水につけ置き　すり鉢にてすりて白みその汁にてのべ　布袋にてこし再び煮たてる　但し青まめなきころ

は常の白まめにてもする　しかれども青まめのかたよろしいづれもかげをおとしてよし

**こだたみじる**【海鼠畳汁】

略して「こだたみ」とよぶ場合もある。海鼠《なまこ》の料理で、みそ仕立のとろろ汁に細切りの海鼠を入れ、栗しょうがなどをあしらったもの。↓∴くりしょうが［料理用語］、とろろじる

出典 ①『料理物語』第九 ②『江戸料理集』六に「小だたみ汁煮方」③『料理塩梅集』天の巻汁部 ④『料理献立集』⑤『茶湯献立指南』巻四 ⑥『料理秘伝記』第一

①こだゝみは煮ぬきにて仕立候　汁をあたゝめ候て出しさまに　いとなまこ　かまぼこそぼろにつくり　あをのりなど入れ　すいあはせ出し候也　山のいもおろしても入れ候也　むかしは山のいもいれず

⑤小だゝみ汁　たれ味噌にふし［鰹節］を入れよくせんじすまし　さて山のいもをおろしすり　たれみそを少宛《づつ》入れ金《かな》酌子《じゃくし》にすくひ　どろ〲とおちて金酌子に残らぬほどがあいづなり　さて生この小だゝみとくりせうがを入れ　青のりはあとに入るべし　錫《すず》のかな色［金色の器］に入れ湯せんして可出也《いだすべきなり》

**さんのしる**【三の汁】

本膳料理の三の膳につける汁。みそ仕立にするが、本汁が白みそならば赤みそを用い、本汁と同じにならないようにする。↓∴ほんぜんりょうり［料理用語］

出典 ①『江戸料理集』六 ②『伝演味玄集』二ノ上

②三の汁　小菜　かけ菜　ふきの爪　ふきのとうさく〲　牛房の爪　牛房笹がし　千《せん》くさ木［せん切りの臭木の葉］　貝割菜　しそこま〲同四半　うど笹がし同小口切同短冊　生のり　よめ菜　松露小口切　くわい小口切　とろろ　冷汁　こだたみ　品々はかるにいとまあらず　種々作意あるべき也　もっとも一色也　冷汁は格別也　赤味噌ばかりにて随分うすく仕立る也　本汁に差合わぬ様に塩梅《あんばい》すべし　但このほかに異なる品用ゆる事大略よろしからず

**しゃかじる**【釈迦汁】

鰯の汁物で、大根、みょうがなどを取り合わせる。『料理物語』（一六四三）は薄塩の鰯（青鰯）を用い、だしで

仕立てているが、後には醤油仕立やみそ仕立にもなっている。

『食物知新』より

出典 ①『料理物語』第九 ②『小倉山飲食集』③『ちから草』④『黒白精味集』上巻四

①しやか汁　青いわしのわた頭《かしら》すて洗ひ　妻は大こんにてもめうがにても入　だしばかりにて仕たて候てよし

②しやか汁とは赤鰯[塩鰯]と大根はすに切りて酒とだしばかりにて能《よく》煮也　鰯の塩にて塩梅能《あんばいよき》物也

③しやか汁と申は生鰯の汁也　みそかるく仕立山升《さんしょう》のめ取合も品々有

④釈迦汁　新敷《あたらしき》生鰯をつぶつぶと切やきて　煮湯を二三べんかけて妻を入れ　すましにも　ふくさにも　きらず汁にもよし

## しゅみせんじる【須弥山汁】

青菜と豆腐をこまかく切って入れたみそ汁。須弥山とは仏教で世界の中心にある高山をいう。『還魂紙料《くわんこんしりょう》』（一八二六）には須弥山汁の名の由来について謡曲歌占《うたうら》に「北は黄《き》に南は青く東白　西くれないにそめいろの山　これは須弥山をよみたる歌にて候云々」とある歌によって、みなみはあおし（皆実は青し）という意で、汁の実が青いところから須弥山汁と名づけたものであろう。この豆腐に菜を加えた汁を、今ざくざく汁というが、これは菜を切る音からの名であると記している。

出典 ①『料理物語』第九 ②『和漢精進新料理抄』和の部 ③『料理早指南』四編

①しゆみせん　菜も豆腐もいかにもこまかにきりたるをいふ　みそしるにだしくはふ

②しゆみせん　たうふ　な　ゆたたき入る也

③しゆみせん汁　青な　とふふ　二色ともこまかにきりて入《いれ》たるをいふなり　常みそにだしを入る

### しんじょすいもの【糝薯吸物】

白身魚のすり身に長芋をすりおろしてまぜ、沸騰した湯の中に入れて凝固させ、金杓子ですくって吸物に入れる。

出典　『黒白精味集』中巻六

長いも摺《すり》鉢にておろし　よくよく摺て　上魚の上身をよくよく摺　筋を取り　長いも三分二　魚三分一よくよく摺合せ　だしにても水にても　かたきとろろ汁程にのべ　湯を大き成鍋に煮立せ　金杓子を当て　そろりとしづまぬ様に入る也　ふたをして小火にたく也　火強きは悪しく候　さてふちのたちたる時　金杓子にて下の湯を上へくみかけくみかけして　さて吸物の下地を　外の鍋にて薄だしにて塩《あん》梅《ばい》して椀に盛り　しんじよ一杓子盛りて　つみ菜など取合て盛り出す　魚は鯛　甘鯛　きす　平めなどの上身よし

### じんふじる【准麩汁】

「じゅんふ汁」ともいう。二つ割にした茄子《なす》の皮面にこまかく切目を入れたものをじゅんふとよび、これを椀種《わんだね》にしたみそ汁。准麩は生麩になぞらえる意味でいう。

出典　①『料理物語』第九　②『料理秘伝記』第一　③『料理早指南』四編「名目の汁の事」　④『料理調法集』汁の部

①じんふ汁　なすびを二つにわり又かたなめをこまかに切りかけ候を申也　是《これ》もみそを濃うしてだし加へ　吸口　けし　青山椒《さんせう》すりておく

### すいもの【吸物】

吸物は酒の肴として供するもので、酒にあうように味は軽く薄めにする。汁は飯に添えるもので副菜となるよう味は濃いめにする。室町末頃から吸物は酒に添えるものとして汁と区別されるようになった。江戸初期にはみそ吸物も多かったが、醤油の普及につれて醤油仕立のすまし吸物が多くなった。多くの料理書には汁物の部とならんで吸物の部があり、材料の取り合わせの例が記載されている。

出典　①『料理塩梅集』天の巻　②『江戸料理集』六　③『料理網目調味抄』二巻　④『伝演味玄集』二ノ上　⑤『黒白精味集』中巻六　⑥『新撰庖丁梯』

①吸物部　惣而《そうじて》吸物はなる程あつきがよし　ぬるきは塩梅《あんばい》よくても不出来成物也　すましのすい物にて成程かろくする物也　少し酢めなるがよし

『料理献立抄』より

②吸物の事　味噌吸物は上中下のみそかげん右汁［本汁・三の汁］に同前也　すまし吸物は大方二の汁のかるき物也

③吸物は大概二三の汁のかろき物也　四季ともにあつく椀の中きれいにあんばいを専《もつぱら》にすべし　だし豉漿《みそしようゆ》仕立色々

④吸物はみその時はみそ加減第一也　その品により濃き薄き品あるべきなり　澄《すま》しもだしを用いうまきもあり　焼塩常の塩ばかりの塩梅《あんばい》もあり　かねて定むべき事にはあらずさりながらうま過《すぎ》たるは甚《はなはだ》あやまちなり　かろすぎたるはかいなし　いかにもきれいに風景よろしく心得べし

⑤吸物肴は第一出ししほ也　前後する時は味を失ふ　節に中を得る事肝要也　故に塩梅も必とする事なし

**すましじる【清汁・澄汁】**
すまし仕立の汁物で、みそ汁の上澄みを用いたみそすましと、出汁に塩、醤油などで味つけしたすましとある。幕末ごろから後者をのみすまし汁とよぶようになり、『守貞漫稿』には「今製汁に二品あり　味噌汁とすまし汁也　味噌汁は味噌製勿論也　味噌に数品あり　別に云《いふ》すましは醤油製を云也」とある。

出典　①『料理塩梅集』天の巻　②『料理網目調味抄』二巻　③『黒白精味集』上巻四　④『料理早指南』四編

③すましの法　だしにて仕立　煎塩か焼塩にて塩梅《あんばい》して煮

申候　若《もし》味付《つか》ざる時は醤油少しかくし入る　汁に色付ざる様にすべし　春の鯛は油多き時也　塩ばかりにて仕立　夏よりは油すくなく成るゆへあしく醤油少し入れてよし　鳥も冬の鳥は大方塩ばかり春夏は少し醤油つかふ也
④常のすまし　だしに酒とたまりとくわへあんばいすべし／味そずまし　常の味噌汁煮たてて鉢に入れおきてさませば　みそはおどみて澄む也　それをみて用ゆ

**すりながしじる【摺流汁】**

「摺立《すりたて》汁」、「すり汁」ともいう。魚肉や鳥肉などをよくすり、だしでのばしてみそ汁やすまし汁に仕立てたもの。

出典　①『合類日用料理抄』巻五　②『料理伊呂波庖丁』巻二夏の汁　③『豆腐百珍』十四　④『料理早指南』初編

①すり汁　がんかもほそ作り　半分すりて入る　塩鳥にても　納豆汁のごとく
②かつをすりながし　榎たけ　しそこま〴〵
③すり流し豆腐　よくすりて葛粉《くずのこ》をまぜてよくすり　味噌汁へすりながす也
④鯛すりながし汁　丸むきなす　或は丸むきとうくわ［冬瓜］　又は芋の子　榎たけ　松露など

**たぬきじる【狸汁】**

狸の肉を用いたみそ汁で、大根、ごぼうなどを取り合わせる。狸の肉は臭みが強いので『料理物語』（一六四三）にあるように臭みを抜いて用いるが、みたぬき（あなぐま）はその必要がないという。『料理無言抄』（一七二九）には狸は悪瘡《あくそう》（悪性のできもの）を生じるので食用とせず、狸汁にはこんにゃくを油で揚げて用いるとある。『黒白精味集』（一七四六）には魚や鳥のすり身に卵白や米粉、葛粉などをまぜて丸め、油で揚げたものを入れた狸汁もある。狸の肉を用いた狸汁は江戸初期のものだったらしい。精進料理の狸汁はこんにゃくを用いる。

出典　①『料理物語』第九、第二十　②『料理無言抄』巻四　③橘川房常『料理集』　④『黒白精味集』上巻四　⑤『料理秘伝記』第一

①狸汁　野はしり［たぬき］は皮をはぐ　みたぬきは焼きはぎよし　味噌汁にて仕立候　妻は大こん　ごぼうそのほか色々　吸口　にんにく　だし　酒塩（第九）
　狸汁之口伝　身をつくり候て　松の葉　にんにく　柚を入れ古酒にていりあげ　その後水にて洗ひ上《あげ》　酒塩《さかしほ》かけ候て汁に入るよし　獺《かわうそ》もかくのごとくつかまつりよし（第二

十）
③たぬき汁　つみこんにゃくを油あげにして本汁に仕候　いてうごぼう　焼豆腐などを入れ　おろし大こん　めうど［うどの芽］など取合候てよく候

## たらじる【鱈汁】

鱈が主材料の汁で冬の料理。多くは塩、醤油仕立のすまし汁であるが、みそ仕立のものもある。また生鱈のほか一塩《ひとしお》鱈、干鱈も用いられる。室町末期からあり、現在も東北、北陸地方の郷土料理として知られている。

出典　①『料理物語』第九　②『料理塩梅集』天の巻　③『江戸料理集』三、六　④『茶湯献立指南』巻四　⑤橘川房常『料理集』　⑥『黒白精味集』上巻四　⑦『料理秘伝記』第一

①鱈汁は昆布だしにてすましよし　すなわちこぶ上置《うわおき》によし　おご　かたのりも置く　だしを加へよし　又蛤《はまぐり》つみ入　みの煮などを加ゆることもあり　同干鱈も汁によし

⑥鱈汁　生鱈は切りて一夜塩をしたるがよし　口塩新鱈は切りて一夜塩出して塩の少し残りたるがよし　さて鍋へ水ばかり先へ入れて煮立青こんぶを入れ　一あわ煮て青こんぶを取り鱈を入る　醤油少し入れて塩梅《あんばい》する也　醤油を先へ入れ候へば鱈こわく成也　鱈汁にかぎりだしを入れず醤油塩梅にしてよし　又棒たらの堅きもよく洗い水より入れて煮候へば和《やわ》らかに成也　宵より湯煮致し置けば殊《こと》の外和らかに成也　又棒鱈の湯煮汁へ醤油にて塩梅して口塩新鱈の汁にいたし候へば　鱈のにほひ強くして最上の鱈汁也

## つるのしる【鶴の汁】

鶴の肉を用いたみそ汁またはすまし汁。鶴の汁の作り方は『江戸料理集』（一六七四）に詳しいので要約すると、だしと水を等分に合わせて飯の取湯を十分の三加え、白みそをよくすり漉《こ》して濃いめにとき、鍋に七分目ほど用意する。別のだしに鶴の骨を入れて煮だしてとり出し、鶴肉をそのだしでゆがき、鍋のみそ汁に加える。供する直前に鍋を火にかけ、鶴肉や妻を入れて味を整え、酒を少しさして火からおろす。鶴の香りが逃げないよう鍋の蓋はとらない。椀に盛り、鶴の足の筋をゆがいたものを二筋上置《うわおき》にする。『伝演味玄集』（一七四五）には一筋を汁椀の糸底にのせて出すとある。筋を置くのは鶴は貴重な鳥なので印として置いた。鶴は江戸時代には最高の鳥

として珍重され、将軍家ではその年初めてとった鶴を宮中へ献上し、またおもな大名への賜物とした。

出典 ①『料理物語』第九 ②『江戸料理集』六 ③『茶湯献立指南』巻四 ④『伝演味玄集』二ノ上 ⑤『黒白精味集』上巻四 ⑥『料理調法集』汁の部

①だしに骨を入れせんじ さしみそにて仕立候 さしかげん大事也 妻はその時の景物［季節のもの］よし 木のこ［茸］はいかほど数入候てもよし 何時も筋を置く 吸口わさび 柚又はじめより中味噌［白みそと赤みそを等分にまぜたみそ］にても仕立候 すましにも

『食物知新』より

**ときいれたまご【溶き入玉子】**

煮立てたすまし汁に、とき卵をかきまぜながら流し入れたもの。現在のかきたま汁に相当するが、ちらした卵が沈まないようにでん粉で濃度をつけることはしていない。他には橘川房常『料理集』（一七三三）のみぞれ玉子が現在のかきたま汁であろうか。→：ふわふわたまご［焼物］

出典 ①橘川房常『料理集』 ②『料理伝』

①みぞれ玉子 吸物に仕候 汁をあんばい仕《つかまつり》ふわふわの如くかき立てかきまわし候へば細《こまか》にうき申候 黒のりはらはら とさかみぢんなどおき候てよく候

②とき入玉子は つぶし玉子をよくかきまぜて すまし煎物かげんの下地に入れ そとかきまわし煮れば ふと煮へあがりたる所を盛出す也 吸口を入れる この吸物など当時玉子のふわふわといへども真のふわふわにあらず

**どぶじる【酴醿汁】**

どぶを加えたみそ汁。赤みそ三分の二、どぶを三分の一合わせて用いた。鮟鱇《あんこう》、鰒《ふぐ》、藻魚《もうお》などの魚や、雁、鴨などの鳥を実としたが、精進汁にもした。→：どぶ［調味

料]、とめかす[調味料]

出典 ①『江戸料理集』三 ②『黒白精味集』上巻四 ③『料理秘伝記』第一

①右雁鴨等生鳥の汁どぶ煮汁と云《い》ふ事あり

②味噌加減　どぶ汁　赤みそ三分の二　諸白留粕《もろはくとめかす》三分一

③どぶは下地みそ汁中位に仕立　とめ粕を酒にて摺立《すりたて》　ねりみその加減に拵《こしらえ》置く　料理出す前に右の汁にさし塩梅《あんばい》吸合出すべし　鮟鱇《あんこう》　ふぐ　藻魚等いづれも同じ　精進汁にも用ふ

**とろろじる**【薯蕷汁】

やまのいもをすりおろし、さらにすり鉢ですり、すまし汁またはみそ汁をまぜたもの。とろとろの形容詞がとろろになったという。江戸時代初期の『日葡《にっぽ》辞書』（一六〇三）にもとろろ汁があり、それ以前からあったようである。みそ仕立のとろろ汁に細切りの海鼠《なまこ》を入れた「こだたみ汁」や、鯛のすり身をすりまぜた「鯛とろろ」などもある。↓∴こだたみじる

出典 ①『料理物語』第九 ②『料理塩梅集』天の巻、汁部 ③『茶湯献立指南』四、七 ④『黒白精味集』上巻四 ⑤『料理秘伝記』第一 ⑥『料理早指南』四編 ⑦『料理細工庖丁』春の部

④とろろ汁　つくねいもの大きなる芋を皮をむき摺鉢《すりばち》にておろし　下すりをよくよくしてふくさみそへだしを入れ煮立　よくさまし一杓子のべ　とくと摺合せ　又一杓子のべとくと摺合せ　一度に二杓子と入れず　摺様は摺木を摺鉢の上の方へすり上げすり上げ　芋を摺切摺切摺合する也下摺悪《あ》しく又一度にたれみそを多く入れば　上ばかり泡にて下は澄む也　芋の頭　芽の所は入れず　此《かく》の如くすれば下まで澄まず泡になるなり　摺様一通りの伝也　さて鰹節をさめ[鮫皮]にておろし　青のりと合せかけ出す

**なっとうじる**【納豆汁】

納豆をたたいたりすったりして加えたみそ汁。菜、豆腐、小つみ入れなど取り合わせ、吸口にきざみ葱、からしなどを用いる。↓∴なっとう[加工食品]

出典 ①『料理物語』第九 ②『料理塩梅集』天 汁部 ③『江戸料理集』四、五 ④『黒白精味集』上巻四 ⑤『新撰会席しっぽく趣向帳』 ⑥『料理秘伝記』第一 ⑦『料理早指南』四編

①納豆汁　味噌を濃うしてだし加へよし　くき　豆腐　いかにもこまかに切りてよし　小鳥をたたき入るよし　くきはよく洗ひ出しさまに入れ　納豆はだしによくすりのべよし　吸口からし　柚　にんにく
④納豆汁　納豆をよくたたき　すらずに入る　汁ねばらずしてよし　小鳥たたき入るもよく　魚少し汁へ摺《すり》合せてもよし
⑦納豆汁　常のみそ汁へ納豆を粒のまゝ入れて煮たててのち味噌こしにてすくひ上げ　納豆をすりて直にその汁にてのべる

**なんばんじる【南蛮汁】**

鶏は頭、足、内臓などをとり、下ごしらえして、丸のまま大根輪切とともに鍋に入れ、水を加えてやわらかくなるまで煮て、鶏をとり出し、肉だけむしってもとの汁へ入れ、妻にはねぎ、平茸などを用いる。調味は塩と酒、またはうすみそでもする。

出典　①『料理物語』第九　②『黒白精味集』上巻四に「鰹南蛮汁」　③『料理秘伝記』第一

①南蛮料理は鶏の毛を引き頭《かしら》　足　と尻を切り洗ひ　鍋に入れ大根を大きに切り入る　水をひたく〵より上に入れ大根いかにもやわらかになるまでたく　さて鳥をあげこまかにむしりもとの汁へかげをおとし　又大根を煮てすいあはせ　出し候時鳥を入れさか塩吉　吸口にんにくそのほか色〵　うす味噌にてもつかまつり候　妻に平茸ねぶかなども入る

**にのしる【二の汁】**

本膳料理の二の膳につける汁で、すまし仕立てにする。魚介類、半弁類、魚の子その他を椀種《わんだね》とし、潮汁も用いる。↓：ほんぜんりょうり［料理用語］

出典　①『江戸料理集』四、六に「二の汁の部」あり　②『伝演味玄集』二ノ上

①二の汁はみそけをはなれて　かるくうまき事をこのむ時のためとして用る　されども一様に定めがたき物なれば本汁おもき時は二の汁をかるくさらりとすべし　又本汁かるき時は二の汁おもくしかけべし　さるによっておもきときはすまし　かるき時はうしほにとて用る事此心得たるべきか
②大抵だしにて澄し塩梅《あんばい》うまくすべし　大魚は一色可《しかるべく》レ然也　切形に取合せて青み等あしらいてもよし　左様ならば吸口に青きもの用捨すべし　切身の魚いづれもちと塩をあ

ててよし

## にんじんじる【人参汁】

「人参大根の汁」ともいう。人参を用いるのではなく、人参切りの大根のみそ汁のことをいう。人参切りは大根の大きい輪切りで、『江戸料理集』五（一六七四）にその図がある。取り合わせには鯛、鯉、つみ入れその他から一種を用いる。秋大根を用い、寒い時の料理である。

出典 ①『料理物語』第九 ②『江戸料理集』四 ③『茶湯献立指南』四 ④『伝演味玄集』二ノ上 ⑤『黒白精味集』上巻四

①人参汁　大こんを大きに切り一塩の鯛を入れ　みそ汁にだし加へよく〱煮候てよし

③大根の太煮とは世ににんじん汁の事也　大根の大なるすのなきを一寸四五歩《ぶ》に切りて又は筋違《すぢかへ》　二番白水にてよく小口の引《ひつ》こむほど煮　さてこみそにて汁にすべし　赤貝は後に入る　尤《もつとも》だし仕立にす

⑤人参汁　大根輪切にしてめんを取り　赤味噌よく煮て汁白味噌にて濃みそに仕立置く　大根ばかりその汁へうつし出す　取合　魚つみ入　鳥のつみ入　包玉子など取合す　精進には岩茸など取合よし

岩茸取り（『北斎漫画』より）

## ぬかみそじる【糠味噌汁】

ぬかみそを用いて作った汁で、みそと併用することが多かった。現在のぬかみそは米ぬかに塩水を加えてねり、発酵させて作るぬかみそ漬の漬床《つけどこ》であるが、江戸時代のぬかみそは現在のものとは原料にも違いがあり、みそと同様に用いられる食品であった。『黒白精味集』（一七四六）では鯛を椀種《わんだね》としているが、現在も高知県にある郷

土料理のぬかみそ汁は鰹の中骨を用いている。↓：ぬかみそ［調味料］

出典 ①『料理塩梅集』天の巻汁部 ②『黒白精味集』上巻四 ③『料理早指南』四編

①糠味噌汁 下地を薄みそにて袋だし入れ煮て 糠みそを煮立入れて酒出し常より多くさし出す 又始よりぬかみそばかりにて仕立申も有 三四月の頃の鯛油多き時もつぱら用ゆ 青にんにくの吸口よし

**ばくちじる【博奕汁】**

豆腐を賽《さい》の目《め》に切って入れた汁。博奕は賽などを使って勝負を争うところからの名であろうか。

出典 ①『料理物語』第九 ②『料理早指南』四編

「名目の汁の事」

①たうふ さいのめにきる事 汁同

②博奕汁 豆腐をさいの目に切りて入る事なり 但し何《いずれ》にてもさいのめに切りたるをいふか

**はららじる【鯆汁】**

「はららご汁」ともいう。はららごを入れたみそ汁。はららごは魚の卵のことで、とくに鮭の卵を指す。『料理物語』では、薄身《うすみ》（魚の腹部で肉の薄い部分）や氷頭《ひず》（魚の頭部の軟骨）や大根おろしなども入れている。

出典 ①『料理物語』第九 ②『料理早指南』四編「汁の部加減の事」 ③『料理調法集』汁の部

①はらゝ汁 うすみ ひづにおろしなど入るよし 中みそにて仕立候 だし入れかきなど入れ候時は味噌かげん口伝

②はらゝ汁 常みそにとふふ［とうふ］すり入れ どぶをさし煮かへし漉《こ》して 大こんおろしを入れてよし

**ひやしる【冷汁・寒汁】**

「ひやしじる」ともいい、つめたく冷やしたみそ汁。醤油が普及してからは醤油仕立も作られた。『厨事類記』にも見られる古くからの汁物で、現在も山形、群馬、宮崎などの県の郷土料理として作られている。汁の実にはもずく、生姜、みょうが、豆腐、かまぼこなどを用いる。

出典 ①『料理物語』第九 ②『料理塩梅集』天の巻汁部 ③『江戸料理集』六 ④『小倉山飲食集』 ⑤『料

理綱目調味抄』二巻　⑥『伝演味玄集』二ノ上　⑦『黒白精味集』上巻四　⑧『料理早指南』四編

①いづれもにぬきにて仕立候　もづこ［もずく］あまのりのろ［のろのり］ふじ［ふじのり］にても入るよし　くり生姜　めうが　かまぼこ　あさつきなども入るよし

⑦たれ味噌だしにて仕立　細もづく　とふふ小才のめ　栗せん［せん切り］　生姜のせん　めうがたけさくさく　たでしそなど取合也／醬油にて仕立　浅草のり　かまぼこ　とふふ小才のめ　黒くわいせん　わさびのせん　花鰹随分細にして箸に懸らざる様にして出すも有　細もづくもよし

**ふくさじる**【袱紗汁・服紗汁】

ふくさみそで作ったみそ汁。または略式の手軽な汁。料理書によって異なる。↓：ふくさみそ［調味料］

出典　①『料理塩梅集』天の巻汁部　②『黒白精味集』中巻六　③『料理秘伝記』第一「鯉ふくさ汁」

①精進ふくさ味噌汁方　味噌を水にてとき申候かはりに昆布だしにてみそを仕立る也　こき時は昆布だし入れ　薄き時は差味噌する　加減はみりんちうに焼塩ばかりにて加減するよし

②ふくさ吸物　多くは赤みその薄みそ也　然《しか》れども時により中みそ　濃みそも時物によるべし　鯉のあらなどと云ふ時は濃みそわり山升《さんしょう》よし　皆赤味噌なり　酒の上にて白みそは遣《つかわ》ぬ事也　鰌《どじょう》などは玉味噌［みそ玉］もよし　つかみ立は下みそよし　味噌の所に法あり　重き肴は糠みそもよし

**ふぐじる**【鰒汁・河豚汁】

「ふくとう汁」ともいう。河豚《ふぐ》を用いたみそ汁、またはどぶ汁（粕汁）。河豚は皮をはぎ内臓をとってよく洗って切り、酒かどぶ（酒粕のしぼり汁）に漬けておく。薄めのみそ汁を煮立たせて河豚を入れ、煮立ったらどぶをさして出す。吸口はにんにく、葱など。河豚はふく、河魨《ふくとう》ともよび、中毒することがあるので、江戸時代は下等な魚とされ、客膳には供さなかった。河豚の毒成分はテトロドトキシンで、卵巣と肝臓に多く含まれることが現在知られている。↓：どぶ［調味料］

出典　①『料理物語』第九に「ふくとう汁」　②『江戸料理集』三に「ふぐ汁」　③『黒白精味集』上巻四　④『料理秘伝記』第一に「ふく汁」

③河豚汁　ふぐをよく洗　皮をむき切て深き鉢へ入れ　酒

をたつぷとかけ二時二時置きて　さて赤みそをうすく立煮立　右の鰒《ふぐ》　酒共に打込煮る也　又どぶ汁の時は留粕《とめかす》をすりその内へふぐを入置き　中味噌に立粕共に入れて煮る也　この時は大根のわ切入れてもよし　その時は大こん先へ入れ煮へたる時ふぐを入候也　吸口ねぎ

**ふなのしる【鮒の汁】**

鮒を主材料とし荒布《あらめ》などを取り合わせたみそ汁。鮒は筒切りにして用いるが、焼いてこまかにたたいて用いるものもあり、料理書によって違いがある。夏の鮒はくさみがあるため冬に用いられた。

出典 ①『料理物語』第九 ②『江戸料理集』三 ③『合類日用料理抄』巻五 ④『黒白精味集』中巻六 ⑤『料理秘伝記』第一 ⑥『料理早指南』四編

①鮒の汁はみそを中より上にしてだしを加へよし　若和布《わかめ》にてもかぢめにても鮒を巻きて煮申候　あまみすくなき時は　すり鰹入れてよし　いづれもみそをだしにてたて候てよし　よく煮候て酒塩《さかしほ》さし　吸口山椒のこ

④鮒吸物　大鮒筒切　鱗をふき子持鮒などは　わたともに筒切にして　あらの取合せてよし　濃みそ也　割山升《さんしょう》よし

**ほんじる【本汁】**

本膳につける汁で「一の汁」ともいう。みそ仕立にし、おもに白みそを用い、椀種《わんだね》には魚介類、鳥類その他を季節の野菜と取り合わせて用いる。多くの料理書に本汁の部として材料の取り合わせ例が記載されている。→：ほんぜんりょうり[料理用語]

出典 ①『江戸料理集』六 ②『伝演味玄集』二ノ上 ③『黒白精味集』上巻四 ④『料理早指南』四編

①料理の煮方第一はまず本汁を専一と吟味すべきなり　本汁は初《はじめ》に味わう物なればこれを料理の本といわんがために本汁と云《いふ》なるべし　さるによつて味噌を専《もつぱら》吟味すべき也

近代白味噌を専と用る事も此吟味によっての事也〈中略〉近代白味噌の仕手あまた有といへ共　上手は高砂屋　みたけ屋より外には有まじきか

②本汁の品あげてかぞへつくしがたし　品々作意有べし　白味噌仕立品により赤みそ加ふ事あり　薄からず　濃から ず加減有べし　鰹ぶし出しにてのべ用ふ

④常の本汁　上々の白味噌を四分　常の遣《つか》ひみそ六分にしてよくすりまぜ　こきかげんにして煮かへしすいのふにて漉《こ》す

**みそしる【味噌汁】**
みそで仕立てた汁。みその種類、だしの種類、椀種《わんだね》や妻などによって江戸時代料理書には多彩なみそ汁が見られる。地域による特色もあり、『守貞謾稿』には、京坂ではみそを自製する者が多く、桶から食事のたびにとり出してすり鉢ですってみそ汁を作るが、江戸では赤みそ、田舎みそを買ってみそ汁を作るとある。→：だし［調味料］、どぶじる、みそ［調味料］

出典 ①『料理塩梅集』天の巻 ②『江戸料理集』六 ③『黒白精味集』上巻四

①味噌汁方　白味噌ばかりはしんみりとなくしよびく〵する故に悪也　又赤味噌ばかりはしつこき上に塩辛き味出しつぽりとうまきなき故悪也　此故に赤味噌一升ならば白味噌二合半又は三合まぜに合せて　味噌汁仕立候へばよき程に成申候　此上にだし袋鰹にして入れ候よし　赤みそと白みそと各《おのおの》別にすり置き　すいのふにてよく越置き　白みそ三合まぜの心得にして鍋に入れ　鰹だし袋も入れ焼《たき》立申候／汁の妻の数の事　本味鳥にても魚にても一種に妻三色四色吉　以上五色半数よし　妻数多《あまた》は悪し／味噌汁の取合　正月　薄塩鯛　うど　わかめ　里芋　焼豆腐、二月　塩鳥　ぶり　榎茸　松茸　うど　鯛　わかめ、三月　焼鮎　ねいも　うど　わかめ　くづし　焼豆腐　ふき　なすび　かぶらな　塩松茸、四月　焼鮎　うど　ふき　干大根　塩鳥にても塩鴈《がん》にても、五月　塩鴨　ごぼう　なすび　初茸　焼豆腐、六月　ふぐの皮　つまみな　うけ入　こちゝなすび　しいになすび、七月　つまみな　鯖の頭　うけ入　なすび　鯉、八月　鯉　松露《しようろ》　五寸切ねぶか　うど　くづし豆腐　ふぐもどき、九月　鯛　初茸　ちさ　いも　うど　焼豆腐、十月　塩鯛　ちさ　うど　榎茸　焼豆腐、霜月　一夜塩鯛　大根　鮒　鯉　あんこ［あんこう］雪月　かぶな　人じん汁　うけ入　鯉　鮒　あんこ
③味噌加減　濃味噌　白味噌三分二赤味噌三分一　中味噌　白みそ赤みそ等分　薄味噌多は赤味噌ばかり　どぶ汁　赤みそ三分二諸白留粕《もろはくとめかす》三分一

**もうりゅう【毛琉】**
「もふりやう」、「もうれう」「もうりう」とも書く。鶏またはあひるの水炊き風の料理で中国から伝わったもの。

出典 ①『黒白精味集』上巻四 ②白蘆華『料理集』唐料理に「もうりう」

①もふりやう　鶏汁の事也　鶏を羽を引わたをぬき丸にて

湯煮する也　大根牛房さつと湯煮して又鳥と一つにして湯煮して　その汁にてすましを仕立て鳥を引さき入れ　生姜わさびおろして当分に合せ　鍋の内へ直に入る　ふくさ汁の時も湯煮汁にて味噌のべ仕立也

**やなぎにまり【柳に鞠】**

つまみ菜と里芋を入れたみそ汁。見かけからの名であろうか。元禄五年（一六九二）刊の『女重宝記』の大和詞《やまとことば》の中に「小菜《こな》に芋の汁は柳にまり」とある。

出典　①『料理物語』第九　②『料理早指南』四編「名目の汁の事」

①柳に鞠　つまみ菜にさといもいるゝ也

②柳にまり　つまみ菜に里いもなり　又もみ大根の団子汁をもいふ

『食物知新』より

『素人庖丁』より

# なます・さしみ類

月岡芳年画「風俗三十二相　おもたそう」1888年
（財団法人 味の素 食の文化センター所蔵）

魚介類を生食するなますとさしみは、日本料理の特色ともいえるものである。なますは古くからある料理で、さしみはなますの一種として室町時代から作られるようになったもので、判然と区別しにくいので、本書ではまとめて記述した。

なますは奈良・平安時代からあり、『万葉集』の「鹿のために痛を述べて作る」歌に、鹿の肉や肝を膾にしたことが歌われている。また『和名類聚抄』には、膾はなますと読み、細切の肉也とある。膾の文字の月（にくづき）は獣肉を用いたところからのもので、魚を主材料にするようになって鱠と書くようになったという。現在は材料によらずに膾とも鱠とも書くので、本書では原典引用以外は膾の文字を使用した。

なますはこのように、古くは獣肉や魚介類を生のまま細かく刻んだもので、それを酢で食べたので「生《なま》酢《す》」とする説もある。鎌倉時代の『厨事類記《ちゆうじるいき》』には生物《なまもの》として、鯉・鮭・鱒・鱸・雉《きじ》・鮒の鱠の作り方がある。たとえば鮭は「鮭ハ皮ヲスキテ　ツクリカサネテモルベシ　上ニ氷頭《ひず》三枚或五枚コレヲモリテ之ヲ供ス」とある。

室町時代の成立といわれる『庖丁聞書』には、鮎のいかだ鱠・山吹鱠・ひでり鱠・雪鱠・青鱠・生姜鱠・卯の花鱠・越川鱠・羽節和・鮒の色どり鱠・鮎の皮引鱠・いけ盛などがあり、調味酢も工夫されて種類が多くなっている。江戸時代になると鱠はさらに多彩になり、ぬた膾・加雑《かぞう》膾・沖膾・子付《こづけ》膾・焼骨膾なども加わり、冬にはあたためて供するあたため膾もあって、江戸時代はなます料理の最盛期であった。

さしみは前述したようになますの一種として始まり、なますよりも厚く切り、調味料を添えて供するものをさしみとよぶようになった。『松屋筆記《まつのやひつき》』（文政〜弘化）に「膾に刺身という名目おこり、製法も一種出来たるは、足利将軍の代よりの事なるべし」とある。刺身の語源は、切るを忌みて刺すというとか、何の魚かわかるようにその魚の鰭《ひれ》を刺しておくので刺身というなど諸説がある。漢字にも現在一般に用いられている刺身のほか、指身、指味、差味、差躬などがある。『和漢三才図会』（一七一二）には、魚軒《さしみ》とあって、なますは細く切って、大根・栗・薑《しょうが》・蓼《たで》などの五味を和し、酢《す》をかけて食べるもの、さしみは魚肉を薄く切って熬酒《いりざけ》と山蓼《わさび》、あるいは生薑酢《しょうがず》をつけて食べるものと説明している。

さしみの材料はおもに魚類であるが、『料理物語』(一六四三)には、鳥類では鴨・雉子・鶏、茸類では椎茸・松露・木くらげ・岩茸がさしみの材料としてあげられている。さらに青物の部では、麩・豆腐・蒟《こん》蒻《にゃく》・みょうが・たんぽぽの花・よめがはぎ(よめな)・すべりひゆ・苣《ちしゃ》・川ぢしゃ・夕顔・茄子・くこ・にんにく・根深(葱)・あさつき・野びる・竹《たけ》子《のこ》・またたび・牡丹の花・芍薬《しゃくやく》の花・口なしの花・萱草《かんぞう》の花と葉・菊の花・のうぜんの花・すもう取の花・蓴菜《じゅんさい》をさしみの材料としている。青物の部には現在の野菜のほか、大豆製品、こんにゃく、野草、花なども含まれているが、ここでいう「さしみ」は、生またはゆでた材料に調味料をつけて食べるものを総称する広義の名称となっており、現在も「さしみこんにゃく」などの名が使用されている。

指味之図(『精進献立集』より)

さしみに添える調味料は、現在は一般に醤油を用いるが、江戸時代は煎酒がよく用いられ、そのほか蓼酢、山葵《わさび》酢、生姜酢、辛子《からし》酢、山椒味噌酢、酢味噌などが用いられている。醤油は高価で、江戸後期まで普及しなかったためであろう。なお室町後期の『四条流庖丁書』には「サシ味之事　鯉ハワサビズ　鯛ハ生姜ズ　鱸ナラバ蓼ズ　フカハミカラシノス　エイモミカラシノス　王余魚[かれい]ハヌタズ」とあり、魚に適した調味酢を記している。さしみの種類は、材料、切り方、添える調味料によるものであり、本書では「調味料類」および「料理用語」に関連事項が記載してある。

**あえまぜ【和交・醤交】**

室町後期のものといわれる『大草殿より相伝之聞書』には「あへまぜの事　いかとかつををけづりまぜて酒をひたし候なり」とあるが、元禄頃から酢も加わり、魚介類の干物の削物に生姜、うどなど野菜類も取り合わせるようになり、さらに後には精進のなます、さしみとして扱われていることが多い。

出典　①『合類日用料理抄』巻五　②『茶湯献立指南』巻六　③『料理網目調味抄』二巻　④『黒白精味集』上巻四　⑤『献立部類集』下巻　⑥『精進献立集』初編

①あへまぜ　干物色々削物にし精進物も取まぜ　精進物のいり酒に水まぜ酢を加へ膾《なます》のごとくあへ申候　魚のいり酒より精進のいり酒まし申候　いり酒にすいきみあらば酢を加へ不申《もうさず》候

③醤交　精進の指味《さしみ》初より熬酒《いりざけ》を掛るを云ふ　冬は温めてかくべし　いり酒にはいつもわさび又生姜

⑥あへまぜは白ごまこげぬやうにいり能《よく》すり酢にてのばすもつとも酒しやうゆ少し入れかげん能《よく》し　かなすいのうにて漉《こ》しあへる　大こんたんざく切　しいたけあげふいづれもうす味つけてほそ切　にんじん一寸余に切立《たて》にうすく切又ほそくきざむ　青味はせりさつとゆにし五分ばかりに切る　たゞしぢくばかり

**あおずなます【青酢膾】**

青酢を用いたなます。作り方は料理なますと同じで、いけ盛のように器の底に青酢を溜《た》めてその上になますを盛って供する。青酢の時は青い材料はなるべく用いない。春の料理。→:あおず[調味料]、いけもり、りょうりなます

出典　①『江戸料理集』二　②『伝演味玄集』二ノ上　③『黒白精味集』上巻四

②青酢鱠　いけ盛なり　酢加減は前に同じ　右の酢にてよせからし能《よき》程にのべ皿に溜て魚を盛也　上置《うわおき》に青きもの辛き物不レ可レ然《しかるべからず》　色風味差合也　青酢色の加減冬より春は薄く　中春は濃く暮春なほ濃くすべし　夏秋は用いず冬も春をふくむころの事也　青酢は春の賞翫と心得べし　初春とても余りうすきは見分よろしからず

③青酢膾　菜をむしり擂鉢《すりばち》にてよく擂り毛すいのふにてこし　右の青き水煮立候へばふわふわのごとく鍋へ浮く也もつとも鍋の蓋をせず浮たる時すいのふの底へ打まけ候へば青みばかり取置く　さて漬蓼《たで》なれば塩出しをして少ばか

『食物知新』より

りよく擂り　よせ菜を入れ酢にてのべ溜す也　塩気早く入れば菜の色替也　その故漬蓼も塩出しする也　たでを入れば蓼からみ有てよし　菜はからし菜高菜の類よし　常の菜にても用ゆ　もつぱら冬春平めなますなどにして吉《よし》　けんぼう風よし

**あおぬたなます【青饅膾】**

「青ぬた和《あえ》」ともいう。寄せ菜をまぜた緑色のぬたで和えたなます。古くは青鱠《あおなます》とよんだようで、『庖丁聞書』には「青鱠は青ぬたにて和たるをいふ也」とあり、葉からしをすってまぜ色をつけている。↓∴ぬたなます

出典　①『江戸料理集』二　②『茶湯献立指南』巻四　③『伝演味玄集』二ノ上　④『料理秘伝記』第四

②青ぬたはからしの葉を能《よく》すり　すいのふに入れてあつき湯に入れいろを取　酒の粕　みそ少し加へ酢を入れしるりとして　さはら[鰆]皮引にしあへ交《まぜ》皿に入れ　けんともを上に置くべし

③青ぬた膾　和様青辛子をとりて粕味噌十分一程加へよくよく擂交《すりまぜ》　右のごとくして和べし　もつとも味噌粕ともにかたこし也　盛方右[ぬたなます]に同じ　青辛子無之《これなき》時は菜の葉にても寄《よせる》なり　その時はからしをねりて能《よき》加減に交て匂を付る也

**あたためなます【温め膾】**

あたためて供するなますで冬の料理。『江戸料理集』（一六七四）『伝演味玄集』（一七四五）では煎鯉膾《いりこいなます》を鯉の温め膾としている。鯛、鯉、鮒、うぐいなどで作る。

出典　①『江戸料理集』二　②『伝演味玄集』二ノ上　③『黒白精味集』上巻四　④『料理之栞』

②煎鯉膾　取合等前の鯉膾と同断　和様《あえよう》前の鯉膾のごとく和てその酢を手引かんにあたゝめ　和たる魚を三分二ほど鍋に入れ　身のしろむまで置きて鍋をおろし　残の魚を又入れて和て焼塩にて塩梅《あんばい》すべし　盛様いづれも右同断　これは寒中の賞翫なれば壺皿に盛てふたして出す也　但鯉の温め膾とも云ふなり　この膾の魚はうぐい　鯉　鮒　さい

等なり　ほかの魚は酢あまければ不出来ゆへ不レ用　但鯛はくるしかるまじきや
③あたため膾　魚を作り妻も入れ　さて鍋へ酢に塩入れさわさわと煮立　打込かき廻しそのまま出す　寒中など西国にて専ら用ゆ
④あたためなます　酢は中おち入れていり酢にて煎じ酒も加へ和らかなるよき酢加減に仕置き火にかけ温め置也　鯛薄く作り　もつとも皮引く也　なまこもこだたみの如く細々と作り　出す時に当座に右の酢に入れ　盛るべき程少しずつ入る也　霜降のくらいになまらせ　火通久にては無し　なまらせ申也　蓋茶碗に盛出す　蓋茶碗も湯に入れあたため置きて用ふべし

**あらい【洗い】**
さしみの作り方の一つで、鯉、鯛、鱸《すずき》などの新鮮な魚肉をそぎ作りや糸作りにして、冷水で洗って縮ませたもの。煎酒《いりざけ》とわさびを添える。
出典　①『江戸料理集』二に「洗こい」　②『伝演味玄集』二ノ上　③『黒白精味集』上巻四　④『料理伊呂波庖丁』「あらひ鯷《ひしこ》」　⑤『鯛百珍料理秘密箱』上　⑥『料理早指南』初編に「あらひすずき」

わさびおろし
（『和漢三才図会』より）

②洗鯉は夏の賞翫なり　庖丁をたて小口にいかにも念を入れ作るべし　さて冷水にて四五返洗あげ　とうしにうけて水気を去り出す事也
③洗鰯　いわしをひらき皮を引　細作りにして水にて四五へん洗　水気をよく取り酢にてあゆる　めうがのこ　くりせうが　せんにして和交《あえまぜ》る也
⑤洗鯛の仕方　鯛を作りて直に水に入れ四五度も水を替井戸へ釣おろし冷し申候　これは随分〱薄く作り候へば身はぜてちゞみ申候

**いけもり【生盛・活盛】**
なますの一種で、魚介類を数種別々に随意の作り身にして器の中央に盛り合わせ、つまやけんを添え、わきから調味酢や煎酒を注いで器の底に溜《た》めて供するもの。室町時代の成立といわれる『庖丁聞書』では鳥の肉を細作りにして用いているが、江戸時代になると一塩《ひとしお》物、粕漬、また生《なま》ものの魚介類が用いられている。調味酢も『料理早指南』（一八〇一）には胡麻酢、けし酢なども見られる。→∴あおずなます、りょうりなます

出典 ①『伝演味玄集』二ノ上 ②『黒白精味集』上巻四 ③『料理秘伝記』第四 ④『料理早指南』初編に生盛の部 ⑤『精進献立集』初編凡例

①いけ盛　粕漬の類取合盛て　平かつほ　よりふし等をけんに置きて出す也

②生盛膾　魚を切重　なげ作り　細作り何《いず》れ成共もよふ能《よき》皿に盛り　脇に妻を盛る　皿きわより塩酢をため出す

⑤いけ盛は何酢にても煎酒にても　いけもりたる物にかゝらぬやうにわきよりそつと入れ　皿の底にたぷ〳〵とためてよし

生盛之図（『精進献立集』より）

## おがわたたき【小川叩】

鰹、鯉、鯛、まながつおなどの魚を三枚におろしてからよくたたき、杉板に付けるか、わらづとに包んで熱湯をくぐらせてから木口《こぐち》作りなどにする。

出典 ①『料理物語』第十一 ②『黒白精味集』上巻四 ③『料理伊呂波庖丁』 ④『料理秘伝記』第二 ⑤『料理早指南』四編

①小川だゝき　生がつほをおろしてよくたゝき杉板につけにえ湯をかけしらめてつくりたゝみ候　右のかきだいにもりあはせよし　鯉にてもつかまつり候也　同いり酒

②鯉の小川たたきと云ふは　摺身《すりみ》をこそげ申様にして出す也　かき鯛の如し　子は付申さず候

③小川たゝきは何魚にても三枚におろし　身を搔てよくたゝき　青茅《かや》またはわらづとにしてさつと湯をくゞらせうす木口にかさねて用ゆ

北尾重政筆『絵本吾妻抉』より

**おきなます【沖膾】**

沖でとった魚を舟上ですぐなますに作ったことから始まり、それを真似て作ったなますをいう。

出典 ①『料理物語』第十 ②『江戸料理集』二 ③『茶湯献立指南』巻六 ④『小倉山飲食集』 ⑤『伝演味玄集』二ノ上 ⑥『黒白精味集』上巻四 ⑦『料理山海郷』巻一 ⑧『料理早指南』四編

①沖鱠 あぢ いなどをまろづくりにして たでをあら〳〵ときり入れ候をいふ也 鯖もよし鯛そのほかのうをにても仕候 塩かげんいよいよ大事也

②沖なますといふ事は舟遊山《ゆさん》などの時 沖にて小さかなを取り 打よりてめつた作りにしてとりあへずあへて味あふるていをここに求て沖なますといふ也

③沖鱠とは海辺ならでは仕にくき事也 料理人を猟師《りようし》舟乗《のせ》沖にて右の献立の魚を三枚におろし常の鱠三切を一切にして酢に付け塩を入れさて取帰る 料理出しさまに酢の中より魚引上又 新敷《あたらしき》酢に合《あわせ》 盛形《もりかた》をすべし その故に沖鱠と云ふ 海遠なる処にてはとかく新敷魚を大切《おおぎれ》に切り酢に付《つけ》置《おき》後又酢に合するを沖鱠と云ふ

⑥沖膾 海上にて魚を作り あらき布袋に入れ潮に漬 舟はたに結び一時ほど置き候へば白くはぜ申候を膾にする也 これを学びて水へ塩多く入れ半日ほど漬置く 塩からければさ水にてすすぎ塩気取り 皿に盛り溜酢にて出す

**おろしなます【卸膾】**

いろ〳〵の魚や鮭の氷頭《ひず》(頭部の軟骨)、川海老などを適宜下拵《ごしら》えをして酢で和《あ》えておき、おろし大根を混ぜて塩と酒で塩梅《あんばい》する。取り合わせは生姜、蓼穂《たでほ》など。

出典 ①『江戸料理集』二 ②『伝演味玄集』二ノ上

②おろし膾　鮭のひづ　川えび　海鼠《なまこ》そのほか魚　くりしやうが　たでほ　しそほ同実　かぶらほね　はらゝこそのほか可レ有二作意一　ひづは鮭の頭の背の方にあり　すき身とて透通る所也　仕形いてう又は小短尺いかにもうすく可レ作《つくるべし》　小口にきればいてうなり　川えび前に記《しるす》ごとし　魚は何《いずれ》にても集膾のごとく可レ作　かぶらほね小短尺　くりしやうが大針吉《よし》　たでしそ穂一寸ばかりに揃てちらし置く　紫蘇子は交《まぜ》てもよし　おろし大根は皮を去て三寸ほどに切り二時［四時間］ほど水に漬置き横におろし　絞らず洗わずすいのふへ入れ　半時ばかり置くべし　大かたしぼり汁はとれるなり　残りたるしぼり汁の分はそのまま置きて和《あえ》るなり　味はなはだよし　横におろすにてからみなし　和様　色々の魚を入れて酢をかけてよく和て魚のうまみを出し　さておろし大根をほぐして交《まぜ》　塩と酒にて塩梅《あんばい》すべし　初より塩入れてはおろし膾ばかりは塩はやきもの也　魚の身細く薄く作りてよし　魚の多く入れたるはいやし　酒はあまくこき酒よし　おろし膾は酢のきくものゆへ酢の過ぎたるはよろしからず

**かきあえ**【掻和・抓和】

薄塩の魚や貝を主材料にし、干瓜や蓼《たで》などを取り合わせて、短冊やせん切りにして器に盛り、出す間際に酒に煎《いり》酒《ざけ》を加えて塩で塩梅《あんばい》した調味液をかけ、さっと和えて出すもの。

出典　①『江戸料理集』二　②『小倉山飲食集』　③『伝演味玄集』二ノ上

②かきあへに薄煎酒にて和も有り　酒ばかりにて和も有り　是《これ》はものによりてそれ〲にかげん有り

③抓和　一塩《ひとしお》あわび短冊　鯛木口作り　鯔《ぼら》同　生干鯛　くらげせん小短冊　海茸小口切　海鼠《なまこ》　くしこ　干瓜　しめ瓜　くり　たで　しそ　みつかん　久年母《くねんぼ》　柚　葉せうが　根しやうが　わさび等也　平かつほ　よりかつほ　花かつほ　和様右の分それ〲を取合　出し際に諸白《もろはく》に煎酒少し加へて喰塩に心もち張るほどにして皆一つに交《まぜ》　右の下地を掛けさわ〱と和そのまま出す也　和て少しも間あればやわらかになりて不宜《よろしからず》　又江川酒　浅地酒などにてもよし　煎酒酢のかろき塩梅《あんばい》なりと心得べし　当時は一つに交《まぜ》ず分け盛て下地溜出す　惣《そう》じて魚も一塩《ひとしお》を用う

**かきたい**【掻鯛】

鯛を三枚におろして一端を目打でまな板に固定し、よく切れる包丁の先で少しずつ肉を掻きとり、まな板になす

かき鯛むしのしかた

（『鯛百珍料理秘密箱』より）

りつけて積み重ねていくさしみの手法。さしみとしてのほか、蒸物、吸物にも用いられた。搔鯛の手法は平目、鱸《すずき》、鯉などにも応用された。

［出典］①『料理物語』第十一 ②『江戸料理集』二 ③『茶湯献立指南』巻四 ④『伝演味玄集』二ノ上 ⑤『黒白精味集』上巻四 ⑥『料理秘伝記』第二 ⑦『鯛百珍料理秘密箱』上に「かき鯛むしのしかた」⑧『料理早指南』初編 ⑨『料理調菜四季献立集』⑩『会席料理秘嚢抄』

①かきだい　鯛を三枚におろしこそげてかさねもり候　煎酒よし　からし置く　けんはよりがつほ　くねんぼ　みかん　きんかん

④搔鯛　取合　麩の焼玉子　むし玉子せん又は長短尺　包玉子　燕巣《えんす》こまかにさきて　きんしや［鮫の鰭《ひれ》］海月《くらげ》せん又は小短冊　よりかつほ　わさび　金かん　くねんぼ　柚そのほか可㆑有㆑作意　右それ〴〵を盛方して煎酒をためて出す也　かき鯛は鯛に不㆑限　平め　すゞき　ふつ子　茂《も》うを　鯉　いにしへは鯛　鯉一葉交ぜに搔合せたることもあり　中古はいやしとてやみぬ　薄刃いかにも能《よく》とぎ入れたる刃肉《しし》なきにて搔事なり　水栗と搔鯛は庖丁人の功不功つやにて直きに知るゝ也

**かぞうなます**【加雑膾・加増膾・和雑膾】

各種の魚介類をとり合わせたなます。「がんぞうなます」ともいう。名の由来は和《あ》えてまぜるところからとも、また『嬉遊笑覧』では嘉定《かじょう》の日に作ったためかとしている。

［出典］①『料理物語』第十 ②『茶湯献立指南』巻四 ③『小倉山飲食集』④『料理綱目調味抄』二巻 ⑤『料理秘伝記』第二に「加雑膾」⑥『料理早指南』四編に「がんぞう膾」

①がんざうなます　きすご　さより　かれい　ゐい　烏賊《いか》など色〳〵つくりまぜ候事也　これは酢塩かげんしてあへけんばかり置くべき也

②からし鱠は世にかそうなますと云ふ
③加増鱠　うを色〳〵妻やたらに切りてあへまぜて盛事也
④加雑之事　一書曰《いわく》堺より色々の魚貝類を造り交《まぜ》　板の箱の下に穴を明け夏は一塩《ひとしお》してのぼすをかんそう鱠といふ　箱ながら冷水に漬塩出して後押をかけかはかして鱠にあゆると云々

**こだたみ【海鼠湛味・海鼠畳】**

海鼠《なまこ》の料理で、室町時代の『四条流庖丁書』にもあり、古くからの料理である。江戸時代にも流行したようで多くの料理書に記載されているが、同じこだたみでもこだたみ汁の略称である場合と、さしみに分類されるものとがある。本書では汁物のこだたみは別項にまとめた。さしみとしてのこだたみは料理書により多少の違いがあるが、海鼠を細切りにして煎酒《いりざけ》をかけ、わさびを添えたものである。↓：こだたみじる[汁物]

出典　①『合類日用料理抄』巻四指身の類　②『伝演味玄集』二ノ中　③『黒白精味集』下巻八　④『新撰会席しっぽく趣向帳』　⑤『料理献立抄』　⑥『料理秘伝記』第二

『食物知新』より

⑤海鼠湛味　なまこの細つくりなり
⑥海鼠畳は生海鼠《なまこ》をわり内外をすき両端をとり　さて紙のごとく薄くへぎ木口《こぐち》より畳む也　およそ如此《かくのごとく》作りさて湯かき用う　湯大事なり　煮過ぎればちぢみかたく成なり　栗のせんを交《まぜ》　水にて掻立　水嚢《すいのう》にあけしぼり置く　盛合にする又一色物にも　煎酒わさび或は酢加よし

**こづけなます【子付膾】**

略して子付ともいう。糸作りやそぎ作りにした魚肉のなますに、その魚の卵を塩や酒で調味して煎《い》りつけたものをまぶしつけた料理。子付さしみもあり、室町時代から

なます
の料理法。鯉、鮒、鯛、鮎などを用いる。↓：やまぶき

出典 ①『料理物語』第十 ②『江戸料理集』二に鯉・鮒・鯛・鮎の子付膾 ③『料理網目調味抄』二巻 ④『伝演味玄集』二ノ上に鯉・鮒・鯛・鮎の子付膾 ⑤『黒白精味集』上巻四 ⑥『鯛百珍料理秘密箱』上

①鯉の子づけなます　鯉を三枚におろし身をうすくへぎ皮をのけほそくつくり候　やがていりたる子をつけてよしをそく候へば付きかね候　さて煎酒に酢をくはへはしらかし[煮立たせ]　鱠半分にかけて半分はひえたる酢にわさびいれてあへ両方かきあはせ出し候事也　たゞし鯉みなにはしらかしたるをかけ候伝も在之《これあり》

③鮒子附の生盛は鮒を糸に造りかはかし子は茹《ゆ》でよくかはかし　栗生《しょう》が糸にして魚と一所に子にまぶす　いづれも水けあれば子つかず　酢を少鈍《にぶく》してかくる

⑤子色膾と云ふ時は子を上へ振かくる也　子付膾は作り身に子を付　生盛する也

⑥子附鯛　鯛を三枚におろし置き　塩湯に酒を少し入れ右子を入れて煮申候て後水に冷し布にてしぼり　すぐにはしやげに入れ暫してあたゝめ酒につけ又布にてしぼり　さて魚を薄く作り子にまぜて遣《つか》ひ申候　右の子色赤くなり申候

なり

**さかびて【酒浸】**

生《なま》または一塩《ひとしお》物の魚鳥肉の作り身を、だし酒に浸したもの。『江戸料理集』（一六七四）には、夏の暑い時に新鮮な作り身の変質を防ぐため、供するまで酒に漬けておくとあるが、他の料理書では器に盛った作り身にだし酒をかけて溜《た》めて出すとある。酒浸は室町時代からある古い料理法であり、材料にも作り方にも時代による変遷が見られる。

出典 ①『料理物語』第十一 ②『江戸料理集』二 ③『伝演味玄集』二ノ上 ④『黒白精味集』上巻四 ⑤『料理秘伝記』第二

①さかびて　鯛　あわび　たら　さけ　あゆの塩引　からすみ　かぶら骨　鶴　鴈　鴨　右の内いかにも塩めよきを取あはせ作り盛り候　けん　くねんぼそのほか作次第　だし酒かけてよし

②酒びてとは右[沖膾]のごとく作りて酒に漬て置く事也　但諸白《もろはく》也　これは夏の事なれば魚久しくかこい置くは何としてもあしく成ゆへに魚のつよき内に作り時分まで酒につ

け置く也　何と久しく置くといふともよき物なり　あへ候時はその酒をよくしためて右[塩酢あわせて軽くしやんと塩梅《あんばい》して]のごとくあへ候なり
④酒浸　塩引類　一塩鯛　鱸《すずき》　鯔《なよし》　鮭開き　熊引　しいらの開き也　しめ貝　塩鱒　塩鳥　からすみ　巻からすみと云ふ時は切刃の小刀にて平の儘《まま》けづればくるくると巻なりよりふし是《これ》に取合冷酒を溜出す　くらげも吉《よし》

**ぬたなます【饅膾・滑膾・沼田膾】**

「ぬたあえ」ともいう。下ごしらえした魚介類や取り合わせの野菜類をぬたで和《あ》えたなます。ぬたは古くは酒粕をすり、酢や塩を加えて練ったもの、あるいは枝豆や大豆を煮てすりつぶしたものであったが、後には酢みそを指すようになった。ぬたの語源はどろどろとしたところが沼田に似ているところからという。『日葡《にっぽ》辞書』(一六〇三)にもあり、江戸時代以前からある古い料理。

出典　①『料理物語』第十　②『江戸料理集』二　③『茶湯献立指南』巻五　④『料理網目調味抄』二巻　⑤『伝演味玄集』二ノ上　⑥『黒白精味集』上巻四　⑦『新撰会席しっぽく趣向帳』

①ぬたなます　からしをよくすりてさて酒のかすをよくすり　鮎にても鰯にても鯔《なよし》にてもまづ酢にていため　その酢をすて後にぬたを酢にてのべ塩かげんしてあへ候也　後の酢多きはあしく候　但鮎には青豆のぬたに柚の葉きざみ入れあへ申事も在之《これあり》
③うど沼田茹《ぬたあへ》　山椒の葉をすり酒の粕とみそ等分に入れ酢にてのべこし其にて茹べし
④饅膾は酒の糟《かす》　酢　芥子《からし》を以あゆるを云也

ほうちやうし（菱川師宣筆『和国諸職絵尽』より）

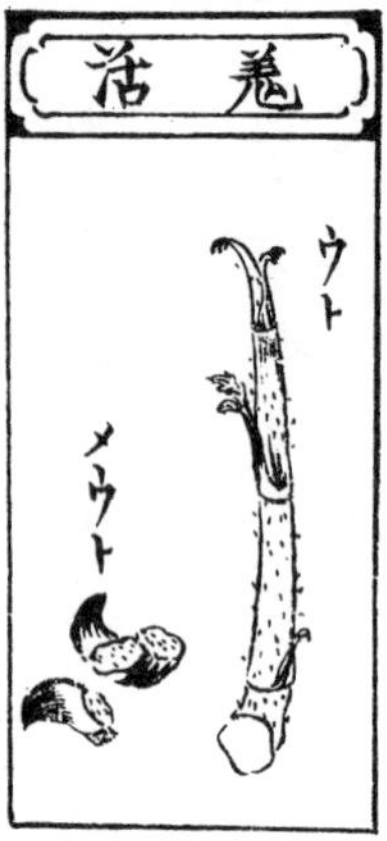

『食物知新』より

⑤滑鱠《ぬた》　鯛　ぼら　あゆ　かつを　さけ　ます　ふな　鯉
甘鯛　くらげ　ひしこ　木くらげ　くりせうが　めうがの
子　めうが竹　防風　せり　うど　白うをそのほか可レ有《あるべき》
作意〈中略〉和様《あえよう》枝豆をやわらかに煮てよくすり　すいのふにて漉《こ》し　葉粕にても漬粕にても十分一ほど加へ二色よくすりあわせ　右の魚を塩梅《あんばい》したる酢ばかりにて和交《あえまぜ》　さてぬたの粕を合する也　加減は和ものより少しゆるめにすべし　滑のうすきはあしきものなり　さて盛方して色々上《うわ》置《おき》にして出す也　粕入ゆへに酒はさすまじき也
⑥ぬた膾　みそ摺《すり》少し酢を入れ　辛みを入れこくのべ　魚を和て出す
⑦ぬたあへはからし味噌入る事勿論也　味噌をよくすりこして用ゆ　からしもこして酢を入る也

**ひずなます【氷頭膾】**
氷頭は魚の頭部の軟骨で、氷のようにすき通っているところからの名。氷頭にうど、大根、あさつきなど取り合わせてなますにしたもの。鮭の氷頭は古くから食用にされている。
出典 ①『新撰会席しっぽく趣向帳』②『料理秘伝記』第九 ③『料理早指南』四編
①ひづ鱠　ひづ　おろしうど　あさつき　三月大こんせん
ひづはとくと塩を出し　さて酢に三年酒を入れその中へひたしおき盛出す也
②ひずとは魚の頭の背通《せどおり》なり　鮭のひず　膾　汁によし
鯛　鰆《さわら》汁によし
③ひづなます　塩引の鮭の頭を二つに割　ひづばかりとり薄くきざみて　おろし大こん　うどなどにあへまぜる

**ひでりなます【ひでり膾】**
室町末期の成立といわれる『庖丁聞書』には「ひでり鱠といふは削大根の入たる鱠也　世に之を笹吹鱠といふ也」とあるが、江戸時代料理書ではいずれも『料理物語』（一六七四）の記述と大差なく、魚のなますに、ずいきや大根の笹がきを加えたものになっている。

出典 ①『料理物語』第十 ②『料理之栞』 ③『料理秘伝記』第二 ④『料理早指南』四編

①ひでりなます あめの魚を三枚におろし身はすきてつくり 両《りやう》の皮をうち合せ皮目より焼きて刻み入れ 唐のいもの茎［ずいき］を笹がき入れ 酢塩かげんしてあへ候を云ふ也 皮も白焼也

③ひでり膾 あゆの魚 皮引作 皮は両皮打合白焼にして刻み入れる 笹かき大こん或は蓮芋笹かき入る 酢 酒塩《さかしお》あんばい吉《よし》 又何魚にても作 大根の笹がき上置《うわおき》にするをひでり膾共申すよし

**みずあえ【水和】**

するめ、煎海鼠《いりこ》、干鱈などの干物を水につけて戻し、野菜類を取り合わせ、煎酒《いりざけ》または煎酒に酢を加えたもので和《あ》えたなます。江戸中期ごろから、醬油、酒、酢なども用いている。

出典 ①『料理物語』第十 ②『江戸料理集』二 ③『小倉山飲食集』 ④『伝演味玄集』二ノ上 ⑤『黒白精味集』上巻四 ⑥『料理秘伝記』第四

①水あへは煎酒に酢を加へよし ごんぎり［干した鱧《はも》］田作り するめ いりこ 小鳥やきて入れ 乾鮭《からざけ》 青瓜《あおうり》 めうがのこ 木くらげ 午房《ごぼう》右の内にて取合《とりあわせ》あへ候也 さんせうの葉きざみ入れてよし

⑥水和は干物の膾と心得べし 鯣《するめ》せん切 のし 串こ みる喰［みる貝］せん 海月《くらげ》白黒 白瓜 みやうが子 みやうがたけ うど或はにんじんたんざく しそ たでも入る 若大根小たんざく つくし はきな 右の類よく取合和交《あえまぜ》たる物也 醬油 酒 酢加へあんばいして吉 軒《けん》にはせうが 穂たで 青みつかん等用

**みずがい【水貝】**

新鮮な鮑《あわび》の肉を角切りにして、冷たい塩水に浮かべ、野菜などを取り合わせる。現在は氷片を入れ、胡瓜や桜桃などを彩りにあしらっている。

出典 ①『江戸料理物集』二 ②『茶湯献立指南』巻六 ③『伝演味玄集』二ノ上 ④『黒白精味集』中巻六 ⑤『新撰会席しっぽく趣向帳』

②水がいとは あわびを二三日も塩をして 茶碗に水をため かいをよくあらひ あつ〳〵と切又四角に賽《さい》にも切 それを水に漬《つけ》たる物也 成程冷《ひや》やかなる水よし

『食物知新』より

③びわ色よし　貝をはなし塩にてよく洗《あらひ》　皮残らずさりて塩沢山に二時も三時も漬置て塩しみたる時よき程に切置て出すべき前にかさねの崩れぬやうに塩水へうつし　さて膳出べき節　盛形して冷水をかけ出す　もつとも水はなみなみとためたるよし　塩水に移す事は盛形の上にて　溜め水に白みを出すまじき為なり　又いにしへは　だし酒薄いり酒をかけ出すとも有　中古沙汰せしは冷水を溜め出す事名にしあふ本意なりとて　だし酒等溜る事やみぬ　盛形は七枚か五枚かさねほどに打曲てかさねかけ　又大賽形など取合　あいしろふべき品一色二色ちらと置べし　春より夏かけてよろし　取合は　葉せうが　むき栗　角栗　山もも紫蘇包梅干　葉付梅　小梅　漬松茸　みる　いちご風情はよく見ゆるやうなれど水貝に取合べき本意なし　心得べし右の内品により一品二品も用　むき栗とは水栗のちいさきなり　漬松茸はさきて用

⑤伝に曰《いわく》　水貝は六月暑《あつき》の時分のもの也　貝をはなし耳を取て蕎麦粉にくるみ一時ほど置て　よく洗ひ切て塩水に入《いれ》さてさ水へうつす也　但し蚫《あわび》随分あたらしく生きたる貝にてすべく　死貝にては水濁りてきたなし

## やきほねなます【焼骨膾】

鯛、鯉などの魚を材料として、その魚の骨を焼いて粉にしたものを調味酢に加えて作ったなます。焼骨の粉は一匙すくって器に盛った魚の傍に置き調味酢を注ぐ生盛形式のほうが見ばえはよいが、調味酢に混ぜて和《あ》えてから盛るほうが味はよいと『伝演味玄集』（一七四五）にある。

出典　①『料理物語』第十　②『江戸料理集』二　③『伝演味玄集』二ノ上　④『黒白精味集』上巻四　⑤『料理秘伝記』第二

①焼ほねなます　たいのうす身　骨など焼きむしりとりて田つくりいりて　川えび　木くらげ　栗しやうが　おろしなど入れ酢塩かげんしてあへ候也

③焼骨は魚のはらもうす身を串にさしあぶりて　こげぬや

うに次第に遠火にたて焼　かば色になりてこげめなくから〳〵となりたるを　いかにもこまかにきざみ　能《よき》ころのとおしにてふるいて用也　焼骨膾は煎酢《いりす》と煎酒と合する也
④焼骨膾　鯔　鰶《このしろ》　魚の頭骨をよくよく焼ておして　こ［粉］を入れ和る也　生盛の時は匙にて一匙脇に置也

**やまぶきなます【山吹膾】**

江戸時代以前からあり、鮒の子付膾《こづけなます》を指したが、後には鮒、鱚《きす》、鯛、さよりなどを作り身にして、ゆで卵の黄身を裏漉にかけた漉粉《こしこ》を付けたなますをも指す。↓∴こづけなます

出典 ①『黒白精味集』上巻四　②『料理之栞』　③『料理秘伝記』第二

①山吹膾　きす　細魚《さより》革引にして山吹玉子を付て置く　もつぱら春夏よし
②山吹なます　元来は鮒の子付鱠なり　刻《きざみ》大こんにうどまぜ盛合せてよし　今認るはきす或はいせ鯉　鯛又はさより作身にして玉子の漉粉《こしこ》付る　この酢は少つよき方よし
③山吹膾　鮒をおろし骨頭よくやき細に刻《きざみ》　子をよく湯煮して酒にて煎上　身は薄小口作にして身を下に盛　子と骨と何も盛合にして　さて煎酒に煎酢加へ溜て軒《けん》は時の景物

四月（山東京伝筆『四時交加』より）

作次第　但又花鰹をも盛合吉《よし》

**りょうりなます**【料理膾】

鯛、鱚《きす》、烏賊《いか》、赤貝その他数種の魚介類と、うど、芹《せり》、あさつきなど取り合わせの野菜類をていねいに下拵《ごしら》えして、調味酢も煎酒、だしなどでうまく塩梅《あんばい》し、趣向をこらして美しく作った膾。料理書によって生盛のように器に材料を盛り合わせて調味酢を下に溜めるものと、調味酢で和《あ》えて盛り合わせるものがある。また多種類の材料を混ぜ合わせて盛ったものを集　膾《あつめなます》ともよんでいる。

→：いけもり

出典　①『料理物語』第十　②『江戸料理集』二　③『茶湯献立指南』巻五　④『小倉山飲食集』　⑤『伝演味玄集』二ノ上　⑥『黒白精味集』上巻四

①料理なます　鯛　さゞい　きすご　かれい　小海老など　いろ〳〵入れ　おろしなどくはへ仕候　いづれもなますは膳を出しさまにあへ候て吉　塩かげん大事也　塩は一度入候てよきやう分別あるべし　二度三度に入候てはしだいにあしくなり申候　曲《きよく》無き物也　けんは色々その時分のものつくり次第に置くべし

③料理鱠の時は魚をうすく作る　昼の客なれば魚を作ると酢を入れ塩少入れてそのまゝあへ　出す時分最前の酢をしたみ新しく酢を入替　段《だんだん》けんを可置《おくべき》也　最前の酢は白みのつきすぎる故也

④料理鱠　美しくきれいに魚を置く也

⑥料理膾　生盛にして煎酒に酢を加へ塩梅《あんばい》する也　又酢醤油にて塩梅するも有り

# 煮物類

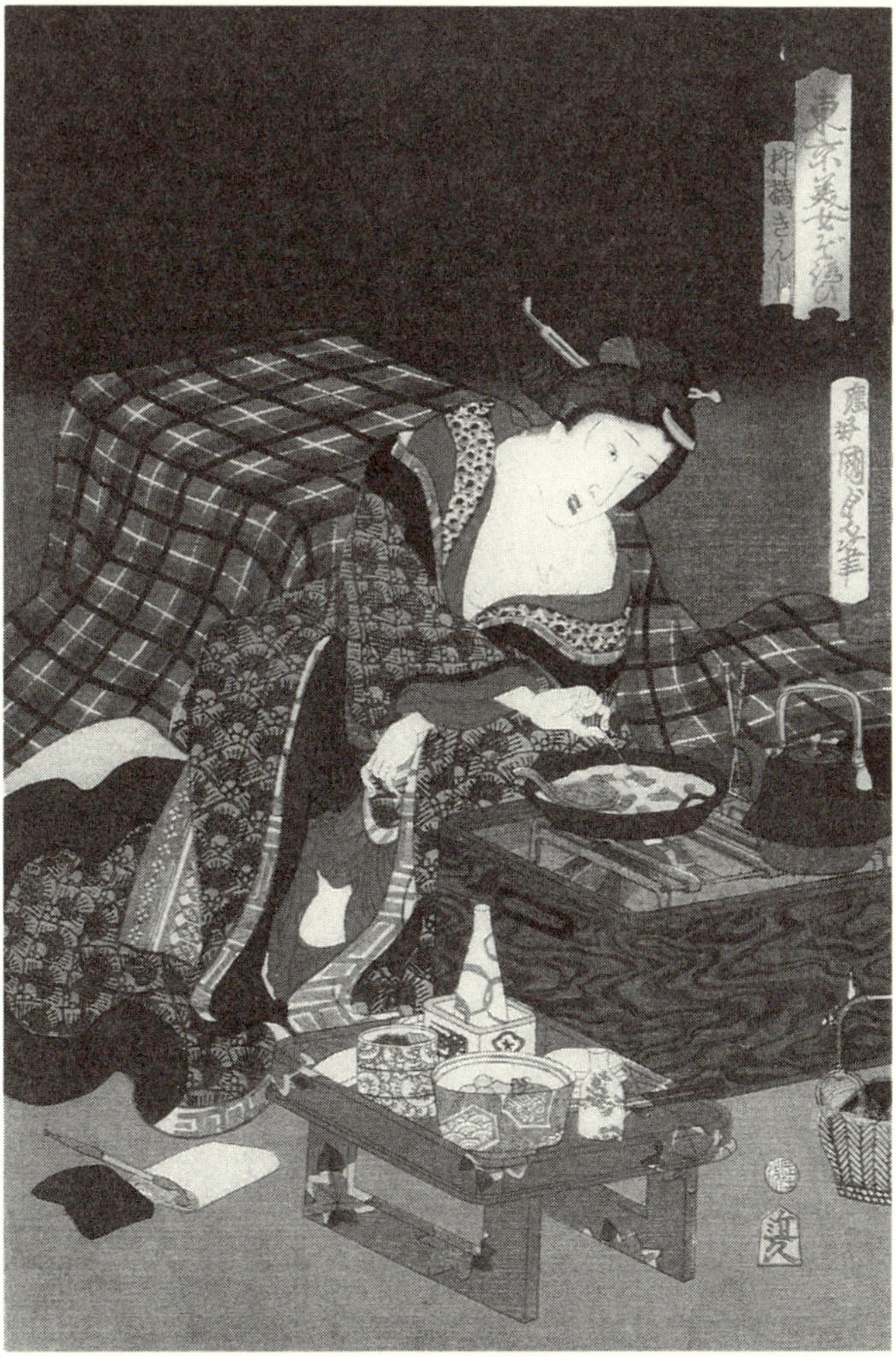

歌川豊国(四世)画「東京美女揃え 柳橋きんし」1868年
(財団法人 味の素 食の文化センター所蔵)

煮物は煮汁の中で食品を加熱する料理で、焼く、蒸す、揚げるなどの他の加熱法にくらべて、日本料理の中では最も一般的な料理法である。江戸時代の料理書を見ても、料理法別では煮物類の種類が最も多い。

　煮物は焼物とならんで古くからあり、記録に見られる煮物には、平城宮跡出土の木簡《もっかん》（荷物につけた木札）に「煮塩年魚《あゆ》」「煮堅魚《かつお》」があり、『万葉集』にも、蔓菁《あおな》（かぶの葉）、うはぎ（よめな）などの蔬菜類を煮る歌がある。室町初期の成立といわれる『庭訓往来《ていきんおうらい》』には、煮染牛房、黒煮の蕗があり、室町後期の『四条流庖丁書』には、垂《たれ》みそで煮た小鮒のこごり、鯛の潮《うしお》煮、『大草殿より相伝の聞書』には、鯉の衣煮、なまこの太煮、鮑《あわび》の黒煮などがある。

　江戸時代になると料理書の数も多いので、煮物の種類も多種多様であり、現在の日本料理の煮物は、名称に多少の違いはあっても、ほとんど見られるようになり、むしろ明治以後失われた煮物が少なくない。煮物の種類は、材料、調味料、煮汁の分量、加熱時間などによって分類され、これらの組み合わせ方によって多くの種類の煮物が作られる。本書では材料による名称は、料理書に多出するものに限って取り上げ、各種材料に共通する料理法による一般的な煮物の名称を、項目として取り上げた。

　煮物の中には、煎《いり》鰯・煎鳥・煎松茸・桜煎・酢煎・ふくら煎など煎物とよばれるものもあるが、煮汁を少なくして煎りつけるように、さっと煮る煮物である。また、杉焼・貝焼・鍋焼も煮物であることは、現在の関東風のすき焼が煮物（鍋物）であることと同じである。

　料理書には煮物を作る際の心得を記したものもあり、『江戸料理集』（一六七四）には「煮方の善悪は出しのわざなれば、先《まず》出しの善悪を吟味して用《もちう》べきなり。さるによつて料理のはじめに出しを吟味してせんじ置なり」と、煮汁のだしをよく吟味せよとしている。また『早見献立帳』（一八三四）は、料理の心得の中で「料理煮方に四季の心得あり。先《まず》春冬はいかにもふつさりと見ゆるやうに庖丁の心得あるべく、夏秋はすんがりと見ゆるやうになすべし。さればとて淋しく少なきは

西川祐信筆『百人女郎品定』より

あしし。たとへば魚菜とも平目《ひらめ》［たいら］にすれば盛かた賑やかなり。竪目《たてめ》なれば清冷《すんがり》と見ゆる。ここを以て考ふべし。あながち竪目平目と一概にいふにはあらじ。煮方加減熱きかげんの物は至極《しごく》暖かにし、冷《ひややか》なるものはひややかなるべし。必ず夏日なりとも煮物のさめたるは甚だ不馳走になるなり。冬の日もこれに准《じゅん》ずべし」とあって、季節に応じて材料の切り方、盛り方、供する温度に気をつけるようにと述べている。

現在も、煮物をはじめ料理の味には関東と関西で違いがあるが、これは江戸時代からのものらしく、幕末の『守貞謾稿』には「京坂は美食といえども鰹節の煮だしにて是《これ》に諸白《もろはく》酒を加へ醤油の塩味を加減する也。故に淡薄の中にその物の味ありて是を好とす。江戸は専ら鰹節だしに味琳《みりん》酒を加へ、或は砂糖を以て之《これ》にかえ、醤油を以て塩味を付る故に、口に甘く旨しといえども、その物の味を損ずに似たり。然れども従来の習《ならい》風となり、今はみりん或は砂糖の味を加へざるを好まず。必らず之を用《もちい》て京坂の食類更に美ならずと云《いう》。又京坂の人は江戸にて甘味を用ふを　たるしと云て之を忌《いみ》て美食とせず。各互己れが馴たるを善とし馴ざるを不善とする」とあり、昔も今も嗜好の傾向は変わらないようである。

なお、料理書で見ると、江戸初期の煮物の調味料は塩、味噌、垂味噌などで、中期以後醤油が多くなり、みりん、砂糖も少しずつ使用されるようになる。

## あまに【甘煮】

甘く煮る煮物。現在は甘煮をうま煮とも読むが、江戸時代料理書にはうま煮はなく、あま煮が現在のうま煮に相当する。あま煮の作り方も『素人庖丁』三編（一八二〇）のほか見当たらない。

**出典**　『素人庖丁』三編

牛房甘煮《ごぼうあまに》　これもごぼう随分太き半中《なかば》より本の所にて上皮をば庖丁にてよくこそげ落し　飯のとり湯と水を等分に合し沢山に入れていかにもよく湯煮し箸の通る時を度としいかき［ざる］にあげて上より川水をさつとかけよく水気ひたしとりて　さて鍋にみりん四分しやうゆ六分のつもりにて右のごぼうを入れて烈火《たきび》にて煎付《いりつか》ざるやうに煮る　煮上て小口より五六分程に切り　蓋ものに入れ上より青のり沢山にかけて出すべし　又最初より五六分に切りて煮るもよし

## いせどうふ【伊勢豆腐】

すりおろしたやまのいもに三分の一くらいの鯛のすり身と豆腐、卵白などを加えてすりまぜ、布を敷いた杉の箱に入れて包み、ゆでてから適当な大きさに切り、葛《くず》あんをかけたり敷《しき》みそをして用いる。

**出典**　①『料理物語』第十二　②『小倉山飲食集』③『黒白精味集』中巻五　④『料理珍味集』巻三　⑤『料理秘伝記』第三

①山のいもをおろし鯛をかきてすりいもの三分一いれ　たうふに玉子のしろみをくはへする　何《いずれ》もひとつによくすりあはせ　杉の箱に布をしき入れつゝみ湯煮をしてきり　葛だまりかけ候て出し候　又鳥みそわさび味噌などかけていよく〳〵吉《よし》　又たうふばかりにても能《よく》すりて右のごとくつかまつりいだし候

## いとこに【従兄弟煮】

小豆《あずき》と野菜類の寄せ煮料理。本来はみそ仕立であるが、現在は醬油仕立のものもある。いとこ煮は室町後期の成立といわれる節用集の『伊京集』に「従子《いとこ》煮　大豆小豆汁」とあり、江戸時代に流行し、現在も郷土料理として各地で作られている。また江戸時代に行われた年中行事である十二月八日の事始めと二月八日の事納めの日に作られた御事《おこと》汁はゆで小豆と野菜類の入ったみそ汁で、いとこ煮とほぼ同じである。いとこ煮の名の由来は、煮えにくい材料から順に追い追い煮るのが甥《おい》甥煮るに通じるので従兄弟煮という。また、みその大豆と小豆が同じ豆類であるからともいう。

出典 ①『料理物語』第十二 ②『茶湯献立指南』巻七 ③『新撰会席しっぽく趣向帳』④『料理秘伝記』第三煮物の部 ⑤『料理早指南』四編 ⑥『精進献立集』初編

①いとこに あづき 牛房《ごぼう》 いも 大こん とうふ やきぐり くわいなど入れ 中みそにてよし かやうにをひ〳〵煮申すによりいとこ煮か

## いまでがわどうふ【今出川豆腐】

焼豆腐の煮物で、煮汁には昆布、鰹節、酒などを加え弱火でよく煮てから醤油をさして塩梅《あんばい》する。器に盛って上《うわ》置《おき》は本来はわさびであるが、漉粉《こしこ》玉子《たまご》やきざみ胡桃《くるみ》なども用いられている。名の由来は『伝演味玄集』(一七四五)によると、昔、京都今出川に住む菊亭前大納言が関東下向の折、この豆腐を賞味してその名をたずねたところ、料理名がなかったのを惜しんで今出川豆腐と名付けたという。

出典 ①『料理塩梅集』天の巻 ②橘川房常『料理集』③『伝演味玄集』二ノ下 ④『豆腐百珍』三十九 ⑤『料理伝』⑥『料理早指南』初編

③豆腐一切盛にして両方よりめんをとり串二本を用《もちい》てこげざるやうに焼べし〈中略〉さて松前昆布を洗ひて引さき下に敷き右の焼豆腐を幾重も平にならべ酒沢山入れ上に松前昆布を蓋のごとく覆い内蓋をして又本蓋をする也 炭火にかけて静かに随分よく煮る也 酒の気もぬけ押付《おつけ》［間もなく］膳部も出すべしと思ふ時醤油さして塩梅すべし〈中略〉鰹節だし少し酒に交《まぜ》ても苦しからず 多く入ては用いず上置はわさびばかりなり〈後略〉

## いもまき【芋巻】

「芋籠《いもごみ》」ともいう。室町時代からある料理で、江戸時代中期ごろまでよく用いられているが、料理書により違いがあって定義しにくい。主材料はすりおろしたやまのいもで、小さく丸めて煮たり、豆腐やきくらげなどを包んで煮たり、魚のすり身とまぜて油で揚げたりし、煮物や吸物の椀種《わんだね》などに用いている。

出典 ①『和漢精進新料理抄』和の部、巻の下 ②

『黒白精味集』中巻五、中巻六 ③『料理秘伝記』第四 ④『料理献立抄』 ⑤『精進献立集』初編

①汁 いもまき 長芋おろしむくろじ[直径二センチほどの果実]ほどに丸め取入るる也（和の部）

吸物 いもまき すりいもを金杓子にて取り豆腐を賽《さい》に切り内に包み鍋へ入れる也 木くらげ せり 栗 何《いずれ》にても針にして包むなり（和の部）

②芋巻 魚三分一 いも三分二 玉子白身少し入れ右の通り[よくすり合わせ杓子ですくい]にして湯煮してもせずにも油上げにする也 吸物によし（中巻五）

いも巻 つくいもよし おろして葛か寒ざらし餅米の粉か少しかきまぜ つみ入れの如く取て汁中みそよし 摺身《すりみ》入れる法あり煮物の所にあり いもばかりにてもいたし候へ共 歯ぬかりしてあしく候（中巻六）

### いりかき【煎蠣】

鍋でいりつけて煮た牡蠣で、胡椒粉、山椒粉、柚《ゆず》などを添える。吸物にも用いる。

出典 ①『江戸料理集』六 ②『伝演味玄集』二ノ中 ③『黒白精味集』中巻五 ④『料理伝』 ⑤『料理早指南』四編 ⑥『料理簡便集』

②いりかき まず鍋の底へかき[身ばかり]の分量を見合せ焼塩を入れて その上へかきを入れ 蓋の廻り紙にて鍋のふちへかけて張る いきの出ぬためなり 炭火にているさわさわと煮立時 右の紙ぬれて蓋とるるなり 手廻しよく盛《もり》て直《じ》きに椀の蓋をして出すべし 少しも手廻し遅ければ かきの匂ひ出てよろしからず よつて塩梅《あんばい》する事ならずと心得て 始《はじめ》によく見積りて塩を入る也 かきを入ると水出るゆへ下地はいらぬ也

③かきを煎鳥鍋《いりどりなべ》にていりて かきの水出るを外の鍋に取り置く也 細かなるかき一升を五六度にわけていり その水へ丸蠣を入れ かきの水の塩にて出す 吸物よし 胡升の粉をふり出す 重き料理にて下戸料理なり

### いりたまご【煎玉子】

調味した溶《と》き卵を加熱した鍋に入れてかきまぜて作る。現在最も簡単な卵料理であるが、左記出典のほか見当たらない。

出典 『水料理焼方玉子細工』

いり玉子仕やうの事 玉子三十を残らずつぶし 煎酒三勺醤油七勺中鍋に入れ灰の火にかけ 杓子にてよくよくかまし[かきまわし]候得ば煮え候者也 其《その》節力を入れかまし候

得ば砂糖［砂糖のように］相成候者也　其《その》料理の品により用ゆる者也

**いりとり**【煎鳥・熬鳥】

鴨、雁などの鳥肉を大きくそぎ切りにし、熱くした鍋に脂肪の多い鳥皮を入れて煎《い》ってから、鳥肉を入れ白くなる程度に煎りつけ、だしに醤油、たまり、煎酒などを加えた調味液を加え、野菜などとともに煮た料理。

出典　①『料理物語』第十二　②『料理塩梅集』天の巻　③『江戸料理集』六　④『小倉山飲食集』　⑤『料理網目調味抄』　⑥『伝演味玄集』二ノ中　⑦『黒白精味集』中巻五　⑧『料理伊呂波庖丁』煎鳥之部あり　⑨『料理早指南』三編

①いり鳥　鴨をつくりまづ皮をいりて後《のち》身を入れいり　だしたまりかげんして煮申候　いり酒も加ふ事有　せり　ねぶか［葱］　くきたち［花茎を用いる菜類］など入るよし　すい口　柚《ゆ》　わさび

**いりまつたけ**【煎松茸】

松茸を薄切りにして鍋で煎りつけ、醤油や柚《ゆず》のしぼり汁などで調味するもの。松茸は江戸時代にはよく採れたようで、京都・大坂の松茸市《いち》の様子を『日本山海名物図会』は次のように書いている。「大坂天満橋の北詰《きたづめ》より天神橋の北詰の間、これを天満市の町と云ふ　青物　干

『食物知新』より

まつたけ市（『素人庖丁』より）

物等の大市毎日繁昌也　松茸の頃殊に賑わし　松茸市は夜なれば松明《たいまつ》をとぼして商《あきな》う　摂州能勢　勝尾等の山々よりおびただしく出ず　又丹波より多く来る　京都には高倉通錦下ル町に松茸市あり　甚《はなは》だ繁昌也　京いなり山高雄山　證安寺等の松茸名物也」。大坂の松茸市が夜なのは、京都や丹波でとれた松茸は夕方になって大坂へ届くからである。

出典　①『料理網目調味抄』二巻　②『料理珍味集』③『素人庖丁』二編

②煎《いり》松茸　松茸笠軸よきほどに薄く切りから鍋に入れいる也　灰汁気《あくけ》出るを捨て醤油をさしいりて柚酢《ゆず》かける

③煮《いり》松茸　生にてよくあらひ程よく切り　さて鍋をからにて焚き　その中へ切りたる松茸を入れさつといり付《つけ》る　あまり煮過ると悪し　少し前めにいり付　醤油すこし柚のしぼり汁と一所に差入れ　よくかきまぜ器へ入れ　上よりこせうの粉ふりかけて出すべし

**いりもの**【煎物・熬物】

魚介類、野菜類などを汁気少なく煮た料理。古くは『和名類聚抄』に見え、汁の少ないあつものとある。『伝演味玄集』（一七四五）に「下地に煎酒を用る故いり物と云」とあり『料理秘伝記』には「煎酒にて仕立たる物なり　又塩いりも有」とある。いり焼と似ているが料理書では別のものとして扱われている。

出典　①『江戸料理集』四、六　②『小倉山飲食集』煮物　③『伝演味玄集』二ノ上　④『黒白精味集』中巻五　⑤『料理秘伝記』第九

④煎物　鮭　鱒などうすく鰤切《ぶりきり》にして　松茸　麩　むかごなど取合　いり酒溜《たま》りにて塩梅《あんばい》して出す　わさびを入候又鰹　赤ゑい　こんにやくのせん　へがしねぎなど取合だし醤油にて仕立てもよし

**いりやき【煎焼・熬焼】**

鳥や魚類の肉を大きくそぎ切りにして、火にかけた鍋または土器で調味液を加えながら煎りつけた料理。鴨、雁などの鳥類を材料とするものが多いが、鮭、鰤《ぶり》、その他のいり焼もある。平安後期の『今昔物語集』にも見られる古くからの料理法。

出典　①『料理物語』第十二に「鮭のいりやき」第十三に「鴨のいりやき」　②『江戸料理集』六煮方　③『茶湯献立指南』巻四　④『新撰会席しっぽく趣向帳』　⑤『伝演味玄集』二ノ中　⑥『黒白精味集』中巻五　⑦『料理秘伝記』第三

②熬焼は出しにたまりを指《さし》て　塩喰塩に二わりほどもつよくして酒をさしてわきに置き　出し候時に鍋をかけ鳥をならべて　右の汁をうるをひにばかり　煎付にしたがひさし〱鳥かへし〱よく煎やきて其《その》まゝ出す事也　煎置は鳥こはくなりてあしきものなり

**うけたまご【うけ玉子】**

「うちわ玉子」ともいう。みの煮と作り方はほとんど同じようであるが、みの煮はおもに汁物に用い、うけ玉子は串にさして焼物にもしている。卵を崩さないように金杓子に割り入れ、金杓子の裏を熱湯に漬けて凝固させるか、深目の小皿に油を塗って卵を一つ割り入れて蒸す。

→：みのに

出典　①『伝演味玄集』二ノ下　②『料理伝』

①うけ玉子　小串をさしたるは団扇《うちわ》玉子と云ふてよろしかるべし　塩焼青串か杉串か　煮物取合　敷味噌物取合　葛《くず》溜《だま》り取合　台引　銅杓子の柄を布などにて巻き玉子をわり

て右杓子にうけ　真中に黄身のすわるやうにして　湯を煮立　杓子の裏を湯に漬け内へ湯の入らぬやうに持ちて　かたまりたる時へらを持ちて放し取也

②うけ玉子　うちわ玉子共かき玉子とも云ふ　かな杓子の様にくぼみたる小皿に油をぬりて玉子をわり一つづつ入れ黄身の真中にすわりたるやうにして蒸すなり

**うしおに【潮煮】**

魚介類を材料にし、塩で味つけした汁気の多い煮物。室町末期の『四条流庖丁書』に「潮煮《ウシオニ》ノ事　潮ヲ先能《まずよく》コスベシ　浦ニテ潮ヲ汲《くみ》テ鯛ヲ煮テ参ラセシヨリ始ル也　然間《しかるあいだ》潮煮ノ口伝ニハ潮ヲ汲テ先煎シテ　サテ魚ヲ入酒《さか》塩《しお》入テ参ラスル也」とあり、海水で鯛を煮たのが始まりという。

出典 ①『料理網目調味抄』三巻 ②『伝演味玄集』二ノ上 ③『黒白精味集』上巻四 ④『素人庖丁』初編に鰯潮煮 ⑤『料理早指南』四編に鯛のあら・鰹・鯵・蛤の潮煮と精進のうしほ ⑥『料理調法集』煮物之部

②潮煮　鯛せ切　又はおろし身　吸口有り　鯛切りて一塩して少し身のしまりたる時水にてよく洗い籠などへ移し湯を一返颯《さつ》とかけ手廻して直に下地煮立し所へ入る也　湯をかけては下地濁らぬなり　又水より魚を入れて煮立る事本儀なれども多きときは成がたし　よつて下地を煮立魚を入る也　下の火いかにも強く焚べし　魚入候得ば湯ぬるむなり　その心得肝要なり　これは船中にて鯛を釣て取あへず潮をむすびて調味したる躰《てい》なり

③潮煮の法　潮は播州明石浦に拾間程の間　明石より流れ出る川水の潮境有　此所の塩あんばい最上也　此水にて鯛を煮候を潮煮と云う　外の潮は潮からくして　水へ入れ候とても潮あらくして喰えず

**うずみどうふ【埋豆腐】**

同名異製で二種あり、ふつうは椀の底に煮た豆腐を入れ、好みの調味をして上に飯を盛って豆腐を埋めるものをいう。一つは豆腐を紙に包み熱灰に埋めて半日か一夜おき蒸し焼きにしてから酒と醬油で煮染《にしめ》たものである。前者は飯を節約できるところから救荒書《きゅうこうしょ》である『都鄙安逸伝』（一八三三）にも記載されている。また雪消飯《ゆきげめし》の名で『豆腐百珍』（一七八二）にある。

出典 ①『豆腐百珍』九十八 ②『豆腐百珍続編』 ③

『料理早指南』二編　④『都鄙安逸伝』
①雪消飯　うどん豆腐の如く切り真の八杯豆腐《はちはいどうふ》の如く烹《に》て小寧楽《なら》茶碗を温めおきたるに入れ　おろし大根をおき其《その》上へ湯とり飯をよそひ出す也
②うづみ菽乳《とうふ》　全《まる》ながら美濃紙《みのかみ》に包み藁《わら》を焼きてその熱灰《あつはい》にうづみ半日にても一夜にてもおきとり出し　酒豆油《しやうゆ》等分にてよく煮染《にしめ》小口切にす　又同名異製にて飯のうづみ豆腐あり　前編雪消飯のところに見へたり

## うめがか【梅が香・梅が鰹】

梅干と鰹節を酒と醬油で煮たなめ物の一種。多くの料理書に記載され、鰹節は削ったものをさらにもんで細かくしたものもあり、調味料も煎酒《いりざけ》を用いたもの、山椒《さんしよう》の粉や陳皮《ちんぴ》（柑橘類の皮を乾燥させたもの）を加えたものもある。

出典　①『料理塩梅集』地の巻　②『合類日用料理抄』巻五　③『料理網目調味抄』三巻　④『黒白精味集』中巻五　⑤『料理秘伝記』第四　⑥『料理伝』　⑦『料理早指南』四編

①梅がか仕やう　梅ぼうし[梅干]をよく洗ひ　さねをひしぎ　鰹を小口切こまかにきざみ　醬油酒塩《さかしお》にてよく煮申候　ぎんなん木くらげ細くして入申候　ぎんなんはいりて皮を去り申也
④鰹ぶしを上けづりして　しんばかり花かつほの如くけづり　手の内にてもみくだきあらきふるいにてふるひ　中梅干一夜塩出しして　かつをぶし一升に梅五十程入れ　煎酒にていりてさらさらする程煎て吉《よし》

## うらじろしいたけ【裏白椎茸】

椎茸の裏側に魚のすり身をぬりつけてゆでたもの。裏白を冠した料理は材料の裏や片面に魚のすり身や、豆腐やまのいもなどをすり合わせたものをぬりつけゆでたり蒸したりして裏を白く仕上げたもので、裏白干皮《ほしかわ》（河豚《ふぐ》や鮟鱇《あんこう》の干皮）、裏白くらげ、裏白紫蘇、裏白鰹などがあり、腕種《わんだね》や煮物の取り合わせに用いられる。

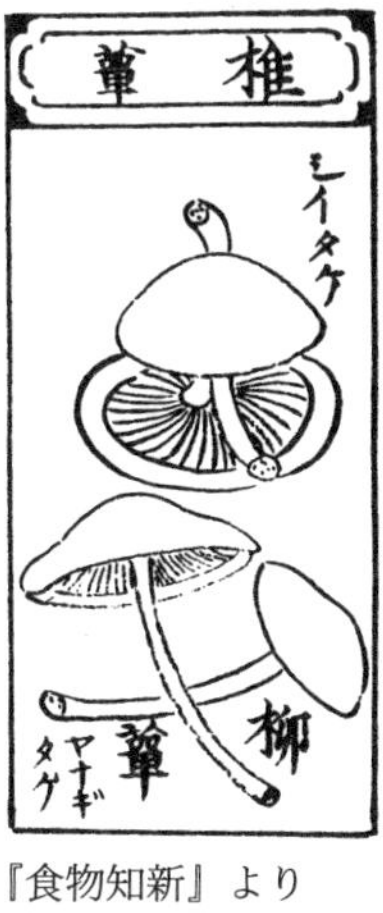

『食物知新』より

出典 ①『料理伊呂波庖丁』巻中珍味仕方口伝に裏白干皮、裏白くらげ、裏白紫蘇 ②『御本式料理仕向』に裏白鰹 ③『料理調菜四季献立集』仕立方汁之部

③裏白椎茸 魚肉を摺身《すりみ》のごとく拵《こしら》へ椎茸の水に漬置《つけおき》たるをしぼり水気よく取り うらに魚肉のべ湯煮する也

**えどに【江戸煮】**

蛸《たこ》を一寸くらいに切り、酒と煎じ茶で柔らかく煮てから醤油で味をつけた煮物。蛸以外の江戸煮は見当たらない。

出典 ①『料理網目調味抄』二巻、四巻 ②『料理献立部類集』上「蛸江戸煮」

①鱆《たこ》 江戸煮は一二寸に切 酒せんじ茶当分にして久しく煮る 半にして柚のわ切 漿《しょうゆ》さして煮る

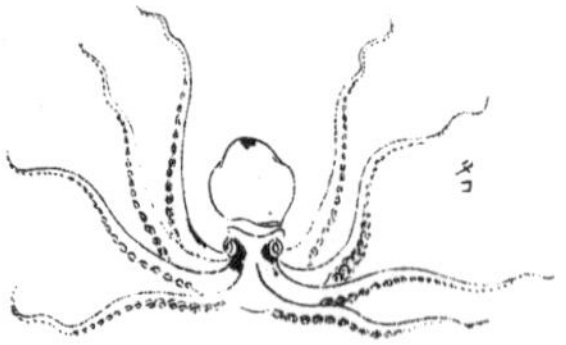

『食物知新』より

**おらんだに【阿蘭陀煮】**

鯛を丸のまま下拵《したごしら》えをして、油で揚げてから酒で長時間煮て醤油で調味し、葱、胡椒、干山椒など添えるもの。油で揚げてから煮るものを阿蘭陀煮というようである。

出典 ①『料理網目調味抄』三巻 ②『会席料理秘嚢抄』

①阿蘭陀煮 鯛常の如く洗《あらひ》 丸ながら油あげにして後 酒ばかりにて久しく煮れば骨も綿の如くなる 後 漿《しやうゆ》にて加減 取合 葱 粒胡椒

②鯛おらんだ煮 鯛の常のごとく鱗をふき腸《はらわた》をぬきよく洗ひ 丸ながら油にてあげ のち酒ばかりにて久しく煮れば骨も綿のごとくなる そののち醤油にて加減すべし かやく 葱《ねぶか》 粒こせう 干山椒《ひさんしよう》 生姜いづれにてもよし

**かいやき【貝焼】**

鮑《あわび》や帆立貝などの貝殻を鍋にして、魚介類、茸類などの材料を取り合わせて煮る料理。卵でとじることが多い。『料理物語』(一六四三)にも、作り方はないが貝焼の名は見られ、江戸初期から一八〇〇年ごろまで流行したらしい。用いる貝によって牡蠣《かき》貝焼、辛螺《にし》貝焼、みるくい

貝焼などがあり、煮る材料によって集《あつめ》貝焼、玉子貝焼、みそ貝焼、腸《わた》貝焼などがある。

出典 ①『江戸料理集』六 ②『茶湯献立指南』巻六 ③『料理網目調味抄』三巻 ④『伝演味玄集』二ノ中 ⑤『黒白精味集』中巻五 ⑥『料理伊呂波庖丁』に貝焼之部 ⑦『新撰会席しっぽく趣向帳』 ⑧『料理献立部類集』上

②貝焼 あわびのからを穴々をみそにてふさぎ 輪に乗《のせ》皿に置く あわびをへぎ わたをたたき醤油を入れ よきかげんにして貝に入れ焼べし 玉子をわり上下へかきまぜかまぼこを平板に付あぶり薄くへぎほそくたちおく かきは其《その》まゝ壱つ弐つほど入るべし

⑤貝焼 蚫《あわび》うすく作り だし醤油にて仕立 ぎんなん くわい 木くらげ 岩茸など取合す さて蚫貝の穴へ葛を詰めて 貝にて焼《たき》出す かる蓋台輪する也 腸をすり入れば腸煎《わたいり》と云ふ

## きゃらに【伽羅煮】

材料を醤油で黒く煮つめたもの。ふき、ごぼうなどの野菜がおもに用いられる。名の由来は梵語（古代インドの文語）で伽羅が黒を意味するからとも、香木の伽羅の色が濃い茶色であるところからともいう。

出典 『黒白精味集』中巻六

伽羅 太きふきを皮をむき四五分に切り 生醤油に唐辛子を入れ煮しめ 板の間にて押ひしぎ日に干せば さながら伽羅のごとく成也 とうがらしは刻み半日も酒に漬置かばからみ皆酒へ出て酒ことのほかからく成也 醤油へその酒を入れて煮也 形見へずしてからし 牛房《ごぼう》もよし 牛房一たゝき程に切りて水へ入れず直ちに生醤油にてさつと煮候へば歯切してよし 伽羅ごまめは田作の頭を取り大き成は引さきてもよし まず鍋かほうろくかにていりて後に唐辛子多く入れ醤油少し入れ鍋にて又いる也 生醤油多ければ歯ぬかりしてあしく候

## くじいと

南蛮料理の一つで、ポルトガル語のコジイト（茹でた肉を指す）からの名と考えられる。出典①の『南蛮料理書』の原本は江戸初期の鎖国以前の成立と推定され、鳥、魚、牛などの肉に、大根、葱、にんにく、唐辛子、粒胡椒などを加えて軟らかく煮た「くしいと」を記している。

出典②の『料理集』（一七九七）は長崎料理の書で、巻末に七つの唐料理を記し「くじいと」はその一つで、肉のかわりに鯨肉を用いている。外来の料理が日本化していく過程がわかる一例である。

出典　①『南蛮料理書』②白盧華『料理集』

①くしいとの事　とりか　うおか　牛か　ししか[猪または鹿]にて　大こんまろに[輪切りで]入れて　ひともじ[葱]　にんにく　かうらいこせう[唐辛子]　つぶこせう入れともそのままにくたかせ　はしにてはさみきるほど　酢すこしさし煮申也

②くじいと　これは肉にてする事をくじらの身を用ゆ　身鯨の筋立たる所　小骨先といふ　身別してよろし　大きさ一寸五分四方位に切りて　前日より炭火にて汁のひかぬやうにたくなり　酒と水とばかり也　煮汁へりたらば又加《くわえ》て　料理出す時その前より　大根も右の身ほどに切りて和らかになるまで煮込み　醬油を以て塩梅を付《つけ》る也　一もじ[葱]　つぶ胡椒を加ふ

『食物知新』より

## くずしどうふ【崩し豆腐】

豆腐を崩したもので、煮物や汁物に用いる。

出典　①『江戸料理集』五　②『合類日用料理抄』巻三　③『茶湯献立指南』巻四　④『新撰会席しっぽく趣向帳』⑤『臨時客応接』⑥『早見献立帳』

②くづし豆腐の方　豆腐を田楽の大さ程に切り手の内にておしつぶし水気の半分除程《のくほど》ににぎり　さて鍋には醬油水酒よきかんに煮たて其中《そのなか》へ入れ一沫《あわ》さつと煮申候　吸物にも煮物にもよし

⑤平《ひら》　くづし豆腐　へぎ柚《ゆ》　豆腐の耳を取り　程よく崩しにごらぬ様によく洗ひ　すましの沸立《にたち》たる処へ入れ直に盛て出す

## けんちん【巻繊・巻煎・巻蒸・巻煮】

もとは中国から伝わった料理で巻煎《ケンチエン》からの名という。もやしやせん切り野菜など、中に入れる材料はせん切りにして湯葉や油揚げなどで包み、油で揚げたり煮たり蒸したりしたもの。からし酢や煎酒を添える。普茶料理(中国式精進料理)の一つとして野菜や豆腐など精進の材料を使うが、和風化して魚介類を用いるものもある。

出典 ①『和漢精進新料理抄』唐の部に巻煎《ケンチエン》 ②『黒白精味集』中巻五唐料理 ③『卓子式』 ④『料理簡便集』 ⑤『精進献立集』 ⑥『素人庖丁』初編、三編 ⑦『料理通』四編

②巻煮　八重なりのもやしを豆腐のうば[湯葉]に包み　かんぴやうにてむすび油上にして　からし酢にて出す　又牛《ご》房《ぼう》のせん　にんじんのせん　芹の根　木くらげのせんなどうばに包み　かんぴやうにて結び薄醤油にてさわ〳〵と煮てからしを入れ重引にもするなり　あぶらあげにはせずこれも巻煮と云ふ

④けんちん　ぶんどうもやし　木くらげ　椎茸　青菜　ぎんなん　柿　皆きざみ油いり　酒醤油にて煮付　うどんこまぜ　ゆばに巻き油あげ　巻きどめに葛を水にかたくとき付け　上をかんぴやうにてまく　からし酢又いり酒

## こうらいに【高麗煮】

白身の魚を酒と米のとぎ汁で汁気多く煮た料理。高麗とは古くは朝鮮半島をさし、朝鮮風の煮物の意味であろうか。

出典 ①『料理物語』第九 ②『小倉山飲食集』 ③『新撰会席しっぽく趣向帳』 ④『料理早指南』四編

①鯛かうらいには　なべに塩を少しふりそのまゝ鯛を入れ右酒に白水[米のとぎ水]をくはへ　右の魚ひた〳〵に入候て　さかけのなきまで煮候てめしのとり湯をさし　景《かげ》[たまり]をおとしてかげんすい合せ出し候也　何にても木の子ねぶかなど入れてよし　そのほか作次第この時はたいをおろしてきり入る也

## こくしょう【濃漿・濃醤・濃塩・殻焦】

江戸時代初期からあり、薄塩のみそを濃くといて魚、鳥、野菜を煮る汁の多い煮物。料理書によって作り方に多少違いがあり、『江戸料理集』(一六七四)には「こく塩は何《いずれ》も右杉やきに同前也　壺皿平皿に盛て出す時はこく塩と云なり」とあり、塩の甘い白みそを用い、みそをとくのにだし汁と飯のとり湯を半分ずつ混ぜて用い、どろり

とさせている。『料理秘伝記』の濃醤は醤油仕立で葛の水ときを加えてとろみをつけている。現在の鯉こくはみそ仕立の濃漿の名残という。

出典 ①『江戸料理集』六 ②『合類日用料理抄』巻四に「鳥こくしやう」 ③『茶湯献立指南』巻四 ④『料理網目調味抄』三巻に穀焦《こくしやう》 ⑤『黒白精味集』中巻五 ⑥『料理秘伝記』第三 ⑦『料理早指南』四編 ⑧『素人庖丁』二編に「しめぢ茸こくせう」 ⑨『精進献立集』二編

⑤濃蕉　白味噌よく摺《す》り　かたこしにして水だしにて少しのべ　濃みそよりこく　煉《ねり》みそよりうすくする也　葛少し摺入れて吉《よし》　鯛　鰭白《はたしろ》　切形さん木也　鮟鱇《あんかう》はわたを入れ一色也　外は長いも　木くらげなど取合する也　杉の箱[杉箱焼]也

**こごり【凝魚】**

魚を煮て冷やし、煮汁ごと固まらせたもの。魚の鱗や皮に含まれるゼラチン質が煮ることによって溶け出し、冷やすとゼリー状に固まることを利用した料理。高温の季節や固まりにくい時は寒天を加える。室町末頃の『四条流庖丁書』にもある古くからの料理で、おもに鮒を用いた。→：にこごり[寄物]

出典 ①『料理物語』第十二 ②『江戸料理集』六 ③『合類日用料理抄』巻五に夏の凝魚 ④『料理網目調味抄』三巻 ⑤『黒白精味集』下巻八に夏こゞりの法 ⑥『新撰会席しっぽく趣向帳』に夏の氷凝《こごり》 ⑦『料理秘伝記』第三 ⑧白盧華『料理集』 ⑨『料理早指南』四編 ⑩『料理調法集』煮物之部に凝煮。

①鮒のこゞり　たれみそにかげをおとし骨のやはらかになり候まで煮申候て　風ふきにをき候へば一時《とき》の間《ま》にこゞり候　夏はところてんの草くはへよし

⑤夏こごりの法　ところてんの如くかんてんを煮て　葛《くず》少し入れ　溜《たまり》にて塩梅《あんばい》して　醤油にて下煮したる魚を　皿にても鉢にても入れ　その上へかけ置きさまして出す

**ごさいに【五斎煮】**

魚を白焼にして、だしたまりで煮た料理。または魚を取り合わせなしに軽く塩煮にした料理。簡単な総菜用の料理で「御菜煮」からの名であろうという。

出典 ①『料理物語』第十二 ②『江戸料理集』四、

六　③『料理調法集』煮物之部
②五斎煮はいづれの魚にても水煮にして　出し様に酒と醤油で喰塩にあんばいして一あわにて出すべし　但かろき魚ならば出しをつかふべき也　これは生より取分け一塩《ひとしお》等を用てよし

いをうり（菱川師宣筆『和国諸職絵尽』より）

## こしたまご【漉粉玉子】

「漉《こし》玉子」ともいう。ゆで卵の黄身だけを裏漉にかけて粉状にしたもの。用い方は鯛作り身にまぶして山吹膾《やまぶきなます》としたり、煮物、飯、汁物などにふりかける。『万宝料理秘密箱』（一七八五）には温酒に漉粉卵と白砂糖を入れて飲むと体調をよくする薬になるとある。

出典　①『伝演味玄集』二ノ下　②『万宝料理秘密箱』巻三　③『料理伝』　④『早見献立帳』四月

③こし子玉子　煮ぬき玉子の皮を去り白身もとりて　黄身を竹すいのふ[ふるい]か荒き毛すいのふにて押漉《おしこし》にして用ゆる也　細かなる物で漉したるはよろしからず　はらはら成たるは景色[外観]よろしきなり

④山吹膾　鯛漉玉子くるみ　渋皮つき栗　しそ

## こにもの【小煮物】

材料を小さく切った煮物をいう。江戸時代料理書によると、大煮物、小煮物、細《こまか》煮物と、材料の大きさによって煮物を分類している。大煮物は「笋羹《しゅんかん》」のように材料を大きく切った煮物、細煮物は「都春錦《としゅんきん》」のように銀杏を二つに割るくらい小さく切った煮物、小煮物は大煮物と細煮物の中間の大きさに材料を切った煮物を指した。しかし現在の定義は変化しているようで、『日本料理秘密箱』（一九八二）には、関東の煮物は小煮物を基準にして、芝煮・沢煮・小煮物・煮物・旨煮の五段階に分け、芝煮が一番薄く、旨煮が一番濃いとあり、現在の調理師用語では味付けの濃い薄いによる分類として記述されている。また、ふつうの煮物より量を少なく盛った煮物を指す場合もあるようである。

出典 『江戸料理集』四

①小煮物とは右の大に物を中切方にきる事なり　取合いづれも大に物に同前也　細に物とは　右の大煮物成ほどこまかに切りて用る事なり　取合いづれも大に物に同前

**さかふ【酒麩】**

酒で煮た麩。江戸初期の出典①②は「きぶ」を用いている。→：ふ[加工食品]

出典 ①『料理塩梅集』天の巻 ②『茶湯献立指南』巻六 ③『黒白精味集』下巻八 ④『料理伝』⑤『料理早指南』初編 ⑥『料理一色集』

①酒麩　三年酒二升鍋に入れ麩十五にても二十にても炭火にて煮　右の麩きれぎれに成申候時　塩醤油よき程に入れ梅干十あまり入れ申候　一時ほど煮申候へばよく候

④酒麩　生ふ　麩せん同へぎて　鰹　梅干　まついも　おろし大根　わさび　古酒に松茸　昆布　鰹　梅干を入れ炭火にてよく煮出し右の具をこと〱にあげて麩を入れ　随分よく煮て出しきわに醤油にて塩梅《あんばい》すべし　塩にて塩梅したるは暫く有てかたくなるゆへ宜しからず　みりん酒などを遣ふもよろしからず　惣《そうじ》て料理に酒塩《さかしお》をさして塩梅する事あれどもみりん酒を遣ふべからず　酒麩はせんじ酒にて仕立る故わさびを用いてよし　生麩はもみ麩にして遣ふべし　湯煮するに及ばず　麩は和らかなるをよしとす

⑥酒煮麩の事　丸麩に仕り　酒水等分にして　蓋を仕りしばらく煮候て　小塩生油にて塩梅仕り　御酒肴等に吉

**さくらいり【桜煎】**

「桜煮《さくらに》」ともいう。蛸《たこ》の足を薄く小口切りにして、だしとたまりなどの調味液でさっと煮たもの。煮上がりの形と色が桜の花びらに似ているところからの名という。

出典 ①『料理物語』第十二 ②『江戸料理集』六 ③『伝演味玄集』二ノ上 ④『黒白精味集』中巻五に桜煮蛸 ⑤『料理伝』⑥『料理調法集』煮物之部

『素人庖丁』より

①桜煎はたこの手ばかりいかにもうすくきり　だしたまりにてさつと煮申也
③桜煎　蛸を颯《さつ》と湯煮して二三寸程に切り　皮に竪《たて》にたちめを入れ　庖丁むねにて皮をむくなり　さて小口より薄く二枚宛切りかけて切りはなつなり　いり物の下地へ入れて颯と煮べし　花散りたるていに見ゆるといふ心なり　つぶし玉子かしんじよのふわふわ取合せてよし　湯煮加減あしければ皮むけかねる也

**ざぜんまめ**【座禅豆】

煮しめた黒豆のことで、江戸時代には醤油で煮た塩からいものと砂糖を入れて甘く煮たものと二通りあったようである。現在正月の祝い肴の一つとなっている黒豆も昭和初期まで座禅豆ともよばれていた。この座禅豆を正月に食べる風習は、江戸後期の『嬉遊笑覧』に「正月ことさらにこれを設て式正のやうなれど、昔酒の肴に絶ず用ひたる遺風なり」とあり、このころはすでに正月の食べ物になっていたらしい。座禅豆の名は僧が座禅をするときにこの豆を食べると小便が少なくなるところからの名という。

出典　①『料理網目調味抄』三巻　②『黒白精味集』中巻五　③『料理秘伝記』第四

②座禅大豆《まめ》の法　黒豆さつと湯煮して煮立て水を捨て　生塩一つかみ生醤油を入れよほど煮て酒少しさしてよし　かたく塩のからきを好む法なり　手前の法也　又黒豆一升壺皿に酒二盃　醤油壺皿に二盃入れよきかげんに煮へ堅き和らかは好次第　又砂糖を入る方あり

**しおに**【塩煮】

鍋に塩を少し入れて材料をいりつけるもの。材料としては魚介類や茸類が用いられている。『本朝食鑑』（一六九七）には「塩煮鰒《あわび》」の記載があり、鰒十箇の殻と腸をとり、白塩四合をまぶし空鍋に入れていると自然に汁が出るので、汁がなくなるのをまってとり出し、かごに入れて二十日くらい陰干《かげぼし》にし、薄切りにするとたいそう美味であるとしている。

出典 ①『黒白精味集』中巻五 ②『素人庖丁』二編

①塩煮 極暑の節 炙物の替りに用ゆ きす 石もち 石《いし》鰈《がれい》の新しきを 塩いりにしてさまし出す也 朝とく小田原町にていらせ 取寄せたるもよし 上方にて堺にていり近国へ遣す学び也

②しめじ茸塩煮 これも前のごとく砂気のなきやうによく洗ひ さてから鍋に塩を少し入れてよくいり付《つけ》 その中へしめじを入れ 金杓子《かなしやくし》にてかき廻し水気尽《つき》るとき器物《うつわ》へ入れて 上より青のり粉 又は浅草のりを火どりてよくもみたる粉を 沢山にかけて出すべし

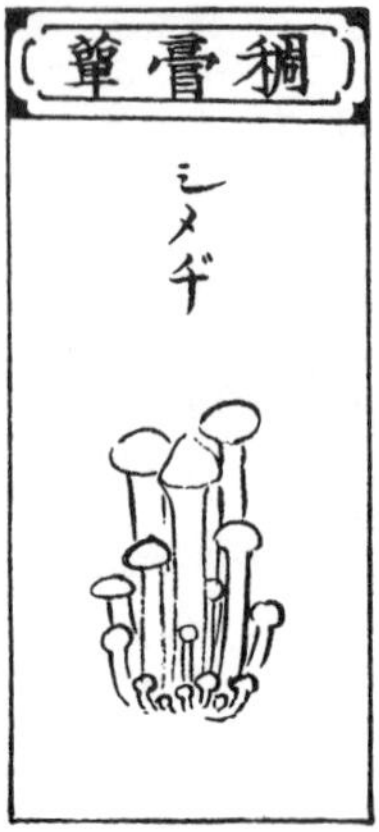

『食物知新』より

**しぐれに【時雨煮】**

魚介類を醤油で煮た佃煮風の煮物。時雨蛤《はまぐり》がよく知られているが、あさり、牡蠣《かき》、鰹、鮪なども材料にする。時雨とは晩秋から初冬にかけて降ったり止んだりして通りすぎる雨で、時雨煮は噛んでいるといろいろの風味が口中を通りすぎるところからの名とする説もある。

出典 ①『料理山海郷』巻一に「桑名時雨蛤」②『料理早指南』初編 ③『素人庖丁』初編に「蛤の時雨煮」

②時雨蛤は勢州《せいしゅう》桑名より出るものを名物とす しかれども新にこしらへるもかへつて風味よし 大はまくりなまにてむき すぐに酒にてよく煮こぼし花かつをたくさんに入れ 又さけと醤油にてしたじの煮へひるまでよく煮る也

**じぶに【じぶ煮】**

加熱した鍋に雁や鴨など鳥の皮を入れて煎《い》り、煮汁を入れてじぶじぶと沸騰させてから鳥の肉を入れて煮る料理で、煎鳥《いりとり》にくらべて煮汁が少ない。名の由来には諸説あるが、じぶじぶと煮るところからであろうか。現在の石川県金沢の郷土料理としてのじぶ煮は、鴨などの鳥肉をそぎ切りにして小麦粉をまぶし、だし、酒、醤油、みりんを合わせた煮汁で煮て、すだれ麩や野菜類を煮たものと合わせ、おろしわさびを添えるものである。

出典 ①『料理物語』第十二 ②『江戸料理集』四 ③『伝演味玄集』二ノ中 ④『黒白精味集』中巻五 ⑤『料理秘伝記』第三 ⑥『料理早指南』四編に「じぶ〳〵」

②じふとはいり鳥のごとくにして塩をつよくあんばいして煮汁すくなく仕かけてじぶ〳〵といり付様にして出す事也 取合いづれもいり鳥に同前也 但し麩茸等取分相応たるべきか

**しゅんかん**【笋羹・筍羹】

普茶料理（中国式精進料理）の一種。笋はたけのこで、たけのこを主とし季節の野菜などをとり合わせた一種の大煮物（材料の切り方が大きい煮物）で、江戸時代以前からある古い料理。さましてから食べるので「煮ざまし」ともいう。

『食物知新』より

出典 ①『料理物語』第十二 ②『江戸料理集』四 ③『料理綱目調味抄』二巻 ④『黒白精味集』中巻五 ⑤『早見献立帳』

①しゅんかん 竹の子をよくゆにして色〳〵にきり あわび 小とり かまぼこ たいらぎ 玉子ふのやき わらび さがらめ[わかめ]右の内を入れ だしたまりにて煮候てよし 又竹子《たけのこ》のふしをぬき かまぼこを中へいれ煮候てきり入も有

②笋干とは右大煮物に同前也 これは竹の子を入れて干さますゆへなり よつて夏の物なり 夏なりとも竹の子を入れざるときは大煮物なり しゆんかんといはゞ必竹の子を用と心得べし

**すいり【酢煎】**

脂肪の多い魚を煮るときに煮上がりに酢を加えて生臭さをとる料理。鰯、鯖、鰹などに用いる。平安中期の『新猿楽記』に鰯の酢煎があり、古くからある料理法。

出典 ①『料理物語』第十二 ②『江戸料理集』四 ③『伝演味玄集』二ノ上 ④『料理早指南』三編 ⑤『素人庖丁』二編

①酢煎　だしに塩ばかり入れにる　出し候時すをすこしくはへてよし　あぢ　さば　かつほのるいよし

⑤うづわ酢煎　これも前のごとく水洗《あらひ》よくし　切りやうはいかやうにも心任《こころまかせ》に切りて　さて酢ばかりにて煎付器《いりつけき》物《ぶつ》に入れ　上より生醤油かけ出す　おろし大こん　せうがのおろし上に置くべし

**すぎやき【杉焼】**

「杉箱焼」ともいう。杉板で作った箱を鍋のかわりにして、魚鳥や貝類、野菜などをみそ汁で煮て杉箱のまま供し、杉の移り香を賞味する料理。杉箱は焦げにくいように底の裏に糊をぬり塩を付けて使用し、またあらかじめ材料を鍋で煮てから杉箱に移すことも行われた。また杉箱の大きさにより大杉焼、小杉焼とよび、大切りの魚を一切れ盛にしたものを伊勢杉焼とよんだ。→：すぎいたやき［焼物］

出典 ①『料理物語』第十二 ②『江戸料理集』六 ③『茶湯献立指南』巻六 ④『小倉山飲食集』 ⑤『料理綱目調味抄』三巻

②白味噌は高砂や三武や流の成程塩のあまきをかたこしにして　出し半分飯の取り湯半分にてよくときてすいのふにてこすべし　但ときかげんは貝杓子にすくひてとろ〳〵する程にして　なべ七分のほどに仕込置きて時分より半時計《ばかり》前に炭の火にかけてこげつかぬやうに貝杓子にてよくねりまはし　先へ入れてよき物ぎんなん　木くらげ　山のいも等の物を入れてみそくさくなき程にとつくとねりておろし　すなはち箱に七分めほどに入れて鉄器にかけ　さて

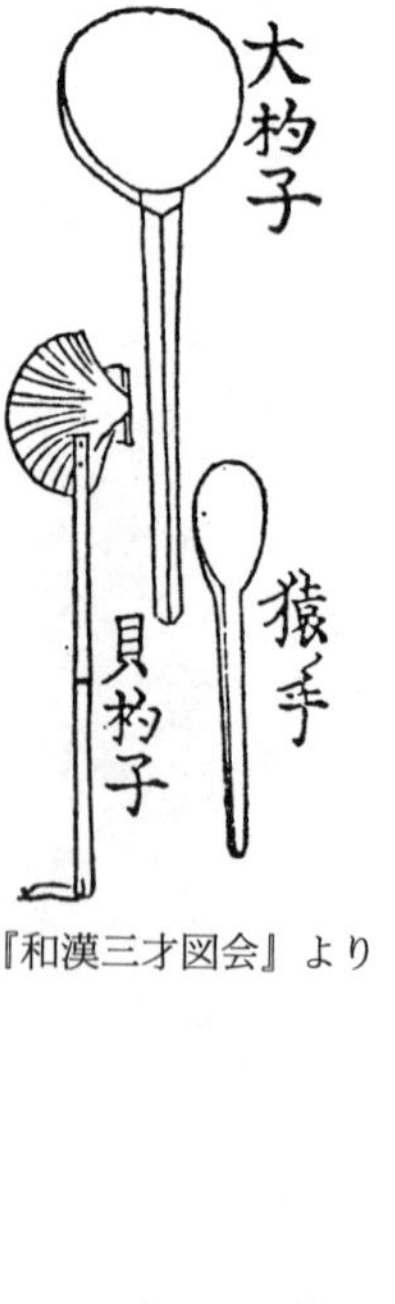

『和漢三才図会』より

魚　赤貝等の物をよき程に入れて　かへ蓋をして火かげんを箱の内にてぶつ〳〵と云ふ程にして　御膳と申時に諸白《もろはく》を器のさきにかみをよくまき付て　その酒にてぬらし箱の内へさし込〳〵よき程に指《さし》て　出す時にほんの蓋をして出すべし

**すっぽんに【鼈煮】**

本来はすっぽんが材料で、油で炒めてから醤油、砂糖、酒で濃い味に煮て生姜汁を加えた煮物であるが、他の材料を用いても同様に煮た煮物をすっぽん煮またはすっぽんもどきという。多くは鯛、あかえい、蛸《たこ》、烏賊《いか》などの魚介類を用いるが、こんにゃくのすっぽん煮もある。

出典　①『鯛百珍料理秘密箱』下　②『素人庖丁』初編　③『蒟蒻百珍』　④『年中番菜録』に「あかゑのすっぽんもどき」

①肥前名物鯛のすつぽん煮　鯛を二枚におろし　ごまの油にてさつとあげて　鍋に油をいりつけ　この中へねぎを一寸ほどに切りて入れ　醤油　酒　水同じほどづつ　汁沢山にしかけ煮る　この中へ右鯛を見合に切り入れ煮る也　出し候ときに　おろし生姜置きて出す

②すつぽんもどき　あかへ　鯛のあら　烏賊《いか》の足　ふかこち　いづれにてもさつと醤油にて味を付　胡麻のあぶらにてよく揚げ　かつを出し醤油かげんして　わりねぎさゝがきごぼう　めうがの子　めうがたけ此《この》るいにて出すべし　もつともかくしせうがよし

③鼈煮　こんにやく程よくちぎり又はうすくつくり　もやう色々ごまの油にてさつとあげ　わり葱白根　かくしせうが　普通《つね》のすつぽん煮のかげん

**するがに【駿河煮】**

白焼の鯛をだしに醤油、酢を加えて煮たもの、また、蛸《たこ》を同様に煮たもの。

出典　①『料理物語』第十二　②『小倉山飲食集』　③『黒白精味集』中巻五　④『料理秘伝記』第三　⑤『料理早指南』四編

①たいするがには　たいを白やきにしてだしたまりに酢をすこしくはへ　よく〳〵煮候て出し候　又やきてぶたのあぶらにてあげ　さて煮候へばいよ〳〵よし　これは南蛮料理ともいふ／たこのするが煮　たこをよくあらひそのまゝだしたまりに酢をくはへ　いぼの抜くるまでよく煮申候しくろ煮とも云也

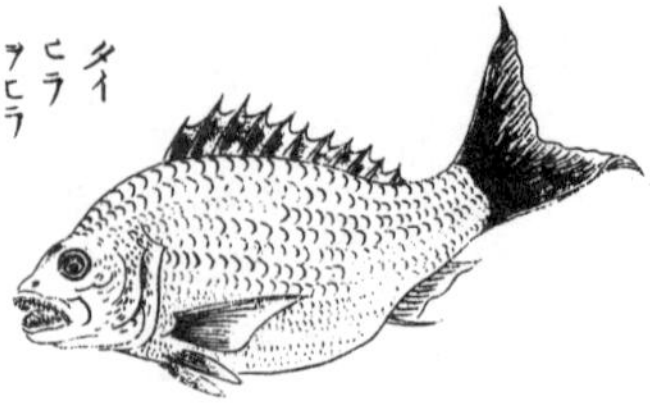

『食物知新』より

②するが煮の鯛　だしにせうゆ酒少さして煮申なり　酢少《すこし》をろし候時さして吉《よし》

**せんば**【煎羽・煎葉・船場】

鳥肉を主材料とし野菜を取り合わせた塩味の煮物。せんば煮の略称とも考えられるが、せんば煮は魚を主材料とする場合が多く、別項目として扱った。江戸時代以前からある古い料理であるが料理書によって違いがあり定義しにくい。

出典　①『料理物語』第十二　②『江戸料理集』六　③『伝演味玄集』二ノ中　④『黒白精味集』中巻五　⑤『素人庖丁』初編に「鮪せんば」　⑥『年中番菜録』に「めぐろ［小さい鮪］のせんば」

①せんばは　小鳥にても大鳥にても　だしにかげをすこしおとしてよし

③せんば　雁　鴨　小鴨　ぼと鴫《しぎ》　鶴　鴫　梅首鶏《ばん》　そのほか鳥類　取合茸類　冬大根　大蕪　小蕪　くわゐ　菜せり　みつ葉　蕗　竹の子　そのほか種々可ㇾ有二作意一

仕様鯛の潮煮のごとし　酒など入る事なかれ　鳥を大平に作りてすまし塩梅《あんばい》にしてそれぞれを入れ鳥を入るなり　これは舟中にてかけ鳥などを射て不二取合一調たる躰也　依て潮煮と同じ塩梅なり　よきだしにて仕立たれば持合出来かぬるものなり　中古は舟場《せんば》と唱《となへ》し也　音不ㇾ宜故今は煎羽《せんば》と書改し由なり

④本塩物を水煮いたしたる名也　雉子　鳩など作りて　芹みつばせり　榎茸など入れ　酒だしに焼塩にて仕立たる物なり

**せんばに**【船場煮・煎盤煮】

「船場熬《いり》」ともいう。せんばとの区別はつきにくいが、せんばは鳥を主材料とする例が多く、せんば煮は魚が主である。生または塩物の魚に大根などの野菜を取り合わせて煮た塩味の煮物。

出典 ①『料理網目調味抄』三巻 ②『黒白精味集』中巻五に平目のせんば煮 ③白蘆華『料理集』④『料理早指南』三編に「塩鰹せんば煮」⑤『素人庖丁』初編に「鰯のせんば煮」⑥『料理調法集』煮物之部 ⑦『年中番菜録』

①船場煮　船場熬《いり》とも　大略うしほ煮のごとく多は塩魚に大根ふき等を加　鯛　鱸《すずき》　鰹　鮭　鱒　鱰《しいら》　鱈　鰤　吸口右のごとし〔柚　木のめ　葱　青山椒〕

②平目のせんば煮　平目をおろしかき身にして　又少《すこし》作りたるも入れて　酒だしにても水だしにてもやき塩にて仕立　専ら白を賞翫する也　せり　みつばなどさくさくにして入れ　赤貝など細引《ほそびき》入れてよし　鯛　鮭　鱒　鰹の類もせんばによし　又いかを細引　ほうれん草つみて多く入れ割山升など入れたるもよし　白魚を入れたるもよし

**ぞうに【雑煮】**

餅を主とし、野菜、魚介類、肉類などを加え、すまし仕立かみそ仕立にした汁気の多い煮物。料理書の中で雑煮の記載があるのは明応六年（一四九七）と奥書にある『山内料理書』が最も古い。当時の雑煮は酒の肴としても用いられたが、正月に雑煮を祝う習慣も室町時代に始まったようである。名の由来は江戸後期の『貞丈雑記』（一八四三）には、雑煮の本名は餅が臓腑を保養するところから保臓《ほうぞう》であり、本字は烹雑《ほうぞう》で烹は煮と同じであるから雑煮になるとある。近代では柳田国男が雑煮は年越しに神に供えた餅をとりおろし、大根や里芋その他を雑多に混ぜて煮るところからの名であろうとしている。室町時代の雑煮は煎海鼠《いりこ》、串鮑《くしあわび》、里芋、鰹、餅などの材料をたれみそで煮ているが、江戸時代になるとすまし仕立も作られるようになる。なお東日本は角餅ですまし仕立、西日本は丸餅で近畿を中心にみそ仕立の地域的特色は江戸時代からみられるものである。

出典 ①『料理物語』第十七 ②『茶湯献立指南』巻八

①雑煮は中みそ又すましにても仕立候　もち　とうふ　いも　大こん　いりこ　くしあわび　ひらがつほ　くきたちなど入よし

## たたきごぼう【叩き牛蒡】

ごぼうをやわらかくなるまでゆでてから、すりこぎなどでたたき適当な長さに切り、甘酢や胡麻酢に漬けたり調味液で煮たもの。たたくのは調味液のしみこみをよくし、食べやすくするためである。たたきごぼうは室町後期の公家の日記にもよく見られる古くからある料理で、江戸時代には正月料理の一つとして一般的なものであった。

出典　①『料理塩梅集』天の巻肴部　②『料理珍味集』巻五　③『素人庖丁』二編

①たゝき牛房　ごぼうの名物八幡仙涌寺　関東は忍岩付《おしいわつき》也　皮をけづりそのままゆで候時に酒と酢とを少しさしゆでる　左候へばはり〳〵歯ぎれする　ゆで過候へば悪候　ゆで加減前方がよし

## つつみたまご【包玉子】

「牡丹卵」、「茶巾《ちゃきん》卵」ともいう。じょうぶな和紙を茶巾型にして中に生卵を崩れぬようにわり込み、こよりで口をくくりゆでて紙をとる。『万宝料理秘密箱』（一七八五）には、小皿に入れて醬油をかけもみ海苔をふったり、薄葛をかけ青海苔をふるか、また白砂糖をかけて出すと

伊予牛房（『日本山海名物図会』より）

ある。

出典 ①『江戸料理集』六 ②『茶湯献立指南』巻五 ③『万宝料理秘密箱』前編に「牡丹卵」 ④『料理伝』に「茶巾卵」 ⑤『料理早指南』初編に「包玉子」、油で揚げた「牡丹玉子」あり ⑥『臨時客応接』平として「包玉子、せり、若牛房 輪柚子」

①包玉子は小さき猪口《ちょく》にあつ紙をひろげて猪口のなりに押し込《こみ》て その中へ玉子をわりて一つづつ入れて上を玉子のきわまでこよりにてしかと結《ゆ》いて 湯をたて［煮立て］そのまゝうち込よく煮て水につけ 紙をそと取りてそのままにて用る事也

**つつみとうふ【包豆腐】**

「巾着豆腐《きんちゃく》」ともいう。料理書により違いがあるが、多くは豆腐を布や紙で包んで巾着形にして、ゆでたり揚げたりしたもので、豆腐にみそ、きざみ胡桃《くるみ》、木茸、摺《すり》生姜《しょうが》などをまぜるものもある。また出典④のように四角い豆腐の真中をえぐって、摺胡麻、胡桃みそなどを詰め、紙に包みゆでるもの、出典⑥のように豆腐を薄く作り、漬紫蘇《つけしそ》などを包み蒸すものなどもある。

出典 ①『茶湯献立指南』巻七 ②『黒白精味集』中巻五 ③『厨人必用』穀類並びに造醸類 ④『新撰会席しっぽく趣向帳』 ⑤『料理通』四編 ⑥『料理調菜四季献立集』

①きんちゃく豆腐は包豆腐共云ふ 豆腐屋申しつけ布に丸く包ませかたむ さて油にてあげ煮物へ入るなり

②豆腐下炙して餅米の粉を玉子にてねり薄くは二三べんも付炙て だし醬油にて煮申也

④包豆腐は四角に切り真中を匙にてえぐり 摺《すり》胡麻 くるみ味噌少しねりまぜ 豆腐の中へ入れ また豆腐にて蓋をし丸く取紙にて包てゆで上げあつきを出すべし

⑥包豆腐 豆腐の水気をもめん切れにてよくしぼり 小麦粉少し包丁にてねりまぜ 美濃紙《みのかみ》を三寸四方ほどづつに切置く 右の紙に豆腐を厚さ一分程にのべて蒸し 水の中にて紙を取り 漬しそ 白砂糖 わさび三品《みしな》をたゝきまぜ右豆腐に包 四方より折て又蒸し 器へ入れて葛あんかける也

**ていかに【定家煮】**

魚を塩と酒または焼酎で調味して煮た料理。鴨や粒椎茸の定家煮も見られる。名の由来について本山荻舟著『飲食事典』には、この料理が一種の潮煮《うしおに》であるところから藤原定家の「来ぬひとをまつほの浦の夕なぎに焼くや藻塩の身もこがれつつ」の歌意から命名されたらしいとある。

出典 ①『料理網目調味抄』三巻 ②『伝演味玄集』二ノ上 ③『新撰会席しっぽく趣向帳』 ④『料理早指南』初編 ⑤『料理通』三編

②定家煮 大鯛をおろし能程《よきほど》に切 塩をつよく当て身の堅くなるまで置き 水にてあらひ酒を沢山に入れとくと煮たる也 色付はいり焼ともいふべし 色付ぬやうに煮るなり吸口わさびなり

⑤焼酎と焼塩にて味を付《つけ》煮るを定家煮といふなり

**でんぶ**【田夫・田麩】

同じ名称であるが、田夫は江戸初期からのもの、田麩は中期以後のもので田夫の変化したものである。田夫は田作り（ごまめ）、黒豆、鰹節、きくらげ、ごぼう、昆布などいろいろの材料を小さく切って、醬油、酒などの調味料で汁気のなくなるまで煮たもの。田夫は農夫の意味の言葉で、「都春錦」にくらべて材料や切り方を田舎風にして、材料の一つに田作りを用いる。田夫の汁気を残したものは田夫煮という。一方田麩は出典⑥に材料のみ記載の「田麩之部」があり、⑦には干鱈《ひだら》を主材料とし魚肉をほぐして調味料でいり煮した現在の田麩に近いものが見られる。↓：としゅんきん

出典 ①『料理塩梅集』天の巻 ②『江戸料理集』四 ③『茶湯献立指南』巻五 ④『料理網目調味抄』三巻 ⑤『黒白精味集』中巻五 ⑥『料理伊呂波庖丁』巻五 ⑦『料理早指南』三編

①田夫 ごまめ一升頭を去り二つにわりさきて 陳皮 木くらげ 黒大豆 山椒の皮 酒五合 醬油五合 合せて右皆入れ煮て煮かわかす也 夏冬共によし

②田夫とは田夫煮物に同前 これは汁のなき様にいり付て用る事也／田夫煮物は切方もそうに大小の有様にわざとめつた切にして不手際《ふてぎわ》に見ゆる様に仕かけ用るによつて田夫と云ふなり

⑤田夫 田作を尾頭を切り湯煮して 湯煮せざればなまくさし 田作の入らざるは田夫とはいわず 麩 串貝 かち栗 ちよろぎ 牛房小口切 結び昆布 右煎酒にて煮染出す

⑦干鱈《ひだら》でんぶ 水につけたる干鱈の皮をむき皮も身も細《こまか》に

切り　酒ばかりにて煮てしぼり上げ胡椒みそにてあへるなり

## としゅんきん【都春錦】

「万葉煮」ともいう。七種から十五種ほどの材料を彩りよく取り合わせ、切形も違えて小さく切り、それぞれを醬油と酒などで煮上げてから一つに混ぜた煮物。名の由来については『伝演味玄集』（一七四五）に「見わたせば柳桜をこきまぜてと云ふ心にて都春錦と云ふなるべし　田作りをいれて鰹節　黒豆　梅干など取まじへたるは田《でん》夫《ぶ》と云ふ」とある。この田夫と同じものを『料理網目調味抄』（一七三〇）では都春錦としており、料理書により違いがある。→：でんぶ

出典 ①『料理網目調味抄』三巻　②『伝演味玄集』二ノ下　③『黒白精味集』中巻五　④『料理秘伝記』第四　⑤『万宝料理秘密箱』二編巻三

②都春錦　細かまぼこ　大かまぼこ　くしこ　串貝　潮煮貝　あわび　浜焼鯛　塩引鯛　干鱈　生干鯛　笹かれひ　干たこ　干白魚　めざし　干《ひ》ふく[河豚]の皮　干鱈の皮　から鮭　いか　するめ　むしたこ　平かつほ　わかさぎ　田作　みどり麩　柚の皮　ちんぴ　くわゐ　かしう　長いも　ちよろぎ　昆布　むきくるみ　杏仁　梅仁　あんにん　青小梅干　大梅干　木くらげ　かや　小搗栗《かちくり》　焼くり　牛房　ぎんあん　松露　椎茸　ぜんまい　わらび　辛皮　黒豆　枝豆　青さゝげ　玉章《たまずさ》　川茸　干山椒　生姜そのほか種々あるべし　右それぞれを醬油　溜《たま》り　酒或は物によりてさとうなど入れ　銘々に煮あげて一つに交べし　一つに煮てはそれぞれの風味わかたず　七種ほどより十五種程用べし　三四種にては不レ宜　切形こまかなるよし

## なべやき【鍋焼】

魚、鳥の肉を野菜などとともに鍋に入れ、みそや醬油味の汁で煮ながら食べる料理。現在は鍋で煮ながら食べる料理は鍋物と総称され、鍋焼の名は鍋焼うどんに残るくらいである。

出典 ①『料理物語』第十二　②『料理網目調味抄』三巻　③『料理簡便集』

①なべやき　みそ汁にてなべにて其《その》まゝ煮申候也　たいぼら　こち　いづれにても取あはせ候

③なべ焼　魚肉　あわび　えび　くわい　くり　ごぼう　松茸　長いも　小なべに一つに入れ　うす醬油にて煮　玉

子をつぶし入るべし　どんぶり鉢に入れむして出すもよし

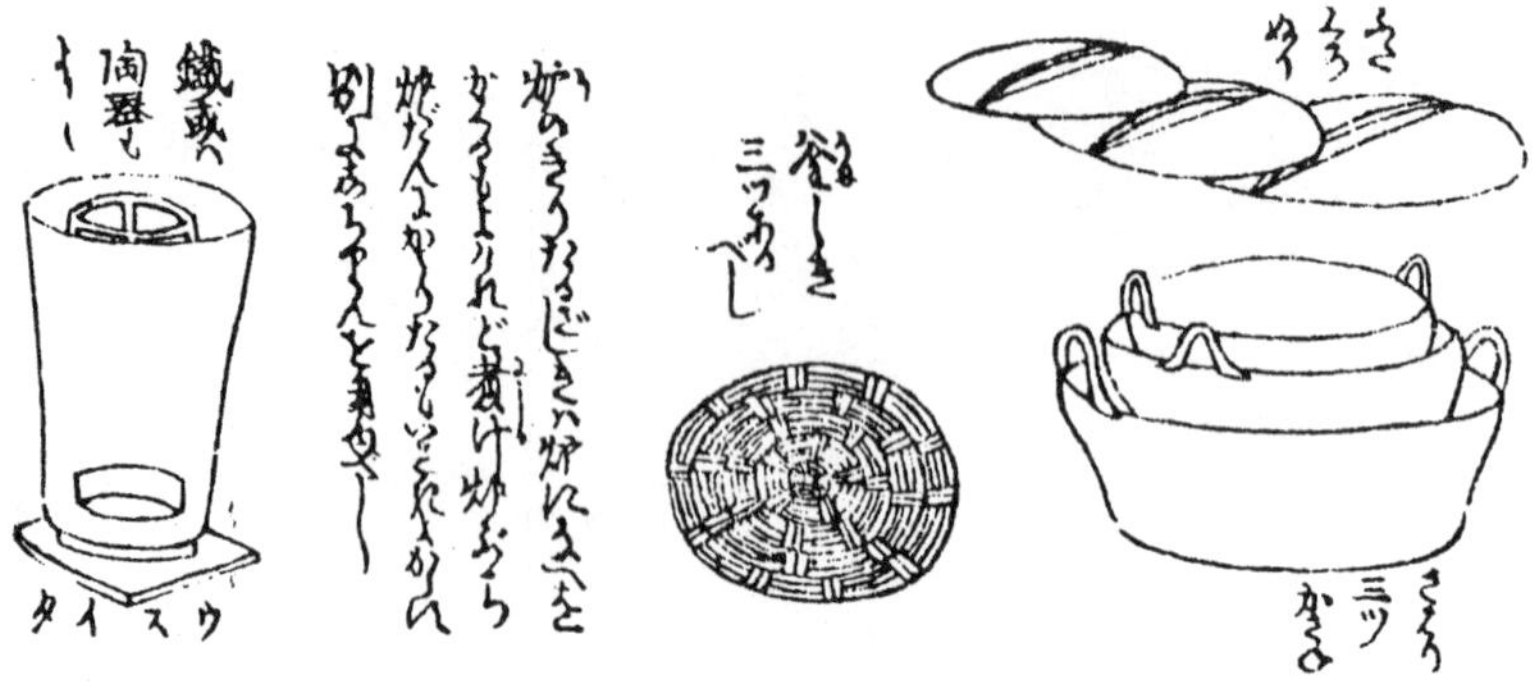
座敷料理鍋之図（『素人庖丁』より）

**なまかわ【生皮】**

「生皮煎《なまかわいり》」ともいう。鳥の皮を主材料とするが、鳥肉も用い、芹《せり》、生姜などの取り合わせを加えることもある。鳥の皮をせん切りにし、煎りつけてから調味しただしを加えて煮立たせ、他の材料もせん切りにして加えすぐに供する。汁の多い煮物。

出典　①『料理物語』第十二　②『江戸料理集』六　③『合類日用料理抄』巻四　④『伝演味玄集』二の上　⑤『黒白精味集』中巻五　⑥『料理伝』　⑦『料理早指南』四編

①生かわは　雁にても鴨にても皮をはぎつくり　すをはしらかし［煮立たせ］二へんかけてをき　又身を作《つくり》すを一返かけてしたみ　だしたまりかげんしてにえ立候時すいあはせ　鳥を入れそのまゝ出し候也　うはをきせり其《その》ほかつくり次第なり　鯛のそぼろ　しらめをきてもよし

⑤鴨の生皮　皮を引　鳥を細作にして　煎酒《いりざけ》にてさわ〳〵と煮て出す也　鯉の生皮も同じ事也

**なんばに【難波煮】**

魚や野菜などを適宜に切った葱とともに煮た料理。大坂の難波が葱の産地であったところから、葱を使った料理に難波をつける。

出典　①『料理早指南』初編　②『素人庖丁』二編　③『年中番菜録』

②うぽぜ難波煮　これも水洗よくし串にさし焼て　わりねぎ　やきとうふなどにて焚《たき》出《だ》しにすべし

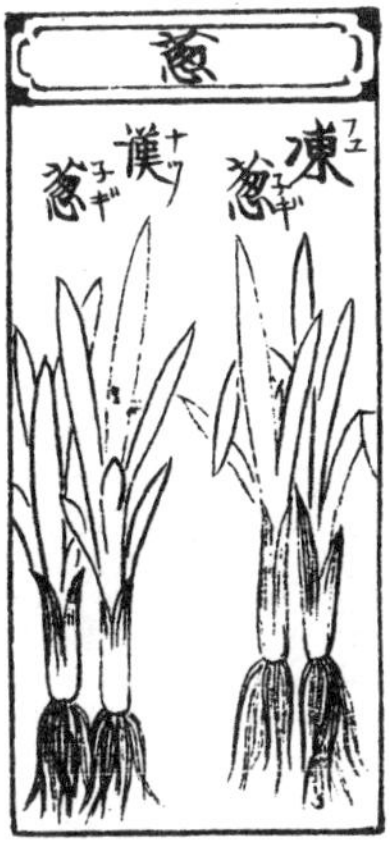

『食物知新』より

## なんばんに【南蛮煮】

魚、鳥、野菜などを油で炒めてから煮たものや、葱や唐辛子を加えて煮たものなどをいう。南蛮とは江戸時代には東南アジアやポルトガル、スペインを指したが、広義には異国風の意味で用いられている。

出典　①『合類日用料理抄』巻五に「蛸南蛮煮」　②『料理山海郷』五　③『料理伊呂波庖丁』

②南蛮煮　鯔《ぼら》をそのまゝ丸やきにして油にこがし　ねぎを入れ　かつを出し醤油にて煮る

③なすび南蛮煮は小茄子色合好《かっこう》性宜を　へたを切り丸形《まるなり》にて酒せうゆ当分にして汁気なくなるまで煮つめもちゆる

## にあえ【煮和】

魚介類、野菜類、茸類などのいろいろの材料を取り合わせて細かく切り、だしに煎酒《いりざけ》や醤油を加えた汁で煮て、煮立ての熱いところを供する料理で、夏はさまして供する。

出典　①『料理物語』第十二　②『江戸料理集』六　③『伝演味玄集』二ノ上　④『黒白精味集』中巻五　⑤『料理珍味集』巻一　⑥『料理秘伝記』第四　⑦『料理早指南』四編

①煮和　だしたまりよし　から鮭の皮　うすみもすこし入れ　黒豆　から皮［山椒の小枝の皮］　梅干《むめぼし》　田作り　木くらげ　あんにん　ぎんあんなど入れ煮候て玉子のそぼろ上《うわ》置《おき》にしてよし　夏はさまして出し候也

⑥煮和　浸物を温めたる物也　煎酒加えだし　しやうゆにて仕込　菊な　芹　蛟《たいらぎ》　半弁　その他前に活盛に記す通り

取合　くるみ　賽栗《さいくり》などと汁に入れ温め坪皿かふた茶わん
ちやわんに盛べし　肴に出すは醤油　酒少加え酢もよし
花玉子　蒸たまごさん木　賽《さいの》めなど用ゆ　綺麗也

『素人庖丁』より

**にいろ**【煮色】

野菜類をだしと溜《たま》りに酢を加えた煮汁で煮たもののようであるが明確でない。『利休百会記』の天正十九年（一五九一）正月十三日の献立に「くしあわびにいろ」があるというから、古くは野菜類に限らなかったらしい。

出典　①『料理物語』第十二　②『合類日用料理抄』巻五　③『料理早指南』四編

①に色の仕様はだしたまりにすをくはへ何《いずれ》もよし

②煮色の類　ほうれん草　大こん　せり　くこ　にんじん　うこぎ　もやし　あかざ　くちなし花　たけのこ　くわんざう　みつば　わらび　さき牛房　ほし大こん　ばう風　つくし　よめな

③に色　だしと醤油にすをくわへて煮る也　何にてもおなじ

**にうめ**【煮梅】

料理書によって異なり、梅干を砂糖と酒で煮たもの、だしと溜りで煮たものがある。『合類日用料理抄』（一六八九）では熟した梅を煮てすりつぶして塩を混ぜ、これに青梅を漬けた漬物の一種を煮梅としている。

『食物知新』より

出典 ①『合類日用料理抄』巻三 ②『料理網目調味抄』三巻 ③橘川房常『料理集』 ④『料理秘伝記』第四 ⑤『料理調法集』煮物之部

①煮梅方　梅きずなきを一斗　塩三升　外によく色づきたる梅二升よく湯煮をし　湯を捨て梅の煮たるをよくすりて右の一斗の梅にかきまぜ置《おき》申候　さて昆布をならべ蓋にしその上に又紙の蓋をして風をひかぬやうにする也

③に梅　大梅干五十　三日水にひたしよく塩を出し　大白砂糖一升　諸白《もろはく》五合　右三色を一つに致し　なるほどよく煮申候

④煮梅　だしに溜《たまり》多く入れ梅干を煮てたまり少し加えあんばいして冷し置き汁を溜め　うどんの向附《むこうづけ》などにもよし　但下地に砂糖少し加え干瓢又は青昆布せん　笹がき牛房　片木《へぎ》せうがなど入れ煮て　くるみ置合もよし　菜《さい》或は肴に用ゆ

## にがい【煮貝】

鮑《あわび》を醤油で煮しめたものをいうが、江戸時代初期の出典①②では、みそで煮ている。醤油の普及以前はみそで煮たものであろう。現在煮貝は山梨県の名物として知られ、江戸末期に沼津港の魚問屋が鮑を醤油で煮て樽に詰めて、馬にのせて甲州へ運んだのが始まりといわれている。

出典 ①『茶湯献立指南』巻四 ②『小倉山飲食集』 ③『料理一色集』

①あわび煮貝は味噌汁にて久敷《ひさしく》煮しむる　さて引上げ切り鉢に入るなり

②煮貝蚫　よくたたきてみそにて煮る　これをむし貝とも云う

③ささ煮貝の事　鮑からまま大こんにて打ちよくあらい鍋へ笹の葉敷《しき》　鮑をおこしならべ　酒たれ等分にいたし鮑見え申さず程かけ煮候てよく候　はしの通る程煮申し候随分　和《やわらか》になり候間取あげ切《きり》かたいたし　こくせふなど懸《かけ》平ものなどによく候

## にしめ【煮染】

煮染は古くはにじめ、にぞめとも読む。野菜、魚、肉などを形をくずさず煮汁の残らないように煮上げる煮物。現在はおもに野菜を材料とする。室町初期の『庭訓往来』にも煮染牛房があり古くからの料理である。

出典 ①『江戸料理集』四 ②『料理網目調味抄』三巻

①煮染とは右の大煮物に同前 切方は時に相替 これは汁をなき様にして重などへつめるゆへに 常の煮物よりは塩を少つよくして煮染て汁をさりて用る事也

②煮染 漿《しようゆ》に酒加へからめに久しく煮染て後砂糖をふり置けば漿もとらずかび損せず 山のいも くわへ［くわい］ 何首鳥《かしゆう》［芋の一種］ ぬかご 牛房 ぜんまい わらび 笋《たけのこ》 松茸 椎茸 ひらたけ かう茸 木くらげ ふき 昆布 やきだうふ こんにやく こゞりこんにやく

**にぬきたまご**【煮貫玉子・煮抜玉子】

かたゆで卵のこと。

出典 ①『万宝料理秘密箱』前編巻二 ②『料理早指南』四編料理問答

①紅煎貫《べにぬき》たまご 卵を常のごとくに煎貫《にぬき》て殻をとり熱湯に漬て 卵に煖《あたゝまり》がまわりし時 生燕脂《しやうえんじ》［鮮紅色の染料］の汁か紅の汁かに漬てよく冷《さま》して切るべし

②問ていはく 煮ぬき玉子をするに玉子のきみかた寄りて月の輪になるなり この黄身の真中になりたるを見たり いかがすればあのごとくなる事やらん 答て曰《いわく》 黄身の片よりてあるは玉子の生得《せうとく》なれば苦しからず されども手とり物に黄身を真中へ置かんとなれば ゆでる時箸をもつて手をやすめずに玉子をまはしてゆで上げれば黄身真中にある物なり

**にぬきとうふ**【煮貫豆腐・煮熟豆腐】

豆腐を長時間ゆでてすを立たせたもの。すが立つと調味液がしみこみやすくなる。

出典 ①『豆腐百珍』 ②『会席料理秘嚢抄』

①煮熟とうふ かつほのだし汁にてもつとも炭火のつよからぬ火を用い終日《いちにち》あさよりくれまで煮る 豆腐すだつなり

**にびたし**【煮浸】

鮒、鮎、鰺などの魚を白焼にしてから、調味しただしでゆっくりと煮含めた料理。焼干にして保存した魚の煮方として用いられた。

出典 ①『料理物語』第十二 ②橘川房常『料理集』
①にびたし 鮒を白やきにして だしたまりにて煮申事也
②はゐ 焼干にして煮びたし にもの等もよく候

## のっぺい【濃餅・能平】

鳥肉や野菜などを煮て調味し、葛粉《くずこ》や小麦粉でとろみをつけた煮物。現在も鶏肉、豆腐、人参、大根、椎茸などを材料に、郷土料理として各地で作られている。のっぺいの名はぬらりとしている意味の「ぬっぺい」が訛ったものという。『料理物語』（一六四三）には「のっぺいとう」とある。

出典 ①『料理物語』第十二 ②『江戸料理集』六 ③『和漢精進新料理抄』和の部 ④『小倉山飲食集』⑤『伝演味玄集』二ノ上 ⑥『黒白精味集』中巻五 ⑦『料理秘伝記』第三 ⑧『精進献立集』二編
①のつへいとう 鴨をいり鳥のごとくつくりだしたまりにてにる にえたち候ときかげんすいあはせ うどんのこをだしにてときねばるほどさし にえたち候時出し候 ぼと鴫《しぎ》などもうづらも
②のつへいは右煎鳥《いりどり》のごとくにして出す時にうどん くずそばのこ等を出しにてよくとき こしてにへ立所へよき程にかけて ねんはりとかゞみのはる程にして出す事也
⑥のつぺい 煎物類にくずを引たるを云ふ

## のぶすま【野衾】

たたいた小鳥の肉と薄切りの鯛の身をさっと煮て、薄切りの鮑《あわび》に熱湯をかけて袋状になったものとともに調味したただしで煮て、小鳥と鯛が鮑の袋に包まれるようにしたもの。蒸したものもある。野衾はムササビの異名というが、この料理名の由来はわからない。

出典 ①『料理物語』第十二 ②白蘆華『料理集』 ③『料理早指南』四編 ④『当世料理筌』
①小鳥をたゝきせんばのごとくさつと煮て さて鯛をかきこまかにたゝきにえ湯をかけあげをき 大きなるあわびをうすくへぎてこれもしらめ候へばふくろのごとくなり申候 この時だしたまりかげんして入れ ふき立候とき三色入れかきあはせ候へばふくろの中へつゝまれ申候 玉子のそぼろ上置《うわおき》によし すい口いろ〳〵
②野ふすまは蚫《あわび》を薄くへぎてさつと湯引置く 具の内にも蚫身随分小さいの目に切り かまぼこは生にて しいたけ等きざみ二色を味付 へぎ蚫の内へおり入れ かまぼこに

てとぢ付け　さつとむして出すなり　四方よりおりかけて
平たに畳みて蒸也

**はちはいとうふ【八盃豆腐・八杯豆腐】**
豆腐を細長く拍子木形に切って、水六杯、酒一杯、醬油一杯の合計八杯の煮汁で煮た料理。名の由来も煮汁の八杯からという。料理書により水五杯、酒二杯、醬油一杯などのものもある。なお『守貞謾稿』二十八編には八杯豆腐の図があり「此如《かくのごと》く細く刻むを八杯と云ふ　鰹節溜油《しょうゆ》汁に加へ食す　是にも紫海苔を用ふ」とある。

出典　①『料理塩梅集』天の巻　②『黒白精味集』中巻五　③『豆腐百珍』八十二

②八盃豆腐　醬油一盃水七盃入久敷《ひさしく》煮也　又水へ醬油少入塩梅《あんばい》して煮立　豆腐細く切置き　汁煮立て入れ一あわ煮て出す　又豆腐細く切り　鍋へ水を入置き直に豆腐を入煮立後に醬油少入塩梅して出す

八杯豆腐（『守貞謾稿』より）

③真の八杯とうふ　きぬごしのすくひ豆腐を用ひ水六杯酒一杯よく烹沸《にかへし》後に醬油一杯入れまたよくにかへし豆腐を入る　烹調《にかげん》湯やつこの如し　擦大根をく

**はなたまご【花玉子】**
殻をむいたゆで卵を花型に細工したもの。二種類あり、一方はゆで卵の縦の中央部に周囲から小刀でジグザグ形に中心まで切目を入れ、左右に分けて花型が二つできるもの。他方はゆで卵が熱いうちに周囲に等間隔に五本丸箸をあてて紐でくくり、さめるまでおくと箸の部分がくぼんで切口が花型になるもの。共に現在と同じ手法である。

出典　①『伝演味玄集』二ノ下　②『万宝料理秘密箱』前編

①花玉子は桔梗《ききやう》又は菊のごとく玉子の堅《たて》成りに小刀にて雁木《がんぎ》[ジグザグ形]をつけ　左右へわくれば花の形になるなり
②紅煎貫《にぬき》卵のごとくに皮を取りてずい分熱《あつき》湯へしばらく

漬け取出し紙に巻き　箸にても竹にてもかたを入れはさみ
上をくくりおき　よくさまして切るべし

**ひしぎたまご【拉玉子】**

ゆで卵を熱いうちに殻をむき板の上に置き、掌で少し割れ目がつくほど押しつぶしたもの。卵の周囲にたてに切目を入れて押しつぶすと花型になり「菊玉子」ともいう。扁平に押した「ひらめ玉子」も同様なものである。↓∵にぬきたまご

出典 ①『江戸料理集』六 ②『伝演味玄集』二の下 ③『料理伝』 ④『料理一色集』ひらめ卵

①ひしぎ玉子とは玉子を丸煮にして常の如く皮をむきてそれを板の上に置きて手の平にて少しわれめの付ほどに押しひしぐ事也

③煮ぬき玉子の皮を去り　あたたかきうちに上下よりひしぎたる事也　ぐるりよりたてに切目入れてひしぎたるは菊玉子なり

**ふくらいり【脹煎・膨煎】**

「ふくら煮」ともいう。鮑《あわび》、赤貝、海鼠《なまこ》、烏賊《いか》などの肉を、だし、醬油、酒などで調味した煮汁でさっと煮る料理。『江戸料理集』（一六七四）は、取り合わせを用いない腸煮《わたに》と定義している。ふっくらとふくれるように煮るところからの名という。↓∵わたに

出典 ①『料理物語』第十二 ②『江戸料理集』四 ③『茶湯献立指南』五に「鮑膨煎」 ④『料理網目調味抄』二巻に「なまこ脹煮」 ⑤『伝演味玄集』二ノ上に「ふくらいり」 ⑥『料理伝』に「ふくら煎」

①ふくらいり　なまこを大きにきり　だしたまりふかせ出しざまに入れそのまゝもる事也　すつほうともいふ　あわび　いかもよし

②膨煎とは腸煮のごとくにして蚫《あわび》ばかりうすく切りてふくらとふくるゝほどにさつと煮て出す事也　これは取合なきを専《もつぱら》とする也　取合を用ゆる時は腸煮也

**ふくろたまご【袋玉子】**

布または和紙で細長い袋を作り、卵液を入れて口をくくってゆで、凝固してから袋をあけてとり出し小口切にし、煮物や杉焼などに取り合わせる。卵白ばかり、卵黄ばかりでも作る。『伝演味玄集』の「筒《つつ》玉子」もほぼ同じ。

出典 ①『江戸料理集』六 ②『小倉山飲食集』③『料理山海郷』巻二 ④『料理珍味集』巻五

③布にて巾三四寸ぐらい長さ心次第の袋を縫い底をくくり玉子を打わり入れて口をくくり湯煮する よく煮て丸く棹《さを》になる 袋をとき小口切にして平物[煮物]重物[重詰]によし 白黄二品にも出来る 袋へ一ぱい入るれば吹き出て悪し 七分目入れて湯煮すべし

④山海郷にいへるごとくにして玉子袋へ入るまへにちろり[燗鍋]へ入れ箸にて廻し湯煎にする也 人肌に成て袋に入るべし 袋よりもるる事なし

**ふとに【太煮】**

太いまま煮ることで、ごぼう、人参、うどなどを適当な長さに切り、わらずに丸のまま煮るもの。室町末期の『大草殿より相伝之聞書』の「ふとに」は海鼠《なまこ》の両端を切って中にやまのいもなどを入れみそ汁で煮たものであるが、江戸時代の太煮の材料はおもに野菜である。

出典 ①『茶湯献立指南』四巻に「大根太煮」②『精進献立集』初編に「ごぼう太煮」③『素人庖丁』三編

③牛房太煮 太き牛房の上皮をよく取り 五六分程づつに切そろへ 先のごとく飯のとり湯と水とにていかにもよく煮 その後またみりん四分 しやうゆ三分 水三分のつもりにて牛房の上にのる程沢山に汁を入れ 大てい汁気中半《はんぶん》になりたる時極上の葛《くず》をつよく引てよく交《まぜ》かへし葛の色かわりたる時 器物《うつわもの》に入れて上に青のり沢山に置きて出すべし

**ふわふわどうふ【ふわふわ豆腐】**

定義しにくいが出典の記述によると、豆腐に卵またはおろした長芋をすりまぜ、沸騰した煮汁に入れてさっと煮て、フワフワにふくれたところを供するもののようである。ふわふわ玉子は土器のような厚手の鍋に入れ加熱するものと推定したが、ふわふわ豆腐も同様に加熱できる。

→ふわふわたまご[焼物]

出典 ①『料理物語』第十二 ②『豆腐百珍』二十一 ③『豆腐百珍余録』

①とうふふわふわ だしたまりにて一あわ二あわ煮候てはや出し候事也

②ふはふは豆腐 雞卵《たまご》と豆腐等分にまぜよくすり合せ ふ

はふは烹《に》にする也　胡椒の末《こ》[粉]ふる　雞卵のふはふはと風味かわることなし　倹約を行ふ人専《もつぱ》ら用ゆべし
③ふわふわ　豆腐水を去り紅花にて色を付け長芋をすり合せ葛少し入れ沸湯に漬て後よく酒にて煮たるうへ醤油を入れてよし

## ほねぬき【骨抜】

鳥や魚の大骨、内臓を抜いて丸のままの形で煮たり焼いたりするもの。鳥の場合は尻を切って骨と内臓を抜き、あとに卵やかまぼこを詰めて煮て輪切りする。魚の場合は大骨をとってから丸ごとの魚のように形を整えて焼く。

出典　①『料理物語』第十二　②『江戸料理集』五　③『黒白精味集』中巻五　④『料理山海郷』巻二に「骨抜鴨」　⑤『料理秘伝記』第三

①ほね抜　鴨のとしり[鳥尻]をきり　それよりあしかたまでのほねをぬき　中へ玉子かまぼこをいれ口をぬひあはせゆで鳥のごとく煮候て輪切にして出し候　赤あしくぼねはのこし候也
③骨抜　鯛　甘鯛　魴鮄《ほうぼう》　かな頭　細魚なども抜也　専ら魴鮄　金頭をする事也　腹より開きの様に包丁を入れ大骨を抜き　跡を合せて丸魚のごとく串にてぬい候へば自ら競《きおい》付《つく》也　さて色付　塩ふりにも炙《やく》なり

## まきするめ【巻鯣】

室町時代からある古い料理。するめの足をとり、それを芯にして身で固く巻き、さらにわらで固く巻いてゆで、さましてから薄く輪切りにしたもの。農村では明治末頃まで作られていたという。

出典　①『料理物語』第十六　②『羹学要道記』　③『料理早指南』四編

①まきするめ　するめをあらひ　くずのこを少しふりまき

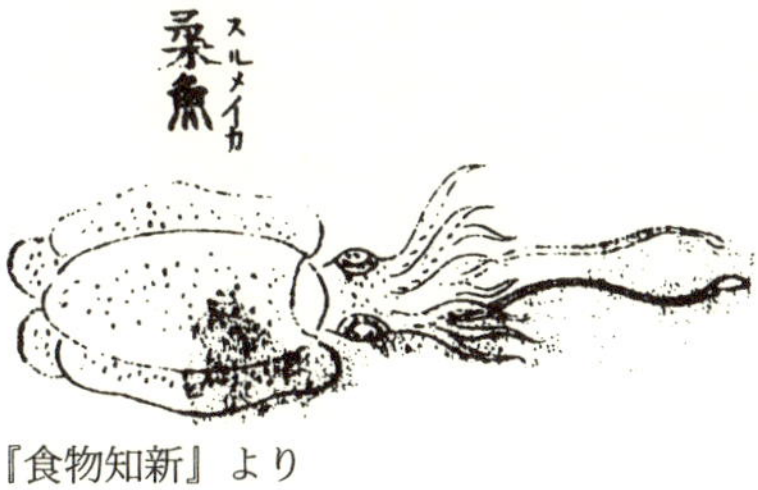

『食物知新』より

わらにてゆひ候て湯煮をし　さましきり候也
②巻鯣拵《こしら》へ様ハ鯣ノ髪[足]ヲ取リ　サテ鯣ノ中へ髪ヲモ三本計《バカリ》入レ　鯣ノ横ヨリキリキリト髪ヲ入レテ巻込ムベシ　ソノ上ヲワラシベニテキリキリト巻　サテ鍋ニ入レテユデルナリ　能《よく》サマシ小口ヨリ可レ斬　何ノ口伝《クデン》モナシ也
厚サ一分計可レ然

**みのに**【蓑煮・美濃煮】

卵を崩さないように金杓子に割り入れ、そのまま静かに熱湯に入れて凝固させる。つまを添えて吸物に用いる。
↓∴うけたまご

出典 ①『料理物語』第十四 ②『料理秘伝記』第六 ③『料理早指南』四編に「美濃煮」

①玉子をあけしやくしにうけ　くだけぬをにえ湯へ入候
これも妻色々汁同前
②みの煮と云ふは玉子金杓子に受け　煮湯《にえゆ》へふれ様《ざま》に入れ白目付候時湯へ移し能《よく》煮てつぶし玉子共云ふ　すましにして防風　もづく　みる　松茸のくき　或は水泉寺海苔　松海苔　甘のりなど取合よし

**ゆやっこ**【湯奴】

湯豆腐のこと。豆腐を四角に切り湯煮しながら醤油をつけ薬味を添えて食べるもの。冷やして同様に食べるものを冷奴という。奴豆腐の名は四角の形が奴（江戸時代の武家の下僕）の着物の方形の紋に似ているところからという。

出典 『豆腐百珍』九十七

湯やつこ　八九分の大骰《おおさい》に切るか又は拍子木豆腐とて五七分の方《かく》長さ一寸二三分の大きさに切り置き　葛湯《くずゆ》を至極ゆだまの立つほど沸きたたし　豆腐を一人分入れ蓋をせず見ていて少し動きいでてまさに浮き上がらんとするところをすくひあげ盛る也　既に浮き上がればはや烹調《かげん》よろしからず　そのあんばい端的にあり　尤《もっとも》器をあたためておくべ

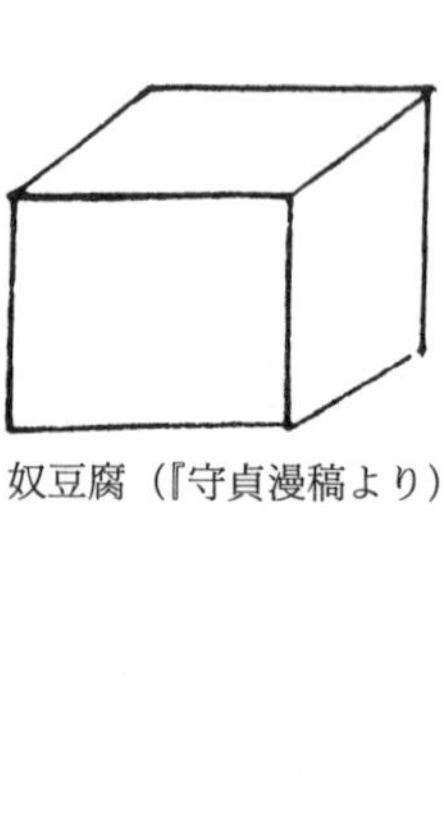
奴豆腐（『守貞漫稿より）

し　生《き》醤油を沸《にたた》し花がつほをうちこみ湯を少しばかりさし又一ぺん沸し絹ごしにして別猪口《ちょく》に入れ　葱白《しろね》のざく〳〵おろし蘿蔔《だいこん》　辣茄《とうからし》の末《こ》入る　京都にて是をたゞ湯どうふといふ　浪華《おおさか》にて湯やつこといふ　菽乳《とうふ》の調味において最第一品たるべし　古法は泔水《しろみず》[米のとぎ水]にて烹《に》るとあれども葛湯にはしかず

**わたに【腸煮】**

鮑《あわび》の腸《わた》を、その肉や野菜類などとともに、だし、酒、醤油などで煮た料理。腸煎《わたいり》は式正《しきしょう》料理に用いられたもので『貞丈雑記』(一八四三)に「鯉の腸をたれみそにてからりとにるなり」とあり、腸煮とは別のものとも考えられるが詳細はわからない。『節用料理大全』には「腸《わた》煎《に》」とあり、出典③の腸煎も腸煮と同じようである。

出典　①『江戸料理集』四に腸煮の取合材料、六　②『小倉山飲食集』　③『黒白精味集』中巻五　④白廬華『料理集』

①腸煮方は蚫《あわび》のわたをさつと湯煮をして砂持をさりてわたばかりよくすり白味噌三分一加て　出しにてこく塩のごとくにとろ〳〵とする程にのべてをろし　ふしを過る程に加てよくまぜ合て仕込置きて　御客一両人と申す時にかけてそれ〴〵の道具を入れてこげつかぬやうにかきまはしとつくと煮ておろし置きて　御膳と申す時にかけて又煮立塩あんばい調《ととのえ》て酒を過る程にさしてよくねりまはし出すべし

③腸煎　蚫《あわび》をうすく切り　わたを摺《すり》入る　味噌にて煮たるもの也　式法[正式]の煮物也　貝炙にもするなり

**わらに【藁煮】**

卵を主材料とし弱火で煮るか蒸す料理。茶碗蒸の原型とも考えられるもの。煮るのには藁火ほどの弱い火力が適するので藁煮とよばれたのであろうか。玉子藁煮、蛤藁煮などがある。

出典　①『素人庖丁』初編　②『臨時客応接』　③『早見献立帳』に「玉子わら煮」

①蛤《はまぐり》わら煮　蛤の大小を論ぜず湯がき身を取り　さて玉子をうちわり醤油少し花かつお沢山に入れ　蛤のむき身もひとつに入れて木くらげのせん切を入れ　よくまぜ合し鉢に入れて蒸す　蒸しあがりて其《その》まま蓋をして金杓子ちりれんげの類を付て出すべし

②藁煮仕様　一人前玉子二つ程よくとき　花がつほ沢山醤

油少入れかきまぜ鍋に入れて遠火にて煮　火の通りたる時
金杓子にてよきほどにすくひ遣《つか》ふ

# 焼物類

『料理献立抄』より

焼物は古くは「炙物」と書き、『下学集《かがく》』（一四四四）には「炙物」にアブリモノ・ヤキモノと振り仮名がついている。江戸時代の料理書にも「炙物」と「焼物」の両方の文字が使われているが、『料理網目調味抄』（一七三〇）は「焼は火を強くすべし。魚なまらず。炙ものは火を遠く寛《ゆるやか》にやくを云也」とその違いを記している。

焼物には種類が多いが、大別すると直焼《じか》と間接焼に分けられる。直焼は直火焼ともよび、熱源からの放射熱が直接食品に伝わる焼き方で、焼く器具によって、串焼、網焼などに分けられ、焼く時に使う調味料によって、白焼（素焼）・塩焼・付焼・みそ焼・蒲焼・山吹焼などがある。

間接焼は、焼鍋や杉板などの上に食品を置き、熱源から間接的に加熱するもので、石焼・鴫《しぎ》焼・杉板焼・片木《へぎ》焼・鋤焼などがこの分類に入る。壺焼、伝法焼、焙烙《ほうろく》焼なども間接焼であるが、さらに分類すれば蒸し焼といえよう。直焼の類は現在とそれほど違いがないが、間接焼の中には現在は行われなくなった焼物もいくつかある。

杉板焼は多くの料理書に見られる焼物で、杉板の裏に焦げにくいように塩をぬり、板の上に魚肉や鳥肉をならべて直火で焼くもので、杉板の移り香や焦げる香を賞味したという。杉板の薄いものを用いた場合は片木焼とよんだらしいが、ともに失われた珍しい焼物である。鋤焼は現在の鍋料理であるすき焼の原型と考えられるものであるが、唐鋤の上で魚鳥肉を焼くもので、現在の鉄板焼に相当するものである。

焼物用の器具もいろいろあり、『料理早指南』四編（一八〇四）の図を見ると、蓋つきのかすてら鍋、厚焼玉子用と思われる厚焼鍋、現在のフライパンに相当するような焼鍋などがある。また七輪は上の口が厚焼鍋と同じ大きさに作られていて鍋底がきちんとはまり、下の火口には石の蓋があって火加減を調節したようである。

『料理献立抄』（推定一七八〇ごろ）には串焼をしている図があって、「切目《きりめ》のうをやくには、海魚《うみうお》は身の方よりあぶるべし。川魚皮目よりあぶるなり。うなぎはむ［はも］の皮など　皮めより火にかけざれば　そりかへりてなんぎなるもの也」と、魚を焼く時の心得が記されている。

『素人庖丁』より

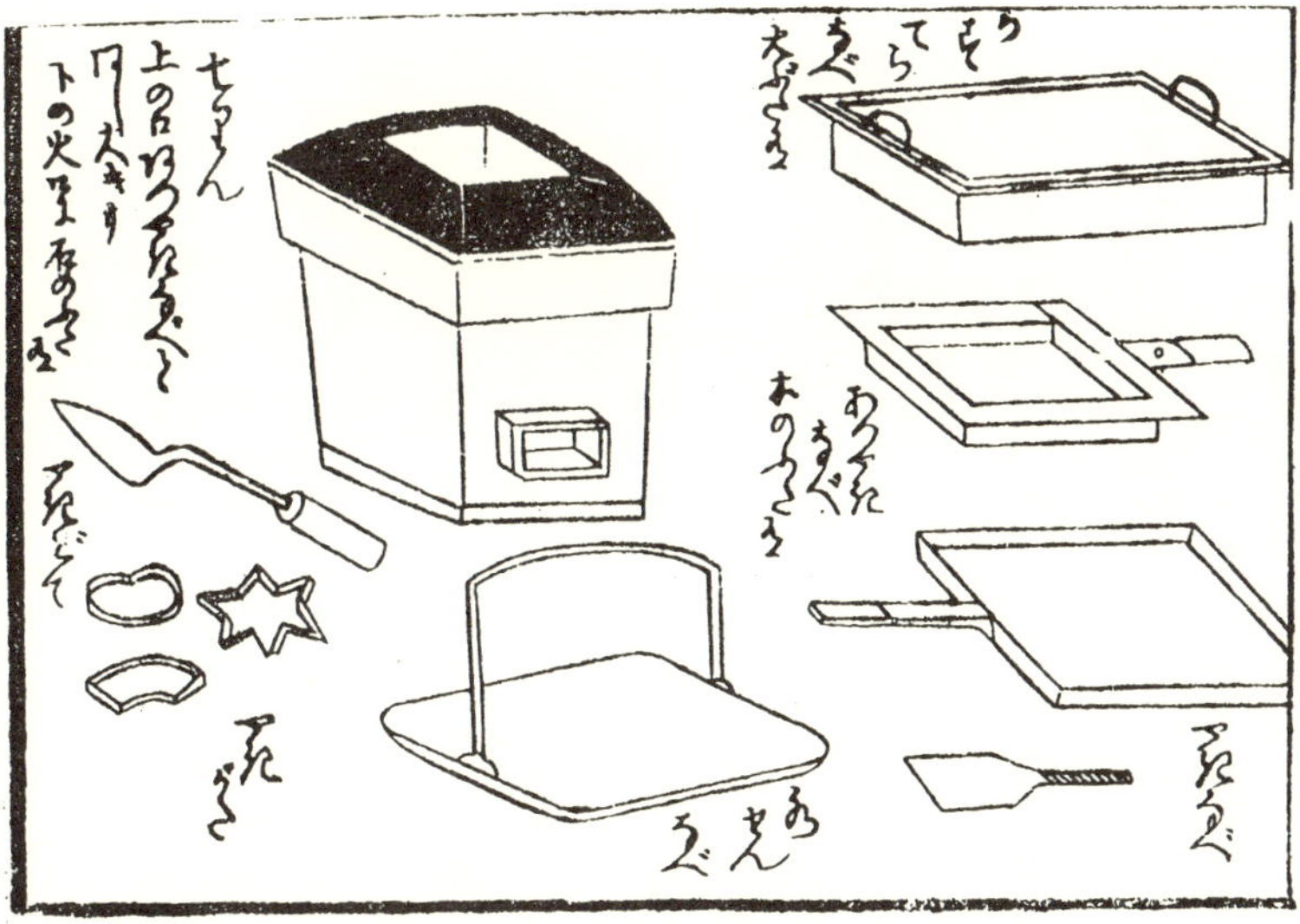

鍋などの器具『料理早指南』より

**あつふのやき**【厚麩の焼】

麩の焼玉子の厚いもので現在の厚焼卵に相当する。『料理伝』には「厚ふの炙」のほか「厚炙《あつやき》玉子」として卵に魚のすり身を混ぜて蓋付鍋で上下から加熱するものもあり、かすてら玉子とも似ている。↓：かすてらたまご、ふのやきたまご

出典 ①『伝演味玄集』二ノ中　②『料理伝』

①厚ふの焼は麩の焼鍋ならざれば出来ず　玉子をわりかき合せ鍋に入れ炭火にて焼也　先づとくと炭火をおこし　少し上の方じやうになる［炭火が白く灰になる］ころ其《その》火を残らずとりて鉄炙《てつきゆう》を渡し熱灰の上へ右の鍋をかけ鍋の銅蓋へ火を置きて焼く　折々蓋を明け見るべし　上の火の勢にて玉子上へ吹きあがるなり　左様ならば上よりおし付け上の火を減し下へ少ばかりおきを入るるなり　大概《たいがい》よしと思ふ時分紙をあて上より熱湯をかけて切形すべし　熱湯かけざれば油気残るなり　是《これ》も其《その》品により味を付るなり　塩にて味付る事かろくてよし　醤油にては重し

②玉子をふの炙《やき》玉子の通にかげんして鍋に油をよく引　右の玉子をながし焼也　鍋はたは大概《たいがい》焼け　上はとくとかたまらざるうちに真中より二つに切り　両方合せてよく火を通すなり　厚さ五分ばかりなるがよし

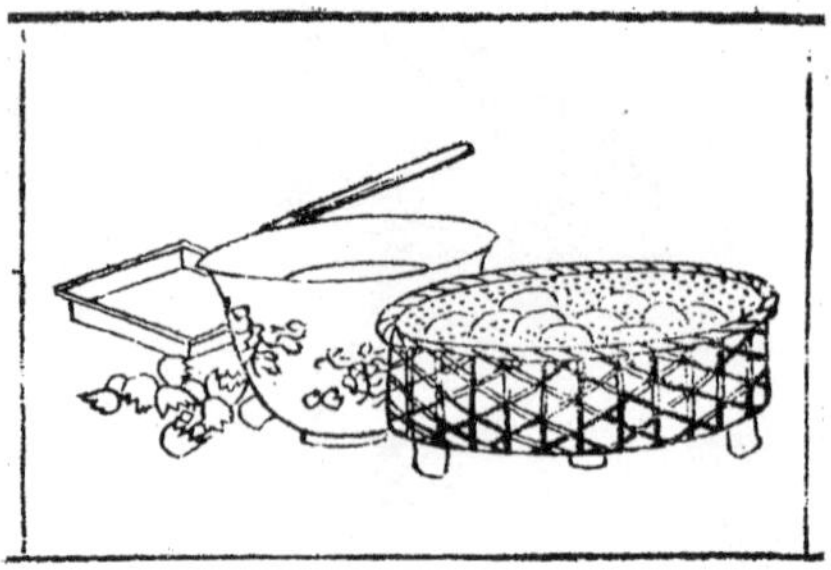

『素人庖丁』より

**あらしおやき**【粗塩焼・荒塩焼】

鮒、鰺、鮎などの魚に塩を振って焼き、かけ汁をかけて供するもの。

出典 ①『料理物語』第十三　②『料理秘伝記』第六　③『料理早指南』四編　④『料理調法集』焼物之部

①あらしほやき　鮒に塩ばかりつけやきて　かけしる酒塩《さかしお》にかげをおとしかけ出し候也

②荒塩焼とは鮒に塩ふりて焼て　掛汁にて出すを云ふ

③あらしほやき　あぢ　こはだ　ふな　あゆなどのるい白しほにしてやき　かけしほして出す事也　大こんおろしもよし

## いしやき【石焼】

石を熱してあつくし、その上に魚介類、野菜、豆腐などを置いて焼くもの。

出典　①『江戸料理集』六　②『小倉山飲食集』　③『料理網目調味抄』二巻　④『豆腐百珍』八十三

①石やきとは石をよくやきて灰をふきのけて則石の上に置きやき申也

③鮎石焼は河原の石を焼てその上に鮎を置きやくを云也

④石焼とうふ　もと石にてやくを略して鏊子《くわしなべ》を用る也　但し炭火をつよくし鏊子《なべ》に油を少し入れよくぬりまはし　油をひくといふよりはおほくする也　豆腐を一寸方《よはう》あつさ三分あまりに切りて　なべにちよと置けばおどり動くをぢきに鶏卵匕《たまごすくひ》にてうち返す也　すぐ用る也　おろし蘿蔔《だいこん》生豆油《きじやうゆ》にて用ゆ

## いろつけやき【色付焼】

魚、豆腐、茸などを下焼きしてから、醤油に酒などを合わせたものを塗りながら焼き上げるもの。↓：つけやき

出典　①『江戸料理集』六　②『料理早指南』四編

①万《よろず》色付とはたまりに醤油酒を加て喰塩に三わり程からくして　下やきを常のごとくにして　出しざまに色のよく付くやうに四へん三へんかけ〳〵やき出す事也

②いろ付やき　魚にても豆腐にてもそのほか松茸　長芋のたぐひにても　しやうゆに酒《さか》しほ加へうすくつけやきにする事をいふなり　何によらず醤油つけやく事也　上へけしなどふりても吉《よし》

## うちつけやき【打附焼】

魚を火の上にじかに置いて焼くこと。

出典　①『江戸料理集』六　②『料理網目調味抄』二巻に「鯛打付焼」　③『料理秘伝記』第六　④『料理調法集』焼物之部

①打つけやきとは則火の上へ置きやく事也

③打附焼と云ふは小鯛或は鮎　鯵の類にても火に直に打くべ焼候事也　塩振そのまま焼べし　魚下身《おろしみ》切焼類も同じ

事　鮎　鯵　車海老　小石鰈《こいしかれい》　小きすなどはたで酢にて吉《よし》

**おにがらやき**【鬼殻焼・鬼柄焼】

伊勢海老や車海老を殻つきのまま醤油などをつけて遠火で気長に焼いたもの。大形の海老は縦半分に割って同様に焼く。外観が武骨なところからの名という。

出典　①『伝演味玄集』二ノ下　②『黒白精味集』中巻五　③『料理早指南』四編

②鬼柄焼　伊勢海老を立に串をさし　遠火にてから共に溜りをかけかけ二時《とき》も炙也　こげめ付ぬ様にいかにも遠火炙から共に箸にてほりほりとくだける様に炙出す也　長き髭《ひげ》共に皿に付て見事なる物也　車海老もから共に炙を鬼がら炙と云ふ　唐辛子醤油付て炙て吉《よし》　松平伊豆守殿法

③鬼がら焼　いせゑび　車ゑび　がさみのるい　からともにさんしやうせうゆのつけやきにする事也

**おらんだやき**【紅毛焼・和蘭陀焼】

魚の切身を串にさして、とき卵をかけながら焼くもの、または開いて生干しにした魚に、薄焼卵をはりつけて焼くものと出典にはあるが、他の料理書には見当たらない。

出典　『料理早指南』初編、四編

鯛をらんだやき　切身にして串にさし　玉子くだきかきまぜ　かけながらやくなり　玉子にすこし味付《つけ》る（初編）

紅毛やき　鯛のおらんだやきは前編にいふなり　但しいづれも同じ事ながら　すばしりの背開き　あひなめ　かながしらのたぐいは　開きてやきて出すには　まづ玉子を焼鍋にて薄くやきおき　何の魚にても背開きにしてすこし火どり　身のかたへ玉子の白みをぬり　薄焼にしておきたる玉子をはり付てやき付け　魚のかたに玉子のまわりを切《きり》てとる也　但し魚には一と塩してすこし日にほしたるよし

**かすてらたまご**【家主貞良卵・粕ていら玉子】

カステラのようにふっくらと焼いた厚焼卵をいう。主材料は卵であるが、料理書により作り方に違いがあり、副材料に砂糖と小麦粉を加えるもの、おろしたやまのいもと砂糖と小麦粉を加えるもの、魚のすり身を加えるものなどがある。↓：あつふのやき

出典　①『万宝料理秘密箱』前編巻二　②『料理早指南』初編　③『料理調菜四季献立集』

①家主貞良卵の仕方　上々大玉子を十八に白砂糖百六十匁うどんの粉八合入れ右三品をよくとき合せて　もじ［麻糸をよじって織った目の荒い布］の切《きれ》か布の目の荒きかに入れ一ぺんしぼりて　さて大和《やまと》鍋［大和国石上《いそのかみ》で造られた鍋］か江戸鍋かの底へ油をとくと引き右の玉子を入れ　下へ火を弱くして上に行灯《あんどう》の火皿をのせ此中《このなか》へ灰を一重引き其《その》上に火を入れ焼くべし

②かすてら玉子は玉子を割て山芋おろし　上々のうどんの粉と太白の砂糖少し入れよくすりまぜ　かすてら鍋にて焼き上るなり　火かげん口伝なり

③粕ていら玉子　玉子を割てよくかきまはし魚肉の摺《す》りたるを少しまぜ　玉子焼にてやき心ままに切るべし

**かばやき**【蒲焼・樺焼・椛焼】

魚を開いて骨をとり素焼きしてから、醤油とみりんで作ったたれをつけて焼くもの。鰻《うなぎ》が代表的であるが、穴子、鱧《はも》、鯰《なまず》なども用いる。室町時代の成立といわれる『大草家料理書』には「宇治丸（ウナギ）かばやきの事　丸にあぶりて後に切也　醤油と酒を交て付る也　又山椒味噌付て出しても吉也」とあり、もとは鰻を丸のまま縦に串をさし丸焼きにしたが、その形が蒲の穂に似ているとこ

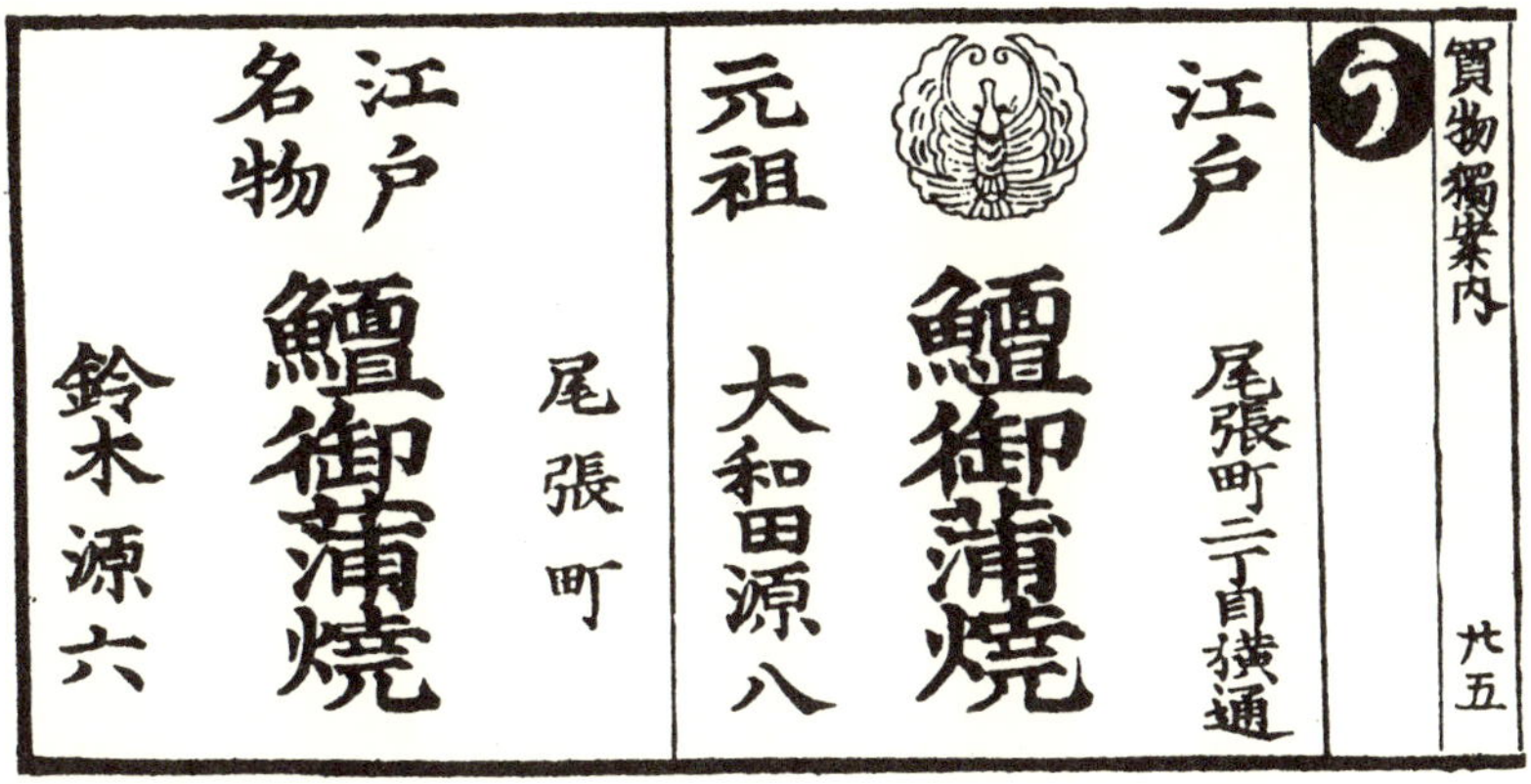


『江戸買物独案内』より

ろからの名という。鰻を開いて焼くかば焼きは『和漢三才図会』（一七一二）にあり、そのころからのものと思われる。

出典 ①『料理秘伝記』第六 ②『万宝料理秘密箱』二編巻二「うなぎの焼やう」③『料理早指南』四編 ④『料理調法集』焼物之部

①椛焼は鰻にて仕立候　うなぎを抜《ひら》きよき程に切　先《まず》白焼にして　さて山升《さんしょう》醤油など付焼よし　山升みそもよし　醤油溜りばかりもよし　これは塩振て焼後溜り付ては悪敷《あしく》候　先白焼よし　又焼て後皮を取出すも吉《よし》

②うなぎの焼やう　鱣《うなぎ》をさきて直《すぐ》に酒をかけ　一度火どりて　二度め醤油をかけ　大鱣ならば皮の方より竹串にていくたびも突《つき》さし　酒と醤油と三べん程かけてやき候へばうなぎの風味《あじ》一だんとよろしくなり　又和《やわ》らかなる事麩のごとし

③椛《かば》やき　うなぎ　はも　さより　沖さより　ふかなどのるい長くきり小ぐしにさしてやく事也　近来《ちかごろ》かばやきといふはうなぎよりいひ出たるやうに思ふなれども左《さ》にあらず　かばやきといふは紀州よしの山のふもとにて椛《さくら》の皮をすきて　竹の串のわりかけにはさみてうる　そのさくらのかはをかばといへば　その形に似たるよりかばやきといふなり

**きじやき【雉子焼】**

鰹、鮪などの魚肉や豆腐のつけ焼をいう。室町時代の公家の日記などに見られるきじ焼は雉《きじ》の肉を焼いたものらしいが、江戸時代に入って豆腐や魚肉を材料として、本来のきじ焼に似せて作られるようになった。

出典 ①『料理物語』第十三 ②『黒白精味集』中巻五 ③『料理秘伝記』六 ④『料理調法集』焼物之部

①きじやき　とうふをちいさく切り塩をつけうちくべてやくなり

②雉子焼　鰹をおろし　身取《みとり》　色付に炙て切りて出す也　又一切ずつに切り色付にやくを雉子やきと云ふ　鰹にかぎりたる也

③雉子焼は生鰹を四つ身におろし串にさし　溜り酒塩《さかしお》付焼き切りて肴によし　引物にも用　又山芋つくね芋をも塩水にて煮上　さて醤油溜り付焼　色々に切りて用る也

**ぎせいどうふ【擬製豆腐】**

豆腐を崩して水気をしぼり調味して炒《い》りつけ、四角の型に入れて押蓋をして余分の汁をとってかため、角に切って焼鍋で焼くもの。崩した豆腐をもとの形に似せて作るところからの名という。現在の擬製豆腐は野菜などの細切りを下煮して豆腐に加え、とき卵もまぜて卵焼鍋で焼く。

出典 ①『料理早指南』初編 ②『精進献立集』初編 ③『料理通』初編

①ぎせい豆腐は豆腐崩し水を去り酒しやうゆにてよく炒りて 切溜《きりだめ》［料理の材料などを入れる木箱］の蓋に盛り上がるほどに入れ 上より一ぱいの押し蓋をして 逆圧《さかおし》にかければ煮汁しぼれて蓋の厚さにかたまるを打あけ 一寸余りの角に切り さて焼鍋にて片面焼く也

**きんしたまご【金糸玉子】**

薄焼卵（麩の焼玉子）を糸のように細く切ったものをいう。このほか『万宝料理秘密箱』（一七八五）には卵白に金箔の粉をまぜて作る金糸卵、銀箔の粉をまぜる銀糸卵、卵白に鍋墨の粉をまぜ黒くしたかもじ卵、卵白だけを薄く焼いて作る白髪《しらが》卵などがある。金糸玉子は膾《なます》、さしみ、汁、吸物、生盛《いけもり》、小皿物などの取り合わせに用いられ、粥に入れた金糸粥などもあった。↓∴ふのやきたまご

玉子の品定め（『料理献立抄』より）

出典 ①『万宝料理秘密箱』巻二 ②『料理伝』③
『水料理焼方玉子細工』に「金子玉子」
①金糸卵の仕方　卵の白味をとり半紙にて漉《こ》し　金箔のふり粉をすこし宛入れ　竹の串にてそろそろとかきまぜ　さて平鍋に湯をわかし水仙鍋にて湯煎《ゆせん》に焼べし　鍋の底に胡桃《くるみ》の油を引べし　つかひやうはよくよく冷《さま》し巻て小口切に薄く切るべし
②金糸玉子　玉子を割て塩かげんしてよくときて薄ふのやきに色の付《つか》ざるやうにやきて随分細くきる也　さしみの取合にはよろしきなり

**くしやき【串焼】**
材料を一口大にして串にさし、じか火で焼くもの。江戸時代初期の『料理物語』（一六四三）には、よなき（長にしの異名）、みるくい、ほたて貝、赤貝、牡蠣、からす貝などの貝類や、白鳥、鴈《がん》などの鳥類の料理法の一つとして串焼をあげているが、その後の料理書では、牡蠣や蛤など串にさして焼いても、みそなど塗って田楽の名で記載されている。
出典 『料理物語』第一

『素人庖丁』より

よなき　からやき　さしみ　なます　くし焼には　たまりに山椒のこをふり付《つけ》てよし

**ことりやき【小鳥焼】**
雀焼と同じで、古くは小鳥焼とよんだ。→：すずめやき
出典 ①『料理物語』第十三 ②『黒白精味集』中巻五 ③『料理早指南』四編 ④『料理簡便集』
①小鳥やき　ふなの三四寸ばかりあるを三枚におろしくし

にさし　山椒みそをつけやく事なり　こい　なよしなどもよし
②小鳥焼　鯉　鮒　いなもよし　おろし身にして薄身を取り　串にさして炙　山升《さんしょう》味噌を付たるをいふ　雀炙は小鮒を背開きにして遠火にてほりほりする様にやく也　溜りにて色を付　山升醤油もよし　しめらぬ様にさましたるが吉《よし》　かみなり焼共云ふ
③小鳥やき　今いふふなのすゞめやきなり　但し小ふなよりは四五寸のふなをせびらきにてやきてよし

**しおやき【塩焼】**

魚や肉などに塩を振って焼く焼き方で、新鮮な材料の持ち味を生かすのに適する。焼く直前に塩を振るものは「塩ふり焼」とよんでいる。

出典　①『江戸料理集』六　②『黒白精味集』中巻五　③『鯛百珍料理秘密箱』上

①塩やきとは則塩をまんべんなくふりかけて魚の汁の出やむをあひづにしてやき出すべし
②塩ふり炙　魚を串にさし火へかけ候時かわきたる塩を多くふり炙けば塩浮きて見事也　早く塩をふれば塩ながれて浮かざる也
③塩やきの仕かた　これは人々よく知る所なり　鯛をよくよくあらひ候て塩をふり　しばらくして水にてまたあらひ焼塩をふりて遠火にてやき申候　やきしほにあらざれば白くなり申さず候

**しぎやき【鴫焼】**

茄子《なす》を輪切りか縦二つ割にして油で両面を焼き、練りみそを塗ってあぶったもの。この料理には変遷があり、古くは『武家調味故実』（一五三五）に鴫壺《しぎつぼ》という料理があり、それは漬茄子の中をくりぬき、鳥の鴫の作り身を詰め柿の葉で蓋をして藁《わら》でくくり、石鍋に入れて酒で煮た料理であった。『庖丁聞書』（一五七〇前後）になると鴫壺焼となり、「生茄子を焼きてその上に枝にて鴫の頭の形を作りて置く也　柚味噌にも用う」とあって、茄子

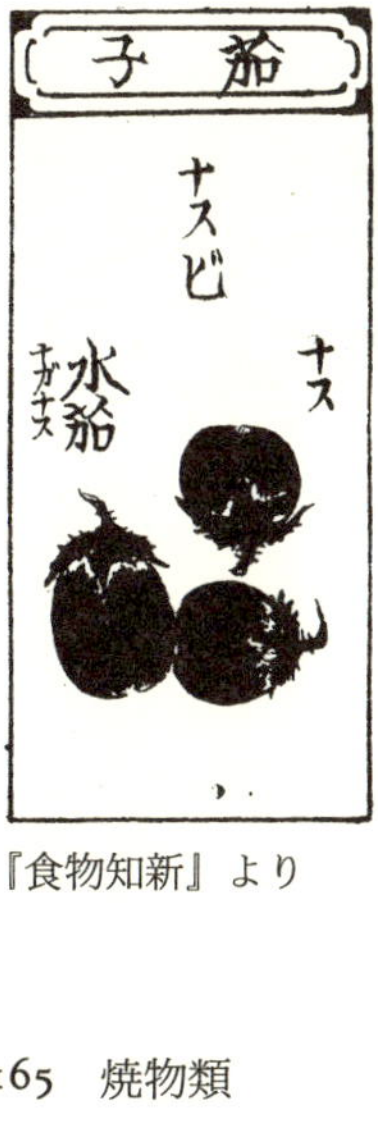

『食物知新』より

の料理になった。江戸時代に入って初期の『料理物語』(一六四三)では、茄子をゆでてから焼いているが、一七〇〇年以降の料理書はいずれも茄子を焼くのに油を用いている。

出典 ①『料理物語』第十三 ②『小倉山飲食集』③『料理網目調味抄』三巻 ④『黒白精味集』中巻六 ⑤『料理秘伝記』第六 ⑥『料理調法集』焼物之部

①鴫やき　なすびをゆでよきころにきりくしにさし山椒みそ付候てやく事也

②しぎ焼なすび　かやの油付て焼　さん升《しよう》みそ

④鴫やき　茄子を革《かわ》　へた　ぢく共におき二つ割にして内の方へ細かに立横にふかく庖丁目を入れ　油を引き下やきして　胡麻みそ辛みを入れ　きれめの方へばかり付てやき　小皿にて出す

⑤鴫焼は茄子皮共に輪切にして油にて揚焼きかわかし　唐辛子みそ付よし　又醤油もよし　又皮を去り油を少《すこし》羽根にてぬり焼くよし

## すぎいたやき【杉板焼】

杉板の裏に焦げにくいように塩をぬり、板の上に魚肉や鳥肉を切ってならべて直火で焼き、杉の移り香を賞味するもの。杉板焼は杉焼ともよび、杉箱を用いた煮物の杉焼と名称に混乱が見られる。↓∴すぎやき[煮物]、へぎ焼

出典 ①『伝演味玄集』二ノ下 ②『鯛百珍料理秘密箱』巻の下 ③『料理一色集』鳥料理聞書に「杉焼きの事」

①杉板焼　はたしろ　ふつこ　たい　茂《も》うを　ひらめ　大きす　さけ等なり　右かまぼこ板の厚さ幅は好みによるべし　長さも時に随《したが》ふべし　魚の厚さ五六分ほどに板の形に切りて板に焼塩をふりて　魚の面にもよきほど塩をふりてかまぼこのごとくやくなり

②杉やき鯛仕かた　三まいにをろし一分半ほどに小口切にして切がさねにして平鉢に入れて鯛を出す　但し杉板のまさめ幅三四寸　長《たけ》壱尺　厚さ一分ほどの板を五枚ほど出す　この板のこげるにほひを肴にするなり　右の肴を板にならべ火をおこし候へば右のうをはぜあがり〳〵やけ申候　板こげ候へばとり捨るなり　ならびに小皿に醤油を入れて客の前に出す　板の上にてすぐに喰なり

**すきやき**【鋤焼】

現在は牛肉に葱、春菊などの野菜を加え、醬油、酒、砂糖などで調味し煮ながら食べる鍋物であるが、江戸時代の鋤焼は農耕用の鋤を鍋のかわりにして鳥や魚の肉を焼く焼物であった。

出典 ①『素人庖丁』初編 ②『新撰庖丁梯』に「しび鋤焼」③『料理早指南』四編に「雁鴨類の鋤焼」④『鯨肉調味方』

①はまち鋤焼 常のごとく三枚におろし小口より二分ほどに作り 唐《から》すきを火の上にかけよく焼《やけ》し時油にてぬぐひその上へ右の作りたる身をならべて焼くなり あまりに火通りすぎては悪るし 大こんおろし しやうゆ とがらしなどにて席上にて焼くべし からすきなき時は薄鍋 いたら貝の類にてもよし

④鋤焼とは古き鋤のよく摩《すれ》て鮮明なるを熾火《おきび》の上に置きわたし それに切肉をのせて焼をいふ 鋤にもかぎらず鉄器のよくすれて鮮明なるを用ふべし

はまち鋤焼(『素人庖丁』より)

**すずめやき**【雀焼】

鮒や小魚を頭をつけたまま背開きにして串を打ってつけ焼にしたもの。『料理物語』(一六四三)など江戸時代初期の料理書には小鳥焼とある。名の由来は形がふくら雀に似ているところからという。→∵ことりやき

出典 ①『料理秘伝記』第六 ②『料理調法集』焼物之部

①雀焼と云ふは小鳥焼共云ふ 小鮒又は小目ばるなど披《ひら》き焼て山椒みそ 山椒醬油附けたるもの也 頭尾鰭広がり曲り小鳥の丸焼の如く見ゆるなり

**せりやき**【芹焼】

もとは焼石の上で芹を蒸焼にしたところからの名と考え

られるが、後には芹をゆでてから醤油をかける浸物と同様の料理になっている。

出典 ①『料理塩梅集』天の巻肴部 ②『江戸料理集』六 ③『料理網目調味抄』三巻 ④『料理秘伝記』第四 ⑤『精進献立集』初編

③芹焼 地を掘り石をならべその上にて火を焚 焼石の上に芹を置き上を覆ひ蒸焼にし 漿《しようゆ》に柚酢を加かくる

④野菜一色又二色にても湯煮してそのまま醤油掛て浸物と云ふ かぶ焼 芹焼 人じん焼共云ふ

## つけやき【付焼】

魚介類、野菜類などに醤油をつけて焼くこと。色付焼と区別しにくいが、色付焼は焼き上がりに色がよく付くように調味液を何度も塗りながら焼く。↓∴いろつけやき

出典 ①『料理網目調味抄』二巻に「漿《しようゆ》付焼」 ②『素人庖丁』初編

②蛤付やき これも前のごとく[湯がきて身をとりよく洗ひ水気を布巾の類にてひたしとり]串にさしたる貝をうらおもてよりよくやき さんせう醤油 きのめ醤油にて付やきにすべし[この他烏賊《いか》、かざに、あなご、ちょうろぎ、蠣《かき》、あかえ、こち、しめじ茸、ひら茸、はつ茸、たけのこの付焼あり]

## つぼやき【壺焼】

「壺煎《つぼいり》」ともいう。さざえなどの巻貝の肉を殻ごと焼く料理。手を加えずそのまま焼くものと、殻から肉をとり出し薄切りにし、具を加えて殻に入れ、煮汁を注いでか

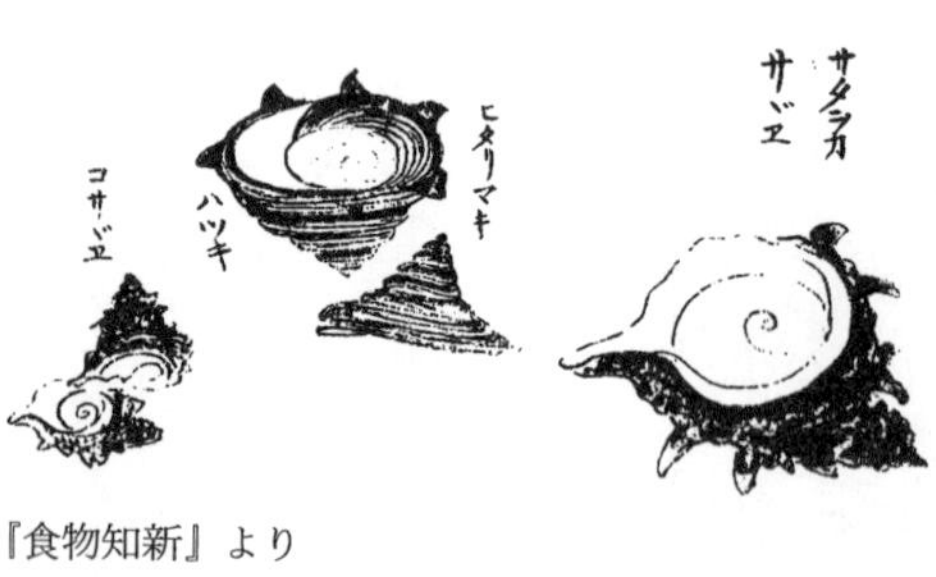


『食物知新』より

ら焼くものとある。江戸初期の『料理物語』（一六四三）にも栄螺《さざい》つぼやきの名が見える。なおさざえのにがわたをまじえて焼く壺焼を苦焼《にがやき》という。

出典 ①『伝演味玄集』二ノ中 ②『料理早指南』四編

①壺煎　さゞゐ湯煮して皮の黒みを取り　二つに割り　小口作にもひらひらと切りて　平鰹を交右のからへ入れてだし醤油にて塩梅《あんばい》して焼くなり　但しさゞゐ湯煮貫は有べきとおりなり　吟味せば湯煮せずなまにて貝をはなし拵《こしらえ》て右の通に焼たる　格別風味よくやわらかなり

## でんがく【田楽】

「田楽焼」の略称。豆腐に串をさして味噌をつけて焼いた田楽豆腐が始まりで、こんにゃく、茄子《なす》、里芋なども材料となり、魚を用いたものは魚田楽または魚田《ぎょでん》という。田楽の名は豆腐を串にさした形が、田楽法師（田植の時に田の神をまつる田楽を踊る法師）が一本足の竹馬のような高足《たかあし》に乗って踊る姿と似ているところからという。

出典 ①『料理網目調味抄』三巻に「田楽」「豆腐田楽」 ②『黒白精味集』中巻六 ③『豆腐百珍続編』豆腐雑話 ④『料理早指南』初編 ⑤『素人庖丁』初編に、かざに、えそ、このしろ、あかえ、鰯、はまち、蛤の田楽。二編に、たち魚、あなご、たなご、うぼぜ、まなかつお、れんこん、松茸、しめじ茸、ひら茸、はつ茸、たけのこの田楽。三編に、くわい、筍、糸瓜の田楽。⑥『料理調法集』焼物之部 ⑦『守貞漫稿』第二十八編

②田楽類　上でんがくとうふ　常のでんがくのごとく切り油かけにして醤油を付やきて出す　又湯煮して敷かつをし

田楽（菱川師宣筆『和国諸職絵尽』より）

て醤油　酒　水入れて煮てあぶり小串にて山升《さんしょう》のこ　唐辛子　胡升《こしょう》の粉かけてもよし。薄雪とうふ　常の通りに切りかみそり刃にて切り　もち米の粉を水にてねり付てやきその上へ味噌付焼也。木のめでんがく　さんしよのめみそにしてやく也　鳥でんがくにもよし。塩焼でんがく　豆腐をかみそり刃にて切り　生にて塩を付やく也。茄子でんがく　茄子皮をむきわ切にして酒か胡麻の油を引下焼して唐辛子か山升か入れ胡麻みそを付やく也。しんじよでんがく　半弁をでんがくにする也。玉子でんがく　むし玉子をでんがくにする也　又常の田楽に玉子に醤油を合せ　付てやくを玉子田がくと云ふ。楊貴妃でんがく　ゆで玉子を二つ割り黄みを取り　跡へ唐辛子みそ山升みそをつめ小板に付焼て出す　板に摺身《すりみ》を付て玉子を付る　又板に塩少しぬりても付る也。柚子《ゆず》でんがくは柚子を八つ割皮にみそをつけやきて出す。糸瓜《へちま》でんがく　若き糸瓜を小口切にして串にさし焼て山升みそ付て出す

⑦豆腐田楽　京坂の田楽串は股あるを二本用ふ　江戸は股無きを一本貫く也　京坂は白味噌を用ひ江戸は赤味噌を用ふ　各砂糖を加へ摺る也　京坂にては山椒の若芽をみそに摺り入れる　江戸は摺り入れず上に置く也　おのおの木の芽田楽と云ふ　江戸夏以後はからし粉を煉《ねり》て上に置く

豆腐茶屋（西川祐信筆『百人女郎品定』より）

## でんぽうやき【伝法焼・田保焼】

伝法《でんぽう》土器《かわらけ》を用いた料理で、鳥肉の薄切り、魚の切身、茸類その他を土器に入れ、調味液を加えて、火にかけて加熱するもの。伝法土器は摂津国伝法（大阪市内伝法町）で作られた焙烙《ほうろく》のような土器。『料理早指南』四編（一八〇四）ではほうろく焼と類似しており、『伝演味玄集』（一七四五）では土器焼《かわらけやき》ともよび、『料理網目調味抄』（一七三〇）には貝焼、茶碗焼と同じとある。

出典 ①『和漢精進新料理抄』和の部 ②『料理網目調味抄』三巻 ③『伝演味玄集』二の中 ④白蘆華『料理集』 ⑤『料理早指南』四編 ⑥『料理調法集』焼物之部に「土器焼」

③土器焼　俗　てんぽ焼と云ふ　杉ふた有　鳥　鯛同薄みぼらのうす　も丶毛のせん　玉子　半弁　しんじよ　貝焼にたがふことなし　しんじよ一色または半弁一色も可然《しかるべし》

⑤伝法やき　後どうかはらけ［五度土器、直径約一六センチの大きさ］にねぎの白根せんに打てしき　火にかけすこしやけたる時　かつをまぐろの類をさしみの如くつくり上へならべやきて色のかはる時にかへし　したぢこしらへ置きてかける也

## どぞうやき【土蔵焼】

鮒、鮎などの魚を丸のまま山椒みそを塗りつけて焼いたもの。また背開きにして中骨、わたをとり、腹にみそをつめて焼くものも土蔵焼という。土蔵を壁土で塗るように魚にみそを塗るのでこの名がある。

出典 ①『料理早指南』四編 ②『素人庖丁』初編

①土蔵やき　魚は何にてもする　さんしやうみそつけてやく事なり　魚のうへをぬるゆへにかくいふか

②このしろ土蔵焼　背よりたちわり中骨をとり腸をぬきゑらをとり腹中をよく洗ひ布巾にて水気をとり　何みそにても腹へ込み　その上を細き紙にて二所ばかり巻きて焼くべし　［二編にたなご土蔵焼あり］

『素人庖丁』より

**はまやき【浜焼】**

もとは鯛などの魚を、塩を作る塩浜の塩釜で蒸焼きにしたものであるが、浜でとれたての魚を塩焼にするのも浜焼という。『美味求真』（一九二四）には「浜焼とは鯛の新鮮なるものを選び臓腑を抜き藁《わら》を編みて全身を包み、之を塩釜にて焼けたる塩を壺に播出す際にその焼塩の中に埋めて塩の蒸焼をなす」と大正のころの作り方があるが、この方法は塩の変味をおそれて専売局が禁止し、真正の鯛浜焼は入手困難になったと記している。

出典　①『料理物語』第十三　②『料理網目調味抄』二巻　③『伝演味玄集』二ノ中　④『黒白精味集』中巻五　⑤『料理秘伝記』第六　⑥『鯛百珍料理秘密箱』巻之下　⑦『料理早指南』四編　⑧『料理調法集』焼物之部

①はまやき　大鯛のうろこばかりふき　竹にてはさみかたなめを入れ　塩をふりやき候てさか塩にかげをおとしかけ候て出し候也

④浜炙鯛　浜にて鯛を紙に包み　塩かまの中へ入れ　焼立の塩をかけて蒸し焼にする也　常にも紙塩炙よし　又常の浜焼は大鯛を洗い鱗をふき　わり竹をして立《たて》に骨廻をはさみ　塩多くふりて焼《やき》　鉢へ入れかけ塩して出す　又むしりて皿にかけ塩して出す　摺《す》り生姜置きてよし

⑤浜焼は大鯛中鯛共に洗ひそのまま串にさし塩ふり焼きて掛汁　摺《すり》せうが　柚《ゆ》主等置出す也　これは大き成鉢に入れ出し　やがて引物成なり　掛汁は醤油にたまり少加へ酒塩《さかしお》入れ塩梅《あんばい》してよし

⑥浜焼鯛之仕方　これは浜にての料理なり　鯛のえらわたとも手にてとり出し　そのまゝ水にてあらひ塩沢山にふりうろこぞう物はそのまゝにて　塩俵を一まい取りよせ右の鯛をつゝみて　大火のもゆる所へほりこみ焼くなり　但し火のもゆるかたわきに入るなり

『素人庖丁』より

**ひとつやき【一つ焼】**

魚を一種類だけ塩焼、色付焼、焼浸《やきびたし》などにして、取合わせなしに供するもの。鳥の一つ焼も『当流節用料理大全』（一七一四）に見られる。

出典 ①『江戸料理集』四 ②『当流節用料理大全』③『料理秘伝記』第六 ④『料理調法集』焼物之部

②小鳥　これは鳥かずいろいろ有り　ほあか　あをし　かしら　すゞめ　何《いず》れも一つ焼也

③一つ焼は小鯛　魴鮄《ほうぼう》　金頭《かながしら》　石持　鰈《かれい》　鮎なめ如此《かくのごとき》品塩振焼にして大皿に盛り掛汁にて出す　掛汁は醬油　だし酒塩《さかしお》にて塩梅《あんばい》よく拵《こしらえ》べし　酒塩又ねり酒掛るも有り　但鯛せ切などに酒のもろみを温め掛たるも吉《よし》　酒を掛るはさぬき塩又一塩して焼てよし

**ふのやきたまご【麩の焼玉子】**

卵を割ってかきまぜ、焼鍋に薄く流して焼いたもので、現在は薄焼卵とよぶ。これを糸のように細く切ったものを金糸卵とよぶのは現在も同じである。名の由来は小麦粉を水ときして薄く焼いた菓子の「麩の焼」と作り方が似ているところからという。↓:あつふのやき、きんしたまご

出典 ①『小倉山飲食集』②『伝演味玄集』二ノ下 ③『黒白精味集』下巻八 ④『料理伝』⑤『料理調法集』

③麩の炙《やき》玉子　ふのやき鍋　水《すい》せん鍋　いり鳥なべ　赤かね盆にても　玉子をつぶしよくかきまぜ　鍋へながし入れてやく也　丸み有る鍋ならばひろがり候様に鍋をかたむけ廻しながらやき付　へがしてせん其外《そのほか》の切形にもする也　又すいのふの底へ美濃紙《みのかみ》を敷き少し紙に油気をしてその上へ玉子をながしむす也　金銀の水引にする時は紙の上にうす板にて半分しきりを入れ　黄身を半分入れむしてかたまりたる時右の板を取り　半分の所へ白みを入れむし付る也

**ぶりやき【鰤焼】**

魚の焼き方の一種で、塩鰤の切身を酒をさしながら鍋で焼くもの。鮭など他の魚もこのように焼くのをぶり焼という。

出典 ①『料理献立集』さけぶりやき ②橘川房常『料理集』③白蘆華『料理集』霜月上旬

②塩ぶりはさわら切にして持塩にて酒をだんだんさし鍋焼

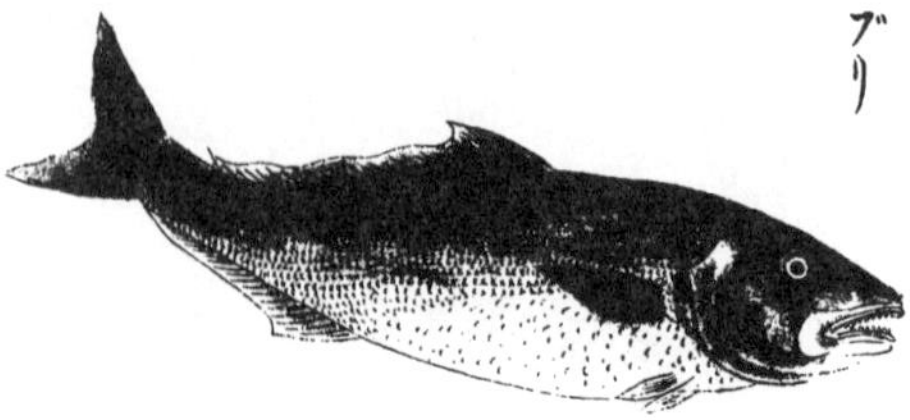

『食物知新』より

に仕よく候　これをぶり焼と申候　是をまなび余の魚も右のごとく仕　ぶり焼と申候　上置《うはおき》もみかつう　すりせうがわさびなどよく候
③鰤焼は鍋にしやうゆ　塩　酒少したまりを加へ　さてひず薄身など入れ油よく煎じ出し　ひず薄身をとり上げ　ねぎの白みばかりを細かに切り　せうが少加すり合せよきかげん程に入れ　ぶりの切身をさわさわといり上げ煮汁をしたみて出すなり

## ふわふわたまご【ふわふわ玉子】

「玉子ふわふわ」ともいう。江戸時代に流行したらしく、料理書には多出する。料理書によって記述に違いがあり定義しにくいが、とき玉子に調味しただしを卵の三分の一から二倍くらい加え、土器のような厚手の鍋に入れて弱火で加熱し、ふんわりと凝固させたものと考えられる。

出典　①『料理物語』第十六　②『料理塩梅集』天の巻　③『江戸料理集』六　④『合類日用料理抄』巻五　⑤『料理網目調味抄』二巻　⑥『伝演味玄集』二ノ中　⑦『黒白精味集』中巻五

①玉子ふわふわ　玉子をあけて玉子のから三分一だしたまり煎酒《いりざけ》を入れよくふかせて出し候　かたく候へばあしく候いな[鯔]のうす[胃]鳥のももげ[内蔵とくに砂ぎも]など入れ候へば野ぶすまともいう
⑤鶏卵浮々煮《たまごふはふはに》　塩仕立のふはふはに　いり酒の葛《くず》だまりかけて山葵《わさび》かけたるもよし〈中略〉一書に云ふ　昔の浮々烹は土器《かわらけ》に下地を入れかへらかし[沸騰させ]赤貝を薄く作り打入りて　煮えばなをそのまま重ね土器をしてまいらす
⑥ふわふわ卵子　たまごをよくとき　だしにてのべ　塩加減して炭火にて煮立るなり　二度塩を入る事ならぬ故　初

めによく積りて加減すべし　初より酒を入るること有　醬油塩梅《あんばい》はおもくもたれてあしきなり　よろしく塩梅は塩にてすべし　たまごのつぶしたる一合にだし二合入ればかたくできるなり　やわらかに下地溜るやうにとならば三倍もその余も入るべし

**へぎやき**【折焼・片木焼】

魚肉や鳥肉を杉のへぎ板（薄くけずった板）にならべて焼き、杉の香を移して賞味する料理。杉板焼と同じ手法であり、杉板の薄い場合にへぎ焼とよんだものと思われる。→：すぎいたやき

出典　①『料理物語』第十三　②『黒白精味集』中巻五

①へぎやき　右のごとくつかまつり［鴨を大きにつくりたまりかけ置きて］杉のへぎにて一枚ならびに置きやく事也

②へぎ炙　雁　鴨　雉子《きじ》大きく平く作置き　醬油をかけ置きて　杉のかんなかけ［へぎ板］の上にて焼き　かんなかけのまま出す　又小皿に入れてもよし

**ほうろくやき**【焙烙焼・炮烙焼】

ほうろくに塩を敷き、魚介類や野菜類などを並べ、蓋をして蒸し焼きにする料理。ほうろくは素焼きの平たい土鍋で、豆などを炒るのに用いる。

出典　①『小倉山飲食集』　②『料理早指南』三編、四編

①魚に油付て蒸焼に仕《つかまつり》　かけ汁せうがよし

②塩引鮭焙烙焼　塩引の鮭そのまま大さいの目に切り　ほうろくに入れ酒ばかりにて煮出し　玉子を打わりかきまぜて上にかけてとぢるなり（三編）

焙ろく焼　ほうろくへ塩を盛り　魚は何にても塩の上へならべ　又ほうろくを蓋にして上下に火を置てやく（四編）

**まきたまご**【巻玉子】

二種類あって、一つは薄焼卵に魚のすり身を塗りつけて巻き、蒸すか煮るかするもの。一つは卵焼鍋に卵液を少しずつ入れ、巻き込みながら太くして焼き上げる現在の巻焼卵と同じものである

出典　①『合類日用料理抄』巻五　②『伝演味玄集』二ノ下　③『水料理焼方玉子細工』

①巻卵　卵をまへの如くふの焼にして魚のくづし［すり身］を中にぬり　きりきりと巻き上を干瓢《かんぴょう》にてくくり醬油だしにて煮申候　其後《その》いかやうにも切申候
②巻玉子　薄ふの焼に半弁を付て巻てむす也
③巻玉子仕やうの事　玉子十五ならば残らずつぶし塩四勺ばかり加えすり鉢にてよくすり合せ　焼鍋に水油を引き焼鍋を火にかけ候て煙の如く煮立候節　銅杓子にて玉子一つ半入れ　焼鍋の中残らず拡げ焼き候節　手前よりくるくると巻き鍋の手前の方に巻きよせ　又油を引き焼き玉子のはじへ付候様に又銅杓子にて一つ半入れ鍋いつぱいに成候様に焼き　鍋の手前に焼き置候巻玉子にて又々巻候て　段々右の通りにいたし四文銭の丸さに相成候節取上げ　割子蓋にてもさつとおもみを懸《かけ》候へば残らず吸付見事出来致し者也

**まつかぜくわい【松風慈姑】**

くわいを生ですりおろして調味し、平鍋に薄くのばして焼き、表にけしか胡麻を振りかけたもの。↓∴まつかぜとうふ、まつかぜやき

出典　①『精進献立集』二編　②『料理通』初編　③『料理調菜四季献立集』　④『会席料理秘嚢抄』

①まつかぜくわい　くわい皮とりわさびおろしにておろし平なべへのばしてやき　またうちかへしてやき　けしごまふりかける　尤《もっとも》しほ少しさとうすこし入る
③松風くわい　くわいを生にておろし　小麦粉《こむぎのこ》少しまぜ塩少々入れ　やきなべにて上下より炙《やく》也

**まつかぜとうふ【松風豆腐】**

豆腐をしぼって水気をとり、よくすって調味し、油をひいた鍋に薄くのばして焼き、表面にけしを振ったもの。↓∴まつかぜくわい、まつかぜやき

出典　①『豆腐百珍続編』二十九　②『豆腐百珍余録』　③『料理伝』

①松風様《とうふ》　とうふ六分　ふくさ未醬《みそ》三分　雞卵《たまご》一分　秦《さん》椒《しやう》の末《こ》を入れよくすり合せ酒《さか》しほにてよきほどにのべ　炒《くわし》鍋《なべ》に油をひき右のすり豆腐をまんべんにのべしきて罌粟《けし》をふり炒《やく》なり　よきほどにきりて下酒《さかな》に用ゆ
③松風とうふ　でんがくのはばを広く切り　厚さ薄くして細き串を指《さし》　裏表に炙《やき》めをつけて　塩梅《あんばい》よくにしめて　粒けしをかけてつかうなり　けしはいりて　また豆腐をしぼりてよくすりて　紙に松風の厚きほどに延して　むしてきどり　ふのやき鍋にて焼めをつけ　色薄くにしめてけしを

かける也　これは台引重詰などにもよし

**まつかぜやき【松風焼】**

焼物の一種で材料の表面だけに焦げ色をつけてけしの実を振ったもの。裏が淋しいことが浦淋しいに通じ、淋しい浦の松風ということからの名という。いか松風、松風きす、松風鯛、松風豆腐、松風くわい、松風はんぺんなどがあるが、現在は鶏肉、鴨肉なども用いられる。魚鳥肉は多くはすり身にして用いるが、そのまま用いることもある。→：まつかぜくわい、まつかぜとうふ

出典　①『料理秘伝記』第四　②『豆腐百珍続編』に「松風様《とうふ》」　③『豆腐百珍余録』に「松風豆婦」　④『料理早指南』二編に「いか松風」　⑤『料理通』初編に松風きす、松風くわい　二編に「松風鯛」

①松風焼は魚の摺身《すりみ》を熨斗《のし》半弁にして短さくに切り　薄醤油附芥子《けし》を振て炙

**やきはまぐり【焼蛤】**

蛤を殻のまま、じか火で焼いたもの。桑名（三重県桑名市）の焼蛤は江戸時代からの名物で『東海道中膝栗毛』の弥次・喜多も、桑名に近い富田《とみだ》（朝日町富田）の茶店で焼蛤を食べている。「箱にしたいろりのようなものの中へ蛤をならべ、松かさをつかみ込み、あふぎたてて焼く……大皿に焼蛤をつみ重ねて出し」とあり、さらに弥次郎の追加注文で焼きたての蛤を大皿に盛って出しているもので、当時は産出量が多く、安いものだったらしい。

桑名の焼はまぐり（『東海道中膝栗毛』より）

出典 ①『料理簡便集』 ②『料理調法集』

①焼はまぐり　けし炭　松かさ　松木雑木の火にてやくべし　中に火をおこし　はまぐりの口を火の方へ向け　すもう場の土俵のごとくならべ立まわす　口をしめる故目切て汁もれず　その時火ばしにてはさみ両へらを焼《やく》也

②焼蛤　大はまぐりを火に置て焼　口をあきたる時　古酒をさしよく煮やし　割山椒いれて出すべし

## やきびたし【焼浸】

鮒などの魚を、焼いてから、調味した煮汁で煮る料理。煮物の煮浸《にびたし》と似ているが、焼浸は焼物に分類されている。

出典 ①『江戸料理集』六 ②『新撰会席しっぽく趣向帳』正月の分 ③『料理秘伝記』第六

①焼ひたしとは常のごとくやきて　かけ汁のあんばいにてよく煮て出す事也／かけ汁とは出しに醤油煎酒を加へて喰塩に二わりほどつよくして煮立て　出す時に魚の上にかけて出すべし

③鮒焼浸　先《まず》焼き、醤油だしにて少のべ　鰹ぶし入れ酒加えよく煮て出す　但昆布に包て煮れば早く煮ゆる也　藻うを　めばる　鮎《あい》なめなども同じ

## やきまつたけ【焼松茸】

松茸を焼いて引きさき、かけ汁や柚《ゆず》を添えるもの。焼き方には紙に包み熱灰の中で蒸焼にするもの、さいてから焼くものなどがある。江戸時代の松茸料理としては、ほかに煎《いり》松茸、松茸汁、松茸の吸物、松茸の田楽、蒸松茸などがある。また産出量が多かったためか、漬松茸（塩水に漬けるもの）など保存法の記載もある。なお、松茸の土瓶蒸は明治以後のものらしく、江戸時代料理書には見当たらない。

出典 ①『茶湯献立指南』巻七 ②『黒白精味集』中巻五 ③『素人庖丁』二編

①焼まつたけは何枚にもへぎ　醤油を付て焼べし

②焼松茸　生松茸焼《やき》て引さき　醤油だし折合　柚の酢少し加へて　すり生姜置《おき》てもよし

『食物知新』より

③焼松茸　この仕やう　莟《つぼみ》か中ひらきの松茸を紙に包み火中の灰へ暫らく埋み置　よき時分をかんがえ取出《とりいだ》し　水の中にて紙をとりよく洗ひ　根元よりひきさき器へ入れ柚ぜうゆこせうなどにて出す　又中ひらきの茸のかさばかりを仰向《あおむき》にして火にかけ　裏表よりよくやきたるを　しやうゆにて付《つけ》やきか又はそのまま切りて　柚じやうゆかけて出すもよし

## やまぶきやき【山吹焼】

材料に卵黄を塗って山吹色に焼き上げた焼物。江戸時代料理書には鮎、鮎並《あいなめ》、鯛、鮭、鳥肉などの山吹焼が見られる。山吹色とは山吹の花の色から黄色や黄金色を指し、転じて黄金色の大判小判を山吹ともよんだ。

出典　①『料理一色集』鳥料理聞書に「山吹焼」、鮭料理聞書に「山吹炙」②『料理調菜四季献立集』③『会席料理秘嚢抄』に「鮎山吹焼」

①山吹焼の事　何にても大ぶりにいたし　小串にさし焼候て　卵の赤子［黄身］へ塩を入れ鳥のはねにて二三返も引かけ　こげ申さず様に炙候て　大皿盛合　御酒肴等によく候事

②鮎並《あいなめ》山吹焼　鮎並に限らず何魚にても三枚におろし腹身を取り水塩に漬置き焼て　卵の黄身ばかりよくとき二度も付け遠火にてかはかせば山吹色に成也

## ろうやき【蠟焼】

魚介類を素焼にし、焼きあがりにといた卵を塗って遠火であぶり、乾いたらまた卵を塗り、数回くり返して焼き上げるもの。表面が蠟のように見えるのでこの名があるという。卵に小麦粉を少量混ぜる場合もあり、また卵白のみを用いるものもある。現在の蠟焼は卵黄のみを用い黄身焼ともよんでいる。このほか、豆腐を串にさして焼き、みりんでといた葛を塗って照りを出し、蠟焼豆腐とよぶものもある。

出典　①『料理献立部類集』上　②『素人庖丁』初編、三編

①蠟焼の仕やう　玉子うちわりよくかきまはしてぬり　かはくほどにやき　こげ付はあしし

②蠟焼海老　まづ生《なま》にて前のごとくにして身を取出し俎板の上にて押ひしぎ　横に串を二本ばかりさし　身に少し塩をふり裏表よりよく焼き　さて玉子を打割り　うどんこ少しばかり　せうゆすこし入れよくかき立　五六へん肉にぬ

りまわしやくなり　もつとも遠火にて焼き　遣《つか》ひ方は好みに任すべし（初編）

蠟焼豆腐　これは豆腐を拍子木形《ひやうしぎなり》に切り　板に布巾を敷てその上へならべ　片おろしにしてよく水気をひたし取りその後串にさしてごまの油をぬり　よき火にてあぶりやきにし　又醬油に酒を少しくわへて一遍付てあぶり　また極上の葛をみりんにてときゆるめ　三四へんも付てあぶれば光出《いで》かわく時を度としよく冷《さま》し　椎茸　貝わり　これらのものと菓子椀又は大平などに用《つか》へばなおよし　又取肴に組合すもよし　切やう拍子木にかぎらずいかやうとも好みにまかすべし（三編）

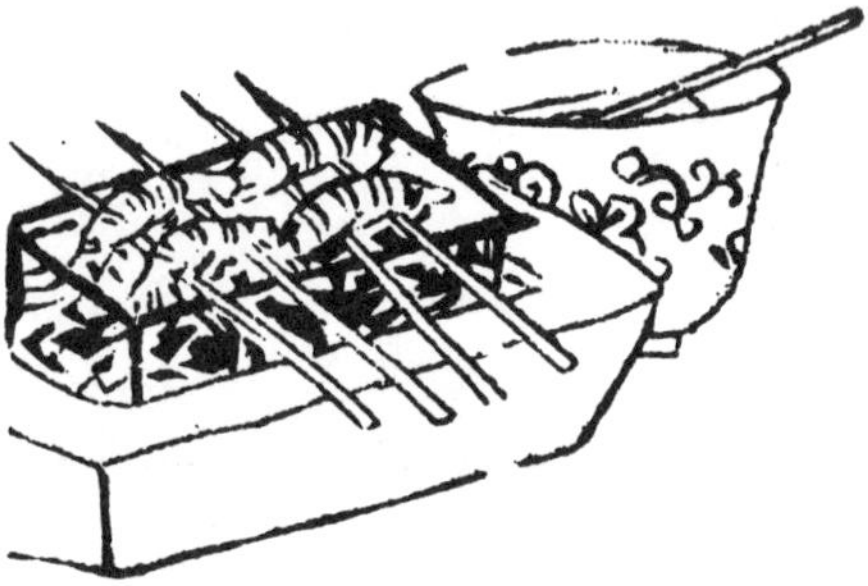

『素人庖丁』より

# 寄物・蒸物・揚物類

あぶらうり（菱川師宣筆『和国諸職絵尽』より）

寄物《よせもの》、蒸物《むしもの》、揚物《あげもの》は料理としては種類が少なく、江戸時代料理書では「肴物」としてまとめている場合もあるので、本書では一群として記載した。

寄物については項目を設けて記したが、江戸時代の寄物は現在より広義であり、『料理早指南』では寄物に現在の「かまぼこ」「蒸羊羹《むしようかん》」、「軽羹《かるかん》」なども含まれている。『素人庖丁』には、「筍《たけのこ》 刻み寄」「寄慈姑《くわい》」など、現在の搔揚《かきあげ》に相当するものにも「寄」の文字を用いている。また「玉子豆腐」「茶碗蒸」などは、蒸物でもあり、寄物でもある。材料を寄せ固めて成形したものという寄物の定義からいえば、揚物、蒸物であっても寄物とする江戸時代料理書の分類も妥当と考えられる。

蒸物は古くからある料理法で、『和名類聚抄』には「蒸　無之毛乃《むしもの》」とあり、『庭訓往来』にも「蒸物」が見られる。江戸時代料理書の料理分類の中に蒸物が見られないのは、蒸す操作は料理の下拵《ごしら》えとして行われることが多いためではないかと考えられる。蒸物としては、前述の「玉子豆腐」「茶碗蒸」のほか、「粟蒸」「蕪《かぶら》蒸」「風呂吹《ふろふき》」「蒸貝」などがある。

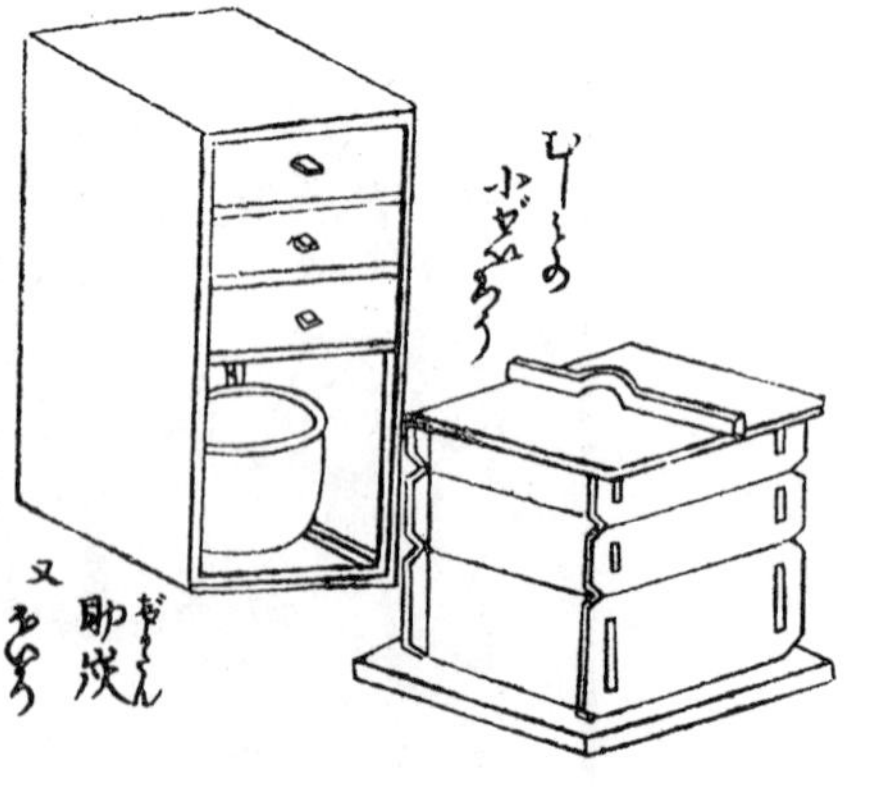

『料理早指南』より

揚物は焼物、煮物、蒸物などの加熱料理の中ではもっとも遅く始まった料理法である。揚物としては、古くは奈良時代に油で揚げた唐菓子が作られている。平安初期の貞観《じょうかん》元年（八五九）には山城国大山崎（現在の京都府乙訓《おとくに》郡）の離宮八幡宮の宮司が、長木《ながぎ》の搾油器を用い荏胡麻《えごま》を原料として搾油を行っているが、当時の油は食用よりおもに灯明用として用いられていたようである。

料理としての揚物は室町末頃からで、『松屋茶会記』に揚麩があり、『大草家料理書』には「ふやこんにやく　とうふ　何《いずれ》も萬の精進物　油にてあげても吉也但浄請物は口によりてする也」とある。

江戸時代になると、初期の『料理物語』(一六四三)には揚物として、昆布の油あげや、鯛を焼いて豚のあぶらで揚げてから煮る南蛮料理がある。魚類のほか、豆腐や麩も揚物の材料としてよく用いられ、多くの料理書に記載されている。野菜では牛蒡、茄子が多いが、『素人庖丁』には、糸瓜《へちま》や柿の揚物もある。

現在は揚物を分類して、材料をそのまま揚げる「素《す》揚《あげ》」、でん粉や小麦粉をまぶして揚げる「から揚」、魚介類に水溶きした小麦粉のころもをつけて揚げる「天麩羅」、同様にして野菜を揚げた「精進揚」などがあるが、江戸時代料理書では「天麩羅」以外の名称はまだ用いられていない。

使用する油は、『料理簡便集』(一八〇六)の序に「油とあるはみな胡麻のあぶらなり　菜種油まじらざるを用ゆべし」とあるように、おもに胡麻油が用いられ、そのほか榧《かや》油も使われていた。揚物ではないが、麩の焼や金糸玉子の場合には、焼鍋に塗る油は胡桃《くるみ》油となっており、料理によって油を使い分けていたようである。

『料理早指南』四編(一八〇四)のころには揚物は日常的な料理だったらしく、「油の事　油を煮かへす時得て[よく]火入《いり》りてもえ上る物なり　うろたへて水など入ればいよいよ烈火《れつか》となりて　おそろしくあやうき物なり　左やうの時はうろたへず何にても青物をすこし油の中へなげ入べし　たちまちきゆるなり」と、油に火が入った時の注意がある。また『精進献立集』(一八一八)の中には「あげせんべいは市町あげものやにあり　又は台引やにあり」とあって、このころには揚物屋が珍しくなかったらしい。「天麩羅」の項にも記したが、江戸では安永年間から天麩羅の屋台店が繁盛し、『守貞謾稿』には、盛り場には昆布の油揚を売る揚昆布売の子供がいたというから、揚物は江戸時代には人々に好まれた食べ物だったようである。

## あげごぼう【揚牛蒡】

牛蒡の揚物であるが、出典①では牛蒡をすりおろしてつなぎを加え、つみ入れのように小さく揚げるもの、②では牛蒡の皮を揚げるものである。牛蒡の皮は皮牛蒡とよび、江戸時代料理書にはよく見られる。『料理伝』には、「皮ごぼう　牛房を四五寸ばかりに切り　さつと湯煮して立《たて》に切めを入れて　皮をむきとるなり　右の皮の裏表をよくすきて　短冊　色紙《しきし》　つま　或はせんなどに切りて　また薄みそにてよく煮れば　色も白くなり風味もよし」とある。

出典　①『料理珍味集』　②『新撰会席しつぽく趣向帳』

①揚牛房　牛房をおろしつなぎ入れ　小《ちいさ》く取りて油あげ

②あげ牛房は湯煮して皮ばかりをあげる　但し湯煮の時酢を少しさせば色白くなる

『食物知新』より

## あげだし【揚出】

現在は揚出といえば水切りした豆腐を油で揚げて、かけ汁や醤油をかけ、大根おろしなどの薬味を添える揚出豆腐を指すのがふつうである。江戸時代料理書には豆腐の揚出は見当たらず揚出大根があり、「煎《いり》出し」ともよんでいる。豆腐では油揚豆腐がある。→∴あぶらあげどうふ、いりだし

出典　①『大根一式料理秘密箱』　②『素人庖丁』二編

①揚出大根の仕方　これは右[黄檗《わうばく》天ぷら大根]のごとく少しもかわる事なし　しかし切りかた[皮をさりて立に二つに割る]少し小ぶりにすべし　胡麻の油にてあげすぐに醤油をかけ　とうがらしまたはおろし大根を少しおきて胡椒をふりて出す也

②大根煎出し　これも常のごとく皮を取り切りやうは心まかせにして胡麻の油にてよく揚げ　蓋のある器物に入れ上よりおろし醤油　ねぶか[葱]の小口切にて出すべし　又右の通り油にて揚て味噌の類　生姜みそ　葱みそ　胡麻みそ　山椒みそ　唐辛子みそ　木の芽みそ　右の中にて見合すべし

## あげふ【揚麩】

「油上麩」ともいう。麩を油で揚げたもので、揚げてふくれたまま冷えても形を保つものがよいとされ、揚油に木蠟《もくろう》を少量加える秘伝などもあった。

出典 ①『料理塩梅集』天の巻 ②『黒白精味集』中巻六 ③『料理山海郷』巻五 ④『新撰会席しっぽく趣向帳』 ⑤『料理伝』 ⑥『料理一色集』

①油上麩　麩をうす醤油にて煮しめ　あたたかなる内に油へ入れ　油しやつと云ふ時　少上々のらうそくを○此大さほど油へ入る也　左候へば上げてもふくれて有也

②生麩を一夜みそに漬置き油揚にすれば　大きふくれてひしげず　皿に盛り煎酒わさびにて出す　又麩を湯煮してつみ切て　だし醤油にて煮しめ油あげにすれば少しふくれてひしげず　煎酒わさびにて出す

## あぶらあげどうふ【油揚豆腐・油上豆腐】

「油煠《あげ》豆腐」ともいう。豆腐を油で揚げることはよく行われていたようで、『豆腐百珍』（一七八二）に油煠豆腐、『豆腐百珍続編』（一七八三）に全油煠《まるあげ》豆腐があるが、ともに世の人よく知る所なればとして名ばかりで作り方がない。現在の揚出と厚揚（生揚）と油揚に相当するものが油揚豆腐または揚豆腐の名で料理書にはあり、区別しにくい。『本朝食鑑』（一六九七）には豆腐を薄く切って水気をとり油で揚げた現在と同じ「油揚」の記載がある。

→：あげだし

出典 ①『料理私考集』 ②『黒白精味集』中巻五、六 ③『豆腐百珍』二十八 ④『豆腐百珍続編』十九 ⑤『料理簡便集』

②油上豆腐　豆腐を田楽より大き目に切り　板の上に布きんを敷き豆腐をならべ　上へも布きんをかけざつと上水を取也　さて鍋へ胡麻の油一升程入れ煮立　豆腐を二つばかり入れて煮て　四方色付たる時網杓子にてすくひ油をしたみ　桶に水を入置きその中へ直に入る也　上油うきてこわばらぬなり　直に水へ入る事大秘事也　さて上げ仕廻て水にて二三べんすゝぎ　だし醤油にて塩梅《あんばい》してとくと煮て擂《すり》からしを置き出す　常の上げ豆腐のごとく手荒く取扱へば皆くづるる也／油上豆腐　田楽より小く切りかやの油　鳥の油にてあげ　あげたてへ生醤油　わさび　大根おろしなど入れ出す

⑤小角《こかく》あげ豆腐　豆腐水をとり一寸四方に切り油上げ　酒醤油にて煮付おろし生姜

**あられとうふ【霰豆腐】**

豆腐を小さい賽《さい》の目《め》切りにしたもの、またはこれをざるに入れて振りまわし角をとって丸くしたものを、その形から霰豆腐とよび、少し大きいものを松露豆腐《しょうろどうふ》とよぶ。油で揚げたり煮たりして用いる。

出典 ①『料理珍味集』巻三 ②『豆腐百珍』九 ③『豆腐百珍余録』 ④『料理早指南』初編 ⑤『料理一色集』

①豆腐大賽《さい》に切り葛あらく砕き豆腐につけて油にて揚《あげ》る

②よく水をおししぼり小骰《さい》に切り笊籬《いかき》［ざる］にてふりまわし角とりて油にてさっと煠《あげ》る也　調味好みしだい　少し大きなるを松露豆腐といふ

③豆腐を中さいのめに切り　すいのふ［水ぶるい］にて強くふり　角とれて丸く成時　古酒にて暫く煮て醤油をさし煎付る也

**あわむし【粟蒸】**

材料に粟をまぶしたりのせたりして蒸す料理。材料には魚や鳥、精進では栗、長芋、岩茸などを用いる。

出典 ①『素人庖丁』初編 ②『精進献立集』初編 ③『早見献立帳』

①粟蒸鯛　まづ粟をよく洗ひ水にひたし置き　さて七八寸位の鯛を水あらひし　背より開き骨をぬき去り　右の粟に塩少し交合《まぜあわ》し魚の中へこみて蒸す　わさび　せうが　さんせう　こせう　ねぶか　浅草のり　とうからし　しそ　柚のおろし　右の類にて辛き出し醤油のかげんよくして出す　もっとも麦蒸　から蒸何れにても仕やうは右に同じ

②栗の粟むし葛あんかけ　栗の皮とり生にて少し水気もたせ粟粒の中にてこがし　せいろうに竹の皮しき入れてむし重箱に入れ葛あんかけて出す／長いも粟むし　長いも一寸五分ほどに切り丸むきにし　生にて粟粒にこがし　せいろうに竹の皮しきならべてむす

③粟むし岩茸　粟むしは岩茸をよくあらひ　よく味をつけ粟をまぜ　竹の皮にのせてむすべし

**あわもりたい【泡盛鯛】**

鯛のおろし身に薄塩をして、泡立てた卵白をのせて蒸すもの。出典②では、同じものを「泡蒸鯛」としている。卵白の泡は鯛に八分どおり火が通ったところでのせるのがよいようである。なお、出典①のあわもり鯛は、榎茸と糸海苔を添えてみそ吸物としている。

出典 ①『料理通』二編 ②『料理調菜四季献立集』
①あわもり鯛 小鯛を三枚におろして中骨を毛抜にてよくぬき 薄塩をあて水を切り たまごの白みばかりを茶筌にて沫《あわ》をたてて その鯛のおろし身へほどよくかけて蒸《むす》なり
②泡むし鯛 鯛むしあがりたる時 玉子の白身を茶せんにてかきたて上へかける也

## いりだし【煎出】

「揚出《あげだし》」の項に記したが、同じ料理法で「煎出し」「煮出《いり》し」がある。『素人庖丁』には、筍、蓮根、松茸、糸瓜《へちま》、えそ、伊勢海老、車海老など数種の煎出しがあるので、別項目としてとり上げた。↓∴あげだし

出典 ①『素人庖丁』初編、二編、三編 ②『精進献立集』初編
①伊勢海老煮出《いり》し これも生にて皮をとり油にて上げ おろし大根 ねぶか小口切にて出すべし（初編）
蓮根煎出し これもさつと湯煮し皮をとり 水気をよく布巾にてとり 胡麻の油にて揚げ 大根おろし 浅草のりにて出す（二編）
糸瓜《へちま》煎出し これも前のごとく四五寸ばかりのものを程よく切り 胡麻の油 かやの油等にてあげ 大平《おおひら》などに入れて 生醤油添《そえ》て出すべし おろし大根 輪とうがらし（三編）
②なすびいり出し なすび立《たて》二つにわりてよくあらひ水けをさり ごまの油にてあげて 昆布だしにしやうゆかげんのしたじをかけ おろし大こんを小皿に入れ出す

## うどんとうふ【饂飩豆腐】

「そうめん豆腐」ともいう。豆腐をすり、紙に薄くぬりつけて蒸し、水に漬けて紙からはがし、うどんのように細く切ったもの。平《ひら》や茶碗物に用い、湯豆腐のようにもする。

出典 ①『茶湯献立指南』巻八 ②『豆腐百珍』百 真《しん》のうどん豆腐 ③『料理通』初編 ④『料理調菜四季献立集』 ⑤『会席料理秘嚢抄』
①うどん豆腐切やうの事 豆腐をなる程ほそき小刀にて薄く切り又ほそくたち候へても切れ申さず候 その上水の中へ葛 酒とを入れそれに入れ煮るに切るる事なし
③豆腐を布に包《つつみ》てよく水を切り毛すいのふにて漉《こ》し 葛の粉を入れすり鉢にてよくすりて 美濃紙《みのかみ》一枚を四つに切り さしみ庖丁にてよく平らに付 紙一枚づつ重ね蒸籠にてむ

し上げしばらく水に漬け冷し　一枚づつ紙をへがしまた重ねて切るべし

## かぶらむし【蕪蒸】

主材料の上に、すりおろした蕪をのせて蒸した料理で、おもに甘鯛などの白身魚の切身を用いるが、出典は精進の例である。

出典　①『精進献立集』二編　②『早見献立帳』

①かぶらむし葛あんかけ　しめじそろへ軸を切《きり》あらひなまにて　長《てう》ろぎ[ちょろぎ]あとさきをそろへ湯煮して　きくらげ水につけ根をとりほそく糸に切てそのまま　豆腐ごまの油にてあげ小口切　ちくわくわいは大きなるくわいあとさき切はなし丸むきにして図のごとく楊子にて中へ穴あけ小口にきり湯煮して　右のかやくを茶碗へ入れその上からかぶらを皮とりわさびおろしにておろしたるをたつぷりと入れて　せいろうへならべ蒸して　出すとき葛あんをかけて　おろしわさびをのせて出す

②かぶらむしは　かやくを入れ上へかぶらのおろしをたくさんに入れて蒸し　葛あんをかけ出す　但し葛あんすこしからめにすべし

## こはくたまご【琥珀玉子】

卵を白身と黄味に分けて、卵白だけを少し傾けた流し箱に流し入れて蒸して凝固させ、卵黄に寒天溶液を少しまぜて、表面が斜めに凝固している流し箱の卵白の上に流し入れて冷まして固め、小口から切ると図のようになる。

出典　『料理早指南』二編

玉子うちわり白と黄とすくひわけて　まづ白のかたを右にいふ通りのわく[薄板で作った四寸四方位のわくの底へ厚紙を張ったもの]の内へ入れて　わくを少しかたむけ蒸し上げ　さてこしきを離し　又黄みのかたへ寒天の水をすこし入れ　鍋にてかきまぜながら煮かへし　この水をすいのうにてこして　右わくの内白のかたまりたる上へながし入れ置けばさめてかたまる　さて小口切にすれば図のごとくなり　すき通りてうつくし

琥珀玉子
(『料理早指南』より)

**ごまどうふ**【胡麻豆腐】
白胡麻を炒ってよくすりつぶし、葛粉《くずこ》と水をまぜて火にかけてよく練り、型に流し入れてかためた豆腐状のもの。わさび醤油、からし酢、木の芽みそなどを添える。中国から伝来した普茶料理の一つ「麻腐《まぶ》」が胡麻豆腐である。
→：普茶料理[料理用語]

出典 ①『料理珍味集』巻四 ②『豆腐百珍続編』附録五 麻乳《ごまどうふ》 ③『卓子式』 ④『精進献立集』初編 ⑤『料理通』初編「胡麻豆腐の伝」あり ⑥『料理簡便集』「胡麻豆腐 からし酢」あり

①長崎麻麩《まふ》 胡麻豆腐ともいふ 白胡麻をすりて木綿袋に入れ水ごしにする 極上の葛をときて合せ水を去り角なる物に入れ置きて固まるを蒸して切り 水に冷《ひや》しうす醤油にて煮る 又湯煮して葛かけか角の潰《つぶ》れぬやうに内へ温《あたたま》り通り候ほどにする也 煮過ぎぬやうにすべし 葛一升に胡麻五合位よろし

④ごまどうふ 白胡麻一日程水につけよくすり 上の葛合し水にてのばし 毛すいのふにて漉し鍋に入れ やわやわたき かきまぜていて よき程に粘りたる時折敷《おりしき》[角盆]へ入れ水の中へ折敷の底をひやし さめてかたまる時折敷を水の中へざぶりと入れ置き ぐるりを薄刃にて離して引き上げてよき程に切り さて外の鍋に湯をたぎらし中へ入れ火を引きて壺皿へ盛りみそ[木の芽みそ]かけて出《いだ》す

**せたとうふ**【瀬多豆腐・勢田豆腐】
精進の鰻《うなぎ》蒲焼で、浅草海苔にすり豆腐を塗り、油で揚げて、山椒醤油でつけ焼にしたもの。江戸時代に江州勢田（現在の滋賀県瀬田）の鰻が名物であったところからの名である。同様のものが鰻鱺様《うなぎどうふ》、湊田楽《みなとでんがく》、せたやき芋ともよばれている。→：かばやき[焼物]

出典 ①『献立部類集』下 ②『豆腐百珍続編』七十六 鰻鱺様 ③『精進献立集』二編「せた豆腐」 ④『料理通』三編「湊田楽」 ⑤『会席料理秘嚢抄』「せたやき芋」

①瀬多豆腐 仕やうは豆腐をよくしぼりてすり うどんの粉少し入れすりまぜ 浅草海苔八つに切り薄き板にのせ その上へ豆腐をのばして油あげにして串にさし 山椒醤油付焼にする うなぎのごとし

**たけのこきざみよせ**【筍刻み寄】

筍のかき揚で、副材料を添えて煮物などにする。

[出典]『素人庖丁』三編

これも筍の皮をとり根を去り　立横《たてよこ》好みにまかせて薄くきざみて　寒晒粉に葛をまぜ水にてやはらげ　その中へ青のりを粉にしてまじへ　右の筍をよせて　かやの油か胡麻の油にてあげて　平皿《ひら》　菓子椀などに用《つかふ》　長いも　椎茸　みつば　くわい　岩茸　牛房　これ等のものを二品あしらいて仕立出すべし

『素人庖丁』より

**たまごとうふ**【玉子豆腐】

現在は卵豆腐といえば、とき卵に同量から二倍のだしを加え調味して器に入れて蒸したものをいうが、これに近い卵豆腐は『南蛮料理書』に見られるのみで、他の料理書では卵に豆腐をすりまぜて蒸したものである。当時の「茶碗玉子」「ふわふわ玉子」が現在の卵豆腐に近いようである。→：ちゃわんたまご、ふわふわたまご[焼物]

[出典]①『南蛮料理書』②『料理之栞』③『万宝料理秘密箱』

①玉子豆腐　玉子拾にてその殻にて醤油一ぱい　酒塩《さかしお》を二はいさしかきまぜ申候時　ふくれあがり申候とき　蓋をしてうむ[蒸]し申なり

②金沢の豆腐半丁ばかりをしぼりすり　玉子十つぶし入れすりまぜ　だし貝杓子に四つばかり　せうゆ二はい酒二はい此つもりにてふはふはの通《とおり》ふかし　ふきがけを出す

**ちゃわんたまご【茶碗玉子】**

この名は料理書により違いがあって定義しにくい。茶碗蒸と同じものを茶碗玉子とよぶものと、具を入れない現在の卵豆腐と同様のものをよぶものとがある。↓：たまごとうふ、ちゃわんむし

出典 ①橘川房常『料理集』 ②『小笠原磯海流料理百ヶ条仕懸物伝書』魚肉、蚫、木茸入りの茶碗蒸と同じもの ③『料理一色集』

①茶碗玉子　ふわふわのごとく　せうゆ酒にて塩梅《あんばい》仕　茶碗へ入湯煎に仕候　取合は生貝せん　鯛薄身　いかせん　くるみ　木くらげ　こんにゃくせん　赤貝せん　豆腐などの内よく候　玉子ばかりもよく候　急にはかたまり不甲物に候

③茶碗卵の事　卵をつぶし　出し水　酒　溜《たま》りにてせんばよりかろめにしてかき合せ　茶碗へ盛り蒸籠にてふかし　本膳向　引菜等に吉

**ちゃわんむし【茶碗蒸】**

現在は茶碗蒸といえば、蒸茶碗に魚肉、鶏肉、かまぼこ、椎茸、みつばなどを入れ、だしで薄めた卵液を加えて蒸し、やわらかく凝固させたものをいうが、江戸時代には卵を用いない茶碗蒸などいろいろあった。生ゆば、栗、ぎんなんなどをすりおろして、やまのいもや豆腐をすったものと混ぜて茶碗に入れて蒸したもの、棒鱈や鯨肉にきくらげ、百合根などを取り合わせて茶碗に入れて蒸した茶碗蒸、そして現在と同様に魚介類その他の材料とともに、薄めた卵液を茶碗に入れ凝固させるものもあった。この卵液を用いたものは江戸時代初期には蒸さずに弱い直火で加熱したらしく、茶碗焼とよばれている。『料理網目調味抄』（一七三〇）には、貝焼、茶碗焼、茶碗蒸、

『素人庖丁』より

てんぽ焼は同様のものとあり、『嬉遊笑覧』（一八一六）には「今そば切豆腐といふを昔はうどん豆腐といふ　茶碗蒸茶碗焼といへり　是等もふと聞ては迷ひぬべし」とある。

出典　①『料理網目調味抄』三巻　②『料理山海郷』巻四　③『料理珍味集』巻二に長崎パスディラ　④『料理早指南』初編　⑤『素人庖丁』初編に鯨茶碗蒸、棒鱈茶碗蒸、三編に生ゆば、おぼろ豆腐、栗、ぎんなん、浅草海苔、青海苔、くわいの茶碗蒸。

②茶碗蒸　鱧《はも》おろして皮ばかりを水一升余入れて半分に煎じ詰　此しるにて右の身を摺《すり》たぶたぶする程にして　茶碗に入れ蒸し葛あんかけわさび

④うなぎ糀焼《かばやき》茶碗蒸　玉子くずしかけ茶碗にて蒸す也　とり合生姜など

⑤生ゆば茶碗蒸　このしやう生ゆばをすり鉢にてよくすり其所《そこ》へ山の芋を生にて皮をとり　わさびおろしにてすりおろし　両品をいかにもよく摺合《すりあわ》し　程よき時に極上の葛《くず》粉を水にてときすこしづつ入れて　幾度にもよくすり合しさて昆布煮汁《だし》にさかしほ少し入れ醬油をよきかげんに合しその汁にて程よく摺延《すりのば》して　さてか益《やく》には　しめじ　焼栗きくらげ　たいらふ　皮ごぼう　この外かやくは時々の好みにまかすべし　これ等のもの茶わんに入れ　その上より右の合したる汁をよき程に盛り　せいろうにならべ蒸すべし　人数の多少により鍋にて蒸すもよし　むし上《あが》りて出す時干さんせうを上に置くべし

**ちょうろぎよせころも【草石蚕寄衣】**

現在は「ちょろぎ」とよばれる巻貝のような形をした塊茎の衣揚である。ちょろぎは梅酢に漬けて正月料理の黒豆に添えるくらいであるが、江戸時代には酢漬のほか、田楽、付焼、黒和《くろあえ》、甘煮などにもし、現在よりもよく用いられていたらしい。

出典　『素人庖丁』三編

これも前のごとくよくそろへあらひ　うどん粉に寒ざらしの粉を加へ　醬油少し入れて水にてゆるめて　ちやうろき

ちょうろぎ
（『和漢三才図会』より）

を二つ宛つなぎて胡麻の油にてあげ　立に二つ切《ぎり》にしとりさかなに用《つか》ふ　但し衣のつなぎ挽茶を入れ　よくまぜ合して用ふもよし

**てんぷら**【天麩羅】

魚介類に水溶きした小麦粉のころもをつけて油で揚げたもの。野菜類を材料にしたものは現在は精進揚というが、江戸では単に揚物とよんだらしい。てんぷらの名は『鸚鵡籠中記』の元禄六年（一六九三）一月二十九日に酒肴の一つとしてあるのが古いが、どのようなものかはわからない。揚物としてのてんぷらの作り方は『歌仙の組糸』（一七四八）が初出とされているが、『黒白精味集』（一七四六）にも記載がある。これらを見ると現在のから揚もてんぷらとよばれている。語源についてはポルトガル語のテンペロ（料理の意味）からというが定説はない。『守貞謾稿』には「京坂にては半平《はんぺい》を胡麻油揚げとなし名づけててんぷらと云《いう》油を用ひざるを半平と云也　江戸には此天麩羅なし　他の魚肉海老等に小麦粉をねりころもとし油揚げにしたるを天ぷらと云　此天麩羅京坂になし　有之《これある》はつけあげと云」とあり、京坂のてんぷらは魚のすり身を油で揚げたものであった。現在も地方によってはこれをてんぷらとよんでいる。江戸時代料理書にはこの両方がてんぷらとして記載されている。なお江戸では安永年間（一七七二～一七八一）にてんぷらの屋台店が始まり、その後大いに流行したらしい。

出典　①『黒白精味集』中巻五　②『歌仙の組糸』　③『料理献立抄』　④白蘆華『料理集』　⑤『料理早指南』初編に「小鯛てんぷら」と「鰹すり身てんぷら」。⑥『素人庖丁』初編に二、三編に「すりみてんぷら」「鰯すりみてんぷら」

あげなべ（『料理早指南』より）

①てんぷら　鯛をおろし切目[切身]にして暫く塩をあて洗いて　うんどん[うどん]の粉を玉子にてねり右の鯛を入れくるみ油上にして　汁だし醬油にて塩梅《あんばい》して出す　鯛をうんどんの粉ばかりにくるみ油上にもする也
②てんぷらは何魚にても温飩《うんどん》の粉まぶして油にて揚《あげ》る也　但前にある菊の葉てんぷら　又牛蒡　蓮根　長いも　その外何にてもてんぷらにせん時は　温飩の粉を水醬油とき塗付て揚る也　常にも右の通にしてもよろし　又葛の粉よくくるみて揚るも猶よろし
③てんぷら　鯔《ぼら》か玉子すり身油あげにして　だし醬油　葱おろし大根にて出すをいふ　今は何魚にても衣かけにして油あげにし　羹《あつもの》[汁気の多い煮物]に遣《つか》ふをてんぷらといふなり　衣がけはうどんの粉にまぶし油あげにする也

**にこごり**【煮凝】
ゼラチン質の多い平目、鰈《かれい》、鮫などの魚の煮汁が、冷えるとゼリー状に固まることを利用した寄物料理。「凝魚《こごり》」は姿のままの煮魚を用いるが、煮凝は小さく切った魚を煮て、寒天を用いて凝固を助け、固まってから適宜に切る。→∴こごり[煮物]
出典　①『料理早指南』二編　②『料理一色集』
①煮こごりは夏のしな也　こほらざる時にこほりたるを見する作意也　多く煮汁の内へ寒天を入れども味《あじわい》わろし　これには煮汁の内へ水飴とわらびの粉すこし入れ　さて煮あげて鍋のまま掘井戸の内へさげ置《おく》べし　極暑にてもこごる也
②かれい煮こごりの事　かれいきり炙《やき》に仕《つかま》り候て　つゆは酒　鰹を入れ味《あじわ》いよくせんじ　右のかれいを入れよく煮それより白寒天うるかし　細かにたたき入れせんじ　寒天とけ候はば　かげん見合い候て身をならべ　右のつゆをかけさまし切形《きりかた》仕り　大皿盛り合せ引菜等によし／鮭煮こごりの事　鮭身を小串切りにしてさつと炙　寒天うるかし細かにたたき入れ煮しめて　水のとおり申さざる物へならべ右のつゆをかけさまし　切形いたし　大皿盛り合せ御酒肴等によし

**によせ**【煮寄】
野菜を細く切って煮たり、煮てからつぶし、寒天を加えて固めたもの。
出典　『料理一色集』
煮よせいもの事　芋を湯煮に仕りよくすり　酒たれ鰹を入れせんじ候て　白寒天をうるかし細かにたたき入れ　煮候

てとけ候はば右のすり芋をつみ入れ　水のとおり申さざる物へ入れ　かたまり候節切形《きりかた》いたし　大皿物御酒肴等によし／なす煮よせの事　さねなきなすをせんにいたし候てたれへ酒を入れうまくせんじ　寒天うるかし細《こまか》にたたき入れ煮候て　かたまり候節水とおり申さざる物へ入れさまし候得ば　よくこごり申候間　切形いたし　引菜等によし

**ひりょうず【飛龍頭・飛龍子】**

豆腐をくずした中に細く切った人参、牛蒡、麻の実などを入れ、形を整えて油で揚げたもの。語源はポルトガル語で、日本に伝来した当時は米粉を湯でねり、卵を加えて糊状にしたものを少量ずつ油で揚げ、砂糖蜜をかけた菓子であったらしい（出典①⑥⑧）。それが次第に豆腐を主材料としたものに変わったようで、江戸時代料理書にはその両方がみられる。また『守貞漫稿』に「京坂にてひりやうす　江戸にてがんもどきと云」とあり、現在も同じである。

出典　①『合類日用料理抄』巻二　②『茶湯献立指南』巻六　③『和漢精進新料理抄』和の部　④『小倉山飲食集』　⑤『料理網目調味抄』三巻　⑥『南蛮料理書』菓子のひりやうす　⑦『黒白精味集』中巻五　⑧「卓子式』菓子のひりやうつ　⑨『豆腐百珍』十九

①麦の粉か米の粉にてよし　鍋に水を入れにやし［加熱し］粉を入れふかせ［沸騰させ］後に湯をしたみ［したたらせる］こね合せ玉子の黄なる所を入れすり鉢にて擂り　それを油にて上げ候　但粳《うるち》の粉七合　餅［糯］の粉三合　細《こまか》にはたきそれにてよく候　右の粉一升に玉子七つほど入る　砂糖の煎じたるに浸置出し申候　右の砂糖の煎じやうは氷砂糖一斤《きん》に水一升入れ七分の内に［約七割に］煎じ申候　油にてあげ申候時は大さじにてすくひ鍋へ入れあげ申候　形《なり》も其《その》さじの内手心にていろいろに成申候

⑨ヒリヤウヅ　豆腐水をしぼりよくすり　葛の粉つなぎに入れ　加料《かやく》に皮牛蒡の針　銀杏　木茸《きくらげ》　麻子《をのみ》　又小骰《こさい》ものには焼栗か慈姑《くわい》か一品入るべし　加料を油にて炒つけ麻子は後に入れ豆腐に包み大小宜《よろし》きに随ひ又油にて煠《あぐる》也　又うどんの粉ころもにかくる尤《もつとも》よし　煎酒におろし山葵《わさび》或は白醋《しらす》に山葵の針置くか　又は田楽にして青味噌に罌粟《けし》をふる　ヒレウヅ一名を豆腐巻《けん》ともいふ

**ふろふき【風呂吹】**

大根や蕪などを蒸すかゆでるかして、練りみそをつけて食べる料理。風呂吹の語源については諸説があり、漆器の塗師職人が冬に漆のかわきをよくするため、風呂（漆器をかわかすための穴蔵）へ大根のゆで汁を吹きかけ、残ったゆで大根を風呂吹大根と名付けたとか、蒸風呂で垢をかくために体に息を吹きかけることを風呂吹といい、熱い大根に息を吹きかけて食べる様子が風呂吹に似ているところから名付けたともいう。

出典 ①『江戸料理集』一 ②『黒白精味集』中巻五 ③『歌仙の組糸』に「風炉吹大根鴨みそかけ」④『大根一式料理秘密箱』に「大根風呂吹早煮仕方」「大根焼風呂吹仕方」⑤『素人庖丁』二編 ⑥『精進献立集』初編「夏大根風呂吹」

②風呂吹大根　大根五本皮をむき輪切にして　外に大根一本わさびおろしにておろし釜の底に敷　切たる大根を置き塩少しふりてむし　とうがらしみそにて出す／風呂吹ねぎ　ねぎの白身二寸ばかりに切り　湯煮してとうがらしみそにて出す

⑤大根風呂吹　常の土大根を随分よく洗ひ皮をば六角八角又は丸むき四角切いかやうとも心まかせに切て　蒸籠《せいろう》又は釜などの中に簀《す》を置きその上に置く　尤《もっとも》下の湯に酒をすこしさして蒸すがよし　むし上りて器に盛り上より　さんせうみそ　こせうみそ　とうがらしみそ　しようがみそ　赤みそ　わさびみそ　もろみみそ　砂糖もろみ　柚みそ　青のりみそ　ごまみそ　木の芽みそ　これらの中にて見合せその時その席により敷みそ又は上よりかけなりともいづれにてもよし　尤《もっとも》みそは残らず酒塩《さかしお》にてゆるめ水かげんして仕立てべし

**むしかい【蒸貝】**

鮑《あわび》を蒸煮にしたもの。江戸時代には単に貝といえば鮑を指す。鮑は縄文時代から食用とされ、奈良、平安時代には貴族に珍重された。また乾燥して保存できるところから串鮑、干鮑、熨斗《のし》鮑などに加工され、江戸時代にも貝を代表するものであった。『料理物語』（一六四三）は鮑《あわび》の料理法として、貝焼、煮貝、酢貝、さしみ、かまぼこ、生干《なまび》、ふくら煎、のぶすま、なます、たゝき鮑、わさび和《あえ》などをあげている。当時の鮑の名産地は『本朝食鑑』（一六九七）によれば、志摩、伊勢、隠岐、佐渡、駿河、伊豆、相模、安房などであった。

出典 ①橘川房常『料理集』②『黒白精味集』中巻

五　③『料理一色集』
①あわびむし貝　貝ままよく焼き　鍋へ竹の葉を敷《しき》　身の方下にしてうすたれにて炭の火にて　自然と色付《つく》までむしおのれと貝よりはなれ候ときよく候　切重《きりかさね》　わさび　せうが　からし　こくせうの内を溜候か　または葛たまりを懸《かけ》　向《むこう》　引菜によく候　また大ぶりにつくり何ぞもり合《あわせ》引菜にも仕候　切かさね肴にもよく候
②蒸貝　蚫を薄醤油にてよく煮　後に溜りにて色を付け冷し煮物　笋寒《しゅんかん》　肴　重の物[重箱に入れるもの]に用ゆ
③むし鮑の事　鮑を大根にて打ち耳を取《とり》　酒　溜りにて漬深く切りめを付け候て　井籠《せいろう》にてむし　葛溜りをかけ　こくせうなどにもよく候

**ゆぶき【湯吹】**

鯛、平目、その他の魚を三枚におろし切身にして蒸し、はんぺんや焼豆腐などを取り合わせ、生姜みそ、わさびみそ、葛溜《くずたま》りなどをかけるもの。

出典『江戸料理集』四

湯吹には鯛類　平め類　さけ　ます　さわら　ぶり　石かれい等　藻魚類　海鮒[方言・紀州和歌浦で天笠鯛]　真鰹　あんこう　右いづれも三枚におろし皮を去り　一切盛に切て蒸籠《せいろう》にかけ蒸す事也　取合にはふのやき　同むし同はんぺん　焼豆腐　人参大根　せうがみそ　わさびみそ葛溜りなどをかけ出す事也

**よせぎんなん【寄銀杏】**

銀杏の渋皮をとり、すり鉢ですり、竹の皮に包んで蒸すものと、すってから葛粉《くずこ》を加え、板に付けて蒸すものとある。

出典　①『精進献立集』二編　②『料理調法集』寄物之部

①よせぎんなんは　ぎんなんの皮をとり湯煮し　薄皮とりすり鉢にてざっとつぶし　竹の皮に丸く長くしてまき　せいろうにて蒸して小口切　白しきみそ
②寄銀杏　銀杏皮を去り湯煮して渋皮をとり　摺ばちにて

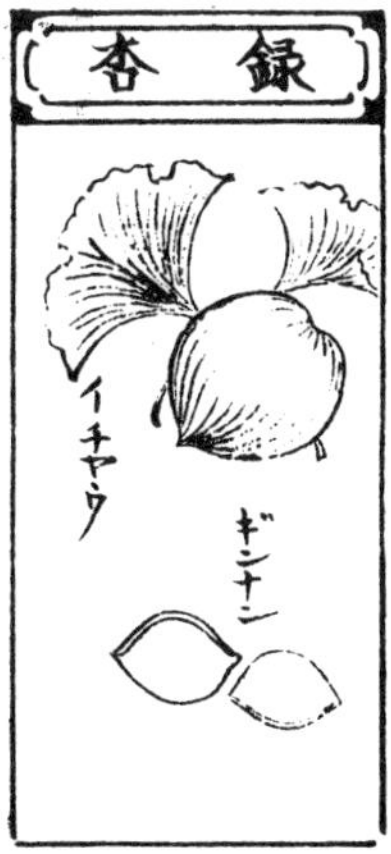

『食物知新』より

摺《すり》通し［ふるい］にてこし　葛粉を四分一程合せ塩加へ
板に付《つけ》蒸上《あげ》るなり　遣《つか》ひ方により砂糖加ふべし

## よせくるみ【寄胡桃】

胡桃の実の渋皮をとり、砂糖、醤油、水飴などを加えて煮て、飴のように粘りが出た時、箱に平らに入れてさまし、固くなってから適宜に切る。竹の皮で巻いてさます方法もある。

出典　①『精進献立集』二編　②『料理調法集』寄物之部

①よせくるみは　くるみの実を湯につけ薄皮とりて　砂糖醤油にてたく　少し汁飴［水飴］を入れたき　折敷《おしき》［角盆］へあけならし　さめていかやうにも切る

折敷（『茶湯献立指南』より）

②寄胡桃　くるみぬる湯につけて渋皮を去り　味林酒《みりん》をひたひたに入れねり　ねまり［粘り］出る迄煮　醤油にて塩梅《あんばい》しあめのごとくなりたる時なべをおろし　竹の皮に包み外を簀《す》にて巻《まく》とも　又箱に竹の皮を敷て上にも竹の皮をかけ圧《お》しぶたをいれ押しめるともして　さめて切形《きりかた》するなり

## よせくわい【寄慈姑】

慈姑《くわい》の皮をむき、すりおろしたものを、適宜の大きさにとり油で揚げ、煮物などの取り合わせにつかうもの。同じ「寄慈姑」の名で、すりおろした慈姑を蒸す料理が、『黒白精味集』（一七四六）下巻八と『料理調法集』にある。クワイは慈姑と書くが、江戸時代料理書には烏芋と書いてクワイまたはクロクワイの振仮名も見られる。また「吹田《すいた》くわい」の名もある。クワイは植物の地下茎の一部がでん粉を貯蔵して塊状に肥厚した塊茎であるが、時代によって塊茎の母体である植物が異なり、川上行蔵氏によると、それは三種類あって烏芋（和名クロクワイ）、慈仙（和名オモダカ）、慈姑または茨菰（和名クワイ）であるという。古くは烏芋がクワイとよばれ、ついで慈仙が平安末頃からあり後に吹田クワイとよばれるがこれはあまり普及しなかった。江戸時代になって慈姑が普及してクワイまたはシロクワイとよばれ、烏芋はクロクワイとして区別されるようになったという。

『食物知新』より

出典　『素人庖丁』二編

寄くわい　これは生にて皮をとり　わさびおろしにてすりおろし　水気あらば布巾などにてひたしとりて　程よく取《とり》胡麻の油にてよく揚《あげ》　菓子椀　平《ひら》等の取合《とりあわせ》に遣《つか》ふべし　又加益《かやく》などを入るもよし　青のりをすりまぜるもよし　寄せがたき時はうどん粉又寒《かん》ざらしの粉をすこし用《もち》ゆべし　よくしまりてよし

**よせもの【寄物】**

寒天を煮とかしたもの、葛粉《くずこ》に水を加えて練ったものな

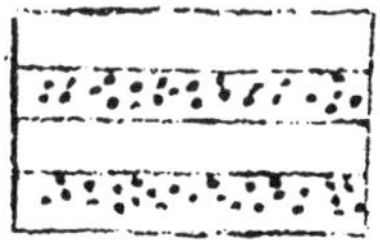
かまぼこ　玉川

かまぼこ　春霞

かまぼこ　墨流

時雨藷《しぐれいも》

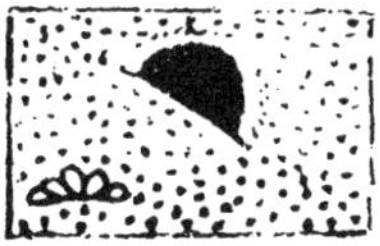
かるかんむし

あわぶかし

『料理早指南』より

どを用いて、材料を寄せかためて成形したものをいう。寒天よせ、胡麻豆腐、凝魚《こごり》などがある。『料理早指南』二編（一八〇二）には「寄物こしらへ様」として、魚類九種、精進九種の作り方があるが、魚のすり身、卵、長芋などを用いて成形したものである。

出典 ①『料理献立抄』②『料理早指南』二編に「寄物こしらへ様」

①よせ寒天は角寒天をむしり　三ばい水にてよくよくたきとろけたる時すいのうにて箱の内へ漉し入れ　水にうけてさまし切りかた好み次第也　又かたまらぬうちに松茸　竹の子　椎茸そのほか何《いずれ》にてもおしこみ　さまして後よきほどに切りてつかふ

**りきゅうたまご【利休卵】**

とき卵にすり胡麻と少量の酒を加えて蒸したもの。胡麻のかわりに胡桃《くるみ》を使うと胡桃卵という。利休は安土桃山時代の茶人、千宗易のことで、利休煮、利休和《あえ》など胡麻を使った料理に利休の名がつくが、後世の人が利休好みであろうと名づけたもの。

出典『万宝料理秘密箱』前編

白胡麻一合を油をとりよくすりて　さて古酒五才［才は勺の十分の一、五才は約九ミリリットル］ほど入れよくすりこの中へ卵を十をわりこみよくよくとき合わせ　これも箱か鉢かに入れて蒸すべし　遣いようは前に同じ［平皿・菓子椀・茶碗葛あんかけなど］

# 和物・浸物類

石川豊信筆『絵本江戸紫』より

和物《あえもの》と浸物《ひたしもの》は、材料の下拵《ごしら》えをしてから、調味料で和えたり浸したりする操作に共通性があり、日本料理の献立では脇役的存在であることも似ているので、本書では二つをまとめて一群とした。なお江戸時代料理書では、和物を膾《なます》の中に含めているものもある。

和物は下拵えをした材料を、それぞれに適した和え衣で和えた料理で、材料と和え衣の調和によって、それぞれに独特の風味と口ざわりがある。和物には和え衣の主材料によって木の芽和・胡麻和・白《しら》和・酢味噌和・梅肉《にく》和・卯の花和などがある。和えられる材料は、魚介類や野菜類などで、生のままで用いるものもあるが、ゆでたり、湯を通して霜降にしたり、煮て薄味をつけて用いるものもある。

おもな和物については、項目にあげて記したが、『素人庖丁』初編（一八〇三）には、魚類と精進に分けて、材料と和え衣の取り合わせが列記してあるので次におもなものを引用する。

四季魚類和物として、「ぬた和　鉄砲和　貝の類何れにも遣かふべし」「胡麻みそあへ　生貝せん切・うど」「唐辛子みそあへ　烏賊角切・木くらげ」「山椒みそあへ　きんこ・ぎんなん・ひじき」「もろみあへ　車海老・めうが」「黒あへ　数の子　梨子《なし》」「せりみそあへ　たいらぎ・岩茸」「せうがみそあへ　くらげ平切・ちょうろぎ」「木の芽酢みそあへ　魴魚《まなかつお》・百合根・ひじき」「砂糖みそあへ　きんこ・ぎんなん」「胡麻みそあへ　湯煮鳥・割栗」「葱みそあへ　章魚《たこ》・木くらげ」などがある。

四季精進和物としては「梅肉《にく》あへ　栗・木くらげ」「黒胡麻みそあへ　長いも」「青あへ　梨子・岩茸」「白みそあへ　うど　香茸《こうたけ》」「木の芽みそあへ　竹の子・さや豆」「赤みそあへ　ぎおんぼう［柿］・水くわい」「白《しら》あへ　さや豆・れんこん」「浅草のり酢あへ　百合根」などがある。

浸物については項目を設けて記したが、『素人庖丁』初編には浸物の材料として次のような食品をあげている。

「みつば・茶の若葉・せり・けいとうの葉・よめな・わらび・たんぽぽ・ぶんどうもやし・貝割菜・豆の葉

類・ほうれん草・きく菜・葉にんじん・ちさ・うぐひす菜・にんじん・ふき・あかざ・くこ・新ごぼうの葉・うこぎ・つくし・くわん草・うど・まな・竹の子・みやうがのこ・けしの葉・ほうきぎ・なすび・ささげ・ずいき・いんげん豆・蓮の若葉・ささげの葉・蓮芋《はすいも》・菊の葉・ほしずいき・根いも・かんぴやう・松茸・しめじ・ぜんまい」

江戸後期であっても、現在は食用としない野草類や野菜の葉までも料理の材料として用いている。なお、浸物の作り方の記載は料理書には少ない。

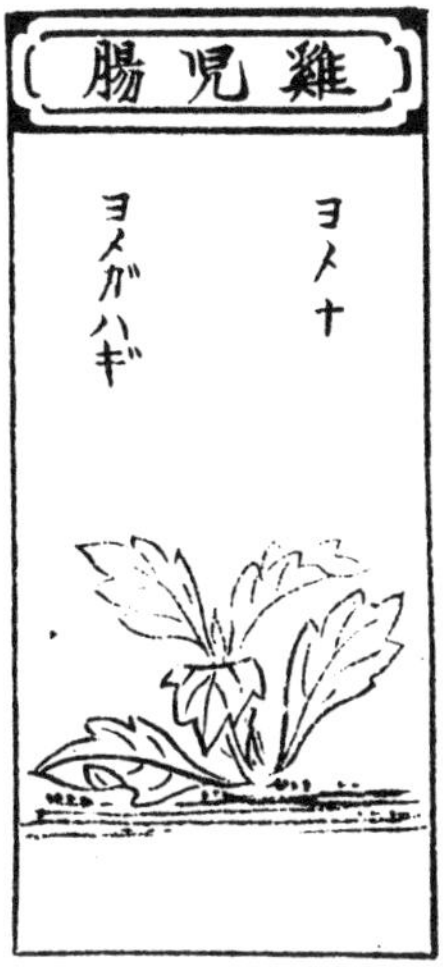

『食物知新』より

『素人庖丁』より

**あおあえ【青和】**
青豆をすりつぶし塩かげんをしたもの、あるいは酒粕やみそに青寄せを加えて作る緑色の和衣で魚介類などを和えたもの。酢を加えたものは青ぬた膾《なます》という。↓:あおぬたなます[なます・さしみ]

出典 ①『料理物語』第十 ②『伝演味玄集』二ノ中 ③『黒白精味集』中巻五 ④『新撰会席しっぽく趣向帳』

①青あへ　いりこをよく湯煮して　だしたまりにてよく煮候て　青豆をすり塩かげんしてあへ申事也

②青和　みるくい[みる貝]　あわび　たいらぎ[たいら貝]いか　赤貝　独活《うど》　いづれも湯煮して　青からしよせて又山椒の芽などすりてこし　味噌ならびに粕少し入れあゆるなり

③よせ菜へみそ少し入れて　これも下地味付るよし　うどいかだ丸むきにも　大根同じく　田にし　田にしもどきと云は　にし　ばい　さざい　田にし程に切りてあゆる也

**おらんだあえ【夷人和・紅毛和】**
「オランダ」を冠した料理は、紅毛焼、阿蘭多煮、和蘭陀鱠などあり、油を使うことが特色のようであるが、出典①では判然としない。↓:おらんだに[煮物]、おらんだやき[焼物]

出典 ①『素人庖丁』二編 ②『料理通』三編

①たち魚夷人和　前のごとく水あらひよくし三枚におろし筋違《すじかい》につくりたるを　酢に醬油すこし合ししばらく漬置きよくしぼりてその酢を味噌に和すべし　みそは焼みそをすこしこがしよく摺《す》り　右の酢にてこくとく　揚げ豆腐[少し火どり細《ほそ》くきざむ]　きくらげ　けづり大根　ねぶか小口　椎茸　とがらし　右の品を一緒に入れて和て出すべし甚《はなはだ》酒によく合て美肴《よきさかな》なり

②紅毛和　朝鮮煮　何《いづ》れも黒胡麻をすり流し　榧《かや》の油にて揚たるものなど　煮あぐるをいふなり

**がぜちあえ【がぜち和】**
鶉《うずら》や小鳥に醬油を付けて焼き、細かく切って辛子酢で和えたもの。「青がち和」ともよぶが、「青がち」は鳥のはらわたをすり調味したもので、辛子酢で和えて青がち和とよぶ理由はわからない。がぜちあえはいくつかの料理書にあるが、『料理物語』(一六四三)とほぼ同文である。「がぜちひしお」ともいう。↓:あおがちじる[汁物」

出典 ①『料理物語』第十 ②『黒白精味集』上巻四「がぜちひしほ」③『料理秘伝記』第二「青がち和」④『料理早指南』四編

①がぜちあへは 鶉《うずら》にても小鳥にても しやうゆうをつけよくあぶり候てこまかに切り からし酢にてあへ候也 あをがちあへともいふ也

**きのめあえ【木の芽和】**

木の芽みそで貝類、烏賊《いか》、たけのこなどを和えたもの。木の芽は一般に山椒の若葉をさすが、あけびの新芽をいうこともある。木の芽みそは木の芽をすり鉢ですり、白みそなどの調味料をすりまぜて作る。

出典 ①『黒白精味集』中巻五 ②白蘆華『料理集』③『精進献立集』初編

①木の芽和 烏賊《いか》 田にし ばい さざい にし

②きのめあへ さんしやうの葉ばかりにては青色薄し 青菜類をよせて加うべし

③きのめあへ 白ごまいりてすり 木の芽入れすり 又白みそ入れすり 酒にてのばしあへる れんこん八角に皮と

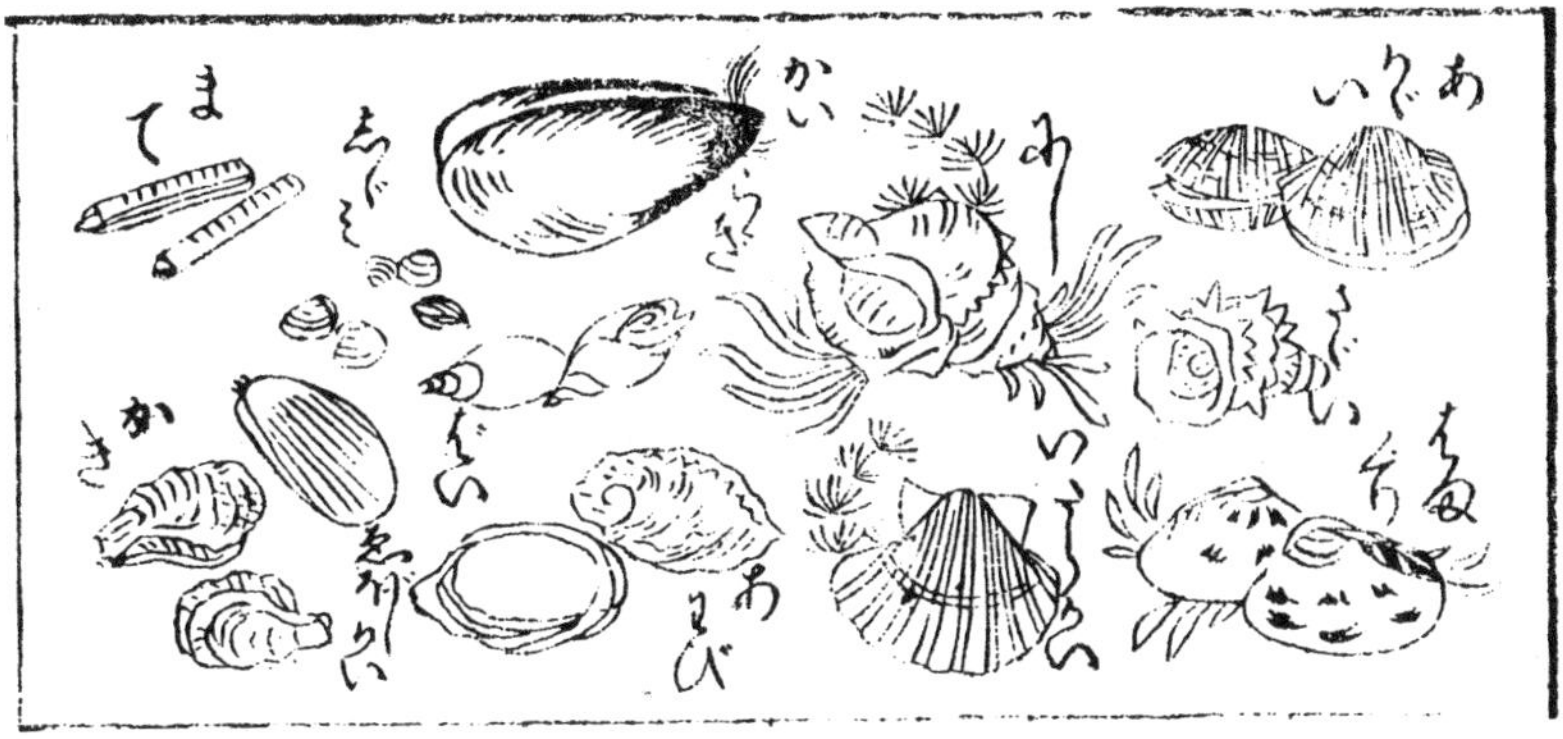

貝類（『料理献立抄』より）

り小口切にし湯煮　そら豆あとさき少し取りてさつと湯煮し　二色共うす味付

**くさあえ【臭和】**

生葱をきざんですり鉢ですり、葱三にみそ七くらいにすりまぜ、酒やだしでゆるめた衣で和えたもの。

出典 ①『素人庖丁』初編に「蠣臭和」、三編「筍臭和」②『蒟蒻百珍』

①筍臭和　筍を皮をとり　いかやうとも心まかせに切　油にて揚げ　葱をこまかにきざみすり鉢にてよくすり　其所《そこ》へ味噌を加へすり合し酒にてのばし　其《その》中にて和て出すべし

②葱《くき》和　ねぎ　白ごま　みそ　よくよくすり合せ古酒にてゆるめ　ねぎ三分みそ七分あへる　とがらし[唐辛子]の粉

**くろあえ【黒和】**

黒胡麻を炒ってすり鉢ですり、白みそを加えてすりまぜ、酒やだしでのばした衣で、野菜や数の子、蛸、蛤などの材料を和えたもの。

出典 ①『黒白精味集』中巻五　②『新撰会席しっぽく趣向帳』③『新撰庖丁梯』に「かずの子黒和」④『素人庖丁』に、蛤、百合根、たけのこ、くわい、ちょうろぎの黒和あり　⑤『精進献立集』に「さつまいもと木くらげの黒和」⑥『早見献立帳』に「蛸黒和」

①黒和　黒胡麻をよくよく擂《すり》てかたこしに漉《こ》し　味噌すりまぜだしにてのべ和ゆる　茄子　さゝげ長あへ[揃えて和えてから切るもの]也、うど　大こんも吉《よし》　凡如此《およそかくのごとし》

②黒あへは胡麻を擂て味噌半分まぜる也

⑥蛸黒和は　蛸を水と酒とにて和らかに煮て　醬油少し加へて煮て　つぶつぶ切りにして　黒ごまにせうゆ少し入れ酒酢くはへ酢めあるほどにして　よくすりこしてあへる

**ごまあえ【胡麻和】**

胡麻を炒ってすり鉢ですり調味して材料を和えるもの。江戸時代料理書には「胡麻和」の記載は少なく、「黒和」が多い。胡麻は縄文晩期には大陸から伝来していたといわれ、奈良時代には栽培されていたというが、おもに黒胡麻で、白胡麻と茶胡麻の栽培は江戸時代に入ってから盛んになったらしい。胡麻といえば黒胡麻が用いられたため「黒和」の名が多いのであろうか。出典②の「伊勢

あへ」は白胡麻を用いた珍しいものである。

出典 ①『料理珍味集』巻二 ②『献立部類集』下

①胡麻和　茄子《なすび》短冊に切りて水へ漬《つけ》あく気をいだし　水気を去りて胡麻みそにてあへる　茄子は生《なま》なり

②伊勢あへ　揚麩《あげふ》ほそ作り　椎茸同断　白髪《しらが》ごぼう　この仕やう　何れも味をつけよくしぼり　白ごまに少しみそ入れ　さとうにて味をつけあへる　上に白髪栗置く也

ごま（『和漢三才図会』より）

**しらあえ**【白和】

豆腐に白胡麻またはけしの実を加えてすり調味した和衣で、下味をつけた材料を和えたもの。現在はおもに精進料理であるが、江戸時代は魚介類も材料とした。室町時代からあり、酢を加えるものもある。↓∴しらず

出典 ①『料理物語』第八 ②『料理献立集』③『黒白精味集』中巻五 ④『料理珍味集』⑤『素人庖丁』に鯨、数の子、きんこ、鮑《あわび》、蓮根、たけのこ、柿の白和あり ⑥『精進献立集』二編

①白酢は　けしに豆腐を入れ塩かげんして酢にてのべ候　しらあへには酢を入れずよくすり候

②白和　下地を醤油にて味をつけ豆腐ばかりにてあゆるなり　きれいにしてよし　又白みそ　白胡麻　けしなど入れ豆腐に擂《すり》交ぜあゆる有り　味《うま》し　串《くし》海鼠《こ》　串貝　れん根　ひじき　朝鮮ひじき　長あへと云ふはそろへてあへ切りて出す　梨生《なま》にてあゆる　これは白みそ入れ　くるみなど擂入る　こんにやく　たたき牛房凡如レ此《およそかくのごとし》

⑥白和　豆腐よくしぼり置き　白胡麻をいりよくすり豆腐をまぜ　少しみそを入れすりまぜ酢にてのばし　砂糖少し入れかげんしてあへる

**すあえ**【酢和】

酢でさっと和えたもので、現在の酢の物のうち植物性食品を用いたものを指すようである。酢菜は酢に浸しておき酢漬に近いが、酢和は供する時に酢で和える点が異な

るように考えられる。『食物服用之巻』（一五〇四）には酢あえがあり、室町末頃からのものである。↓：すさい

出典 ①『料理物語』に酢和に適するものとして葱、牡丹の花をあげている。②『料理献立集』の項目に「魚鳥あへまぜ精進すあへの事」③『料理伝』④『素人庖丁』初編「ゆり根　浅草のりすあへ」

②すあへ　大こん　栗　人じん　のり　みつかん　椎茸　せり　うど　こんにやく　しやうが　くるみ酢にて

③くるみ酢和　けし酢和　くるみにても　けしにても何《いづ》れも煎《いり》てよくすりて豆腐をしぼりすり交《まぜ》　かくしみそとて白味そを少々入れ　又すり合せ　こまかなるすいのふ［水ぶるい］にて押《おし》こして　よき酢にて程よく延べ　塩にて塩梅《あんばい》して　酢和へ或は敷酢などにもよし

## すさい【酢菜】

料理書に酢菜の定義は見当たらないが、『日葡《にっぽ》辞書』（一六〇三）には「大根と酢で作ったサラダ」とある。また『和漢精進新料理抄』（一六九七）の和料理に汁部、酢菜部、あえ物部などがあって、月別の材料取り合わせを列記してあるのを見ると、植物性材料の酢漬に近い酢の物と考えられる。酢菜は古くからあり、室町初期といわれる『庭訓往来』には「茄子の酢菜」がある。↓：すあえ

出典 ①『料理物語』に酢菜に適するものとして、ほんだわら、芋の茎、つくし、あかざ、ははき草、ほうれん（ほうれん草）、紅の花をあげている。②『和漢精進新料理抄』和の部に酢菜部

②にんじんこまかに賽《さい》にきざむ　栗同　大根せん　みつば茎　椎茸油揚げ　きんかんけん　（正月の一例）

## てっぽうあえ【鉄砲和】

魚を作り身にして、ささがき大根などとともに唐辛子みそ、唐辛子酢みそ、辛子酢みそなどで和えたもの。辛味の刺激からこの名があるという。『素人庖丁』初編・二編には鮪、やなぎかれい、鰯、はまち、太刀魚、穴子、たなご、うぼせ、ひらなどの鉄砲和の作り方がある。

出典 ①『料理早指南』初編 ②『素人庖丁』二編

①てっぽうあへ　鮒さしみにつくり唐辛子みそあへ

②たち魚鉄砲和　前の如く魚の大小にかぎらず三枚におろし腹の骨をすきとり両身とも筋違《すじかい》［斜め切り］に作り塩すこしまぶし置く　さて唐辛子みそにて　木くらげ　大根　右

の品にてあへて出す　大根ばかりにてもよし

**にくあえ【梅肉和】**

「ばいにくあえ」ともいう。梅干の果肉を裏ごしにし、砂糖で調味して和衣にした和物。煮梅を用いるもの、砂糖に白みそを加えるものもある。↓∴うめぼし［漬物］、にうめ［煮物］

出典　①『精進献立集』初編　②『素人庖丁』初編

②蠣《かき》肉あへ　仕やうはさつと湯煮し例の如く水気をよくとりて　煮梅の肉又は常の梅干の肉にてもよし　いづれにても白みそすこし砂糖すこし入れてよくすり　木くらげ　岩たけ　わり栗　百合根　此《この》うちにて一色あしらい和て出すべし［このほか鮑《あわび》、百合根、笋《たけのこ》、蓮根の梅肉和あり］

**ひたしもの【浸物】**

現在はおもに葉菜類をゆでて、調味液をかけたり浸したりした料理をいう。江戸時代料理書には浸物が多く見られるが、材料や調味料には時代による変化がある。初期には材料として野菜類のほか、熨斗《のし》あわび、くらげ、煎《いり》海鼠《こ》などの魚介類もあり、一色またはとりまぜて用いら

『素人庖丁』より

れているが、後期には野菜類が主となり魚介類は用いられなくなる。調味液は初期には煎酒《いりざけ》を主にして醤油とだしを加えたものが多いが、中期にはこれに酢を加えたものや胡麻酢などが用いられ、後期になると材料は野菜類のみになるが、調味液には酢醤油、胡麻醤油なども加わり多様化する。明治以後の調味液は醤油を主として単純化された。

出典　①『江戸料理集』六　②『料理網目調味抄』二巻　③『黒白精味集』中巻五　④『料理秘伝記』第四　⑤『会席料理細工庖丁』に「浸物之部」あり

①ひたし物は煎酒に醤油出しを加へ一割程からくして　万の物を浸し用ゆべし　勿論もののによるべし　作意〔工夫〕

②浸物　漿《しようゆ》　煮かへし冷《ひや》して或は煎酒酢を加へ煎酒ばかりも　又胡麻酢　すり山椒　けし　ごま　黒胡麻　くるみ　栗

③浸物　数の子　けしな　土筆《つくし》　ほうれん草　烏賊短尺　ふりけし　春菊　みるくい　あしだくるみ　わかめ　蕪《かぶら》骨《ほね》〔鯨の軟骨〕　よめな　唐くらげ　白胡麻　うど　備前くらげ　黒胡麻　青ささげ　くこ　むきくるみおよそ如　如《かくのごとし》だし醤油折合かけて物により煎酒かけてもよし　むきしじみなど取合せたるもよし

④野菜一色又二色にても湯煮してそのまま醤油かけて浸物と云ふ　かぶ焼　芹焼　人じん焼と　云ふ

## まつたけひたしもの【松茸浸物】

松茸を薄切りにし、さっとゆでて、柚醤油（柚《ゆず》のしぼり汁を加えた醤油）と胡椒を添える。

出典　『素人庖丁』二編

これは松たけの大小にかぎらず　茎《ぢく》かさとも随分薄く切りさつと湯煮し　柚じやうゆ　こせうにて出すべし　又切らずとそのままにて湯煮し　根もとよりひきさきて柚じやうゆかけて出すもよし

## みかわあえ

きゅうりをきざんで塩でもみ、みそ酢で和《あ》えたもの。出典②には「水あへ」のこととあるが、現在のきゅうりもみに近い。

出典　①『料理物語』第十　②『料理早指南』四編

①みかわあへ　きうりを皮ともにきざみ　塩すこしふりも

歌川豊国画「十二月之内卯月初時鳥」(三枚組の一枚)
(財団法人 味の素 食の文化センター所蔵)

みてさつとすゝぎしぼり　花がつほ入れ　けしみそをいり酒酢にてのべあへ候なり　こわくなり候時は皮をさりてもつかまつり候
②みかはあへ　今いふ水あへ　きふり[胡瓜]を皮ともにきざみ塩にてもみて　花がつをたたき　みそすにてあへる　黒胡麻入る時はみそをくわへず

**わさびあえ【山葵和】**

わさび酢で材料を和えたもの。→∴わさびず[調味料]

出典 ①『料理物語』第十 ②『料理秘伝記』第二 ③『料理早指南』四編

①わさびあへは　鴈《がん》　鴨同もゝげ[内臓]など作り　酢にて塩少しふりいため　その酢をすて　たいらぎ[平貝]　あわび　鯛など入れ　わさび酢にてあへ候　鳥入れずもつかまつり候

**わたあえ【腸和】**

鮑《あわび》の青腸《あおわた》(肝臓で、緑色をしている)を調味して煮てからすりつぶし、鮑、烏賊《いか》などを短冊や小色紙に切り、酢洗いしたものを和える。鮑の場合は同じ鮑の青腸で和えるので「友和《ともあえ》」ともいう。わたあえの材料はおもに鮑を用いる。

出典 ①『料理物語』第十六 ②『伝演味玄集』二の中 ③『黒白精味集』上巻四「蚫《あわび》友和」 ④『料理秘伝記』「蚫わた和」 ⑤『料理早指南』初編「鰒《あわび》腸あへ」 ⑥『素人庖丁』初編「鮑腸和」 ⑦『料理一色集』「鮑友和」 ⑧『早見献立帳』「あわびわたあへ」

①あわびわたあへ　わたを煮てすり　焼みそ　生姜も入れよくすり　あわびには酢をかけいためてそのまゝあへ申候
②わた和　あわび　たいらぎ[平貝]　みるくい[みる貝]いか等也　あわび青わたを丸のままにて至極の薄みそにて湯煮して　砂わたをとりよくすりて　白みそよき程に交ぜ粕三分一[三分の一]交ぜ　それぞれを和るなり　又粕を不入《いれず》　玉子の湯煮したる黄みばかりをわたの三分一交ぜたるよし　粕より此方はるかよし　切方小短冊　算木　色紙等なり
③蚫友和　あわびを切り　わたをよく擂《すり》　とうがらしみそ擂合《あわせ》　酢にてのべ和て出す　専ら肴によし　わさびもよし

# 漬物類

くきづけ（『四季漬物塩嘉言』より）

漬物は、野菜類、魚類、肉類などを、塩・みそ・醤油・糠・酒粕などに漬けたものをいうが、狭義では野菜類を漬けたものを指し、香の物ともいう。食品の保存法として古くからあり、平安初期の『延喜式』の内膳司には、春十四種、秋三十五種の漬物があり、材料は瓜、茄子、冬瓜などのほか、桃、柿、梨などもあり、塩漬、糟漬、醤《ひしお》漬、葅《にらぎ》、須須保利《すずほり》などの種類がある。葅とは楡《にれ》の木の皮を剝《は》ぎ、干して粉にした楡粉と塩で漬ける漬物、楡粉のかわりに米粉または大豆粉を用いたのが須須保利である。

室町時代に入ると『四条流庖丁書』や『山内料理書』に香の物の名が見られ、はじめは味噌漬に限った名称であったが、後には漬物一般を指すようになる。

江戸時代には漬物は食生活に欠かせないものとなり、漬物の種類は野菜の漬物に限ってみても、材料により、塩やみそなど添加する副材料により、また重しの加減、発酵の有無などによって多種多様のものがあった。『合類日用料理抄』（一六八九）には、塩漬、砂糖漬、南蛮漬、浅漬、一夜漬、甘酒漬、粕漬、あま漬などの作り方があり、『四季漬物塩嘉言』（一八三六）には六十四種の漬物が記載されている。『四季漬物塩嘉言』の著者は花笠文京という江戸の漬物問屋小田原屋の主人で、その序文の中に「料理本膳の手厚き　二汁三汁を椀に盛り　五菜七菜の器を並ぶるとも　香の物なき時は立派な行列に押《おさえ》なく　お座敷狂言に祝儀をつけざるが如し」と、どんなご馳走も漬物を欠くと物足りないものになることを述べている。

幕末の『守貞謾稿』によると、三都（江戸・京都・大坂）とも漬物売りが多く、天秤棒でかついで売り歩いた。京坂で漬物売りを茎屋とよぶのは昔は茎漬を売っていたからであるが、現在は塩漬、ぬか漬、粕漬も売っている。江戸では漬物屋とよび、漬物のことを香の物とか、香々《こうこう》という。また塩漬を塩押という。塩とぬかに生大根、生茄子、瓜などを漬けたものを京坂では浅漬といい、江戸ではぬかみそ漬という。そのほかの糀漬、辛漬、みそ漬、梅酢漬などは三都とも同名である。近年は冬に大坂から天王寺蕪の漬物を、京都からは水菜（壬生菜《みぶな》、糸菜ともいう）の漬物を、江戸の知人に贈る者が多く、江戸の人々に賞味されている。乾大根を塩糠で漬けたものは、京坂では香の物あるいは香々とよび、江戸では沢庵漬という。京坂では香々を毎冬自家で漬けるが、江戸市民は沢庵漬を自家で漬けず、煉馬《ねりま》村の農家に委託して漬けたものを買っている。

また近年江戸の京橋北にある川村与兵衛という漬物屋が、いろいろの漬物を薄く切り、数種類を折に詰め合わせて売っているが、菓子折のように美しく贈答品に用いられており、小さい折で百四十八文ばかりする。江戸の漬物屋は、菜の塩押《しおおし》、沢庵漬、茄子塩押、茄子酒粕漬、大根酒粕漬、大根や生姜の梅酢漬、梅干漬、同紫蘇葉、らっきゃう漬などのほか、嘗《なめ》みそや煮豆も売っている。『守貞謾稿』はこのように、上方と江戸での漬物の名称の違いや、漬物屋について詳しく記している。

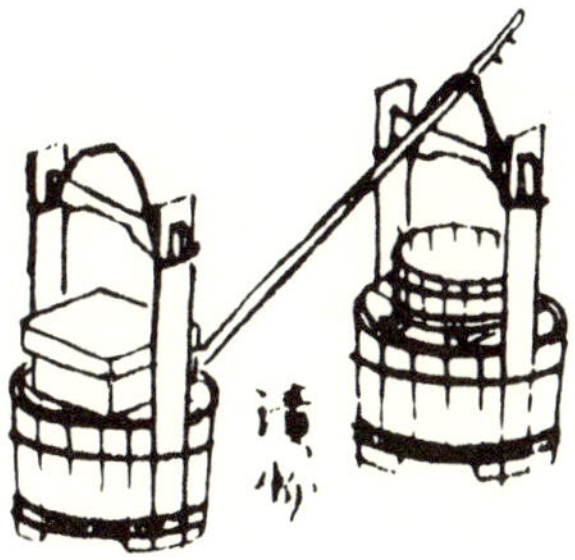

漬物の荷（『守貞謾稿』より）

## あさづけ【浅漬】

短期間漬ける保存を目的としない漬物。現在はいろいろな野菜を材料とするが、江戸時代は主として大根を用い、塩のみで漬けるものと、塩と麹《こうじ》で漬けるものとがあった。

出典 ①『料理塩梅集』地の巻 ②『合類日用料理抄』巻三 ③『料理網目調味抄』三巻 ④『黒白精味集』上巻二 ⑤『料理山海郷』二 ⑥『料理調法集』漬物の部 ⑦『四季漬物塩嘉言』 ⑧『漬物秘伝集』

①大根百本に糀五升　塩一升入申候　大根成程大き成を青身を去り　水にて能《よく》あらひ干申候てそのまま漬申候　大き成石五つ押に置く　五日程過候へばふたの上に水一寸程上り申時分石一つ取り　又五日過候へば一つ取り　又五日過候へば一つ取る　以上三つ取候得ば残二つは二十七八日程過る頃迄よく御座候　その後は石一つ不断置き申候

『食物知新』より

## あちゃらづけ【阿茶羅漬・阿茶蘭漬】

現在は野菜類の酢漬で、唐辛子を加えた甘酢に大根、蕪、その他の野菜を細かく刻んで漬けたものをいうが、江戸時代には魚介類のみのものや、魚と野菜を併用したあちゃら漬があった。語源はペルシャ語の漬物の意味のアチャールであるという。↓：すづけ

出典 ①『料理網目調味抄』三巻 ②『黒白精味集』上巻三 ③『料理山海郷』四 ④『料理調法集』漬物の部 ⑤『四季漬物塩嘉言』 ⑥『漬物秘伝集』

①酢をいりあつきに漬る　酢一升塩三合　なすび　はじかみ　めうがのこ　はす　牛蒡　塩鯖　いわし　貝類

②酒一盃　醬油一盃　酢一盃　右三色せんじ合せさまして万《よろず》魚を作り漬置也　鰹　いなだ極上也　蛸は湯煮漬申候　鮑《あわび》はかろく一塩して漬てよし　ひしこ漬てよし　茄子　せうがなど漬合せてよし　海鼠《なまこ》はいりこにして漬てよし

## あまづけ【甘漬】

麹《こうじ》と飯と塩を合わせたものに、茄子《なす》、大根や魚を漬けたもの。麹漬にくらべて飯の糖化により甘味が強い。

出典 ①『合類日用料理抄』巻三、巻四に「鮎甘漬」

②『黒白精味集』上巻二に「茄子甘漬」、上巻三 ③『料理調法集』に「甘漬魚」 ④『景山香物百珍』に「茄子甘漬」

①茄子《なすび》あま漬　中の茄子百個　黒米六升　かうじ六升　右の米つねの醴《あまざけ》の如く飯にして糀《かうじ》と合せ桶におしつけ一夜置申候　水は少も入れ申さず　明る昼時分に塩六升入れ銅《あかがね》のせん屑五匁ほど入れ塩と交《まぜ》合せ　茄子のすれ不申候様に漬置申候

②鮭の甘漬　糀一升　黒米一升飯にたき　右二色合せ塩喰塩に入れよく合せ　魚を鮓の如く切り　常のすしの通りに漬　押はすしより軽くして吉《よし》

『食物知新』より

**いんろうづけ【印籠漬】**

白瓜《しろうり》やきゅうりの両端を切り中身をくり抜き、紫蘇の葉、青唐辛子、みょうがなどを押し入れて薄塩で漬けたもの。切口の形が印籠（腰に下げる長円筒形の小箱で、もとは印判を入れるもので江戸時代は薬を入れた）に似ているところからの名という。

出典『四季漬物塩嘉言』
醬瓜《まるづけ》の跡先を切り中実《なかご》をくりぬき　その中に穂蓼《ほたで》　紫蘇の葉　若生姜　青とうがらし等を押し入れ　甘塩加減にして圧《おし》強く漬るなり　六七日たてば喰ごろなり　瓜へとうがらしのから味移りて至極よし　輪切にしたる所印籠に似たるゆへ名づくるものか　又言う胡瓜もかくの如くするもよし　歯切《はぎれ》ありてまるづけ瓜におとらず

**うずまきづけ【渦巻漬】**

きゅうりに唐辛子を加えて塩漬にしてから一日ほど日に干し、一本ずつ渦巻状に巻いて、ぬかと塩で押をかけて漬けるもの。十五日ほどたって小口から切って用いる。

出典『四季漬物塩嘉言』
胡瓜の季《すえ》のころ唐辛子を沢山に入れて甘塩に圧《おし》をかけて漬置き　水十分に上がりたる時二つには割らず立に庖丁目を入れて中実《なかご》をすき取る　一日天日にほしてよくさまし置き

片はじよりしつかりと巻き竹の皮をさきて解けぬようにまきしめ　糠《ぬか》五升に塩一升を合せ沢庵漬の如くつけこみ　しつかりと押をかけて漬るなり　十五日程たてばよし　糠を洗ひ結び目をときて木口より切《きる》に ◎ の如し　味辛く甘くして歯切れよし

## うめぼしづけ【梅干漬】

梅の実を塩漬にしてから夏の土用に日干しにし、塩漬によって梅から浸出した梅酢に漬ける保存食品。平安時代に伝来した中国の農書『斉民要術』にある「白梅」の作り方が梅干とほぼ同じであり、梅干の名は鎌倉初期の『世俗立要集』にも見られる。赤紫蘇を加えて赤くすることは江戸後期からのようであるが、梅干を紫蘇の葉で包むことは『本朝食鑑』（一六九七）にもみられる。

出典　①『合類日用料理抄』巻三　②『料理私考集』　③『黒白精味集』上巻三　④『四季漬物塩嘉言』

①梅干の方　梅の少し色付たる一斗に塩三升まぜ桶へ入れ水をひた〳〵に入れ一夜置く　昼は日に干《ほ》し夜は右の塩水の中へ入れ置く　いく日も梅の和《やわらか》にしわのより候ほど干し申候　さてよくよく干《ひ》あがりたるを竹の皮に包置候

『広益国産考』より

④梅干漬　梅の実のよくいりたるを一時《いっとき》［二時間］ばかり水に浸して洗ひ　梅一斗に塩三升紫蘇《しそ》の葉多少見はからひて漬るなり　はじめは押を軽くして梅に塩しみたるに従ひ段々押を強くかけるなり　十四五日又は二十日を経て日和《ひより》よき日を見定め簀《す》へあげて日に干すなり　当座喰には一日か二日ほして器にたくわふ　年久しくかこひおくには一日ほして夜は梅酢《うめず》に漬置き又翌日ほすなり　かくすること三日にしてそれより四五日ほしあげてからびるほどになりて

壺に入るべし　たとへ十年二十年に及ぶとも味かわること
なし　梅干の艶もよく風味格別なり

**かすづけ【粕漬・糟漬】**

魚鳥肉や瓜などの野菜を酒粕に漬けたもの。肉類は一夜塩をしてから、野菜類は生干しまたは下漬をしてから粕につける。古くからある漬物で『延喜式』にも糟漬の冬《とう》瓜《がん》、瓜、茄子《なす》がある。↓∴ならづけ

出典 ①『料理物語』第二十　②『江戸料理集』四、六　③『合類日用料理抄』巻三　④『料理網目調味抄』三巻　⑤『料理早指南』初編　⑥『料理調法集』漬物の部　⑦『四季漬物塩嘉言』に、なた豆、守口大根、花丸瓜、すいか、わさび、つくし、へちま、十六さゝげ、梨、柿の粕漬。

①鮒のかす漬は一夜塩して粕に漬け、押《おし》を強くかけよし
五日六日のうちによし

②粕漬には　あゆ　さけ　ゑび　かど［にしん］　いわし
たい　ます　万《よろず》貝類　浮木《うきき》［まんぼう］　ふな　ぼら　ま
なかつお　しまあじ　取合には海月《くらげ》　唐海月　蕪骨《かぶらほね》［鯨の
頭部の軟骨］　海茸《うみたけ》　ほや（四）

粕つけは粕に塩を喰塩に三割も余程もよくまぜて万《よろず》漬
たるがよきか（六）

③茄子粕漬　一斗入桶に茄子一ぱい塩一升五合水三升入れ
二日程おもしをかけ塩しみて粕一重置く　粕の見えぬほど
に塩ふりその上に茄子をならべ　又塩ふり粕一重置き皆々
つけ申候時おしつけ　上に塩五ふり風の入不申候やうに口
を張置申候

④糟漬　鯛　鱸《すずき》　鮑《あわび》　みるくひ［みる貝］　うみたけ一夜塩
し　かわかしてかすに塩合せ漬る　鳥はひばり　うづら
鴨

**かびたんづけ【かびたん漬】**

油で揚げた魚を、葱や唐辛子を加えた合わせ酢に漬けたもの。南蛮漬とほぼ同じである。かびたんはカピタンで、江戸時代に日本に来たヨーロッパの船の船長をさし、かびたん漬は異国風漬物をいう。かびたん和《あえ》、かびたん膾《なます》も材料を揚げてから漬けるが、かびたん漬は材料を油で油で揚げたり炒めたりしているので、油を用いるのが異国風だったらしい。↓∴なんばんづけ

出典 『素人庖丁』初編

鰯かびたん漬　常のごとく首　黒わたをよく取り白焼きにして胡麻の油にて揚げる　わり葱さつと湯がき　椎茸細ぎり　木くらげ　とうがらし右の類ひとつにして　三盃酢或は二盃酢に漬おくなり　日数もちても味かわることなし　同じくは朝に漬たるを昼後に用ゆれば風味ことの外美なり

**かまくらづけ【鎌倉漬】**

「沖漬」ともいう。小鯵、小鱚《きす》などの新鮮な小魚類を、頭、鰭《ひれ》、内臓などをとり、酢、酒、塩を煮立ててさました合わせ酢に数日漬けたもの。昆布、椎茸などの鎌倉漬もある。

出典　①『新撰会席しっぽく趣向帳』四五月　②『料理調法集』漬物の部「沖漬」

①鎌倉漬随分よき上酢一合　古酒一合　上醤油煮立さまして一合　三色等分に合し　鯛を身どりて半日ほど漬おく也　又醤油にては肴色付いやしきゆへ焼塩を用ゆる法あり　この時は上酒一合五勺　上々酢一合　焼塩三勺なり

**かみなりぼしうり【雷干瓜】**

白瓜《しろうり》の両端を切り中の種をくり抜き、中心に細竹を通し

捨小舟（左下）と雷干瓜（『四季漬物塩嘉言』より）

て斜めに螺旋《らせん》状に長くつなげて切り、一晩塩押しして翌日一日くらい日に干す。適宜に切ってみりん、醤油、酢などに短時間漬ける。干した形が螺旋状で稲妻に似ているところからの名らしい。

出典 ①『料理通』二編「四季香の物の部」 ②『四季漬物塩嘉言』

②まるづけ瓜［白瓜の異名というが不明］の中実《なかご》をぬき長くむきて一夜塩押して翌日日にほすなり　其座にむきて塩をふりて干す事もあれどそれは当座喰の料なり　一夜おしてほせばちぎれもせず永くつながりて　瓜一つが一筋になりて能《よく》干あげて一筋づつ結びおくべし　久しく囲ひ置くには白瓜を上品とす　丸づけよりは皮もやわらかく漬りやうもはやし

**くきづけ【茎漬】**

大根、蕪などを葉とともに塩漬にしたもので、現在は京都付近での呼び名になっている。くき漬の名は室町時代からあるが、当時の作り方はわからない。「くもじ」ともよばれ、「きざみ漬」ともいう。

出典 ①『料理網目調味抄』三巻 ②『四季漬物塩嘉言』

①茎漬　京の口細《ほそ》大根　江州の柳大根　蕪は東近江長蕪漬様常のごとく麴《こうじ》を袋に入れ　桶一つに四五共に漬てよし出してあらわず

②きざみ漬　上方にてはくもじといふ　又くき［茎漬］ともいへり　沢庵大根の茎を干葉《ひば》にして多くたくわへおきて惣菜に遣《つか》ひ汁の実にすべし　右の茎の中よりやはらかき若かぶを選《え》りおきてよく洗ひ　小一寸位に刻みて大根を短冊にうちて　茎を等分にまぜて　醤油樽一杯ならば塩一升ばかり入れてよくもみ　手ごろなる押石《おしいし》をかけて漬《つけ》るなり　十余日過《すぎ》てざつと洗ひ　醤油をかけて当座喰にすべし　なま漬は無用なり　すこしつきすぎたる方がよろし

**こうじづけ【麴漬・糀漬】**

麴と塩を主材料とした漬床《つけどこ》に野菜や魚肉を漬けたもの。

出典 ①『黒白精味集』上巻二 ②『料理早指南』三編に「塩引鮭糀漬」 ③『素人庖丁』二編に「まな鰹糀切漬」 ④『料理調法集』漬物の部 ⑤『四季漬物塩嘉言』

①茄子糀漬　糀二升塩一升茄子見へぬ程ふり漬て押を置く甘漬の如くにて春迄よく持也

④糀漬　何魚にてもおろしよき程に切り塩強くして　糀に酒と水等分にしてひたひたに致し右の魚を漬け外に塩を入れずしてよし
⑤麹漬　醴《あまざけ》麹三枚に味淋酒《みりん》一升をかけてねかし置く　干《ほし》瓜に塩押茄子　干大根などを刻みこみ紫蘇《しそ》の実　生姜　とうがらしも少しずつ加へ　よくつきたる時に賞翫《しょうがん》すべし　これ漬物の醍醐味ともいふべし

**しおから【塩辛】**

魚介類の内臓、肉、卵巣などを塩漬けにし、自己消化を起こさせて熟成させたものの総称。塩辛の名は『日葡《にっぽ》辞書』（一六〇三）から見られ、それ以前の室町時代には「なんし物」「なつし物」「なし物」などと呼ばれて、江戸初期の『料理物語』（一六四三）には「なし物」とある。内臓を用いたものに鮎の「うるか」、海鼠《なまこ》の「このわた」、卵巣を用いたものに雲丹《うに》塩辛、鮎の「子うるか」、内臓と肉を用いたものに烏賊《いか》塩辛、海鞘《ほや》塩辛などがある。

出典　①『料理物語』第十六　②『合類日用料理抄』巻四　③『黒白精味集』中巻五　④『万宝料理秘密箱』二編巻三に塩辛の部

①なし物には　鯛の子　同わた　鯖の背腸　ふくだめ［とこぶしの塩辛］　鰯　うに　うるか　同子　なる子［めばるの卵巣の塩辛］　鴨のわた　鮭のわた　はらら［すじこ］　しつき［志築《しつき》かますの塩辛、志築は淡路島の地名］　鰹たゝき　ひばり　うづら　此《この》ほかいろいろ有り
②切鱁《うるか》　鮎をよく洗ひ成程薄く背越《せごし》に切り尾頭先《をかしらさき》は除《の》け腸《わた》も子もそのまま置き鮎のかさ一升あらば塩五合まぜ申候　少しも水け無之塩よく候　手にて何べんもむらなき様にもみ合せその後桶におし付け置き申候　切鱁は沢山に漬け申ほどよき物に候［ほかに取交鱁　蜊《あさり》塩辛　蛤塩辛あり］
③塩辛類　海鼠腸《このわた》　海栗《うに》　子うるか　鯛子塩辛　惣《そう》じて名物の塩辛用ゆる也

**しおどり【塩鳥】**

塩漬にした鳥。江戸時代以前から鳥肉の保存法として作られ『日葡《にっぽ》辞書』にもある。鶴、鴨、雁、雲雀《ひばり》が上等で、次が雉《きじ》、山鳥、白鳥であり、夏季におもに汁として用いられた。寒に作ると一年は味がかわらないという。

出典　①『合類日用料理抄』巻四　②『料理私考集』③『当流節用料理大全』④『料理網目調味抄』三巻　⑤

『伝演味玄集』二ノ下 ⑥『黒白精味集』上巻三、下巻十一 ⑦『料理早指南』三編 ⑧『漬物類集』

①万鳥塩の仕様 白鳥鴈鴨《がんかも》そのほか何鳥にても汁をよく取り としりを切捨三つにおろし胴がらを除《のけ》 尤《もっとも》油皮を付足ともに付塩に仕候 塩俵に巻て置申候 又遠路へ遣《つかは》し候には鳥のすれあひ不申候様に塩にて桶に漬申候 料理の時そのまま洗い油皮を付ながら塩を出し候て遣ひ候

**しおびき【塩引】**

魚を塩乾して保存するもの。室町初期成立といわれる『庭訓往来』にも越後塩引があり古くから作られた。江戸時代料理書の塩引はおもに鮭、鱒で、鮎の場合もある。『本朝食鑑』（一六九七）の作り方を要約すると、「鮮鮭《なま》の鱗、鰓を去り腹をさいて内臓を除き、洗ってから子胞《はら》[卵巣]を充填して腹口を封じ塩水に一昼夜漬ける。これをとり出して一、二日陰ぼしにし、また塩水に漬けて陰ぼしにする。乾いたら藁《わら》で堅く包んでつるして一カ月ほど陰ぼしにする。これを子籠《こごもり》とよび、腹に子をつめないものが普通の塩引である」。鮭塩引の料理法には膾《なます》、水《みず》和《あえ》、汁、焼物、炮烙《ほうろく》焼、麹漬《こうじづけ》などがある。

出典 ①『合類日用料理抄』巻四 ②『本朝食鑑』鱗介部の一 ③『黒白精味集』下巻十一 ④白蘆華『料理集』 ⑤『料理早指南』三巻 ⑥『漬物類集』

①子なし鮭の塩引 奥州《おうしゅう》 鮭腹をあけ内外《うちそと》より塩をしてこもに包み七日置《おき》 八日めに塩を洗《あらい》落し家の内に釣置候 塩引をかたく仕候には風にふかせ申候 和《やはらか》に仕候はこもに包み申候

③塩引鮭上也 越後仙台子籠《こごもり》共に上也 鮭の開《ひらき》 乾《から》鮭松前上也 水戸塩鮭主小炙物 酒浸 南部水戸中也 惣《そう》じて善悪《よしあし》有

**すづけ【酢漬・醋漬】**

魚介類や野菜類を酢に漬けたもの。室町初期といわれる『庭訓往来』にも「茗荷《みょうが》の醋漬」があり、現在もらっきょうや生姜などの酢漬が作られ、歴史が長い。↓：あちゃらづけ

出典 ①『料理物語』第十六 ②『料理私考集』 ③『料理網目調味抄』三巻 ④『黒白精味集』下巻八 ⑤『料理山海郷』一 ⑥『四季漬物塩嘉言』に巻漬、阿茶蘭漬、薤《らっきょう》三杯漬、葉附小大根三杯漬などの酢漬あり

梅酢づけ（『精進献立抄』より）

①酢漬には　めうが　生姜　梅　山もも　竹の子　防風
うど　はす　人参　穂蓼《たで》　山椒　しそ　またたび　このほ
か色〳〵但酢一升に塩三合入れよし
②酢漬け仕様　上々酢一杯　古酒一杯　醤油一杯　右三色
一泡わかし蓋茶碗へ入れさまし　生魚いづれにても作り入
れ申候　入れ候度々塩少しづつ加える　葉生姜切りて　茗
荷の子切りて　この二色は日に干し水けを去り入る　猪口
物に成り申候
④酢漬の法　酢に塩を入れめうがせうがなど漬置候へばそ
のまゝかび申也　からしの粉を布に包入置けば　いつ迄も
かび不申候

**すておぶね**【捨小舟】

白瓜を二つ割にして種のある部分の中身をとり、塩をして天日で干して保存し、必要な時にみりんに浸して食べるもの。二つ割の瓜の姿が小舟に似ているところからの名。

出典　『四季漬物塩嘉言』

越瓜《しろうり》を二つに割り中実《なかご》［種のある部分］をよく取り　塩を盛て日にほしあげ　水をこぼさずしてほしつける　六七日もほしてからびたる［ひからびる］時に重ねて　壺やうな器

『四季漬物塩嘉言』より

にたくわふべし　冬の中より春へかけて味淋《みりん》に浸しおき珍客にもてなすに妙なり　当座喰には一日干《ほし》て程とす　誰やらが　夕立や干瓜の身を捨小舟　といふ句によりて名づけしとぞ

**せんまいづけ【千枚漬】**

江戸時代の千枚漬は紫蘇の葉を何枚も重ねて、みそ漬や塩漬にしたもの。現在の千枚漬は京都名物の漬物で、聖護院蕪の薄切りを塩漬にしてから昆布や唐辛子を添えて、みりんを振りかけて漬けるが、これは慶応元年（一八六五）に始まるという。

出典　①『料理山海郷』一　②『四季漬物塩嘉言』

①しその葉何枚も多く重ね塩漬にする　押《おし》おもくかけて厚さ二分ばかりになるほどして四方を去り　肴又香の物に用

『食物知新』より

ふ
②紫蘇の葉を一枚づつよく洗ひ　百枚二百枚段々と重ねて麻糸にてとぢ　ざつと湯をくゞらせて板にはさみて水気をとくとしぼり　味噌桶の底に並べて竹をわりて動かぬ様におさへおくなり　みその溜《たまり》自然としみわたりて　日あらずして漬くなり

**だいこんはやづけこうのもの【大根早漬香物】**
大根に熱湯をかけてから、酒を少量ふり塩漬にすると短時間に漬け上がる。香の物が欠かせなかった時代の工夫である。

出典　『大根料理秘伝抄』
大根長さ三四寸に切り竪《たて》に三つ切りにして桶に入れ上より熱湯をかけ　あつき内に取出し外の桶に入れ　塩沢山にふり酒を少し打ち押石《おしいし》かるめにかけておく也　半時［一時間］ほどに上々の香物になる也　又糠《ぬか》みそへ入るもよし

**だいこんひゃっぽんづけ【大根百本漬】**
干し大根に塩、ぬか、麹《こうじ》を加えて漬けるもので、沢庵漬の前身といわれる。大根百本は酒の四斗樽一つに入る量であるところから、百本漬とよぶようである。

出典　『料理塩梅集』天の巻
大根百本漬　こぬか漬と云う　大根百本　糀一升　塩三升　こぬか一斗　右三色合《あわせ》置きて　［大根を］よく日にほす也　干し過《すぎ》候程にほし　大根一重一重に右の三色の合たるを置き置きして　蓋して石おもし置く也　冬漬《つけ》候は夏きれめの時用ゆがよし　喰候には十日程にはよし　惣じて取り出す時　水気入らざるやうにして取り出すよし

**たくあんづけ【沢庵漬・宅庵漬・宅安漬】**
ぬか漬の代表的なもの。生干し大根に塩とぬかを加え、重しをして漬けるもので、塩の量を加減することで漬け期間は三カ月から三年くらいのものもある。語源については品川東海寺の沢庵和尚（一五七三―一六四五）の考案によるためとか、和尚の墓石が丸くて漬物石に似ているからとか、たくわえ漬の転じたものとか諸説ある。『守貞謾稿』によると、江戸は火災が多く、空地が少ないので漬物樽の置場所がなく、江戸の人々は毎冬一年分の沢庵を煉馬《ねりま》村の農家に注文して漬けておき、農家では出来た沢庵を何回かに分けて注文主に届けたが、京坂

『四季漬物塩嘉言』より

（京都・大坂）では必ず自家製にしたという。→∴ぬかづけ

出典 ①『料理私考集』②『料理網目調味抄』三巻 ③『黒白精味集』上巻二 ④『料理調法集』漬物の部 ⑤『四季漬物塩嘉言』⑥『漬物秘伝集』⑦『景山香物百珍』

①大こんたくはひ漬　大根百本　上跡先そろひたるを青み細みを切り　二十日ばかり軒につるし干し霜雨掛らざる様致し　しなひたる時　ぬか五升　次かうぢ二升　塩二升五合　右大根ならべ　ぬか　かうぢ　塩ふり付くる　押し石一つ掛くる　右の積りをもつて大根何ほどもつけ申候

②沢庵《たくわん》漬　武州のねりま尾州みやしげ大根二十日ばかり干て　ぬか一斗塩三升麹《こうじ》三升に漬押かくるから漬也　水出ればとりから漬也

③宅庵漬　中大根百本しわのよる程干て糠《ぬか》一斗塩三升合せ漬る也　押を強くして水上りたる時一二日押取り　水引たる時押を軽くして三十日余にて口を明けつかふ也　春早くあたたかに成べき年は塩五合もたし入る　三月末迄ももつ也　是本法也

## どぶづけ【酴醾漬】

『料理網目調味抄』（一七三〇）には、どぶ漬はどぶろくにぬかみそを混ぜたもの、または酒粕に白みそを混ぜたものに野菜を漬けるとあるが、『四季漬物塩嘉言』（一八三六）にはぬかみそ漬のこととあり、現在でも関西ではぬかみそ漬をどぶ漬ともよぶようである。江戸時代中期ごろまで調味料として用いられた「どぶ」は、酒粕を搾《しぼ》った汁や酒粕の水ときであるから、どぶ漬ははじめは『料理網目調味抄』に記載されたようなもので、時代とともにどぶろくや酒粕を用いなくなり、現在のぬかみそ漬と同じものになったと考えられる。→どぶ［調味料］、ぬかみそ［調味料］、ぬかみそづけ

出典　①『料理網目調味抄』三巻　②『四季漬物塩嘉言』

①酴醾漬　どぶろくに糂汰《じんた》［ぬかみそ］を交《まぜ》漬るもよし　粕に白豉《しろみそ》合ても　瓜　なすび　大こん　はじかみ何《いず》れも水けを去りて漬る

## なすびしおおしづけ【茄子塩圧漬】

茄子の塩漬。色よく漬けるための、当時の工夫が見られる。

出典　『四季漬物塩嘉言』

茄子色よくつけんと思はば　塩に川の砂をまぜて漬《つく》れば艶よくつくものなり　又明礬《みようばん》をすこし入れてもよし　皆当座喰の料なり　久しくかこひ置くには塩沢山入《いれ》て　圧《おし》を強くかくれば永くもつ物なり　又沢庵漬の中へつけこむ茄子は　一度塩押してよく水をあげたる時塩水をこぼし捨て　一日ほしてふたたび塩をして圧を強くかけて　あげたる二度めの水をこぼさぬやうにしてたくわへ置く時はいつまでも持《もつ》なり

## なづけ【菜漬】

漬け菜を塩、または塩と麹で漬けたもの。漬け菜は植物学的にはアブラナ群、カブナ群、体菜群、ハクサイ群その他の総称であるが、呼び名が混乱していてわかりにくい。

出典　①『料理私考集』　②『四季漬物塩嘉言』

①菜漬の方　漬け菜　枯葉折葉を去り　かぶをそのまゝ付けこそげ　大は割付け四五本ずつ藁にて軽くたばね　よく洗ひ水をたらし　糀《こうじ》三升　塩三升右二色もみ合わせ　前

の菜ならべふりかけ段々つくる　押しをかけ菜減《へ》りよし　またその上へ菜をつけたす　糀　塩段々ふり候　右は四斗樽に菜一ぱいつけ積り　また糀を入れず塩ばかりにてつけ口を明けずに置く　四五月まで持ちかわり申さず候　糀入れ候へばかわり候

**ならづけ【奈良漬】**

野菜の粕《かす》漬で、白瓜、茄子《なす》、大根などが主材料である。奈良地方で作られ始めたところからの名で、安土・桃山時代の記録にも奈良漬が見られる。↓∴かすづけ

出典　①『万聞書秘伝』　②『料理網目調味抄』三巻　③『黒白精味集』上巻二　④『素人庖丁』二編に「ごぼう奈良漬」　⑤『料理調法集』漬物の部　⑥『四季漬物塩嘉言』　⑦『景山香物百珍』

②奈良漬　白瓜を吟味して常の如く割《わり》　中を随分深く取り瓜に塩厚くして干す事一時［二時間］ばかり　塩水をとり瓜を冷し　糟《かす》に喰かげんの塩を合せ　糟一貫匁に瓜二つの積《つも》り　桶の底にぬかに塩まぜ大分に敷けば水気ぬかにしたたり瓜いつ迄もかたし　桶に合せ中蓋をして度々に押付置べし　そのほか漬様品々有り　瓜　なすびなど漬交るは悪し　大根　茄子　蓮根皆糟漬

**なんばんづけ【南蛮漬】**

現在は油で揚げた魚を、ねぎ、唐辛子を加えた合わせ酢に漬けたものをいう。江戸時代の南蛮漬は、酢、酒、塩を合わせて一度煮立てた合わせ酢に生の魚を漬けており、出典②のしっぽく料理の南蛮漬のみが、魚を油で揚げてから合わせ酢に漬けている。名称は外来の料理法のためと考えられる。↓∴かびたんづけ

出典　①『合類日用料理抄』巻三　②『卓子式』　③『万宝料理秘密箱』二編　④『鯛百珍料理秘密箱』上巻「南蛮漬鯛の仕方」　⑤白蘆華『料理集』

①酢三盃　古酒二盃　塩一盃　右三色合せ　炭の火にて二沫《あわ》ほどせんじよくさまし　鮎そのほか川魚小鰯　ほうづきせうが　くらげそのほかいろ〳〵漬け申候

②魚なんばんづけ　小魚は全物《まつたきもの》　大魚は三四寸四方に切り油あげ　酢醤油酒を合せて漬るなり　とうがらし　にんにく入る

**にっこうづけ【日光漬】**

日光唐辛子という。塩漬の唐辛子を紫蘇の葉で巻いたもの。『精進献立集』（一八一九）に「日光唐辛子は漬物屋

『食物知新』より

にあり」とあるから、それ以前から作られていたようである。

出典 ①『精進献立集』初編 ②『四季漬物塩嘉言』

②種抜蕃椒《たねぬきとうがらし》日光漬 赤とうがらしと縮緬《ちりめん》紫蘇《しそ》の葉共に塩押にして一日ほして 蕃椒を立《たて》にわり種をぬき細く切りて紫蘇の葉をのばして巻き 少しばかり塩をふりて押をかけ二十日ばかり漬けて後 水をしぼり天日にかわかして壺に蓄《たくわ》ふ

## ぬかづけ【糠漬】

米ぬかと塩で材料を漬け、重しをして長期間漬け込む漬物。塩の脱水作用と重しの圧力で材料から水分が浸出し、ぬかに含まれる酵素や酵母による発酵で旨味《うまみ》や香りが生じる。大根を漬けたたくあん漬のほか、鰯などの魚類のぬか漬もある。また江戸時代料理書にはぬかと塩に水を加え、重しを置かないぬかみそ漬と同様のぬか漬もあり、現在も地方によってはぬかみそ漬をぬか漬と呼ぶところもあるので、ぬか漬の中にぬかみそ漬を含むとも考えられる。→∴たくあんづけ、ぬかみそづけ

出典 ①『黒白精味集』上巻二 ②『料理伊呂波庖丁』五の巻

①茄子糠漬 こ糠一斗 塩一斗 水三升右三色合せ 九月時分の小茄子きずのなきを軸《じく》共に軸を上の方にしてすれ合わぬように漬 風引ぬようにしてよく蓋をして押は置かず／糠漬に土用前の青くるみよし 糸瓜《へちま》の若きよし 後に味噌粕に漬てよし ちさのとう皮をむき漬てよし

②糠漬茄子の皮はずい分薄く剝き ぬかに一夜つけ料理出さんすこし前にしらがに打ち盛り出すなり 糠をはなし間有レ之候へば 色かわり候間こゝろへあるべきことなり

## ぬかみそづけ【糠味噌漬】

米ぬかに塩、水を混ぜて熟成させたぬか床《どこ》に野菜を短期間漬けるもの。江戸時代の料理書でぬかみそ漬が見られるのは『料理私考集』（一七一二）からであるが、『本朝

食鑑』（一六九七）の糠漬の一種はぬかみそ漬と似ているので、元禄のころからぬかみそ漬はあったようである。おそらく調味料として用いられたぬかみそ（ぬか、麹《こうじ》、塩、大豆の煮汁を原料とするもの）に野菜を漬けたことが始まりで、時代とともにぬか、塩、水でぬか床を作るようになったと考えられる。↓∴どぶづけ、ぬかづけ、ぬかみそ[調味料]

出典 ①『本朝食鑑』穀部の二香の物 ②『料理私考集』③『四季漬物塩嘉言』

②不断遣《つか》い候ぬかみそ　寒の内降り候雪を煎じ壺へ入置き土用のうちに仕込む　二番ぬか一斗　塩四升　次麹二升　右三色　前の雪水にて堅くこね桶に入れ押し付け置き　やわらぎたる節　上下へさいさいかき廻し　時分の物何にても漬け候時に　見はからいに塩入れ申候　口伝　一、大根は一両日干し入る　一、はだな大根は湯をたたせその内に入る　少し置き上げさまし入る　ささげ　なた豆の類も右同断　一、なすびは度々に入れ色よく候　右の通り度々つけ候はばぬかゆるくなる　すいなうを入れ水すくい捨て候　時々新しきぬか　塩入れ候　又右の内へ朝夕遣い候みそかすを搾りて塩を加え　度々に入れ候はよく候

**はやみそづけ【早味噌漬】**

即席のみそ漬。江戸時代は長期間を要する漬物に対して、早みそ漬、早奈良漬など短期間で漬ける工夫がみられる。↓∴みそづけ

出典 ①『黒白精味集』上巻二 ②『大根料理秘伝抄』

①一夜味噌漬　味噌に酒少し入れ　大根わ切　茄子わ切　生が《しよう》　茗荷　夏大根葉附にして薄く切る　味噌にても漬る

②大根早踑《みそ》漬の仕方　浅漬大根を四つ割にして　長二寸位に切り　温《あたゝめ》酒に暫く漬おき冷たる時分に取出しみそに漬申候　但し押石をかけ候へば一時ほどに漬るなり　又一日一夜此通りに漬おけば一だんの風味也　但し出して洗ふはあしく候　紙にて拭《ふき》候て切るがよし

**ふくだみ【福溜・小貝醬・福多味】**

「布久太米《ふくため》」ともよぶ。小さな常節《とこぶし》（ながれこともいう）を、内臓とともに塩辛にしたもの。↓∴しおから

出典 ①『料理物語』第一 ②『料理塩梅集』天の巻雑物部 ③『料理無言抄』三巻

②ふくたみ塩辛　ふくたみ三つならば塩をふくたみ四つ程

『食物知新』より

の積りに入れ候　わた共に切こみ壺に入置き四五日して用る
③福溜《フクタミ》　小貝醬《フクタミ》　福多味《フクタミ》　布久太米《フクタメ》　コレヲ鰒《アワビ》ノ子也ト云フハ誤也　コレマタ一種別物也　一寸位ノ鰒ノ如シ　殻《カラ》共ニ塩辛ニシテ伊勢ヨリ出テ名産トス

**みそづけ**【味噌漬】

みそ床《どこ》に野菜類、魚介類、肉類などを漬けたもの。魚介類は薄く塩をふり余分な水分を除いてから、野菜は下漬をしてから漬ける。みそ床は漬ける材料によって赤みそまたは白みそを用いる。↓∴はやみそづけ

出典　①『料理網目調味抄』三巻　②『黒白精味集』上巻二　③『豆腐百珍』七十三　④『万宝料理秘密箱』二編　きすご、鱒、鮭、うるめ、太刀魚、赤貝の味噌漬　⑤『素人庖丁』二編　たち魚、たなご、うぼせの味噌漬　⑥『四季漬物塩嘉言』　⑦『蒟蒻百珍』に「こんにやくの味噌漬」　⑧『景山香物百珍』

①味噌漬　鳧《かも》　鳩　うづら　ひばりは日を経ても用　魚の切目に鯛は日を経ればしたるし［甘ったるくしつこくなる］
③味噌漬豆腐　押豆腐を美濃紙《みのかみ》に包み　味噌に一夜漬けおくなり　和調《てうみ》好みに随がう
⑥大根味噌漬　甘塩にして漬たる沢庵大根をよく洗ひ水気を布巾にて拭ひとり二時《ふたとき》［四時間］ばかり陰干《かげぼし》にして　たまりがちなる［たまりの多い］味噌につけるなり　一年たちて又洗ひ別の味噌に漬おけば何年たちてもその味《あぢわ》ひかわることなし　常々遣ふ小出しの味噌桶の底に入置くもよし［この他　しようが　ごぼう　うど　とうがんの味噌漬あり］

**もりぐちづけ**【守口漬】

おもに守口大根の粕漬をいう。守口大根は古くから摂津の宮前《みやのまえ》大根として知られた品種で細長く、『和漢三才図会』（一七一二）には長さ約二尺（六〇センチ）とあるが、品種改良などで現在は一五〇センチくらい、直径二センチくらいである。守口大根の名はこれを粕漬に加工した

河内国守口の地名による。現在は岐阜市付近で栽培され、守口漬もこの地方の名産になっている。

出典　①『黒白精味集』上巻二　②『大根料理秘伝抄』　③『四季漬物塩嘉言』

①森口漬　細大根百本かはりに葉だな大根を用ゆ　きらず五升　塩三升合せて漬　重き押を置き七月に至り取出し大根を一本一本奉書の紙にてふき粕へ漬る　花瓜十　きらず一升　塩五合入　瓜は丸にて跡先も切らずに漬　かろき押を置く　粕へ移す事右同前　大根瓜時節の違候と云へ共押置候て粕へ移す事同時にて大根瓜苦しからず　竹の子かぶの類塩かげんさりやくして［適当にして］漬て置き　粕へ移す事同前

③守口大根粕漬　大根に湯をくぐらせ一日日にかわかし粕に塩を少しまぜて漬てかるく押をおく

**やたらづけ【家多良漬】**

ひしお、みそ、醬油などに、いろいろの野菜を細かく刻み漬けたもの。やたらにいろいろの野菜を漬けるところからの名。→ひしお［調味料］

出典　①『四季漬物塩嘉言』　②『景山香物百珍』

①家多良漬　ひしほの塩をからめに作りおき　瓜　茄子とうがらしなどを刻み込漬るなり　沢庵大根の味少しかわりたるにても苦しからず　段々切てつけ込也　紫蘇《しそ》の実生姜もよし　瓜　茄子甘塩に押て水を切りて漬るはことさらよし

②青唐からし十本細かく致し紫蘇をよき程合せ茄子生前同断合せ二升へ塩二合二三夜漬　水上りにくば　さかおし致しつゆを取　みりん二つわりせうゆふ二合さつと煮立さまし置き　右のつゆにてかき合置候　何れも目張り致置候

**らっきょうさんばいづけ【薤三杯漬】**

らっきょうの漬物で、現在の甘酢漬に近い。

出典　『四季漬物塩嘉言』

らつきやう一斗　塩二升　生姜の葉大分入れて塩おしにして　圧《おし》をかけて水十分にあがり三十日ほどたちてその水をこぼし　しばらく水をかわかして砂糖蜜に漬《つけ》る　これも三十日すぐればよし　右の酸味《すみ》は持《もち》まへの酸味なれど　もし酸味薄き時は酸《す》少々入るもよし

江戸時代のおもな漬物（香の物）と出典一覧

| 分類 | 塩漬 | | | | | | | | | 味噌漬 | |
|---|---|---|---|---|---|---|---|---|---|---|---|
| 漬物名 | 菜漬 | 浅漬 | 茎漬 | 早漬 | 印籠漬 | 雷干瓜 | 千枚漬 | 日光漬 | 梅干漬 | 味噌漬 | 早味噌漬 |
| 出典 | | | | | | | | | | | |
| 合類日用料理抄 | | ○ | | | | | | | ○ | | |
| 料理私考集 | ○ | ○ | | | | | | | ○ | | |
| 料理網目調味抄 | | | ○ | | | | | | | ○ | |
| 黒白精味集 | ○ | ○ | | | | | | | ○ | ○ | ○ |
| 料理山海郷 | | ○ | | | | | ○ | | | | |
| 大根料理秘伝抄 | | | | ○ | | | | | | | ○ |
| 料理調法集 | | ○ | | | | | | | ○ | ○ | |
| 四季漬物塩嘉言 | ○ | ○ | ○ | | ○ | ○ | | ○ | ○ | ○ | |
| 漬物秘伝集 | | ○ | | | | | | | | | |
| 景山香物百珍 | | | | | | | | | | ○ | |

| 分類 | 粕漬 | | 酢漬 | | 糠漬 | | | 糠味噌漬 | | その他 | | |
|---|---|---|---|---|---|---|---|---|---|---|---|---|
| 出典 ＼ 漬物名 | 奈良漬 | 守口漬 | 酢漬 | 阿茶蘭漬 | 糠漬 | 沢庵漬 | 渦巻漬 | 糠味噌漬 | どぶ漬 | 麹漬 | 甘漬 | 家多良漬 |
| 合類日用料理抄 | | | | | | | | | | | ○ | |
| 料理私考集 | ○ | | ○ | | | ○ | | ○ | | | | |
| 料理網目調味抄 | ○ | | ○ | | | ○ | | | ○ | | | |
| 黒白精味集 | ○ | ○ | | | ○ | ○ | | | | ○ | ○ | |
| 料理山海郷 | | | ○ | | ○ | | ○ | | | | | |
| 大根料理秘伝抄 | | ○ | | | ○ | | | | | | | |
| 料理調法集 | ○ | | | ○ | | ○ | | | | | | |
| 四季漬物塩嘉言 | ○ | ○ | | ○ | | ○ | | ○ | | ○ | | ○ |
| 漬物秘伝集 | | | | ○ | | ○ | | | | | | |
| 景山香物百珍 | ○ | | | | | ○ | | | | | ○ | ○ |

# 加工食品類

歌川豊国画「豆腐田楽を作る美人」1801～03年頃
(財団法人 味の素 食の文化センター所蔵)

加工食品とは、食品の栄養価やおいしさを増したり、保存性を高めたりするために製造されるもので、広義では、すし類・めん類・漬物類・飲物類・調味料類も加工食品である。本書ではそれらは個々にまとめ、ここには大豆を加工した豆腐・納豆・湯葉など、海藻類を加工した浅草海苔・寒天・ところてんなど、魚のすり身を加工した蒲鉾やはんぺんなどの加工食品を主としてまとめた。

江戸時代は魚鳥肉類などの動物性食品は、一般にはハレの日のもので日常的なものではなく、蛋白質《たんぱくしつ》の給源は主として大豆製品であった。これらの加工食品は庶民の食生活には欠かせないもので、豆腐売りをはじめいろいろの物売りが独特のよび声で売り歩いていたという。

また加工食品とはいえないが、総菜用の煮魚や煮染など、すぐ食べられるように材料を煮て売る商売もあって、店を構えた煮売茶屋と、七輪などの熱源も持ち歩く行商の煮売屋とがあった。煮売屋がいつごろから始まったかはわからないが、寛文元年（一六六一）には防火のため火を使う煮売屋の夜間営業が江戸では禁止されているので、それ以前からあったものと思われる。その後、寛政十一年（一七九九）まで夜の煮売禁止令は繰り返されているので、煮売りの需要は多かったらしい。

煮売舟（長谷川光信筆『絵本御伽品鏡』より）

**あさくさのり【浅草海苔】**

江戸の浅草辺でとれる紅藻類アマノリの一種の名であり、また紙状にして干した製品の名でもある。海藻としての海苔は平安時代から食用にされ、「神仙菜《あまのり》」「紫菜《むらさきのり》」の名が『和名類聚抄』に見られ、鎌倉時代以降、甘海苔の文字が使用されている。浅草海苔の名は、江戸時代初期の『毛吹草《けふきぐさ》』に、下総国（千葉県）の物産として「葛西《かさい》苔《のり》　是ヲ浅草苔トモ云フ」とあるのが最初で、生海苔のままか、手で押し広げて干した状態のものであったらしい。浅草海苔の名の由来には諸説あって、室町中期に太田道灌が江戸城を築いたころは隅田川河口が浅草観音近くにあって海苔が採取されたから、品川や大森で採取した生海苔を浅草で乾燥製品に加工したから、品川や大森で製品とした海苔を賑わう門前町の浅草で販売したからなどである。紙状に漉《す》いて乾燥した浅草海苔が作られるようになったのは元禄のころといわれ、木や竹を海中に立てて海苔を付着させるヒビによる養殖が始まったのは享保年間（一七一六～三六）といわれる。海藻のアサクサノリはウシケノリ科アマノリ属の一種で学名はポルフイラテネラといい、明治三十五年（一九〇二）に岡村金

『江戸名所図会』より

太郎博士によってアサクサノリと和名が付けられた。現在は同じアマノリ属のスサビノリが多く養殖されて、浅草海苔の名で干し海苔やつくだ煮などに加工されている。なお、名の由来に記したように、浅草海苔は品川や大森など江戸湾南部でも多く採取され、乾燥製品ともされたので「品川海苔」ともよばれた。

出典　①『料理物語』第二　②『江戸料理集』五　③『料理網目調味抄』四巻　④『料理通』三編

①浅草のり　ひや汁　あぶりざかな
②品川のり　そのまま水に少《すこし》の内つけてあげ　石付をさり二つばかりに切て用べし　水に久敷《ひさしく》つけ置候へば　やわらか過てあしき物也
③甘海苔　吸物　炙物　浅草のり極品也
④干海苔《ひのり》せん　青海苔せん　品川海苔せん　何れもよくよくこまかにふるひ　製方《こしらへかた》は右と同断助炭《じょたん》[乾燥する道具]にて仕上る也

**あわゆきとうふ**【淡雪豆腐・泡雪豆腐】
淡雪のように軟らかい豆腐。料理書に作り方はないが『豆腐集説』（一八七二）から要約すると「直径三寸ばか

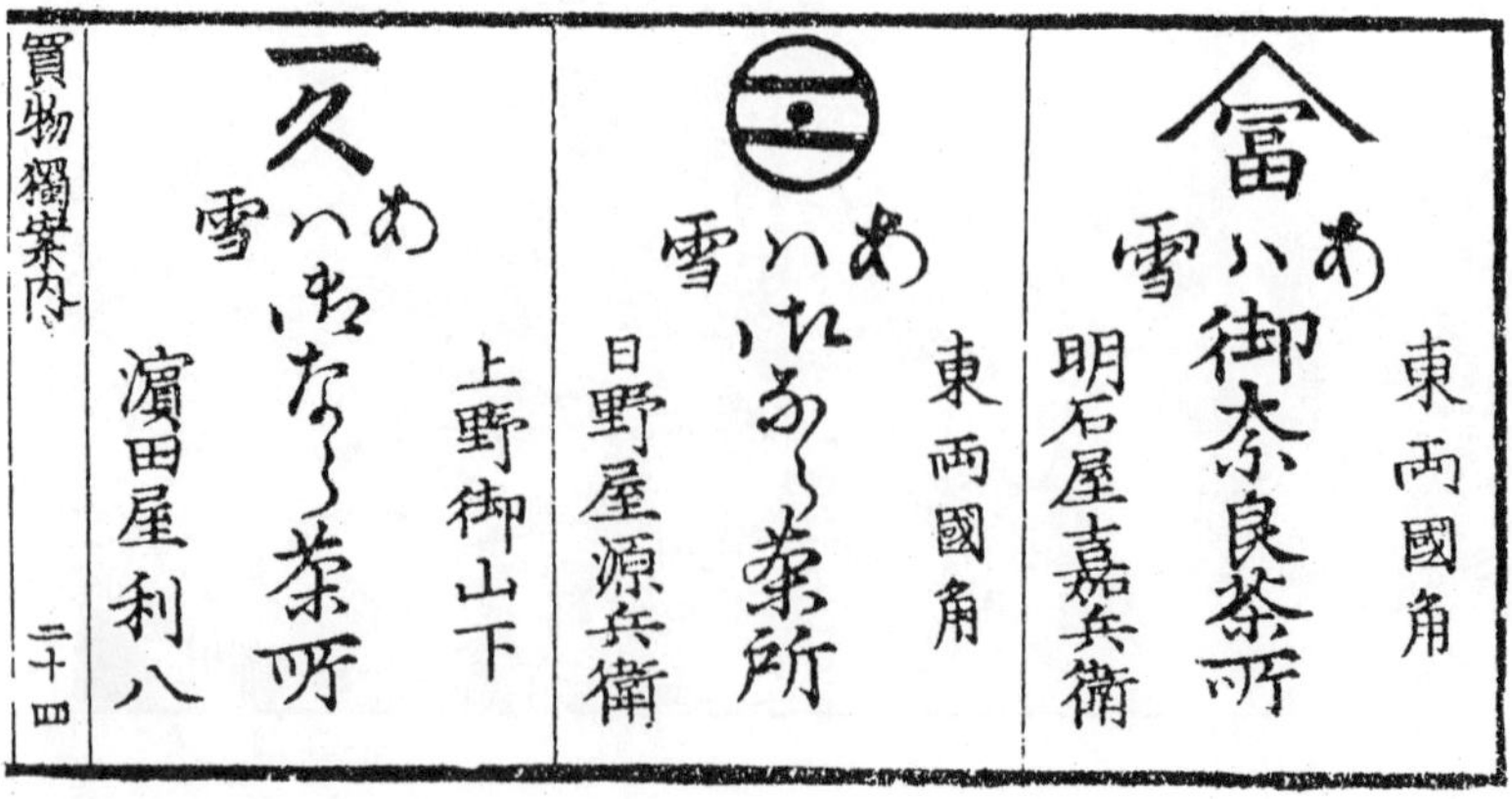

『江戸買物独案内』より

りの円筒形の曲物《まげもの》の蓋も底もないものを作り、上に布を敷いて中央をくぼませ、にがりを加えて凝固し始めた豆乳を入れ、圧石《おもし》を用いず円筒形に軟らかく作る。餡《あん》かけ豆腐にする」とある。『嬉遊笑覧』には享保のはじめに江戸両国の日野屋東次郎が浅草並木町で作り始めたが売れず、その後湯島切通しの山田屋権兵衛も売り始めたところ共に繁昌したとある。なお『豆腐百珍続編』には「いもかけ豆腐」を淡雪というとある。

出典 ①『豆腐百珍』②『豆腐百珍続編』豆腐雑話

①薯蕷《いも》かけ豆腐　やまのいもをおろしよくすりをき　かつほの出し汁醤油少ししほからめにし　くら〳〵と沸《にえ》たゝせ　大金《かな》しやくしにてすりいもをすくひ入れ　ふうはりとふくれあがるところをよそふ也

②いもかけを淡雪といふ

**あわゆきはんぺん【淡雪半片・淡雪半平】**

はんぺんの一種。魚肉のすり身に卵白を加えて泡立つようにすり、杓子ですくい取って沸騰した汁に入れて煮たもの。普通のはんぺんは魚肉のすり身におろしたやまのいもを加えて作るが、淡雪はんぺんは卵白の泡で軽く軟らかく仕上がる。↓∵はんぺん

出典 ①『歌仙の組糸』三月・汁 ②『献立部類集』上　二之汁部　③『早見献立帳』三月・汁

①あわ雪半へんは摺身へ玉子の白身ばかり沢山に入れ　酒《さか》塩《しお》少し水出しにてゆるめすり合せ　その上を茶筌《せん》にてたてあわになり候時　銅杓子《かなしやくし》にてすくひ直《ぢき》に煮て出す也

**いもしんじょ【芋糝薯】**

おろしたやまのいもに豆腐をすり混ぜて小麦粉を少し加えたものを、熱湯に杓子ですくい入れてゆでる。魚を使わない精進のしんじょである。

出典 ①『料理早指南』初編 ②『素人庖丁』三編 ③『料理通』三編

②いも真上《しんじやう》　これは山のいもを生にて皮をとりわさびおろしにてすりおろし　目のなれたるすりばちにてすりおろし　極上の葛《くず》粉を水にて解《とき》　少しづつ入れて程よく摺のばし借箱《かりはこ》に入れて蒸す　むしあがりてよく冷《さま》し　箱をはなしていかやうとも心まかせに切り　葛湯に酒をすこしおとしその中にて煮て　大平《おほひら》　菓子椀などに入れて　極上の葛あんかけて出す　又うす葛吸ものによし　わさび　すりせう

がなどを上に置くべし
③薯蕷をすり豆腐を摺交《すりまぜ》　極上の温飩《うどん》の粉すこし入れ　金杓子にてすくひ切湯煮をしてつかふ　随分やはらかにふつくりと製《こしら》ゆべし

**いりこ【煎海鼠・熬海鼠】**
内臓を除いた海鼠《なまこ》をゆでて干したもの。『本朝食鑑』（一六九七）にはその製法として海鼠の内臓をとったもの数百枚を空鍋に入れ、強火で煎《い》って汁が出て黒く焦げ硬くなったら取り出しさまし、串に十枚ずつさして藤蔓にかけて干す。これを串海鼠《くしこ》とよび、江東の海浜や越後ではこのようにして作る。海西《さいこく》の小豆嶋《しょうどしま》の産が最も大きく味もよく、薩州、筑州、豊前、豊後の産は極めて小さいが煮れば大きくなる。干した煎海鼠は三日ほど水に漬けてから軟らかくなるまでゆで、煮物などの料理に用いる。なお料理書の中には出典⑤のように、海鼠の内臓を除いて煎ったものを煎海鼠、さらに干したものを串海鼠として区別して記載しているものもある。
出典　①『料理物語』第一　②『料理塩梅集』地の巻　③『料理網目調味抄』四巻　④橘川房常『料理集』　⑤

『山海名産図会』より

『黒白精味集』中巻五
①いりこは　汁　けづりもの　煮物　青あへ　水あへ色々
②いりこの仕やう　なまこの口の方を切り中のわたを取り鍋へ入れ水なしにたき候へば　水出申候を杓子にて水を取り　かわき候程にいり　さていりこを洗ひ　水にて湯煮を仕候　料理に成申候　やわらかに致度は湯煮の時のかげんにて御座候　干して置申候には右のごとくいりて干し申候天気よく候へば串にさしあみて干申候
④いりこ　三日ほど水にひたしおき　その上をとくと湯煮仕　和《やわら》かになり候節　煮物　煮和《にあえ》　田夫煮《でんぶに》　又たれにて煮候て肴等にも仕候
⑤煎海鼠　海鼠《なまこ》を跡先を切開きつぶつぶと切て　煮汁薄だし又は水醤油少《すこし》入れ塩梅《あんばい》して　海鼠をかき廻しあみ杓子にて救上《すくいあげ》　ぬり重箱へ入れふたをして盛出す　煮過候へばかたく成也／串海鼠　くしこをはづし一夜水に漬　腹をさき内をよくあらひ　又一日水に漬《つけ》取上げ鉢に入れ　糠みその糠に一夜漬置て　糠共に打込湯煮する也　ふりふりする迄煮て取上げよくあらひ内の筋取洗てつかふ　敷くず敷みそにも　又切て汁にも吸物にも　又算木《さんぎ》に切て煎酒溜りにて塩梅してもよし　又薄くしこと云時は　生にて小口より薄く切て冷し物に用ゆ　銭くしこ共云

**うおそうめん**【魚素麺】

魚のすり身に塩や卵白を加えてかまぼこ種のように作り、引き筒（糊状の材料を細く押し出す底に小孔をあけた筒）で熱湯の中へ押し出し、そうめん状に凝固させたもの。出典②では板に薄くのばし、熱湯をかけて凝固させ、細く切って作っている。

出典　①『料理通』初編　②『料理一色集』
①魚そうめん類　鯛そうめん　きすそうめん　海老そうめん　鴨そうめん　たまごそうめん　うづらそうめん　いかそうめん　かりがねそうめん　ひらめそうめん　右はのり筒に入れ候て湯たぎり候中へつき出し申候　いづれも身かげんかまぼこのごとくなり
②魚そふめんの事　かれい　たい　すり身に仕り　板へ薄く付《つけ》　紙をはり　湯をかけ候て細くたち　板より敷取《とり》　湯へ入れ候て取揚《あげ》　二汁　吸物　本汁　こくせふなどにもよし

**うつぷるいのり**【十六島海苔・十六嶋海苔】

アサクサノリと同じアマノリ属の海藻で、日本海沿岸と関東以北の太平洋沿岸に分布するが島根県産のものが昔から知られている。十六島《うっぷるい》は現在島根県平田市に属する地名で、十六島岬の岩床には岩海苔がよく育ち、「十六島海苔」の名は室町初期から文献に見られる。海苔は岩盤に紙状に張りついており、これをはぎとって乾かし砂をとると漉《す》き海苔のようになる。料理書では吸物によく用いられている。

出典 ①『料理物語』第二 ②『臨時客応接』③『会席料理秘嚢抄』

①十六嶋《うっぷるい》 ひや汁 あぶり肴 くはし［菓子］にも 雲州［出雲国］に在《あり》

②すまし吸物 白魚《しらうお》 十六嶋のり からしの粉はなして

③春の吸物 うつぷるいのり 松露

**うめひしお【梅醤】**

梅干を水に漬けて塩味と酸味を抜き、湯煮して裏ごしにかけ、砂糖を加えて煮つめたもの。

出典 ①『合類日用料理抄』巻一 ②『料理伝』③『料理早指南』四編

②梅ひしを よき梅干を湯煮して水をしたみ 毛すいのふにて押しこしにして 古酒を沢山に入れ白砂糖も入れ煮つめる也 梅にて 実胡桃《みくるみ》 栗 生姜 いづれも細《こまか》に割て交《まぜ》る也

**えびつみいれ【海老摘入】**

海老のすり身に卵白と少量の塩を入れてねり、汁につみ入れる。↓∴つみいれ

出典 ①『料理調菜四季献立集』②『会席料理秘嚢抄』

②蛯《えび》つみ入 嶋蛯《しまえび》にても車蛯にても皮去り身ばかりよく摺り 目のあらき水能《すいのう》にてこし卵の白身を塩少し入れ ねりて真那板《まないた》にのべ置き 庖丁の先にてすくひ取り塩水に入れ汁へ煮込なり

**おおいたかまぼこ【大板蒲鉾】**

「大かまぼこ」ともいう。板付かまぼこは板に付けるすり身の量によって大板かまぼこ、小板かまぼこ、細かまぼこなどがある。大板かまぼこの板の大きさについては記載が少ないが、『料理調法集』には幅四寸ほどの板とある。なお大正十一年の『水産製造講義』には幅三寸一分、長さ七寸二分とある。↓∴かまぼこ

かまぼこづくり（『料理献立抄』より）

出典 ①橘川房常『料理集』 ②『料理調法集』蒲鉾之部

②大かまぼこ　鯛一枚あま鯛二つ　きす十五　身を崩し筋を除き摺《す》り　いか十薄くへぎ能《よく》たたき摺越し　玉子白身十二　煮返し味淋少　塩は凡《およそ》五勺程にてよく　右よく摺合せ幅四寸程の板に付　板の裏に塩を付　火鉢に鉄橋を渡し鉄橋に蒲鉾をのせ上に鍋をかぶせ鍋の上に「火を置き」焼上げる也　火鉢の火にて少し入置くべし　又蒸上にもするなり

## おぼろどうふ【朧豆腐】

「寄せ豆腐」ともいい、豆腐製造の途中で、豆乳に凝固剤を入れて凝固したばかりのフワフワの状態のもの。網杓子ですくって用いるので「すくい豆腐」ともいう。現在の「朧豆腐」の定義とは少し違っている。

出典 ①『和漢精進新料理抄』和の部 ②『料理網目調味抄』 ③『料理伝』 ④『精進献立集』初編 ⑤『料理一色集』

①すくひ豆腐　よせ豆腐を湯共に桶に入れ取よせ　鍋に湯を立たせ網杓子にてすくひ取り　少しの内鍋におき　平皿

へ入れ葛《くず》たまりかけ辛子置く
②朧豆腐　近世商家に有　おぼろ豆腐をだし　漿《しょうゆ》　酒の加減　汁を煮え立たせ入れ煮たてを出す　山葵《わさび》　おろし大根
③おぼろ湯豆腐　よせ豆腐網杓子にてすくい湯煮して葛たまりをかけて出すなり　辛味にはときからしを入れて出すべし　もつともこのおぼろは　至極和《やわ》らかなるをせうぐわんするゆへ　煮すぎぬやうに心得有べし　煮へ浮くと思ふ前を盛出すべし
⑤右は豆腐屋にて仕候　薄たれにて煮　葛をかけそぼろなどを懸け二の膳向［向付《むこうづけ》］によく候事

**かのこしんじょ【鹿子糝薯】**

しんじょにすじこ（鮭の卵、はららごともいう）を混ぜて作る。鹿の子模様に見えるところからの名。→：しんじょ

出典　①『伝演味玄集』　②『料理伝』

①しんじよを前に云ふごとく澄《すま》しと下地にて煮立てしんじよいまだにへざる前に鮞《はららご》を入れて交《まぜ》て煮也　鮞は半分白く半分赤き加減よし　皆白くなりたるは煮過たるなり　魚の目のごとくかたくなりて不宜《よろしからず》　さけのいり物にもその心得なり　片白《かたしろ》と云ふ　何《いずれ》にも鮞はこの加減よし　又始よりしんじよに交ても煮也　交りはよけれども煮過る事有　かへすかへすこの心得あるべし

**かまぼこ【蒲鉾・蒲穂子・魚糕】**

魚のすり身に調味料やでん粉などを加えて練り、いろいろに形づくり加熱して作るもの。室町中期からあるが、はじめはすり身を細竹に塗りつけて焼いたちくわ状で、蒲《がま》の穂に似ているところから蒲穂子、また蒲の穂は鉾に似ているので蒲鉾とよばれた。板付かまぼこは桃山時代から作られ、初期のかまぼこは竹輪とよばれるようになった。板付かまぼこも初めは焼いていたが、後には蒸す方法も行われた。江戸後期の『守貞謾稿』には「今製は図の如く三都ともに杉板面に魚肉を堆し蒸す　蓋《けだし》京坂には蒸たるまゝをしらいたと云ふ板の焦ざる故也　多くは蒸て後焼て売る　江戸にては焼て売ること無レ之皆蒸たるのみを売る」とある。かまぼこの原料魚は室町時代は鯰《なまず》が筆頭であったが、江戸時代になると鱧《はも》、鯛、甘鯛、鰈《かれい》、鯔《ぼら》、鱸《すずき》、烏賊《いか》などが用いられている。かまぼこは原料魚により、出来上がりの形により種類が多く、また美観を添えるために工夫した細工かまぼこもある。→：お

蒲鉾の図（『守貞謾稿』より）

おいたかまぼこ、こいたかまぼこ、ほそかまぼこ、まきかまぼこ

出典　①『料理塩梅集』天の巻焼物部　②『合類日用料理抄』巻四　③『料理網目調味抄』　④『伝演味玄集』二の下　⑤『黒白精味集』中巻五炙物　⑥『万宝料理秘密箱』二編巻一　⑦『料理早指南』三編　⑧『新撰庖丁梯』　⑨『料理通』初編　⑩『料理調法集』蒲鉾之部

⑤かまぼこ　魚は甘鯛　きす最上也　鮰《はも》も最上也　交物《まぜもの》なしによく摺《す》り　塩少し入れて板に付焼也　鯛　はた白上也　いかをたゝき四分一程まぜてよく摺り　板摺をかけ筋を取る也　鱑《ひらめ》中也　いかか玉子の白みか　ゑびかまぜれば歯ぬかりする也　交物多くしてよし　鯔《ぼら》　目近《めぢか》　もうを　嶋あじの類もよく摺り交ものすればかまぼこに成り候へ共下也　惣《そうじ》て魚よく摺り　板摺とてまな板へすり付　筋を取りよく〳〵すり候て板に付る也　摺中かたく候へば水だし酒だし杯《など》合せ　少しづつさしてする也　始よりのべ候へば摺かぬる也　よくあらずりをして後にのべたるがよし　交ぜ物いかなればすり木にてよくたゝき先へする也　海老は甘皮背わたをよく取りたゝき先へ摺也　玉子の白みは後より入れたるが吉／かまぼこ炙様　かまぼこ板の裏を水にてぬらし生塩を多く付て　火鉢へ鉄きうを渡しかまぼこをのせ上より水気有る桶をかぶせやく也　摺鉢をかぶせても炙なり　又かまぼこ瓦とて　丸瓦の跡先をふさぎたる瓦有りこれをかぶせるもよし　又かすてら鍋へ入れ上下に火を置き焼くもよし　この時は上に置く火　ふちにばかり火を置き真中に火を置かざるがよし　さて火の通りたる時取出し少し焼色を付けて切りて出す／蒸かまぼこと云ふは湯煮して玉子の白みを引　火にてかはかし少しこげめを付て切也／煮かまぼこと云ふは板に付け　薄醤油にて煮て切りてつかふ也　皆手廻し也　かまぼこは炙事也

**かまぼこどうふ【蒲鉾豆腐】**

豆腐の水気をしぼり、胡桃《くるみ》ややまのいもをすりまぜ、板にかまぼこ形にぬりつけて蒸し、すこし焼いたもの。出

典①のみは焼豆腐を煮染《にしめ》たものをいう。

出典 ①『江戸料理集』五 ②『料理珍味集』巻二 ③『豆腐百珍続編』 ④『豆腐百珍余録』

①大焼豆腐とは大方一丁の豆腐をたてに六つ計《ばかり》に切て則焼て用《もちい》る事也 是《これ》は大煮物 笋干《じゅんかん》煮染等に用る 煮染てよくさまし後に切方すべし これをかまぼこ豆腐と云ふなり

②蒲鉾豆腐 むきくるみ暫く湯に漬置き渋皮を去り よくすりつぶし 豆腐水をぬき ともに擂《すり》入る 杉板に付て形をこしらへ蒸《むし》て後すこし焼《やき》て切也 さし込[煮物の副材料]に用ゆ

③かまぼこ豆ふ 豆ふよく水を去り 筑芋《つくいも》[やまのいも]をすりまぜ 温飩《うどん》の粉少し入れかまぼこの形になし 板に付て焼也 但し芥子《からし》醤油にて焼たるよし はんへん豆ふはこれを焼かずして 茶碗小皿の類に入れて蒸也

**からざけ【乾鮭・干鮭】**

生鮭の腸を除き、丸のまま、または背開きにして日に干し乾燥させたもの。『本朝食鑑』（一六九七）によると、松前や秋田に産し、その地では冬に鮭が川をさかのぼり、卵を生みつけてから流れを下るところを、漁人が先を削った竹竿で刺してとり、大量の鮭を屋根の上や樹枝にかけて干し乾鮭を作り全国に出荷するとある。塩引と異なり塩を用いていないが、厳寒のため腐敗せず乾燥できたものと考えられる。

出典 ①『料理物語』第三 ②『料理網目調味抄』二巻 ③『料理珍味集』巻三 ④『料理伝』 ⑤『新撰庖丁梯』

①からざけ 水あへ にあへ 色々につかふ

②から鮭冷汁《ひやしる》 からざけをかつほのごとく薄くけづり しろ水をかへらかし塩酒かげんして可用

③干鮭鮓《からざけずし》 からざけ水に漬和《つけやわ》らげる 漬過ぬ程前かたに水を去《さり》 一寸に一寸五分厚さ一分ばかり 皮を去身ばかりを切 塩なし鮓に漬るなり 長茄子《なすび》香の物を入れる これにて塩をもたす

④からさけ たき火にて少しあぶりて切也 白水に一日ばかり漬置《つけおき》もちゆべし 皮も同断也 白水にて湯煮して遣《つか》ふべし

⑤からざけ蝦夷汁の法 からさけをよく洗ひ水に浸し 四五日がほど日に〳〵二三度づつ水をかへ その後小賽《さい》に切《きり》油をぬり火にて炙り置 昆布の造成《せいはう》せざるものを洗ひよき程に切 あぶりたる鮭と共に水にしばらくひたし 味噌を

よく〳〵すりて丸くかため火にて焼き　その儘《まま》酒水にてのばし　両品を入れ少しく煮て器に盛る　もつとも汁を溜めてよし　すひ口　山椒　胡椒の類宜《よろ》し

## からすみ【鱲子・唐墨】

鯔《ぼら》の卵巣の塩乾品で、卵巣を数日塩漬にしてから一昼夜水に浸して塩抜きし、板の間にはさんで軽いおもしをかけて水気をとり成形し、十日くらい天日乾燥したもの。江戸時代は肥前（長崎県）野母《のも》浦のものが名物であった。また鰆《さわら》の卵巣を原料とする鱲子もあった。「からすみ」の名は、中国の唐墨に形が似ているところからという。

出典　①『江戸料理集』五　②『料理網目調味抄』四巻　③橘川房常『料理集』

①唐墨　そのまま皮を薄く去りて用べし　但し色のくろき成程かたきを用べき也　やはらかに成はあしき物也　切かた大きさ時に応ず

②鱲子　野本と云上品なり　ぼらの子也　うすくへぐべし　常のはさわらの子也　酒浸　肴

③からすみ　野母浦にはぼらの子　常のからすみにはさわらの子　切重《きりかさね》何ぞとり合　酒びてによく候　また色紙切にして焼き　引菜又は肴によく候

## かんてん【寒天】

てんぐさを煮とかした液を冷やし凝固させたところてんを凍結乾燥したもの。「凝《こご》りところてん」ともいう。江戸時代初期の万治年間（一六五八～六一）のころに京都伏見の宿で、食べ残りのところてんを冬の寒夜、戸外に捨てておいたところ凍結し、翌朝陽が当たって解凍して乾物状になっていたことがきっかけで考案され、「瓊脂《たまあぶら》の干物」の名で売り出された。寒天の名はこれを賞味した宇治万福寺の隠元禅師の命名という。後には摂津、丹後、信州などでも製造されるようになり、精進料理の材料として普及した。はじめは水に戻しただけでさしみのつまや吸物などに用いられたが、江戸中期ごろからは現在のように煮とかし凝固させて、寄物《よせもの》や菓子に用いられている。→：ところてん

出典　①『合類日用料理抄』巻三　②『和漢精進新料理抄』巻下　③『和漢三才図会』巻九七「石花菜《ところてん》」の項　④『黒白精味集』上巻四　差躬盛合の妻として　⑤『新撰会席しっぽく趣向帳』　⑥『料理早指南』初編　夏の

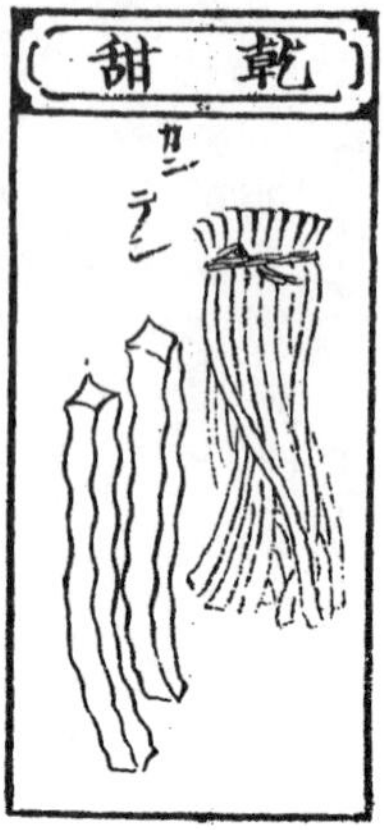

『食物知新』より

刺身 ⑦『精進献立集』初編

①凝《こごり》ところてん　寒の内に藻の白き所ばかりを幾度《いくたび》もよく洗ひ大釜に入れ　白水の三番をひたひたより多く入れ候てせんじ右の藻とけ申時すいなうにて漉《こ》し申候　桶に入れ置き候へばかたまり申候　かすあらば何べんも煮申候　かたまり候ところてんを長さ三四寸厚さ二分ほどに切り　寒中夜外へ出し一夜置き候へば右のごとくに凝《こごり》申候　ひなたへ出し四五日も昼夜外に置き候へば後に渋紙《しぶがみ》のやうに成申候　凝申候内再々《さいさい》水をかけ曝し候へば白く見事に成申候よく干し切れ候時取り入れ候　雨少しにてもかかり候へばあしく成申候　料理の時は水にて洗ひ細に刻み　酒にても酢みそにても又汁へも入れ　吸物に仕候時は切り候て成ともそのまま成とも　水にて洗ひ椀へ入れ其上へ汁を入れ申候　鍋へ入れ候へば解《と》け申候

③吸物　柚〔丸小口切〕 角寒天〔小口但八月より三月までよし〕

④おご　かいめん　燕巣　寒天　岩茸　しめ瓜

⑤伝に曰《いわく》　寒天かへしは一本に水七合入れよく煎じ漉して器に入れ水に冷しかためる也

⑥あらひ鯉　寒天　わさび　煎酒

⑦酢の物　糸こんにゃく　柿　寒天〔白ほそ寒天水につけ一寸切〕 猪口に辛子酢味噌

## くしあわび【串鮑・串蚫】

鮑の腸などを除いて、竹や木を削った串にさして干したもの。串貝ともいう。永正元年（一五〇四）ごろの成立といわれる『食物服用之巻』に記された雑煮の材料は、五種の場合「いりこ　くしあわび　いへのいも（里芋）餅　かつを」で、『料理物語』（一六四三）の雑煮には「もち　とうふ　いも　大こん　いりこ　くしあわびひらがつほ　くきたち」とある。江戸時代には幕末まで、大名や公家の雑煮の材料には、串鮑と煎《いり》海鼠《こ》が用いられていた。また料理書にも串鮑の記載は多いが、明治以後は貯蔵法が進歩してほとんど見られなくなった。

出典　①『料理物語』第一　②『料理無言抄』三巻　③『料理網目調味抄』二巻　④橘川房常『料理集』⑤

『料理早指南』三編

①くし蚫　汁　煮物　けづり物　色々によし

③串蚫　よく漬《つけ》よく茹《ゆで》　柔《やわらか》成をうすくへぎ切にして　だし酒にて半日ばかり煮る　漿《しょうゆ》　加え梅干を加模《かも》し液《しる》の多きよし　又山葵豉《わさびみそ》をも掛る

④くしあわび　よくよく湯煮をして煮物　煮和《にあえ》　雑煮のとり合　田夫煮等に入れよく候　けづりくし貝　本汁または煮物　煮和等にもよく候　湯煮仕へぎ候て　粒山椒とり合煮物によく候

⑤串蚫　新まいのよき蚫　水に四五日つけ置《おき》よきほどに出して　湯煮してあげよくあらひて遣ふ　小丼物　うすく切り花かつを沢山入れて　みりん酒と醤油にてとくと煮る又葛だまりにて煮とぢるもよし　大猪口《ちょく》　うすく切り胡椒みそあへ　或は雲丹《うに》あへ

## くずし【崩し】

魚鳥肉のすり身をいう。室町末期の『庖丁聞書』にも梅焼の材料としてくずしが見える。くずしは材料によって鱧《はも》くずし、烏賊《いか》くずし、鱒くずし、くずし鯰《なまず》、鶉《うずら》くずしなどあり、くずしを用いた料理名ともなっている。

出典　①『茶湯献立指南』巻四　②『羹学要道記』③『料理献立部類集』上に「鱧くずし」　④『新撰庖丁梯』に「くずし鯰」　⑤『早見献立張』に「鱒くずし」　⑥『料理調菜四季献立集』に「いかくずし」「鶉くずし」

①くずしは何魚にてもする　分《わけ》て鯛が吉　いかなども入る大ひらめなども吉　はむ[鱧]は勿論也　なまずもくずしによき物也

②小板蒲鉾　板に塗り付けるもあまり美しく塗らざるようただ引きちぎつて付けたるやうに崩しを付けるべし

④くづし鯰　余魚のくづし身に同じく別に法なし　ある人云ふ　いにしへ始《はじめ》てかまぼこを製すになまづを用う　肉潔《けっ》白《ぱく》にしてうるはし　好事《こうず》の人製し食すべし　はもより温和也とぞ[長いもせん　なめ茸を取合せ葛かけ]

## こいたかまぼこ【小板蒲鉾】

板付かまぼこの小さいもので、板の大きさ、形は一定でないが、薄い板に付けて板とともに切って出し、また持ち手のついた形の板につけて焼き、そのまま出すものもある。→：かまぼこ

出典　①『羹学要道記』　②橘川房常『料理集』　③『黒白精味集』中巻五　④『料理献立部類集』上　⑤『料

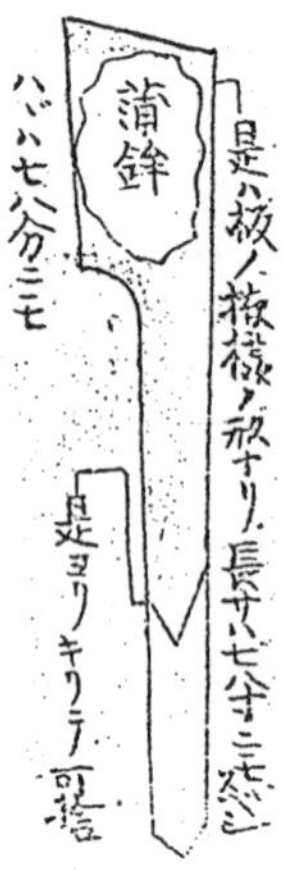

『羹学要道記』より

理調法集』 蒲鉾之部 ⑥『早見献立帳』
②はば一寸位の板へ摺身を付 大板のごとく焼き 板の先をきりそぎ 板まゝ相出申物に候
③小板棒付 摺身の付様也 摺身をまな板にならし 庖丁のむねにてこきよすれば庖丁のむねへ棒のごとく付也 さて小板の角より付《つけ》出して二寸五分付おり返し上へ重ねて付先の板きわにて切取也 くいよき付様也
⑤摺身を幅七分ながさ三寸位の杉板に付る也 また幅一寸余 長さ常の板に付 蒸上て板ともに小口より切るも有また板をはなし切りて姫かまぼこともいふなり

**こおりこんにゃく【氷蒟蒻・凍蒟蒻】**

「しみこんにゃく」ともいう。こんにゃくを厳寒期に戸外で凍結させ、解凍乾燥したもの。もどして煮物、汁物その他に用いる。

出典 ①『料理物語』第二十 ②『料理塩梅集』地の巻 ③『新撰会席しっぽく趣向帳』④『料理早指南』四編 ⑤『蒟蒻百珍』に「氷こんにゃく」。

①氷こんにゃく よく煮候てそのまま雪にあて候へばこほり候
②氷こんにゃく仕やう こんにゃくよく湯煮をして取り上げ板にならべ外に置き申候 一夜にても二夜にてもこほり候まで置き申候 こほりかね候はば夜水を一度にても二度にても打ち申候 こほりて候しるをよくしぼり出し日に干し申候
③竹の子 氷こんにゃく 生椎茸 青豆の煮物 氷こんにゃくは白水に一日浸し布に包み水をよくとり酒と砂糖醤油酢を少し加へ炭火にてとろとろと久敷《ひさしく》煮て 別にして出す

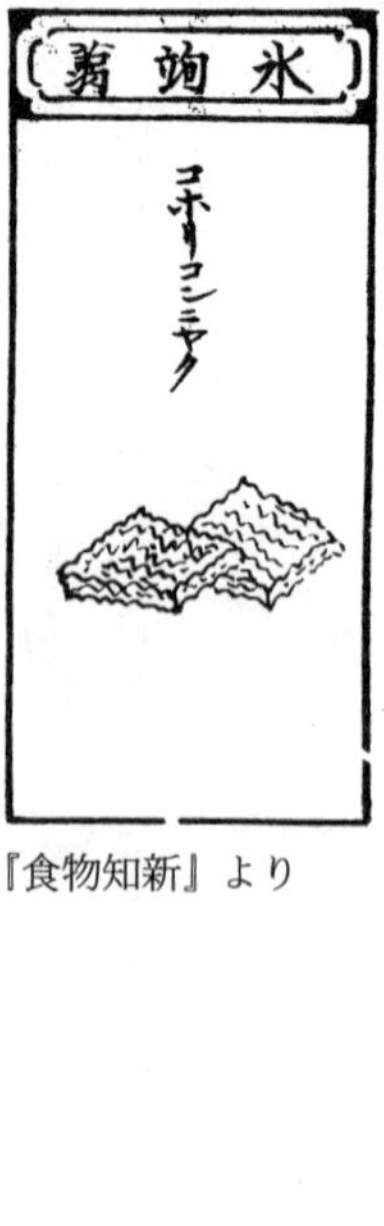

『食物知新』より

時に取合す也

**こおりどうふ【氷豆腐・凍豆腐】**

「凍《しみ》豆腐」、「凝《こごり》豆腐」ともいう。また和歌山県高野山で初めて作ったので「高野《こうや》豆腐」ともいう。豆腐を厳寒期の夜に戸外で凍結させ、これを解凍乾燥させて作るが、現在は大部分工業的に凍結乾燥して作られる。

出典 ①『料理網目調味抄』三巻に「凝《こごり》豆腐」 ②『料理山海郷』巻三 ③『豆腐百珍』十二「凍《こごり》豆腐」 ④『料理早指南』四編に「氷豆腐」 ⑤『精進献立集』初編 ⑥『年中番菜録』

②氷豆腐　豆腐一丁八つに切り籠にならべ煮へ湯をかけ一夜外へ出し寒気に当て　翌《あく》る朝氷りたるを湯にてたきやはらげ　上に浮たる時取り上げ少し出し懸また籠にならべ毎日ほす也　右ゆで湯に山梔子《くちなし》割り入れる　虫の用心なり　寒の中夜半《よなか》時分に氷るがよし　宵は悪《あし》し

⑤取肴　高野豆腐よく湯煮し又酒ばかりにてたき醤油の加減味付けさめてさいに切る

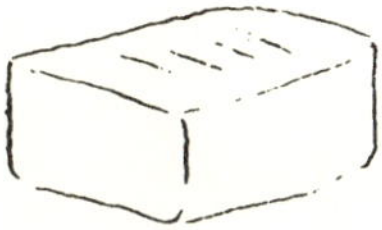

『守貞漫稿』より

**このこ【海鼠子】**

「くちこ」ともいう。海鼠《なまこ》の卵巣を乾燥して、三味線のばちのような形に仕上げたもの。卵巣は海鼠一個から少量しか得られないので高級珍味である。水洗いした卵巣を木枠に張った細い縄に、幅十二センチくらいのばち形に整形しながらかけて、日中さっと干し上げて作る。出典②に生のものと干したものがあると述べているが、①③④は生のものを指しているようである。現在は干したものをいう。

出典 ①『料理物語』第一 ②『料理無言抄』三 ③『料理網目調味抄』四巻 ④白盧華『料理集』

①このこは生にていり酒

②口腸《くちわた》　口鼠《くちこ》トモ　能州［能登］ヨリ出　口之房ノ如クナル物ヲ　生ニテモ干タルモ有レ之《これあり》　沢山ニハ無レ之物ナリ　水ニ浸シ煎酒ヲ以テ浸物トス　上品ナリ

③海鼠子　西国より来る　この両品[このわたとこのこ]壺に入れ地を深く掘埋置《ほりうづみおき》ては夏までて保

④この子　生海鼠《なまこ》の子也　風味よろし　このわたとは違ひ見分うるはし

**このわた【海鼠腸】**

海鼠《なまこ》の腸から作る塩辛。多くは煎海鼠《いりこ》製造の時に取り除く腸を利用する。腸はよく洗い水を切ってから上質の食塩を加え、かきまぜて密封し熟成させる。『本朝食鑑』（一六九七）には、海鼠腸は純黄で琥珀《こはく》のような光のあるものが上質で、昔は能登から貢献していたが、いまは尾州（尾張）、参州（三河）のものがよく、武州（武蔵）本木の産がこれに次ぐとある。

出典　①『料理物語』第十四　②『茶湯献立指南』巻四、巻五　③『料理網目調味抄』四巻

①[吸物]　このわた　よきころに切《きり》　うすみそにだしを入れ　ふき立候時わたを入れすい合せ　そのまま出し候也

②このわたは庖丁にわたし箸にてすり切べし（巻四）

このわたは越前つるがを名物とす　又伊勢よりも出る　西《さい》国《こく》よりも出れ共これは次也　とかく黄色なるを上とす（巻五）

③海鼠腸　東武にて杉田[豆州]上方にて佐久《さく》之嶋名物

**こはくたまご【琥珀玉子】**

卵をわって崩れないように食塩に埋めたり、殻のまま濃い食塩水に漬けて凝固させたもので、黄身が琥珀のようになるところからの名。中国の鹹蛋《シエンダン》（塩卵）と同様のもの。『料理山海郷』（一七五〇）には琥珀糖の名で記載され、『料理早指南』二編（一八〇一）の琥珀玉子は寄物で別のものである。

出典　①『黒白精味集』中巻六　②『料理山海郷』巻四　③『新撰会席しっぽく趣向帳』④『料理伝』

①こはく玉子　生玉子殻共に糠《ぬか》みそへ三十日ほど漬置打つぶし猪口《ちょく》にて出す　このわたの味出る也　又寒中に漬置候へば痢病[腹痛・下痢]の妙薬也　味噌汁にて用ゆ　六七日[六週間]か漬置けば黄みこはくの如くなるなり

②琥珀糖　寒の内桶へ水を入れ玉子を一つ入れて塩を入れば玉子浮き上る　其《その》節玉子何ほど成とも入置き夏に至り取出し玉子をわる　白みは流れ黄み赤く堅まるを焼塩にて用ゆなり

③琥珀玉子は小き猪口に黄身一つ宛入れ　上より焼塩すりかけて二日ほどにてはかたまり　琥珀のやう也　酒《さか》びて取合によし
④小はく玉子　生塩のよくかれたるを重箱の打敷などにたつぷりと入れ　塩の上を少々くぼめ置きて随分つよき「新鮮な」玉子を割り右の塩のくぼめたる所へあけて　半日ばかりもおけばよくしまり塩をはらいて小皿などに盛　おろし大根を付て出せばよき者也

**こんにゃく【蒟蒻・菎蒻】**

サトイモ科のこんにゃく芋（球茎）から作るもの。こんにゃくの名は『和名類聚抄』にもあり、室町初期の『庭訓往来』には糟鶏《そうけい》というこんにゃくの煮物が記載されている。生のこんにゃく芋から作るには、芋をゆでて皮をむき臼でついて粘りを出してから石灰乳を加えてつき型に入れてゆでる。生のこんにゃく芋は腐りやすく輸送にも不便であったが、江戸時代の安永五年（一七七六）に常陸国でこんにゃく芋を乾燥製粉したこんにゃく粉が考案されて各地でこんにゃくが製造されるようになった。江戸後期には『蒟蒻百珍』（一八四六）も刊行され料理法も多彩であった。『守貞漫稿』には「菎蒻　京坂にては一つ二文江戸は八文　又京坂の諺に　坊主と菎蒻は田舎がよし　と云ことあり　すべて三都より他製に美あり　京坂にてははちまん菎蒻を賞す　江州八幡の製を良とす　江戸にては下総中山村の製を賞す」とある。

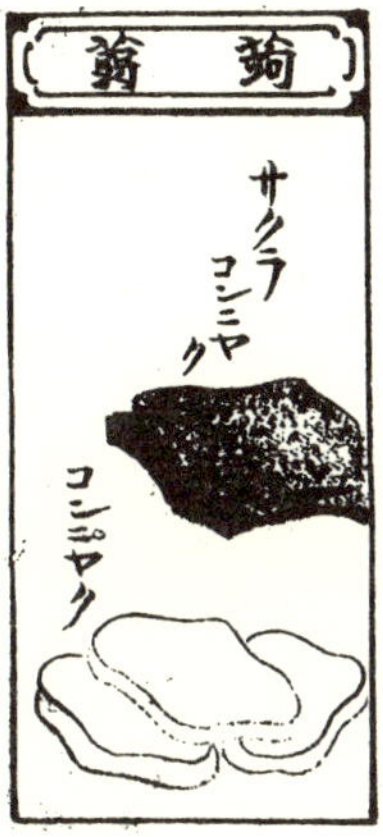

『食物知新』より

出典　①『料理物語』第七　②橘川房常『料理集』蒟蒻料理六種　③『黒白精味集』下巻八　蒟蒻の法　④『素人庖丁』三編　蒟蒻料理十二種　⑤『蒟蒻百珍』

①蒟蒻　さしみ　なます　煮物　串やき　ころばかし「煮ころばし、ころがしながら煮つめること」汁　こほりて「凍蒟蒻」吸物　菓子
⑤製法《せいしやう》　蒟蒻玉をよく湯煮し皮をいかにも美しくむきうすにて磨《す》り大体《たいてい》玉一つに水五六合のつもりをもつてゆるくとり　外に石灰《いしばい》を温湯《ぬるゆ》にても水にてもうすくときおき玉

一つに一ぱい程づつのつもりに入れ磨れば直《ぢき》にかたまる　それを模《かた》に入れよき程に切りてゆでるなり［ほかに蒟蒻料理八十二種］

## しあんふ【思案麩】

生麩に豆腐、すりおろしたやまのいも、白玉粉などをすりまぜて適宜な形につくり、ゆでたり蒸したりしてから調味液で煮る。

出典　①『黒白精味集』中巻五　②『歌仙の組糸』③『料理山海郷』巻五　④『普茶料理抄』⑤『料理早指南』初編　⑥『料理通』三編　⑦『料理一色集』

③思案麩　とうふを布に包みしぼり生麩を当分につきまぜ布に包み蒸し　さまして切りて醤油かげんして煮　わさび味噌懸る

④思案麩　生麩およそ壱匁五分分《ごぶぶん》に寒ざらしの粉を三合入れよく引まぜて湯引なり　大にして切形なりともまたは一つ盛にちぎりてなりとも

⑤思案麩は生麩と豆腐と山の芋おろしてよくすりまぜ丸めて湯煮して用る也

## しんじょ【糝薯・真薯・新庄】

白身魚のすり身に、おろしたやまのいもまたは卵白をすり混ぜ調味して形を整え、蒸したり煮たりして凝固させたもの。すり身の材料として鴨などの鳥を用いるものもあり、また豆腐をすって加えるものもある。糝薯の名は糝はねばるという意味から、薯は薯蕷を用いるからという。『伝演味玄集』（一七四五）に「魚の類にて浮くはしんじよばかりなり」とあるのは軽くふわりと仕上げるためであろう。しんじょは加える材料や形によって、芋しんじょ、鱧《はも》しんじょ、鯛しんじょ、海老しんじょ、角《かく》しんじょ、鹿子《かのこ》しんじょその他の種類がある。↓：いもしんじょ、かのこしんじょ

出典　①『伝演味玄集』二の下　②『黒白精味集』中巻六　③『料理秘伝記』第六　④『料理之栞』⑤『料理早指南』⑥『料理調法集』鱧餅真薯之部

①鱘薯蕷《しんじょ》　かまぼこに用る所の魚よし　半弁のごとくすりて飯の取湯にて延《のべ》　長いもをすりて魚の五倍入れてよく摺《す》るなり　下地塩湯仕立　至極煮立たるを火をおろし　しんじよを入れ炭火にかけて煮るなり　又角しんじよは厚さ三四分にも其余にも平《ひら》く取りて紙にのせ　井樓《せいろう》にて蒸して宜

しく切形して　吸物二の汁物によりて取合す也　しんじよはちりやすく切形成がたきものにて　そのうへ椀の内にてふわと浮くをもて賞翫《しやうがん》とするなり　魚の類にて浮くはしんじよばかりなり　右蒸すに及ばず手軽く仕方有べし　功になるほどかやうの物やすらかに手廻しよく仕様いくらもあり　ここには本式をのせてしらしむるなり

②しん薯　長いも摺鉢《すりばち》にておろしよくよく摺て　上魚の上身をよくよく摺　筋を取　長いも三分二　魚三分一よくよく摺合　だしにても水にてもかたきとろゝ汁程にのべ　湯を大き成《なる》鍋に煮立せ　金杓子あててそろりとしづまぬ様に入る也　ふたをして小火にたく也　火強きは悪しく候

## すいぜんじのり【水前寺苔・水禅寺苔・水泉寺苔】

藍藻類ジュズモ科の淡水藻で、清澄な流水中にのみ生育し、暗緑色の寒天質で不定形の塊状をしている。もとは熊本の水前寺の湧水地帯に産したのでこの名があり、地方によっては川茸《かわたけ》とよぶ。江戸中期にこれを臼で挽き平瓦にぬりつけ、多くの工程を経て日に干して厚紙状の製品とすることが考案され、生でも用いられるが、多くは製品に加工される。生産量が少ないので高価な珍味であり、水で戻して吸物、刺身のつまなどに用いられる。製品は寿泉苔《じゆせんたい》ともいう。

『食物知新』より

出典　①橘川房常『料理集』　②『豆腐百珍』二十二　③『豆腐百珍続編』「渦まき豆腐」　④『料理伝』　⑤『万宝料理秘密箱』前編「海苔《のり》巻卵の仕方」　⑥『甘藷百珍』「水前寺巻いも」　⑦『精進献立集』二編

①水泉寺のり　肥後国水泉寺の池より出申候　水に潤しすり身を付《つけ》くるくると巻き湯煮仕　筋違小口に切り　二の汁吸物等によく候　寒天とさかなど巻き入れ候てもよく候　その外せん　色紙　短尺　色々切にして二汁　吸物によく候

②松重ね豆腐　水前寺紫菜《のり》をしき　すり豆腐を雞卵白《たまごのしろみ》つなぎに入れ　紫菜のあつさ一倍にのべしき　蒸《むし》て味をつける也　切かた好みしだひ

④水泉寺苔巻鱧へい　のりは水につけずその儘《まま》にして　すり身を延《のべ》まきてむす也　小口切
⑦すいぜんじのり　水につけひきあげたらし　うどんこのころもかけ　ごまの油にてあげてたんざくに切る

**たつくり【田作り】**

「ごまめ」ともよび、片口鰯の稚魚を素干《すぼ》しにしたもの。『料理無言抄』（一七二九）には、片口鰯の小さいものを韶陽魚《ごまめ》とよび、韶陽魚の干物を田作りというとある。田作りの語源については、田を作る肥料として用いたからとも、農夫が田植のときの祝い肴にしたからともいうが、前者の説が多い。『本朝食鑑』（一六九七）には、小鰯すなわち鯷《ひしこ》の乾したものを伍真米《ごまめ》といい、地方によっては稲を植えるときに伍真米を細かくきざみ、灰にまぜたり糞汁とまぜて肥料にし、そのため田作りという。また田作りを正月の祝いに用いるのは、田作りは別名「小殿《ことの》腹《ばら》」ともいうので子孫繁栄を願ってのことであると説明している。また幕末の宮廷随筆である『思ひの儘《まま》の記』には、京都御所では衰微の時世に、頭つき一尾の魚として一番安いごまめを元日の膳に供されたのが、民間で正月にごまめを用いる始まりになったと記している。現在、田作りは照り煮にして正月の祝い肴にするくらいであるが、江戸時代には田夫煮をはじめ、いろいろの料理に田作りが用いられている。↓：でんぶ［煮物］

出典　①『料理物語』第一　②『当流節用料理大全』　③『料理無言抄』二　④橘川房常『料理集』　⑤『黒白精味集』下巻十一　⑥『料理珍味集』

①鰯田作り　煮もの　なます　水あへ
②田づくりさきてとは　あつき湯につけよく砂等をあらひて三枚にへぎ　骨を去り両の身ばかり用ゆる事也　湯びきてとは則《すなわち》 煎《ゆびき》てよく砂をざつとあらひながして三枚にへぎ用ゆる事也　丸にてもちゆれば中の小骨こまか成ゆへにはしかくて［ちくちくして］あしき物也
③田作り　一名カイ干《ぼし》　韶陽魚ノ干物　少シ荒メナルヲ串ニツナギ干《ほし》タルヲ　メザシ共　串鰯共　サシ鰯共云《いう》　取上其浜ニテ簾《す》ニテ干タルヲ簾干ト云　十月頃ニ至リテ新カイ干出ル
④田作　煮もの煮あへ等の取合にも仕候　またせうゆにてよく煮　にごり酒の粕にて煮候てもよく候　出し水にもよく候　随分よくあらひ　田作一升へ水二升入れとくとせんじ通し候て用申候　かつう出し水よりかろく候てよく候

⑥田作和《たつくりあへ》　ごまめをやき直《すぐ》に熱き湯に漬をき　暫《しばらく》して三枚にへげば身ばかり取る　骨頭は去る　牛房を煮て叩きこまかにさき　さんせうしやうゆにて二品とも一所にあへる当座にはしやうゆしまず　一日も置て用るがよし

**つみいれ【摘入】**

略して「つみれ」ともいう。また「うけいり」「うけいれ」ともいう。魚のすり身におろしたやまのいもや卵白などをすり混ぜ、箸などでつまんで汁に入れて煮るもの。つまんで入れるところからつみ入れという。つみ入れる大きさにも大小あり、材料によっても海老つみ入、ひしこつみ入、つみ入豆腐などがある。『守貞漫稿』によると、つみ入は味噌汁に入れ惣菜として用いられたらしい。

→∴えびつみいれ、つみいれとうふ

出典　①『江戸料理集』六煮方　②『伝演味玄集』二の下　③『黒白精味集』上巻四　④『新撰会席しっぽく趣向帳』　⑤『料理伝』　⑥『料理早指南』初編に「ひしこつみ入」　⑦『料理調法集』鱧餅真薯之部に米つみ入、しの摘入、氷柱つみ入、山吹つみ入　⑧『守貞漫稿』二十八編

①つみ入とは右かまぼこを箸にてつみて用る事也　則に汁へつみ入るなり　これを箸つみ入と云ふ也　切つみ入とは包丁に付て箸にて中ふくらにつみ切事也

⑤大つみ入は中栗の位　小つみ入は大のかや位　丸つみ入は大のきんかん位　細《ほそ》つみ入は板に薄く延《のべ》て包丁の峯にて箸の太き位にすくいて一寸五分ばかりに切りおとすなり　細うけ同断　いずれも煮あげる也

⑧つみいれ京坂に無之《これなく》　或人云ふ昔はうけいれと云ふ鯛肉をすりて小梅実の形に製す　冬は味噌汁に入之《これをいれ》てみぞれの吸物と云と也　今製江戸にては半平と同品の魚肉也　四季ともに味噌汁に用レ之粗製の膳に用ふる也

**つみいれとうふ【摘入豆腐】**

豆腐をすり、でん粉少量を混ぜ、熱湯につみ入れてゆでる。

出典　①『豆腐百珍余録』　②『早見献立帳』正月精進

①これは豆ふを能《よく》こし葛の粉少し入れ　板に付けて包丁にてすくいながらゆでてよし

**とうふ【豆腐】**

豆腐の起源は中国にあるが、日本へ伝来した時期は奈良、

平安など諸説あり明らかでない。室町初期の『庭訓往来』には汁として豆腐羹があり、また『七十一番職人尽歌合』には豆腐売りの絵がある。江戸時代に入ると初期の『料理物語』（一六四三）には豆腐料理の名があり、中期には『豆腐百珍』（一七八二）をはじめ、その続編、余録まで刊行され、料理法は多彩であった。形は奴《やっこ》、あられ、結び、くだき、きんちゃく、すり流しなど、加熱法は茹、煮、蒸、焼、揚などを組み合わせ、数多くの豆腐料理が工夫されている。当時流行したのは湯豆腐と田楽だったが、田楽が流行したのは豆腐が硬く、串にさして焼くのが容易だったためらしい。田舎には藁に通して持ち運ぶような硬い豆腐もあったという。『守貞謾稿』には豆腐について「今製京坂柔かにて色白く味美也　江戸剛くして色潔白ならず味劣れり　然も京坂に絹漉豆腐と云は柔にして同価也　絹漉にあらざるも持ち運ぶには器中水を蓄へ浮べて振らざる様に携《たずさ》へざれば忽ち壊れ損ず　江戸は水なくても崩るること稀也」とあり、地方による差が大きかったらしい。当時の豆腐はおもに現在木綿豆腐と呼ばれるもので、豆乳に凝固剤を加えて凝固させてから孔のある型箱に布を敷いた中に流し入れて上澄

『食物知新』より

豆腐売り（『守貞謾稿』より）

を流出させ型押しをする。現在の絹漉しは濃い豆乳に凝固剤を加え、そのまま孔のない型箱に入れて凝固させるもので、滑らかなところから絹漉しという。

出典 ①『料理物語』第七 ②『料理塩梅集』天の巻 ③『江戸料理集』五に豆腐の切り方 ④『豆腐百珍』一〇〇種の豆腐料理の作り方 ⑤『豆腐百珍続編』一三八種の豆腐料理の作り方 ⑥『豆腐百珍余禄』四〇種の豆腐料理の作り方

①たうふ 汁 田楽 うどん ふわふわ こほり いせだうふ 六でう 茶や きじやき 同うば 汁 茶菓子 煮物 色々

②豆腐の仕方 一丁に大豆三合四勺入れ是《これ》は江戸の大さ也 一箱は四丁入にして間に仕切りして 二丁にも用也 但ふた二丁宛別にする 明朝用る時は当日の朝の五つ時より水に漬置き 明くる六つ時に石臼にて引く也 急の時は夜の七つ時よりも挽也 釜は羽釜にても平釜にても少し大きめなるが吉《よし》 釜に水入れる事豆腐右四丁の時は釜に水七升程入れてにやする 此煮湯《にえゆ》を釜に二升程残し五升は取て桶に入れる 右の引き申候大豆を其儘二升の湯の内へ入れてまぜ一ふかせふかせて その時桶に入れ置きし五升の湯をさしかへさしかへして二ふきめの時に取り上げ布の袋へ入れそのあつき内にしぼりあげ さて苦塩《にがしお》[にがり]七勺程しぼり出したる汁へさし申候 塩さし加減はかたまる迄さす也 大形かたまる時箱の内に敷布をしきそれへ入れ蓋をしておもしを置く也 おもしを置けば水出てあと豆腐に成申候也

## ところてん【心太】

てんぐさを煮とかした液を冷やし凝固させたもので、これを凍結乾燥させると寒天ができる。心太は、室町初期の『庭訓往来』にもあり「こころぶと」とよばれていたが、江戸時代には「ところてん」と呼ぶようになった。ところてんをところ天突きで糸状にして食べることは室町時代から行われ、江戸時代には夏に心太売りが売り歩き、一個一文で江戸では砂糖や醤油をかけて食べ、京坂では醤油を用いなかったと『守貞謾稿』にある。↓∴かんてん

出典 ①『料理物語』第二 ②『黒白精味集』下巻八

①ところてん[海藻の石花菜《ところてん》をさす]さしみ 香の物 夏のこごりに入れ吉

②心太 ところてん草のよきを吟味して槌にてたたき砂をよくとり白水《しろみず》[米のとぎ水]に四五日漬置き その中毎日白

水をかへ立臼にてその度その度に搗《つ》き　さて釜へ入れひたひたより二寸ばかり多く水を入れ煎じ　大分よきと思ふ時茶碗へ少し入れ水へつけさまし　加減を見てかたまればよきなり　その時布袋の口へすいのふをあて二遍漉《こ》しにして重箱へ入れさましかたむる也　二番もせんじ申也　水菓子にする時はかためなるがよし　色付《つけ》赤きは紅　黄は口なし濃く出し入れる　青は濃茶こくたて入れる也　黒は黒砂糖せんじこして入れる　白は餅米の粉又は葛を入れる　何も

心ぶと売り（菱川師宣筆『和国諸職絵尽』より）

取わけかたまり際に色の具を入れかき廻しかたむる也　葛も水にて濃くとき入れる也　菓子は寒天にて拵《こしら》えたるが磯くさき気味なくして至極也　敷砂糖　豆の粉　錫皿にて出す／所てん　水一升　白棒天一本半きざみて入れ皆とけ申す迄煎じ　布袋にて漉して重箱へ入れさまし望の通用ゆ

## なっとう【納豆】

納豆には塩辛納豆と糸引納豆の二種類がある。塩辛納豆は奈良時代には中国から伝来していて古くからあり、現在は大徳寺納豆、浜名納豆とよばれているものである。煮た大豆に大麦粉、小麦粉をまぶして麴菌《こうじきん》を繁殖させて（現在は種麴《たねこうじ》を加える）から塩水を加えて熟成させ、紫蘇、生姜、山椒の樹皮などを加えて作るもの、熟成してから天日乾燥するものなどがある。糸引納豆は煮た大豆を稲藁《わら》に包み納豆菌を繁殖させたもので、現在は培養した納豆菌で工業的に生産されている。江戸時代料理書には塩辛納豆の作り方は記載されているが、糸引納豆については見当たらない。糸引納豆は室町中期のお伽草子『精進魚類物語』に、明らかに糸引納豆の擬人化と考えられる納豆太郎糸重という武者が登場するし、『本朝食鑑』（一六九七）には煮た大豆を稲藁に包んで作る納豆の記載があり、江戸時代には初期から普及していたと考えられ、納豆売りも多く日常的なものなので料理書へは記載されなかったものであろう。『守貞謾稿』には納豆売りとして「大豆を煮て室《むろ》に一夜して売レ之　昔は冬のみ近年夏も売レ之　汁に煮或は醤油をかけて食レ之　京坂には自製するのみ店売も無レ之か　けだし寺納豆とは異也　寺納豆味噌の属也」とある。寺納豆は塩辛納豆のことである。糸引納豆は納豆汁、あるいは醤油をかけ辛子を添えて庶民の日常食であった。→：なっとうじる［汁物］

出典　①『料理塩梅集』地の巻　②『料理網目調味抄』三巻　③『黒白精味集』上巻三

③納豆の法　大麦五升いりて粉にして　大豆一斗よく煮てあたたかなる内に麦の粉に合せよくねさする也　紫蘇の葉よく洗い干し粉にして五升　水七升　塩三升入れ煎じさまし右の糀《こうじ》紫蘇合せよく押付て　蓋をして風の当る所に置きなれ候後　生姜　辛皮［山椒の樹皮］そのほか色々入る也／納豆の法　大豆一升よく煮て　大麦一升いりて引わり塩三合　水八合　ねせ様醤油の如く藁にても木の葉にてもかけてねせ　花付き候時もみくだきよく日に干し塩水せんじさまして仕込おし付　押蓋して押をかけ中石一つ置く十日程宛にかき廻し五十日程にて成也

## はんぺん【半片】

はんへん［半餅］、はんべん［半弁］、はんへい［半平］、はんべい［鱧餅］ともいう。白身魚のすり身にやまのいものすりおろしなどを加えて形づくり、ゆでたり蒸したりした魚肉練製品の一種。語源については『嬉遊笑覧』には海鰻《はも》の肉で作るので海鰻餅《はんぺい》からとあり、『守貞謾稿』には椀のふたの半分にすり身を詰めて半円形に作るところから半半《はんぺい》というとある。また魚のすり身とともに豆腐を用いたはんぺんもあり、『文明本節用集』に豆腐の異名として半弁があるところから、豆腐が語源かとも考えられる。料理書によってはんぺんの作り方に違いがあり、しんじょ、つみいれとの区別も明確でない。→：あわゆきはんぺん

出典　①『江戸料理集』六煮方　②『合類日用料理抄』巻四　③『料理献立抄』④『当流節用料理大全』⑤『料理網目調味抄』二巻　⑥『伝演味玄集』二の下

⑦『黒白精味集』中巻五　⑧『新撰会席しっぽく趣向帳』精進の部　⑨『料理伝』　⑩『料理早指南』初編　⑪『料理調法集』鱧餅真薯之部

①はんぺんは右かまぼこのごとくにして山のいもをおろして三分一加へてよくすり交ぜ用るなり　但やはらかにはいもをすごすべし　ふつくりとしたきときは玉子を少加へ申べし

②はんぺん　一山の芋一盃すりて　一たうふ一盃同　一魚六分すりて　右三色よくすり合せ塩加へて料理好《このみ》次第

⑥つみいれにつくいもをおろして魚の五分一程入てすり交なり　いも入りたるを半弁と云ふ　いもいらぬはつみ入なり　いも勝に魚すくなきはしんじよなり　かまぼこ　つみいれ　半へん　しんじよ同類にて加減の過不及にて名もわかり風味もわかるなり　もっとも半弁には猶又玉子可ㇾ入なり

⑧半弁は長芋をすりて豆腐もすりて等分に能《よく》すりまぜて紙に包丸く取りて湯煮して用る也

## ふ【麩】

小麦のたん白質であるグルテン（麩素）を主原料とした加工食品。小麦粉（江戸時代はふすまも使用）に水を加えてよくこね団子状にしたものを水中でもむと、でん粉が流出して粘り気の強いものが残るが、これがグルテンを主成分とする生麩（きぶ）で、流出した小麦でん粉が漿《しょう》粉《ふ》である。現在「なま麩」とよばれているものは、「きぶ」に少量の米粉や小麦粉などの穀粉をねりまぜたもので、江戸中期（一七二五頃）に考案されたものである。麩は室町初期には中国から伝来していたが、それは「きぶ」であり、煮ると千切れるなど料理しにくいものであった。穀粉をねりまぜ料理しやすくなった現在の「なま麩」も、江戸時代料理書には「麩」とあるので判別しにくい。出典①②③④⑤の麩は「きぶ」を指し、⑥⑦では「生《き》ふ」に穀粉などをまぜたものを「麩」、としている。棒状の車麩、板麩や花麩などの乾燥した焼麩は明治以後のものらしい。江戸時代料理書には多種類の麩があり、おもなものを次に記すと、揚麩、粟麩、うどん麩、きんかん麩、酒麩、思案麩、すだれ麩、ちぎり麩、ちまき麩、ちりめん麩、包み麩、苞《つと》麩、土佐麩、ひら麩、揉《もみ》麩、やき麩（なま麩を焼いたもの）、よせ麩などがある。↓：あげふ[揚物]、さかふ[煮物]、しあんふ、もみふ

出典　①『料理物語』第七　②『江戸料理集』五　③

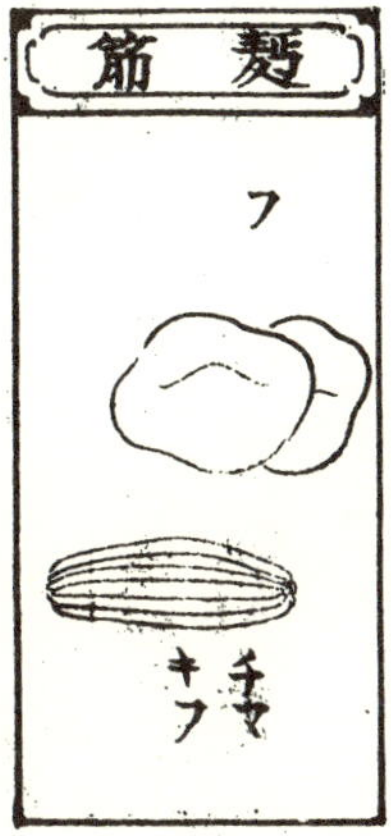

『食物知新』より

『料理塩梅集』地の巻 ④『合類日用料理抄』巻三 ⑤『料理網目調味抄』二巻 ⑥橘川房常『料理集』 ⑦『黒白精味集』下巻八

①ふ 汁 煮物 さしみ 串やき 肴色々

③麩の仕やう 小麦の殻粉《からこ》[ふすま]一斗 但し二番引までいたしうどんの粉をよくよく取り申たるからよく御座候 塩 夏秋は一合但し八勺にても春冬は五勺程 水 よくこね合申候こねかげんは手にておし付見申指の間より出申程の水かげんよく候 右よくよくこね候て臼へ入れおし付候てねさせ申候 暑き時は一時[二時間] 寒き時は二時ばかりもねさせ置き その後そろそろと餅をつき申すごとくにつき上げ候へば麩になり申候 その後水中にて何遍ももみ洗ひ候へば粕とれ申候 少しづつの粕は薄刃にて切りのけ候てよき加減にちぎり申候 その後湯煮を仕候 湯煮のいたし様 湯の煮へ立たぬやうにわかしその中へ麩を入れ杓子にて何遍もかきまわし 湯煮え立ち候へば幾度も水をさし煮え立たぬやうに仕たるがよく御座候 麩の煮え候加減は何《いずれ》も浮きあがりたる時よく御座候 惣別[総じて] 麩こね候時ももみ候時も流れ川の水よく御座候事

⑦麩の法 温飩《うんどん》の粉一升 塩五匁右合せうんどんより和《やわ》らかにこね一夜ねせ置く 翌日少しづつ切り水の内にてもみ申也 白水出候時水を捨て右の麩へふのかさ三分一温飩の粉を入れ手にてつかみ候へば手に付き申候 その時盃に酒一つ半入れ酒のなくなる迄もみ大方六つ程に切り湯煮する也

## ふくめ【福目】

鯛や鱈《たら》などの薄塩の干物を、あぶってからむしり、叩いて砕き、繊維をほぐして綿状にしたもの。現在の田麩《でんぶ》の前身ともいえる。中世の成立といわれる『庖丁聞書』に「ぽんぽりとは干鯛 干鱈をふくめ 高立の中へつまみ盛る事也」とあり、出典④の「ぽんぽり」をみると、「ふくめ」は「ぽんぽり」と同じもののようである。

出典 ①『料理物語』第二十 ②『料理献立集』 ③『黒白精味集』上巻四 ④『料理早指南』初編 ⑤『料理一色集』

①ふくめの仕様 干鯛をあぶり板の上にてそとたたきむし

りすり候てよし　かます　鮫　塩引　きすご何《いずれ》にてもいたし候
③ふくめ鯛　干鯛をこげめの付かぬ程にさつと火取り板の上にて槌にてよくたたき候へば塩気うする也　さて和らぎたるを引きさき又たたきその後摺鉢《すりばち》へ入れてよく摺る也　白く綿を取りたる様になるを盛り　脇に華鰹を置き酒だしを溜め出す　又煎酒《いりざけ》にてもよし
④鯛ぽんぽり　身とりよく蒸して　楊枝《ようじ》の先にて随分こまかにむしり　金ずいのうにてふるうなり
⑤ふくめ鯛　鯛三枚に卸し塩にてよくもみしばらく置候て　塩湯にて湯煮を仕り候て　きれに包みしぼり　あつき間にもみほごし　さしみ盛り合せ　酒びたし等によし

**ほそかまぼこ【細蒲鉾】**

薄い杉板へ魚すり身を細く付けて焼いたもの。また薄板に付けて焼いてから細く切ったものもある。→：かまぼこ

出典 ①『江戸料理集』六 ②『歌仙の組糸』 ③『料理献立部類集』上 ④『早見献立帳』

②細肉餅《かまぼこ》は小つみ入取やうに　さしみ庖丁へ魚摺身《すりみ》を付幅七八歩位の薄さ杉板へうつし焼也　忽ちやける物也　長さはいか様にも切るべし　取肴などの置合にはなはだ宜し
④細かまぼこは前にもいへるごとく　すりみを杉板にうすく付てやき小ぐちよりほそく切るべし

**まきかまぼこ【巻蒲鉾】**

かまぼこ用のすり身を薄焼卵に塗りつけ巻いて加熱したもの。浅草海苔で巻くもの、片木《へぎ》で巻くものなどもある。
→：かまぼこ

出典 ①『料理物語』第十六 ②『新撰庖丁梯』 ③『料理調法集』蒲鉾之部

①玉子のふのやきにかまぼこを付　その上にあらめをならべきりきりとまき　上をゆひ塩を少し入れゆで候てきり申候也
②まきかまぼこの法　前のごとく何にてもすりみを常のかまぼこよりは少しやはらかにして　玉子の黄身ばかりを少し加へ　ふのやき鍋に油をぬり　その上にすり肉《み》をひろげ薄くのべ　上のかわきたる時　水ぜんじ[水前寺海苔]か浅草のりをば敷《しき》　玉子の白みを海苔に引き小口よりまく也　もつともしばらくさまし　おしを軽くかくべし　切やう好みに応ずべし

## もみふ【揉麩】

江戸初期の揉麩は、出典①②にあるように「きぶ」を酒でもんで調味するものであった。江戸中期以後の揉麩は③のように「きぶ」に少量の穀粉などを練りまぜたものを指し、現在の「なま麩」に相当するものである。↓：ふ

出典 ①『料理物語』第十六 ②『料理珍味集』巻四 ③『料理伝』

①もみふとは酒にて麩をよくもみて　だしたまりにて煮申事也　又干梅　平がつほも入れ古酒にても煮申候

②もみ麩　麩よく煮ればす立つ　取り上げて麩をもめばきらず[おから]の如くなるを煎酒にていり付けその後醤油にている

③揉麩　生ふ　うんどんの粉　餅の粉　つく芋　豆腐　此類交る也　つくいもよし　生《き》ふに右の類を少々宛むらなきよふにまぜ鉢などの中にてひたとねりまぜ　つみ切て丸めさつと湯煮して煎酒　酒麩　すまし等によろしく　又生ふに餅米の粉をまぜたるは南京ふ也　仕方右の如し

## ゆば【湯葉・湯婆】

古くは「うば」と呼ばれ、江戸時代初期も出典①は「豆腐のうば」となっている。鎌倉時代に禅僧によって伝えられたといわれ、精進料理の材料としてよく用いられる。豆乳を加熱して表面にできる皮膜をすくいとったもので、しわがよって見えるところから「姥《うば》」が転訛して「ゆば」になったともいう。皮膜を引き上げたままの生ゆば、半乾燥状態で成形した巻きゆば、結びゆばや、乾燥ゆばなど種類が多い。出典③にあるゆばの多くは「ゆばやにてこしらへる」とあって製品として売っていたものらしい。

出典 ①『料理物語』第七 ②『料理網目調味抄』一巻「豆腐皮《うば》」 ③『精進献立集』二編 ④『早見献立帳』

①豆腐うば　汁　茶菓子　煮物　色〳〵

③すくひゆばはゆばやにあるゆば汁といふを一升に　上々の葛を一合半入れよくよくかきまぜて鉢に入れ　せいろうにて蒸し置き金杓子にてすくふ[他にあげゆば、おりつるゆば、角ゆば、かすてらゆば、玉子ゆば、東寺ゆば、よせあげゆばの名がある]

④小ぐらゆばはゆばにする湯にあづきのたきたるを入れて

蒸すべし　但し葛すこし入れる

**ろくじょうどうふ【六条豆腐・六浄豆腐】**

「鹿茸《ろくじょう》」ともいう。かための豆腐に塩をまぶし陰干にしたもので、フレーク状に削って用いる。もと京都の六条辺で作られたところからの名という。出羽三山（山形県）に僧によって伝えられ、現在も月山の麓でわずかに作られている。吸物などに用いられる。

出典　①『料理物語』第二十　②橘川房常『料理集』③『黒白精味集』下巻八

①六でうの仕様　豆腐をよきころに切り水に塩からく入れ候てに候て串にさし干し申也

②ろくじやう　干豆腐なり　せんに引き冷《ひや》汁等にも仕候けづり候て花鰹の代りにも用立申候　色紙短冊に切り焼き候て引菜又は煮物切重《きりかさね》にして肴にも用い申候

③鹿茸《ろくじやう》の法　豆腐一丁のまま四方より塩多く付け入れ物に入れる　軽き押《おし》を置きて二日ばかりおし　その後四つにわりて串の先に胡麻の油を付け　豆腐をさし日に干す也

押豆腐（『精進献立抄』より）

# 調味料類

薩摩大島黒沙糖（『日本山海名物図会』より）

調味料としては、塩・みそ・醤油・酢・みりん・砂糖など、江戸時代に用いられていた基本的なもののほか、調味酢や調味みそなども、なますや和物《あえもの》に広く用いられているので調味料類としてまとめた。酒類も調味に用いられているが、飲物でもあるので、古酒・諸白《もろはく》などは飲物類の中に記した。

江戸時代の料理書には、調味料の使用量はほとんど記されておらず、調味については「よき程に」「加減よく」「常のごとく」などと表現されている。一般的な調味の心得は序文などに記されていて次のようなものがある。

「塩梅《あんばい》の一躰《てい》は甘も辛も物によるべし　甘にも辛にも軽《かろき》はよし旨《うまし》とばかり心うるは下手の事也」（『料理網目調味抄』）

「調味は煮汁やき加減惣《そう》じて塩梅は料理の第一なり　客十人有　内五人は辛口を好むあり　五人は甘口を好《す》ける有　立用《りうよう》して十人の口に叶《かな》ふやうに仕立てるこそ料理人の手がらとや云はん　此塩梅こそ其術を得て専《もっぱら》工夫有べき事にや　勿論暖なる物は随分あつく冷なるものは至て冷すべし」（『歌仙の組糸』）

「料理の肝要は厚味の中にさつと軽き味わひを交る事を本意とす　珍しくせんとして細工物色付物　時ならぬもの　名もなきもの　薬種等をつかふ事なかれ」（『会席料理帳』）

「客を饗しぬるには料理趣向第一たりといへど　調烹《にかた》塩梅は又趣向の上にあるべし　故に煮汁《にだし》に心を用うる事専たるべし」（『新撰庖丁梯』）

「醤油　酢　味噌この三品最えらぶべき第一也　右三品の善悪により佳肴珍羞《ちんしゅう》［珍しい食物］も空味と成《なる》心をもちいて調ふべし」（『新撰庖丁梯』）

個々の調味料については項目をあげて記したが、文久元年（一八六一）の「関東造醤油屋番付」に関連して、江戸時代に入ってから普及した醤油の生産流通について補足する。醤油は室町末期から文献に登場するが、企業による生産は江戸初期からで、料理書での醤油使用は江戸中期ごろからである。『料理物語』（一六四三）には醤油の作り方はあるが、調味にはほとんど用いられず、生垂《なまだれ》や垂味噌《たれみそ》を用いている。

江戸初期の醤油の生産は関西が主流であり、紀州湯浅、播州竜野、備前児島、讃州小豆島、摂州灘、近江日野などが知られていた。享保ごろ（一七一六〜三六）までは、江戸で消費される醤油の七、八割は、上方からの「下り醤油」で、銚子や野田そのほかの関東ものは品質が劣るとされていた。慶安年間（一六四八〜五二）の江戸での醤油一升の価格は、関西ものは七十〜百八文、関東ものは四十五〜六十文だったという。当時の米一升の二十六文にくらべると醤油は高価であり、料理への使用が少なかった理由とも考えられる。

　江戸中期になると関東でも銚子や野田を中心に原料に小麦を多く用いた香りの高い品質のよい濃口醤油が生産されるようになって、化政期には江戸市場では関西のものより優勢となり、幕末には「最上醤油」とよばれて関西ものを駆逐し、生産量も増えて一般に普及するようになった。

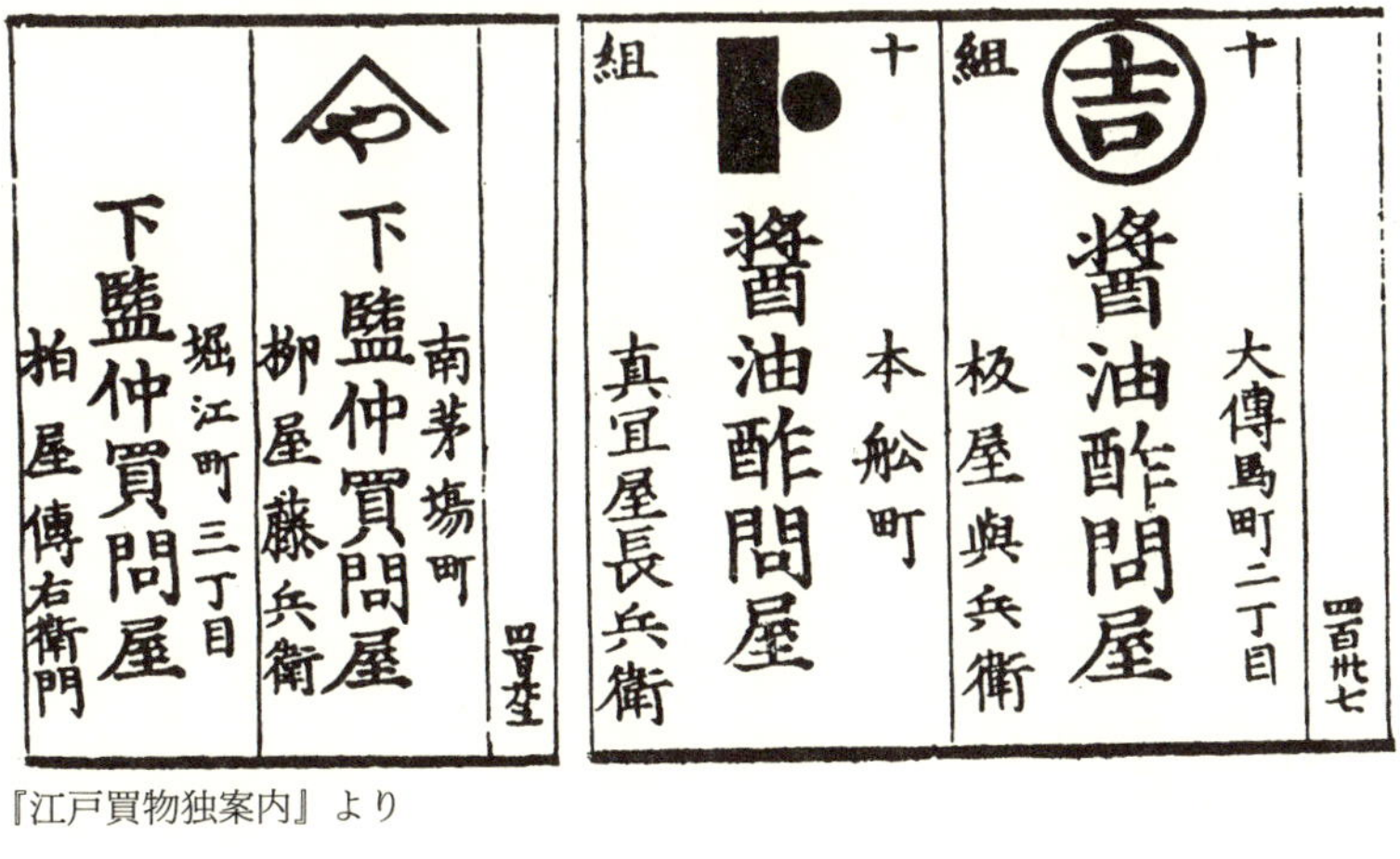

『江戸買物独案内』より

**あおず【青酢】**

青菜を用いて緑色に着色した酢。江戸時代以前はからしなの葉などをすって用いたらしいが『小倉山飲食集』（一七〇一）のころから寄せからし、寄せ菜を用いるようになった。さらにその後には飯をすって糊にして加え、とろみをつけたりしている。寄せ菜は現在青寄せという。

出典 ①『江戸料理集』二 ②『小倉山飲食集』 ③『料理之栞』 ④『新撰会席しっぽく趣向帳』二月 ⑤『料理早指南』四編

②青酢 からしの葉よく摺《す》りて水を入れすり立てすいのふにてこし その汁をなべに入れ火にかけ候へば青身寄申候 これを取り候て又すり鉢にて摺り 酢塩入れかげんして皿に溜也 寄菜《よせな》と云も此事也

④青酢の事 春二月より七月までなり 随分よき酢を用ゆ青みは茶成ともからし菜なり共《とも》時節の青き物を用ゆべし 中にもたでを用ゆるは夏の青酢の本意也 惣《そう》じて青みを酢とばかりにては酢すみてわるし 飯をすりて糊となし すこしとろりとなるやうにすれば酢と青みの持合よし

⑤青酢 ほうれん草ゆでてよく水をしぼり とくとすりて酢にてのべ すいのうにてこすなり

**あわせず【合せ酢】**

江戸時代料理書では、酢と醤油、または酢と酒と塩を合わせたもの、すなわち二杯酢、三杯酢を指す。現在は各種の調味料、香辛料を混ぜ合わせた酢の総称として、調味酢と同義に用いられている。当時の調味酢としては、からし酢、くるみ酢、けし酢、胡麻酢、白酢、蓼酢《たでず》、玉子酢、みそ酢、わさび酢などがあった。→：からしず、くるみず、けしず、ごまず、さんばいず、しらず、たでず、たまごず、にはいず、みそず、わさびず

出典 ①『料理秘伝記』第七 ②『料理早指南』四編

①合酢 上々酢一升に酒五合 塩一合五勺

②合酢 しやうゆと酢と等分に合せて煮かへし さまして遣《つか》ふ

**いりざけ【煎酒・熬酒】**

室町末頃からある調味料で、古酒に削り鰹節、梅干、たまり少量を入れて煮詰め漉《こ》して作る。江戸時代後期には、梅干を加えず酢を加えるようになった。醤油の普及以前には、さしみ・なますの調味料として、また煮物その他の料理にも広く用いられた。即席に作る早煎酒、鰹節を

用いない精進の煎酒もある。↓：しょうじんいりざけ、はやいりざけ

出典 ①『料理物語』第八 ②『料理塩梅集』天の巻 ③『合類日用料理抄』巻一 ④『料理網目調味抄』三巻 ⑤『伝演味玄集』二ノ下 ⑥『黒白精味集』下巻八 ⑦『料理伝』 ⑧白蘆華『料理集』 ⑨『料理早指南』四編

①煎酒はかつほ一升に梅干十五二十入れ 古酒二升水ちとたまり少入れ 一升にせんじこしさましてよし 又酒二升水一升入れ 二升にせんじつかふ人もあり

⑤二年酒よし いなてらなど云ふ風味の酒を用ふべし たとへば酒七合に中のふし二つ 中梅干三つ也 鰹ぶしはだしのごとく削り鍋に入れ 水を入れてだしのごとくに颯《さっ》とあらい水気をよくしたみ さて酒を入れ 炭火の弱きにて静かに煎じ もし吹かばおろし又かけて煎じるなり 七合の酒の五合になりたるらんと思ふ時分 右の梅干洗て入れ塩梅《あんばい》すべし 醬油 塩 たまり等の加減は煎酒のつかいやうによるべし 鰹ぶし多く入れたるとても格別の事なし 右の分量よろし 又久しく煎じたるとてよきにはあらず 酒の匂ひさへなければよし 第一ふし 第二酒 第三煎じ様也 但これも鉄鍋よし 銅鍋宜しからず

**いりざけず【煎酒酢】**

煎酒に酢を合わせたもの。なますに用いる。↓：いりざけ

出典 ①『小倉山飲食集』 ②『料理伊呂波庖丁』に
用例 ③『精進献立集』初編 ④『料理調菜四季献立集』

②膾 煎酒酢 なまり鰹 黒くらげ ざくろ 白髪栗 針生姜

③生盛皿 煎酒酢 白髪牛房 岩茸 小角麸 煎酒と酢を合して皿の底にためて出す

④煎酒酢 煎酒の中へ酢を合せる事なり ねり酒酢も同様也

**かつおだし【鰹出汁】**

鰹節を用いてとっただし。鰹節は室町中期には作られていたが、製法は次第に改良され、江戸中期にはかび付け法も取り入れられて、ほぼ現在のような製品が作られるようになった。室町末期の『大草殿より相伝の聞書』には鰹節を用いた「にだし」の記載がある。江戸初期までは鰹節の名称として「鰹」と「鰹節」が併用されていた。また単に「だし」として鰹だしについて記述している場

合が多い。『料理塩梅集』（一六六八）では削った鰹節をだし袋に入れて煮出す方法を記しているのが珍しい。

↓：だし

出典　①『料理物語』第八　②『料理塩梅集』天の巻　③『黒白精味集』下巻八「だしの方」として鰹だしのとり方　④『新撰会席しっぽく趣向帳』　⑤『料理献立抄』　⑥『料理伝』に「鰹煮出し」　⑦『新撰庖丁梯』　⑧『料理早指南』四編

①だしはかつほのよきところをかきて一升あらば水一升五合入れせんじ　味をすひ見候てあまみよきほどにあけてよし　過ぎ候てもあしく候

②鰹だしの事　よき節を上皮をけづり　正味をひら〳〵とけづり袋に入れ候　だし袋は大振成がよく候　鍋の中にてにへあがり〳〵する時　袋の内緩《ゆる》々と仕候へば　だしよく出る故に広《ひろき》がよし　袋だしのよきと云うは　うまみいまだ無之《これなき》時は其儘《そのまま》入れ置き　うま過《すぎ》候時は　だし袋を其儘取事の自由なる故也　又だしにする鰹水にて洗《あらい》候へばくさくなく候　妙若鰹けづり申し候共　さつと水にて洗ふがよし　すまし汁のだしは　もつともにだしがよく候也

④だしは上々の鰹節を薄く削り水にて洗ひ　湯を煮立て鰹節を入れ　昆布の厚きを塩気なきやうにして入るべし　右だしを取りあげ　さて古酒醤油をさしあんばいする也

⑦かつほ煮汁《だし》を製するにはまづ乾鰹《かつほ》を択《えら》ぶべし　かつほを製するの地多しといへど土佐を最上とし薩摩これにつぎ紀州のものこれにつぐ　三州ともおの〳〵善悪ありといへど精饌《ごちそう》には必土州[土佐]のものに限るべし

**からかわ【辛皮】**

山椒《さんしょう》の若枝の樹皮を塩漬にしたもので、香辛料として田夫《でんぶ》、煮染《にしめ》、煮豆、香物《こうのもの》などに用いる。

出典　①『料理物語』第十六「無尽漬」の材料の一つに辛皮　②『和漢精進新料理抄』和の部「笋羹《しゅんかん》」の材料の一つに辛皮　③『料理伊呂波庖丁』浸物　④『四季漬物塩嘉言』

③数の子薄くかさね　辛皮せん　杉菜　くるみ醤油

④辛皮　山椒の木の若き枝を切り　水にしばらく浸し置きて木と皮の放《はなれ》るころきざみて　塩水に漬けてかこひ　遣《つか》ふ時に塩出して庖丁す

**からしず【辛子酢】**

とき辛子を加えた調味酢。室町末頃の『山内料理書』に

行厨に鰹魚を屠る

蒸して乾魚に制す（『日本名産図会』より）

「烏賊《いか》は青酢からし酢なり」とあり古くから用いられている。

出典　①『小倉山飲食集』　②『黒白精味集』下巻八　③『料理秘伝記』第七

①辛子酢　かつほ　蛤専一かし　用例「はた白　小蛤　あさつき　辛子酢」

②辛子酢の法　擂鉢へ飯を少し入れすりて　さてからしを入れすり　酢にてのべたるがよし　魚によし

③辛子酢　粉からしかき二時［四時間］程置き苦み取り　かくしみそ少し摺《す》りからし摺合　酢にて延べ用ゆ

**かんぴょうだし【干瓢出汁】**

精進のだしの一種で、かんぴょうを材料としたもの。かんぴょうは夕顔の果肉を薄く細長くむいて乾燥してつくる。→：しょうじんのだし

出典　『新撰庖丁梯』

干瓢産地新久《でどころしんひね》にかかはらず　むしばみ上面黒点を生ぜざるものをえらび　かけ目拾匁よく洗ひ浄《きよ》くし　煎水一升をもつて煮て六合にいたるとき干瓢をとり去り汁をすまし用う

甲州に干瓢を製（『北斎漫画』より）

**きんざんじみそ【金山寺味噌・径山寺味噌】**
なめみその一種で和衣《あえごろも》にしたりもする。中国の径山寺から禅僧によって製法が伝来したといわれる。『守貞謾稿』にも「金山寺味噌三都とも有之《これあり》　金山禅寺より造り始むと云ふ意にて名とす　虚実詳ならず　大豆に麦麹を合せ砂糖或は蜜を和して甘くす　茄子紫蘇生薑《しょうが》等を交へたり」とある。

出典　①『黒白精味集』上巻三　②『料理山海郷』巻四　③『早見献立帳』

①大麦一斗よくつき洗ひ一日一夜水浸し申候　大豆一斗いりて二つに引割皮を去り　右二色かき合せて蒸籠《せいろう》にてよくむし糀《こうじ》にねかせ申候　花のよく付候時　塩四升　なすび六升　白瓜六升　なたまめ五升　右三色きざみ青山升《さんしょう》八合　一粒づつにして　紫蘇大ざるに八分目一葉づつにして　辛《から》皮《かわ》少きざみ　陳皮少きざみ　生姜一升へぎて　右の塩糀かやく一つにして半切にてよく合せ桶へ入れ　押ふたをして押をかけ候得ば水少し上り申候　其以後押を軽く置き申候　押強きはあしく候　二十日程立候得ば風味付申候

③きんことぎんなんの金山寺和《あへ》　金山寺みそあへは水にても昆布だしにてもすこしゆるめ砂糖少し入べし

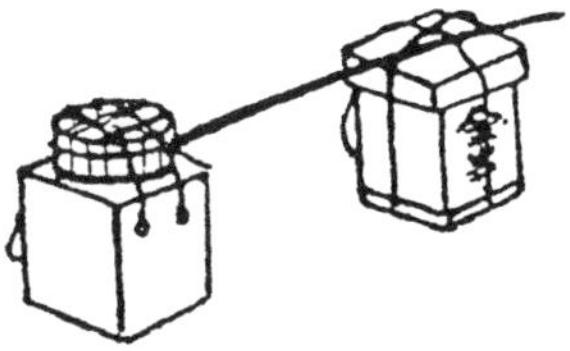
なめ物の荷（『守貞謾稿』より）

**くるみず【胡桃酢】**
胡桃を煎《い》ってよくすり、酢を加えてのばし塩などで調味したもの。おもになますや酢和《すあえ》に用いる。古くからあり室町末頃の『四条流庖丁書』に「差ミ海月《くらげ》ノ時モ醋《す》ハクルミ醋ニテ参ラスベシ　アヘ海月ノ時モクルミ醋ニテア

『食物知新』より

エテ可参候」とある。

出典 ①『小倉山飲食集』 ②『料理山海郷』巻五 ③『早見献立帳』

①くるみ酢　くるみよく摺《す》りて酢を入れ　塩かげんして溜也　麩鱠《なます》　さき松たけなどによし

③くるみ酢はくるみをすこしいりて　わさびおろしにておろし　酢にてとくべし

**けしず**【芥子酢】

調味酢の一種。けしの実を煎《い》ってすり、酢でのばしたものを、塩、砂糖で調味する。なますに用いる。

出典 ①『料理秘伝記』第七 ②『精進献立集』二編

①けし酢　いりけし摺合《すり》せ　酢にて延べ用ゆ

②けし酢はけしごまをいりてよくすり酢にてのばし　すいのうにてこし　さとう塩入れかげん

**こおりおろし**【氷卸】

氷砂糖を薬研《やげん》（製薬に用いる鉄製の器具）で細かくしたもの。おもに菓子に用いる。

出典 『菓子話船橋』

薬研
（『和漢三才図会』より）

氷卸製方　極上の氷砂糖を撰び　大粒なる色の白きのみをえりて　人肌位の湯にて洗ひ　目籠《めかご》へ入れて一夜水をきり　布ふきんにて水気をふき　遠火の助炭《じょたん》［焙炉《ばいろ》］にかけてよく乾《かわか》し　少しづつ薬研にておろし　箱篩《ふるい》にてふるひ　極細末とあらき所と二三段にふるひ分けて置くなり　もっとも菓子の製し方によりて種々入用ある事なり

**ごとみそ**【五斗味噌】

「後藤味噌」ともいう。大豆、糀《こうじ》、塩のほかに、増量用に米ぬかを加えて作ったみそ。酒粕などを加えるものもある。材料が合わせて五斗になるところからの名という。

出典 ①『料理塩梅集』天の巻 ②『黒白精味集』上巻一 ③『新撰庖丁梯』 ④『会席料理秘嚢抄』

①五斗みそ方　大豆一斗常の如く煮る　糀一斗　塩一斗

糟[酒粕]一斗　諸白[精白米]ぬか一斗少し炒りよくふるひこまかにする也　右合せ五斗也　一つにつき合せ封じて置《おき》一年程して用る　二三年へて用ればなおよし　古きほどよし

②五斗味噌　大豆常の如く煮て　糀五斗　塩五升　こぬか五升むしさまして　酒の粕五斗　右よくつき合せ　三四ケ月過ぎてつかふ　百日たたざるはあし　ふるき程よし

③後藤味噌の方　大豆一斗煮　糠一斗五升蒸す　塩六升　右三品をよく搗《つき》まじへ　桶壺の類に入れかたく封じて風日を見ず年を経て用に充《あ》つれば味ひますます美也とぞ

**ごまず**【胡麻酢】

いり胡麻をすり鉢ですり、調味酢ですりのばしたもの。ふつう白胡麻を用いる。『料理網目調味抄』（一七三〇）に見られるのが古い。

出典　①『料理網目調味抄』二巻　②『新撰会席しっぽく趣向帳』　③『料理早指南』初編　④『料理調菜四季献立集』酢之部

②胡麻酢は白ごまをよくすり　毛すいのうにてこす也

③夏の膾　ごま酢　もみ瓜　かや小口　鯵

**こんぶだし**【昆布出汁】

昆布を材料にしてとっただし。水出しのほか現在は加熱する場合は沸騰直前に昆布を取り出すが、江戸時代料理書では長時間加熱している点が違っている。→：しょうじんのだし

出典　①『料理献立抄』　②『新撰庖丁梯』

①せうじんだし　水三升　こんぶ三枚小さく切り　炭火にて二升に煎じつめ　酒三合ほど入れて一煮へ立ちして其《その》まゝ上《あげ》こんぶを去りて後つかふべし

②昆布だしの法　昆布白霜落ちずして皺《しわ》文少なき物をえらみ　しばらく水に浸しよく洗ひ土砂を去りて　およそ長さ一尺ばかりに切り　煎水一升五合を以て煮て　一升にいたり昆布を引あげ煮汁を澄し用う

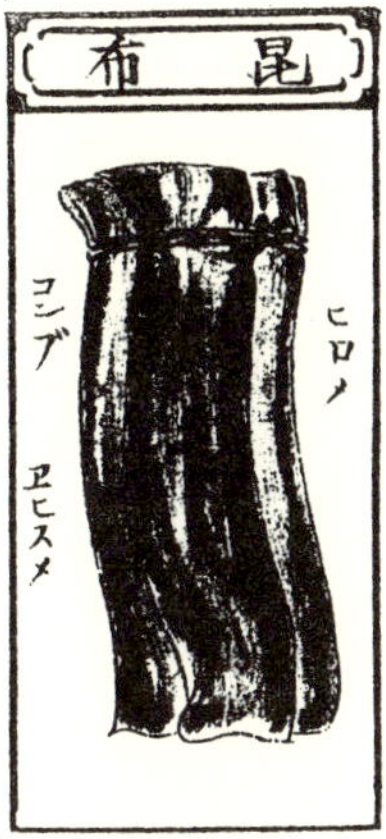

『食物知新』より

**さかしお【酒塩】**

平安末期からある料理用語で、料理の味をよくするために調味料として加える酒をいう。江戸時代料理書には酒塩についての定義が見当たらないが、調味料として酒を用いる例も多いので、酒塩は酒だしと同じく酒を煮立たせてアルコール臭を除いたものとも考えられる。また酒と塩のこととする説もあるが、『大草家料理書』には塩とともに酒塩を用いる例や、酒塩には古酒がよいという記述もあり、酒と塩とは考えにくい。→∴さかだし

[出典] ①『料理物語』第九 ②『素人庖丁』初編 ③『年中番菜録』

①鮒《ふな》の汁はみそを中より上にしてだしを加へよし 若和布《わかめ》にてもかぢめにても鮒を巻きて煮申候 あまみすくなき時はすり鰹入れてよし いづれもみそをだしにてたて候てよし よく煮候てさかしほさし 吸口山椒のこ

②烏賊《いか》味噌煮 生にて二寸ばかりの拍子木に切りて白みそに酒しほ 鰹多く入れおよそ三時余も炭火にて煮つめ わりこせう 干さんせう せうが 青さんせう 此るいにて陶器《やきもの》の蓋ものに入れて出すがよし

③網ざこ煮しめ 網ざこよく〳〵えりてほこりを去り 鍋にて一度からいりをして水けをとり 酒しほ醬油にて煮しめる 酒の肴には梅干入れたるもよし

**さかだし【酒出し】**

酒を煮立たせてアルコール臭を除き、調味料として用いるもの。酒塩と同じと考えられる。→∴さかしお、だしざけ

[出典] 『黒白精味集』下巻八、中巻五

酒出しの方 常の酒を煎酒《いりざけ》のごとく酒気なき程せんじ さまし置き用ゆるなり いか程さしても酒くさき事なし（下巻八）

冷《さま》し煮物 煮汁を冷し置きためて だし 酒だし折合 醬油にて塩梅《あんばい》して 花えび 蒸玉子 銭くしこ 青豆 しし茸 品色々有るべし（中巻五）

**さとう【砂糖・沙糖】**

おもに甘蔗《かんしょ》（サトウキビ）を原料とするので「蔗糖《しょとう》」ともいう。奈良時代の正倉院文書「種々薬帖」に蔗糖の文字があり、当時中国から伝来していたが上流階級のものであり、室町時代になっても一般には普及しなかった。

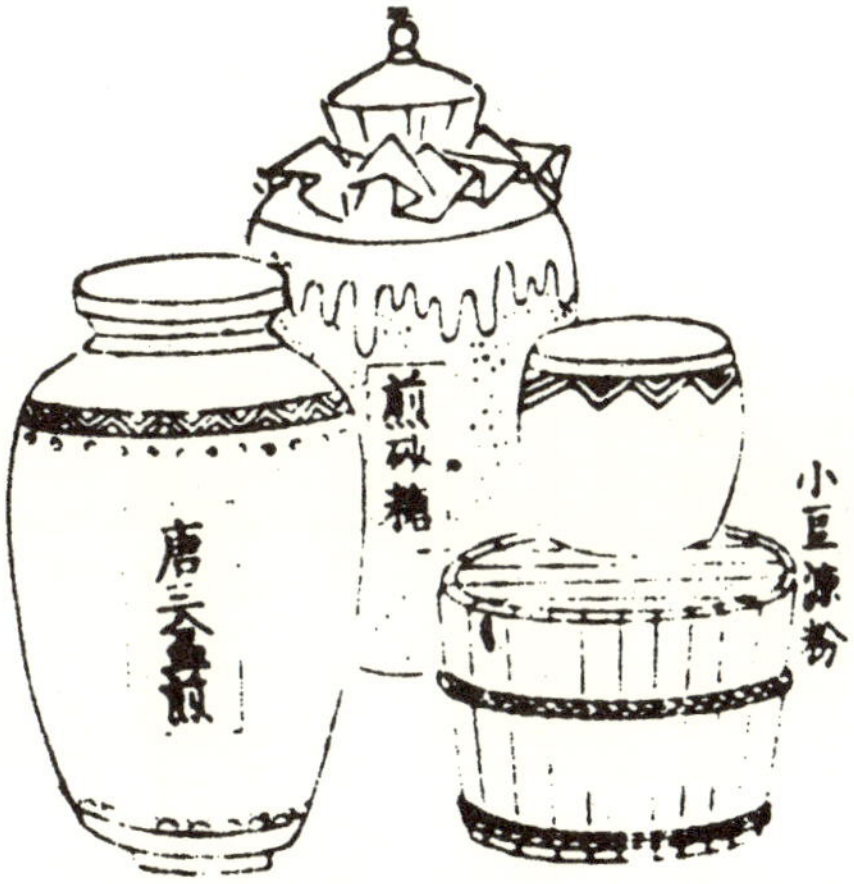

『古今新製名菓秘録』より

江戸時代の慶長年間（一五九六〜一六一五）にサトウキビが奄美大島に移植され、寛政年間（一七八九〜一八〇一）には九州や四国で砂糖が生産されるようになった。砂糖については『和漢三才図会』が詳しいが、種類には黒砂糖、白砂糖、氷砂糖などがあり、白砂糖には精製度により三盆白、上白《じょうはく》、太白《たいはく》などの種類があった。江戸時代初期には大部分輸入されていた砂糖は後期には国産糖が使われるようになり、和菓子の完成に寄与した。江戸時代の砂糖は高価なものであり、料理書でも菓子、砂糖漬など以外の料理に砂糖を用いる記述は少ない。

出典　①『料理物語』第二十　②『和漢三才図会』第九十　③『料理網目調味抄』四巻　④『料理早指南』四編

①砂糖をねり申すには玉子を一つつぶし入れ候へば　その玉子にさとうのちり皆つき候てとれ申候

④砂糖のあくとり様　砂糖によきほど水を煮返し壺にても桶にても打わけ其中《そのなか》玉子を打わりて入るれば　あくは上へふきあがると共に玉子の浮上るなり　その時あくをすくひてとるべし　但し極《ごく》精進ならば玉子のかわりに山の芋おろし入れて吉《よし》

**さんばいず【三杯酢・三盃酢】**

酢と醬油と酒を一杯ずつ合わせたもので、広義の合せ酢の一種。現在は醬油の代わりに塩、酒の代わりにみりんや砂糖を用いるものもある。↓∴あわせず、にはいず

出典 ①『海鰻百珍』中　朝鮮鱠《なます》に使用　②『料理早指南』四編　③『精進献立集』初編　④『素人庖丁』三編　⑤『料理調菜四季献立集』

①右の未醬《みそ》漬[海鰻摺肉《はもすりみ》を厚さ五六分ばかりの角に作り美濃紙に包みて未醬漬となす]を一分ばかりの厚さに作り岩茸など取合してため煎酒《いりざけ》又は三杯酢にて調す　これを朝鮮鱠と云う

②酢一箋《さん》　酒一箋　醬油一箋　かき合せ遣《つか》ふ　又右を煮かへしさまして遣ふ猶《なほ》よし

③酒一ぱい　上酢一ぱい　しやうゆ一ぱいを一つにあはす

④松茸三盃酢　これは松茸の茎《ぢく》ばかりを短ざくに薄くきざみ　いかき[ざる]に入れて上よりにへ湯をかけてしぼり小鉢に入れ三盃酢かくしとうがらしにて出すべし

⑤三盃酢は酢一ぱい　溜《たま》り一ぱい　酒一ぱい都合して三盃酢といふ

**しいたけだし【椎茸出汁】**

精進のだしの一種で、干椎茸を材料としたもの。↓∴しょうじんのだし

出典 『新撰庖丁梯』

椎茸産地多き中に日向《ひゆうが》を上品とす　雪子といふ物いろ淡墨のごとく下紋《うらしろ》潔白にして根の偏附《ゆがみつく》せるものを撰《えら》みてよく洗ひ　その香気つよきもの一升に煎水三升五合をよく沸《たぎら》し煮て二升をとりもちう

**しお【塩】**

食塩。料理の味加減をととのえることを塩梅《あんばい》するというのは、古来調味の基本が塩と梅の酢であったことを示している。江戸時代の塩は現在の精製されたものと異なり苦汁《にがり》を含んでいたから、料理書には苦汁の除き方もあり、また料理によっては焼塩を用いるなどの記述もみられる。当時は瀬戸内の播磨、備前、備中、備後、安芸、周防、長門、阿波、讃岐、伊予から産する塩が良質で「十州塩」といわれて全国の需要の九割を供給した。関東一帯の需要は下総の行徳塩に依存したが、人口増加のため不足して十州塩が江戸へ運ばれ下《くだ》り塩とよばれた。↓∴は

なしお、やきしお

出典　『黒白精味集』上巻一

にが塩取様　塩俵を立《たて》にして十四五日置けば　苦塩[苦汁《にがり》]垂り至極の塩に成也　塩は播州赤穂上也　讃岐塩もよし

塩浜（『日本山海名物図会』より）

**しょうじんいりざけ【精進煎酒】**

削り鰹節の代わりに、昆布、かち栗、かんぴょうなどを用いて作った煎酒で、精進料理に用いるもの。→いりざけ

出典　①『料理物語』第八　②『料理塩梅集』天の巻　③『合類日用料理抄』巻一　④『黒白精味集』下巻八　⑤『料理献立抄』　⑥『料理伝』　⑦『料理早指南』四編

①精進の煎酒は　たうふを田楽ほどに切りあぶりて梅干ほしかぶらなど刻《きざみ》入れ古酒にて煎じ候　又酒ばかりにかげをおとしてもよし　口伝在之《これあり》

④精進煎酒　古酒一升　古き茄子漬一つ大きなるを　へたを切り二つにわり　外に一切入れてせんじ　一切の茄子喰て見て　塩気なき時に塩梅《あんばい》して　あまければ醤油をさし煮合して用ゆ

⑤古酒一升　昆布二枚　かち栗一合　梅干二十　水五合以上炭火にてよく煎じ　七八合に成たる時塩かげんを見てあまくば塩をいれる　又大豆《まめ》かんぺうをも入れる法もあるなり

**しょうじんのだし【精進の出汁】**

動物性の材料を用いず、昆布、かんぴょう、椎茸などでとった煮だし、または水だし。取り合わせても用いる。

↓：かんぴょうだし、こんぶだし、しいたけだし、だし

出典 ①『料理物語』第八 ②『黒白精味集』下巻八 ③『料理伝』 ④『料理早指南』四編

①精進のだしは　かんへう　昆布やきても入　ほしたで　もち米ふくろに入にる　ほしかぶら　干大根　右の内取合せよし

②精進の出し　昆布を洗ひ　湯煮するごとく煮て用ゆ　柿の皮干置き出しに用ゆ　かんぴやうを煎じて用ゆ　初茸を干し置き用ゆ

④精進のだし　いせかんぴょう　こんぶ　白豆　もち米　右水にて煮出し用ふ

**しょうゆ【醤油】**

古い時代の中国の醤《しょう》や豉《し》に起源をもつといわれる日本特有の液体調味料。室町末期の文献に初めて醤油の名が見られる。醤油の生産は永禄年間（一五五八～七〇）に下総野田で始まったといわれ、紀州湯浅、播州竜野、下総銚子などにも江戸初期には醤油企業が誕生しているが、

醤油づくり（『広益国産考』より）

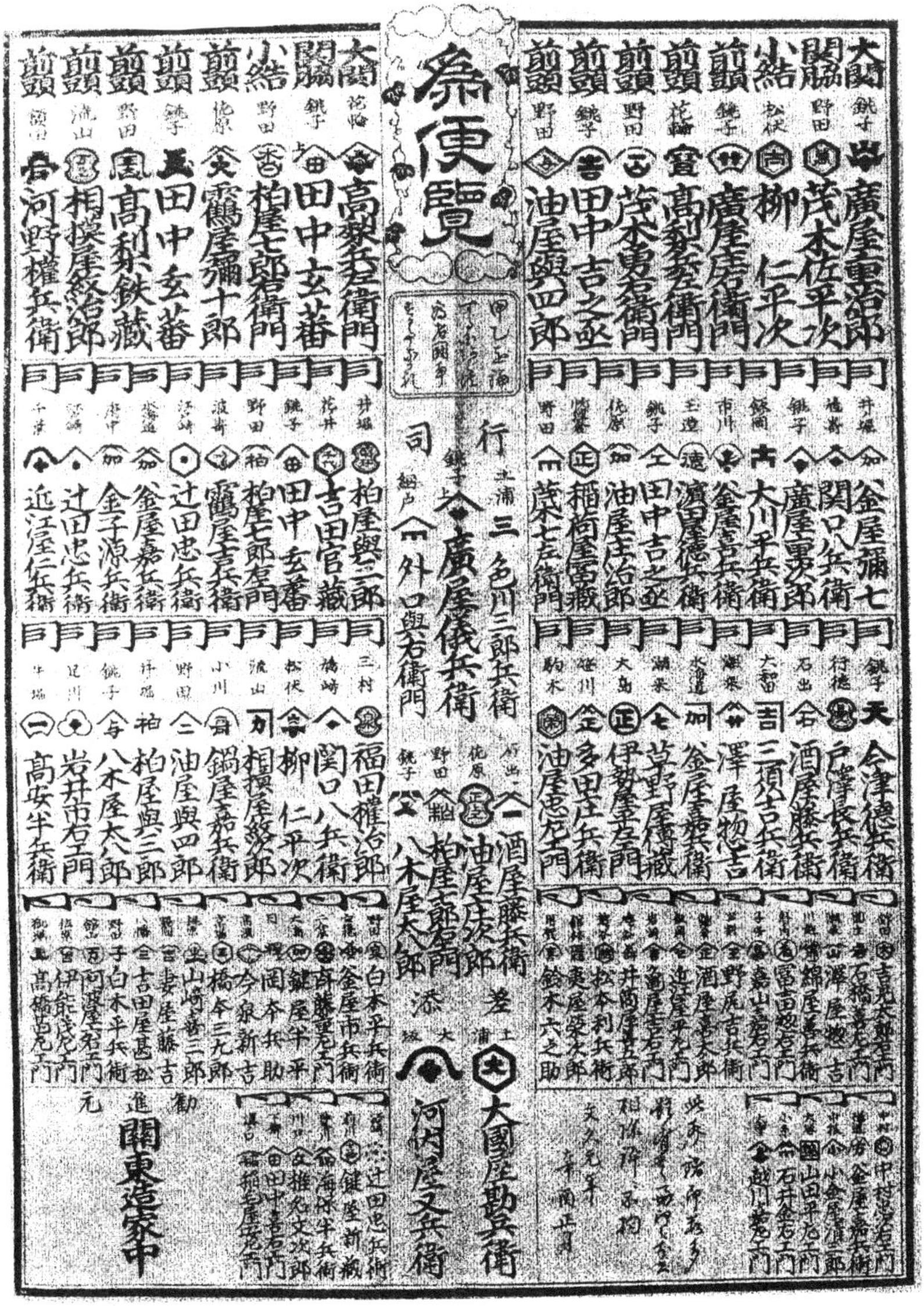

関東造醬油屋番付　文久元年

一般に醬油が使われるようになったのは江戸中期以後のようである。『料理物語』（一六四三）には二種の醬油の作り方はあるが、調味には生垂《なまだれ》や垂味噌《たれみそ》、煎酒《いりざけ》などが用いられている。『黒白精味集』（一七四六）になると、醬油の作り方が十五種ほど記され、料理全般に醬油が使用されている。

出典 ①『料理物語』第二十 ②『料理塩梅集』地の巻 ③『合類日用料理抄』巻一 ④『料理私考集』 ⑤『黒白精味集』上巻一 ⑥『新撰庖丁梯』

①正木《まさき》醬油《しやうゆう》 大麦一斗白につきいり引わる 大豆一斗みそのごとく煮る 小麦三升も白にして引わる 右の大豆煮候て麦のこに合わせこを上へふり板の上に置き にはとこの葉をふたにしてねさせ候 よくね候はゞ塩八升水二斗入れつくり候 同二番には塩四升水一斗こうじ四升入三十日おきてあげ候也

⑥日用醬油の法 小麦一斗炒碾《いりひき》 大豆一斗煮二品とも麴とす 塩一斗 右小麦のひきわりたると大豆と交へともに麴とし 右三品を桶におさめ水二斗五升をいれて もとかいにて頻々《ちよいく》に攪《かきまぜ》る也 もつとも始一月ばかりは頻々に攪へ夫《それ》より朝暮三たびほどづつ攪て凡《およ》そ向ひ月とて十二三ヶ月にて醸成す さておよそ一ヶ年ほどして後 布の袋に入れ絞るなり

## しらず【白酢】

「しろず」ともいう。豆腐に炒《い》り胡麻または炒りけしの実を加えてすり鉢ですり、酢でのばした白い調味酢。白酢で魚介類や野菜などを和《あ》えたものを白酢和という。

出典 ①『料理物語』第八 ②『豆腐百珍』十九 ③『料理早指南』四編 ④『早見献立帳』

②白醋《ず》は罌粟《けし》をいりてよくすり豆腐を少しすり入れ醋《す》を入る也 甘きを好むときは太白《たいはく》の沙糖を入るべし 又豆腐のかわりに葛粉を入るるもよし

③白酢 豆腐の水をよくしぼり白ごまよくいりてすりまぜ酢にてとき水嚢《すいのう》[目の細かい水ふるい]にて漉す也

## す【酢】

酢は古くからあり『延喜式』には米、麴《こうじ》、水を材料とする酢があって、材料割合は江戸時代のものとほぼ同じである。鎌倉時代から和泉国（大阪府南部）に産する和泉酢が知られ、江戸初期からは相模の中原、駿河の善徳寺、尾張の半田の酢も有名であった。これらは米から作るの

酢や（『人倫訓蒙図彙』より）

で米酢とよび、ほかに酒粕から作る粕酢、米酢と酒で作る酒酢もあった。酒酢の中には万年酢もあった。また当時の上質の酢を北風酢《きたかぜず》とよび、ぴりっとよくきくところからの名であろうという。↓∵まんねんず

出典 ①『料理塩梅集』②『合類日用料理抄』巻一 ③『料理私考集』④『黒白精味集』上巻二 ⑤『新撰庖丁梯』

②酢の方 黒米一斗酒飯のごとくす 糀《こうじ》三升 水二斗五升 右へ成ほど新しき葉生姜一尺縄にてからげ生姜の根ぎわより切り根ばかり入れ申候 右の水へ糀かたまり不申《もうさず》候様に細《こまか》にして入れ申候 さて酒飯さめ不申候やうに釜より直に酢作り申桶へ入れ申候 桶を十ぺんばかりもこもにて包みふたをも幾重も包み温《あたたか》なる様に仕候 十五日ほど過ぎ候へば酢の上にうばはり申候を捨て申候 右の如くうばを三度ほど捨て 七十五日過ぎ候へばよき酢に成り申候 その後酒をあげ申候ごとくに仕候 春夏秋三度作り夏は五十日ほどにてよく候 三年酢四年酢に成り候てはなおよく候

**すみそ**【酢味噌】

みそに酢と調味料や香辛料を加えてすりまぜて作り、膾《なます》、

さしみ、和物《あえもの》などに用いる。加えるものによって辛子酢みそ、山椒酢みそ、蓼《たで》酢みそ、唐辛子酢みそ、生姜酢みそなどあり、和《あ》える材料に適するものを選んで用いた。

出典 ①『黒白精味集』中巻六 ②『素人庖丁』初編に「鯨酢味噌」③『精進献立集』初編三十四番

①酢味噌物 みるくい[みる貝] くこ むきしじみ わかめ かぶら骨 ちさ 唐くらげ 湯引わけぎ結て なまりぶし 蓼酢味噌 湯引あさり 湯引あさつき さきひしこ うど丹尺 唐辛子酢味噌 すばしり背ごし 生姜酢みそ 平目 鱒など投作《なげづくり》にして 辛子酢味噌 らっきょかあさつきの玉二つ三つ盛合せてよし 鰹投作にして ねぎみそ酢 ねぎ青みを多く刻み入れてみその青く成るよし 茄子皮共に湯煮して切りて 蓼酢味噌 川ちさ紅白牡丹花

③すみそはみそをすり酢にてゆるめる

**だし【出汁】**

「煮出汁」ともいう。鰹節や昆布などの旨味《うまみ》成分を含む材料を、煮出したり水に浸したりして旨味を抽出した汁。鰹節だし、鰹節と昆布の混合だし、煮干だし、昆布だしなどがあるが、単にだしといえば鰹節を用いただしを指す。また動物性材料を用いない精進のだしもある。だしは室町末頃から用いられ、江戸時代には料理の心得の第一にだしのことがあげられ、汁物、煮物その他に広くだしが用いられるようになった。↓：かつおだし、したじ[料理用語]、しょうじんのだし

出典 ①『料理網目調味抄』三巻 ②『新撰庖丁梯』

①甘湯《だし》 煮出し也 一書に下地といへり だしは料理の元也 心を付べし 物により合不合あり 常のだしは先《まず》かつほ吟味すべし 真を可用《もちうべし》 だし多用時は上皮をけづり真はかなづちにて打ちくだくべし だしを大分拵《こしら》へ置きて茄物もだしにて茹てよし 豉《みそ》だしはうすたれ也 ねばりだしは山のいも薄く切りて一夜水に浸し置く ねばり出し也 昆布だし 干瓢だし 昆布の甘塩 めうがたけ 柿の皮そのほか精進のだし品々あり 魚の骨を煎じたるをともだしと云ふ

②調烹《りやうり》 諸煮汁《いろいろだし》法《しやう》 古《いにし》へは下地《したぢ》 甘湯《あまゆ》などの名を呼《よべ》り 今はだしとのみいふ〈後略〉

**だしざけ【出し酒】**

水のかわりに酒を用いてとった鰹節のだしをいう。酒《さか》だ

しとは異なる。↓：さかだし

出典 ①『料理物語』第八 ②『料理伝』

①だし酒は かつほに塩ちと入れ 新酒にて一あわ二あわ煎じこしさましてよし

②だし酒 古酒に削かつうを入れ さっとせんじる也 これは酒びてか或は酒をかけて出すべき酒なれば 塩梅《あんばい》は醤油か塩か物によるべし 塩かげん有品なれば 酒に塩梅はいらず

**たでず**【蓼酢】

青蓼の葉を少量の塩を加えてすり鉢ですり、飯粒少量をすりまぜてから裏漉《うらごし》にかけ、酢でのばしたもの。室町末頃の『四条流庖丁書』にもあって古くからなます、さしみに用いられ、現在も鮎の塩焼に添えられる。

出典 ①『小倉山飲食集』 ②『黒白精味集』上巻四 ③『料理早指南』四編 ④『精進献立集』初編

①蓼酢 塩かげんしてこし たでよくすりて酢を入れ すりたて申すまで也

②蓼酢膾 青蓼の葉をむしりよく摺《す》り酢にてのべ すいのうにてこし 鮎背越 小鮎引さきなど酒酢にて盛り 枝梅のけんなどよく取合也

④たで酢はまづすり鉢に飯つぶ少し入れすりて たでの葉を入れよくすり 酢を入れすりまぜる

**たまごず**【玉子酢】

江戸時代料理書には作り方が見当たらず、一方で黄身酢がないので、黄身酢のことと考えられる。現在の黄身酢は卵黄に酢、塩、砂糖を加えて湯煎《ゆせん》にかけて練って作る。

出典 ①『素人庖丁』初編 鱠《なます》の部に用例 ②『料理通』初編「鱠掛酢」にあり

①湯煮鳥平切 わり栗 木くらげ 芹ぢく 玉子酢 わさび

②鱠掛《なますかけ》酢《す》 御膳酢 三盃酢 蜜柑酢 柚《ゆず》ねり酢 ぶだう酢 九年母酢 だいだい酢 煎酒酢 玉子酢 かき酢 蓼《たで》酢《ず》 芳野酢 けし酢 胡麻酢 ねり酒酢 青梅酢

**たまり**【溜】

古くはみそから取る旨味《うまみ》の強い液を指し、のちには大豆、塩、麹《こうじ》で作った溜醤油をいう。『日葡《にっぽ》辞書』（一六〇三）には「味噌から取る非常においしい液体で食物の調理に用いられるもの」とある。溜の名は古くはみそ桶の中にざるを立て、中にたまる液を取ったところからいう。

出典 ①『日葡辞書』 ②『合類日用料理抄』巻一 ③『黒白精味集』上巻一 ④『新撰庖丁梯』

③溜りの法　大豆一斗常の味噌豆の如く煮て糀一斗合せよくつき交ぜ　塩九升　水一斗五升　右の水塩せんじて桶に入れ　よくさまして突合せたる大豆糀をかき合せ　桶へ成《なり》とも壺へ成共入れ　その日より三十日の間毎日二三度もかき合せ　その後は蓋をしかとしてほこりの入らざる様にして　九十日程置《おき》候へばすみ申候　さてくみ上げ桶に入れ置遣《つか》ふ也　右のかすに大豆をむし突合せ置候へば　味噌に成申候

④溜醬油の法　前条の小麦せうゆを用いて醸成《せいほう》するの後豆油《しょうゆ》の桶中に簀《す》［竹製のかご］を立つ　その中へ滲留《たまる》する物を汲取用う　別に法あるに非《あら》ず　いにしへ布袋にいれしぼる事なく籠簀《かごす》をたててその中にたまるをもて溜り豆油といひし也　今いにしへにならひ溜り醬油といふ　又東西駅亭《はたごや》にて溜といふものは麦味噌などの仕こみに豆液《あめ》を多く入れゆるく醸成し　その中に右の籠簀をたててその中へ滲留《たまる》する物をもてたまりと云ふとぞ

## たれみそ【垂味噌・溏味噌】

みそを水でとき、少し煮つめてから布袋に入れてつるし、自然に下にたれた汁。料理書によってはみそを水でとき、そのまま布袋に入れてつるすとあり、『本朝食鑑』（一六九七）も水垂れともいうとしている。『貞丈雑記』に「醬油は古なし　京都将軍家の庖丁人大草家の書の趣醬油を用ゆることとみえず　皆たれみそを用るなり」とあり、醬油普及以前の調味料として室町時代から用いられていた。↓∴なまだれ

出典 ①『料理物語』第八 ②『料理網目調味抄』三巻 ③『料理山海郷』巻一に「溏醬《たれみそ》」 ④『料理献立抄』 ⑤『新撰庖丁梯』 ⑥『精進献立集』二編

①垂味噌　みそ一升に水三升五合入れせんじ　三升ほどになりたる時ふくろに入れたれ申候也

②溏《たれ》味噌　白豉《みそ》を布の袋に入れ水を入れしただる水を用ゆ　赤みそもよし

④溏味噌　上々のみそすらずに其《その》まま水を入れよくにやしもめん袋にいれ勝手よき所につりて下に桶をうけ其《その》たれ水をうける　これを二の汁　吸物などに用ゆ　みそ汁にあらず醬油汁にあらずして美味也

**どぶ**【酴醾】

酒粕をしぼった汁または酒粕の水ときで、料理の旨味《うまみ》料として用いた。どぶを加えることを「どぶを差す」といった。江戸初期の酒粕は現在のように圧搾《あっさく》された固いものではなく、また酒を少量加えてすりまぜてからしぼったりもした。「どぶ」の名は「どぶろく」からのものであろう。→∴どぶじる[汁物]

出典 ①『料理物語』第八 ②『料理秘伝記』第七 ③『料理早指南』四編

①どぶとは何時《なんとき》も酒の粕をしぼりたるがよし　にごり酒はあしく候

③どぶの事　極上の酒のかす水にてとろ〳〵にすり　煮返し漉《こ》してつかふを云ふ　にごり酒はわるし　但どぶなき時はみりんの酒かをとり入れるも吉《よし》

**とめかす**【留粕】

「甘糟《あまかす》」ともよび、酒の粕の甘いもの。どのようなものかわからないが、どぶ汁に加えたり、留粕煮などに見られる。→∴どぶじる[汁物]

出典 ①『歌仙の組糸』十二月に用例 ②『料理秘伝記』第一「どぶ」に用例

①平皿　留粕煮　雁　さきねぎ　木くらげ

②どぶは　下地みそ汁中位に仕立　とめ粕を酒にて摺《すり》ねりみその加減に拵置《こしらえおき》　料理出す前に右の汁にさし　塩梅《あんばい》吸合せ出すべし　鮟鱇　ふぐ　藻魚等何も同じ　精進汁にも用ゆ

**なまだれ**【生垂】

みそを水でとき布袋に入れてつるし、自然に下にたれた汁。料理書によっては、この汁に鰹節を加えて煎じ漉《こ》したもの、すなわち「煮貫《にぬき》」に相当するものを「なまだれ」としている。なまだれは江戸時代以前にはなかったようである。→∴たれみそ、にぬき

出典 ①『料理物語』第八 ②『料理塩梅集』天の巻煮物部 ③『料理秘伝記』第七 ④『料理伝』

①生垂は味噌一升に水三升入れ　もみたて　袋にてたれ申候也

②なまだれの方　生味噌をかきたて是《これ》をたれ味噌の如くに袋へ入れすまして　さて鰹節入れせんじ候　少しうすく候物故醬油入れあんばいをする也

③生たれは味噌一升に水三升また二升五合入れ　鰹を大鰹節一つ入れよく煎じ　袋に入れたれ申候
④生だれ　白味そ一升　よき鰹の煮出し三升入れよくとき合せ袋に入れたるるなり　精進の時はいづれとも出しは極上の松前の新昆布也

**にぬき**【煮貫】
みそと鰹節の旨味《うまみ》を煮出した調味液で、「にぬき汁」ともいう。みそを水でとき、鰹節を入れて煎じ、布袋に入れて垂らした汁。『料理塩梅集』『料理秘伝記』『料理伝』などはこれを「なまだれ」としている。↓：なまだれ

出典　①『料理物語』第八、第二十　②『料理秘伝記』第九　③『料理伝』　④『料理早指南』四編

①煮貫　なまだれに鰹を入れ煎じ漉《こ》したるもの也［第八］
煮貫は味噌五合水一升五合　鰹二節《ふし》入煎じ袋に入たれ候汲返し〳〵三返漉してよし［第二十］
②煮ぬき汁とはたれ味噌にて仕立たる汁也　麺類汁に用ゆ甘汁とも云ふ
③煮ぬきたれ味そ　白みそ一升　およそ五百五拾匁　鰹節三本爪けづりたる所二百五拾匁　水四升入れこれを三升に煎じ袋へ入たるる也

**にはいず**【二杯酢・二盃酢】
現在は酢と醤油を合わせた甘味のない合せ酢をいい、おもに魚介類のなますに用いる。江戸時代料理書には二杯酢の用例はあるが、作り方は見当たらない。『料理早指南』（一八〇一）には三杯酢と並んで、醤油と酢を等分に合わせた合せ酢があるから、合せ酢が二杯酢に相当すると考えられる。↓：あわせず、さんばいず

出典　『料理早指南』初編膾の部に用例

二はい酢　たゝみさより　べにくらげ　くりせうがせん　じゅんさい

**ぬかみそ**【糠味噌】
現在のぬかみそはぬかみそ漬の漬床《つけどこ》であるが、江戸時代のぬかみそは「糂粏《じんた》」ともよばれ、原料も現在のものと違っていて、みそと同様に用いられ、江戸時代後期に漬物にも用いられるようになった。原料の配合・作り方などは文献によって差違があるが『本朝食鑑』穀部の二にある作り方を要約すると「糠はうるち米よりもち米の糠がよく、細かい粉末にして一斗、麹《こうじ》一斗二升から一斗六升くらい、白塩一升を用意し、大豆を煮た飴汁でねり

合わせる。これをよく搗《つ》いてまぜ合わせ、蒸器で二時間ほど蒸してから冷まし、桶の底に敷いて上にみそを入れて圧《お》し、みそを使い切ってから用いる。また反対にみその上を覆って入れ数日たって用いてもよい。食べる時は酒や酢に浸して用いるかみそ汁にまぜてもおいしい。胃の働きを活発にし、解毒作用もある」。

出典 ①『料理塩梅集』天の巻肴部 ②『合類日用料理抄』巻一 ③『料理網目調味抄』一巻 ④『料理私考集』 ⑤『黒白精味集』上巻三 ⑥『料理山海郷』巻四

②糠みその方 小糠一斗そのまま細《こまか》にふるう 塩一升 右の二色 飯の取湯にてはら〳〵にこね せいろうにかけ色の付候ほどむして一日ほどさまし桶につき入れ 三十日過て右の糠みそに上々の赤きみそ二升 糀《かうじ》三升入れ又よくつき合せ 桶へ仕込二七日[二週間]ほど過ぎつかい申候 料理の時すり鉢にて一ぺんすり申候 酒を加へ申候 汁へ入候には水にてのべ候

③糂粏《ぢんた》 俗云ヌカミソ

⑤糠味噌の方 餅米の糠三升むしてよくさまし 塩六合 水二合五勺 右塩水せんじさましこして 糀三升の花と 右の二合五勺の塩水と みそ豆煮たるあめ五合入れ つかみ立洗もみて粕をしぼり捨こして その汁にてこね合せ壺に入れ置《おく》也

⑥早糠味噌 もち米の糠よくふるひ豆のこ当分に合《あわ》せ 塩よきほど合せ さとう少し入れ 酒にて入用ほどづつこね用ゆ

**はなしお【花塩】**

飽和食塩水を天日で蒸発させて結晶を作ったもの。また『和漢三才図会』では塩を小梅の花の形の型に詰めて焼いた花形塩を花塩としている。↓∴しお

出典 ①『本朝食鑑』水火土部「食塩」 ②『和漢三才図会』巻一〇五 ③『黒白精味集』上巻一 ④『料理山海郷』巻一

③花塩取様 塩一升 水一升入れせんじ六月土用の中吉《よし》平き鉢に少し塩水を入れ日に干《ほす》也 鉢のふち水の上に花塩出来る也 箸にて取也 水のある間は花塩出来る也

**はやいりざけ【早煎酒・早熬酒】**

急ぐ場合などに短時間で作る煎酒で、酒に鰹だし、醤油、酢などを加えて作るもの。↓∴いりざけ

出典 ①『料理物語』第二十 ②『合類日用料理抄』

巻一　③『料理綱目調味抄』三巻　④『黒白精味集』下巻八

①急候時は酒一升に鰹二ふしだし五合入れ　味をすひ見候て　たまり加へ出し候　梅干は酒一升に六七入候て吉　塩もたまりもよき比せんじ候て入候事に候
②古酒四盃　しやうゆ一盃　酢半盃　右三色合せ炭火の上にて一沫《あわ》にやし　そのままおろし箸にてかきまはし　人はだにさめ候時また火にかけにやし右のごとくさます　如此《かくのごとく》三返《べん》にやし候へば煎酒に成申候
③古酒五盃　漿《しょうゆ》一盃　塩少　酢少　砂糖十目[匁]合せて煎《に》る　酒の香去る時即よし
④酒を鍋へ入れ煮立　煮立候所へ火を入れもやし　火消候へば酒気なく成也　その時醤油にて塩梅《あんばい》して出す　だし不レ入也

## ひしお【醤】

煮熟大豆を主材料とし、麹《こうじ》と塩水を加え醸造したもので、作り方はいろいろあり、『古事類苑』は「大豆ニ糯米《もちごめ》、小麦、酒、塩等ヲ和シテ、製シタルモノナリ」と定義している。ひしおは奈良時代からあり、現在もなめみその一種として、ひしおみそが作られている。江戸時代の料理書には、みそ、醤油と並んでひしおの作り方が詳細に記述されており、広く用いられていたらしい。

出典　①『料理物語』第二十「正木ひしほ」　②『料理塩梅集』天の巻味噌部　③『合類日用料理抄』巻一　④『料理綱目調味抄』三巻「醢《ひしほ》の方」　⑤橘川房常『料理集』　⑥『黒白精味集』上巻三

①正木《まさき》ひしほ　大麦白一升　一夜水にかしさは〱と煮ていかきにあげてむす　大豆《まめ》八合むしくひはづかけえりて水にてあらひほし　よきほどにいりて　こまかにさら〱と引わり皮を去る　右二色まぜやはらかにむして　厚さ五分程にむらなくひろげ　上下にうどんの粉二合五勺ふりてねさせ　はなよくつきたる時おこし　あら〱とくだき少し日にほし　花のちらざるやうにして紙袋に入れ置き何時にても五日まへに　こうじ四合　塩二合五勺　水一升入れつくり候　冬は十日十五日前よし　右こうじ塩水をくら〱とわかしよくさまし　桶にてもつぼにても作り入れ日あたりにをき　一日に五六度もかき候　色のつき候までそとに置く　但《ただし》五升とも仕候へば塩三合づつ入れよく候
⑤ひしほ　丸山醤　大麦一斗成程よくつき少も皮のなきやうに仕　一夜水に漬置きむし申候　大豆四升いり候て引割皮を去むし　右二色一つにしてよくさまし　小麦二升いり

候て粉に仕　右二色へまぜねせ申候　糀《こうじ》になり候節もみくだき天日に干し　水一斗に塩二升二合入れせんじ　夏は三日程さましおきさめ候節右糀仕廻　一日に二度づつかき廻し申候　少も天日にあて申さず五十日程過て風味出申候

**ふくさみそ**【袱紗味噌・和味噌・服紗味噌】

文献により記述が異なり定義しにくいが、二種のみそを合わせたみそと考えられる。『料理之栞』にはふくさみそは中みそのことをいうとあり、中みそとは白みそと赤みそを等分に合わせたものと『黒白精味集』（一七四六）にある。また『貞丈雑記』には略式の物をふくさといい、ふくさみそは、すり鉢ですらないみそとある。↓∴ふくさじる［汁物］

出典 ①『日葡辞書』 ②『黒白精味集』上巻四 ③『料理之栞』

①練りつぶしたみそ

②味噌加減　中味噌　白味噌赤味噌等分

③和䜴《ふくさみそ》と言は中みその事也

**ほろみそ**【法論味噌】

乾燥したなめみそ。焼みそに胡桃《くるみ》、胡麻、山椒などをきざんでまぜ、油をぬった鍋でほろほろするまで炒《い》って作る。『本朝食鑑』（一六九七）には法論味噌は奈良の諸寺でつくり出したもので味も香もよいとある。寺で法論《ほうろん》（法義上の議論）の時に食べたところからの名ともいう。鳥の身と骨をたたいて入れた鳥法論味噌、鰹をたたいて入れた鰹法論味噌もある。

出典 ①『料理塩梅集』地の巻 ②『合類日用料理抄』巻四に「鳥法論味噌」 ③『本朝食鑑』穀部の二 ④『小倉山飲食集』法論味噌部に「鰹ほろ味噌」

①ほろ味噌仕やう　みそくり程に薄くして焼き申候　但こげ申所はすて申候　くるみきざみて　干山椒きざみて　右等分に合せて鍋にごまの油をぬり申てよき程にいり申候　このほか塩ごま　ちんぴ少し加へ申候

**まんねんず**【万年酢】

酢と酒と水を等量ずつまぜてかめに入れて密封し、あたたかいところに置き、三十日ほどで熟成し酢ができる。くみ取った分の酒と水を加えておけばいつまでもなくならないので万年酢という。酒と水に少量の酢を加え、餅と菖蒲《しょうぶ》の根を入れて作る菖蒲酢も、くみ取った分の酒と水を加えるので万年酢ともいう。

出典 ①『料理塩梅集』地の巻 ②『合類日用料理抄』巻一 ③『料理私考集』 ④『黒白精味集』上巻二 ⑤『料理網目調味抄』三巻 ⑥『新撰庖丁梯』

③万年酢 生酒一ぱい 上酢一ぱい 水一ぱい 右三色合わせ壺へ入れ 雨掛り申さぬ所の土へ三分二うづみ 上へ茶碗様物をかむせ置き 入用次第遣ひ 汲取り候ほど酒半分に水半分入れ ふたをしめ置き何ヶ年にても右のごとく

⑥菖蒲酢の法 酒一升 水一升 白餅十文とり位一箇 右三品を壺にいれ 厳醋《きびしきす》三杯 菖蒲根三茎ばかりを加へ入れ 壺を固く封じ風の入らざるやうにして日に曝《さら》す事 夏秋は半月 冬春は一月の余にて熟す もつとも用る時の分量に随《したが》ひ 酒水等分に跡へ入れおけば久しく尽ることなし故に俗よんで万年酢といふ 又いふ 餅は一三ヶ月に取出し新しきを入れてよしと云ふ

**みずだし**【水出汁】

昆布その他のだし材料を、加熱せずに水に浸しただけで旨味《うまみ》を抽出しただし。

出典 ①『料理塩梅集』天の巻 ②『料理伝』に「鰹水出し」 ③『新撰庖丁梯』

①鰹水だし方 ［鰹節の］皮けづり捨て 真の正味を水にてよく洗ひ さて桶に水を入れその水に鰹の真［正味］入れ小半時水に入れ置く その水を則用ふ 湯共に煎ずる也

②かつうを水出し ふしは右のごとくして［水で洗ひ上皮を去り削りたるかつうを又水にて洗ひ浮きたる分よろしからず］水二升に削りふし三本分漬置て 一時の余になればよく出る也 にごらぬ様にくみて遣ふべし ふしはしんばかりよし これはつけ出し也 煮出しよりつけ甚《はなはだ》よろしき也 いずれかつうをふしは土佐の清水ぶしよし およそふし削りたる所二百匁

③諸煮汁《だし》煮るに及ばず おのおの洗ひ浄《きよく》したるを一夜水に浸し置きその水を用うる事よし 世にだしという名にも叶ふとぞ 此法甘美《あまき》を好まず或は酒のみの如きには可ならんか

**みそ**【味噌】

みその起源は古い時代の中国の醤《しょう》や豉《し》にあるといわれる。日本には奈良時代に渡来して『養老律令』（七五七）に

味噌や（『人倫訓蒙図彙』より）

は醤《ひしお》、豉《くき》とともに未醤《みそ》があり、これがみその祖とみられている。『延喜式』（九六七）によると当時の未醤は大豆を主原料とした豆みそ系のものらしく、のちに米麴《こうじ》が添加されるようになって日本特有のみそが作られるようになった。江戸時代には大豆、米、塩の配合割合は多様化してみその種類が増加し、『黒白精味集』（一七四六）には、七日味噌、上白味噌、五斗味噌、八斗味噌、白味噌、石州味噌、玉味噌、常の味噌、甘味噌、名護屋味噌、中白味噌などの作り方がある。みそは室町時代には庶民にも普及し、江戸時代には大量生産も行われるようになり、みそ汁は庶民の日常食として定着した。↓∴ごとみそ

出典 ①『料理塩梅集』地の巻 ②『合類日用料理抄』巻一 ③『黒白精味集』上巻一

③常の味噌 大豆一斗 糀《こうじ》八升よくもみ 塩四升 右の大豆宵に洗ひ明《あく》る朝小水にして煮立 小火にして終日よく煮て夕方つき 塩糀よくつき合せ 夏はよくさまし桶へよく押付 冬はつき候をそのまま桶へつめ申候 早くなるる也 赤味噌にしたき時は宵よりたき立て 半分煮にしてまた明朝たき付煮申候 とまり味噌とて色赤く成也 七日過

ぎて中つきして置也

**みそす**【味噌酢】

酢みそとは異なり、調味酢の一種で、みそで味をつけた酢。諸種の香辛料を加えてわさびみそ酢、生姜みそ酢、山椒みそ酢、蓼《たで》みそ酢、葱みそ酢、唐辛子みそ酢、からしみそ酢などもあり、なますやさしみに用いられた。

出典 ①『料理物語』第八、第十一 ②『黒白精味集』上巻四

①山葵《わさび》みそすとは　わさびをおろしみそを加へよくすりて酢にてのべ申事也 [第八]

鯨　うすくつくり候てにえ湯をかけ山椒みそすにてよし [第十一]

②味噌酢膾　酢にみそ少入れよく摺《す》り　とうがらし　からし　山葵　生姜　ねぎ何《いず》れにても望み次第入れて皿に溜め生盛にして出す

**みりん**【味醂・美淋】

「みりん酒」ともいう。焼酎《しょうちゅう》に米麹と蒸した糯米《もちごめ》を仕込んで糖化させ、粕を搾って得られる酒。慶長年間の文献に「蜜淋酎《みりんちう》」とあるのがみりんの初見という。江戸時代料理書にはみりんの作り方は見当たらないが、『本朝食鑑』穀部之二には美淋酒として作り方が記されている。幕末の『守貞漫稿』には「美淋酒は多く摂[摂州]の伝法村にて醸レ之也　然れども京坂用レ之こと少く多くは江戸に漕して　諸食物醤油と加レ之煮る」とあるが、料理書でみりんを用いている例は多くない。

出典 ①『黒白精味集』中巻五 ②『日養食鑑』

①仙台煮　鮭を皮を付けぶり切に薄く切り　みりん酒を入れ炭火にて一時程煮て溜りにて塩梅して出す時はららごを入れ出すなり　火強くば鮭崩るる也　煎酒立にすれば上戸も喰わるるなり　わさびを入れる　味淋酒ばかりにて仕立たるは下戸料理なり　奥州煮ともいふ

②甘熱　毒あり　焼酒《せうちう》へ糯米の麹を加へて造る　三七日をへて成る者を俗に本直《ほんなおし》と云　故にその味早く敗《かわ》る　又美淋酒は同じ物の日を久しく経て成る者なり　故にその味かわらず

**やきしお**【焼塩】

塩（粗塩《あらじお》）を素焼土器の焼塩壺に入れ、口を覆って炭火

でよく焼いて、やわらかな味の白い軽い塩としたもの。江戸時代の上流階級の住んだ遺跡からは焼塩壺の出土が多く、焼塩はよく用いられていたらしい。吸物、和物《あえもの》、葛湯《くずゆ》などに使用例が多い。↓∴しお

出典 ①『本朝食鑑』水火土部「食塩」 ②『黒白精味集』上巻一

②やき塩は播州より出す　森和泉守献上成也　箱塩ありつと塩有同事也　献上箱塩也　最上の焼塩也／二度焼塩常の如く焼塩を取寄せ　壷のままこたつにいけ　火を一夜置き焼直す也　石のごとくかたく成を　花形　はつれ雪すなこにする也　薄のこにて挽《ひ》けば紙のごとくに挽かるる也

**わさびず**【山葵酢】

わさびをすりおろして酢にまぜ塩で塩梅《あんばい》した調味酢。室町末頃の『四条流庖丁書』に「鯉ハワサビズ」とあり、『日葡《にっぽ》辞書』にも見られる。↓∴わさびあえ［和物］

出典 ①『料理物語』第十 ②『料理伝』 ③『素人庖丁』初編

②わさび酢　わさびをおろして酢に塩かげんしてかき交《まぜ》用る也　せうが酢に同断

③きんこわさび酢　前のごとく大なるきんこのやわらかなるを細作りにし薄醤油にてさつと味をつけ　大きくらげ是《これ》細長くきざみて一所にわさび酢にて出す

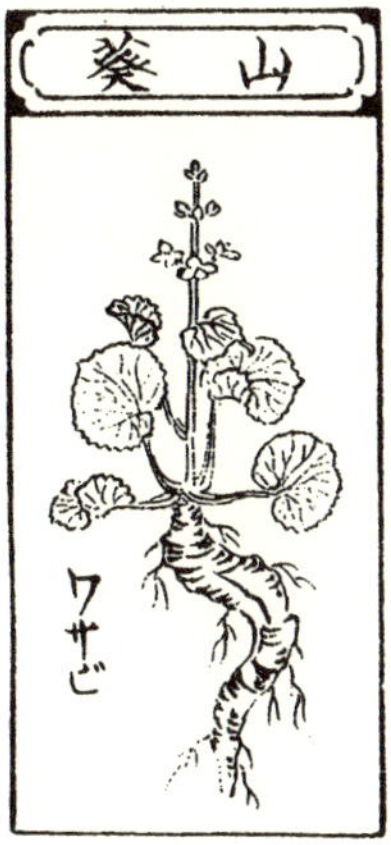


『食物知新』より

# 菓子類

葛飾北斎画「白次(須)賀のかしは餅」
(財団法人 味の素 食の文化センター所蔵)

菓子は古くは「果子《かし》」と書いて木の実や果物を指し、これらの甘味のある自然物が現在の菓子の役割を果たしていた。奈良時代には大陸との交流によって唐菓子が伝来して宮中行事などに用いられ、平安時代には市《いち》でも売られていた。唐菓子は小麦粉や米粉をこねていろいろの形に作り油で揚げたりしたもので、現在も奈良の春日大社や、京都の上賀茂神社の神饌《しんせん》として作られている。

鎌倉後期には中国へ留学した禅僧によって点心《てんしん》（食事と食事の間の小食）の羊羹や饅頭が伝えられるが、当時は砂糖は貴重な輸入品で、砂糖入りのものは「砂糖羊羹」「砂糖饅頭」と呼び、普通のものは汁とともに食べる甘くないものだったらしい。安土桃山時代には南蛮菓子として、カステラ、カルメラ、金平糖、有《ある》平糖《へいとう》などが伝えられ、一部の人たちに珍重された。また、茶道の発展も菓子の進歩を助けた。

菓子が庶民にも普及するのは江戸時代に入ってからで、それも国産砂糖が作られるようになった江戸中期以後のことである。江戸初期には茶会の菓子にも、栗や榧《かや》などの木の実、柿や梨などの果物、昆布や椎茸の煮しめなどの名が見られる。『料理物語』（一六四三）には菓子の部があって、十四種の菓子の作り方があるが、玉子素麺・おこし米・午房《ごぼう》餅・葛焼餅・葛餅・蕨餅・雪餅・杉原餅・枸杞《くこ》餅・五加《うこぎ》餅・ちまき・さゝ餅・御所様餅・近衛様雪餅で、大部分が米粉や葛粉を主材料とした素朴な菓子である。

江戸中期の『男重宝記《なんちょうほうき》』（一六九三）巻四には、菓子類として蒸菓子、干菓子およそ二五〇種余を列記し、その中二十四種は図示してあるが、浜千鳥、秋の野、春霞《かすみ》など菓子銘は優雅ながら、菓子自体は江戸後期のものに及ばなかったようである。中期には『古今名物御前菓子秘伝抄』（一七一八）『古今名物御前菓子図式』（一七六一）の菓子専門書も刊行され、このころになると木の実や果物は菓子と区別して木菓子、水菓子などと呼ばれるようになる。

『守貞謾稿』には元禄年間（一六八八〜一七〇四）の江戸名物の菓子として、芝田町鶴屋の大佛餅、茅場町と日本橋南一丁目と二店ある塩瀬の饅頭、葺屋町戎《えびす》

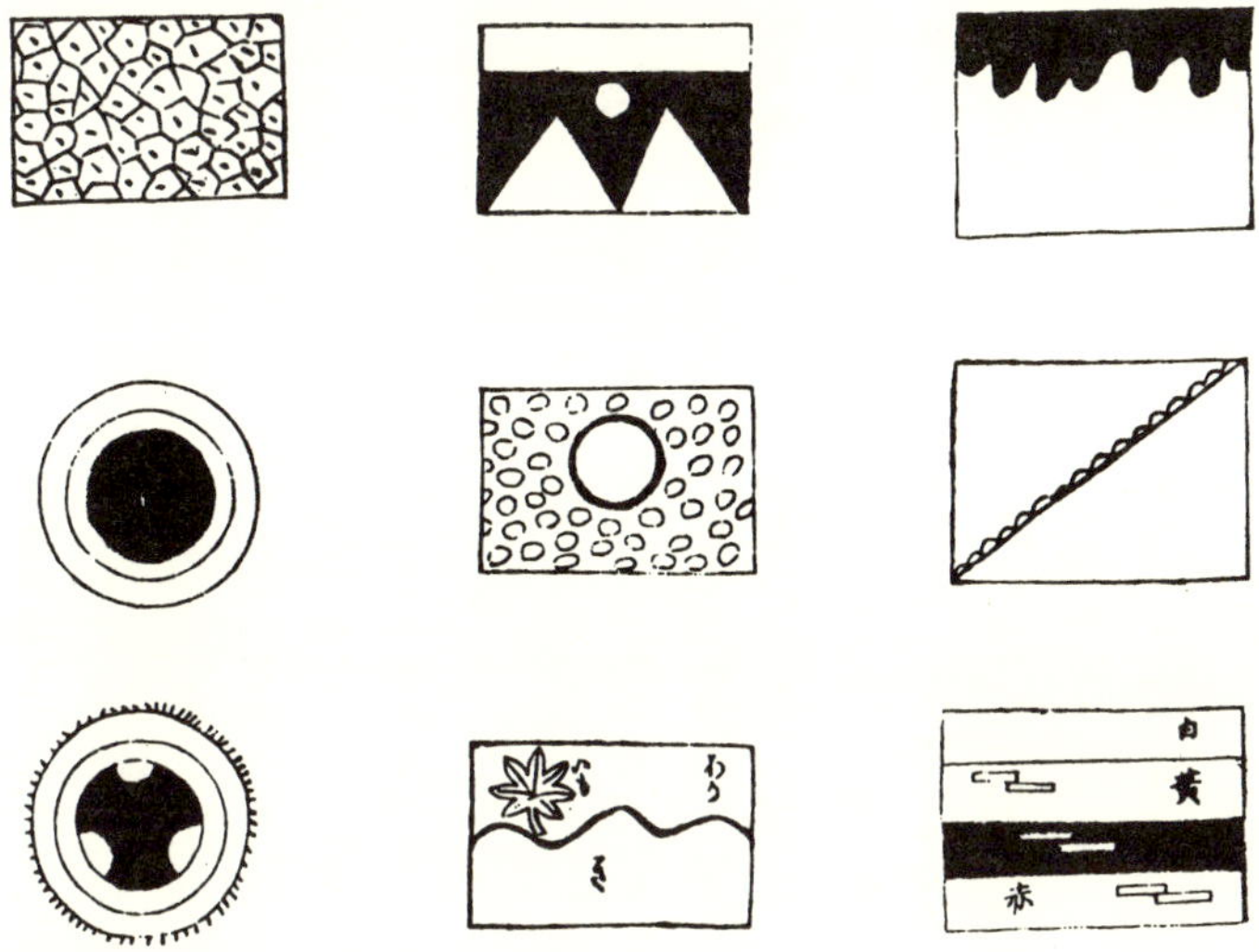


菓子類（蒸菓子・干菓子）（『男重宝記』より）

屋《や》・駒形の戎屋・同町布袋屋の饅頭、金龍山下麓屋・同所鶴屋の米《よね》饅頭、浅草文珠院前戎屋のふいご焼、芝田町長左衛門が桜飴、花町鎌倉屋のちぢら糖、大伝馬町二丁目姫饅頭、麹町十一丁目助惣の麩の焼などをあげている。また享保年間（一七一六〜一七三六）の名物には、本町紅屋煉羊羹、本町一丁目鈴木羊羹、本町二丁目鳥飼饅頭、両国の幾世餅などがある。

これらの庶民に評判の店のほか、江戸時代には上層階級用の上菓子屋があり、御所や幕府の御用をつとめて御用菓子屋とも呼ばれた。京都では川端道喜、松屋山城、虎屋近江など、江戸では大久保主水、鈴木越後、金沢丹後、船橋屋織江などがあった。『菓子話船橋』（一八四一）は、船橋屋織江の主人の書いた菓子専門書で、現在でも通用する水準の高い内容で、和菓子の完成は江戸後期であったことを示している。

このほか後期には、団子、汁粉、飴などを売り歩く振売り（行商）も多く、独得の呼び声で繁昌し、菓子は庶民生活にも欠かせないものとなった。

## あめ【飴】

飴には、でん粉を麦芽で糖化して作るものと、砂糖を煮つめて作るものとある。前者は平安初期の『延喜式』に糖《あめ》としてその作り方があり、古くからのものである。江戸時代には前者を水飴、汁飴と呼び、後者を堅飴と呼んだ。両者とも越後の高田や相模の浦賀で作られるものが良質で江戸に送られた。江戸後期には三都（江戸・京都・大坂）には飴で花や鳥などの形を作って売る飴細工、目立つ服装をした飴売りなどがいて、飴は庶民の菓子であった。

出典 ①『料理塩梅集』地の巻 ②『合類日用料理抄』巻二 ③『古今名物御前菓子秘伝抄』 ④『黒白精味集』中巻七 ⑤『餅菓子即席手製集』

①あめの仕様　大麦をもやしにして　はへて五六分程はへ出候はば其時むしろに入《いれ》ほして　もち米一斗をめしにたき常のめしよりやわらかにして　もやし三升粉に引《ひき》さて右のめし　もやし桶に入かき合《あわせ》水を入　水かげんしるき「水っぽい」かゆにたてたる程にして　夏は一時半程桶にふたをして其儘置《おき》候　冬は三時ばかり置候て　さて布袋に入しぼり其後すいのふにてこし　さて鍋に入煎じ候　可減はいか程も煉《ねり》　好み次第に桶に入さまし申候　さめ候はば少《すこし》かたく成《なり》候　見合かんやう也

飴師（『人倫訓蒙図彙』より）

②飴ねり様　白さたう三斤　水二斗　右銅《あかがね》鍋に入　炭火にて一沫《あわ》せんじすいなふにてこし鍋をよく洗《あらい》　右の鍋へ入半分になるほどせんじ　米の酢盃に七分程入一沫せんじ　汁飴飯椀に八分めほど入又一沫せんじ　餅米三合五勺よくすり入申候　右へらにて二人も三人もより合　鍋の底につかざるやうに練《ねり》つめ　たらたらとよきかげんの時　うどんの粉《こ》の上にしやくしにて移し　かたまりたる時切《きり》申候

**あるへいとう【有平糖】**

「あるへい」「あるへいと」ともよぶ。ポルトガル語のアルフェロア（砂糖菓子のこと）からの名で、室町末期伝来の南蛮菓子の一種。砂糖または氷砂糖に水を加えて煮つめ、細工できる程度にさましてから、引きのばして白くしたり着色したりしていろいろに形づくり、飾り菓子として祝い物などに用いた。現在は砂糖のほかに水飴も加えて作る。

出典 ①『合類日用料理抄』巻二に「ある米《へい》糖」②『古今名物御前菓子秘伝抄』③『南蛮料理書』に「あるへいとの事」④『料理伊呂波庖丁』巻五干菓子の部に「大あるへい」「小あるへい」の名がある。

②あるへいたう　上々氷沙糖一返洗捨《いっぺんあらいすて》　沙糖一升に水二升入れ　さたうのとけ申程せんじ絹にてこし　其後せんじつめ　匙にてすこしすくひ水にひやし薄くのばし　はりはりと折れ申時　平銅鍋《ひらあかがねなべ》にくるみの油をぬり其中へ移し鍋ごしに水にひやし手に付き申さぬ程にさまし　其後成程引のばし〳〵候へば白くなり申候を小さく切り　いろいろに作るなり

**いくよもち【幾代餅・幾世餅】**

江戸時代中期に江戸の名物として流行した菓子で、短冊形の切餅を金網の上で焼き、小豆あんをまぶしたもの。幾代はもと新吉原の遊女で、喜兵衛に請け出されて夫婦となり、元禄十七年（一七〇四）に両国橋西詰に小松屋という菓子屋を開き、幾代の名をつけた餅を一つ五文で売り出した。幾代の美しさから評判になり、元禄から天保ごろまで百数十年も江戸名物として流行したという。とくに作り方を記したものは見当たらない。

**いりがや【煎榧】**

榧《かや》の実の殻をとり、煎《い》って渋皮をとったもので、茶会の菓子としてもよく用いられていたらしく『南方録』（一五九三）には、菓子として、椎茸十五回、せんべい十四

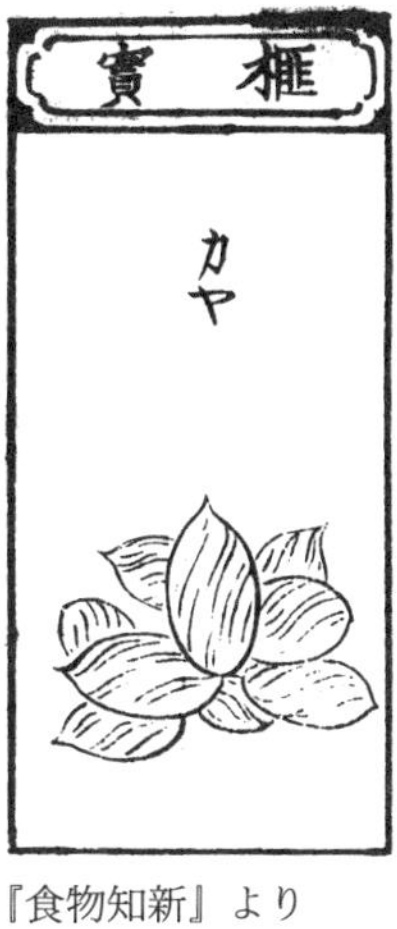

『食物知新』より

回、ふのやき、川茸の九回に次いで、いりがやは八回登場する。煎榧に砂糖の衣《ころも》をかけたものが砂糖榧で、現在も長野県の一部で作られている。

出典 『古今名物御前菓子秘伝抄』

いりかや　上々のかやを　あらかわをよくさり　そのまま湯に少しつけ　少しいり　楊枝《やうじ》のごとく成るほそき竹にて渋皮を取り申候

### ういろうもち【外郎餅】

現在は外郎《ういろう》とよぶ。外郎は中国の官名で、室町時代に日本に帰化した元朝の礼部員外郎であった陳氏の子孫が外郎を家名とし、代々医薬を業として透頂香《とうちんこう》または外郎とよぶたん切りや口臭を消す薬を製造販売した。菓子の外郎は薬の外郎に色が似ているところからの命名という。陳氏の子孫は戦国時代に北条早雲によって京都から小田原に招かれて住んだので外郎餅は小田原の名物となったという。外郎餅は粳米《うるちごめ》粉、糯米《もちごめ》粉、葛粉などに砂糖を加えて水で練り、枠に流し入れて蒸すか、または米粉に水分を含ませてから砂糖と混ぜ、枠にふるい入れて蒸し、適当な大きさに切って作る。

出典 ①『料理塩梅集』地の巻 ②『合類日用料理抄』巻二 ③『古今名物御前菓子秘伝抄』④『南蛮料理書』

①外郎餅仕様　寒ざらし粉二合但《ただし》石磨《うす》にて引申候　うる米の粉二合同断　葛の粉一合　さとう一合但兵部様にて相伝居候は五勺増申候　くちなし水にて出し候て右の粉調合候てこね申候　こね加減かたくこね申候　なりはいかやうにも心次第にいたし候て蒸し申候

②外郎餅の方　粳《うる》上白米七合粉　餅米上白三合粉　白さたう少《すこし》　先《まず》二色の米一つに合せ半分づつ取わけ　一方はくちなしの汁にてこね　一方は水にてこね　はら〱の加減にし　米通しの荒きにてふるひせいろうの内へ入れ蒸し申候　黄色と白色との間に美濃の釣柿を薄くへぎならべ　蒸せ申候時せいろうよりあけ板の上にてさまし切り申候

### うずらやき【鶉焼】

鶉餅を焼いたもの。鶉餅は糯米《もちごめ》を蒸して餅につき、または粳米粉を水でこねて蒸してから臼でつき、小さくちぎって中にあんを包み鶉の形にしたもので、これを鍋で焼くか、鳥の羽型の焼きごてで焦げ目をつけて鶉焼という。

江戸時代にはありふれた菓子だったらしく、『東海道中膝栗毛』にも登場し、今村の茶屋で喜多八が三文の鶉焼を、ごまかして二文にさせて買う場面がある。

出典 ①『古今名物御前菓子秘伝抄』②『古今名物御前菓子図式』

①うづらやき　たうほし餅米［大唐米の糯米］一粒づつ選《え》り上白にして水にひやし一時半程［約三時間］間を置《おき》蒸し　臼にてつき其後小さく切り　中へあんを包み鍋にて焼き申候

②上々粳粉《うるのこ》水にてこね蒸し候てよくつき　内へ右餡包みうづら餅形《なり》に致し候て　上を金の羽なり形にて焼《やく》なり

**おこしごめ【粔籹米・興米】**

現在は略して「おこし」と呼ぶ。蒸したもち米やもち粟などを干して炒ったもの、またはそれに胡麻やくるみなどを加えたものに、水飴や砂糖などの糖液をまぶし固めた干菓子。奈良時代に伝来した唐菓子の一種がその前身ともいわれ、古くからある菓子である。江戸時代には流行して江戸では名物とする店も多く、なかでも「雷おこし」は浅草雷神門再建の時（一七九五）に始まり、雷神門にちなんでこの名がある。『江戸繁昌記』（一八三二）にも「雷門外の雷 糝《かみなりおこし》其の名四方に震ひ」とあり、浅草土産《みやげ》として有名であった。また大坂では石のように堅い「岩おこし」がよく知られていた。

出典 ①『料理物語』第十八 ②『古今名物御前菓子秘伝抄』

①おこし米　よくいにん［鳩麦の種子］をよくほし引わり米のごとくにしてきつね色にいり　さてさたうに水をくはへふかせ［沸騰させ］煮え候時かさ［椀の蓋］にすこしづつさたうをとりわけ　よくいをすこしづつ入《いれ》まぜ　盆にあけ候へばかたまり候がよきかげんなり　いくたびにもかさにとりわけつかまつりてよし　道明寺にてもいたし候

②おこし米　たうぼし餅米白にして一粒づつ選《え》り　強飯《こわめし》にして水にて洗《あらい》　少《すこし》づついり　其後しるあめにてまぜ合《あはせ》　木にかたをほり　一ぱい入《いれ》　押《おし》かため　うち申候

**かしわもち【柏餅】**

上新粉を湯でこねて蒸した餅であんを包み、柏の葉でくるんだ菓子。江戸時代は上新粉を湯でこねて餡を包み、柏の葉にくるんでから蒸したようである。出典は江戸中期のもので塩味のあんであるが、幕末の『守貞漫稿』に

『守貞漫稿』より

は柏餅について「其製は米の粉ねりて円形扁平となし二つ折となし　間に砂糖入赤豆《あずき》餡を挟み　柏葉大なるは一枚を二つ折にして之を包み　小なるは二枚を以て包み蒸す　江戸にては砂糖入味噌をも餡にかへ交る也　赤豆餡には柏葉表を出し　味噌には裡《うら》を出して標とす」とあり、現在のものとほぼ同じである。粽《ちまき》は平安時代からあったが柏餅は江戸時代からのもので、端午の節供の菓子となったのは寛文年間（一六六一〜七三）ころといい、菓子屋で売り始めたのは宝暦（一七五一〜六四）ころという。端午の菓子は江戸では柏餅、京坂では粽が主であったが、この傾向は現在も続いている。

出典　『古今名物御前菓子秘伝抄』

かしはもち　右のごとく　うるし米[粳米]を粉にして絹ふるひにかけ湯にてこね　中へあづきよく煮て塩少し入れすりつぶし入れ　小さく鳥子《とりのこ》なりに仕り　かしはの形に包み上をむし申候

**かすてら【カステラ】**

「かすていら」、「かすてらぼうろ」「かすてほうろ」「かすていい」ともよぶ。小麦粉と砂糖と泡立てた鶏卵を混ぜて天火で焼いたもので、安土桃山時代に渡来した南蛮菓子の一つ。かすてらの名はポルトガル語で「カスティリア（スペイン）の菓子」に由来するともいう。はじめは固いパンのようなものだったらしいが、次第に砂糖の量も多くなり作り方も改善されて、甘いふくらんだものになった。明治以降は水飴や蜂蜜なども加えて、しっとりしたものが作られるようになった。焼き方も出典①では上火《うわび》は火のし程度で途中で上下を返して焼いているが、③以降は金属製の蓋をして上にも火を置き上下から焼いており、かすてら鍋も用いられるようになる。なお、⑧には鶏卵のかわりに長芋のすりおろしを入れた「玉子いらずかすていら」という名の精進のかすてらがある。

出典　①『料理塩梅集』地の巻　②『合類日用料理

抄』巻二「かすてらぼうろの方」③『古今名物御前菓子秘伝抄』④『南蛮料理書』「かすてほうろの事」⑤橘川房常『料理集』「かすていい」⑥『黒白精味集』中巻七「かすていら」二種「精進かすていら」⑦『古今名物御前菓子図式』上巻「春庭糖《かすていら》」⑧『餅菓子即席手製集』「早かすていら」「本かすていら」「玉子入らずかすていら」⑨『菓子話船橋』

①かすてら仕様　玉子一つにさとう十匁づつ入《いれ》　こねかげんはしるく　さじにて落し申《もうす》にべたりべたりと仕程にしてよき也　粉はうどんの粉ばかりにて水不入《いれず》　五つにても十にても玉子わり　玉子汁におふし粉［膨化剤か］を入こね申候　さて鍋はたに美濃紙にごまの油を引《ひき》　其紙を敷《しき》　其上へこね汁をうつし　上にも右のごとくの油紙あて　火のしに火を入あて　上よりも色付程やく也　さて下のやけたる時　上を下へ返しよきかげんにやく也　さてきり候て中へ火け入不ㇾ申《いりもうさず》候へば　右の鍋にて四方よりよきかげんにやく也

⑧玉子入らずかすていら　うどんの粉一升五合　さとう二百目　長芋三本　右山のいもをおろし　うどんの粉　砂糖にすりまぜ　常のかすていらの如く上下より焼なり

⑨嘉寿亭羅《かすてら》　小麦御膳粉［上質小麦粉］百二十匁　大雞卵《たまご》十五　唐三盆砂糖［中国から輸入した高級砂糖］二百目　是は生《き》砂糖のまま塵をふるひ取《とり》て　小麦の粉を水にて程よくゆるめ　玉子を入て三品とも一所にしてとくとかきまはし　さてかすてら鍋の中へ厚紙にて文庫［箱形のもの］を拵《こしら》へ入《いれ》子《こ》にして置《おき》　その中へ種をあけて鍋の友蓋をして　其蓋の上へ火をのせて焼なり　火加減は上の火が七分　下の火が三分との定《さだめ》なり　上の火なるたけ強くして下の火はよわくする事なり　とくと中まで火が通りて焼《やけ》る間は　常の線香一本半ほどたつ間なり　線香を立《たて》てはかるべし

## かせいた【かせ板】

マルメロに砂糖を加えて作ったマルメラーダというポルトガルの菓子に由来するもの。日本に伝来して梨を用いて作り「かせいた」とよばれる。肥後熊本の細川三斎が好んだといわれ、現在も熊本の菓子店でカリンを用いて作られ「加勢以多」の名で売られている。

出典　①『合類日用料理抄』巻二　②『古今名物御前菓子秘伝抄』③『餅菓子即席手製集』

①かせ板　木梨《なし》子の内にてよき梨子皮を去り四つにわり内の堅《かたき》所を取り　ひた〳〵に水を入れ成程和《やわらか》に湯煮をして笊《いかき》に上げ水けなき様にし　すり鉢にてなるほど細《こまか》にすり

すいなうにてこし別に置《おき》候　右の拵《こしらえ》たる梨子一貫めに白さたう六百目を右の梨子のゆで汁二升ほど入れ解き　すいなうにてこし右の調《ととのへ》たる梨子とよく合せ　鍋に入れ火をそろそろと焼《たき》ねりつめ申候　かげんは葛餅のかたさ程に仕能《つかまつりよく》候　さて杉の曲《まげ》物上に六寸深さ一寸五分か二寸ほどに仕一盃入れ上を美しくなで置申候　二日ほど過て能候　又まるめろにて仕候儀尤《もっとも》本にて候

**かるめいら【カルメラ】**

ポルトガル語のカルメロ（焼き砂糖、飴類の意味）からの名で「かるめろ」「かるめろう」ともよび、室町末期にポルトガル人によって伝えられた南蛮菓子の一つである。軽石に似ているところから浮石糖とも書く。江戸時代には氷砂糖に卵白と水を加えて加熱して煮つめ、少しさめてから擂《す》りまぜて泡立たせ、軽石状に固めた。明治以降は赤ざらめに水少量加えて煮つめ、重曹を入れてふくらませてから固め、カルメ焼きともいう。

出典　①『古今名物御前菓子秘伝抄』②『南蛮料理書』③『黒白精味集』中巻七　④『餅菓子即席手製集』に「かるめろう」

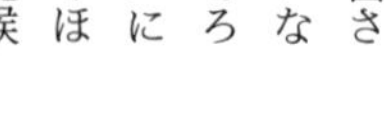

『和漢三才図会』より

①かるめいら　上々白沙糖《さとう》［氷砂糖］一返あらい　沙糖一升に玉子を三つ割《わり》　白みばかりを入れもみ付《つけ》　水二升入れせんじ絹にてこし其後せんじつめ　さじにかけて水にひやし薄くのばしはりはりとおれ申時　鍋を火の上よりおろし間もなくすり申候へば　あわたち上り候時　上より絹をかけいきをとめ候へばかる石のごとく成り候を少し間《ま》を置《おき》　鍋のうちにていろいろに切り申候

③かるめろ　氷砂糖に水ひたひたに入れ　玉子少し入れせんじ絹にて漉《こ》して又せんじ候へば　水のごとくにてねばり出申也　其鍋の中にて摺《すり》候へば泡立《あわだち》申を合図にしてあげて何にてもふとんのやう成る物を打申也　置《おき》候へば軽石のやうに成申を金へらにておこし申也

**ぎゅうひあめ【求肥飴】**

略して「求肥」ともいう。出典②は「ぎゅうひ餅」、④は「求肥糖」としているが、多くは「求肥飴」としており、いずれも同じものである。『料理塩梅集』地の巻の「唐人飴」も求肥飴と作り方が似ている。『守貞漫稿』には、求肥の本字は牛皮であるが、日本人は獣食を忌むので求肥と書くとある。牛の皮と柔軟性が似ているところからの名という。江戸時代の製法は糯米粉、小麦粉、葛《くず》粉《こ》などに砂糖を加えて水でこねて鍋に入れ、弱火で練りつめてとり出し、小麦粉などをふりかけて切る。現在は白玉粉を水でこねて蒸し、砂糖と水飴を加えて練って作る。

出典 ①『合類日用料理抄』巻二 ②『古今名物御前菓子秘伝抄』③『古今名物御前菓子図式』に「求肥飴」④『餅菓子即席手製集』に「求肥糖」⑤『菓子話船橋』に「求肥飴」

①求肥飴の方　白ざたう一斤　氷さたうは猶能《よく》候　あめ半斤　小麦の粉五十目　右からかね鍋［銅鍋］にてさたうを煎じ　ちりをとりさて水一升五合　右の二色入れなるほど火弱くたき候て練《ねり》つめ申候　かげんはみはからひに仕候　さて折敷《おしき》へ上げ葛の粉にて餅のやうに取り切り申候　とかく切々仕候て合点《がてん》するが此上口伝にて候

②ぎうひ餅　うどんの粉七拾五匁　餅米の粉五拾匁　葛の粉七匁　わらびの粉七匁五分　さたう半斤《きん》　水一升五合いれ　右六色《いろ》合せ鍋に入れ　火ほそくして一日程油断なくねり　能《よき》かげんにねりつめ鍋より出し　うどんの粉をふりかけ切り申候　又白ごまをいりて付け申候

**きんぎょくとう【金玉糖】**

寒天に水を加えて煮溶かし、砂糖を加えて煮つめて型に流してさまし固め、適宜な形に切る。現在は周囲にざらめ糖をまぶしている。

出典 『菓子話船橋』

金玉糖　唐三盆砂糖［中国から輸入した高級品の白砂糖］八百五十目　白角天［角寒天］二本半　是もまず砂糖を煎じ詰《つめ》て　角天を右の通りに［水六合余入れ］煮崩し置き　砂糖の程よくつまりたる所へ水嚢《すいのう》にて角天を漉し込《こみ》て　よくかきまはして塗物の器へ流してさますべし

## きんとん【金団】

「きんとん餅」ともいう。現在のきんとんは甘く煮た栗や隠元豆を、さつまいもや長芋のあんとまぜたもので、正月のおせち料理に欠かせないものであるが、この料理のきんとんは明治以後のものらしい。江戸時代の料理書には出典①③④⑤のような金色の団子のきんとんと、出典②⑥⑦のような和菓子のきんとんの二種類がある。現在も関西では、求肥やあんを芯にして周囲にそぼろあんを色どりよくつけた和菓子をきんとんと呼ぶので、江戸時代の和菓子のきんとんは現在も伝承されている。金色の団子のきんとんは室町時代からあり、粟《あわ》の粉で小さい団子を作り中に砂糖などを入れたもので、『酌弁記《しゃくへいき》』（一七六四）に、きんとんを食べる時は注意しないと、中の砂糖がとび出して顔にかかると書かれており、江戸中期ごろまでのものである。

出典 ①『料理物語』第十七 ②『茶湯献立指南』巻五 ③『和漢精進新料理抄』和の部に「きんとんの方」 ④『古今名物御前菓子秘伝抄』に「きんとん餅」 ⑤『黒白精味集』中巻七 ⑥『古今名物御前菓子図式』に「大徳寺きんとん」 ⑦『菓子話船橋』

①きんとん　葛《くず》の粉を　みそしるをはしらかしさましこねて中へけし山椒などすり入《いれ》　ひらりとまろめ候　これもみそ汁にてしたて候　猶口伝在之《なおくでんこれあり》

②茶ぐわしのきんとん餅と云《いう》はうる米にてする也　中へは赤あんを入《いれ》　其上は黄色にして　上にまた白あんを氷砂糖にてねり其をよくまぶせる　中《なか》のあんのこしらへ上のあんのこしらへ口伝ある事なり　茶菓子の随一なる物也　京都にては虎屋近江《おゝみ》が家の菓子也

⑤きんとん　餅米六合　うる米四合はたき粉にしてふるい黒砂糖少し入れ丸め浮くまで煮てあげて　水に漬《つけ》てさまし小豆の粉　砂糖をかけて出す

⑦紫きんとん　是も求肥を切《きり》て中の種にして　上餡にて餡ころの様にくるみ　其上へ又上餡を裏漉にして　そぼろにかけるなり　紅餡　白餡　色々あり　何《いず》れも右の通り同じ製し方なり

## くさもち【草餅】

ゆでたよもぎの葉を入れてついた餅で、江戸初期ごろまでは母子草《ははこぐさ》の葉を用いた。草餅で作った菱餅を雛祭に供える習慣は江戸時代からのものらしい。現在は上新粉を蒸してゆでたよもぎを入れてつき、あんを包んだ菓子も

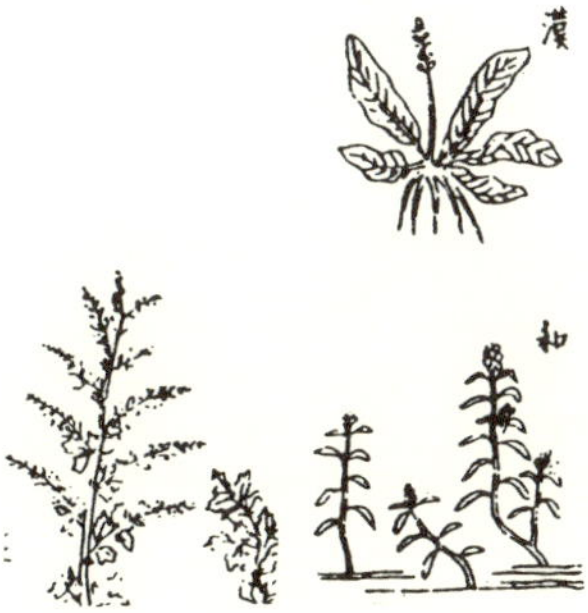

ハハコグサとヨモギ
（『和漢三才図会』より）

草餅という。

出典 ①『古今名物御前菓子秘伝抄』 ②『黒白精味集』中巻七

①くさ餅　よもぎを小筋を取り　早稲藁《わせわら》の灰汁《あく》にてやわらかに煎《せん》じ　水すみ申程いくたびも洗ひよくつき　其後こわ飯を入れつきまぜ餅に丸め申候

②草餅　つゝみところ［山芋に似たつる草で根を食用にする］湯煮　皮をむき搗《つき》ひしぎ　常の餅に搗合せたるもの也　又うるの米粉にても蒸して草をつき合わせても所《ところ》餅と云《いう》　豆の粉　砂糖又は漉粉［こしあん］入れ　かけても付て出《いだ》す

## くじらもち【鯨餅】

糯米粉と粳米粉を合わせた米粉に砂糖をまぜて水でこねて型に入れて平らにし、上に小豆あんに葛粉《くずこ》をまぜた黒い層を重ねて蒸したもの。鯨の表皮の黒と脂肪層の白が重なる状態に似ているところから鯨餅という。出典①③のように、くちなしで黄色くした層も重ねて、白、黄、黒の三層の鯨餅もある。現在は米粉に黒砂糖をまぜて作る黒一色のものも、黒い色艶が鯨肉に似るところから鯨餅という。

出典 ①『料理塩梅集』地の巻 ②『古今名物御前菓子秘伝抄』 ③『南蛮料理書』 ④橘川房常『料理集』 ⑤『黒白精味集』中巻七

①くぢら餅仕様　上白［上等の白米］五合　もち米五合上白二色合せ水にてあらひ　きれいなるいなばき［むしろ］に入れ　おもせ［おもし］をかけ　かわらき［かわき］候時分あけこまかにひき申候　こねやう白きは水にてこねてさとうを入れ　黄はくちなしか　べにのきかにてこね申候　あんにはあづきをいかにもよくにてくだき　さうけ［ざる］にてこし水を布の袋に入れしぼり　袋にたまりたるを　さとうなべすみ　葛の粉　米の粉あわせてこね申候　蒸しやう

下に白きを一ぺん　次に黄を一ぺん　上にあんを一ぺん置きむす也

⑤鯨餅　餅米六合　うる米四合　はたき粉にして　水にてさわさわとこねて　厚さ四分ばかりにのして　はば二寸ばかり程づつにたち切り　さて上にやうかんをこしらへ厚さ二三分程にのし付け　せいろうにてむし小口切にして出す

## くずまんじゅう【葛饅頭】

葛を練ってあんを包み蒸したまんじゅう。葛は昔から奈良県の吉野葛が有名で、出典④ではくずまんじゅうを「吉野まんじゅう」とよんでいる。出典により作り方に違いがあり、葛を薄いみそ汁で練るもの、葛に半量の粳米粉や糯米粉を加えるものなどがある。

出典　①『古今名物御前菓子秘伝抄』②橘川房常『料理集』③『黒白精味集』中巻七　④『古今名物御前菓子図式』上巻に「吉野饅頭」⑤『菓子話船橋』

①くずいかにもこまかにして　うす味噌煮たて　あつき内に餅のごとくにこね　あんをつつみ丸くしてむし申候

③葛の粉一升　米うる[粳]也　粉にして五合合せて湯にてこね　饅頭のあんを入れむす也　よね饅頭の仕様も同じ事也

⑤久助葛[吉野葛の俗称]一合　水三合五勺　多少とも右の割にて葛をよく煉《ねり》て　餡をば別によきほどにまるめ置《おき》て杓子にて葛をぬれ手へとりて　それをひろげて餡を包み濡《ぬれ》たる布巾の上へとるなり　尤《もっとも》　葛の熱きうちにとる物ゆえ　手ばしかく[手ばやく]せねばならぬ事にて　至《いたっ》て手ぎわものなり

## くずもち【葛餅】

葛粉を水でといて鍋に入れ、火にかけて練り、冷やし固めて適宜な形に切り、きな粉や砂糖をかける。出典②のように水でといた葛粉を竹筒に入れて煮てそのまま冷やすもの、⑤のように葛餅にこしあんをかけて出すものもあった。現在の葛餅は、小麦でん粉に葛粉、小麦粉をまぜて水を加えてとき、木わくに流して蒸し、三角に切って糖蜜ときな粉をかける。

出典　①『料理物語』第十八　②『料理塩梅集』地の巻　③『古今名物御前菓子秘伝抄』④橘川房常『料理集』⑤『黒白精味集』中巻七

①くずのこ一升に水一升五合入れねりて出し候　もちはい

づれもまめのこ　塩　さたうかけて吉《よし》　又くずのこわらびのこは　何どきも薬研《やげん》にてよくおろしてこね申也

②上々の葛さかづきに一ぱい　さとう同一ぱい　水同一ぱい　右三色等分に合せ　いかにもよくすり鉢にてすり合せさて竹の筒へ入れ半時ばかり煮申候　煮へ候はば中に白き筋無レ之程《これなきほど》に煮申候　其時湯より上げ筒ともに水にひやし申候

③葛の粉一升に水一升入れなべにいれねりかため　取いだし丸くきりきな粉を付《つけ》申候

⑤くず一升　水一升五合入れねりて　さて漉粉に砂糖を入れ常のあんよりゆるくして椀に盛り　その上へ餅を切り盛り　又其上へあんをかけ出す

**けいらん**【鶏卵】

米の粉を水でこねて、中に黒砂糖かあんを包み、金柑《きんかん》くらいの大きさに丸めてゆで、薄みそ仕立の汁や甘汁に入れて出すもの。軽食や菓子として用いられた。現在も青森県などに郷土料理としてあり、昔、生魚のかわりに鶏卵を似せた団子を作りご馳走としたのが始まりといわれ、慶弔の膳に用いる。白玉粉をこねた皮にごまあんやくるみあんを包み卵形にして、汁は吸物味で椎茸のせん切りやそうめんを添えるものである。

『餅菓子即席手製集』より

出典　①『料理物語』第十七　②『和漢精進新料理抄』和の部　③『古今名物御前菓子秘伝抄』　④橘川房常『料理集』　⑤『黒白精味集』中巻七　⑥『餅菓子即席手製集』

①けいらん　もち米六分　うるの米四分よく粉《こ》にしてきぬにかけいく度もふるひ　よきころに水にてこね中へ黒ざた

うを包み　きんかんほどに丸めて煮申候　汁はうどん同前
但《ただし》米のかしやう［洗い様］すこしの間水につけ　やがてあげて桶に入《いれ》　なみよくをし付《つけ》て置《おき》てよし　早ければ粉あらく重し　久しくつけ候へば粉《こ》ぬれてとぢあひ　ふるひ候事ならず候

④けいらん　餅の粉ばかり湯こねにして　まんぢうあんへ肉桂《にっけい》を入《いれ》　玉子なりに丸め湯引《ゆびき》候て湯ともにうけたれにて出《だし》申共　またわりくるみへさとうを入《いれ》あんに入《いれ》　うすたれにてに付《つけ》に仕候てもよく候　向は花かつう　切からし　うめ漬などよく候

⑤鶏卵　餅米の粉六合　うる米の粉四合　はたき粉にして絹振ひにてふるひ水にてこね申候　黒砂糖を入《いれ》丸め湯煮して椀に湯を入《いれ》　浮かして甘汁にて出す

## ごぼうもち【牛蒡餅】

ごぼうをゆでてからたたいて細かくしてすり鉢ですり、米粉と砂糖を加えてよくまぜ、適当に丸めてゆでてからごま油で揚げ、砂糖液の中で煮るか、砂糖蜜に二、三日つけておく。江戸初期からある菓子。

出典　①『料理物語』第十八　②『合類日用料理抄』巻二　③『和漢精進新料理抄』和の部　④『黒白精味集』中巻七　⑤『餅菓子即席手製集』

①ごばうをよく湯煮してたたきすり鉢にてすりおき　さてもち米六合　うる［うるち米］四分の粉《こ》にさたうをくはへ午房と一つにすりあはせ候　沙糖過《すぎ》候へばしるく［甘ったるく］なり申候　さてよきころに丸め湯煮をしてごまの油にてあげ申候　その後さたうをせんじそのなかへいれ煮申て出し候　ごばうさたうのかげんはまるめ候時の口伝在之《くでんこれあり》

②牛房よく煮て細《こまか》にさく　餅米の粉《こ》五合　うる米の粉五合　右さき牛房と一つにさたう心次第に入《いれ》こね合《あわせ》　こねかげん如レ常《つねのごとく》作り様大栗程にし厚さは少《すこし》平めにし　せいろうにてむし是を油にてよくあげ申候後に　せんじたるさたうか蜜につけ　二三日も後に出し申候　但《ただし》牛房は三分一　粉は大め也　又串にさしさんせうみそ付焼《つけやき》候てもよく御ざ候

## こんぺいとう【金平糖・金餅糖・糖花】

室町末期に伝来した南蛮菓子の一つで、周囲に角《つの》状の突起のある小粒の砂糖菓子。ポルトガル語で砂糖菓子をコンフェイトというところからの名。西鶴の『日本永代蔵』（一六八八）巻五「廻り遠きは時計細工」の中に「胡麻《ごま》を砂糖にて煎じ幾日もほし乾《かわら》げて後、煎鍋へ蒔《まき》てぬくもりの行くにしたがひ胡麻より砂糖を吹《ふき》出し　自《おのづ》から金餅糖となりぬ」とあり、幕末の『守貞謾稿』には「砂糖に小麦葛を交へ煉り芥子《けし》を種として銅鍋を以て漸くに大とし製す」とあって、金平糖作りは難かしいものであったらしい。現在はグラニュー糖を芯に用い、ゆっくり回転する傾斜鍋で製造され、砂糖水をかけながら結晶を大きくしていき、完成するまでに約二週間かかるという。

出典　①『古今名物御前菓子秘伝抄』　②『南蛮料理書』に「こんへいとの事」

①こんへいたう　氷沙糖水にて一返《ぺん》洗い捨て　さたう一升に水二升入《いれ》せんじ絹にてこし　其後一升を五合にせんじつめ　又別の平銅《ひらあかがね》鍋にけしを入《いれ》　下火を少置《すこしおき》　右の沙糖少《すこし》づつさじにてかけまはし　かたまり申さぬ程に茶せんにてかきまはし　次第にいくたびもかきまはし候へば　大《おおき》くいちごの様になり候　但し五色《ごしき》に仕候青はあお花にて染《そめ》黄色は口なし　赤は形紅《かたべに》［紅花からとった紅を乾燥させたもの］　白は其儘《そのまま》　黒きは掃墨《はいすみ》［油を燃した油煙を掃きとったもの］を以て染《そめ》申候

**さくらもち【桜餅】**

塩漬けにした香りのよい桜の葉で、あん入りの餅を包んだ菓子。現在は関東と関西で違いがあり、関東の桜餅は小麦粉を水ときして焼鍋で薄く焼いたものであんをくるみ、塩漬けの桜葉で巻いたもの、関西の桜餅は道明寺種（糯米の干飯を適宜な大きさに挽き割ったもの）で作った軟らかい餅であんをくるみ、塩漬けの桜葉で包んだものである。桜餅の始まりは江戸の桜の名所、隅田川堤に近い長命寺の門番だった山本新六が、落葉掃除をしながら思いついたものといわれ、享保二年（一七一七）に現在の山本屋を創業して繁昌し、長命寺桜餅はいまも有名である。『嬉遊笑覧』（一八三〇自序）にも「近年隅田川長命寺の内にて桜の葉を貯へ置て　桜餅とて柏餅のやうに葛粉にて作る　始めは粳米にて製《つく》りしがやがてかくかへたり」とあり、現在の小麦粉の薄焼きになるまで、いろいろ工夫があったらしい。なお桜餅の作り方を記した文献は見当たらない。

**さめがいもち【醒井餅】**

のし餅を薄く削ったかき餅で、近江国醒が井（現在の滋賀県米原町）の名産として知られていた。『料理早指南』三編（一八〇二）の諸国名産の中にも醒が井餅があげられている。焼いたり、油で揚げたり、出典①のように砕いて湯の中に入れて飲物として用いていた。

出典 ①『料理塩梅集』天の巻 ②『古今名物御前菓子秘伝抄』 ③『料理山海郷』巻二に「近江醒井餅」 ④『料理献立抄』

①醒井餅焼湯　さゆにさめがひもちやき荒くくだき入《いれ》申候
但し早くどろつきて　ほしいひよりはおとるか

②さめかいもち　唐餅米［大唐米のもち米］一粒づつ選《え》り餅にしてのし　一日一夜影ほしにして　しやうじき［正直鉋《かんな》のこと　刃を上に向けて台に固定した鉋］にてけづり申候

④糕《もち》　引かきもち也　今いふかきもちは　東山もち　醒井もちなど也　小もちの少しかわきたるをかきもちといふなり

**さんしょうもち【山椒餅】**

糯米粉に、砂糖、みそ、粉山椒などを加えてこね合わせ、蒸してからよく搗《つ》き、米粉をふって薄くのばし適宜な形

さんしょうもち（『餅菓子即席手製集』より）

に切った菓子。現在は切《きり》山椒の名で、みそを入れずに白、薄紅、茶の三色にして算木《さんぎ》（木製の小さな角棒で和算の道具）形に切ったものが、正月の菓子として用いられている。

出典 ①『料理塩梅集』地の巻 ②『合類日用料理抄』巻二 ③『古今名物御前菓子秘伝抄』 ④『黒白精味集』中巻七 ⑤『料理献立抄』 ⑥『餅菓子即席手製集』 ⑦『菓子話船橋』

②山椒餅の方　山椒なる程細《こまか》にしてかげん次第一匁　上白餅米一升　みそ三合よくする　白さたう一斤　右の餅の粉もみ合せみそにてこね　せいろうにてむし臼にてよくつき　餅の粉をかけのばし切《きり》申候

③山椒餅の方　白さたう一斤《きん》半　赤味噌二合成程よくすり　餅米の粉一升成程こまかにして　右三色つき合せ　せいろうに薄く置《おき》　成程よくむし候て　又よくつき合せ山椒の粉《こ》を入《いれ》　かげんはあたたかなるうちにたべ候て見申候時　少《すこし》からく候へばよきかげんにて候

⑦極製山椒餅　右製したる求肥飴五百匁ほどに　新の朝倉山椒二十匁を極細末になして　唐雪白砂糖せんじたるもの二百目を入《いれ》て遠火にかけて煉直し　箱形へ長くとりさまして切る

**しおがま【塩釜】**

微塵粉《みじんこ》（蒸した糯米を乾燥して粉にしたもの）に砂糖、塩などをまぜて、型に入れ押し固めた干菓子。宮城県塩釜市で江戸時代から作られ名物になっているが、現在のものは紫蘇《しそ》の葉などを入れたものが多い。なお『物類称呼』（一七七五）に「はくせつこう　仙台にてさんぎはしと云ふ」とあるのは、塩釜のことである。切った形が算木に似ているところからの名であろう。

出典 『菓子話船橋』

塩竈《しおがま》　唐三盆砂糖百目　極上微塵粉六十目　焼塩二匁　これも生砂糖の塵を拾ひ　竹篩《たけふるひ》にて通し　水少々入《いれ》て　三色とも交《まぜ》合せてとくとかきまはし　あられ［塩を加えず同様に作ったもの］よりは心もちしめり勝にして押形へ詰《つめ》る　一斤を二枚にするなり　一枚に付八十目　これを四十八に切る

**じょよまんじゅう【薯蕷饅頭】**

上新粉（粳米の粉）と砂糖に、すりおろしたやまのいもをまぜて作った皮であんを包み、蒸した饅頭。上用《じょうよう》饅頭とも呼ぶ。

出典 ①『古今名物御前菓子図式』上 ②『料理通』三編 ③『菓子話船橋』

①薯蕷饅頭 宇多《うだ》の上［大和国宇陀地方産の上等の］山のいも 皮を去り百目 粳米《うるごめ》の粉二合 白沙糖百目入れ 擂《すり》盆《ばち》にてよくすり 手を水にしたしあんを包み 布を水にしたし敷 蒸籠にならべむし候へば ふうわりと浮き ねばり去り候時あげるなり しかし包み候事 随分手がるに包み候へば 形宜敷《なりよろしく》候

③薯蕷饅頭 極上の長芋の後先《あとさき》を去り 皮をむきて茹《ゆで》こぼして 又新《あらた》に水を入れてよく煮崩し ざるにてすりつぶして水にてかき立《たて》 細《こま》かき水嚢《すいのう》にて漉《こし》 布袋に入れて赤小豆《あづき》の漉粉《こしこ》の如く締木《しめぎ》にかけて絞るなり 右しぼりあげたる薯蕷の漉粉百目に久助葛［吉野葛の俗称］七八匁ふるひ込《こみ》てとくと交合《まぜあわ》せ よき程づつに丸め 手の平にてたひらにして餡を包み 蒸籠に布を敷《しき》 その上へ行儀よく並べて蒸《むす》なり

## しらたま【白玉】

菓子として出典にある白玉は、米粉を水でこねて蒸し、搗《つ》いてやわらかくして中へ白砂糖を包んだもので、白と、くちなしで黄色に染めたものと二種類がある。江戸時代に一般に白玉と呼ばれたものは白玉団子で、『守貞漫稿』の「白玉売」の項には、寒ざらし粉を水でこねて丸めてゆでたものを白玉とよび、砂糖をかけたり、冷水や汁粉を加えて売り歩いたとある。また「冷水《ひやみず》売」の項には、夏に「ひやつこい、ひやつこい」の売り声で、冷水に白砂糖と白玉を加え一碗四文で売り歩いたとある。寒ざらし粉は現在の白玉粉のことで、もち米を水びき（水を加えながら粉にひくこと）した液を、寒中に何日も清水にさらしたところからの名である。

出典 『古今名物御前菓子秘伝抄』

白たま 上白米を一粒づつ選《え》り 粉《こ》にして絹ふるひにかけ水にてこね むしてうすく搗きやはらげ 中へ白さたうを包み なり宝珠《ほうしゅ》のごとく作り申候 但《ただし》色は黄くちなし以て染《そめ》 白は其儘《そのまま》なり

## しるこ【汁粉】

小豆あんを水でのばし、砂糖で甘味をつけて煮て、中に餅や白玉団子を入れたもの。砂糖が一般に普及するようになったのは、寛政年間（一七八九〜一八〇一）に砂糖の国産が本格化してからで、汁粉の流行も江戸中期以後

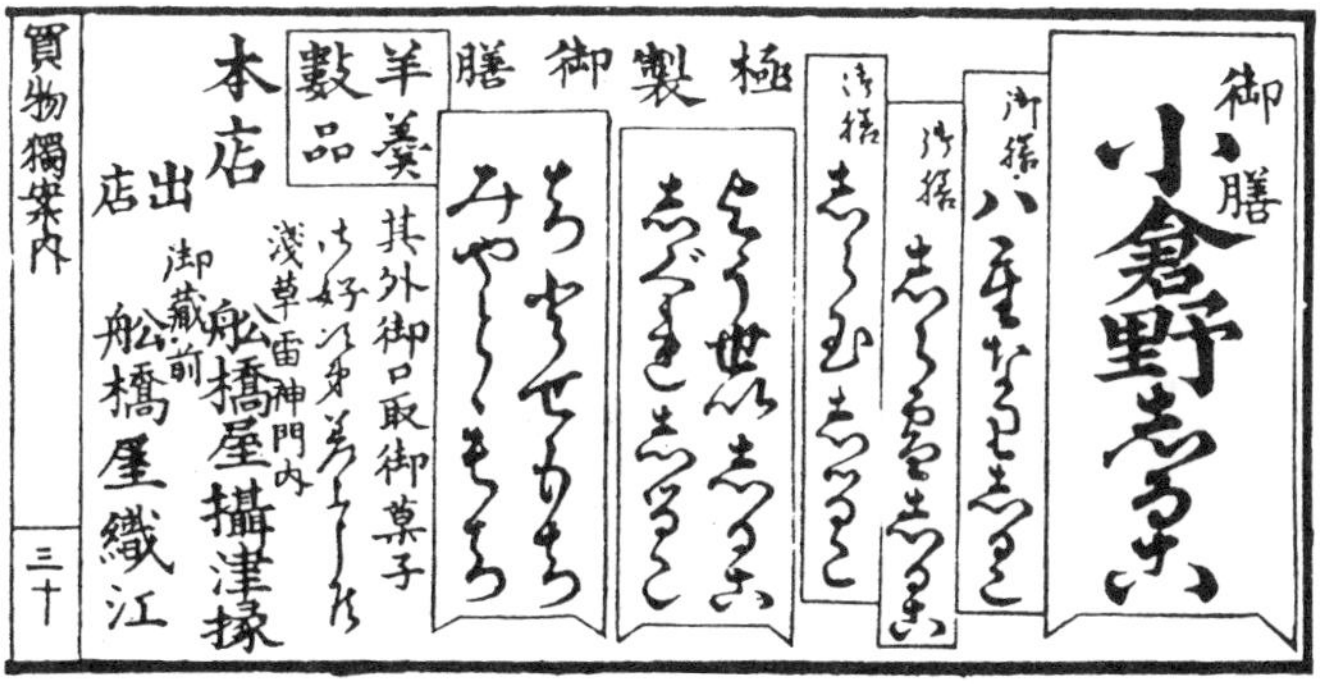

『江戸買物独案内』より

のようである。『嬉遊笑覧』（一八三〇自序）には「今は赤小豆の粉をゆるく汁にしたるを汁粉といえども　昔はさにあらず　すべてこといふは汁の実なり」とある。また幕末の『守貞漫稿』には汁粉売りについて「江戸は赤小豆の皮を去り　白糖の下品或は黒糖を加へ切餅を煮るなづけて汁粉と云《いふ》　京坂にても皮を去りたるは汁粉又は漉餡《こしあん》の善哉《ぜんざい》と云　又江戸にて善哉に似たるをつぶしあんと云　又こし粉あんの別に全体の［粒の］赤小豆を交へたるを鄙《いなか》汁粉と云」と、江戸と京坂の名称の違いを記し、屋台の汁粉売りを正月屋と呼び、店売りより安くて一碗十六文であるとしている。なお料理書類には汁粉の作り方は見当たらない。

**すすりだんご【啜団子】**

団子を入れた汁粉のようなもの。出典④では団子でなく松露《しょうろ》を入れている。

出典　①『料理物語』第十七　②『古今名物御前菓子秘伝抄』　③『黒白精味集』中巻七　④『料理珍味集』巻四　⑤『料理早指南』四編　⑥『餅菓子即席手製集』

①餅米六分うる米四分の粉《こ》を水にてやはらかにこね　むく

ろじ[無患子《むくろじ》という直径二センチ程の果実]ほどに丸《まるめ》　あづきのしぼりこにてよく煮候て　塩かげんすいあはせ白ざたうかけ候て出しよし

③餅米六合　うる米四合　はたき粉にして絹振ひにてふるひ　ぬる湯にてこねむくろじ程に丸め　かたまらぬ様に湯煮して　小豆漉粉[漉しあん]にして塩喰塩に入《いれ》　水にてのべ煮立団子を入出す　向に砂糖　酢菜など付《つけ》出す　粒小豆少し入たるも面白きもの也　又しるこ餅も漉粉にして粒小豆少し入たるがよきものなり

④小豆《あづき》白砂糖にて餡をこしらへ　松露を入後段などによろし

## せんべい【煎餅】

現在は煎餅には大別して二種類あり、粳米粉で作った糝《しん》粉《こ》餅を薄くのして型で抜いて乾燥し、焼いて醤油を塗った塩煎餅系のものと、小麦粉を主材料とした甘い瓦煎餅系のものとがある。江戸時代の煎餅は後者の瓦煎餅系のもので、塩煎餅は諸説あるが明治に始まるもののようで、江戸時代の塩煎餅は塩味の小麦粉煎餅である。煎餅の歴史は古く、奈良時代に中国から伝来した唐菓子の中に煎餅の名があり、平安中期の『和名類聚抄』では、煎餅を小麦粉をこねて油でいったものと定義している。煎餅の製法を記した最初のものは『和漢三才図会』(一七一二)で、要約すると小麦粉を程よいかたさに糖蜜でこねて蒸籠で蒸し、李《すもも》ほどの大きさに丸めてから竹の管で薄く直径四寸ぐらいにのし、天日に干してから一枚ずつ鉄の焼型にはめて両面から焼くとある。製法はないが『人倫訓《じんりんきん》蒙図彙《もうずい》』(一六九〇)には京都六条の名物「鬼煎餅」を焼く煎餅師の図があり、この名は箸ではさんで焼くため、

『人倫訓蒙図彙』より

煎餅がふくれて鬼の顔のように見えるからという。小麦粉を主材料にした煎餅でも、添加材料や焼き方によっていろいろな種類があり、江戸で名の知られたものに翁煎餅、羽衣煎餅、薄雪煎餅、巻煎餅、みそ煎餅などがあった。

出典　『古今名物御前菓子秘伝抄』

せんべい　丸きかね二つくひちがへにして鋏のごとく柄を付《つけ》　餅を少《すこし》づつはさみ　火の上にてやき申候へば　右のかねの大きさに成申候／さたうせんべい　小麦の粉一升に白ざたう二合いれ　水にてしるりとこね　右のかねにてすこしづつはさみやき申候へば　かねの大きさに成申候

**そうきゅうもち**【宗及餅・宗休餅】

粳米粉に三分の一くらいの糯米粉をまぜて砂糖を加え、生垂《なまだ》れでこねて蒸した餅。出典①のように、かまぼこ形にして中に胡桃《くるみ》などを入れるもの、③のように二色の餅を重ねて算木形の柿を芯にして巻いて蒸し、小口切りにするものもある。宗及餅の名は、安土桃山時代の茶人津田宗及にちなむためという。

出典　①『合類日用料理抄』巻二　②『古今名物御前菓子秘伝抄』　③橘川房常『料理集』

①宗及餅の方　粳の粉七合　餅の粉三分一　右なまだれの色有にて　常の団子のかげんにこね合《あわせ》　かまぼこの大板ほどに作り候　但《ただし》米の粉一升にさたう六十め入《いれ》それをよくこね合　せいろうにて二時ばかりもむし　よくさまして切《きり》て出す　右の内へ胡桃《くるみ》白くして大粒なる様にして　かまぼこ一棹《さお》に二十粒ほど入　又一棹には山の芋皮を去《さり》中へ入たるもよし

②宗休もち　うる米七合　もち米三合粉《こ》にして　なまだれにてこね申候　沙糖はこね次第に入《いれ》むし申候

③宗及餅　上々のうるの粉　こまかなるふるいにて念を入《いれ》ふるい　粉一升にえ湯にて堅くこね　等分にわけ半分は白く半分はたまりにてこね色を付《つけ》申候　いろの付かげんは其節のこのみ次第　その後氷さとう一升を三十めにこくせんじさまし　右こね候もち白と色付と銘々さとう水にてこね随分和らかに仕　右二色のもち四角になり候様にのし　色付を内に成し白を上に仕二枚かさねて　枝柿をはば五分程の算木に切《きり》しんに入　その上右のもちまきにて井籠《せいろう》にてむし小口切に仕候　切かた厚さ三分程糸にて切申候　餅大さ好《このみ》次第に候へども　先を小口切にてさし渡し一寸四分位にてよく候

**だいふくもち**【大福餅】
略して「大福」という。薄い餅の皮で、小豆のあんを包んだもの。江戸時代には両面を焼板の上で焼いたようである。『嬉遊笑覧』（一八三〇自序）には、大福餅は鶉《うずら》焼の変化したもので、鶉焼は鶉のようにふっくらした形のため後に腹太餅《はらぶともち》とよばれて、塩味の小豆あんを入れた大きいだけのものであったが、その後、形を小さく作り、砂糖を加えたあんを入れ大福餅とよぶようになり、腹太餅は今はなくなったとある。また、腹太餅が大福餅とよばれるようになったのは寛政（一七八九〜一八〇一）の中ごろで、このころには大福餅の行商がいて、籠の中に火鉢を入れて焼き鍋をかけて餅をならべ、蒸し焼きにして、あたたかなものを売り、冬の夜など人気があったという。なお、大福餅の作り方は菓子専門書には見当たらない。

**だいぶつもち**【大仏餅】
京都の誓願寺や方広寺の大仏殿の前で、寛永年間（一六二四〜四四）に売り出された名物餅で、江戸ではこれを真似て天明のころ（一七八一〜八九）浅草で売り出し繁

『用捨箱』より

昌したという。餅であんを包み、上に大仏の形を焼印で押したものというが、出典①では餅にあんをまぶしたもの、②はよく搗《つ》いた餅とのみあり、実体はよくわからない。

出典　①橘川房常『料理集』　②『黒白精味集』中巻七

①大仏もち　常のもちへ水をかき[かけ]　随分やはらかにつき　つぶし小豆ころもに懸《かけ》申候

②大仏餅　常の如く餅を搗《つき》　又せいろうへかけ　火を引きほかほかしたるいげ[湯気]にて暫《しばらく》むして　又つき申し候　いげつよく上《あが》れば餅だらけてあしし　随分つよき餅米を吟味して上白に搗ぬきてよし

**たまごそうめん【玉子素麵・鶏卵素麵】**

黄色いそうめん状の甘い菓子。ポルトガルから伝来した南蛮菓子の一つで、現在は博多の名物として知られている。糖蜜を沸騰させた中に卵黄を細く糸のようにして流し入れ、凝固させてからとり上げてさます。

出典　①『料理物語』第十八　②『合類日用料理抄』巻二　③『南蛮料理書』　④『黒白精味集』中巻七　⑤『万宝料理秘密箱』前編　⑥『料理伝』

①玉子素麵《たまごそうめん》　たまごをあけよくかきあはせ　白ざたうをせんじ其中へ玉子のからにてすくひほそくおとし候なり　取あげよくさましてよし

④玉子素麵　玉子をわりよくかき合《あわせ》　蜜をわかし　さて御《ご》器《き》[飯椀]の底に小指の通る程穴を明け　其穴へ指を当て玉子をくみ入《いれ》　蜜の鍋の上へさし上《あげ》　穴に当たる指をはなし高く上れば細く成《なり》　ひくくすれば太く成也　さて玉子をはしにて取皿に盛出す

⑥玉子素麵　随分つよき玉子十三のなかへ　あひるの玉子三つ加えてよくかきまぜ　吸物椀などに穴をあけそれにうつし煮汁の中へ引也　此煮汁はさとうみつを拵《こしら》へ　からかねか赤かねの鍋の白みのかゝりたる鍋にて　みつを入《いれ》炭火にて煮たて　その中へ右の玉子引《ひく》事なり　そうめんの太き細きは引に心得有べし　吸物わんのあな〇かくのごとくあなはひとつなり　あひるの玉子くわへずしてはひきにくしには鳥の玉子より　あひるの玉子ばかりはなはなよろしきなり

**だんご【団子】**

粳米粉などの穀粉を水でこねて、小さく丸めたものを蒸

『江戸買物独案内』より

すかゆでるかして、あんや醤油のたれをつけるもの。団子は奈良時代に伝来した唐菓子の一つである団喜《だんき》（米粉をこねて丸め、ゆでて甘葛《あまずら》を塗ったものという）に由来するという。古くから雑穀や屑米の食べ方としても作られ、昭和初期まで農村では団子をみそ汁に入れて団子汁として日常食とし、米飯は特別のご馳走であったという。菓子の団子の作り方は料理書には見当たらないが、江戸時代には手軽な菓子として、団子を売る店や行商人も多かった。団子は串にさして売るのが普通で、宝暦（一七五一～六四）のころまで一本に五個さして五文であったが、明和（一七六四～一七七二）になって四文銭ができたため、一本に四個とし四文で売るようになったといい、現在も一串四個が普通である。

**ちまき【粽・茅巻】**
糯米、粳米の粉などで作った餅を、長い円すい形や三角形にして、笹やまこもなどの葉で巻きゆでたもの。古くは茅《ちがや》の葉で巻いたところからの名という。五月五日に粽を食べたり贈ったりするのは中国の楚《そ》の屈原《くつげん》の故事によるもので、屈原が汨羅《べきら》で入水《じゅすい》したのをあわれんだ人々が命日の五月五日に竹筒に米を入れて水に投じていたが、後に餅をまこもの葉などで包んだ粽を作り、水に投じて屈原を弔うようになったからという。五月五日の菓子は、江戸では柏餅、京坂では粽が主だったようで、現在でもその傾向が見られる。

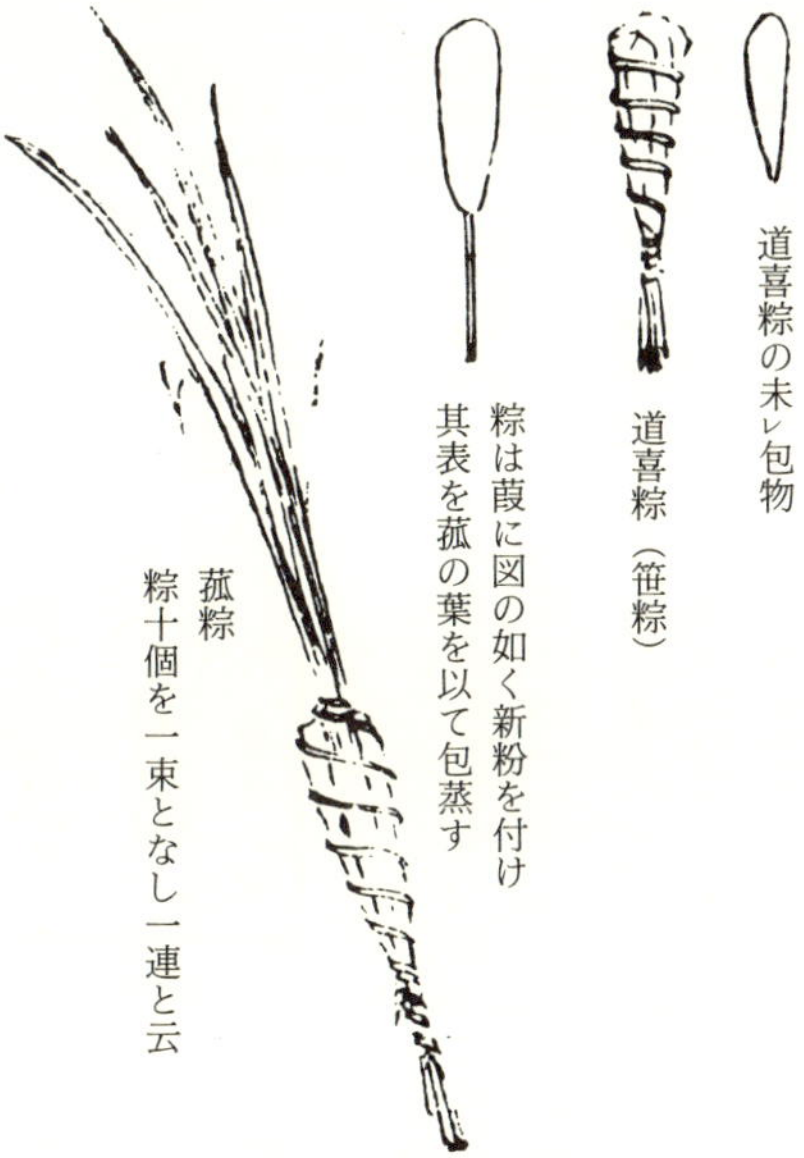
道喜粽の未レ包物
道喜粽（笹粽）
粽は菰に図の如く新粉を付け
其表を菰の葉を以て包蒸す
菰粽
粽十個を一束となし一連と云

道喜粽（右）と菰粽（『守貞漫稿』より）

『人倫訓蒙図彙』より

出典 ①『料理物語』第十八 ②『料理塩梅集』地の巻 ③『古今名物御前菓子秘伝抄』 ④『料理早指南』四編

①ちまき　是も四分六分のこ[もち米四分　うるち米六分の粉]を水にてやはらかにこね　ま薦《こも》にても篠《ささ》の葉にても包み巻きよくゆで候　黄にはくちなしの汁入《いれ》　沙糖大豆《まめ》のこ[きなこ]塩

②もち米つねのごとくふさかし　くちなしにて色を付《つけ》むし　さて其後つき　よき程にとりわらにてちまきに仕　さて又さつと煮申候　水にてひやし申候也

**つばきもち**【椿餅】

古くは「つばいもちい」とよび、椿の葉の間に甘葛《あまずら》（ある種の蔦《つた》の樹液を濃縮した甘味料で砂糖以前に用いられた）で甘味をつけた餅をはさんだ菓子であった。『源氏物語』の「若菜上」には、蹴鞠《けまり》のあとで殿上人たちが食べるものの一つに椿餅があげられている。江戸時代中期以後の椿餅は、出典③のように餅に砂糖を入れたり、④のように餅にあんを包んだりして現在の椿餅とほぼ同じものになる。なお出典①②は餅の作り方のみで椿の葉に言及していないのは、当然のこととして省略したものであろうか。

出典 ①『合類日用料理抄』巻二 ②『古今名物御前菓子秘伝抄』③『黒白精味集』中巻七 ④『古今名物御前菓子図式』上巻下巻 ⑤『餅菓子即席手製集』

①大唐《たいとう》餅米［赤米のもち米］寒曝《かんさらし》にても常のにても水すむほどよく洗 曝《あらひさらし》 布の袋に入《いれ》申候 但大さ好《このみ》次第 よく水を煮たて右の袋を入湯煮する かげんは指にていろひ［さわって］みるによく煮え候へば和《やわらか》になる なまにえなるはかたし よく煮え候てまな板の上へ上げ すり木にてそろそろたゝき 其後袋をとき 糸にていかやうにも切候
道明寺 糒《ほしいい》にてもよし

②うるし上白米を粉にして 口なしを水にてひたし右の粉をこねむし 右紅《べに》餅のごとく箱に入《いれ》のしかため 一夜置《おき》さまし切申候

③餅米一升はたき粉にして絹振にてふるひ 黒砂糖一斤水茶碗に二盃程入せんじ すいのふにて漉《こし》 右の餅の粉こね合《あわせ》くるみを入れせいろうにてむし 蒸かげんは米粒を上に置《おき》めし程にむせ候時あけ 白砂糖を取粉にしてあけさまし糸にて切《きり》 椿の葉に付《つけ》出すなり

④引飯《ひきいい》［道明寺］を狐色にいり粉にして きぬふるひにかけ白沙糖竹簾《たけどおし》［竹篩《ふるい》］にてふるひ 右の粉百目に白沙糖百目肉桂粉《にくけいのこ》十匁合せて手にてよく揉《もみ》合せ候て少ししめり出申候時に 布を水にしめし甑《こしき》［蒸器］の内に敷《しき》随分よく蒸 杵《つき》臼《うす》にて右やはらかに成程つき 椿の実程にまるめ 上下椿の葉二枚にはさみてよし 但《ただし》口中にてきゆるごとくにて味《あぢわひ》宜しきもの也（上巻）
木実《きのみ》餅に同じ 紅にて染《そめ》 内へ餡包み 椿の花形《なり》に致し椿の葉にて挟《はさみ》申候（下巻）

## はくせつこう【白雪糕】

米粉を砂糖蜜でこねて木枠に入れ、蒸して作る干菓子。『和漢三才図会』（一七一二）記載に白雪糕は、うるち米一升ともち米一升に、炒《い》った山薬《やまのいも》、蓮肉《はすのみ》、芡実《けんじつ》（おに蓮の実）それぞれ四両（十五グラム）を粉にして、白砂糖一斤半を加えてまぜ合わせ、よく蒸して切って食べるとあるが、これは『古今名物御前菓子図式』の「薬白雪糕」に相当するものらしい。元来の白雪糕は加熱しない米粉を用い蒸して作るものであったが、いま店で売っているものは、炒った米粉を用いるので落雁の製法と同じであると『和漢三才図会』は記している。なお幕末の

『守貞漫稿』は白雪糕について、多くの菓子屋で売っているが、越後高田に「越の雪」という干菓子があり、これは白雪糕の高級なもので、口に入れると舌の上で雪のようにとけ、輸入砂糖を用いて味も大層よいとほめている。

出典　『古今名物御前菓子図式』

白雪糕　白の粳米《うるごめ》を一粒づつ択《えり》　水清《すみ》候程洗《あらひ》　臼にて挽《ひき》羽二重にてふるひ　粉百目に沙糖八十匁入れ　合せやう右に同じ　蒸籠仕様　せいろうは餅むし候様に致し　内へわくを拵へ　その中へ布巾を敷候て　その中へ右白雪糕を入れ申候　よくおしつけむすなり　蒸様は湯気通るか通らぬ程に蒸《むす》也

### ふのやき【麩の焼】

小麦粉を水でとき、焼き鍋の上に薄くのばして焼き、片面にみそなどを塗り巻いたもの。出典①では小麦粉の水ときではなく、ふすまからとった生麩《きぶ》（グルテン）を用いているが、古い作り方なのであろうか。『利休百会記』によると千利休は茶会にふのやきをよく用いており、利休好みの菓子だったらしい。幕末の『守貞漫稿』には、延宝年中（一六七三〜八一）の江戸名物をあげた中に「麴町の助惣のふのやき」がある。これは助惣焼ともよばれるふのやきの一種で、江戸名物として人気があったが、明治になってすたれたという。

出典　①『合類日用料理抄』巻二　②『古今名物御前菓子秘伝抄』　③橘川房常『料理集』　④『餅菓子即席手製集』

①ふすま一斗　塩中蛤に一盃　右水にて麩を取《とり》申程のかげんにこね　よくもみ合《あわせ》一夜置《おく》　さて水少入《すこしいれ》又もみ入　布の袋に入しぼり　つねのごとく焼申候　みそ　さんせう　くるみ　白ごま右よくすり　すいのうにてこし　あんに入申候

②小麦を水にてしるくこね　ちいさき平銅鍋にくるみの油をぬり　少しづつ入うすくひろげてやきて　むきくるみをきざみ　山椒味噌　白ざとう　芥子《けし》を中へまきこめ申候

③うどんの粉　さとう　水にてこね麦[麦切]のごとくうち候て　まんぢうあんを入丸く仕　長一寸七八分に切《きり》　焼鍋にて焼申候

④小麦の粉一升　玉子十　右こね合せ水にてのべ　たらたらとき　銅《あかがね》のなべにてうすくやきて巻くなり

## ぼたもち【牡丹餅】

糯米《もち》と粳《うるち》米をまぜて炊き、軽く搗《つ》いて小さく丸め、まわりに小豆あんやきな粉などをつけたもの。ぼた餅は異名が多く、『物類称呼』（一七七五）には「萩の花」は煮た小豆を粒のまま散らしかけたのが萩の花の咲きみだれた様子に似ているからで、女の詞《ことば》で「おはぎ」という。また「夜舟」とか「隣知らず」というのは、いつつく（着く・搗く）かわからないからとある。その他、関西や加賀では「かいもち」、秋田で「なべしり餅」、下野《しもつけ》・越前・越後で「餅のめし」、下総《しもふさ》で「合飯《ごうはん》」などの名があると記している。江戸時代から春秋の彼岸にはぼた餅を作って仏前に供え、近隣とやりとりする風習があり、十月の亥の日の餅としてぼた餅が用いられ、手軽に作れるものであったためか、とくに作り方を記したものは見当たらない。

『和漢三才図会』より

## まつかぜ【松風】

干菓子の一種。小麦粉に砂糖を加えて水でとき、鉄板で平たく焼き、表にけしを振ってから適宜の形に切ったもの。焼物の松風焼と同様に裏がさびしく、浦さびしく松風の音ばかりというところから松風と名づけたという。

出典　①『歌仙の組糸』に大まつ風、小まつ風　②『古今名物御前菓子図式』下巻干菓子の部

②大白沙糖壱貫目に水壱升五合入れ候て煎じ候てよくさまし　麦《むぎの》上粉壱貫六百目入れよく煉《ねり》　柳桶に入れ冬ならば七日程夏ならば三日程ねさし　上に渦《あわ》出候はば又白沙糖壱貫目入れよくかきまぜ　鍋へながし候て上へ罌粟《けし》ふり候て上下に火をいけ焼申候　色付申候はば上《あげ》て色々に切るなり

## まめあめ【豆飴】

きな粉を水飴で練った生地を棒状にし、周囲に三本の細い竹をあてて押し、横断面が州浜形になるように作った菓子で「すはま」ともよぶ。州浜とは州が出入りしてい

る海岸で、これを上から見た形にならって州浜台や州浜形の家紋などが作られ、文様にもなって江戸時代には流行した。『嬉遊笑覧』（一八三〇自序）には「すはまは州浜にて其形によりての名なり　もと飴ちまきなり　麦芽大豆を粉にしてねり竹皮に包みたる物なり　又豆飴ともいふとなり　今も大豆粉を飴にて煉《ね》り茶食とするもの是なり」とある。

出典　『古今名物御前菓子秘伝抄』

まめあめ　白大豆を一粒づつ選《え》りて鍋にていりあけ　皮を去り木うすにてはたき[粉にし]　絹ふるひにかけ　汁飴《しるあめ》をもってこね　すはまなりに仕候

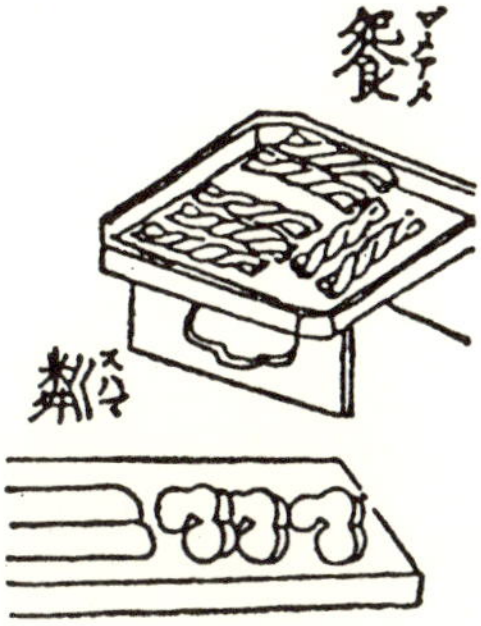
『和漢三才図会』より

**まんじゅう【饅頭】**

小麦粉に甘酒や膨張剤を加えてこねた皮に、あんを包んで蒸したもの。鎌倉後期から室町前期に中国から伝えられたもので、留学から帰国した禅僧が伝えたともいわれ、日本に帰化した林浄因《りんじょういん》が奈良で作り始めたともいう。室町後期の成立といわれる『七十一番職人歌合』には、十八番に饅頭売りの絵があり、五十七番のてうさい（調菜）人のところに「さたうまんぢう　さいまんぢう　いづれもよくむして候」とあって、当時は砂糖入りの饅頭と野菜入りの饅頭が作られ売られていた。同じころの『食物服用之巻』には饅頭の食べ方があるが、椀に入れてたれみそなど汁とともに食べるものであった。元禄五年（一六九二）刊の『女重宝記』にも饅頭の食べ方があって、左手で取り上げ右手の親指と人指指でちぎって食べ、汁の添えてあるものは箸で食べよと記している。小豆あん入りの饅頭は江戸初期からのものらしく、初めは塩饅頭とよんで塩味のあんだったものが、江戸後期には砂糖が普及して、現在のような甘い小豆あん入りの饅頭が一般化した。名の知られた饅頭として『守貞漫稿』には、塩瀬饅頭、虎屋饅頭、大手饅頭、花饅頭、米《よね》饅頭

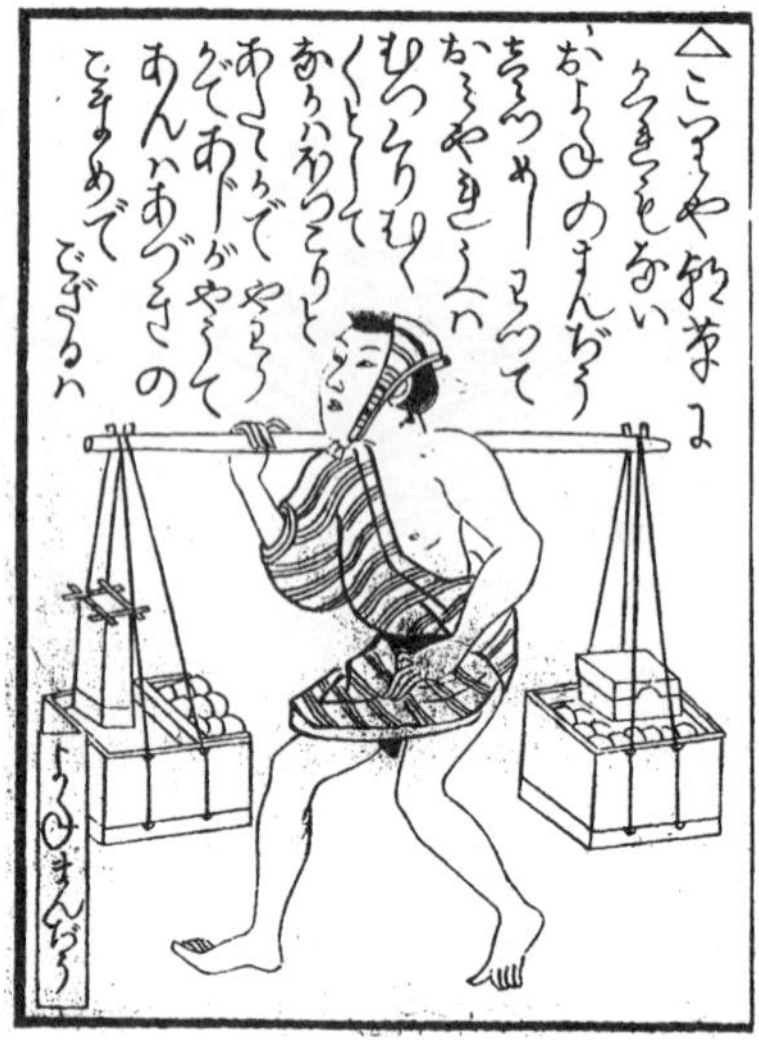

『用捨箱』より

（浅草聖天《しょうてん》町鶴屋の名物）、蕎麦饅頭、薯蕷饅頭、朧《おぼろ》饅頭（饅頭の表皮を薄くむいたもの）などをあげている。

出典　①『古今名物御前菓子秘伝抄』②『南蛮料理書』③『黒白精味集』中巻七　④『料理珍味集』巻一に「饅頭点心」⑤『卓子式』⑥『餅菓子即席手製集』⑦『都鄙安逸伝』に「田植饅頭製方《こしらへやう》」⑧『菓子話船橋』⑨『菓子話船橋』

①まんちう　小麦の粉をあま酒にてかたくこね　やはらかにもみ　丸《まるく》ひらめ中にあんをつつみ　いろりに火を置《おき》　夏は一時《とき》程　冬は三時程あたため　其後こしきにならべむし申候

③饅頭　小麦の粉を甘酒にてねる也　よき頃にこねもみ合《あわせ》て大きさまんちう程に切《きり》てきぬに包《つつみ》　風引かぬやうにして置《おく》　さて一つづつ取り出し指にて平め　中へあんを入《いれ》とぢめをよく合せ形《なり》を作り　火蒸をかけ申候　火蒸とはせいろうへ美濃紙を敷《しき》　その上へまんちうを置《おき》　こたつに火をむらなく置　ぬるぬるとして置候へばまんちう汗をかく也　そのまま取上《とりあげ》紙を取すだれを敷　湯にて蒸《むす》也　あんはやうかんのごとく也　甘酒は餅米一升むして糀一升花［麹かび］を洗ひすて　みばかり入て水一升入甘酒に作り　こして酒にしてこね申し候

⑤饅頭　肉を二分四方に切《きり》湯煮をして　其後蜜にて煮て餡《あん》にするなり　皮は此方の製と同じ　麦粉をこねる時山梔子《くちなし》又は臙脂《えんじ》を入れ色を付《つけ》るなり　おぼろにするなり

⑨饅頭皮製方「皮を作る甘酒の作り方」糀一升もみほぐしたる分量なり但し常の糀とは異なり饅頭糀とて別にあり　餅米極《ごく》上白にして二升　まづ餅白米一升をよくあらひて水三升ほどを入て至《いたつ》てやはらかにこげざる様に焚《たく》なり　若《もし》こげたらば　こげの入《い》らぬやうに濡布の上へうつし　杓子にて一たん平にして置なり　此めしおはちへうつすは宜しからず　湯気《ゆげ》をとるためなり　さればとてさめてはならず　さめざるうちに右の糀五合をもみほぐし置て　あつきめしによくまぜて分量一杯になる位のおはちに入《いれ》　息の出ぬやうにしつかりと蓋をして　右のおはちより一廻りも大きなる桶に熱湯《にへゆ》を入　其中へ入子《いれこ》にして「重ね入れ」湯煎の如く　まはりに詰《つめ》をかい動かぬ様にして　又其桶へも蓋をして湯の成丈《なるたけ》さめざるやうに包み置《おき》　一夜ねかしおく時はよく熟《なるる》なり　其よくなれたる程を窺《うかが》ひ　布の袋に入てしめ木にかけて絞るなり　此汁が則《すなはち》饅頭の酒なり　此酒を徳利に入　気の漏ざるやうに堅く口をして置《おく》なり　又餅白米一升に水二升を入　以前より少し柔かめに焚《たき》　是も濡布の上へうつし置もみほぐしたる糀五合を右のめしに交《まぜ》　前に製し置たる徳利の酒を不残《のこらず》入てとくとかきまはし　又右分量一杯に成《なる》おはちへ入てしつかり蓋をなして　入子の桶へ沸湯《にへゆ》を入　前の如くおはちを湯煎にして　其桶へも蓋をして包み置事以前の通りにするなり　此一条は飯の水加減又むらし加減段々手懸る中には　其程も習《ならは》ずして自《おのずか》ら佳境に至るものなり　是も同じく一夜ねかして置て翌日布の袋へ入　しめ木にかけて絞るなり　此酒の気のぬけざるやうに手廻しする事肝要なり　酒の気至て強ければ饅頭の出来方も格段よし　酒の気薄く成ときは同じ種にても其品大いにおとれり　聊《いささか》の業《わざ》ながら煉磨の功を積ざれば成がたし　其心得有て製すべし

**みずから【不見辛・水辛】**

山椒の実を昆布で包んだ菓子。見ないでも聞いただけで辛いところから不見辛《みずから》の名があるという。江戸時代には流行したらしく、『東海道中膝栗毛』には、伏見の京橋から大坂行の乗合舟に「みづから、さとう餅〳〵」と売り歩く物売り、京都四条の芝居小屋では「みづから、うぢやま〳〵」の売り声が描かれている。

出典　『古今名物御前菓子秘伝抄』

みづから　上々のこんぶを三時半程間を置き「水に浸しておく」ちいさく四角に切り　朝倉山椒を包み　うすきこん

ぶほそく切りそれにてむすひ　その後日に干《ほし》候へば　しろく見事に成申候

**ゆきもち【雪餅】**

米の粉を水でしめらせ、ふるいを通して濡布巾を敷いた蒸籠にふるい込み、そのまま蒸して適宜に切ったもの。米粉をくちなしで黄色く染めたり、米粉の間に串柿や栗などを入れたりもする。米の粉を湯でこねて蒸すのではなく、粉のまま蒸す手法は外来のものらしく、出典⑤の中国の雪粉糕《すいらんこう》や、韓国の盒餅（トウトブトック）とも似ている。

出典 ①『料理物語』第十八 ②『黒白精味集』中巻七 ③『料理早指南』四編 ④『餅菓子即席手製集』 ⑤『新編異国料理』

①雪餅はうるの米一升　もち三合をよく粉《こ》にして水にてそとしめし　せいろうに布をしき米の粉《こ》をふるひ入《いれ》てよくむし候　間へ串柿　栗　かやなども入候　黄にいたし候はくちなしの汁にて粉をしめし候

②餅米一升三合を粉にして少《すこし》しめし　せいろうにきぬを敷《しき》しめしたる米の粉をとおしにてふるい入《いれ》　くし柿　かやあしたくるみなど入て又粉を振ひかけ　むして切出す

⑤雪粉糕　糯米　粳米等分にして[粉にし]水を少しふりまぜ合せ　米篩《こめとおし》にて蒸籠の内へふるひこみ　粉の厚さ二三分にして蒸立　よく蒸上りたるを折敷《おしき》やうの物にうつし少しさめたる時　上に白砂糖を一面にふるひかけ　其外紅《ほん》糸《すう》[梨子を薄くきり生《しやう》えんじにて染《そめ》砂糖につけ糸切にしたるをいふ]　瓜子《くつあつう》[西瓜の核《たね》なり]　橙子《づえんつう》[柚子青きうちにとり皮を薄くへぎ砂糖漬糸切にしたるをいふ]　右三味を少しづつ上に置《おき》一寸五分角に切なり

**ゆべし【柚餅子・柚圧・柚干】**

ゆべしの名は室町時代の文献にも見られるが、作り方の記載があるのは江戸時代に入ってからである。料理書に記されたゆべしを年代順にたどってみると、江戸初期の出典①では、柚釜（柚の上部を切り中身を除いたもの）にみそが主体の詰め物をして、蒸して干した酒の肴であったが、②になると道明寺　糒《ほしいい》にみそ、砂糖をまぜ醤油で練り合わせたものを柚釜に詰め、蒸して干している。②と同じころの『本朝食鑑』（一六九七）には、ほぼ同様にこしらえたものを蒸さないで薄い醤油の中で煮てから板の上にとり出し、圧《お》してから干し、柚圧の字を用いている。③④も道明寺種に醤油、砂糖などを加えて柚釜に詰めているが、⑤には三種類の柚圧の記載がある。普通のものは糒を醤油に浸して砂糖を加え、榧《かや》やくるみをまぜたものを柚釜に詰め蒸して干す。第二は当座ゆべしとよび、麦粉を醤油で練り、くるみをまぜて柚釜に詰めて蒸したもの。第三は松風ゆべしと呼び、麦粉を醤油で練り、柚の皮をすりおろしたものを少量加え、胡椒や山椒の粉も加えて平らにして蒸し芥子《けし》の実を振ったものである。⑦には柚べしの法として五種類あるが、その一つは現在の棹《さお》ゆべしとほぼ同じなので原文を記した。現在のゆべしは道明寺種に砂糖、醤油を加えて柚釜に詰め蒸した丸ゆべしと、同様の材料に柚の皮をまぜ棹形にして蒸した棹ゆべしに大別され、名産のゆべしが全国的に散在する。

出典 ①『料理物語』第二十 ②『合類日用料理抄』巻三 ③『料理塩梅集』地の巻 ④『料理網目調味抄』三巻 ⑤『料理無言抄』 ⑥橘川房常『料理集』 ⑦『黒白精味集』下巻八 ⑧『柚珍秘密箱』 ⑨『料理早指南』四編 ⑩『会席料理秘裏抄』

①柚べしの仕様 柚味噌のごとく口をきり実をすて 味噌 生姜 胡麻などよくすりて かや ごま あんにん［あんずの実の核《さね》中の肉］そのまま入《いれ》まぜて ふたをあはせからげ よくむしてほし あま［天井］につり候てよし

②柚べしの方 道明寺糒《ほしい》いかにも細《こまか》なるよし みそすりて二いろ等分 白さたう少入《すこしいれ》 右三色生醤油にてよきほどのかげんにねり合《あわせ》申候 さたうの入かげんは好《このみ》しだい 柚の拵《こしらへ》やうは柚みそ仕ごとくふたを切《きり》実を取《とり》 内をぬる湯にてよく洗《あらい》すきとふき 右の合《あわせ》物を柚に七分め入ふた仕むしかげんは中迄よく火の通り申候程むし申候 但《ただし》影干《ほし》に仕 つぼに入置候へばいつ迄も同かげんにて居申候 九年母にても仕候也

⑦柚べしの法 又法 柚百内を取 醤油にてよく煮て擂鉢にてすり すいのふにてこし 味噌一升よくすりかたこしにして 餅米の粉一升 うる米の粉三合 白砂糖一斤 胡麻 くるみ かや心次第入て丸め平め 又のして竿《さお》にもして蒸しさまし 竹の子の皮にて包み 風吹掛てほす也

## ようかん【羊羹】

羊羹は中国には古くからあり、日本へは留学した禅僧によって鎌倉時代末ごろに伝えられた。羊羹の字義は羊の羹《あつもの》で、中国では「ようこう」と読み、羊肉を用いたとろみのある汁物であったが、禅僧によって精進物に工夫されて日本の羊羹《ようかん》になったという。羊羹の名は室町初期の成立といわれる『庭訓往来《ていきんおうらい》』に点心《てんしん》（食事の間の小食）の一つとして記されているが、どのようなものかはわからない。室町中期以後、羊羹は本膳料理や仏事の料理、茶会の菓子として用いられるようになる。料理としての羊羹は豆粉や小麦粉、葛粉などをまぜて蒸し固めた蒸物に汁をかけて食べるものだったらしく、菓子の羊羹は蒸物だけを用いたものらしい。江戸時代に入ると料理書の多くに羊羹の製法を見ることができるが、いずれも砂糖入りのあんに小麦粉や葛粉を加えて蒸した蒸羊羹で、寒天を用いた練羊羹は出典⑨『菓子話船橋』（一八四一）に初めて登場する。料理書以外では『嬉遊笑覧』（一八三〇自序）に「茶の湯の口取に煉羊羹うばたまなどは紅粉や志津磨始て製す　寛政の頃よりなり」とあり、江戸の菓子店紅谷《べにや》志津摩で寛政年間（一七八九〜一八〇一）には作られていたらしい。『菓子話船橋』には、現在は練羊羹を作らない店はなく、古くからの蒸羊羹よりも練羊羹が好まれているとあり、練羊羹のほかに小倉羹《おぐらかん》・九《く》年母羹《ねんぼかん》・柚羊羹《ゆずようかん》・鶏卵羹《たまごかん》・麦羊羹《むぎようかん》・八重成羹《やえなりかん》・胡麻羹・百合羹《ゆりかん》・薯蕷羹《じょよかん》・白羊羹・琉球羹・栗羊羹などの素材の違う多種類の練羊羹の製法が記載されている。また幕末の『守貞謾稿』によると練羊羹、蒸羊羹ともに一棹の大きさは長さ六寸（約一八センチ）、厚さと幅は一寸（約三センチ）が普通で、三都ともに練羊羹は一棹銀二匁、蒸羊羹は一棹銀一匁の値段であった。

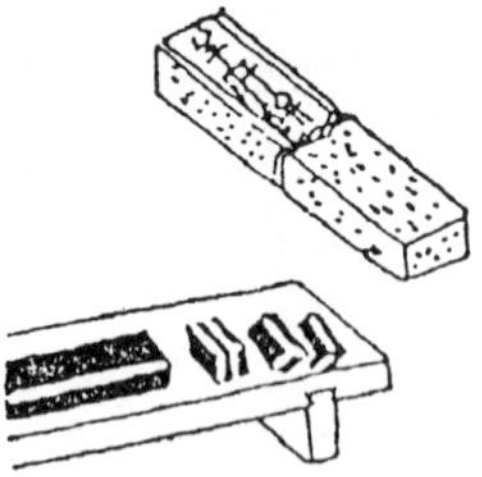
『和漢三才図会』より

出典　①『料理塩梅集』天の巻　②『合類日用料理抄』巻二　③『古今名物御前菓子秘伝抄』　④橘川房常『料理集』　⑤『黒白精味集』中巻七に「やうかん」五法あり　⑥『卓子式』　⑦『餅菓子即席手製集』　⑧『菓子話船橋』

①ようかんの方　小豆一升　葛の粉二合　うどんの粉五勺　砂糖一斤　小豆つぶれる程よく煮て水をうめ合《あわせ》　手にてよくもみくだき　いかき［ざる］にてこし皮は皮　実は実と水にまじり居たまる　是をすいのふにてよくこして　すいのふにたまり候荒きを又もみて水にてもみたて　すいのふにてこし木綿の袋に入てしぼるなり　しぼり加減は少かためにしぼるがよく候　さて是へ右の三味を入合《いれあわせ》　こねる時塩を薄茶七貼［七服・七包］程入てこね合候へば　砂糖の甘味よく出る也　又布に包《つつみ》申時布のはたに葛の粉を薄くふり　其上へ入て包候へば布に不レ付也　布に包せいろうにてむす也　むしかげんは飯にたく洗い米をせいろうの中に　はたに置《おき》こはひ飯位にへ申候時　あけてよくさましひへたる時袋より取出し切《きる》也　切形は好《すき》々のなり也

⑥豆砂糕《ようかん》　小豆一升　砂糖二百目　葛粉一合　粳米粉一合　夏はかんてん半本　かんてん水少し入煮とかし砂糖蜜に合せ　こしあんに合せ鍋に入《いれ》ねる　火気よく通り水気へりたる時せいろうに入　さっとむしふたをとり冷す

⑧煉羊羹　白大角豆《ささげ》四百目　唐三盆砂糖九百目　白角天［角寒天］二本半　是も前にしるす如く分量次第にて［分量に従って］　唐三盆を煮詰《つめ》て　大角豆の漉粉を追々入て煉《ねる》なり　尤《もっとも》　角天は其以前より水六合余入て煮崩し置《おき》　煉あがりたる時水嚢《すいのう》にて餡の中へ漉込《こしこみ》て満遍《まんべん》なく煉まぜ　船《ふね》［槽］へ厚紙にて文庫［箱］を拵《こしらへ》て其中へ流すなり　煉物類一棹と唱《となふ》るは　長さ六寸に巾一寸一船にて十二棹に切《きる》なり　製して流し入る箱を菓子屋の通言に船といふ

## らくがん【落雁】

米・麦・粟・大豆・小豆などの粉に砂糖や水飴を加えて、型に入れて押し固めた菓子。落雁の名の由来は諸説あり、中国の菓子の軟落甘《なんらくかん》のなまったものともいい、また白地に黒胡麻の散った表面が、雁が地上に降りる様子に似ているとして名づけたともいう。

出典　①『合類日用料理抄』巻二　②『古今名物御前菓子秘伝抄』　③『菓子話船橋』

①落鴈《がん》の方　白ざたう水ひたひたに入《いれ》　湯に成《なり》候時もめんにてこし　右の鍋にて沫《あわ》たてさまし　さて道明寺糒《どうみようじほしい》少《すこし》炒《いり》て右のさたうの汁にてこね　かため成《なる》はいかやうにもいたし候　菊　扇　草花　生《しやう》類いろいろを彫《ほ》りこみたる木の型へ　右のさたう道明寺合《あわせ》たるをへらにて摺《すり》こみ　木の型をうつぶけてたたけばらくがんになり申候　さてひとつひとつならべ日にほし申候

②らくがん　干飯《ほしいい》大小なきやうにそろへ　一勺程づつ平《ひらた》き鍋に入《いれ》　こげ申さぬやうにいり　氷沙糖一升に水二升入《いれ》せ

んじ絹にてこし　其後又一升を五合に成《なり》申程せんじつめ

右の干飯にかきまぜ合《あわせ》　木に形《かた》をほり其中へいれおしかため　少《すこし》日に干申候

③麦落雁　唐三盆砂糖百目　新挽麦粉五十目　極上微塵粉《みぢんこ》［細かい道明寺粉］十匁　右砂糖の中へ水を少し加へてよくまぜ、その中へ麦粉を和して　後にてみぢん粉を入　手にてよくもみ幾度もかへして　好《このみ》の形に押べし

# 飲物類

『人倫訓蒙図彙』より

飲物としては酒、茶、湯などがある。

【酒】

料理書に作り方が記載された酒は、甘酒、白酒などのほかは、薬酒や果実酒類である。江戸時代は薬酒が珍重され、果実酒を作ることも流行したようである。

また、酒は調味用として料理に用いられたが、調味専用の煎酒・酒塩・酒出し・出し酒などは調味料類としてまとめ、ここには古酒・諸白を取り上げた。

『料理物語』（一六四三）には「料理酒之部」があり、玉子酒・いも酒・鳩酒・羽節《はぶし》酒・つかみ酒・練《ねり》酒・生姜酒・甘酒・づりん酒の作り方を記している。『合類日用料理抄』（一六八九）の「酒之類」には、忍冬《にんどう》酒・麻地酒・葡萄酒・薯蕷《いも》酒・豆淋《とうりん》酒・桑酒・楊梅《やまもも》酒・杓杞五加《くこうこぎ》酒・醴《あま》酒・鳩酒・煎酒・山川酒などがある。葡萄酒とあるのは、葡萄汁を発酵させて作る現在のものとは異なり、葡萄汁に酒や焼酎を加えて作るものである。

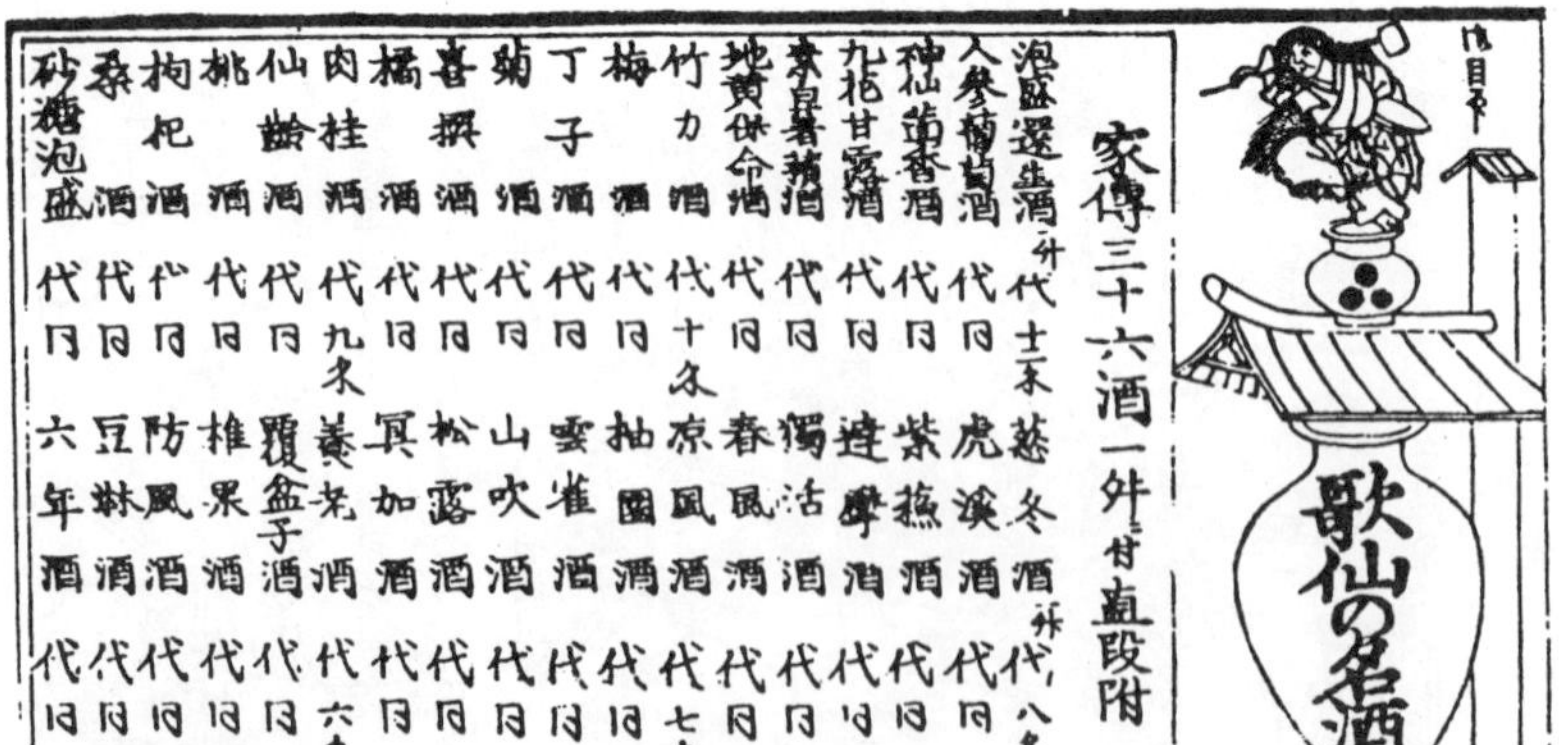


『江戸買物独案内』より

【茶】

茶を日本に伝えたのは、平安初期に唐から帰国した僧侶で、唐の団茶の喫茶法を伝えたという。団茶は茶の葉を蒸して搗《つ》き、丸めて乾燥したもので、飲む時には粉にして湯の中に入れ煎じ、塩などで調味して飲むものであった。煎じて飲むところから煎茶ともよばれたが、後の煎茶とは別のものである。当時は茶樹も植えられ、寺院や上層社会では唐風趣味として喫茶が行われたが、遣唐使の停止以後は中絶した。

その後、鎌倉初期に栄西禅師によって宋の抹茶法が伝えられ、喫茶の風習が行われるようになった。栄西の著『喫茶養生記』は、茶は養生の仙薬、延齢の妙術として茶の徳を述べている。また抹茶法について、朝に摘んだ茶葉はすぐに蒸して翌朝までに焙《あぶ》り終え、茶瓶に入れて密封し、使う時に臼でひいて粉にし、二、三匙を茶碗に入れて湯を加え攪拌すると、茶の作り方、飲み方を述べている。

抹茶法は室町時代にさらに発展して「茶の湯」が誕生する。

煎茶法は江戸時代初期に隠元禅師によって黄檗《おうばく》宗とともに日本に伝えられたといわれている。煎茶法は急須を用いて葉茶に湯を加え茶碗に注いで供するもので、淹茶《えんちゃ》法ともよび淹《だ》し茶ともいう。煎茶は製法によって「釜炒《い》り茶」と「蒸し製煎茶」があり、隠元によって伝えられたのは釜炒り茶で、茶葉を鉄釜に入れて炒り、揉捻《じゅうねん》しながら乾燥するものである。蒸し製煎茶は碾《てん》茶《ちゃ》（覆下園《おおいしたえん》の茶の芽を用い、蒸して乾燥した茶で、茶臼で挽いて抹茶にするもの）の製法を導入し、さらに揉捻しながら乾燥するもので、元文三年（一七三八）に創製されたという。

江戸時代の茶はおもに茶の湯に用いられる抹茶と煎茶で、天保年間（一八三〇〜四四）には、玉露（覆下園の茶葉で作った蒸し製煎茶）の製造も始まり、茶の生産は増加して幕末には輸出されるようになった。このほか茶の代わりに枸杞《くこ》茶や五加《うこぎ》茶などを用いることもあった。『本朝食鑑』（一六九七）には、世間では桑の葉、枸杞の葉、五加の葉、忍冬《すいかずら》の葉の類を茶の代わりにするが、保養のためであって味はよくないとある。

宇治茶摘み（『日本山海名物図会』より）

【湯】

江戸時代初期には、茶はまだ一般にまで普及していなかったから、食後には湯を飲み、また飯を飯櫃《めしびつ》に移した後の釜に湯を注いでかきまぜ、残った飯やおこげとともにわかしたものを飯湯《めしゆ》とよんで用いた。米や麦を煎《い》って茶のように用いるものや、粉にして湯に加えたものを『料理伊呂波庖丁』（一七七三）では煉湯《ねりゆ》とよんでいる。煎茶が普及するにつれて茶を用いるようになったが、現在も麦茶や麦こがし（はったい粉）として残っている。『本朝食鑑』は水火土部水類に「熱湯」の項を設けて次のように述べている。

我が国では上下とも朝夕食後に温湯を飲む習慣がある。これは口中を清潔にし消化をよくし、昔からかわらない養生術である。また米のとぎ汁を焦飯《こげめし》に加えて煮て食後の湯としたり、香煎や、胡麻・枸杞・胡桃・白塩（食塩）の類もあぶって粉にし湯にまぜて飲むと、消化を助け、解毒作用がある。なお、温湯はよくわかした熱湯をさまして用いるのがよい。

**あさじざけ【麻地酒・浅地酒】**
糯米《もちごめ》と粳米《うるち》を同量ずつ用い寒の中に仕込み、壺を土中に埋めて翌年夏に用いる。豊後国（大分県）、肥後国（熊本県）の名酒で、前者はひわ色の濁酒《にごりざけ》、後者は豊後のものより甘く白い濁酒。

出典 ①『合類日用料理抄』巻一 ②『黒白精味集』上巻二に「浅地酒の法」

①麻地酒の方豊後　上白米五斗酒に入る一日前に水につけ飯に蒸し冷《ひえ》る程さます　糀《こうじ》五斗但一日一夜水につけ糀をねさせ申候　酒に入る前に一夜渋紙［紙をはりあわせ柿渋をぬった丈夫な紙］にひろげよくひやし候　水四斗　右の飯糀をよくよくまぜ合せ壺へ入れ下からおしつけ上迄入れ少し中高におしつけ入候時　飯の上に榎《えのき》を置きその上から水をつき込飯の動かぬ様に仕込申候　壺は平地より七寸程深く埋み蓋をよくし渋紙にてよく包みその上を土にてよく埋申候　人の歩き申さぬ屋根の下の風の吹ぬき候所よく寒の中に仕込来年六月の土用の内に口を明る　色はひわ色の濁酒なり

麻地酒の方肥後　上白餅米五斗　上白粳米五斗　右の二色別々の桶に入れ寒の内に二へん水にて洗《あらふ》　初一ばんの水を捨二返めの水をその儘《まま》七日置　八日めにつねのごとくむし飯にする也　但餅米と粳米とこしきふたつにて別にむし候　もつとも同じむしかげんにする也　上白糀六斗　水六斗　但さいぜん七日つけ候水也　餅米の水三斗　粳米の水三斗　右の糀とよく合せ　さて二色のむし飯人はだにさめ候時　はんぎりの桶［浅い桶］に入れ　よくもみ合せ一夜蒸翌日臼《うす》にてつき申候　つきかげんはむし飯の半分過つぶれ申候程につき申候　七日の内一日に二度三度づつ手にてもみ合せ　上下へかきまはし暖《あたたか》なる所に置申候　さて八日めに壺へ入れ板にて蓋をし　その上を渋紙にてよく包み　温《うん》気《き》の入り申さず候様にいたし土に埋候　来年六月土用の内に口をあけ候　豊後よりは甘く色白き濁酒なり

**あまざけ【甘酒・醴】**
糯米《もちごめ》を蒸すか粳米《うるち》を飯に炊き、少しさまして米麹《こめこうじ》を加えてまぜ合わせ保温して一昼夜ほどおき、でん粉が糖化して甘くなったところで飲む。発酵以前なので酒ではない。一夜しかおかないので「一夜酒《ひとよざけ》」ともいう。『守貞謾稿』には甘酒売りについて「京坂は専《もっぱ》ら夏夜のみ売レ之　専ら六文を一碗の價とす　江戸は四時ともに売之一碗価八文とす　けだしその扮相［身なり］相似たり」とあり。浅草本願寺前の古い甘酒屋は四季を通して売っていると記している。

出典 ①『料理物語』第十五 ②『料理塩梅集』地の巻 ③『料理私考集』④『料理網目調味抄』三巻に醴酪《あまざけ》 ⑤『黒白精味集』上巻二 ⑥『料理早指南』四編に「甘酒早作り」「白川甘酒」

①甘酒早づくり 道明寺［糯米を蒸して乾燥させたもの］一升を湯にて洗ひあげおき 糀《かうじ》一升を水一升五合入れすり鉢にてよくすり すいのうにて漉《こ》し右三色鍋に入れとろとろとねり候へば時のまによくなり申候 白さとう入れ候てよし

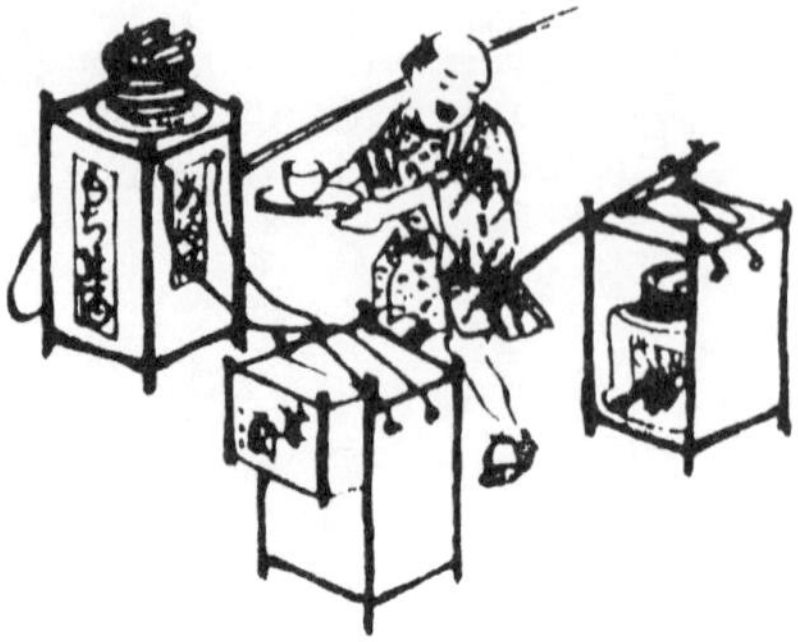
甘酒売り（『守貞謾稿』より）

②甘酒作様の事 もち米引わり粉を取候て一升よく蒸しさまし申候 糀《かうじ》いかにも念を入れ色のよき糀二升 水ひたひたに合せもみ候てしぼり押し すいのふにて漉しその汁にて右のわり［蒸したもち米］さめ候へば作り込申したるがよく御座候 もみ糀も成程濃く仕たるがよく御座候 作り込候もかためにて作り込候がよく御座候 一夜置きたべられ候事

## いもざけ【芋酒】

やまのいもをすりおろしてまぜた酒。出典④のように芋でん粉を用いているものもある。

出典 ①『料理物語』第十五 ②『合類日用料理抄』巻一 ③『黒白精味集』上巻二 ④『甘藷百珍』六十 ⑤『料理早指南』四編

①いも酒 山のいものいかにも白きをこまかにおろして是《これ》も冷酒《ひやざけ》にてよくよくときのべ塩すこし入れ 間《かん》［燗］のよきまでかきまわしてよし

④いも酎《さけ》 藷精《いものじん》［藷でん粉］を寒中に制する時 頭汁《いちばんじる》をのけおき銅鍋《なべ》にて烹《に》かへし 火酒《しやうちう》少し合せば銘酒のごとくなる也 下戸《げこ》の人賞翫すべし

**うめしゅ【梅酒】**

青梅を灰汁《あく》に一晩浸してから水気をぬぐい酒で洗いかわかしたもの二升、古酒五升、白砂糖七斤《きん》を合わせて壺に入れ、二十日ぐらいおいて作る。ながくおいたほうがよい。梅の実も肴になる。現在の梅酒と作り方は同じである。

出典　①『料理私考集』　②『黒白精味集』上巻二

②梅酒　青梅二升　一夜灰をまぜてつけ置き取出しかわかしぬぐひて白砂糖七斤《きん》[四・二キロ]　上々の三年酒五升右合せ候て壺に入る　右の通にては酢過申候　梅は半分酒は一倍にてもよく候　二十日程過候へばよく　梅はよき肴にて

**くこちゃ【枸杞茶】**

枸杞の若葉を蒸して焙炉《ほいろ》（木の枠に和紙を張った乾燥させるための道具）にかけ乾燥したもの。五加《うこぎ》茶、桑茶も枸杞のようにして作る。

出典　①『料理物語』第十九　②『料理塩梅集』天の巻

①枸杞《くこ》の若きをつみ蒸して焙炉にかけ候　ゆで候てもよし

ほいろ（『日本山海名物図会』より）

引き申す時は常の茶を三分一加へてよし

②くこうこぎ茶　くこ　大うこぎ右の三分一　この二色を青葉の若き時に取り　せいろうにてよき加減に蒸し茶色に成るときあぐる　その後焙炉に火をゆるくして一日ほどそろそろとあぶり候へば茶の如くに成候　その時壺に入れ置く

**くわざけ【桑酒】**

桑酒には二種類あり、桑の実を用いるものと、桑の樹皮と根皮を用いるものである。出典①②の桑酒は前者であり、『本朝食鑑』（一六九七）では「桑椹酒《そうじんしゅ》」とよんでいる。後者は同書で桑酒とよぶもので、桑樹および根皮で濃い煎汁をとり、そこへ米麹を入れて醸成するもので、中風、脚気《かっけ》などに効能があるという。前者は桑の実のしぼり汁に焼酎と砂糖をまぜて作る。

出典 ①『料理塩梅集』地の巻 ②『合類日用料理抄』巻一

①桑酒の仕様 桑の実のよく熟し申を布袋に入れ 成程よくしぼり出し申候 一度しぼりそのかすをよくほどき 三度も四度もしぼり出し申し候 さてその汁を少し炭の火にてせんじ 酸気《すけ》のなき甘気《あまけ》出申を相図《あいず》にいたし 上げさまし申し候 さて桑の汁等分に焼酎《しようちゆう》合《あわせ》申し候 しかし等分に合申候はば濃めに御座候て悪敷《あしく》御座候ゆへ 等分より多く酒を入れ申候がよく御座候 ちんた［赤葡萄酒］の濃さくらいにいたし さて壺に入れ久しく置《おき》申程よく御座候 桑の汁と酒迄にては甘気《あまけ》すくなく候故 白さとう入れ申候 当座に参《まいり》候にはよき古酒にて作り候へば当座によく御座候

『食物知新』より

## こうせん【香煎】

「こがし」ともいう。麦や米をいって挽き、粉にしたものに、陳皮《ちんぴ》（柑橘類の皮を乾燥させたもの）や山椒《さんしよう》などの粉を加えたこがし湯の原料。『日葡《にっぽ》辞書』（一六〇三）には「コガシは、粉にした米に他のまぜ物を加えたもので茶の如くに飲む」とある。↓：こげゆ

出典 ①『合類日用料理抄』巻一 ②『黒白精味集』下巻八

①香煎の方 俗に云ふこがし也 よくいにん［はとむぎの種子］十三匁 山椒四匁 ちんぴ五匁 大唐米［赤米］十匁 茴香《ういきよう》二匁一分 右いづれも粉にし右絹にて細にふるひ白《さ》湯《ゆ》にふりたてて飲む 俗にいふこがしなり もつとも気をめぐらし中をあたため疝気《せんき》［腰痛など］を治す 常に用ひて万によし

②香煎の法 くこ生にて五十匁 塩いりて六匁 山升七分少しいりて 陳皮六匁少しいりて 黒胡麻十五匁少しいりて 茴香二匁少しいりて 右末［粉］にして合す

## こげゆ【焦湯】

「こがしゆ」とも読む。飯のおこげや香煎《こうせん》を入れた湯で、

懐石の最後に湯桶に入れて出したり、日常の食後などにも用いられた。おこげや香煎を湯の子という。↓∴こうせん

出典　①『料理塩梅集』天の巻　②『料理伊呂波庖丁』巻五

①こげ湯　さゆに釜底のこげを五分四方程にわりて入れ候もよし　又釜こげをすぐに釜の内にてねり出すもよし　これは京の流也／こげの澄湯　これは常の加減よりもこげ過させて湯に入れ　すいのふにてよくこし湯ばかり出す也

②焦湯《こげ》　清水米煎て／焦湯　とうがらし　煎こがし

**こしゅ【古酒】**

一般に長期間貯蔵して熟成させた酒をいう。古酒の名は鎌倉時代の日蓮上人の手紙に見られるのが古く、室町時代には珍重されて値は新酒の二、三倍であったという。『本朝食鑑』には三年から五年を経た酒は味が濃く香がよく、六年から十年を経た酒は味が薄く気が厚く色は深濃となり異香があってさらによいとし、生産量が少ないので値が高いと記している。同書にはまた、ふつうならば白米と麹《こうじ》と水で造る酒を、精白糯米《もちごめ》と麹と新酒で造る

酘中　大頒（『日本山海名産図会』より）

みりんの製法に近い古酒の造り方があり、古酒には二種類あったようである。江戸時代料理書では煎酒《いりざけ》など調味料として酒を用いる場合は古酒と記載していることが多い。古酒についての記述は料理書には見当たらない。

出典 ①『本朝食鑑』穀部之二

**しょうがしゅ【生姜酒】**

生姜をおろしてすり鉢ですり、生姜より多い目のみそを加えてすりまぜ、鍋に移して煎りつけ、そこへ酒を加えてよくまぜる。風邪に効能があるとして用いられた。

出典 ①『料理物語』第十五 ②『黒白精味集』上巻二 ③『料理早指南』四編

①生姜酒 みそにしやうがおろしすりつけいりて 酒を入れかんをいたし候 しやうがばかりも入る也 みそ酒は味噌ばかりいるる也

②せうが酒 せうがおろし摺鉢にてよく摺《すり》 味噌せうがより多く入れ摺合せ 鍋へ煎付酒を入れのべ出す

③しやうがおろしみそすこし入れ なべにすりつけやきて酒を入るなり

『食物知新』より

**しろざけ【白酒】**

江戸時代は諸白《もろはく》、現在はみりんまたは焼酎に、蒸した糯《もち》米《ごめ》と米麹《こめこうじ》を仕込み、一カ月くらい熟成させてから、もろみをすりつぶしたもので、甘味のある白い粘稠《ねんちょう》な酒。白酒は江戸初期からあり、「山川酒」、「山川白酒」ともよばれた。山城国の名物で、山間の川水は泡立って白く見え白酒に似ているところからの名という。江戸後期からは雛祭に白酒が用いられるようになり、江戸の神田鎌倉河岸の豊島屋は二月末には白酒を買う客で大混雑をしたという。↓：もろはく

出典 ①『料理塩梅集』地の巻 ②『合類日用料理抄』巻一に「山川酒」 ③『黒白精味集』上巻二

①白酒作様の事 常の米上白をわりに引《ひき》 粉をさり 常の湯たて飯にたき よくさまし候事 常の新酒甘口なる酒に

豊島屋酒店白酒を商ふ図（『江戸名所図会』より）

て作り込《こみ》申候　引わり二升に酒も二升にて大かた加減もよく候　作り込候時　右の酒にて引わりかたまりなきやうにもみ合せ作り込　一日に両度づつまぜ　さて七日めにはよく御座候

③白酒　上白餅米一升よく蒸しさまし　新諸白《もろはく》一升五合白糀《こうじ》五合花ばかり右合せ作り入れ　七日程過石臼にて細かに引きすいのふにてこし申候

**ずりんしゅ【豆淋酒】**

「とうりん酒」ともいう。黒大豆を軽く炒《い》り、古酒に浸しておき醸成させた酒。血行をよくして中風を治すという。

出典　①『料理物語』第十五　②『料理塩梅集』天の巻　③『合類日用料理抄』巻一　④『料理私考集』

①づりん酒　黒まめの一升いりさまし　よき酒一升五合入れつけ置候　まめやはらかにほとびたる時のみてよし

②豆淋酒方　古酒一升に黒大豆織部盃［浅く平たい小型の塗り盃］に一盃　うこぎの葉一匁　黒大豆は庭にわら火たきてそのあたたまりに置申てよく候　まめの皮切れぬ程がよく候　あたたまり入候へばよく候　右三色つけ置き七日めに上げ用《もちい》る也　又くこの葉も八分加え入るもよし

## せんちゃ【煎茶】

江戸時代料理書には茶飯、茶粥、奈良茶飯など、煎茶を用いた料理が多く見られる。前述したように、江戸時代初期の煎茶は釜炒り茶で、現在も九州の嬉野《うれしの》茶、青柳茶はこれである。中期から蒸し製煎茶が作られるようになり、現在はほとんどが蒸し製である。このほか煮て作る茶の製法があり『日本山海名物図会』（一七五四）には「茶の葉をつみて是を折敷《おしき》に入れ　箸にてちり　赤葉くものすなどよくえりて後　釜にてゆであげそれを桶に入れてしめ木にてしめ　水気をとりて日にほすなり」とあって挿絵が添えられている。

『守貞漫稿』には、京坂の茶見世は神社や寺の門前などにあり、小屋掛の小さな店で、粗茶を朝一度煮て終日それを用いる。江戸では客ごとに新しく茶を煮るが、多くは漉茶といって小笊《ざる》の中に茶を入れ熱湯をかけて茶をだす。江戸では茶見世を水茶屋ともよび、それぞれ軒下に茶棚を置くとある。出典②を見ても、江戸時代の煎茶は現在のように浸出するほか、煮出して用いたようである。

出典　①『精進献立集』初編　②『臨時客応接』

①茶は　ひだし　くさ山　山ぶき　一もり　きせん等通例なり　余はこのみにまかすべし　茶をすこしほうじて　よくかはきたるどびんへ入れ置て　又外に湯をよくにへたたせて右の茶の上へ入れ　蓋をしてしばらくうまして出すことよし

②庵茶《だしちゃ》にても煎茶にても　薬罐《やかん》急火生《きびしよ》「きゅうす」の類へまず少しばかり水を入れ　湯の沸立《にえたつ》間に片脇にて茶を焙ずべし　もつとも喜撰《きせん》「宇治の茶の銘柄」か壱斤代銀拾匁位より上の茶は焙ずるに及ばず　もし格別湿《しめり》あらばざっと焙じ　黴《かび》臭くば少し焦《こげ》る程に焙じ　庵茶はたぎりし湯にてまず外の茶碗へ一扁《へん》漉し　二へん目を客人の茶碗へ程よく漉し　前の通り蓋をして納敬《ちゃだい》へ載《のせ》べし　煎茶は湯のたぎりし所へ入れ早く蓋をして置き　程よく茶漉の上より茶碗へつぐべし　但し煎じ茶客人へ出す間緩《ゆるや》かならば　よく茶の落着《おちつき》色の出たる時ついで出すべし　一杯茶をつがば一杯湯を差すべし

煎茶の器（『素人庖丁』より）

茶製法（『日本山海名物図会』より）

茶名物大概（『日本山海名物図会』より）

**たまござけ【玉子酒】**

酒に卵と砂糖を入れてかきまぜ、卵が凝固しすぎない程度の温度に加熱して作るもの。現在のものと変わらないが出典①は塩味にしている。

出典　①『料理物語』第十五　②『料理塩梅集』地の巻　③『黒白精味集』上巻二　④『料理早指南』四編

①玉子をあけ冷酒《ひやざけ》をすこしづつ入れよくときて　塩をすこし入れかんをして出し候也　玉子一つに酒織部《おりべ》［織部盃］に三盃入れよし

②玉子一つ砂糖織部盃にて半分より少内入れ申候　古酒盃にて二つ　右よくまぜわかし申候

③玉子一つに酒盃に三盃のつもり入れて煮たてよし　甘き望み候へば砂糖いか程も入れ候也

**つかみざけ【摑み酒】**

雉《きじ》の腸の内容物を出し、みそを少量加えてたたき、雉の脚一本に串を一本さし、脚指の間にたたいた物を入れて火であぶると、指は縮んで間に入れた物をよくつかむ形になる。よくあぶってから指の際《きわ》から切りたたいて、少し煎《い》って酒を入れ、燗《かん》をして出す。出典②③は①とほぼ同文である。

出典　①『料理物語』第十五　②『当流節用料理大全』　③『料理早指南』四編

①つかみ酒　雉子のわたをこき　みそを加へよくたたき合わせて　さて一足のあしに一本づつ串をさし　かのたたきたる物を指の中へ入れ　あぶり候へばよくにぎり申候　中もからりとあぶれたると見え候時　指のきわより切りて又よくたたき　又すこしいりて酒を入れ　かんをして出す也

**ならちゃ【奈良茶】**

奈良茶は奈良茶飯《ならちゃめし》の略称でもあるが、江戸初期には茶の一種で飲物であり、後に飯の量が多くなって奈良茶飯が作られたと考えられる。出典①では茶の部にあり、『本朝食鑑』には「江戸では近頃朝飯の前に煎茶を飲み、これを朝茶とよんでいる。京都や西国はそうではなく南都《なら》の俗習では煎茶で飯を煮て炒大豆、黒大豆、赤小豆の類をまぜ奈良茶とよんでいる」とある。現在も徳島県、山口県の一部には茶碗に飯を入れ、黒豆や賽《さい》の目《め》切りの大根の煮物などをのせてお茶を注ぎ、茶碗をまわしながら飲む「尻振茶」があり、島根県の「ボテボテ茶」は泡立てて飲むが同様のものである。奈良茶は奈良茶飯、奈良茶粥のことと解されているが、飲物としての奈良茶もあったと考えられる。→:ならちゃめし［めし］

出典 ①『料理物語』第十九 ②『本朝食鑑』菓部「茶」

①まづ茶を少しいりて袋に入れてあづきと茶ばかり煎じ候　さて大豆《まめ》と米入れ候を半分づついり候てよく候　大豆は引わり皮を捨てよし　又さゝぎ　くわい　焼栗なども入るよし　山椒の粉　塩加減有　いづれも煮加減大事也

**にんどうしゅ【忍冬酒】**

忍冬（スイカズラ）の花と茨《いばら》の花の干したものを用いて作った薬用酒。『本朝食鑑』（一六九七）には紀陽（紀州）、伊勢、肥後、筑後の大名家で作っており、それぞれに特色があるとしている。

出典 ①『料理塩梅集』地の巻 ②『合類日用料理抄』巻一 ③『黒白精味集』上巻二

①神長左衛門殿忍冬酒の方　上々のしやうちう一斗　いばらの花干して三升　忍冬の花干して四升にても五升にても　もち米の強飯《こわいい》　糀《こうじ》の花五合　右の通をしやうちうへ入れ壺につくり込ふたをして土へ掘り　ふたの上までぬり息の出ざるやうにして三七日［三週間］程過てかきまわし　口をもとの如くにして又二七日ほど置きてその後あけ申候

③金銀花［スイカズラの漢名］拾五匁　丁字三匁　肉桂夏六分冬一匁　紅花三匁　人参八分　氷砂糖七匁　せうちう一升　味淋一升　右袋に入れて壺に作り込て口をよく包三日三夜置也　辛さを望にはせうちうを二合ます　甘きを望には砂糖増也

**ねりざけ【練酒】**

白酒の一種で、蒸した糯米《もちごめ》を酒とまぜ、石臼でひいて漉《こ》したもので、粘りがあり味は甘い。その色が練絹のようであるところからの名。一方、出典①は玉子、④は卵白に白砂糖と冷酒を加えてすりまぜあたためたものを練酒とよんでいる。『和漢三才図会』には練酒は白酒と同類で精製したもので、筑前博多の練酒が名高いとある。

出典 ①『料理物語』第十五 ②『小倉山飲食集』③『黒白精味集』上巻二 ④『料理早指南』四編

①ねりざけ　玉子に白ざたうを入れ　冷酒《ひえざけ》にてよくよくねりあはせ　かんをいたし出し候也

②ねり酒仕様　上白米の飯をよく擂《すり》て　味淋酒にてすりのべ　すいのふにてよくこしねり　さけに加《くわへ》申候
③煉酒の方　餅米一升を飯にたき　酒一升五合を入れて十日程過ぎて砂糖を入れよくする也
④玉子の白みと白砂糖とを冷酒《ひえざけ》にてよくねり合せ　とろりとろり土鍋にかけてねりあわする也　但し酒一升に玉子白み二つ白砂糖一斤

**ねりゆ【煉湯】**
日常の食後や、懐石の最後に出す湯で、米や麦を煎《い》って茶のように浸出したものや、粉にして湯にまぜたものなどの総称。また『料理塩梅集』（一六六八）には、湯部の中に湯の一種としてねり湯がある。
出典　①『料理塩梅集』天の巻　②『料理伊呂波庖丁』
①ねり湯　この白ねり湯は　十人の九人迄も嫌ふ物也　胸ふくれつかへ虫張りてあしき故　はやり申さず候
②煉湯之部　焦《こげ》湯［清水米煎て］　焦湯［とうがらし　煎こがし］　肬《いぼ》湯［蕎麦粉あつく］　胡麻湯［黒ごま白ごますりて焼塩］　蒸《むし》湯［黒ごま　黒豆　煎塩］　麦湯［麦煎て挽割］　沙《さ》湯［煎とうがらし　香煎　くこの粉］　取《とり》湯［焼飯］

**はとざけ【鳩酒】**
鳩の肉と骨をたたいて酒でのばし、みそを鍋で狐色にいりつけたところへ入れて煮てから酒を加える。腰痛や老人の下冷などにきくという薬酒である。
出典　①『料理物語』第十五　②『合類日用料理抄』巻一　③『黒白精味集』上巻二
①鳩をよくたたき酒にてとき　みそすこし鍋に入れ狐色にいりつけて鳩も酒も入るよし　山椒の粉か胡椒の粉かわさびなどすこし入るよし　しやうゆうにてもいり付候也
②真鳩皮をむき　鷲《わし》くわずと云骨を去り　そのほか骨ども細《こまか》にたたき　すり鉢に入れ成程よくすり申候　山椒みそ鳩一羽に大きなる梅干程入る　酒は鳩一羽に常の盃に七盃ほど入れ候てすり合せさわさわと煮立出し申候

**はぶしざけ【羽節酒】**
雉《きじ》の羽節（羽の中の節）から先の部分をこまかにたたき、塩と酒少しを入れていり、酒を加えて程よい温度にして出すもののようである。
出典　①『料理物語』第十五　②『黒白精味集』上巻二　③『料理早指南』四編

①はふし酒　きじの羽《は》の中の節《ふし》より先をこまかにたたき塩すこし酒すこし入れいりて　右のからみ何にても入れ酒をよきかんにして出し候也　身をくひ申時はしやうゆうくはへよし

②羽節酒　雉子の羽ふしよくたたき　塩少し酒少し入れてせんじ　さて外の酒を入れかき交《まぜ》て出す

**ぶどうしゅ【葡萄酒】**

葡萄酒はぶどうの果実汁を発酵させてつくるが、江戸時代料理書記載の葡萄酒はぶどうの果実に麹《こうじ》、蒸糯米《もちごめ》、焼酎、酒などを加えて造るものである。本来の葡萄酒も江戸初期には南蛮人、紅毛人とともに渡来していたが、日本で造られるようになったのは明治七年からという。

『食物知新』より

出典　①『料理塩梅集』地の巻　②『合類日用料理抄』巻一　③『料理私考集』　④『黒白精味集』上巻二

①ぶどう一粒づつにして押つぶし汁をよくしぼりため鍋へ入れ炭火の上にて一あわ煎じ　その後よくさまし冷へ申時しやうちうにても泡盛《あわもり》にても三分一加へ申候　ぶどうは酸《す》きも甘きも一つにしぼり申候　但煎じ候へば上に泡浮き申候　この泡取りたるがよく御座候　龍眼肉［リュウガンの果肉］上の皮を取りしやうちうへひたひたにつけ二七日［二週間］も置候へば醤油の如く出申候　その時龍眼肉を取上げ布にて漆《うるし》こす如くしぼり候てかす捨申候　さて心次第に二色をまぜ申候　ちんた［外来の赤葡萄酒のこと］の如くに成申候

④ぶどう八升常のぶどうにても山ぶどうにても青をよくつえたる［熟した］がよし　餅米八升白蒸して強飯《こわめし》にして　餅米の糀八升　上々のせうちう一升　右強飯一重もみ合せたる糀《こうじ》一重と段々に押付入　その上より蜂のすの如くひしと元をつきあけ申候　ぶどうつぶれても苦しからず　さて右のせうちうを入れいきの出ぬようよく口を張置き申候　三十日目には常の酒をあける様にあけ申候　あけ候ても猶《なお》いきの抜けぬ様に壺の口をよくしめ置申候

## もろはく【諸白】

白米で造った白麴《こうじ》と、蒸した白米とを水で仕込み熟成し、圧搾《あっさく》濾過《ろか》して造る上質の酒で、麴と蒸米の両方に白米を用いるので諸白という。玄米で造った麴と白米の蒸米を用いた酒は片白《かたはく》という。諸白は天正年間から文献にあり、江戸時代には大和国の南都《なら》、摂津国の伊丹、池田、鴻池、豊田《とんだ》などで造られ、江戸へ輸送されて下り諸白として賞味された。関東で諸白づくりが普及したのは江戸後期からで地廻酒とよばれた。その後、諸白は清酒《すみざけ》とよばれ、片白は濁酒《にごりざけ》を意味するようになり、諸白、片白の名は使われなくなった。

出典 ①『本朝食鑑』穀部之二

米あらひの図（『日本山海名産図会』より）

# 料理用語

本書は料理の種類によって項目を分類して記載したが、料理様式、材料の切り方、特殊用語など、分類に属さないものをまとめて、料理用語とした。料理様式や切り方については料理書に図示されているものが多いので、項目ごとに添えた個々の図のほか、総合的なものをここに記載した。

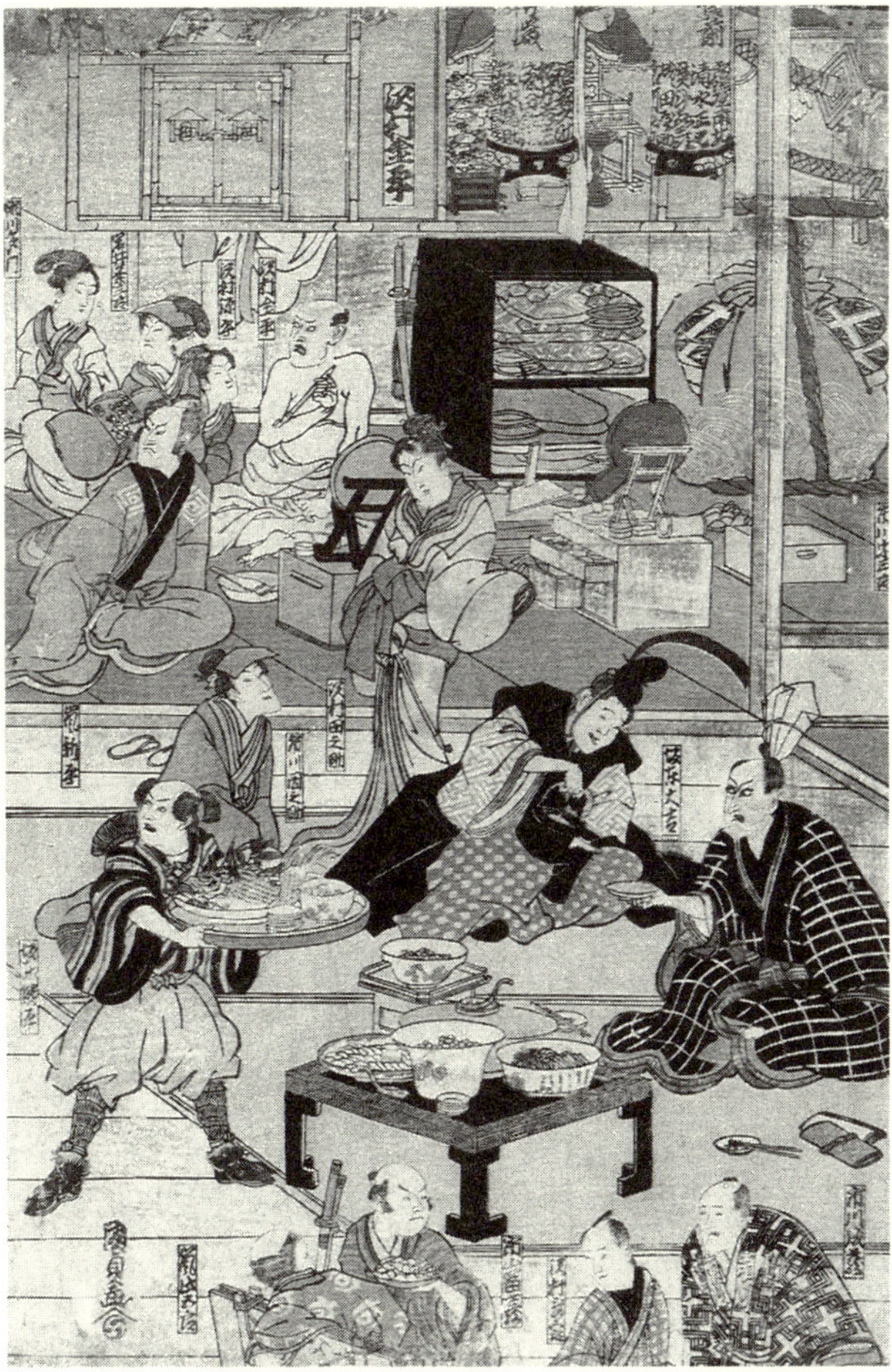

歌川豊国（三世）画「市村座大入あたり振舞楽屋図」（三枚組の一枚） 1811年
（財団法人 味の素 食の文化センター所蔵）

**あわゆき**【淡雪・泡雪】

春の淡雪のようにふわりと溶けやすい感じを表現した名で、泡立てた卵白を加熱してふわりと凝固させたもので汁物、いり物などの取り合わせに用いる。また泡立て卵白を用いた料理に淡雪を冠して淡雪かん、淡雪はんぺん、淡雪蒸などがある。そのほか擂《す》りおろしたやまのいもを豆腐にかけた淡雪豆腐など、卵白以外の材料でも柔らかくふわりと仕上げた料理にも淡雪を冠する。

出典 ①『小倉山飲食集』吸物冬之部 ②『料理網目調味抄』二巻吸物之部 ③『伝演味玄集』二ノ下 ④『黒白精味集』中巻六

①あわ雪とは玉子白みに葛《くず》少入れ　ちやせんにてたつる事也

③しら玉と云ふ時は大形にて壱つ盛吸物に限也　あわ雪と云ふ時は　はつとちらしたる也　淡雪は二の汁の取合せ又いり物等に取合す也（中略）玉子の白身ばかりを深き器に入れて茶せんにて随分よく雪のごとくなるまでたてるなり　下地塩にて塩梅《あんばい》して煮立時火をおろし　右の茶せんにつけて箸をもてこきて取り入る也　さて鍋のふたをして少し間おき　もり出す也　これしら玉の仕様なり　あわ雪の時これは茶せんにて下地へそろそろと入る也　火をおろすにも不及《およばず》（中略）右玉子の白みにくずの粉少し入る也口伝とす　いかにも少なり器物に酒気油気惣《そう》じてうつり香あればあわたゝず心得べし

**あんかけ**【餡掛】

葛《くず》あんを掛けた料理。葛あんは調味しただしを沸騰させて、でん粉の水ときを流し入れてとろみをつけたもの。葛あんは「葛だまり」ともいう。→∴くずだまり

出典 ①『料理物語』第九 ②『歌仙の組糸』一月、三月 ③『素人庖丁』初編「鰯あんかけ」二編「たち魚あんかけ」「あなごあんかけ」④『精進献立集』二番「近江かぶらあんかけ」⑤『早見献立帳』正月

①観世汁　たうふをうすくきり中みそにてしたて候也　これもあんをかけ出してよし

②一月　茶碗　色紙豆腐あんかけ／三月　焼物　ますあん懸

③あなごあんかけ　これも前のごとく裂《さき》て中ほねをとり白やきにしてよき程に切て　松たけ　しめじ　かもうり　大こん丸むき　かぶら　此中一品あしらいて茶わんなどに入れて蒸《むす》　又は鉢ふたはちなどに入れて蒸し　上より葛溜《くすだま》り

かけて出すべし　こせう　せうが　わさび　此るい上に置くべし
⑤茶碗　丸ゆりねあんかけ　丸ゆりねをよくむし上げ、あさくさのりを火とりこまかくもみて上へかけくずあんをかくる

**いちょうぎり**【銀杏切】
いちょうの葉の形に切る切り方。大根、人参など円筒形のものを四つ割にして小口から切る。
出典　①『江戸料理集』五　②『黒白精味集』下巻八
①図の如く則《すなわち》いてうの葉なりに切る事なり　これを丸いてうと云ふなり　いにしへは角《かど》を立てむきたり　げびたりとて今は丸むきなり　取分《とりわけ》大根のいてうの事也
②いてう大根　丸むき四つ割にして内を取捨小口切

丸いてう大こん
（『江戸料理集』より）

**うわおき**【上置】
風味や彩りを添えるために、器に盛った料理の上に少量置くもの。花鰹、浅草海苔、緑色の野菜など。『日葡《にっぽ》辞書』（一六〇三）にもある古い用語で「牛肉に菜、または豚肉に蕪などのように一層よい味をつけるために汁の上に置く野菜などの如きもの」と訳されているが、江戸時代はおもに煮物の上に置くものを指している。
出典　『黒白精味集』中巻五煮物
上置　山吹　玉子せん　薄揃　摺身せん　はららご　青豆
丸雪　青のり　浅草のり　柚のせん　わさびのせん　摺胡麻　割くるみ

**かいしき**【改敷・掻敷】
食べ物を器に盛る時に下に敷くもの。木の葉を食器として用いていた古い時代の名残ともいう。かいしきの名は平安時代からあり、室町時代には木の葉、葉のついた小枝、鳥の羽、紙などが改敷として用いられていた。改敷は料理の主材料によってきまりがあり、『庖丁聞書』には、鮑《あわび》に海草、鱸《すずき》に榎葉、海松に榎葉、桃花鯉に桃花、生鰹に庭床《にわとこ》、鮎に藤葉、雁に水草、霍（鶴《つる》）に蘆葉、鴨に

蘆、鴫《しぎ》におもだか、鶉《うずら》に振笹　雲雀《ひばり》に地草とあり、このほか鳥魚によらず檜葉はよいとある。『貞丈雑記』には篠《ささ》の葉は改敷に用いてはいけない、南天の葉の改敷は防腐によいなどとあり、改敷は江戸中期ごろまではしきたりが重んじられて、よく用いられていた。

出典　①『料理献立抄』②『料理早指南』二編に重詰の改敷　③『精進献立集』初編

①かいしきは其時節にあり合ふを見たてつかふ

③なますさしみ取肴等のかいしき　或は小松の枝葉を短かくはさみ揃へ遣《つか》ふ　薄板　にしき木　菊　もみぢ　そのほか品々草木の枝　花等時分によりて見合せ　又奉書　杉原［杉原紙］　半紙　むき大根等取肴に用ゆ

## かいせき【懐石】

茶の湯の席で出される料理をいう。禅僧が修行中に寒さと空腹をしのぐために温めた石（温石《おんじゃく》）を懐に入れたところから、空腹を一時しのぐ程度の軽い食事を懐石とよび、簡素を旨とする茶の湯料理を懐石とよぶようになったという。「懐石」の語は『南方録』（利休茶道の秘伝書というが、現存する写本は元禄三年成立）に見られるが、安土桃山時代から茶の湯料理は「会席」とよばれていた。江戸時代料理書には「懐石」の文字は見当たらず、茶の湯料理は会席料理として記述されている。千利休によって形づくられた茶の湯料理の基本的な献立は、飯・汁・向付（膳の向うに配置する料理で膾）・煮物・焼物の一汁三菜であったが、現在の懐石は一汁三菜と強肴・箸洗い・八寸がふつうである。茶の湯料理の専門書としては『四季会席料理集』『茶湯献立指南』があり、前者は石州流鎮信派茶道の開祖とされる平戸藩主松浦鎮信の著、後者は茶人遠藤元閑の著である。↓：かいせきりょうり、ほんぜんりょうり

出典　①『四季会席料理集』②『茶湯献立指南』

## かいせきりょうり【会席料理】

会席とは茶や俳諧の集まりをいい、その席で酒とともに出す料理が会席料理であった。江戸時代後期に料理茶屋が発達し、会席が料理茶屋で行われるようになって、本膳料理の飯と汁に重点をおく形式を、酒宴向きに簡略化したものとして会席料理が形成された。会席料理は本膳料理のように一度に配膳するのではなく、初めから酒を

出して順を追って料理を供するものである。江戸時代料理書では「懐石」の文字は見られず、茶事の料理も会席料理として記述している。『守貞謾稿』は四編生業上に会席料理茶屋について詳述し、「天保初比《ころ》以来会席料理と云こと流布す　会席は茶客調食の風を云也　口取肴など人数に応じ出レ之て余肴の数を出さず其他肴も準レ之前年の如く多食の者の更に余肴無レ之　腹も飽に至らずして調理は益々精を競へり　今世会席茶屋にて最初煎茶に蒸菓子も人数限り一つも多く出さず　口取肴（吸物と一緒に初めに出す肴）も三種にて織部焼などの皿に盛り最も数を限り余計無レ之　口取肴の前に坐付味噌吸物次に口取肴　次に二つ物と云て甘煮と切焼肴等各一鉢次に茶碗盛人数一碗宛　次に刺身以上酒肴也　膳には一汁一菜香の物」と、会席料理の献立を記している。↓∴ほんぜんりょうり

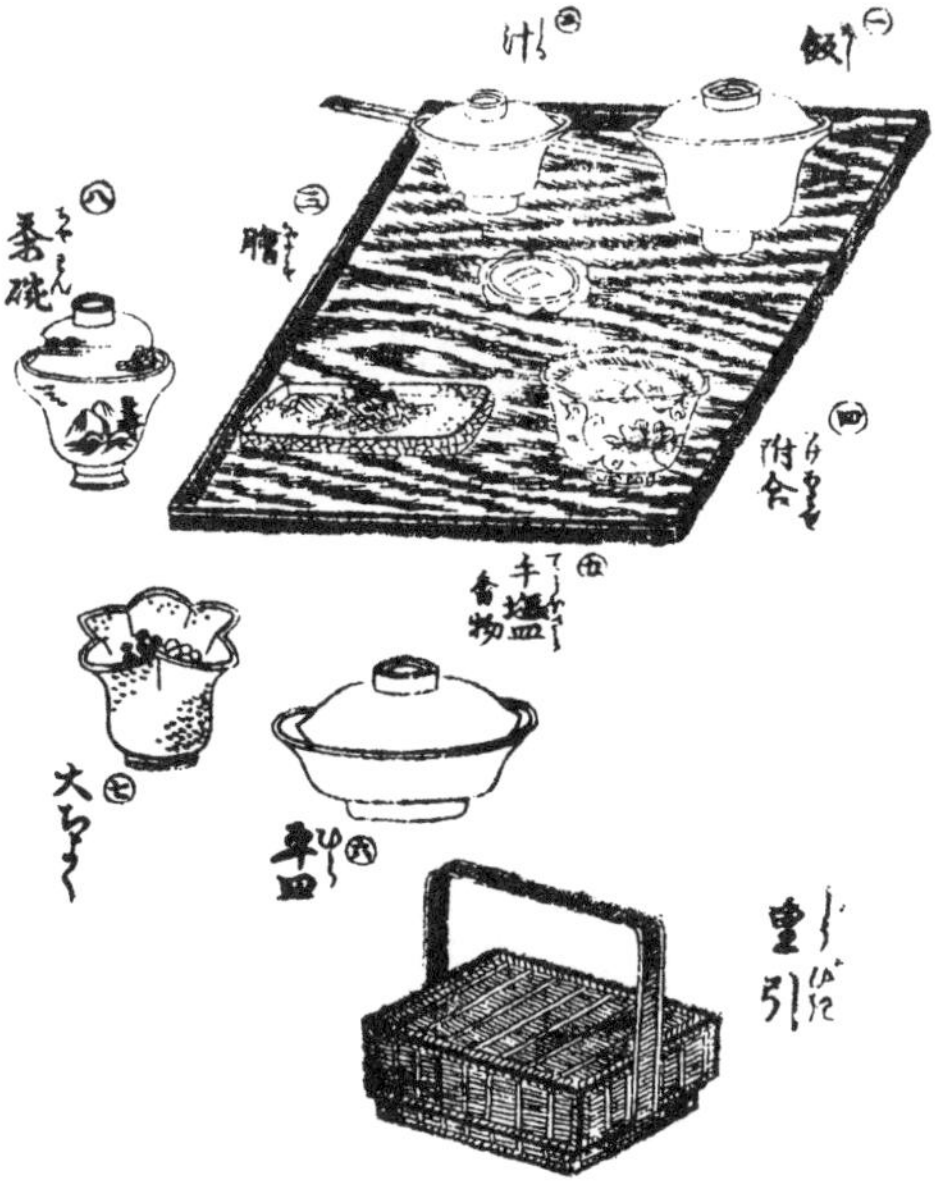

会席（『料理早指南』より）

出典 ①『新撰会席しっぽく趣向帳』②『会席料理帳』③『料理早指南』初編 ④『会席料理細工庖丁』⑤『料理通』⑥『会席料理秘嚢抄』

**かげをおとす【かげを落す】**

汁物にたまりを少し加えること。醤油の普及していなかった江戸時代初期には、汁物の仕上げにたまり少量を加えて旨味《うまみ》を増した。↓∴たまり

出典 ①『料理物語』第八 ②『料理早指南』四編

①かげをおとすとは　すましにたまりをすこしさす事也

②かげの事　かげをおとすとは　みそ汁にてもすましにてもたまりを少しさす事なり

**かのつめぎり【鹿の爪切】**

切り方の一種で鹿《しか》の爪の形に似ているところからの名という。薄切りの材料を三角形に切る切り方や、円筒形の材料を小口切りと斜め切りを交互にくり返して切る切り方をいう。斜切りのこともいう。

出典　『江戸料理集』五

かのつめとは庖丁すぢかへて［斜］木口に切る事也／大かのつめとは則《すなわち》図に印《しるす》ごとく大切方に切る事也　これをはす［斜］とも云ふなり　これは笋干《しゅんかん》　大煮物《おおにもの》［材料を大切りにした煮物］等に用る／はすとはすぢかへてすかすかと切る事なり　又かのつめとも云ふなり

**きりちがえ【切違え】**

切り方の一つ。『江戸料理集』には、皮牛房切違えと、豆腐切違えの図があるがわかりにくい。現代の料理用語では、円筒形の材料を適当な長さに切り、中央部分に縦に幅の狭い包丁を刺し通して切り込みを入れ、この切り込みの幅の対角線を中央まで切り、反対側からも表と逆に対角線に中央まで切ると説明されている。

出典　『江戸料理集』五

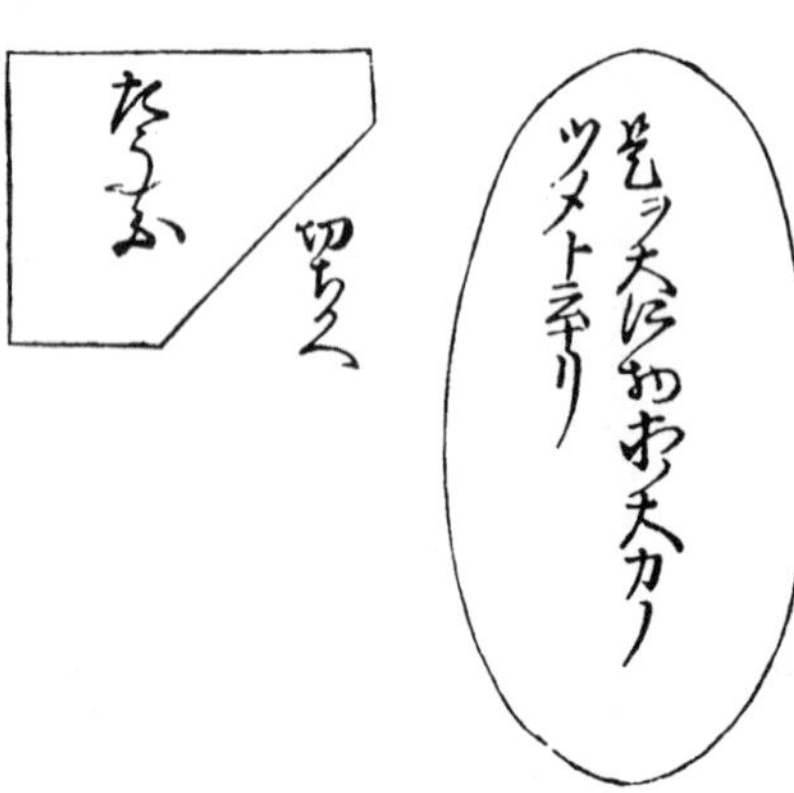

鹿の爪切

切違え

『江戸料理集』より

切ちがへとは図に記すごとく何《いずれ》にても向前切ちがへる事也／両切ちがへては図のごとく向前互に切ちがへたる事也

**くずだまり【葛溜】**

葛あんともいう。調味液に水溶きしたでん粉を加えてとろりとさせたもの。蒸したりゆでたりした材料の上にかけたり、下に敷いて敷葛《しきくず》として用いる。『素人庖丁』二編には、まなかつお、筋かつお、あいご、蓮根、しめじ茸、うど、初茸、百合根などの葛溜掛の作り方がある。

出典 ①『江戸料理集』六 ②『料理塩梅集』天の巻肴部 ③『伝演味玄集』二ノ中「浜焼」 ④『新撰会席しっぽく趣向帳』

②葛たまり方 先に水を入れその次に醬油少辛めにして入れ煮立 それへ葛入れ 貝杓子にてさらりと落るかげんよく候 堅は悪《わるし》

③いにしへは葛溜りといへば濃《こく》して敷《しき》 葛ねりといへば上へかけ出す事にや 今は混雑して左もいわず敷葛と云ふ 葛溜りかけ くずねりかけてと献立にも認也 時に取て人のよく通ずる方よし したり顔にかたいぢなるわろし 京《かみ》方の人はくずあんと云ふ

**くりしょうが【栗生姜】**

栗と生姜、剝《く》り生姜など諸説あるが、私見では栗生姜すなわち生姜のことと解釈する。江戸時代料理書では膾《なます》の材料の中に「くりしょうが」が多出する。原典では「くり」と「しょうが」を少し離して書いてあるものもあり、続けているものもある。離して書いてある場合は栗と生姜と考えられるが、松露《しょうろ》（丸いきのこ）を栗松露とよぶ例もあり、生姜は古くは「クレノハジカミ」とよばれていることもあり、「くりしょうが」は生姜のことではないだろうか。

出典 ①『ちから草』巻二 ②『力草聞書』 ③『伝演味玄集』二ノ上 集膾の項

①鮎膾 焼骨 くりしやうが わさび 枝柚 くりせうがを至つて細くする也

②栗生がは針か又はけし粒にしてよし けしに致す時至つて細き針にしてそれを小口より刻む也 左様に致し候へばけし粒に相成也

③くりしやうが大中小の針也 念を入れ長短太細なきやうにし可レ揃

**けぎり【毛切】**

魚の切り方の一種で、鱗をとらずに筒切りにすること。

↓：つつぎり

出典 ①『江戸料理集』五 ②『黒白精味集』下巻八

①けぎりとはこけ［鱗］もとらずして右［筒切］のごとく　こけともに切る事なり
②鯉の毛切と云ふは　こけをふかず　わたを抜かず　一文字に筒切にする也　吸物濃蕉《こくしょう》也

## けん【権・見】

なますやさしみに添えるあしらいの一種。現在の料理書ではさしみのあしらいには、けん、つま、辛味の三種があり、けんはさしみの下に敷く白髪大根、きゅうりやうどのせん切り、おごのりなどで敷きづまともよばれ、つまは芽紫蘇、花穂紫蘇、防風など前盛りとしてあしらうもの、辛味はわさび、生姜などで、この三種を総称してつまというとしている。江戸時代料理書のけんは、現在の狭義の「つま」に近いもののようである。『料理物語』では青物之部でけんに適するものとして、蓮、みょうが、防風、じゅんさいをあげている。↓：つま

出典　①『江戸料理集』四　②『料理網目調味抄』二巻鱠之部　③『黒白精味集』上巻四　④『料理献立抄』

②権《けん》と書《かく》は橘類は魚毒消也　依《よっ》て多く加之　又近代梅露《ばいろ》菊露　忍冬露《にんとうろ》　鱠に加て一興とす
③膾のけん　金柑葉付　切九年母二つ割小口切にして四方を取角にも　花柚葉付三四月　青柚葉付五六月　青きんかん七月より　青みつかん葉付八月　青九年母八九月より漬柚　きんかん一周年有　ほうづき殻をはさみ廻して籠《かご》ほうづき仕様集の内に有　殻共に盛　葉せうが正月二月の間もやしをけんに用一寸五分ばかりに切先を四つ庖丁を入れて　枝青梅四月　柚　みつかんは輪切　片輪切めつた切にしても　花形ゆずなど先は用いぬ事也／けんの添　鑑《かがみ》栗角にも栗なりにも　渋皮栗渋皮を付鑑栗に切也　熱湯へ漬置切ればくだけぬ也　四五月より葉生姜二本程くきをうすく切て　年の内の防風二三本　あさつき七八本　黒くわへ薄輪切　木くらげせん
④権　なますのけん俗に見《けん》

## こうのもの【香物】

古くはみそ漬、後には野菜の漬物を指すようになった。香の物の語は室町末頃から文献にあり、『日葡《にっぽ》辞書』（一六〇三）には「日本で保存食として作られる大根の塩漬」とある。『貞丈雑記』（一八四三）には「香の物は味噌づけを本とする也　味噌の事を古は香と云い　味噌に

つけたる物故香の物と云ふ　味噌はにおひ高き物ゆへ異名を香ともいひしなり」とある。

出典　①『江戸料理集』一　②『黒白精味集』上巻二　香の物として野菜の漬物四十八種あり　③『四季漬物塩嘉言』序

①春香の物の分　はだの大根　干大根　葉生姜　生大根／夏香の物　なす　瓜　干瓜　ささげ　き瓜　なたまめ　めうがの子　葉生姜　丸漬[瓜]／秋香の物　浅漬　七いろ漬／冬香の物　浅漬　茎漬

③香の物は貴賤《きせん》一日も放るべからず　いかなる料理に珍味佳肴ありとも此《この》一品しばらくも欠《かき》がたし　年中心がけて蓄《たくわ》へ置くべきなり

**こぐちぎり【木口切・小口切】**

細長い材料を端から適当な厚さに切る切り方。現在は小口切と書くが、江戸時代料理書には木口切とある。木口《きぐち》とは材木のことで材木を横切りした面を木口《こぐち》とよんだところから木口切の名ができ、小口切に転じたものと考えられる。魚鳥の場合は木口作りという。

出典　『江戸料理集』五　魚鳥類、青物などそれぞれの食品についての木口切を記している。

鯛なますなどの木口作りは　おろして薄身をさりて中の赤身を二つにたちぬきて切り　尾の方より包丁をたてて厚さ一分ばかりに皮を付て身の崩れぬ様に作る事なり　いさいは図に記す

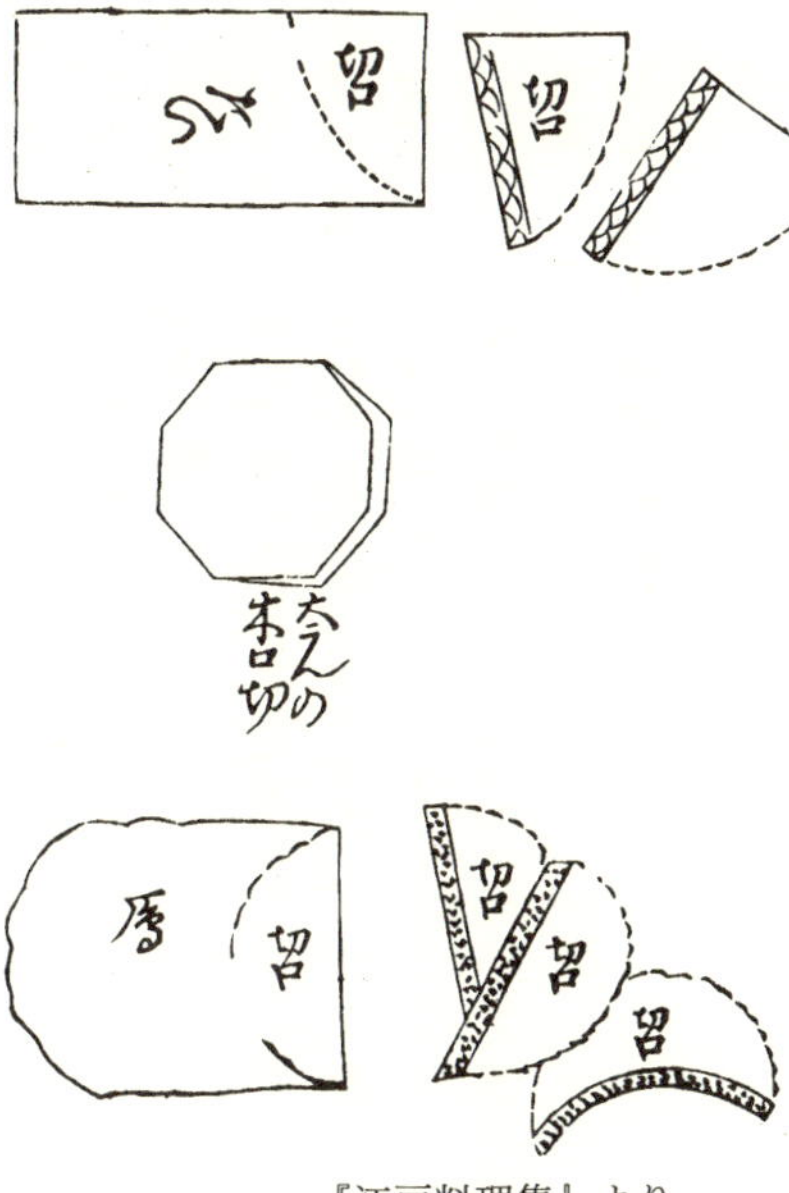

『江戸料理集』より

**さいのめぎり【賽の目切】**

さいころのように立方体に切る切り方。魚肉の場合は賽の目作りという。

出典 ①『江戸料理集』五 ②『歌仙の組糸』焼豆腐さいの目 ③『精進献立集』初編

①さいとは大ず［およそ］一寸四方ばかりに四角に切ること也 いさいは図に記す［魚の場合］

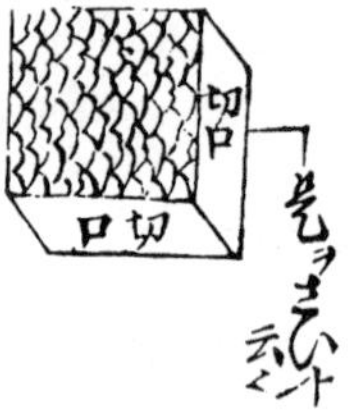


『江戸料理集』より

**ささがき**【笹掻】

ごぼう、人参など細長い材料を廻しながら鉛筆を削るように薄くほそくそぎ切りにする切り方で、切った形が笹の葉に似ているところからの名。料理書によってはささがきの変化した「ささがし」で記載されているものもある。現在はささがきごぼうが知られているが江戸時代には大根もささがきにし、魚にささがき大根を取り合わせ「ひでりなます」とよんだ。↓：ひでりなます［なます・さしみ］

出典 ①『江戸料理集』三に「牛房ささがし」②『精進献立集』初編 ③『素人庖丁』三編に「牛房笹がき寄」

②ごぼうささがき ごぼうなまにて細く鰹［鰹節］の如くかく

**さんぎきり**【算木切】

算木の形に切る切り方で「拍子《ひょうし》木切《ぎ》」ともいう。算木は易占に用いる方柱状の木、または和算で使う木製の小さな角棒のことで、どちらも拍子木形である。

出典 ①『黒白精味集』下巻八 ②『歌仙の組糸』塩松茸さん木切、さん木豆腐油あげ ③『素人庖丁』三編「大根さん木」④『料理調菜四季献立集』

①さんぎ 一分四方一寸五分ばかり 長さんぎは四寸ばかり

④さん木かまぼこ 算木の形に切る事也

**じがみぎり**【地紙切】

地紙とは扇に張るため扇形に切った紙をいうので、扇の形に切る切り方を一般に地紙切りという。『料理調菜四

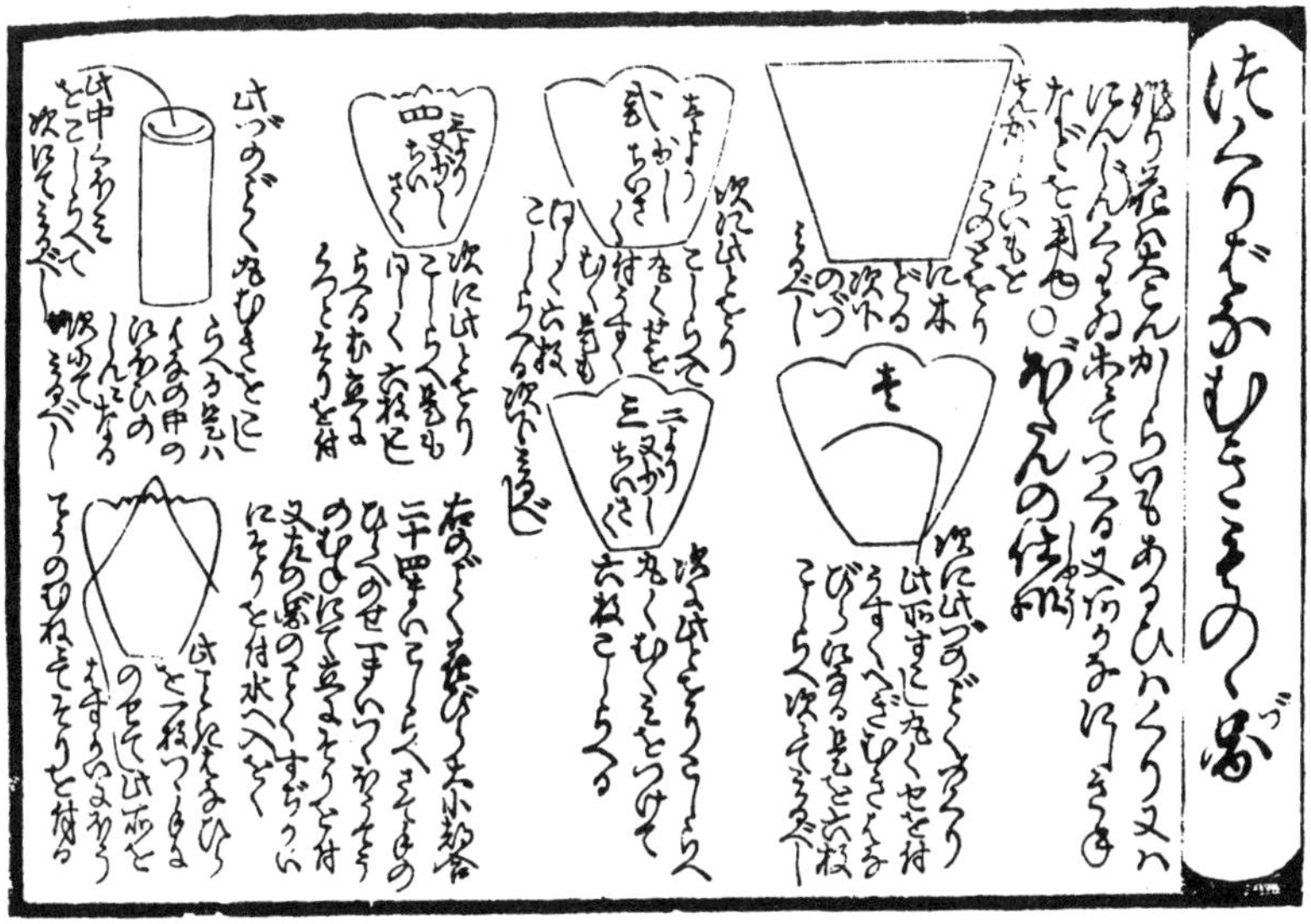

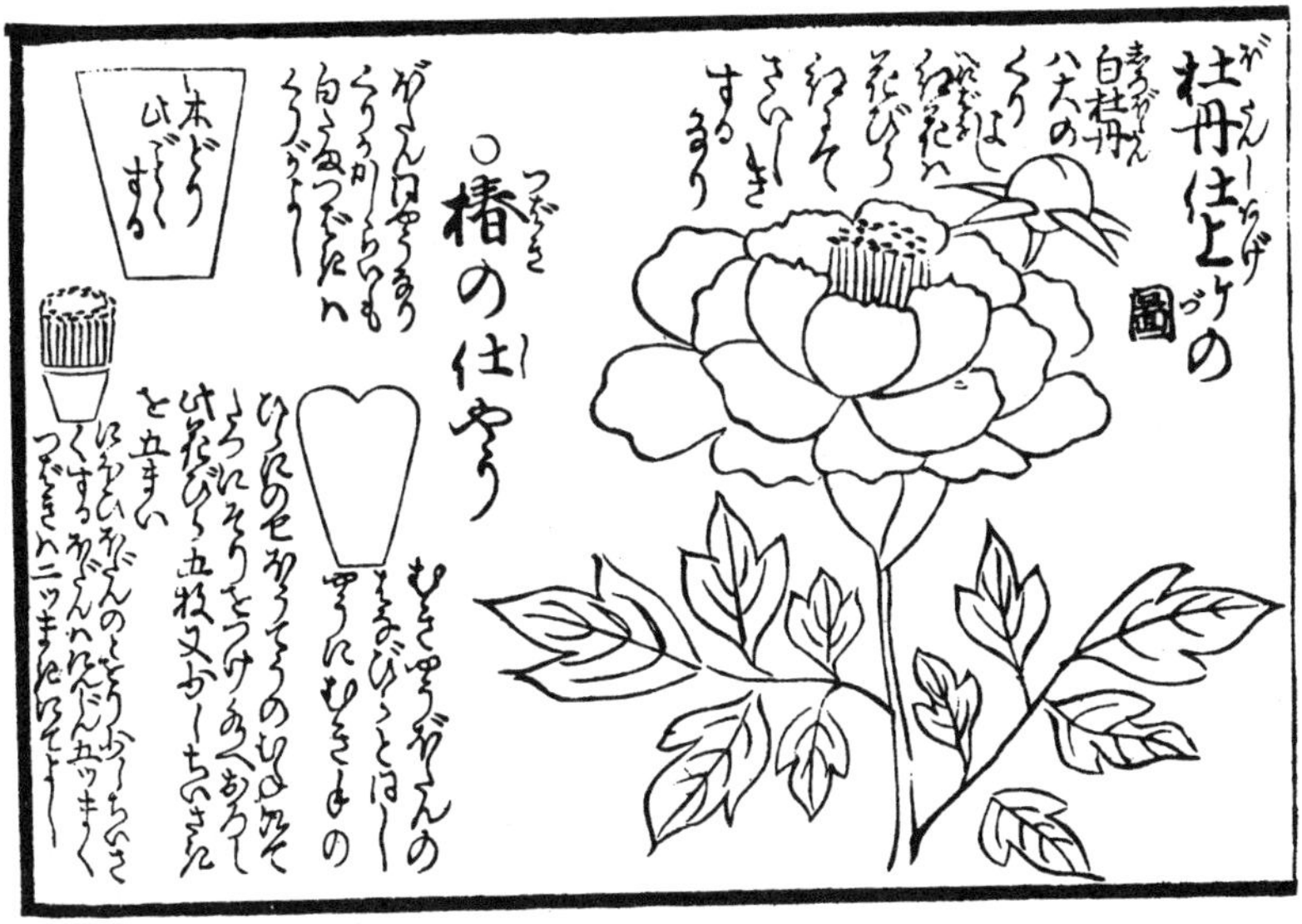


つくりばなむきものの図（『精進献立集』より）

季献立集』は切り目を入れて開いて扇形にするのを地紙とよんでいる。

出典　①『江戸料理集』五　②『料理調菜四季献立集』

①地紙とは図の如くこれは集汁大根等に用いる
②地紙蓮根　れんこんを煮しめて小口より薄く五六枚ほど切懸け二つに割り切口より開く也

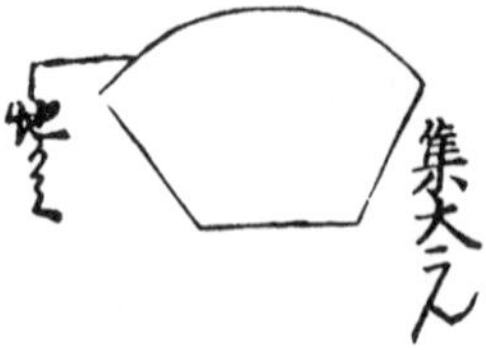

『江戸料理集』より

**しただじ【下地】**

調味の基礎となるもの、吸物などの下地をつくる意味で、古くは煮出汁をさした。江戸時代には醤油も指すようになり『浮世風呂』（一八〇九―一三）には醤油《したじ》のお雑煮とある。昭和初期にも醤油を「おしたじ」という地方もあった。時代により料理書により意味するところに違いがあり定義しにくい。

出典　①『料理物語』第九「ふくとう汁」　②『料理網目調味抄』一巻凡例　③『料理早指南』初編刺身に添えて「そば切したぢ」　④『新撰庖丁梯』　⑤『料理早指南』四編

①下地は中味噌より少しうすくして
②或は今俗に鯉のだし　酒だしなど云ふ事　昔は下地と云へる類《たぐ》ひの事多し
④調烹諸煮汁法《りようりいろいろだししやう》　古《いにし》へは下地甘湯《あまゆ》などの名をよべり　今はだしとのみいふ
⑤常のすまし　だしに酒とたまりと加へあんばいすべし　又平《ひら》［煮物］などの下地にはせうゆにてからめにする也

**しっぽくりょうり【卓袱料理・卓子料理】**

江戸時代に中国から伝わった中国料理で、はじめ長崎に伝えられ、現在でも長崎名物となっている。卓袱は食卓にかける布の意味で、転じて食卓を指し、卓袱台にのせて供するものを卓袱料理とよび、精進の場合には普茶料理という。料理は大菜と小菜から成り、大菜五、六種、小菜七、八種がふつうであった。卓袱台を数人で囲み、一つの器から各自で取り分ける食べ方は珍しがられたらしい。江戸時代には卓袱料理を扱った料理書が出典にみるように数冊あるが、中国料理といっても、かなり日本化した内容である。『嬉遊笑覧』によると、享保年中に長崎の佐野屋嘉兵衛という者が京都で卓袱料理屋を始めて大坂にもひろまったが、江戸では処々に店があったがはやらなかったという。→∵ふちゃりょうり

『料理早指南』より

出典 ①『普茶料理抄』「卓子料理仕様」を含む ②『八僊卓燕式記』 ③『新撰会席しっぽく趣向帳』 ④『卓子式』 ⑤『料理早指南』三編 ⑥『料理簡便集』 ⑦『料理通』三編

③しつぽくといふ詞《ことば》は肥前の長崎にていふ言葉にしておそらくは蕃語《ばんご》ならん 唐《から》にては八僊卓《はすえんちょ》といふて猪豚の肉を専《もっぱら》に用ゆる事也 是彼国《これかのくに》は米穀の味麁《ざっと》なるゆへなり 日本は米穀の味万国にまさりて厚味なり 故に肉脂《にくのあぶら》の力をかるにおよばず 殊に繁華の地に遊戯《すまい》する人は常に厚食を食すゆへに胡麻の油さへ脾胃にもたれ食後に必ずおくびに出て心よからず 然るをしつぽくといふ名になづみて唐《から》めかしたき心より脾胃にもあはぬ油気を喰ふ事も何とやらおかしからずや 器物の唐めきたるも又珍しく風流なれば今新《あらた》に撰《えらみ》て油を用ひずして調味をなす趣向余多《あまた》しるす

**しはんぎり**【四半切】

切り方の一種であるが四半切には三つの切り方があるようである。一つは正方形に切ること、第二は四角の半分で正方形を縦に真二つに切ること、第三は四半分で四分の一に切ること。『江戸料理集』では正方形に切ること

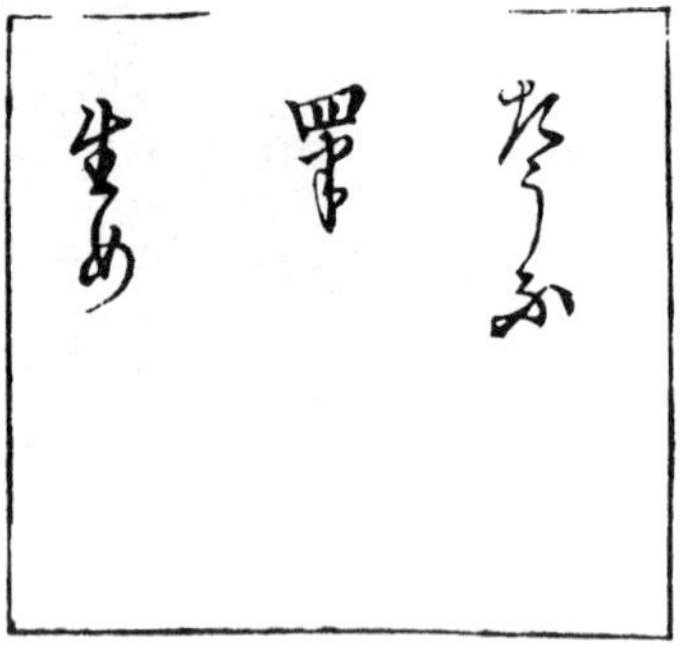

『江戸料理集』より

を指している。

出典 『江戸料理集』五

四半とは大方一寸二寸四方ばかりにまつ四角に切る事也　但厚さは物毎に相応たるべし　大方図に記す［青物等切方］／生わかめ四半とは図に記す如く中の筋をよくさりて四角に切る事也

**しもふり【霜降】**

一般には魚介類の下処理法をいい、肉の表面が白くなる程度に熱湯をかけたり、さっと直火で焼き、加熱後は冷水でひやして水気をとる方法。肉類の蛋白質が凝固して表面が霜が降りたように白くなるので霜降という。また霜降にしてから作るさしみのことも霜降という。

出典 ①『料理物語』第八、第十一　②『料理山海郷』巻一　③『料理早指南』四編

①霜降は鯛をきどり［材料を適当な形や大きさに下拵《ごしら》えすること］にえ湯へ入れやがて水にてひやし候事也　しらめてといふも同事也　又ゆがくとは何《いずれ》もさつとゆで候事也（第八）

鯛をおろしよきころにきどりにえ湯に入れ　しらみたる時あげひやしつくりたたみ候事也　煎酒よし　からしなども置く（第十一）

③霜ふり　いづれの魚にてもふしどり　にえ湯へ入れゆがきて水へとり　さしみにつくるをいう

**じゅうびき【重引】**

重箱引きの略。「重の物」ともいう。酒の肴を重箱に入れて持ち出し、重箱からとって客に供するもの。重箱について『骨董集《こっとう》』（一八一三）から引用要約すると、重箱は江戸時代以前からあり、酒宴で肴を盛る器は、寛永のころから元禄ごろまで重箱であったが、その後すたれて、硯蓋《すずりぶた》（肴を盛る盆状の器で、もと硯箱の蓋を用いたと

ころからの名）に盛ることが宝永年間に始まったらしいという。

出典 ①『料理網目調味抄』二巻「鍋引重箱引之部 貴人には別わん 茶碗もりたるべし」とあって十一種の料理名と作り方がある。②『黒白精味集』中巻六 ③『会席料理帳』

②重引物 芹焼 榎茸醬油薄だし酢少し加へてよし うど焼 長さんぎ長丹尺煮汁同断 辛子など入れてもよし葛引にしてもよし 丸むきは必ず葛引よし 蓮炙《やき》 煮汁同前 蓮根生にて皮をむき筋違に薄く切りて一夜白水に漬け置きさわさわと煮て辛子を入れ出す 白水に漬けざれば色黒し 蕗やき右同前 瓜炙 白瓜皮を取り長丹尺長さんぎ 葛引酢入れずわさびからしなど入れてよし 冬瓜《とうぐわ》炙 同前葛引の時はすべて酢入れず にんじん炙 わり菜炙汁同前酢を入れて 浅漬炙同断 松露炙 葛引辛子よし 白こんにゃく一切盛葛引辛子 又せんにして薄だし醬油にて塩梅して胡椒の粉振りてもよし 又切形にして生醬油にて煮しめの胡椒の粉ふりてもよし

③重箱引物 およそ重の物は二重三重の時は中下は香の物煮しめ物をよしとす さりながら其時到来の品また遠来の珍物等は其時のしぎにより二重ながら魚類にても苦しかるまじ

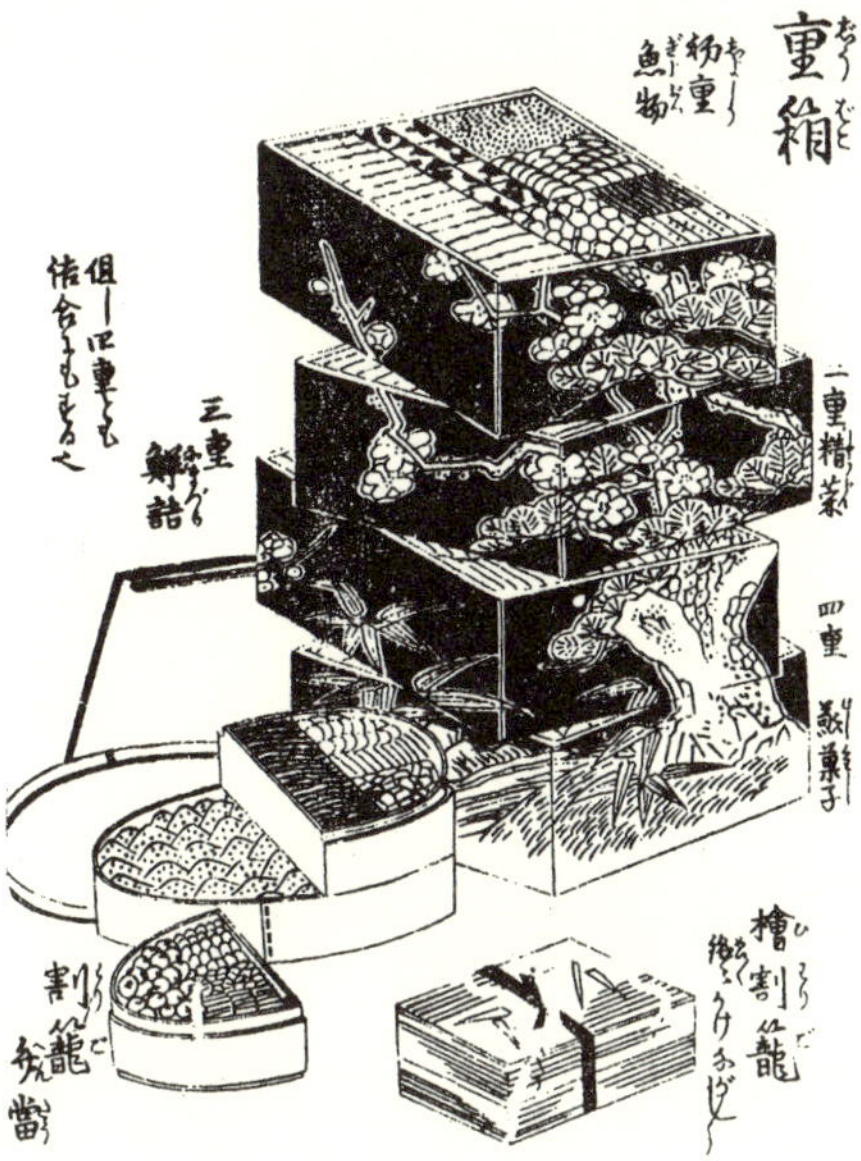

重箱（『料理早指南』より）

**すいぎり【剝切】**

剝切《すききり》の変化した語。魚を三枚におろして左の方から庖丁をねせて斜めにうすく切ること。

出典 ①『江戸料理集』五 ②『黒白精味集』下巻八

①すい切とは三枚におろして薄身をさりて左の方より庖丁をなるほどねせて すくい切に切る事也

②すい切　庖丁をねせて　はすに切るを云ふ

**すいくち【吸口】**
吸物や汁に用いて香気を添えるもの。古くは香頭《こうとう》とよび『四条流庖丁書』（一四八九）のころから吸口とよぶようになった。柚《ゆず》、山椒、ふきのとう、その他季節や椀種《わんだね》によりいろいろ用いる。

出典 ①『料理塩梅集』天の巻 ②『料理網目調味抄』二巻 ③『万宝料理献立集』「吸口の品」として、ふきのとう、にんにくなど四十五種を記載 ④『料理伝』

①汁の吸口の事　山椒芽　青山椒六月末迄もよし　柚八月より用う　にんにく是《これ》は人により好嫌多し　山椒の粉物による也　大かた味噌の濃きに入る也

②吸口と書《かく》は　柚　山椒　葱　ふきのとう　うど　わさびしそ　たうがらし　めうが茸　ちんぴ　相応する吸口をしるす

**すのもの【酢の物】**
下拵《ごしら》えをした魚肉、野菜、海藻などの材料に、調味酢

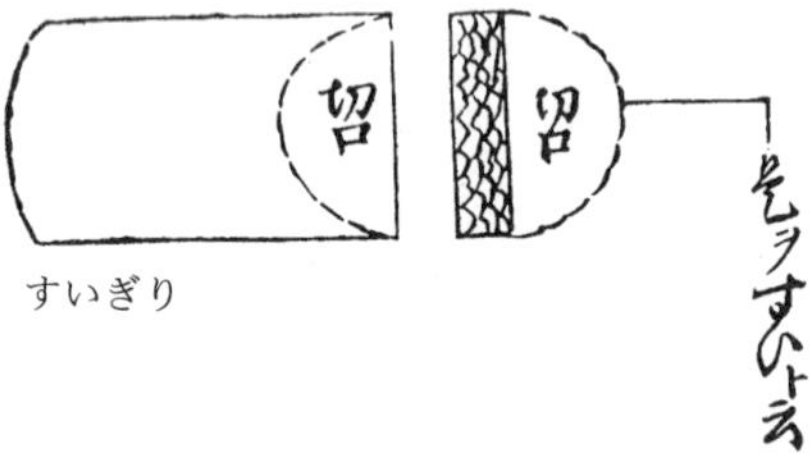
すいぎり

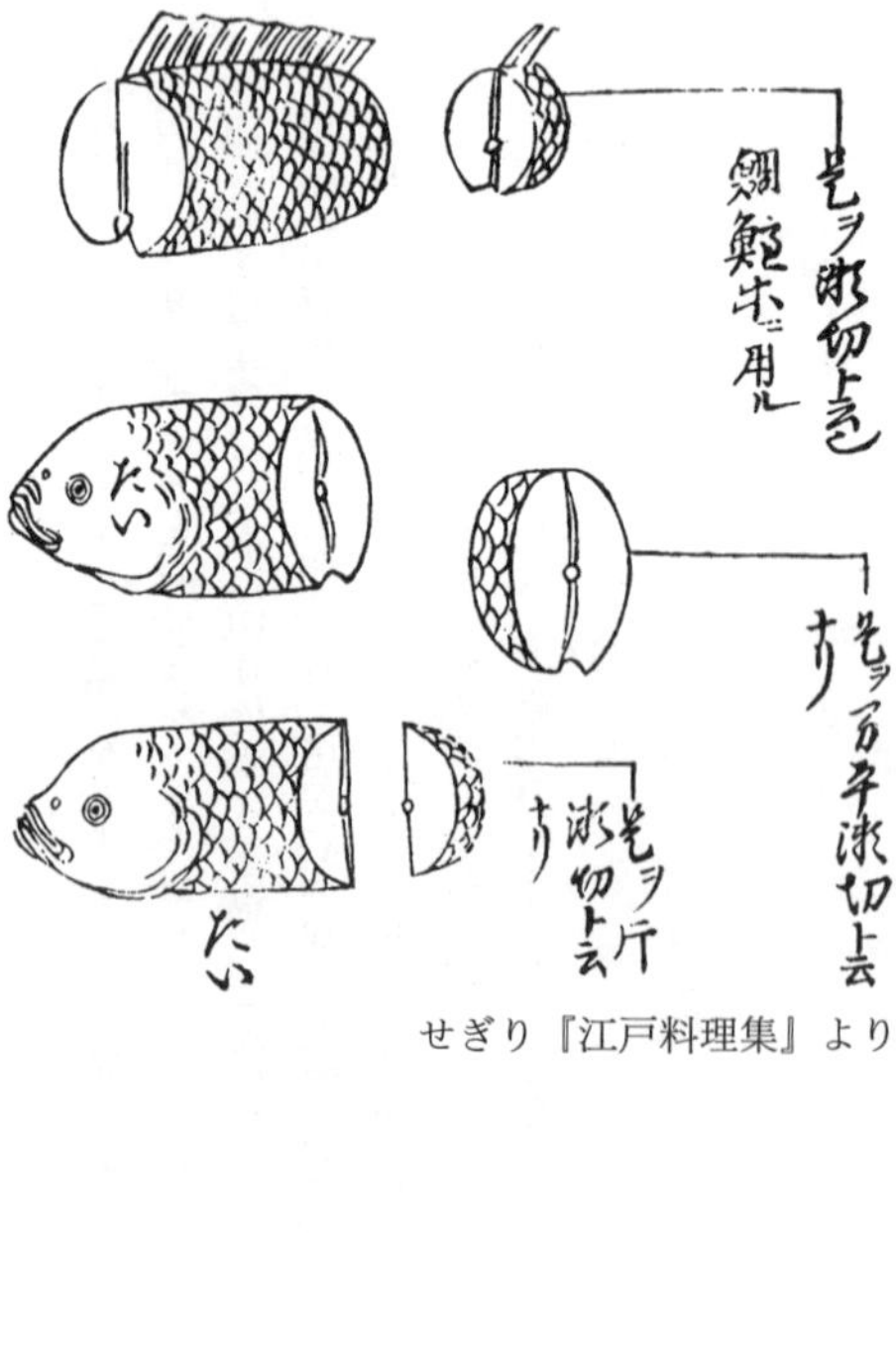
せぎり『江戸料理集』より

をかけたり浸したりした料理。現在は膾《なます》、酢和など酢を用いた料理の総称となっている。江戸時代料理書にも酢の物の語は見られるが膾とは別に扱われ、その定義は判然としない。

出典 ①『黒白精味集』中巻六 ②『料理早指南』四編「酢の物の部 加減の事」

①酢の物 蛟《たいらぎ》［平貝］うすく切四切五切 鮑《あはび》耳［縁のかたいところ］嶋も取り 表の青みをすき取り四五切 さざいわた付の所 にしわた付の所 赤貝うすくへぎ 蛸《たこ》湯煮立《たて》に切りて 此類小皿に盛る わさび酢 せうが酢 青酢もよし 蠣《かき》 貝の柱 生姜酢猪口《ちょく》に盛 海鼠《なまこ》せうが酢小皿也 猪口膾の類 さるぼう［二枚貝の一種］ あさり 小蛤《はまぐり》 からし酢

**せぎり【背切・瀬切】**

魚の切り方の一つで、頭を落して薄身を切りとり、ひれをつけて厚さ二センチくらいに筒切りにすること。

出典 ①『江戸料理集』五 ②『黒白精味集』下巻八 ③『料理網目調味抄』二巻

①背切とは頭をおとし両の薄身ばかり腹のなりにきわより切りて ごみはきのふくら［鰓《えら》か］をもまつすぐになるやうに切りてさり 頭の方を右になして泳ぐ如くにしてひれを付けて厚さ四五分にも木口切りにする事也 これは鯛 鱸《すずき》に用る／平《ひら》背切とは右の如くして尾を右へなして腹を向にても前にても平にして尾の方より庖丁をねせて厚さ四五分ばかり木口切にすること也／片背切とは右の如くにして右にても左にても片身おろして平背切の如く片方に骨を付て尾の方より切る事也

③鯛 筒に切るを背切 おろして切るを切目《きりめ》と伝ふ

**せごし【背越】**

なます、さしみの作り方の一種で鮎や鯵《あじ》などに用いる。頭を胸びれの下から切り落し、背びれと腹びれをとり、内臓を除き薄身（魚の腹部で肉の薄い部分）はそのままに小口切りにする。

出典 『江戸料理集』五

背ごしとは腸ばかりよくとり肉をよく洗て そのまま尾の方より木口切りに少し包丁をねせて作る事なり これはあじあゆ等の膾《なます》に用いる／片背ごしとは片方おろして片方の骨の付たるを右背ごしの如く作る事也

**せんぎり【繊切・千切・線切】**

材料をほそくきざむ切り方。大根の繊切りを千六本とよぶのは繊蘿蔔《せんろふ》（蘿蔔は大根のこと）から転じたもの。

出典　①『江戸料理集』五　②『料理網目調味抄』一巻　③『料理献立抄』　④『精進献立集』初編

②繊　膾又汁の具　針よりも太し

③繊　きざみもの也　糸線とも書く　針などいふより少し太きもの也

④せんぎり大中小長短《ながみじか》は器によりそのものによる

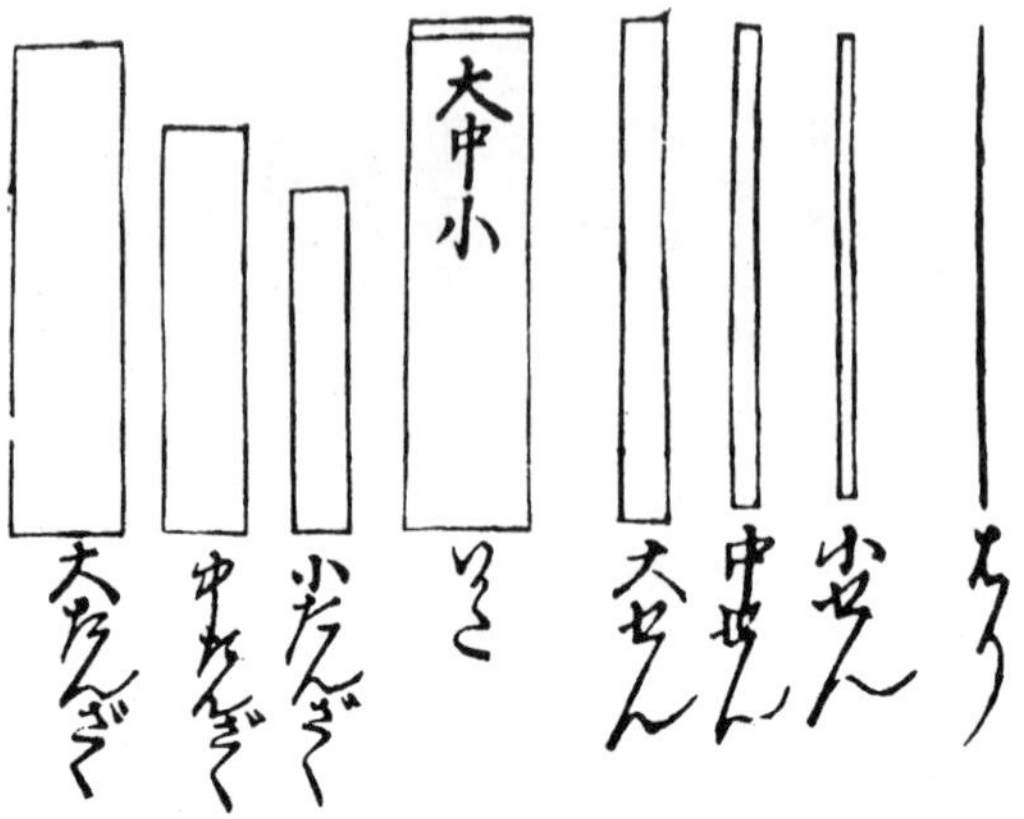


たんざくぎり　　せんぎり

『江戸料理集』より

**だいびき【台引】**

台引き物の略。膳に添えて出す酒肴や菓子で、台にのせて主人が持ち出し、台からとって客にすすめ、また客に持ち帰らせるもの。

出典　①『伝演味玄集』二ノ下　②『料理通』初編に「四季台引物」あり　③『料理調菜四季献立集』に「台引之部」があり、次の料理を列記し作り方あり「鬼殻焼・粕ていら玉子・菊水かまぼこ・寄せ玉子・ありへい・蓮根・木目《もくめ》長芋・菊昆布・牡丹百合・茶山花《さざんか》さつまいも・黒胡麻寄せ・椿長芋・岩石くるみ・寄せ小豆・牡丹海老・粕ていらくづし」

①台引　台引の魚でんは亭主馳走のためとて客人へ引きまいらするなり　依《これによりて》レ之大形に切形すべし　大形とて焼物の如くにするにはあらず　小串より少し大形可レ然也　小串の余りに大形はいやしきものなり

**たんざくぎり【短冊切】**
短冊のように長方形に薄く切る切り方。うど、大根、人参などの野菜におもに用いる切り方で、材料を長さ四、五センチ、厚さ一センチくらいに作り、小口から一、二ミリに薄く切っていくもの。

出典 ①『江戸料理集』五 ②『精進献立集』二編
①たんざく　大中小図に印《しるす》　図に印ごとくたんざくの厚きをいかだと云ふなり
②たんざくうど　うど皮をとり一寸五分ぐらいにうすうすたんざくのやうにきざみて水へおろし引きあげる

**つつぎり【筒切】**
魚の切り方の一種。頭を切り落してそこから内臓を抜きとり、水洗いしてから骨ごと輪切りにする切り方で、鯉、鯖など胴の丸い魚に用いる。鯛の場合は「平背切」という。

出典 ①『江戸料理集』五 ②『黒白精味集』下巻八
①鯉筒切とはこけ[鱗]ばかりよくとりて腸もあけずしてそのまま尾の方より包丁をたてて厚さ四五分ばかりに丸切に切る事也　但い[胆のうをさす]を切りつぶさぬやうに心得べきなり　いと云ふものはにかみにあるものなり　つぶれぬれば苦くて悪しきものなり　鯛の平背切に同
②筒切と云ふは腹をあけずつぼ抜にして一文字に切る也　何魚にてもつぼ抜は腹をあけず鰓《えら》につけてわたを抜く也

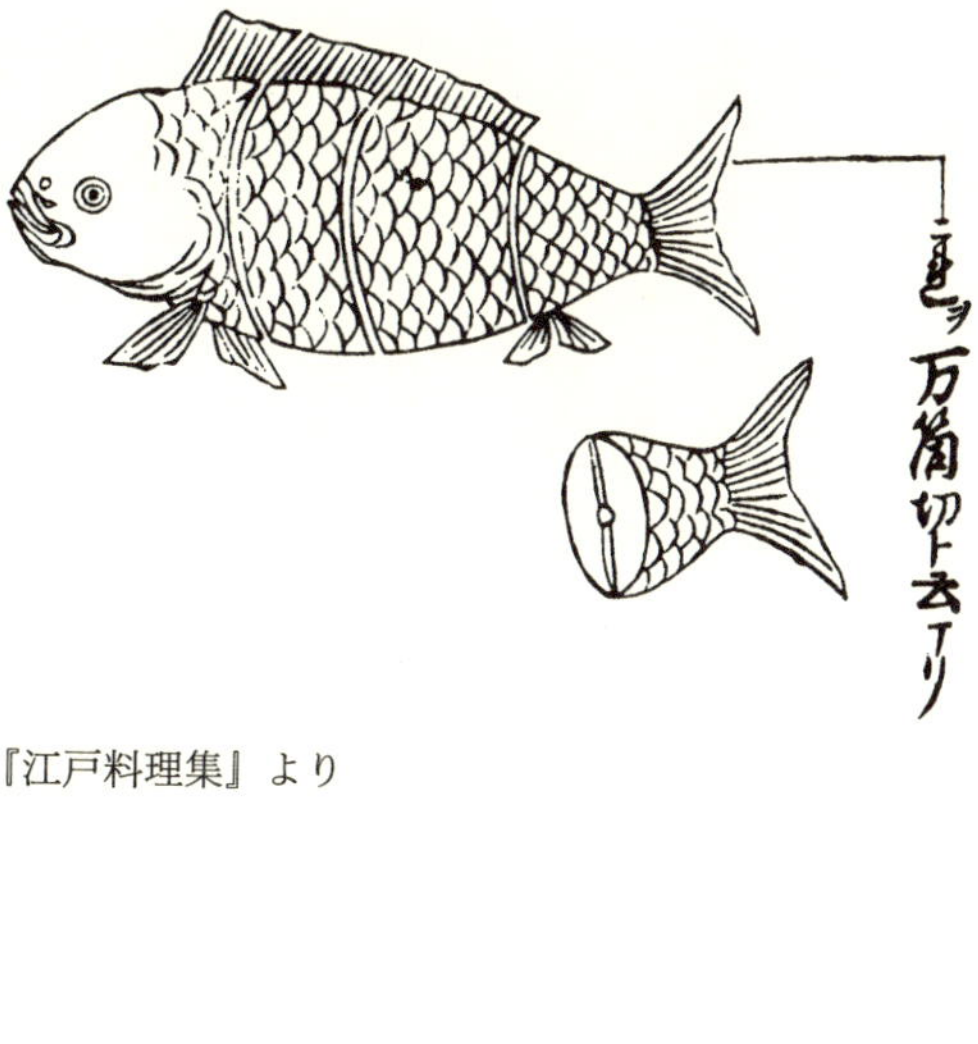

『江戸料理集』より

**つま【妻】**
添え加えるものの意味で、汁物、さしみ、なますなどの料理で、主材料に添える野菜や海藻をいう。現在はつまはおもにさしみのあしらいを指しており、江戸時代の定義とは幾分変化しているようである。語源についてはツレミ（連身）の略転で、ツはツラ（連）の語幹、マはミ（身）の転とする説がある。↓：けん

出典　①『料理塩梅集』天の巻　汁部　②『料理網目調味抄』二巻汁之部　③『黒白精味集』上巻四

①味噌汁の妻の数の事　本味鳥にても魚にても一種に妻三色四色吉　以上五色半数よし　妻余多候へばあしき也

②具と書《かく》は鳥づま也　大具《つま》あり小具あり　交《つま》に可レ用もの　大こん　ごぼう　ふき　せり　ひともじ［葱］　よめな　わらび　うど　なすび　ふり［うり］　松露《しょうろ》　松茸　しめじ　なめ［なめ茸］　椎茸　岩茸　笋《たけのこ》　さゝげ　焼麩　焼豆腐　わかめ　ちさ　ほうれん草　土筆《つくし》　一書に取合の物は昔はかうど［香頭　鴨頭］とあり　交等か

③膾《なます》妻　大根笹がきせん丹尺　うどせん丹尺　芽うど随分薄く切りて　茗荷たけせん小口切　めうがの子せん小口切　せいがい茗荷　めうがの子をもとを切へがし七八枚重ね小口切にして　せいかい波のごとく盛也　ちさのとう皮をむきしんばかりをせん丹尺　白瓜せん　木ふりせん　冬瓜せん丹尺　赤大こん　にんじんなど先《まず》は用いぬ事也

**なげづくり【投作】**

さしみの作り方の一つで、包丁を斜めにねかせて薄く作るもの。

出典　①『江戸料理集』五　②『黒白精味集』下巻八

①包丁をすぢかへて［斜めに］ねせて　平《ひら》りと薄く作る事也

②なげ作　卸身立《たて》に渡し　魚も筋違《すじかへ》て包丁もねせて　一切宛重ねずに作る也

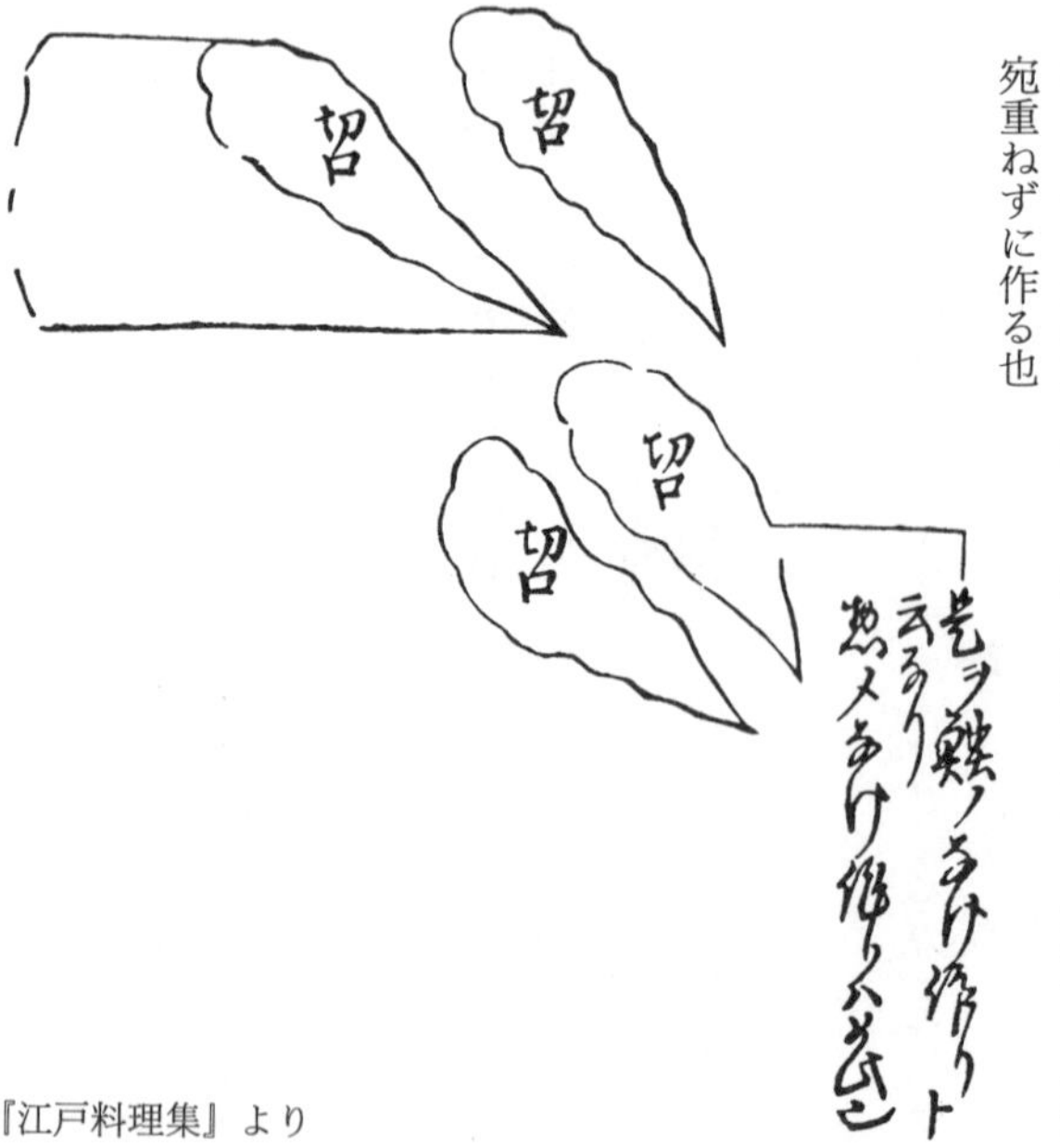

『江戸料理集』より

## はなかつお【花鰹】

鰹節の削り方の一つで、室町後期の『四条流庖丁書』にも見られる。鰹節の背節の中心部を用いて薄く幅狭く削ると花びらのように美しいのでこの名がある。上置に用いられる。

出典 ①『伝演味玄集』二ノ下 ②『料理伝』 ③『御本式料理仕向』 ④『会席料理秘囊抄』

①花かつほ　節のしんを小刀のさきにて一ひらづつに小さく花の散りたるやうに削るなり　物にからまずむらなく交るためなり

③かつを上皮不レ宜候所を削り取り赤身に相成候所を　小刀にて心静かに右の小刀を逆手《さかて》持ちけずり候へば宜出来いたすもの也

④花鰹かきやう　よきかつを　上ばをかきすて　茶碗の破《われ》のとがりたる処にて鰹を内の方《かた》へ引きかぎにかくべし　至極見事の花鰹かけるなり

## ひらかつお【平鰹】

鰹節の削り方の一つで、幅広く薄く削ったものをいう。

出典 ①『伝演味玄集』二ノ下 ②『料理伝』

①平かつほ　なりよく薄く大ひらに崩れぬやうに削る也　梅煮ふし　火取ふしなどに用う

②平かつうを　平がきなりよし　崩れざるやうに広くかくべし　又おはらきといふて平がきにして醤油を打て火取り取肴の取合によし　本名をけし木也

## ふちゃりょうり【普茶料理】

精進の卓袱《しっぽく》料理をいう。江戸初期に来日した明《みん》の僧隠元によって伝えられ、隠元が開祖となった京都宇治の黄檗山万福寺に現在も伝えられている。元来普茶料理は禅宗の茶礼（茶を喫しながらする協議）のあとの食事をいう。出典②には普茶の図があるが、長方形の食卓を四人で囲み、各自の前には茶碗、取り皿、箸、湯匙をのせた小皿があり、料理は大きな器に盛られ取りまわす。→∴しっぽくりょうり

出典 ①『和漢精進新料理抄』唐の部 ②『普茶料理抄』 ③『料理早指南』三編 ④『料理通』四編

①普茶はまず菓子と生菜《しゃうさい》〔本文によると生《なま》ではなく前菜的なもの〕とをならべ、猪口《ちょく》と箸を添て出すべし　次に茶を引くなり　茶はその猪口にうけてのみ菓子生菜を喰《くふ》てゆる

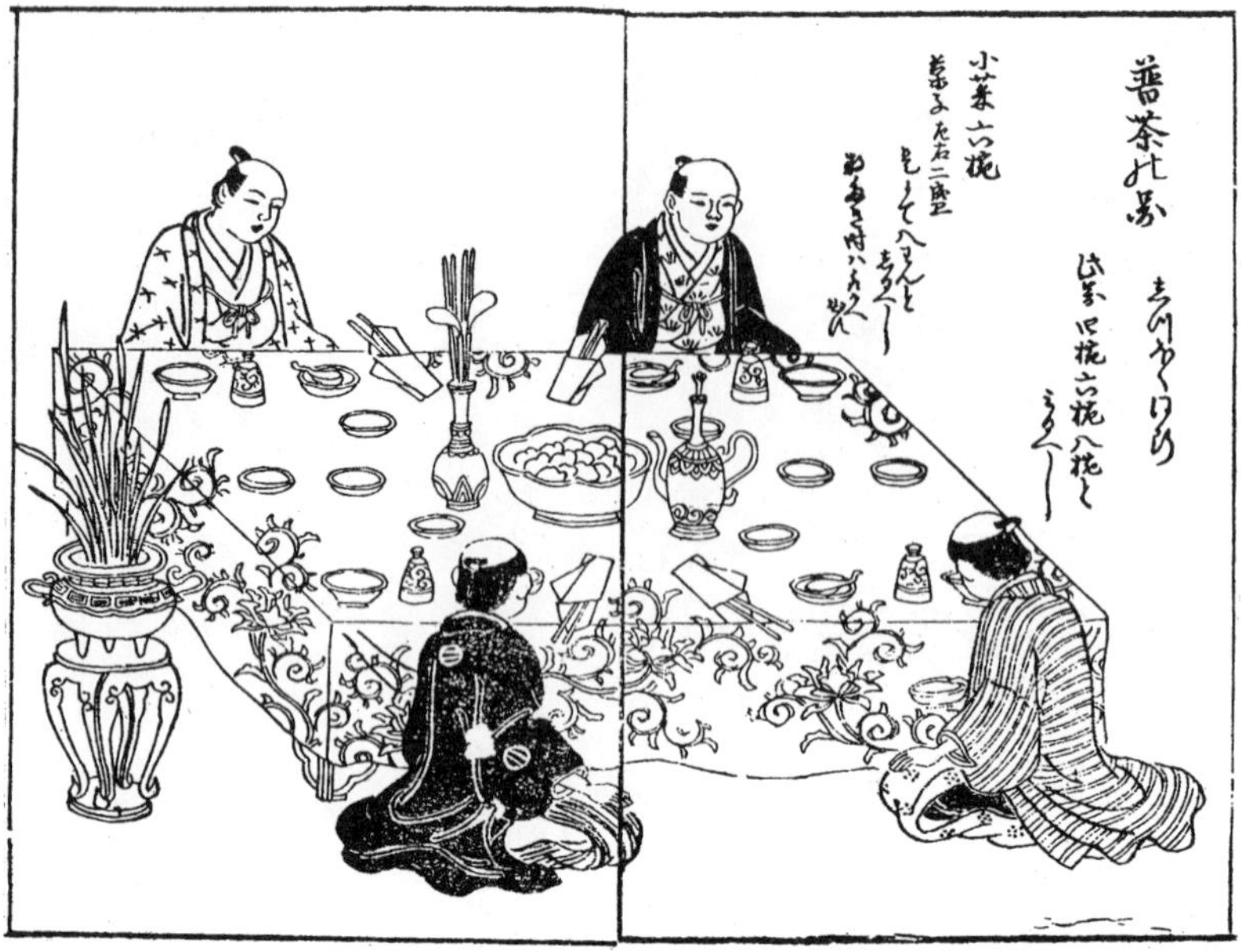

『普茶料理抄』より

ゆると茶をのむ也　茶四五遍も過《すぎ》ば煮菜《にさい》［料理］を二三種出し　その次に小食《しやうじき》［点心］の饅頭か菜包《つあいばお》［餃子《ぎょうざ》のようなもの］を二三種その馳走の多少によりて出すなり　およそ菜十五六種あらば八九種程出してから飯を出し　次にだんだんに菜を一種一種出すべし

**ぶりきり【鰤切】**
魚の切り方の一種。魚をおろして薄身をすきとり、横に切り分けてから縦に切る切り方。鰤をこのように切ったところからの名という。

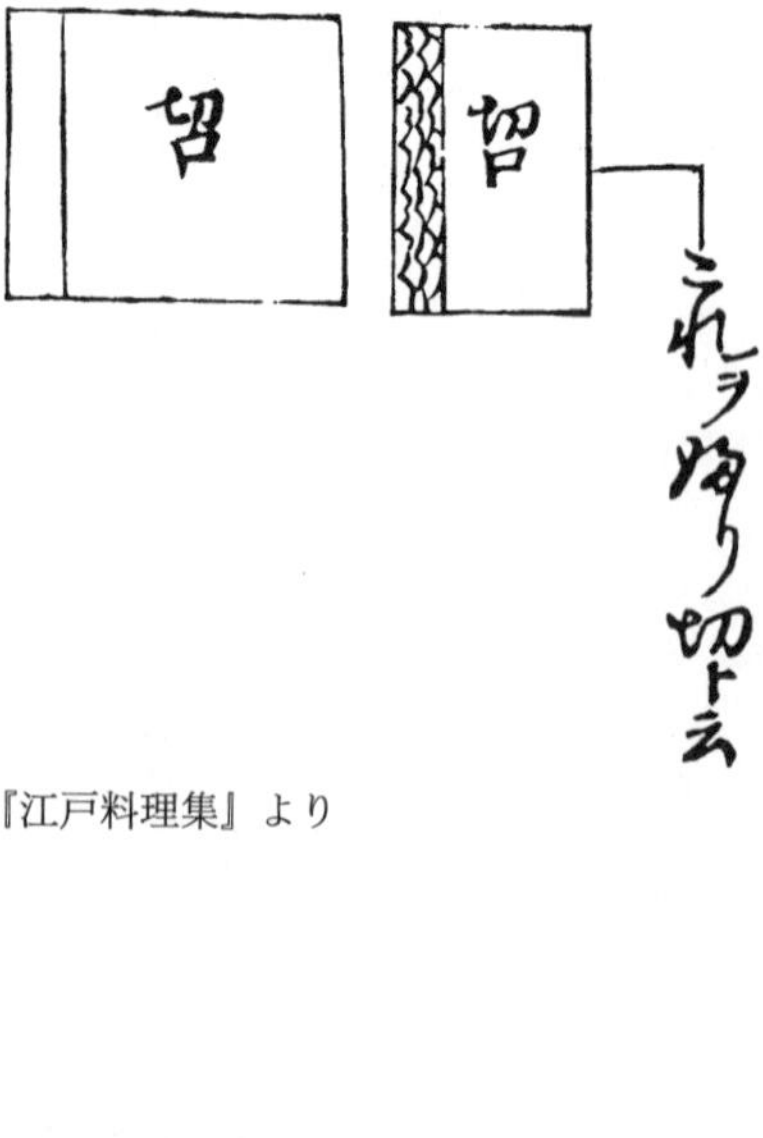

『江戸料理集』より

出典　①『江戸料理集』　②『黒白精味集』下巻八

①ぶり切とはおろして薄身をさり先《まず》横にいかほどにも切りてそれをたつ［縦］に切る事也　ぶりをかやうに切り初めたると云ふによつてぶり切と云ふ

②鰤切　横に渡し立《たて》に作り塩鰤也　もつぱら薄身をとり最上とす

**ほそづくり【細作】**

さしみの作り方の一つで、おろした身を細長く切ること。「糸作り」ともいう。

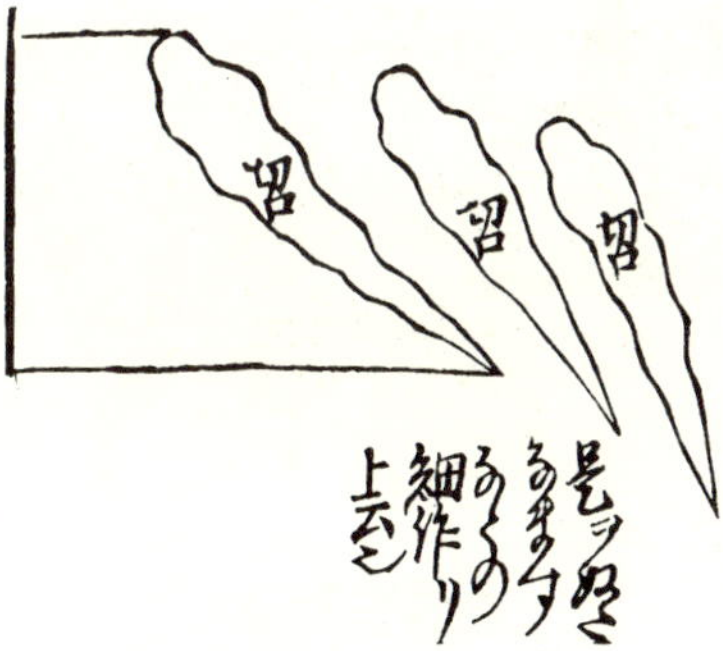

『江戸料理集』より

出典　①『江戸料理集』五　②『黒白精味集』下巻八「鯉細作り」　③『料理早指南』初編

①鯉指味《さしみ》などのほそ作りとは　三枚におろして薄身をすきてとり　尾の方より厚さ一分分中［一分の半分］にも薄くへぎて　それを長さ大方五六寸ばかりにも切りて　縦《たて》にして四角になる様に細く作る事となり

③烏賊ほそづくり　頭をよく洗ひなまにてほそく引くなり　さしみの相手　煎酒《いりざけ》にも酢味噌にても

**ほんぜりょうり【本膳料理】**

日本料理の正式な膳立て（膳の構成）をいう。室町時代に始まる大名や公家の儀式料理であったものが、江戸時代に日本料理の正式な膳立てとして形づくられた。江戸初期には富裕階級のものであったが、後期には一般にも普及し、冠婚葬祭の儀礼料理として明治時代まで続いたが、大正以後は衰微して現在に至っている。本膳料理は汁と菜の数によって一汁三菜、一汁五菜、二汁五菜、二汁七菜、三汁七菜、三汁九菜、三汁十一菜などの種類がある。菜と汁の類が多くなると膳の数も増し、三汁七菜では本膳、二の膳、三の膳、与《よ》［四］の膳（焼物膳）、五の膳（台引）がある。本膳とは二の膳、三の膳に対する最初の一の膳のことで、他の膳より大きく客の正面に置く。菜の数え方や料理の組み合わせ方には、時代により料理の流派による違いもあるようで、料理書により差異がみられるが、二汁五菜では本膳に飯、本汁（みそ仕立）、膾《なます》、壺（小煮物など）、香の物。二の膳には二の汁（すまし仕立）、平皿（煮物）、猪口（和物《あえもの》など）をのせて本膳の右側に置き、焼物（鯛の塩焼など）は本膳の向側に置いて向詰《むこうづめ》とよぶ。本膳料理献立について記載のある料理書を出典としてあげた。↓∴ほんじる［汁物］、だいびき、にのしる［汁物］

『料理早指南』より

出典 ①『料理献立集』 ②『江戸料理集』 ③『小倉山百種献立』 ④『歌仙の組糸』 ⑤『献立筌』 ⑥『献立部類集』 ⑦『料理献立抄』 ⑧『万宝料理献立集』 ⑨白蘆華『料理集』 ⑩『精進献立集』 ⑪『料理一色集』 ⑫『早見献立帳』 ⑬『料理調菜四季献立集』

**よりかつお【寄鰹】**

鰹節の削り方の一つで、縒《よ》ったように中空筒状になるように薄く削ったもの。

出典 ①『伝演味玄集』二ノ下 ②『料理伝』 ③『御本式料理仕向』

①より鰹　五本かけ七本かけとて　つらねて削りたるよし　一筋づつによりすつるはよろしからず

②よりかつを　よろしき鰹節のしんにて四五本宛　木の枝のように鰹かきたる事なども　それはよろしからず　ただ一筋ずつ長くよれつゞきたるがよし

③よりかつうを　花かつをより大ぶりに出来致すもの也

# 付録

旧国名地図（『角川日本史辞典』第２版より）

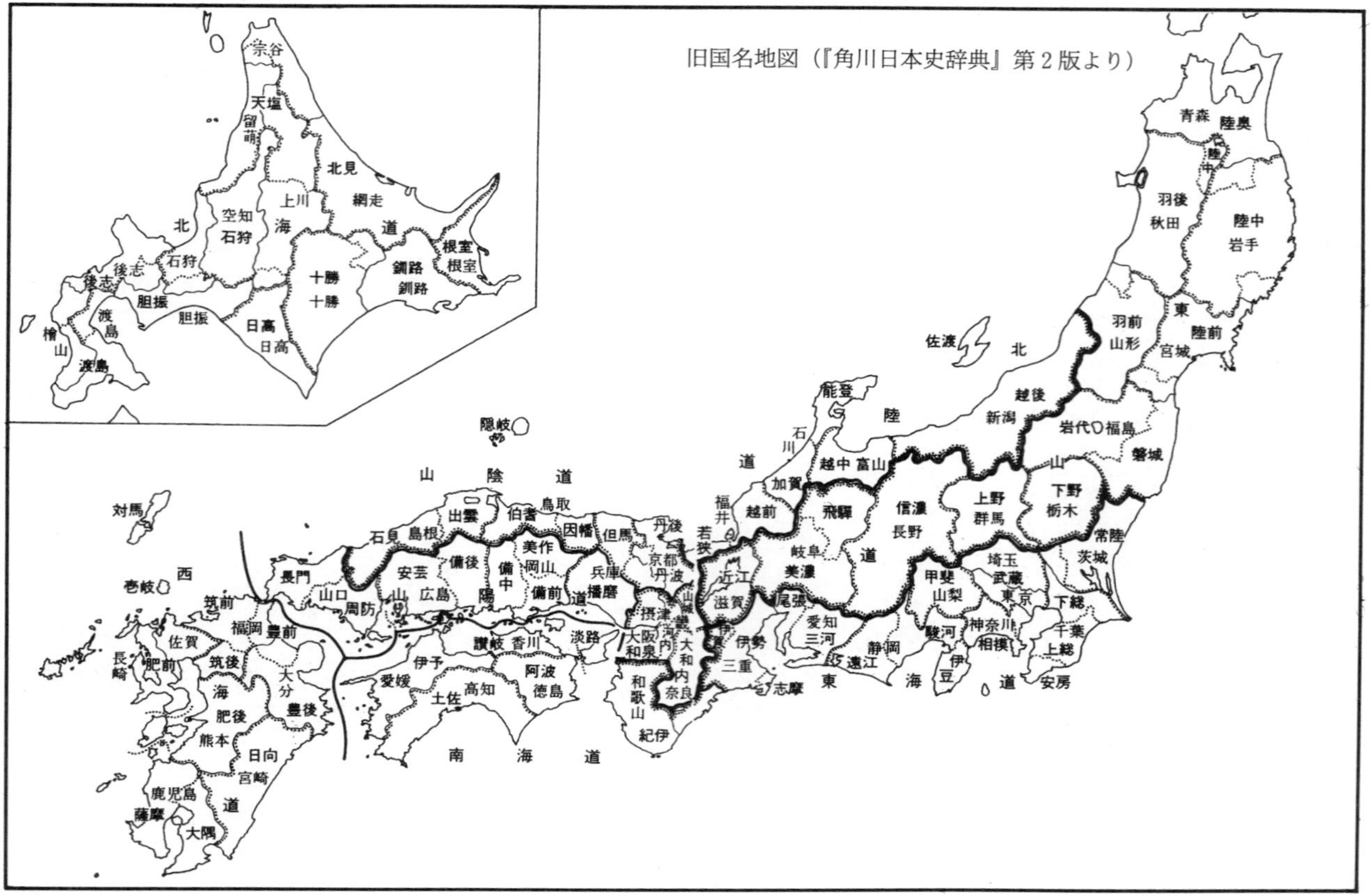

# 江戸時代の諸国名物（魚介類とその加工品）

| 国名 | 毛吹草（一六三八） | 諸国名物往来（一七二七） | 名産諸色往来（一七六〇） | 諸国名物往来（一八二四） |
| --- | --- | --- | --- | --- |
| 松前 | 干鮭《カラサケ》、鯡《ニシン》、鰊《カド》、数の子、炙《ヤキ》鯨 | | ゑぞの干鮭《カラサケ》 | 干鮭 |
| 陸奥 | 鰊《カド》、石花《ヤキ》、金《キン》海鼠《コ》、子籠塩引<br>大鮒 | うに、かずのこ<br>塩引鮭 | 仙台子籠<br>同はららご（鮭卵）<br>南部鮭<br>岩城浮亀《ウキキ》（まんぼう）<br>かどのこ（かずのこ） | 鱒<br>仙台きんこ<br>岩城浮亀 |
| 出羽 | はた〳〵鮨、田部《タナブ》いりこ、串あわび | 串蚫《クシコ》、煎海鼠《イリコ》<br>はたはた鮓 | | |
| 安房 | 浪子〔しゞみ貝と似〕、目黒鰹 | 目黒鰹、浪子 | 鯖の背腸 | |
| 上総 | をだき蚫、鯛、東金蛤 | 大瀧鯛、蚫、東金蛤 | | |
| 下総 | | | | 銚子かれい |
| 常陸 | 此鮫《コロサメ》、蓑和田鯉、水戸浮亀 | 蓑和田鯉、あんかう | | |

| 国名 | 毛吹草（一六三八） | 諸国名物往来（一七二七） | 名産諸色往来（一七六〇） | 諸国名物往来（一八二四） |
|---|---|---|---|---|
| 下野 | | | | |
| 上野 | 利根川の鯉 | 利根川鮎、うなぎ | | |
| 武蔵 | 芝ざこ、川口しゞみ、蛤、長にし、常伏《トコフシ》、かき、あんかう、筋かつお、鯛、白魚、金川なまこ | 芝肴、深川かき、蛤、白魚、浅草鯉、蜆 | | 芝ざこ、品川あさり、本目このわた、しじみ、深川かき、佃島鮊《シラウオ》、鰺、こち、せいご、鱸、鯛、いなだ、石首魚《イシモチ》、きす、さより、車海老、うぐひ、まて、蛤、いか、にし、さゞえ |
| 相模 | 海老、江嶋のいるか、小田原海雀〔魚也〕 | 鎌倉柴胡海老<br>鰹扣 | 小田原鰹扣 | 三浦なまこ<br>鎌倉えび、江島蚫<br>鰹扣 |
| 伊豆 | 打蚫 | 打蚫 | | 鼻曲鮎 |
| 駿河 | 澳津《オキツ》鯛、同白砂《シラス》干、神原《カンバラ》鮎鮫《アイサメ》 | 澳津鯛、蒲原鮫<br>清水鯛、白洲干 | | 赤腹魚《アカハラ》 |

| | | | | |
|---|---|---|---|---|
| 遠江 | けが鮒、荒井うなぎ | 葛布鮒《クズネノフナ》 | | |
| 三河 | あさり、奇居虫《ゴウナ》、このわた、苅谷白魚《シロウオ》、いらごの碁石貝 | 苅谷白魚《シラウオ》、串あさり<br>このわた | 参河《ミカハ》奇居魚《ゴウナ》 | |
| 尾張 | 那古屋藻魚 | | | |
| 美濃 | 岐阜鮎《アユ》、墨俣《スノマタ》鯉 | 岐阜鮎、水俣鯉 | 岐阜あゆすし | |
| 飛驒 | | 古川《コカハ》鮎 | | |
| 信濃 | 諏訪湖にうなぎ、鮒 | 湖鯉、同うなぎ | | |
| 甲斐 | | | | |
| 越後 | 糸魚川《イトイガハ》の糸魚、直江川の八目うなぎ | 塩引鮭、塩鯛<br>流鰯、八目うなぎ | 越後塩引 | 塩鱒、鮭塩引 |
| 佐渡 | 小するめ | | | |
| 越中 | 松波鮓、鰤、クマビキ（しいら） | ぶりすし | | |
| 能登 | 鯖、同背腸、いか黒漬、クマビキ、内海《ウチノウミ》のしいら | 刺鯖、同背腸<br>くまびき | | 能登鯖 |
| 加賀 | 浅野川のゴリ | | | |

| 国名 | 毛吹草（一六三八） | 諸国名物往来（一七二七） | 名産諸色往来（一七六〇） | 諸国名物往来（一八二四） |
| --- | --- | --- | --- | --- |
| 越前 | 疋田鮨、三久邇《ミクニ》の鱒、鮭、鱈、あら、蒸かれい、ほや、大たこ | 鱈、疋田鮎、大蛸、鯇《アラ》、蒸かれい | | 越前うに |
| 若狭 | 洲崎めざし、尾崎鮭、鼻折小鯛、がざめ、蒸かれい、耳塩貝、高浜の尺八いか、味方堀あまさぎ、鮒、うなぎ、大嶋ツカヤ（フナに似）、小松原つの字〔サメ〕 | 鼻折鯛、尺八いか | | |
| 近江 | 湖水鮭《ミズウミニアメ》、ます、なまず、うぐい、鰣《ハス》、わたか〔コイ科の魚〕、こい、にごい、山田丸鮒、源五郎ぶな、この浜海老、堅田小糸鮒、紅葉鮒、同骨抜鮓、しじみ貝、うなぎ、田上の氷魚《ヒオ》〔あゆ〕、和邇崎《ワニガサキ》の魦《イサザ》、越川もろこ | 鮒、瀬田うなぎ | 近江鮒鮓 | 源五郎鮒<br>瀬田うなぎ |
| 山城 | 飯鮨、伏見ざこ、淀川のさごし、名吉、宇治川小白魚《キスゴ》、〓《ヒオ》、すゞき、鯉、うなぎ鮓、車坂鮎、賀茂川鮠《ヘヘ》、〓《イシブシ》、ヲイカハ | | | 淀鯉 |
| 丹後 | 切門《キレト》文珠貝（ミルクイ）、伊祢浦鰤《イネウラブリ》、鰯、ほや、なまこ、目ざし | いわし、ぶり | 丹後鰤 | 丹後ぶり |
| 丹波 | 鮎、山椒魚 | | | |

| | | | | |
|---|---|---|---|---|
| 但馬 | | | | |
| 播磨 | ほや、かき、高砂の飯蛸、二見くも蛸、明石赤めばる、碁石貝 | | | |
| 淡路 | 武嶋女郎《ムシマジョロウ》、辛螺、さゞい、トベタ | 武嶋女郎（魚） | | |
| 摂津 | 雀鮨、嶋村かに、馬刀《マテ》、酢はまぐり、しゞみ、鮊《シロウオ》、蛤、尼崎餅貝、爪白かに、水えそ、水鱧、ごんぎり、すぼし小鰯、同鯷《ヒシコ》漬、赤貝 | 干鱧《ゴンキリ》、川口しゞみ、鮊《シラウオ》 | 堺の鯷漬 | 岸和田うに |
| 和泉 | ばい、鳥貝、前魚《マエノウオ》、岡田の干かれい | | | 飯蛸、白干鱧、粕漬魴《マナカツオ》 |
| 河内 | | | | |
| 大和 | 国栖魚《クズウオ》、鮎白干 | つるべ鮓、鮎 | | つるべ鮓、うるか |
| 紀伊 | 紀伊川《キノカハ》の鯉、藤代馬刀《マテ》、烏帽子貝〔タイラギ〕、蕪骨、玉津嶋かき、松江浦蛤、あさり、さゝら貝、ばい、酢貝、鯛、まな鰹、筋鰹、大鱧、大えそ、子安貝、鯨油 | 鯨、同油、鰹節、蕪骨 | 熊野鰹節 | 熊野鯨、蕪骨 |
| 伊勢 | 海老、馬刀、あさり、帆立貝、かき、あわび、ふくだめ貝、熨斗《のし》、鯨、鮊《シロウヲ》、桑名蛤 | 海老、のし蚫、蛤 | | 桑名蛤、鯷漬、のし蚫 |
| 伊賀 | | | | |

| 国名 | 毛吹草（一六三八） | 諸国名物往来（一七二七） | 名産諸色往来（一七六〇） | 諸国名物往来（一八二四） |
|---|---|---|---|---|
| 志摩 | 真珠貝、井貝《イノカイ》、鳥羽の鯔《ナヨシ》 | 鯔《ナヨシ》、塩鯨、同臼《ウス》 | | 鳥羽ぼら |
| 阿波 | | 蛤 | | |
| 土佐 | 節鰹、しくち、同塩引、同からすみ、猿貝、流貝 | 鰹節、からすみ | 四国のまな鰹 | 鰹節 |
| 伊予 | 宇和嶋の鰯、嶋曲蚫《ミサキアハビ》、むろ鯵 | 宇和鰯 | | 宇和鰯 |
| 讃岐 | 石蛤、忘貝、魚嶋鯛、鰆《サハラ》、小豆島いりこ、引田のこのわた、八嶋平家かに | 鮭子、煎海鼠<br>石蛤、このわた | | 讃岐からすみ |
| 備前 | くらげ、あみ、白魚、そこにべ、まなかつを、ばい貝、川口うなぎ、鯉、牛窓いか、下津井蛸 | くらげ、あみ塩辛、蛸、いか、白魚《シラウオ》 | 備前くらげ<br>備前このわた | くらげ、あみ塩辛 |
| 美作 | | | | |
| 備中 | | | | |
| 備後 | 田嶋鯛 | | | |
| 安芸 | 野路浮鯛 | 塩辛 | | |
| 周防 | 鮎 | | | |
| 長門 | 下関ぶくと〔ふぐ〕、蛸、横首鰲《カセフカ》、植生《ハブ》いか、火打蚫《アワビ》、三嶋貝、吉見川捜鮎 | いか | | |

| | | | | |
|---|---|---|---|---|
| 石見 | | | | |
| 出雲 | 友嶋鰤、白潟せいご、松江鱸、鯉、鮒、タチ貝 | | | |
| 隠岐 | するめ、串蚫 | 蚫、するめ、串蚫、海馬 | | |
| 伯耆 | | 熨斗《のし》蚫 | | |
| 因幡 | あゆの白干、つの字〔サメの一種〕 | 鮎白干 | | |
| 筑前 | 玉嶋川鮎、金崎蚫、鮪 | | | |
| 筑後 | 三條鯉、海茸《ウミタケ》〔貝〕 | 海茸 | | |
| 豊前 | 内裏馬刀 | | | |
| 豊後 | 榎葉《エノハ》魚〔アメに似、川魚〕、魴《アブラコ》〔川魚〕、いだ〔スズキに似〕 | | | |
| 日向 | | | | |
| 大隈 | | | | |
| 薩摩 | 杓子貝 | うに塩辛 | 薩摩いりこ | |
| 肥後 | 長洲の腹《ハラカ》赤鯛、えず鮒、潮煮貝、あいぎやう〔鮎の子籠の塩引〕、切うるか | 腹《ハラカ》赤鯛 あいぎやう | | |

| 国名 | 毛吹草（一六三八） | 諸国名物往来（一七二七） | 名産諸色往来（一七六〇） | 諸国名物往来（一八二四） |
|---|---|---|---|---|
| 肥前 | 五嶋するめ、うに、あご、とび魚、節鰹、鯨油、平戸串蚫、赤鼻魚、野茂小鯛、めくはじや〔貝〕、あげまき〔貝〕 | 塩鯨、するめ、うに | 松浦鰯、五嶋鯣《スルメ》、くしこ、串蚫、干鯛、干かます、干鰯、ごまめ、からすみ、畳鰯、目ざし、串あさり、にしん | 五嶋鯣 |
| 壱岐 | うに、鰤 | | うに塩から、ぶり | |
| 対馬 | 鰤、熨斗 | | 熨斗蚫 | |

## 江戸時代の諸国名物（農産物）

| 国名 | 毛吹草（一六三八） | 諸国名物往来（一七二七） | 諸国名物往来（一八二四） |
|---|---|---|---|
| 松前 | 干獨活 | | |
| 陸奥 | 糒《ホシイヒ》、大蕪 | 南部薯蕷<br>仙台糒 | |
| 出羽 | 干蕨《ホシワラビ》、庄内米 | | |
| 安房 | | | |
| 上総 | | | |
| 下総 | 三度栗《ミタビクリ》 | 行徳塩 | |
| 常陸 | | | 常陸小豆、麦、粟 |
| 下野 | | 岩茸《イワタケ》 | 黍、稗、荏胡麻《エゴマ》 |
| 上野 | | 沼田串柿、漬蕨《ツケワラビ》 | 上州大豆 |
| 武蔵 | 江戸 葵瓜《アフイウリ》、根深《ネブカ》 | 葵瓜《アフイウリ》、岩付牛旁《イワツキゴボウ》、葛西菜《カサイナ》、<br>稲利間《ネリマ》大根 | 岩附牛蒡、鳴子瓜、山手西瓜、<br>練馬大根、鍋山蒟蒻《コンニヤク》、胡瓜、<br>越瓜、茄子《ナス》、大角豆《ササゲ》 |
| 相模 | 鼠大根、星下梅《ホシクダリウメ》、秦野野《ハタノノ》大根 | 梅漬《ムメツケ》、星下梅《ホシクダリウメ》、鼠《ネズミ》大根<br>横須賀〆治《シメジ》 | 横須賀〆治《シメジ》、小梅漬《コムメツケ》 |

| 国名 | 毛吹草（一六三八） | 諸国名物往来（一七二七） | 諸国名物往来（一八二四） |
| --- | --- | --- | --- |
| 伊豆 | 良姜《リヤウキヤウ》、椎茸《シイタケ》 | 椎茸《タケ》、良姜《レウキヤウ》 | |
| 駿河 | 久野《クノ》蜜柑、三穂松露《ミホノセウロ》 | 三保松露《セウロ》、府中真瓜《マクワ》、久野蜜《クノノミツ》柑《カン》、初茄子、大井川茱萸《グミ》 | 阿部煎茶《アベセンチヤ》、三穂松露《シヤウロ》 |
| 遠江 | 干姜《カンキヤウ》、浜松蜜柑《ミカン》、浜松納豆 | 白輪柑子《シラワカウジ》、干姜《カンキヤウ》、蕨粉《ワラビノコ》 | 浜名納豆 |
| 三河 | 干姜《カンキヤウ》、岩堀菱《ヒシ》 | 宮重大根 | 宮重大根、芋川温飩 |
| 尾張 | 大根、干大根 | | 尾張米 |
| 美濃 | 赤豆《アヅキ》、真桑瓜、宮代《ミヤシロ》根深、八屋釣柿《ヤチヤノツリカキ》、木練 | 真瓜《マクワ》、枝柿《エダカキ》、釣柿 | |
| 飛驒 | 搗栗《カチクリ》 | 搗栗《カチクリ》 | |
| 信濃 | 小人参、小梅、串柿、干蕨《ホシワラビ》 | 漬蕨《ツケワラビ》、小人参、小梅《コムメ》 | 拘脊《ゼンマイ》、松本蕨《マツモトワラビ》 |
| 甲斐 | 小梅、姫胡桃 | 蠟柿、小梅干、梨子《ナシ》、葡萄《ブドウ》、楊梅《ヤマモモ》、胡桃《クルミ》、林檎《リンゴ》 | 苺《イチゴ》、楊桃《ヤマモモ》、枇杷、林檎《リンゴ》、梨子《ナシ》、木淡柿《キザハシカキ》 |
| 越後 | | | |
| 佐渡 | | | |
| 越中 | | | |
| 能登 | | | |

| | | | |
|---|---|---|---|
| 加賀 | | | |
| 越前 | | | |
| 若狭 | | | |
| 近江 | 蜩《ヒグラシ》大豆、納《オサメ》小豆、膳所米《ゼゼコメ》、志賀山中《ヤマナカ》大根、山葵《ワサビ》、獨活《ウド》、兵主菜《ヒユウズナ》 | | |
| 山城 | 干瓜、筆柿《フデカキ》、半女桃《ハンジヨモモ》、八條浅瓜《アサウリ》、九條直桑《マクワ》、青瓜、芋、扣菽《ウチマメ》、水菜、大宮通葡萄、牛旁、宮司《ミヤジ》梅干、龍安寺山松茸、内野蕪菜《ウチノカブラナ》、蓮台野大根、嵯峨葡萄、木練《コネリ》柿、水尾柚、栂尾《トガノオ》茶、吉田大根、梅漬、渋柿、楊桃《ヤマモモ》、甘干柿、唐菘《タウカラシ》、深草糸瓜《ヘチマ》、竹田蕗、鳥羽瓜、茶、円柿、狛越瓜《コマシロウリ》、茄子、薯蕷《ヤマノイモ》、ヌカゴ、蜜柑、柑子《コウジ》、金柑、柚柑《ユカウ》、代々《ダイダイ》、久年母《クネンボ》、干姜《カンキヨウ》、生姜《シヨウキヨウ》、紫蘇《シソ》、薄荷、山城米《ヤマシロコメ》 | 松茸、九條水菜《ミズナ》、栂尾《トガノオ》茶 | 東寺水菜《トウジミズナ》、嵯峨松茸<br>鞍馬木芽漬、宇治茶 |
| 丹後 | 胡麻《ゴマ》 | | |
| 丹波 | 似《ニタリ》人参、松茸、又旅《マタタビ》、獨活《ウド》、大納言小豆、林檎《リンゴ》、梨、亀山花落米《ハナオチコメ》、筆柿《フデガキ》、煎茶、胡桃《クルミ》、父打栗《テテウチクリ》、山椒、同皮 | 朝倉山椒《サンシヨウ》<br>手々《テテ》打栗《クリ》、筆柿《フデカキ》 | 丹波栗《タンバクリ》<br>朝倉山椒 |
| 但馬 | 小《コ》人参、干蕨《ホシワラビ》、山椒 | 山椒 | |

| 国名 | 毛吹草（一六三八） | 諸国名物往来（一七二七） | 諸国名物往来（一八二四） |
|---|---|---|---|
| 播磨 | 龍野《タチノ》米、津田穂蓼《ホタテ》 | 赤穂鹽《アカホシホ》、穂蓼《ホダテ》 | 赤穂塩 |
| 淡路 | 苦竹《ニガタケ》 | | |
| 摂津 | 蕪《カブラ》、木津瓜、難波干瓢《ナンバガンヘウ》、松露《セウロ》 | 天王寺蕪 | 天王寺蕪、木津干瓢《キズカンピョウ》、貝塚《カイヅカ》麥粉《ムギノコ》 |
| 和泉 | 防風《バウフ》、松瓜、花落米《ハナオチコメ》 | | |
| 河内 | 菱《ヒシ》、白黒烏芋《ハクコククハイ》、蓮根、大菽《オホコメ》、干瓢《カンヘウ》、小角豆《ササゲ》、楊桃《ヤマモモ》、錦　郡柿《ニシキゴホリガキ》、柘榴《ザクロ》、石戸《イシド》米 | 道明寺糒《ドウミヨウジホシイイ》、鷹鈴干瓢《タカノスズカンヘウ》 | 道明寺糒、守口漬香物 |
| 大和 | 木練柿《コネリガキ》、興福寺《コウフクジ》銀杏《ギンナン》、空豆《ソラマメ》、御所柿《ゴショガキ》、松茸、岩茸、煎茶《センジチャ》、山辺米《ヤマノベゴメ》、梵天瓜《ボンテンウリ》 | 五所柿《ゴショガキ》 | 大和柿 |
| 紀伊 | 楊桃《ヤマモモ》、密柑、大野穂蓼《ホダテ》、日高松茸、高野岩茸、干蕨、蒜《ニンニク》 | 密柑《ミツカン》、岩茸 | |
| 伊勢 | 防風、梨、串柿、椎茸、煎茶《センジチャ》、宇治興米《オコシゴメ》、庄野《シヤウノ》俵米《タハラゴメ》 | 煎茶、串柿 | |
| 伊賀 | 松茸 | 松茸 | |
| 志摩 | | | |
| 阿波 | | | |

| | | | |
|---|---|---|---|
| 土佐 | | | |
| 伊予 | 胡麻、豆腐菽《マメ》、一本瀬米《セゴメ》 | | |
| 讃岐 | 志渡浦濱松《シトノウラノハママツ》 | | |
| 備前 | 石戸《イシド》米 | | |
| 美作 | | | |
| 備中 | 蒸栗《ムシクリ》 | | |
| 備後 | | | |
| 安芸 | 新城山葵《シンジョウワサビ》、西條柿 | 西條柿 | 西條柿 |
| 周防 | 菎蒻玉《コンニヤクダマ》、蒟蒻《コンニヤク》、湯田《ユタノ》二月笋《タケノコ》 | 由多二月笋《タケノコ》 | |
| 長門 | 蜜柑 | | |
| 石見 | 防風 | | |
| 出雲 | | | |
| 隠岐 | | | |
| 伯耆 | 黒皮茸《クロカハタケ》 | | |
| 印幡 | 細川梅《ムメ》 | | |

| 国名 | 毛吹草（一六三八） | 諸国名物往来（一七二七） | 諸国名物往来（一八二四） |
|---|---|---|---|
| 筑前 | 松露 | | |
| 筑後 | 菘《カラシ》、芳米《カバシコ》 | | |
| 豊前 | 芳米 | | |
| 豊後 | 麦、赤豆、豆腐菽《マメ》、佐伯梅《サイキムメ》 | | |
| 日向 | 赤大米《タイタウ》、苦竹 | | 日向椎茸 |
| 大隅 | | | |
| 薩摩 | 髭《ヒゲ》人参、椎茸、大名《タイミヤウ》竹子、赤芋、水瓜、鳳蓮草《ホウレンソウ》 | 人参 | |
| 肥後 | 胡麻、砥持《トモチ》茶、久保田野大根 | 八代蜜柑 | 八代蜜柑 |
| 肥前 | 蜜漬生姜《ショウガ》、佛手柑《ブシュカン》、マルメロ、蜜柑、久我《クガ》梨、葡萄、蓮芋、水瓜、鳳蓮草《ホウレンソウ》、白大米《タイトウ》 | | |
| 壱岐 | | | |
| 対馬 | 椎茸 | 椎茸 | |

# 料理書の成立とその時代

| 西暦 | 和暦 | 将軍 | 料理書成立 | 食生活と社会 |
|---|---|---|---|---|
| 一六〇三 | 慶長 八 | 家康 | 日葡辞書 | 家康江戸に幕府を開く |
| 〇五 | 一〇 | 秀忠 | | 南蛮より煙草・とうがらし・南瓜渡来 |
| 一〇 | 一五 | | | 奄美大島にさとうきびの栽培法伝わる |
| 一五 | 元和 元 | | | 大坂夏の陣で豊臣氏ほろびる |
| 二三 | 九 | 家光 | | 家光将軍となる |
| 二五 | 寛永 二 | | | 薩摩の漁夫琉球から甘藷を持ち帰り栽培を始める |
| 二七 | 四 | | | 西瓜の種、薩摩に渡来 |
| 三〇 | 七 | | 和歌食物本草 | |
| 三三 | 一〇 | | | 海外渡航と帰国を禁止し鎖国 |
| 三七 | 一四 | | | 島原の乱が起こり米価高騰 |
| 四二 | 一九 | | 料理切形秘伝抄 | 冷害凶作のため飢饉（寛永の飢饉） |
| 四三 | 二〇 | | 料理物語 | |
| 四五 | 正保 二 | | | 三河の八丁味噌創製。赤穂で塩田開発始まる |
| 四九 | 慶安 二 | | | 慶安御触書が出る。名古屋で初めて米酢がつくられる |
| 五一 | 四 | 家綱 | 万聞書秘伝 | 由井正雪の乱 |
| 五二 | 承応 元 | | 包丁書録 | |
| 五七 | 明暦 三 | | | 江戸に大火（明暦の大火） |
| 五八 | 万治 元 | | | このころ寒天がつくられる |
| 五九 | 二 | | | 隠元が黄檗山万福寺創建し普茶料理始まる |
| 六一 | 寛文 元 | | | 江戸で夜間の煮売り営業禁止 |
| 六二 | 二 | | | 江戸で一杯盛り切りのけんどんそば始まる |

| | | | | |
|---|---|---|---|---|
| 一六六八 | 寛文八 | | 料理塩梅集（天の巻） | |
| 七一 | 一一 | | 料理献立集 | |
| 七四 | 延宝二 | | 江戸料理集 | 諸国に飢饉起きる。土佐で鰹節の燻乾始まる |
| 八〇 | 八 | 綱吉 | | 大飢饉で米価高騰 |
| 八三 | 天和三 | | 料理塩梅集（地の巻）（推定） | このころに江戸浅草に奈良茶飯の店ができる |
| 八六 | 貞享三 | | | 野菜の初物売り出し時期を規制する御触書が出る |
| 八七 | 四 | | 食用簡便 | 幕府生類憐みの令を出す。このころ江戸に鮨屋が開業 |
| 八九 | 元禄二 | | 合類日用料理抄 | このころ彦根藩で牛肉の味噌漬が考案される |
| 九三 | 六 | | 八百屋集 | このころから日本橋魚河岸、神田青物市場盛況 |
| 九六 | 九 | | 茶湯献立指南 | 諸国飢饉で餓死者多数、米価高騰 |
| 九七 | 一〇 | | 四季会席料理集<br>本朝食鑑<br>和漢精進新料理抄 | |
| 九八 | 一一 | | | |
| 一七〇一 | 一四 | | 小倉山飲食集 | |
| 〇二 | 一五 | | 羹学要道記 | 米不足のため幕府酒造量を制限。奥羽凶作餓死者出る |
| 〇四 | 宝永元 | | | このころ甘藷が薩摩から長崎に伝わる |
| 〇九 | 六 | 家宣 | | 綱吉死去、生類憐みの令解かれる |
| 一一 | 正徳元 | | 料理私考集 | |
| 一二 | 二 | | 和漢三才図会 | |
| 一三 | 三 | 家継 | | |
| 一四 | 四 | | 当流節用料理大全 | |
| 一六 | 享保元 | 吉宗 | | 江戸向島で桜餅を売り出す |
| 一七 | 二 | | | |

| | | | | |
|---|---|---|---|---|
| 一七一八 | 享保　三 | | 古今名物御前菓子秘伝抄 | 江戸両国にももんじ屋（獣肉料理店）開業 |
| 二六 | 一一 | | ちから草（推定） | このころ京都に卓袱料理屋開業 |
| 二七 | 一二 | | | 吉宗、房州嶺岡で牛三頭を放牧させ白牛酪をつくらせる |
| 二九 | 一四 | | 料理無言抄 | |
| 三〇 | 一五 | | 料理網目調味抄 | |
| | | | 南蛮料理書（推定一六六八〜一七三〇頃） | |
| 三二 | 一七 | | | 西日本で凶作大飢饉 |
| 三三 | 一八 | | 料理集（橘川房常） | 米価高騰、江戸で米問屋が市民に打ちこわされる |
| 三七 | 元文　二 | | 献立懐日記 | 青木昆陽江戸で甘藷の試植に成功 |
| 四一 | 寛保　元 | | | 和歌山で甘蔗を植え砂糖を製す |
| 四五 | 延享　二 | 家重 | 伝演味玄集 | |
| 四六 | 三 | | 黒白精味集 | |
| 四八 | 寛延　元 | | 歌仙の組糸 | |
| 四九 | 二 | | ちから草 | |
| 五〇 | 三 | | 料理山海郷 | |
| | | | 料理伝（推定） | |
| 五五 | 宝暦　五 | | 厨人必用 | 奥羽地方冷害飢饉 |
| 五八 | 八 | | | 土佐与市が鰹節製法を改良し現在の製法を考案 |
| 五九 | 九 | | | 甘藷の栽培盛んになる |
| 六〇 | 一〇 | 家治 | 献立筌 | このころ江戸に居酒屋ができる |
| 六一 | 一一 | | 八僊卓燕式記 | |
| | | | 古今名物御前菓子図式 | |
| 六四 | 明和　元 | | 料理珍味集 | 幕府、煎海鼠、干鮑の輸出を奨励する |
| 六七 | 四 | | 料理之栞（推定） | |

| | | | | |
|---|---|---|---|---|
| 一七六九 | 明和 六 | | 小笠原磯海流料理百ヶ条仕懸物伝書 | |
| 七一 | 八 | | 新撰会席しっぽく趣向帳 | 江戸に会席料理店升屋開業・前年につづきひでりで諸国凶作 |
| 七二 | 安永 元 | | 普茶料理抄 | 風水害のため諸国凶作 |
| 七三 | 二 | | 料理伊呂波庖丁 | |
| 七五 | 四 | | 調菜録 | |
| 七六 | 五 | | 献立部類集 | |
| 八〇 | 九 | | 料理献立抄（推定） | |
| 八二 | 天明 二 | | 豆腐百珍 | このころ江戸にうなぎ蒲焼屋できる |
| 八三 | 三 | | 豆腐百珍続編 | 天明の大飢饉（天明三～七）、浅間山噴火 |
| 八四 | 四 | | 豆腐百珍余録 | 奥羽大飢饉、餓死者数十万という |
| | | | 卓子式 | 飢饉のため米価高騰 |
| | | | 会席料理帳 | |
| 八五 | 五 | | 大根一式料理秘密箱 | このころ江戸市中で屋台店（すし、蒲焼、そば、天ぷらなど）が多くなる |
| | | | 大根料理秘伝抄 | |
| | | | 万宝料理秘密箱（前編） | |
| | | | 万宝料理献立集 | |
| | | | 柚珍秘密箱 | |
| | | | 鯛百珍料理秘密箱 | |
| 八六 | 六 | | 献上料理集 | |
| | | | 料理秘伝記（推定） | |
| 八七 | 七 | 家斉 | | |
| 八九 | 寛政 元 | | 甘藷百珍 | このころ江戸で煉羊羹がつくられる |
| 九五 | 七 | | 海鰻百珍 | このころ高松藩で砂糖の製造に成功する |

| | | | |
|---|---|---|---|
| 一七九七 | 寛政九 | 料理集（白蘆華） | |
| 一八〇〇 | 一二 | 万宝料理秘密箱（二編） | |
| 〇一 | 享和元 | 料理早指南（初・二編） | |
| 〇二 | 二 | 料理早指南（三編） | このころ大坂でおこし（菓子）が評判になる |
| | | 名飯部類 | |
| 〇三 | 三 | 素人庖丁（初編） | アメリカ船、イギリス船長崎に来航 |
| | | 新撰庖丁梯 | |
| | | 料理方秘 | |
| 〇四 | 文化元 | 料理早指南（四編） | 江戸浅草にどじょう料理屋開業 |
| 〇五 | 二 | 素人庖丁（二編） | |
| | | 餅菓子即席手製集 | |
| 〇六 | 三 | 会席料理細工庖丁 | |
| | | 料理簡便集 | |
| 〇八 | 五 | 当世料理筌 | このころから菓子類に国産砂糖を使用 |
| 一八 | 文政元 | 御本式料理仕向 | |
| 一九 | 二 | 精進献立集（初編） | このころ江戸に料理茶屋多く出来て繁昌する |
| 二〇 | 三 | 素人庖丁（三編） | |
| | | 臨時客応接 | |
| | | 日養食鑑 | |
| 二二 | 五 | 料理通（初編） | このころ江戸でにぎり鮨がつくられる |
| 二四 | 七 | 精進献立集（二編） | |
| 二五 | 八 | 料理通（二編） | 幕府異国船打ち払い令を出す |
| 二九 | 一二 | 料理通（三編） | |
| | | 料理一色集（推定） | |

| | | | | |
|---|---|---|---|---|
| 一八三二 | 天保三 | | 鯨肉調味方 | 冷害で凶作 |
| 三三 | 四 | | 都鄙安逸伝 | 天保の飢饉始まる（天保四〜八） |
| 三四 | 五 | | 早見献立帳 | |
| 三五 | 六 | | 料理通（四編） | |
| 三六 | 七 | | 料理調菜四季献立集<br>四季漬物塩嘉言 | 冷害で田畑不毛、飢饉の惨状甚大。救荒植物のそば、じゃがいもの栽培が奨励される |
| 三七 | 八 | 家慶 | | |
| 四一 | 一二 | | 菓子話船橋 | |
| 四三 | 一四 | | 貞丈雑記 | このころ江戸で稲荷鮨を売り始める |
| 四六 | 弘化三 | | 蒟蒻百珍<br>水料理焼方玉子細工 | |
| 四九 | 嘉永二 | | 年中番菜録 | |
| 五二 | 五 | | 鼎左秘録<br>近世商賈尽狂歌合 | |
| 五三 | 六 | 家定 | 会席料理秘嚢抄<br>守貞謾稿 | ペリー浦賀に来航 |
| 五八 | 安政五 | 家茂 | | |
| 五九 | 六 | | | このころ江戸で佃煮を売出す、安政の大獄 |
| 六一 | 文久元 | | 新編異国料理 | |
| 六三 | 三 | | | 長崎に西洋料理店開業 |
| 六四 | 元治 | | | |
| 六六 | 慶応二 | 慶喜 | | 横浜・江戸に西洋料理店開業 |
| 六七 | 三 | | | 大政奉還 |

# 出典解題

一、この解題は、本書に引用した料理書等の解題であり、引用しなかったものは収録していない。
一、書名は書誌学的正確さを期するよりも一般に知られている名称を用いた。読み方は原典に振り仮名のあるものはそれに従い、ないものについては慣行に従った。
一、写本とは手書きのものを指し、〇〇年刊とあるものは刊本を指す。
一、翻刻されているもの、影印版が刊行されているものは、その旨注記した。なお記載にあたっては一部、以下の略称を用いた。
『翻刻江戸時代料理本集成』（臨川書店）→『料理本集成』
『日本料理秘伝集成』（同朋舎出版）→『秘伝集成』
『千葉大学教育学部研究紀要』→『千葉大紀要』
一、配列は書名の五十音順とした。

## 出典一覧

1 羹学要道記
2 甘藷百珍
3 江戸料理集
4 小笠原磯海流料理百ヶ条仕懸物伝書
5 小倉山飲食集
6 小倉山百種献立
7 会席料理細工庖丁
8 会席料理帳
9 会席料理秘囊抄
10 海鰻百珍
11 菓子話船橋
12 歌仙の組糸
13 近世商賈尽狂歌合
14 景山香物百珍
15 鯨肉調味方
16 合類日用料理抄
17 黒白精味集
18 古今名物御前菓子図式
19 古今名物御前菓子秘伝抄
20 御本式料理仕向
21 献立筌
22 献立部類集

23 蒟蒻百珍
24 四季会席料理集
25 四季漬物塩嘉言
26 卓子式
27 精進献立集
28 諸国名産大根料理秘伝抄
29 素人庖丁
30 新撰会席しっぽく趣向帳
31 新撰庖丁梯
32 大根一式料理秘密箱
33 鯛百珍料理秘密箱
34 ちから草
35 力草聞書
36 茶湯献立指南
37 厨人必用
38 漬物秘伝集
39 漬物類集
40 貞丈雑記
41 伝演味玄集
42 豆腐集説
43 豆腐百珍
44 豆腐百珍続編
45 豆腐百珍余録
46 当世料理筌
47 当流節用料理大全
48 都鄙安逸伝
49 南蛮料理書
50 日養食鑑
51 日葡辞書
52 年中番菜録
53 八遷卓燕式記
54 早見献立帳
55 普茶料理抄
56 本朝食鑑
57 万宝料理献立集
58 万宝料理秘密箱
59 水料理焼方玉子細工
60 名飯部類
61 餅菓子即席手製集
62 守貞謾稿
63 柚珍秘密箱
64 万聞書秘伝
65 料理塩梅集
66 料理一色集
67 料理伊呂波庖丁
68 料理簡便集
69 料理献立抄
70 料理山海郷
71 料理私考集
72 料理集（橘川房常著）
73 料理集（白盧華著）
74 料理調菜四季献立集
75 料理調法集
76 料理珍味集
77 料理通
78 料理伝
79 料理之栞
80 料理早指南
81 料理秘伝記
82 料理無言抄
83 料理網目調味抄
84 料理物語
85 臨時客応接
86 和歌食物本草
87 和漢精進新料理抄
88 和漢三才図会

## 1 羹学要道記《あつものがくようどうき》

一巻一冊の写本で西尾市立図書館岩瀬文庫の蔵書。書名の読み方は「岩瀬文庫目録」によった。著者は覚音院閑月《かくおんいんかんげつ》で大名の料理人を長く勤め、晩年出家してから子息のために料理の要点を書いたものと推測される。元禄十五年（一七〇二）の成立。料理の作り方のほか、切り方や盛り方まで彩色の図解入りで説明してある点が特色である。漢字と片仮名で書かれており読みやすいが誤字が多い。

## 2 甘藷百珍《いもひゃくちん》

一巻一冊。編者は珍古楼主人。寛政元年（一七八九）刊。先に刊行されて好評であった『豆腐百珍』をまねて書かれたもので、奇品・尋常品・妙品・絶品に分けて、一二三種の甘藷料理の作り方を記している。多種類の中には、くじらいも・氷柱《つらら》いも・月日いもなど珍奇ともいえるものも含まれている。翻刻は『料理本集成』五巻と『秘伝集成』九巻にある。

## 3 江戸料理集《えどりょうりしゅう》

六巻六冊の刊本で著者は不明。延宝二年（一六七四）刊。翻刻は『秘伝集成』二巻、『料理大鑑』八・九巻にある。国立国会図書館所蔵の刊年・著者不明の『古今料理集』は七巻八冊本で、その五巻分の版木を用いて六冊本としたのが本書であるとの説もある。大部の料理書で辞典的価値もあるが、構成が整然としていないので読みにくい。一巻は四季献立、二巻は鱠と指味、三、四巻は取合わせ、五巻は切り方で図解があり、六巻は煮物である。

## 4 小笠原磯海流料理《おがさわらきかいりゅうりょうり》百ヶ条仕懸物伝書《ひゃっかじょうしかけものでんしょ》

一巻一冊の写本で著者は不明。明和六年（一七六九）の成立。岩手県立図書館の蔵書。一二丁から成り、八十七か条の中の二十か条は、すしや漬物など保存食品の作り方、残りは鯛・かれい・あわび・鱈・鮭・鱒・鴨・雉子・玉子・豆腐の料理法が、それぞれ数種ずつ記されている。翻刻は『秘伝集成』十四巻にある。

## 5 小倉山飲食集《おぐらやまいんしょくしゅう》

二巻一冊の写本で大阪女子大学附属図書館の蔵書。著者は乾只勝《いぬいただかつ》。元禄十四年（一七〇一）の成立。『千葉大紀要』三十二巻二部に全文の翻刻がある。内容は料理を汁、鱠、指身など二七の部に分けて、それぞれに材料となる食品の組合わせ例を数多くあげて、その中のいくつかのものについては、その料理法も記している。

### 6 小倉山百種献立《おぐらやまひゃくしゅこんだて》

四巻四冊の写本で大阪女子大学附属図書館の蔵書。著者、成立年ともに不明。内容は四季に分けて本膳形式の二汁七菜の献立を九六例、記している。序文には初春の祝い鱠、若菜の汁、初春鱠、卯の花煎、水貝、いりこ、初雪汁、あられ豆腐、定家煮などが、巧みに読み込まれている。『千葉大紀要』三十三巻二部に全文の翻刻がある。

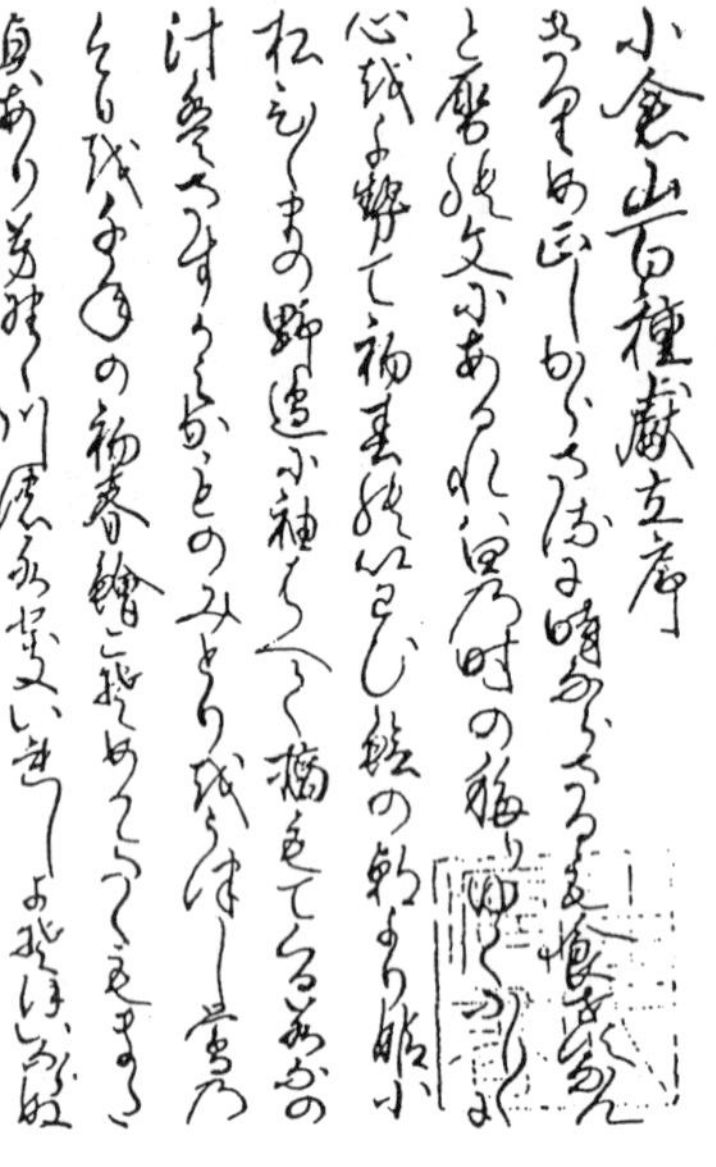
小倉山百種献立序

### 7 会席料理細工庖丁《かいせきりょうりさいくぼうちょう》

一巻一冊。文化三年（一八〇六）刊。著者は浅野高造直隆で大坂の人。数か所に法橋玉山による挿絵がある。四季に分けて各季節ごとに鱠・猪口・焼物・煮物・汁・取肴の六項目に分け、それぞれに四〇例ほどの材料組み合わせ例を列記してあり、一部には料理法もある。翻刻は『料理本集成』八巻にある。

### 8 会席料理帳《かいせきりょうりちょう》

一巻一冊で天明四年（一七八四）刊。著者は幽閑斎で編者が禿箒子。同一の著者と編者で先に刊行された『新撰会席しっぽく趣向帳』の続編とも見られ、刊行書肆も同じ須原屋市兵衛である。内容ははじめに凡例として七か条の料理の心得があり、本文は月別に鱠・煮物・汁などの部に分けて材料の取り合わせを記している。付録として四季いけばな花の名寄《なよせ》と菓子の名寄がある。翻刻は『料理本集成』六巻と、『料理大鑑』十六巻にある。

### 9 会席料理秘嚢抄《かいせきりょうりひのうしょう》

一巻一冊。編者は池田東籬亭で嘉永六年（一八五三）刊。序文に、茶道を好む友人某から諸名家の会席献立記録を借りて写し、諸書から四季取り合せを抜粋し、庖丁煮方は見聞したものを記したとある。内容は四季別の献立、七〇種ほどの料理の作り方、二六項目の漬物など加工食品の作り方である。

翻刻は『料理本集成』十巻にある。

## 10　海鰻百珍《かいまんひゃくちん》

一巻一冊で寛政七年（一七九五）刊。著者は不明。海鰻は鱧《はも》のことで本文には「はむ」とある。鱧を全身・肉上・肉中・肉下・皮・腸に分けて、各部分ごとに合計一一二品目の料理法を記している。翻刻は『料理本集成』五巻、『秘伝集成』九巻、『料理大鑑』二巻にある。

## 11　菓子話船橋《かしわふなばし》

一巻一冊で天保十二年（一八四一）刊。著者は江戸深川佐賀町の菓子の名店船橋屋織江の主人。序文に甘泉堂主人（和泉屋市兵衛）からの依頼で、店に伝わる菓子の作り方をまとめて本書としたと書かれている。「砂糖一切煎方《いっさいせんじかた》」から「紅白玉露糖」まで八〇項目について、材料と具体的な作り方が記され、和菓子の専門書として現代にも通用する。江戸時代後期は和菓子の完成期で、その種類も多く、現在のおもな和菓子の大半はこの時代にすでに作られている。翻刻は『秘伝集成』十六巻、『料理大鑑』十巻にある。

## 12　歌仙の組糸《かせんのくみいと》

一巻一冊。寛延元年（一七四八）刊。著者の冷月庵谷水《こくすい》は『料理伊呂波庖丁』の著者でもある。歌仙とは優れた歌人のことで、平安時代に藤原公任の選んだ三十六歌仙がよく知られている。本書は一か月に三例ずつ十二か月で三十六の献立を記したところから、三十六歌仙にちなみ書名を『歌仙の組糸』としている。序文に続く料理の心得十四か条は、材料、調味、器のこと、客をもてなす心がけなどに及ぶ詳細なものである。全巻が二汁七菜の献立例であるが、その中の特殊な料理についても作り方も記されている。翻刻は『料理本集成』三巻、『秘伝集成』七巻、『料理大鑑』十巻にある。

## 13　近世商賈尽狂歌合《きんせいしょうばいづくしきょうかあわせ》

二巻一冊の写本。嘉永五年（一八五二）の成立。著者は石塚豊芥子《ほうかいし》。書名の商賈は商売と同じ。幕末の物売りなど二四種についての十二番の狂歌合。自序にあるように滝沢馬琴と屋代弘賢合作の『二十三番狂歌合』を補輯して、著者が十二番商人尽の狂歌を詠み、四方梅彦が判詞を加えたもの。翻刻は『日本随筆大成』三期四巻にある。

## 14　景山香物百珍《けいざんこうのものひゃくちん》

一巻一冊の写本で東京国立博物館蔵。成立年は不明。景山とは水戸徳川家九代藩主徳川斉昭（一八〇〇～六〇）の号であり、公が集録されたのであろうか。巻末に「明治二十年十一月東京小梅邸為佐嘉」とあり、原本を明治二十年に書き写したらしい。蓮の味噌漬から生姜の醤油の実漬まで、三七の漬物の漬け方が書かれている。

### 15　鯨肉調味方《げいにくちょうみほう》

一巻一冊。著者は不明。天保三年（一八三二）刊。『勇魚《いさな》取絵詞』の附録として出版されたもの。鯨は古くは「いさな」とよばれて『古事記』や『万葉集』にもその名がある。明治までは魚として扱われており、室町時代の『四条流庖丁書』には、鯨は鯉に劣らぬ美物とある。本書は鯨を皮・肉・内臓・軟骨などに分けて、それぞれの部分ごとにその料理法を記している。鯨が古くから日本人にとって重要な食料であったことが理解できる内容である。翻刻は、『料理本集成』八巻、『秘伝集成』九巻、『料理大鑑』十三巻にある。

### 16　合類日用料理抄《ごうるいにちようりょうりしょう》

五巻五冊で元禄二年（一六八九）刊。著者は無名子。序文にあるように、当時の口伝《くでん》や聞書を集めたもので、食の実用百科事典ともいえる内容である。酒・味噌・醤油などの製法、餅や麺類、菓子、漬物などの作り方、豆腐、蒲鉾などの製法、膾や指身などの料理法など広範囲にわたっている。各巻ごとの目次があり、構成が整っていて使いやすく、記述も詳細で実用的な良書である。翻刻は『料理本集成』一巻、『秘伝集成』一巻、『料理大鑑』十二巻にある。

### 17　黒白精味集《こくびゃくせいみしゅう》

三巻三冊の写本で、岡山大学池田文庫の蔵書。延享三年（一七四六）成立。著者は「江戸川散人　孤松庵養五郎」とあり、本文中に江戸周辺の地名が多いことからも、江戸に住んでいた人のようである。内容は味噌、醤油などの調味料の製法から、飯・汁・膾・煮物・焼物・吸物・肴・後段・菓子などに分けて数多くの料理法を記し、さらに食品別に適する料理法をあげるなど、総合的な大部の料理書である。東京都立中央図書館加賀文庫の『四季料理献立』は、本書の中、下巻に含まれるものである。『千葉大紀要』三十六巻二部に上巻、三十七巻二部に中・下巻の翻刻がある。

### 18　古今名物御前菓子図式《ここんめいぶつごぜんがしずしき》

二巻二冊。宝暦十一年（一七六一）刊。上巻は京都の風雅亭主人撰、下巻は京都の長谷川良隅撰とある。先に刊行された『古今名物御前菓子秘伝抄』の後集に当たり、また後の『古今新製菓子大全』（一八四〇）は、本書の改題本と考えられる。上巻は春庭糖《かすてら》から養命糖まで二九項目。下巻は三部に分けて、蒸菓子三八、干菓子一五、飴糖粽は一三の項目がある。店に伝わる菓子の製法をまとめたもので具体的に書かれ、約半数の菓子には出来上がり図がある。翻刻は『秘伝集成』十六巻にある。

19　**古今名物御前菓子秘伝抄**《ここんめいぶつごぜんがしひでんしょう》

一巻一冊。享保三年（一七一八）刊。著者は不明。『古今名物御前菓子図式』の前編に相当するものと考えられるので、著者も同じではないかと推定されている。菓子専門書の刊本としては本書が最も古いものである。あるへいとうから白飴まで一〇五項目の菓子の作り方を記し、かるめいら、こんぺいとう、かすてらなどの南蛮菓子が多い。材料の分量や使用する器具についても詳しい記述がある。翻刻は『秘伝集成』十六巻、『料理大鑑』一巻にある。

20　**御本式料理仕向**《ごほんしきりょうりしむき》

二冊合一冊の写本で、東京都立中央図書館加賀文庫にある。文化十五年（一八一八）成立。著者は仙台塩釜浜町二丁目の三浦屋久次郎で、弟子と思われる七名に書き与えたもの。一冊目は式正料理の要点と、いか・さんま・干にしん、その他の料理六〇種の料理法、二冊目は本膳料理の献立を記している。さんま、干にしんの料理法は他の料理書には見当たらないので珍しい。翻刻は『秘伝集成』十四巻にある。

21　**献立筌**《こんだてせん》

一巻一冊。宝暦十年（一七六〇）刊。著者は山河念夢で、自序に無尺舎主人とある。実用的な料理書というより、趣向献立の手引書で、前半は能、浄瑠璃《じょうるり》会、伊勢参宮などを主題にして、それにちなんだ献立を記している。後半は「小札の入数」として、小札に書く青物、魚類、その他の食品と料理名が十部に分けて列記してある。この中から選んで小札の表裏に一つずつ書き、いろいろに組合わせを考えて二汁五菜などの新趣向の献立を作る。当時としては独創的な料理書である。翻刻は『料理本集成』四巻、『秘伝集成』八巻、『料理大鑑』七巻にある。

22　**献立部類集**《こんだてぶるいしゅう》

二巻二冊。安永五年（一七七六）刊。著者は聴霰子（佐伯元明）。『新撰献立部類集』ともよぶ。上巻は魚鳥料理、下巻は精進料理で、四季によらずに鱠の部、刺身の部など料理法で分類して献立を列記してある。献立のほか珍しい料理については料理法の説明もある。翻刻は『料理本集成』六巻、『秘伝集成』八巻にある。

### 23　蒟蒻百珍《こんにゃくひゃくちん》

一巻一冊。弘化三年（一八四六）刊。著者は嗜蒻陳人。江戸時代には百珍物とよばれて、一つの食品を主材料として約百種の料理法を書いた本が流行したが、本書は最後に出版されたもの。八二種の蒟蒻料理を書いているが、素材が蒟蒻であるため、料理数を揃えるのにかなり苦心が見られる。翻刻は『料理本集成』五巻、『秘伝集成』九巻にある。

### 24　四季会席料理集《しきかいせきりょうりしゅう》

一巻一冊の写本で東北大学狩野文庫にある。元禄九年（一六九六）の成立。著者の松浦鎮信は肥前国平戸藩の第五代藩主で、石州流鎮信派の茶道の開祖とされる人である。茶道の懐石は江戸時代には会席と書き、本書は茶懐石について記したものである。はじめに一月から十二月まで月ごとに膳附・汁・煮物の例をあげて末尾にまとめて料理法を記している。十八丁からは焼物・吸物・取肴の部として四季に分けて例をあげ、二十五丁からは精進会席の十二か月分の例がある。

### 25　四季漬物塩嘉言《しきつけものしおかげん》

一巻一冊。天保七年（一八三六）刊。著者は小田原屋主人で、小田原屋は江戸の漬物問屋である。沢庵漬からたけのこ塩漬まで六四種の漬物の作り方を記している。浅漬・糠味噌漬・味噌漬・奈良漬・梅干漬・粕漬・麹漬など現在とほとんど同じで、作り方は現在にもそのまま通用する。記述も具体的で詳しく、いくつかの挿絵もある。翻刻は『秘伝集成』十四巻、『料理大鑑』十七巻にある。

### 26　卓子式《しっぽくしき》

一巻一冊。天明四年（一七八四）刊。著者の田中信平は『料理簡便集』の著者でもあり、田信と自称し、豊前中津（大分県中津市）の人で、長崎で学び中国風を好んだ。卓子は卓袱《しっぽく》と同じで中国風食卓のことであり、その卓上で供されるしっぽく料理をいう。本書はしっぽく料理の食器、献立、料理法を記している。翻刻は『料理本集成』七巻、『秘伝集成』十三巻にある。

### 27　精進献立集《しょうじんこんだてしゅう》

二巻二冊。著者は山音亭越吉郎兵衛。初編は文政二年（一八一九）刊。二編は文政七年（一八二四）刊。精進料理の専門書で、初編は一番から七十二番まで十二か月に分けて、一汁三菜、一汁五菜の献立とその作り方を記し、二編は初編に洩れたものを集め一番から二十三番まで、一汁三菜、一汁五菜、二汁七菜の献立と作り方がある。初編巻頭には剝き物の図がある。翻刻は『料理本集成』九巻、初編のみ『秘伝集成』八巻にある。

## 28　諸国名産大根料理秘伝抄《しょこくめいさんだいこんりょうりひでんしょう》

二巻二冊。天明五年（一七八五）刊。著者は器土堂で、『万宝料理秘密箱』、『柚珍秘密箱』、『鯛百珍料理秘密箱』などの百珍物の著書もある。上下巻合わせて四三種の大根料理を記し、切り方の図解もある。書名に諸国名産とあるように、上州館林大根そば、下総香取煮、薩摩味噌煮などの各地の名物料理も記している。翻刻は『料理本集成』五巻、『秘伝集成』十巻、『料理大鑑』七巻にある。

## 29　素人庖丁《しろうとぼうちょう》

三巻三冊。初編は享和三年（一八〇三）、二編は文化二年（一八〇五）、三編は文政三年（一八二〇）の刊行。著者は浅野高造で大坂の人。本書の特色は挿絵が多いことで、宴会や行楽、台所風景、鮨を作る図などかなりの頁を占めており、当時の風俗資料ともなる。初編は前半に献立仕様として魚類と精進に分けて、膾、煮物、その他の材料取り合わせ例を数多くあげ、後半は素人庖丁仕様として魚介類の料理法を記している。二編は雑魚の料理、飯・粥・雑炊各種と精進の野菜料理、三編は全部精進料理で、材料の取り合わせと料理法を記している。序文に、急の来客の折に素人の料理作りに役立つように書いたとあり、他の料理書にくらべると料理法の説明がわかりやすい。翻刻は『料理本集成』七巻、『秘伝集成』十五巻にある。

## 30　新撰会席しっぽく趣向帳《しんせんかいせきしっぽくしゅこうちょう》

一巻一冊。明和八年（一七七一）刊。跋文によれば著者は幽閑斎で、編者はその孫の禿箒子である。しっぽくは卓袱と書き、食卓の覆いのことで、それが中国風食卓の通称となり、それにのせて供する中国風料理を卓袱料理とよんだ。卓袱料理は江戸時代に唐人の影響を受けて長崎で発達し、料理法は日本料理に近く、盛り方と食事作法は中国風で、大きな器に盛った料理を各自で取り分ける。本書ははじめに卓袱器物の図があり、卓袱献立の大旨と口伝が十一丁まであるが、次は丁付も改まって「新撰趣向帳」となり、月別の会席料理の献立と料理法がある。構成から見ると、卓袱料理の部分と会席料理の部分が合本されたものとも考えられる。翻刻は『料理本集成』四巻、『秘伝集成』十三巻、『料理大鑑』四巻にある。

## 31　新撰庖丁梯《しんせんほうちょうてい》

一巻一冊。享和三年（一八〇三）刊。著者は杉野駭華（権右衛門）。巻頭には十二か条の料理の心得があり、続いて食通として知られた北村祐庵伝がある。次に重箱、椀など二九種の器物の図と簡単な解説がある。本文はまず各種のだしのとり方を詳しく記し、醤油・醋《す》・味噌の製法、吸物や煮物の作り方の注意がある。その後に、いろは順に食品名とそれを用いた料理名を列記してある。翻刻は『料理本集成』八巻、『料理大鑑』六巻にある。

32　大根一式料理秘密箱　だいこんいっしきりょうりひみつばこ

一巻一冊。天明五年（一七八五）刊。著者の記載はないが、『諸国名産大根料理秘伝抄』との関連から、同じ著者の器土堂とも考えられる。大根料理の専門書で五〇項目あるが、そのうち二〇は山吹・紅梅・輪ちがいなどの大根の切り方の説明で図解もある。そのほかは、早煮ふろふき、もろみづけなどの大根の料理法がある。翻刻は『料理本集成』五巻、『秘伝集成』十巻にある。

33　鯛百珍料理秘密箱　たいひゃくちんりょうりひみつばこ

二巻二冊。天明五年（一七八五）刊。著者は器土堂主人。鯛は古くから日本人が食用とした魚で、江戸時代からは魚類の王と評価され、料理書の多くは魚料理の第一に鯛料理をあげている。本書は上下巻合わせて一〇二種の鯛料理の作り方を記している。序文に諸国の名物も集めたとあり、長崎・薩摩・土佐・淡路・若狭・佐渡、その他の鯛料理もある。翻刻は『料理本集成』五巻、『秘伝集成』十巻、『料理大鑑』三巻にある。

34　ちから草　ちからぐさ

五巻二冊の写本で、東京都立中央図書館加賀文庫にある。寛延二年（一七四九）の成立。著者は加賀藩前田家の料理人で舟木伝内包早《かねはや》。森源五郎宛に料理の作り方だけでなく、大名の料理人としての心得を書き与えたもの。一、二、三巻が第一冊に、四、五巻が第二冊になっている。一巻は汁と吸物、二巻は鱠・さしみ・浸物・和物・貝焼・香の物、三巻は煮物・鳥料理・煎物・焼物、四巻は献立・手順など、五巻は合食禁・故実・献立書式などとなっている。

35　力草聞書　ちからぐさききがき

一巻一冊の写本で、成立年も著者もなく、東京都立中央図書館加賀文庫にある。『ちから草』の補遺ともいえる内容で、献立と料理法をさらに詳しく具体的に説明し、料理用語の解説もある。『力草聞書』は『ちから草』の著者、舟木伝内包早の子で、二代目舟木伝内こと舟木長左衛門の直筆と推定されている。

36　**茶湯献立指南**　ちゃのゆこんだてしなん

八巻八冊。元禄九年（一六九六）刊。著者の遠藤元閑は医師で茶人であり、茶湯関係の著書が多い。本書の巻一、二、三は城主御成の時の準備や式正献立など、巻四から巻七までが茶湯料理、巻八は式三献の由来や食器の図などである。巻四から巻七は各巻のはじめに茶湯料理の心得があり、献立とおもな料理の作り方がある。翻刻は『料理本集成』三巻、『秘伝集成』十一巻にある。

37　**厨人必用**　ちゅうじんひつよう

全六冊の写本で国立公文書館内閣文庫、神宮文庫にある。宝暦五年（一七五五）成立。編者は「仙台城北迫　不老斎栢児」とある。料理人のために、本草書などを参考にして料理材料の解説、適する料理法とその作り方を記している。一冊目は鳥類と獣類、二冊目は菜蔬類、三冊目は水草・海草・菌《くさ》蕈《びら》類、四冊目は海魚類、五冊目は川魚・虫介・調理部、六冊目は穀類と造醸類となっている。

38　**漬物秘伝集**　つけものひでんしゅう

一巻一冊の写本で東京都立中央図書館加賀文庫にある。著者、成立年ともに不明。書名は漬物とあるが、四七項目の中で漬物は一一項目で、近江漬・あさ漬・阿波漬・茄子漬・あちゃら漬・沢庵漬その他である。漬物以外には、金山寺味噌・ひしほ・納豆・甘酒・梅酒などの加工食品、かすてら・玉子ふわふわ煮など菓子や料理の作り方もある。翻刻は『秘伝集成』十四巻にある。

39　**漬物類集**　つけものるいしゅう

一巻一冊の写本で東京大学図書館にある。著者、成立年ともに不明。表紙題箋の書名は『漬物類集』であるが、内容は料理全般のことである。巻頭目次には、鮨の仕様、鰹のたたき、鳥たたき、梅干の方、干飯の方、精進煎酒、卵の置様など八四項目があるが、巻末に目次にはない南蛮料理や深川汁など九項目が追加されている。約半数の項目には伝授者の名がある。

40　**貞丈雑記**　ていじょうざっき

十六巻十六冊（三十二冊のものもある）。天保十四年（一八四三）刊。著者は伊勢貞丈（一七一七〜八四）で、貞丈が宝暦十三年（一七六三）から天明四年（一七八四）の間に記録したものを、五代の孫貞友の時に編集校訂し挿絵を加えて刊行したもの。伊勢家は室町時代から武家故実の伝承を家業とし、徳川幕府にも武家故実家として禄仕した。十六巻はさらに礼法・祝儀・人物・小袖・烏帽子・役名・官位・装束・飲食・膳部・調度・書礼・弓矢・武具・刀剣・馬・家作・鳥目・神仏、その他の部に分かれ、各部は多くの項目に分けて記述されている。食物に関しては巻一の祝儀の部、巻六の飲食の部、巻七の膳部の部、酒盃の部が参考になる。翻刻は『東洋文庫』の四四四・四四六・四五〇・四五三と、『新訂増補故実叢書』にある。

### 41　伝演味玄集《でんえんみげんしゅう》

三巻一冊の写本。延享二年（一七四五）成立。国立国会図書館ほか数か所に写本が所蔵されているが、東京大学図書館

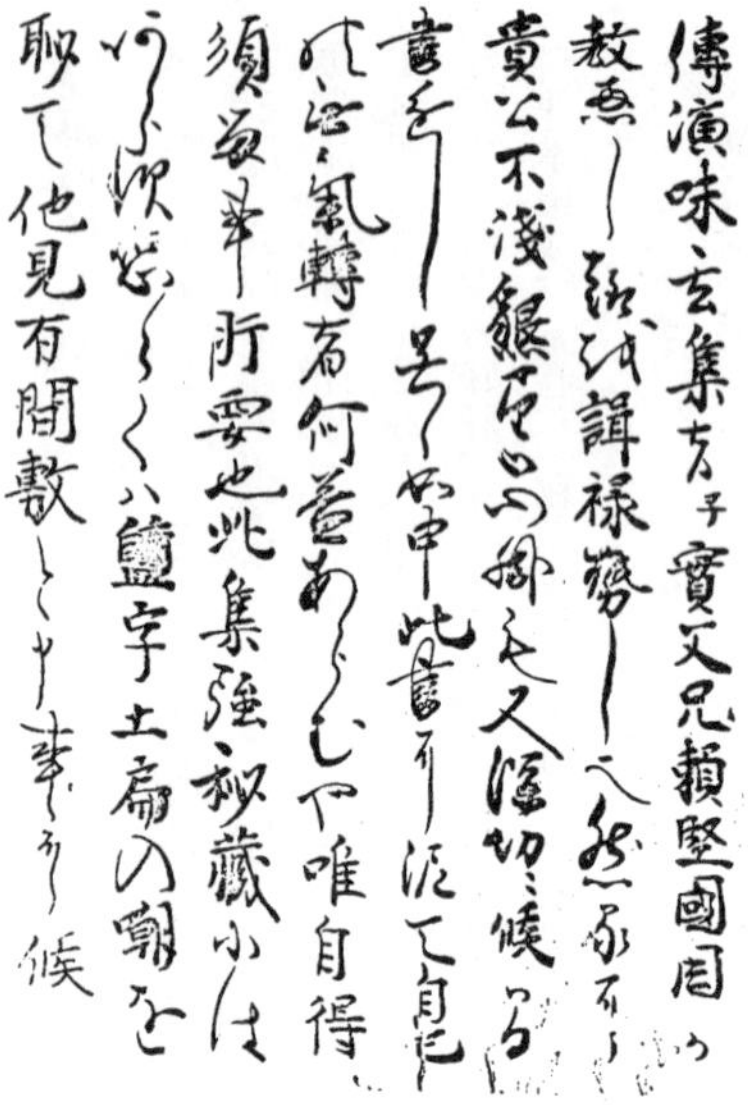

の蔵書が欠落がなく最も内容が整っている。著者は諸星吮《いん》潮斎《ちょうさい》（半九郎應承）で、身分は不明であるが、跋文によると、幕府の御台所人福田家の人と考えられ、宮城県図書館小西文庫の蔵書には、巻末に四条家園部流の秘伝書と記されている。内容は巻一に序文と四条流の淵源《えんげん》、巻二の上に膾・刺身・汁・煮物、巻二の中に焼物・和物・すし、巻二の下に蒲穂子・半弁・しんじょ・玉子料理・調味料・その他、巻三に式正の庖丁・俎の寸法・月禁・合食禁・後序などがある。材料、料理法ともに詳細な記述で、秘伝書の名にふさわしい料理書である。『千葉大紀要』二十七巻二部に全文の翻刻があるほか、『秘伝集成』四巻に巻二のみの翻刻がある。

### 42　豆腐集説《とうふしゅうせつ》

西尾市立図書館岩瀬文庫蔵の彩色図入りの写本で一冊。榊原芳野編録。豆腐集説の末尾に明治五年（一八七二）榊原芳野録とあり、続く豆腐皮（ゆば）の末尾には明治六年とある。豆腐集説には「作腐家片桐寅吉口授」とあり、豆腐の作り方とともに豆腐作りの道具の一連の挿絵がありわかりやすい。明治初期の成立ではあるが、江戸時代の文献によっており、豆腐の製法は伝統的なものであるから、道具類の挿絵も江戸時代と同じと考えられる。翻刻と解説が『飲食史林』二号にある。

## 43 豆腐百珍《とうふひゃくちん》

一巻一冊。天明二年（一七八二）刊。編者は醒狂道人何必醇とあるが、篆刻《てんこく》家の曾川学川といわれている。豆腐料理百種を尋常品・通品・佳品・奇品・妙品・絶品の六つの等級に分けて料理法を記したもの。江戸中期の百珍物の先駆《さきが》けとなったもので、本書の好評が後の百珍物の刊行を促した。翻刻は『料理本集成』五巻、『秘伝集成』九巻、『料理大鑑』十四巻にある。

## 44 豆腐百珍続編《とうふひゃくちんぞくへん》

一巻一冊。天明三年（一七八三）刊。編者は醒狂道人何必醇。『豆腐百珍』の好評により同じ編者によって書かれたもの。体裁も同じで六等級に分けて百種、付録として三八種の豆腐料理を記している。巻末には「豆腐雑話」として、種々の文献から豆腐関連の記述が紹介され参考になる。翻刻は『料理本集成』五巻、『秘伝集成』九巻にある。

## 45 豆腐百珍余録《とうふひゃくちんよろく》

一巻一冊。天明四年（一七八四）刊。編者は不記。『豆腐百珍』『豆腐百珍続編』に続くものと見なされ、版元も同じであり、四〇種の豆腐料理を記したもの。出版の経緯は序文にあるが、天明二年刊の風狂庵東輔撰『豆華集』の版権を買い取り、序文を変えなどして改題し出版したもの。本書の刊本の所在は現在不明で、東京都立中央図書館加賀文庫所蔵本は刊本を書き写したもので、国立国会図書館、慶応大学図書館のものは『豆華集』の外題換えである。翻刻は『秘伝集成』九巻にある。

## 46 当世料理筌《とうせいりょうりせん》

一巻一冊。著者不明。刊記には文化新刻とあるが、文化五年（一八〇八）刊の『月令博物筌』から、料理に関係した部分を抜粋し編集したものという。正月から十二月まで月ごとに分けて、旬の材料を使った料理をあげて簡単に作り方を記している。またその月の食物の禁物と好物、食品貯蔵法も記している。翻刻は『料理本集成』八巻にある。

## 47 当流節用料理大全《とうりゅうせつようりょうりたいぜん》

五巻合一冊。正徳四年（一七一四）刊。撰者は四条家高嶋。書名の当流は四条流のことで、節用は節用集の略で実用的な辞書の意味である。書名のように故実、式正料理、献立、その他広範囲にわたることを本欄と頭書欄とに分けて記しており、料理の実用的辞書としては便利である。しかし『料理物語』『合類日用料理抄』、その他の料理書から抜粋して編集したもので独創性に乏しい。翻刻は『料理本集成』三巻、『秘伝集成』二巻にある。

### 48　都鄙安逸伝《とひあんいつでん》

一巻一冊。天保四年（一八三三）の序文がある刊本。著者は不明。飢饉に備えての米の節約法を記したもので、南瓜・里芋・大根などを入れたかて飯や粥の作り方など二三項目から成る。大蔵永常編の「竃の賑ひ」（天保四年刊）は、序文と挿絵がないが、内容は本書とほぼ同じものである。翻刻は『料理本集成』七巻にある。

### 49　南蛮料理書《なんばんりょうりしょ》

一巻一冊の写本で、東北大学狩野文庫の蔵書。成立年は不明で、紙質などから幕末以降の写本に見えるが、原本の成立は鎖国前後ともいわれており、伝来当時の南蛮菓子や料理を知る上で貴重である。内容の大半は「あるへいと」など南蛮菓子の作り方で、南蛮料理は数が少ない。本書を書き写したものに、長崎県立図書館の『和蘭陀菓子製法』、東京都立中央図書館加賀文庫の『南蛮料理』などがある。翻刻は『秘伝集成』十三巻、『飲食史林』創刊号にある。

### 50　日養食鑑《にちようしょくかがみ》

一巻一冊。文政三年（一八二〇）刊。編者は石川元混。約六百種の日用食品の能毒、禁忌を平易に説明したもので、実用本位の啓蒙書である。いろは順に平仮名で食品名をあげ、一食品について一行か二行で簡潔に記している。料理法を記しているものもあり、たとえば「あしたば　鹹草。毒なし。八丈島の人は飯に和して食す」などもある。影印本は『食物本草本大成』十二巻にある。

### 51　日葡辞書《にっぽじしょ》

本編は慶長八年（一六〇三）、翌九年に補遺が日本イエズス会によって刊行された、ポルトガル語で説明した日本語の辞書。日本での布教のためイエズス会宣教師数名が、当時の日常口語を中心に三二八〇〇語を収録したもの。室町時代の日本語を知る上で貴重な辞書であり、当時の食品、料理を知る手がかりとなる。『邦訳日葡辞書』（一九八〇）によって利用しやすくなっている。

### 52　年中番菜録《ねんじゅうばんざいろく》

一巻一冊。嘉永二年（一八四九）刊。著者は千馬源吾。番菜は関東の惣菜に当たる語で関西では現在も使われている。

日常的で高価でない食品一一九種について料理法を記したもので、幕末の刊行でもあり、現在の惣菜とそれほど違いはない。巻頭に附言《ふげん》として六か条の家庭料理の心得が記されている。翻刻は『料理本集成』十巻、『秘伝集成』十五巻、『料理大鑑』十一巻にある。

## 53　八遷卓燕式記《はっせんたくえんしき》

一巻一冊。宝暦十一年（一七六一）刊。著者は不記。清国人の呉成充が山西金右衛門を船中に招いて饗応した記録で、煙草、茶に始まり、小菜八品、中菜一二品、大菜八品その他が続く宴席で、饗応の中の遊びについても記している。八遷卓は長崎で「しっぽく」といい、燕は宴と同じである。中国風日本料理でなく清代の中国料理が書かれている。翻刻は『料理本集成』四巻、『秘伝集成』十三巻、『料理大鑑』六巻にある。

## 54　早見献立帳《はやみこんだてちょう》

一巻一冊。天保五年（一八三四）刊。著者は池田東籬亭。凡例に、本書は民間の遊宴や仏事などのために、素人の手料理を集めた献立帳とある。巻頭に饗応の座敷、配膳人、煮方、料理方、献方の図がある。内容は四季に分けて魚類と精進の二汁七菜の献立を二、三例ずつ記し、一汁五菜や一汁三菜にも転用できるようにしてある。翻刻は『料理本集成』九巻、『秘伝集成』八巻（抄）にある。

## 55　普茶料理抄《ふちゃりょうりしょう》

二巻二冊。明和九年（一七七二）刊。著者は西村未達。凡例に「卓子《しっぽく》は酒肉ともに用ゆ　精進の卓子を普茶という」とある。上巻は「普茶料理仕様」で巻煎《けんちえん》から唐揚まで五二項目、下巻は「卓子料理仕様」でかき鯛のことから、ろんはいまで三八項目ある。上巻前半は『和漢精進新料理抄』の唐の部とほぼ同じである。翻刻は『料理本集成』四巻、『秘伝集成』十三巻、『料理大鑑』四巻にある。

## 55　本朝食鑑《ほんちょうしょっかん》

十二巻十二冊。元禄十年（一六九七）刊。著者は医師の人《ひと》見必大《みひつだい》。江戸時代の代表的食療本草書で、国産の日常食物四四二種について医学的見地から解説したもの。『本草綱目』の分類と解説形式に従っているが、実検、実証を経て確信の持てることのみを記述している点に特色がある。巻一から四までが、水・火・土・穀・菜・果部で、巻五と六が禽部、巻七から九は鱗部、巻十は鱗介部、巻十一は獣畜部、巻十二は蛇虫部である。十二巻中の八巻を動物性食品にあてていることも、それまでの草木中心の本草書と異なる特色である。原文は漢文体で書かれているが、『東洋文庫』二九六・三一二・三四〇・三七八・三九五に、訳注つき読み下し文のものがある。

### 57　万宝料理献立集《まんぽうりょうりこんだてしゅう》

上巻一冊。天明五年（一七八五）刊。著者は器土堂。上巻に「卵百珍目録」として上下巻の総目録があるが、下巻は刊行されなかったようである。四季の献立、卵百珍献立など卵を主材料とした献立を記している。卵料理が文献に見られるのは江戸時代からで、卵は高価な食品だったようである。翻刻は『料理本集成』五巻、『秘伝集成』十巻にある。

### 58　万宝料理秘密箱《まんぽうりょうりひみつばこ》

前編は五巻五冊で天明五年（一七八五）刊。著者は器土堂。二編は三巻三冊で寛政十二年（一八〇〇）刊。著者不明。前編は「卵百珍」の別名があり、合計一〇三項目の卵料理を記している。二編は鱧、蛸、海老、貝などの料理を九三種記したもの。翻刻は『料理本集成』五巻、『秘伝集成』十巻、『料理大鑑』十三巻にある。

### 59　水料理焼方玉子細工《みずりょうりやきかたたまございく》

二巻一冊の写本で、東京都立中央図書館加賀文庫にある。著者は三浦屋久治良（久次郎）で仙台塩釜の人。弘化三年（一八四六）の成立。上巻は鯡《にしん》の焼物ばかり二三種を記し、下巻は卵料理ばかり三〇種を記す。鯡料理を記した料理書は珍しい。図解も添えてわかりやすい記述である。翻刻は『秘伝集成』十巻にある。

### 60　名飯部類《めいはんぶるい》

全二冊。享和二年（一八〇二）刊。著者は杉野駁華（権右衛門）。東京都立中央図書館加賀文庫の蔵書は版本の写しであるが、刊記もある。一冊には尋常飯・諸菽飯・菜疏飯・染汁飯・調魚飯・烹鳥飯・名品飯など八七種の飯の作り方、他の一冊には雑炊・粥・鮓など六三種の作り方があり米料理の専門書である。翻刻は『料理本集成』七巻、『秘伝集成』九巻にある。

### 61　餅菓子即席手製集《もちがしそくせきてせいしゅう》

一巻一冊。初版は『餅菓子即席手製集』の書名で文化二年（一八〇五）刊。再版は増補とあるが同じ板木で文化十年刊。著者は十返舎一九。巻頭の附言によると『餅菓子手製集』という本を所持している人から譲り受け、専門家に誤りを訂正してもらい本書を刊行したとある。ういろう餅・葛餅・饅頭などの餅菓子のほか、せんべい・飴類・かすていらなどもあり、七六種の菓子の製法がある。七か所に菓子を作る風景の挿絵がある。

## 62 守貞謾稿《もりさだまんこう》

原本は稿本で国立国会図書館蔵。江戸時代の風俗の考証的随筆である。著者の喜田川季壮守貞は文化七年（一八一〇）大坂に生まれ、姓は石原、三十一歳で江戸に移り、商家の北川家を嗣いだ。執筆は天保八年（一八三七）からといわれ、嘉永六年（一八五三）一応完成し、慶応三年（一八六七）まで追書を重ねた。明治四十一年（一九〇八）に、この稿本を整理編集し『類聚近世風俗志』の書名で刊行された活字本で世に知られるようになり、本書の引用文は同書によっている。原本の『守貞謾稿』は前集三〇巻、後集四巻、追補一巻から成るが、前集の二巻と十七巻は欠けている。『類聚近世風俗志』は前集巻一から巻二十一までを上巻とし、前集の残りと後集の四巻と追補一巻を合わせ下巻としている。食関係は下巻二十八編食類と、上巻四、五編の生業に多い。挿絵も豊富で貴重な文献である。

## 63 柚珍秘密箱《ゆうちんひみつばこ》

一巻一冊。天明五年（一七八五）刊。著者は器土堂。柚《ゆず》が材料の百珍物で、「柚飯の仕方」から「百柚くすり湯の方」まで四四項目あり、柚てんぷら、柚砂糖漬、柚薬酒などの作り方も含まれている。柚の効能についても、五臓六腑をあたため、眼病のくすりとなるなどと述べている。翻刻は『料理本集成』五巻、『秘伝集成』十巻にある。

## 64 万聞書秘伝《よろずききがきひでん》

一巻一冊。慶安四年（一六五一）刊。著者不明。家事の実技書で、五四項目中、一九項目は染物やしみ抜きの仕方、五項目は草木の植え方で、三四項目が食品の加工法、保存法など食物関係である。とくに漬物については奈良漬瓜・大根漬・菜漬その他の作り方が詳細である。初版後二十年間に九種の版本が刊行されている。『東京家政学院大学紀要』十六号に翻刻されている。

## 65 料理塩梅集《りょうりあんばいしゅう》

二巻二冊の写本。天の巻は寛文八年（一六六八）成立。地の巻は成立年不明。著者は塩見坂梅庵。天の巻は、飯・味噌・汁・膾・煮物その他の二二の部に分けて料理法が記されている。とくに味噌汁については、だしの事、味噌の合わせ方、妻の取り合わせなど詳細に記されている。地の巻には「黒大豆入申候酒の事」から「忍冬酒作やうの事」まで一二四項目の料理や加工食品の作り方があり、その約半数が出所の氏名を明記した諸家寺院からの聞書である。『千葉大紀要』二十五巻に翻刻されている。

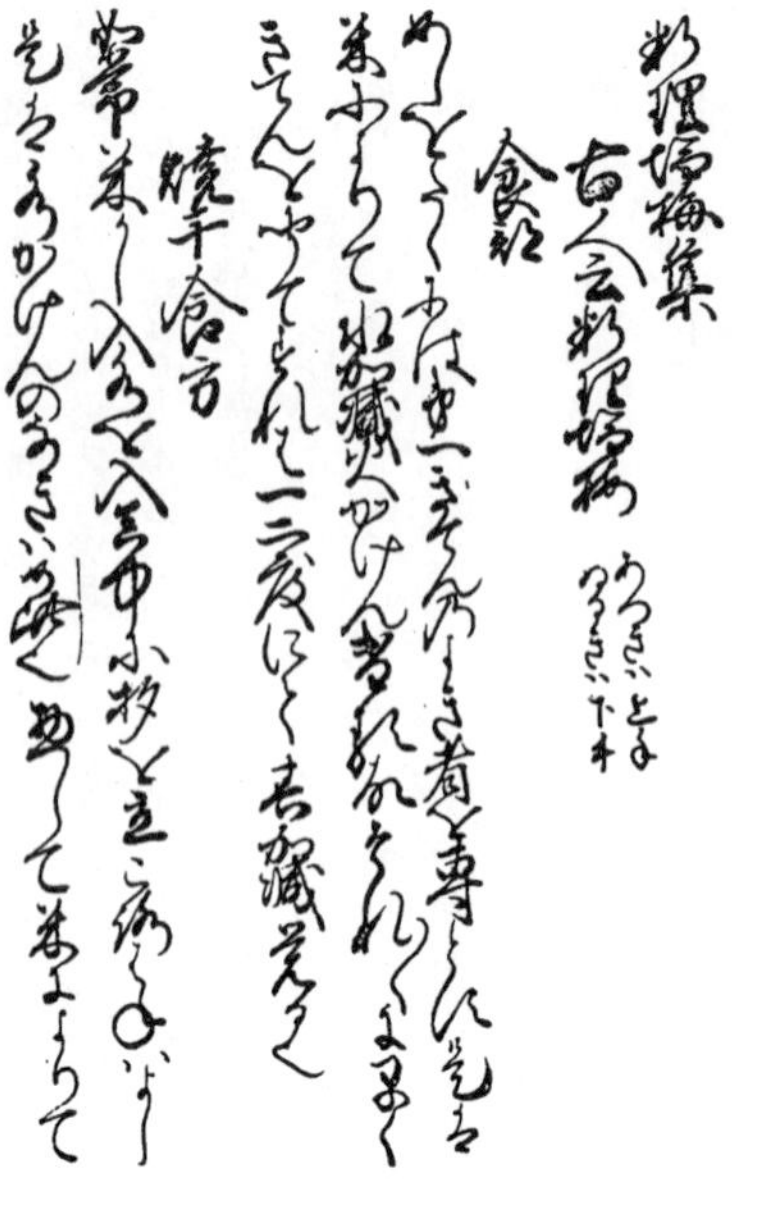

66　**料理一色集**《りょうりいっしきしゅう》

一巻一冊の写本。成立年不明であるが、奥書に文政十二年（一八二九）写とある。著者は岩佐仁辰《さねとき》。著者の父実房《さねふさ》は『料理集』の著者仙台藩料理人橘川房常の門弟と推定され、本書には『料理集』の影響が見られる。内容は鳥・雉子・鯛・鰈・鮭・鮑・蛸・卵・貝類・芋・茄子・豆腐・麩の一三の章に分けて、それぞれの食品を主材料として二汁七菜の献立を記し、おもな料理の作り方がある。『千葉大紀要』三十八巻二部に翻刻されている。

67　**料理伊呂波庖丁**《りょうりいろはぼうちょう》

五巻五冊。安永二年（一七七三）刊。著者は冷月庵谷水。宝暦九年初版の推定もあり、後には『料理献立早仕組』と改題されて刊行されている。一巻は飯、二巻は汁ほか、三巻は指身ほか、四巻は水和《みずあえ》ほか、五巻は煉湯ほかの材料取り合せを記し、一部には料理法もある。翻刻は『料理本集成』七巻、『秘伝集成』四巻にある。

68　**料理簡便集**《りょうりかんべんしゅう》

一巻一冊。文化三年（一八〇六）刊。著者は墁世堂主人で田中信平、『卓子式』の著者でもある。膾、汁なども記されているが、特色は卓子略《しっぽくりゃく》（略式の卓子料理）の献立である。これは大盆で客三、四人をもてなすもので、大菜四品、小菜四品の献立である。料理は唐風の日本料理で、器も日本風のものも用いている。翻刻は『料理本集成』八巻、『秘伝集成』十二巻にある。

69　**料理献立抄**《りょうりこんだてしょう》

二巻一冊。成立年も著者も不明。『当流料理献立抄』ともよぶ。東京都立中央図書館加賀文庫の『魚鳥料理饗応書』と

『精進料理賞味集』は、書名は異なるが、本書の一、二巻と同じで出版者も同じである。挿絵が多く、余白には解説の文章もある。翻刻は『料理本集成』六巻。『秘伝集成』八巻、『料理大鑑』五巻にある。

## 70 料理山海郷《りょうりさんかいきょう》

五巻五冊。寛延三年（一七五〇）刊。著者は園趣堂主人博望子。地方の名物料理に重点を置いて書かれたもの。各巻四六項目、合計二三〇種の料理、酒類などの作り方があるが、桑名時雨《しぐれ》蛤・仙台煮・越前いり和・近江醒井餅など地方名を冠した料理が多い。本書の後編に相当するものに『料理珍味集』がある。翻刻は『料理本集成』四巻、『秘伝集成』十四巻、『料理大鑑』二巻にある。

## 71 料理私考集《りょうりしこうしゅう》

一巻一冊の写本で、東京都立中央図書館加賀文庫にある。正徳元年（一七一一）成立。巻末に「正徳元卯仲冬下旬手写卒　即休」とあり、この年に書き写し終わったらしいが、原著は不明である。内容は広範囲にわたり、味噌・醤油・酢などの調味料の製法、野菜の漬け方、果実酒類の製法、食品保存法などのほか、種々の料理法、菓子類の作り方もある。

## 72 料理集《りょうりしゅう》（橘川房常著）

三巻三冊の写本で、宮城県図書館小西文庫と東京国立博物館にある。享保十八年（一七三三）の成立。著者は橘川房常で仙台藩の料理人である。合計二八二種の食品をいろは順にならべて、それぞれの料理法を記したものである。食品としては魚介類が七六種、野菜類五八種あり、ほや・おっとせい・ふのり・さいかちのもえなど東北地方らしいものもある。また菓子類も七四種ある。各食品の料理法は箇条書で記され、その数の多いものは鯛が七一か条、豆腐二五、玉子二〇、鴨一六、雉子一五、茄子一五などで、料理法の多いものはよく用いられた食品であろう。獣類も猪・牛・兎・おっとせい・鹿の五種があり、牛の記載は珍しく、本汁（みそ汁）にするとある。『千葉大紀要』三十巻二部に翻刻がある。

## 73 料理集《りょうりしゅう》（白蘆華著）

一巻一冊の写本で国立公文書館内閣文庫にある。寛政九年（一七九七）の成立。著者は白蘆華で長崎の人らしい。異国風の加味された日本料理である長崎料理の献立集である。内容は一か月を上・中・下旬に分け、毎月三種の献立例を、一月から十二月まで合計三六例を記している。記載形式は各頁を上下二つに分け、上段に一汁二菜、下段に一汁五菜の献立を記し、合わせると二汁七菜になるように工夫されている。また各頁の裏には表に記した献立の料理法がある。巻末に「調具方言、異名、並に唐製具」と「唐料理」の項があり参考になる。『千葉大紀要』二十九巻二部に翻刻がある。

### 74 料理調菜四季献立集《りょうりちょうさいしきこんだてしゅう》

一巻一冊。天保七年（一八三六）刊。著者は秋山子。書名の料理調菜とは、料理は魚鳥料理、調菜は精進料理をいう。はじめに二汁七菜、一汁五菜の献立例をあげ、次に鱠・汁・坪など一六の部に分けて、各部ごとに四季、精進、四季附込などの料理例を記し、おもなものには料理法がある。翻刻は『料理本集成』八巻、『秘伝集成』八巻にある。

### 75 料理調法集《りょうりちょうほうしゅう》

十三巻一三冊の写本で国立国会図書館にある。成立年は不明であるが、著者は大塚松太郎信行で四条流の料理人であり、安政四年（一八五七）ごろは松平丹波守に仕えていた。十三巻の各冊には巻数の表示はなく、飯之部、煮物之部、焼物之部、蒲鉾之部というように内容によって各冊に分けられている。序文に、古人の書を参考にし補足して本書としたとある。

### 76 料理珍味集《りょうりちんみしゅう》

五巻合一冊。宝暦十四年（一七六四）刊。著者は博望子。『料理山海郷』の補遺として本書をまとめたと序文にあり、同一著者である。構成も同じで五巻それぞれが四六項目から成り、合計二三〇種の料理がある。各地の珍味の集大成で、地名を冠した料理が多いが、氷柱《つらら》吸物、合《あわせ》湯豆腐など珍奇な料理も含まれている。翻刻は『料理本集成』四巻、『秘伝集成』十四巻、『料理大鑑』十四巻にある。

### 77 料理通《りょうりつう》

四巻四冊。初編文政五年（一八二二）、二編同八年、三編同十二年、四編天保六年（一八三五）の刊行。江戸の料亭八百善の初代当主八百屋善四郎が書いた献立集。初編は本膳・会席・精進の献立、二編は四季献立、三編は精進の献立、四編は普茶と卓子の献立で、各巻末にいくつかの料理法が記されている。北斎、抱一、文晁などの挿絵がある。翻刻は『料理本集成』十巻、『秘伝集成』六巻にある。

### 78 料理伝《りょうりでん》

二巻二冊の写本で、東京都立中央図書館加賀文庫の蔵書。著者、成立年ともに不明。二冊共に外題は「料理伝　全」と

八百善亭（『料理通』より）

あるので、区別するために蔵書番号順に上巻、下巻とする。上巻にはつみ入れ、茶巾玉子など七四項目、下巻には酒麩、松風豆腐など九七項目の料理法がある。内容に『伝演味玄集』との類似点がある。『千葉大紀要』三十九巻二部に翻刻がある。

### 79 料理之栞《りょうりのしおり》

一巻一冊の写本で東京都立中央図書館加賀文庫の蔵書。著者、成立年ともに不明であるが、川上行蔵氏の研究によれば、加賀藩の料理頭二代目舟木伝内すなわち舟木長左衛門の備忘録で、明和四年（一七六七）ごろに完結したものであろうという。巻頭の一部は欠落しており、順序もなく料理名、食品名をあげて説明しているが、項目数は七二〇余りあり、参考になる事柄が多い。

### 80 料理早指南《りょうりはやしなん》

四巻四冊。著者は醍醐山人。初編と二編は享和元年（一八〇一）、三編は享和二年、四編は文化元年（一八〇四）の刊行。初編は本膳と会席の四季献立で、巻頭に配膳図がある。二編は別名「花船集」で花見・舟遊び・雛祭などの重詰料理、変わり飯を主とした献立がある。三編は「山家集」で、山村での塩魚や干魚などを用いた料理を記している。四編は「談合集」で、汁・酢の物・焼物などの料理法を記し、巻頭に台所用具の図、巻末に問答形式の料理の秘訣がある。翻刻は『料理本集成』六巻、『秘伝集成』五巻、『料理大鑑』十六・十七巻にある。

### 81　料理秘伝記《りょうりひでんき》

九巻一冊の写本で共立女子大学図書館の蔵書。著者、成立年ともに不明であるが、川上行藏氏の研究によれば、一七七一〜九二年前後の成立で、著者は専門の料理人ではなく、おもに江戸に在住した人ではないかと推定されている。汁の部・膾の部などの九部に分けて書かれており、料理法の説明も詳細である。翻刻は一部欠けているが『秘伝集成』四巻にある。

### 82　料理無言抄《りょうりむごんしょう》

九巻九冊の写本。成立は享保十四年（一七二九）で、著者は加賀藩の料理人舟木伝内包早。料理の作り方ではなく、料理材料の産地、出盛り期、適する料理法などを記したものである。一・二巻は魚、三巻は介虫《かいちゆう》（いか・貝類・すっぽんなど）、四巻は禽獣、五巻は穀類と野菜、六巻は野菜、七・八巻は樹木（柿・梅など）、九巻は菌《くさびら》（茸）と海藻である。合計約九七〇項目ある。

### 83　料理網目調味抄《りょうりもうもくちょうみしょう》

五巻五冊。享保十五年（一七三〇）刊。著者は嘯夕軒《しょうせき》宗堅。料理法のみでなく、料理の心得、食物関係用語集、料理用語の定義もある総合的料理書である。一巻は料理の心得と用語集と献立、二巻は飯・汁・鱠などの部に分けて料理法、三巻は雑の部で種々の料理や加工食品の作り方、四巻は鳥・魚・野菜に分けて多くの食品の解説と適する料理法を記している。翻刻は『料理本集成』四巻、『秘伝集成』一巻にある。

### 84　料理物語《りょうりものがたり》

一巻一冊。寛永二十年（一六四三）刊。江戸時代初期の代表的料理書で、後の料理書へも大きく影響した。内容は海の魚・磯草・川魚・鳥・獣・きのこ・青物・なまだれだし・汁・鱠・指身・煮物・焼物・吸物・料理酒・さかな・後段・菓子・茶・万《よろず》聞書の二〇の部に分けられ、それぞれの食品や料理法について記述している。前時代の形式を重んじた献立や作法を主とした料理書と異なり、具体的に食品や料理法を記した点、当時としては画期的なものであった。刊本には異版が多く、版を重ねて広く流布したようである。なお慶応大学図書館には、内容にわずかな違いのある寛永十三年成立の写本の『料理物語』がある。

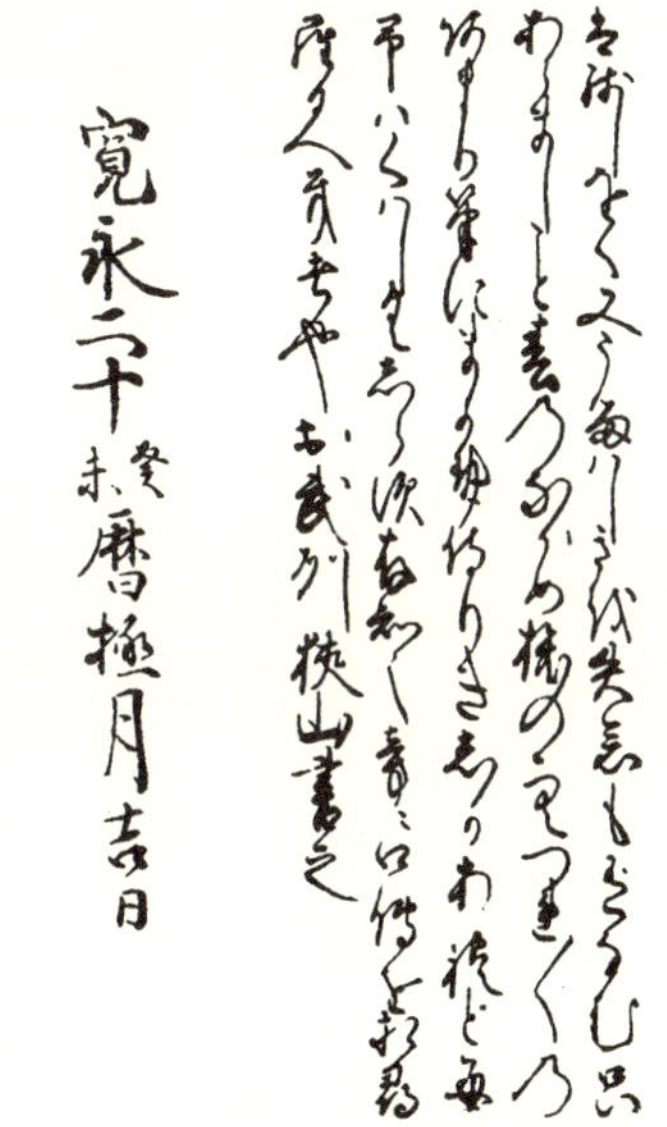


翻刻は『料理本集成』一巻、『秘伝集成』一巻、『料理大鑑』一巻にある。寛永十三年本の翻刻は『千葉大紀要』三十一巻二部にある。

85　**臨時客応接**《りんじきゃくあいしらい》

一巻一冊。文政三年（一八二〇）刊。著者は和田信定。料理書ではなく、急の来客のもてなし方を百か条にまとめたもの。取りつぎの仕方から客の帰ったあとの戸締りまであるが、その中の四三か条が食事のもてなし方で、献立・料理法・盛りつけ方・給仕の仕方など具体的で詳しい。食べる側の客人への配慮が行き届き、現在でも参考になる。翻刻は『料理本集成』八巻にある。

86　**和歌食物本草**《わかしょくもつほんぞう》

江戸初期に刊行された和歌の形式で書かれた本草書で二巻合一冊、著者不明。寛永七年（一六三〇）から元禄七年（一六九四）の間に数回版を重ね、和歌の数を増し解説などを加えた増補本も、寛文七年（一六六七）から寛政七年（一七九五）にわたって数回刊行されている。内容は二四〇種余りの食品をいろは順に並べ、さらにそれを穀之部から、草・木・鳥・獣・魚・虫・菓子などの部に分類して配列し、それぞれについての和歌を記している。たとえば「い」の食品は草之部にいちご、獣之部に猪・いぬ、魚之部に鰯・いるか・煎海鼠《いりこ》・いかという順序で、食品によって和歌の数は違っている。和歌の総数は寛永七年版で巻之上に四七四首、巻之下に三一三首である。巻末に「食合《くいあわせ》きん物」「毎月之禁物」、その他がある版もある。『東京家政学院大学紀要』十四・十五合併号に翻刻と校異がある。

87　**和漢精進新料理抄**《わかんしょうじんしんりょうりしょう》

三巻三冊。元禄十年（一六九七）刊。著者は浪華佳　吉岡とある。唐の部には中国風精進料理が四四種あり、作り方も詳しい。和の部は和風精進料理で、汁や酢菜などの料理別に月ごとの材料の取り合わせがある。精進料理の刊本としては最も古い。翻刻は『料理本集成』二巻、『秘伝集成』十二巻、『料理大鑑』三巻にある。

## 88　和漢三才図会《わかんさんさいずえ》

全一〇五巻、首巻・目録各一巻、八一冊から成る。正徳から享保の間に刊行されたが、自序に正徳二年（一七一二）とあるほか刊年の記載はない。大坂の医師寺島良安が三十余年をかけて完成したもの。中国明《みん》の『三才図会』にならって編纂した日本で初の絵入り百科事典である。巻一から巻六は天の大部で、天文・時候・暦占など。巻七から巻五四までは人の大部で人倫・宗教・生活様式・器具など人にかかわるものと、獣鳥魚虫などがある。巻五五以下は地の大部で、山・水・金石から中国と日本の地理、植物類、造醸などがある。各項目に図があるのが特色である。食物関係では巻三一の庖厨具、巻三七から五四の獣鳥魚類、巻八二から巻一〇五の果物・野菜・穀類・造醸品・菓子に関する部分が役立つ。漢文で書かれているが、『東洋文庫』に全一八巻で口語訳がある。

# あとがき

江戸時代料理書の研究に先鞭をつけられたのは川上行藏先生であり、先生は昭和四十九年から「料理書原典研究会」を主宰され、平成六年に九十六歳でなくなられるまで後進の指導に当たられた。私は研究会の第一回から先生のご指導をいただき、私なりに江戸時代の料理について総合的にまとめてみたいと考えていたところ、平成三年に柏書房から出版の話をいただいた。まず項目の選定にとりかかったものの試行錯誤に日数を費やし、その間ほかの仕事や身辺の出来事もあって手つかずの期間もあり、着手から完成まで四年半の歳月が過ぎた。その間には編集部にも異動があり、担当は企画された遠藤茂氏から芳賀啓氏にかわり、また直接には氏家和正氏、富澤凡子さん、佐藤芳恵さんにお世話になった。寛容と忍耐で仕事のおくれを許して下さった編集部の方々のご助力で本書はようやく完成し、私にとっては古稀の記念とすることが出来た。お世話になった方々に心からお礼を申し上げる。

松下　幸子

寄せからし(よせからし)　272
寄銀杏(よせぎんなん)　**197**
寄胡桃(よせくるみ)　**198**
寄慈姑(よせくわい)　**198**
寄せ豆腐(よせどうふ)　245
寄せ菜(よせな)　99,272
よせ麩(よせふ)　264
寄物(よせもの)　182,**199**
淀川鮓(よどがわずし)　45
米饅頭(よねまんじゅう)　331
夜舟(よふね)　330
寄鰹(よりかつお)　**380**

## ラ行

落雁(らくがん)　**337**
薤三杯漬(らっきょうさんばいづけ)　**233**
卵切・蘭切(らんぎり)　**67**
卵麺(らんめん)　67
利休卵(りきゅうたまご)　**200**
琉球羹(りゅうきゅうかん)　336
料理膾(りょうりなます)　**112**
蠟焼(ろうやき)　**179**
蠟焼海老(ろうやきえび)　179
蠟焼豆腐(ろうやきとうふ)　180
鹿茸(ろくじょう)　268
六条豆腐・六浄豆腐(ろくじょうどうふ)　**268**

## ワ行

わかさ鮓　45
山葵和(わさびあえ)　**212**
山葵酢(わさびず)　**299**
わさびみそ酢　298
腸和(わたあえ)　**212**
腸煎(わたいり)　153
腸貝焼(わたかいやき)　125
腸煮(わたに)　149,**153**
藁煮(わらに)　**153**
わり菜炙(わりなやき)　371

苗字飯・名字飯(みょうじめし)　**31**
味醂・美淋(みりん)　**298**
みりん酒　298
蜜淋酎(みりんちう)　298
みる喰(みるくい)　109
みるくい貝焼(みるくいかいやき)　124
三輪素麺(みわそうめん)　62
麦切(むぎきり)　**67**
麦飯(むぎめし)　**32**
麦湯(むぎゆ)　354
麦羊羹(むぎようかん)　336
麦落雁(むぎらくがん)　338
向詰(むこうづめ)　380
蒸貝(むしかい)　**196**
蒸かまぼこ(むしかまぼこ)　247
蒸し製煎茶(むしせいせんちゃ)　341
蒸しそば(むしそば)　64
むしつ汁　74
蒸飯(むしめし)　30
蒸物(むしもの)　182
蒸湯(むしゆ)　354
蒸羊羹(むしようかん)　336
結びゆば(むすびゆば)　267
紫きんとん(むらさききんとん)　312
紫菜(むらさきのり)　239
めうど　84
目川菜飯(めがわなめし)　26
めしの取湯(めしのとりゆ)　60
飯湯(めしゆ)　342
もうりう　92
毛琉(もうりゅう)　**92**
もうれう　92
もふりやう　92
餅(もち)　137
餅のめし　330
もづこ　90
揉麩(もみふ)　**267**
木綿豆腐(もめんどうふ)　260
ももげ　174
守口大根(もりぐちだいこん)　232
守口漬(もりぐちづけ)　**232**
もりそば　64
諸白(もろはく)　**356**

## ヤ行

八重成羹(やえなりかん)　336
焼塩(やきしお)　**298**
焼豆腐(やきどうふ)　117
焼蛤(やきはまぐり)　**177**
焼浸(やきびたし)　**178**
焼麩(やきふ)　264
焼骨膾(やきほねなます)　**110**
焼松茸(やきまつたけ)　**178**
炙物(やきもの)　156
薬研(やげん)　278
野菜(やさい)　4
夜食膳(やしょくぜん)　31
家多良漬(やたらづけ)　**233**
奴豆腐(やっこどうふ)　152
柳に鞠(やなぎにまり)　**93**
山川酒(やまかわざけ)　348
山川白酒(やまかわしろざけ)　348
やまのいも　86,241,344
山吹膾(やまぶきなます)　**111**,129
山吹飯(やまぶきめし)　**33**
山吹焼(やまぶきやき)　**179**
湯(ゆ)　342
柚釜(ゆがま)　334
雪消飯(ゆきげめし)　122,123
雪餅(ゆきもち)　**334**
柚醤油(ゆずしょうゆ)　210
柚子でんがく(ゆずでんがく)　170
柚羊羹(ゆずようかん)　336
湯豆腐(ゆどうふ)　152
湯取飯(ゆとりめし)　30,**33**
湯の子(ゆのこ)　346
湯葉・湯婆(ゆば)　**267**
湯吹(ゆぶき)　**197**
柚餅子・柚圧・柚干(ゆべし)　**334**
湯奴(ゆやっこ)　**152**
百合羹(ゆりかん)　336
羊羹(ようかん)　**335**
楊貴妃でんがく(ようきひでんがく)　170
よくいにん　346
吉野まんじゅう(よしのまんじゅう)　314

ふわふわ豆腐　**150**
折焼・片木焼(へぎやき)　**175**
糸瓜煎出し(へちまいりだし)　187
糸瓜でんがく(へちまでんがく)　170
紅そうめん(べにそうめん)　62
紅煎貫たまご(べにぬきたまご)　146
焙炉(ほいろ)　345
芳飯・包飯・苞飯・餝飯・法飯(ほうはん)　**30**
焙烙焼・炮烙焼(ほうろくやき)　**175**
細蒲鉾(ほそかまぼこ)　**266**
細作(ほそづくり)　**379**
細つみ入(ほそつみいれ)　259
牡丹餅(ぼたもち)　**330**
牡丹卵(ぼたんたまご)　138
北国米(ほっこくまい)　11
ボテボテ茶　352
骨抜(ほねぬき)　**151**
海鞘塩辛(ほやしおから)　222
鯔(ぼら)　249
法論味噌(ほろみそ)　**295**
本汁(ほんじる)　**91**
本膳(ほんぜん)　91
本膳料理(ほんぜんりょうり)　56,79,87,**379**

## マ行

巻蒲鉾(まきかまぼこ)　**266**
巻鮓・巻鮨(まきずし)　**51**
巻鯣(まきするめ)　**151**
巻煎餅(まきせんべい)　323
巻玉子(まきたまご)　**175**
巻きゆば　267
幕の内弁当(まくのうちべんとう)　29
正木醤油(まさきしゃうゆう)　286
正木ひしほ(まさきひしお)　294
鱒くずし(ますくずし)　251
松重ね豆腐(まつがさねどうふ)　257
松風(まつかぜ)　**330**
松風きす(まつかぜきす)　177
松風慈姑(まつかぜくわい)　**176**,177
松風鯛(まつかぜたい)　177
松風豆腐(まつかぜとうふ)　**176**,177
松風はんぺん(まつかぜはんぺん)　177
松風焼(まつかぜやき)　**177**
松風ゆべし(まつかぜゆべし)　335
松茸(まつたけ)　119,178
松茸三盃酢(まつたけさんばいず)　282
松茸浸物(まつたけひたしもの)　**210**
松茸飯(まつたけめし)　**31**
松茸料理(まつたけりょうり)　178
抹茶法(まっちゃほう)　341
まなかつを生ずし　43
麻腐(まぶ)　189
豆飴(まめあめ)　**330**
丸鮓(まるすし)　**52**
丸つみ入(まるつみいれ)　259
丸山醤(まるやまひしお)　294
饅頭(まんじゅう)　314,319,**331**
万年酢(まんねんず)　**295**
万葉煮(まんように)　141
みかわあえ　**210**
身鯨(みくじら)　78
みさご鮓(みさごすし)　41
水和(みずあえ)　**109**
水飴(みずあめ)　304
水貝(みずがい)　**109**
不見辛・水辛(みずから)　**333**
水出汁(みずだし)　**296**
水垂れ(みずだれ)　290
味噌(みそ)　**296**
みそ貝焼　125
味噌粥(みそかゆ)　**31**
みそ酒　348
味噌汁(みそしる)　**92**
味噌酢(みそず)　**298**
味噌酢膾(みそずなます)　298
みそすまし　82
味そずまし　83
みそ煎餅　323
味噌漬(みそづけ)　**232**
味噌漬豆腐(みそづけとうふ)　232
みぞれ玉子　85
湊田楽(みなとでんがく)　189
蓑煮・美濃煮(みのに)　121,**152**

花麩(はなふ)　264
花巻(はなまき)　65
花饅頭(はなまんじゅう)　331
羽節酒(はぶしざけ)　**354**
蛤(はまぐり)　177
蛤付やき(はまぐりつけやき)　168
蛤藁煮(はまぐりわらに)　153
はまち鋤焼(はまちすきやき)　167
浜名納豆(はまななっとう)　262
浜焼(はまやき)　**172**
浜炙鯛(はまやきたい)　172
鱧くずし(はもくずし)　251
鱧しんじょ(はもしんじょ)　256
早煎酒・早熬酒(はやいりざけ)　**293**
早糠味噌(はやぬかみそ)　293
早味噌漬(はやみそづけ)　**231**
子胞(はら)　223
腹太餅(はらぶともち)　324
はららご　89
はららご汁(はららごじる)　89
鮞汁(はららじる)　**89**
春雨(はるさめ)　59
半田酢(はんだず)　286
半平(はんへい)　263
鱧餅(はんぺい)　263
半餅(はんへん)　263
半弁(はんべん)　263
半片(はんぺん)　241,**263**
はんへん豆ふ(はんへんどうふ)　248
引き筒(ひきつつ)　243
醤(ひしお)　**294**
拉玉子(ひしぎたまご)　**149**
ひしこつみ入(ひしこつみいれ)　259
氷頭(ひず)　77,89,108
氷頭膾(ひずなます)　**108**
浸物(ひたしもの)　168,**209**
浸物の材料　202
干鱈でんぶ(ひだらでんぶ)　140
ひでり膾(ひでりなます)　**108**,366
一つ焼(ひとつやき)　**173**
一夜酒(ひとよざけ)　343
姫飯(ひめいい)　10
ひやしじる　89
冷汁・寒汁(ひやしる)　**89**
冷水売(ひやみずうり)　320
冷麦(ひやむぎ)　**66**
拍子木切(ひようしぎきり)　366
平鰹(ひらかつお)　**377**
平背切(ひらせぎり)　373
ひら麩(ひらふ)　264
ひらめそうめん　243
ひらめ玉子　149
飛龍頭・飛龍子(ひりょうず)　**195**
麩(ふ)　130,185,256,**264**,267
袱紗汁・服紗汁(ふくさじる)　**90**
袱紗味噌・和味噌・服紗味噌(ふくさみそ)　**295**
鰒汁・河豚汁(ふぐじる)　**90**
福溜・小貝醤・福多味(ふくだみ)　**231**
布久太米(ふくため)　231
ふくだめ　222
ふくとう汁　90
福目(ふくめ)　**265**
ふくめ鯛　266
脹煎・膨煎(ふくらいり)　**149**
ふくら煮　149
袋玉子(ふくろたまご)　**149**
ふじ　90
不識汁(ふしじる)　71
二度飯・餴飯(ふたたびめし)　**30**
普茶料理(ふちゃりょうり)　133,**377**
葡萄酒(ぶどうしゅ)　**355**
太煮(ふとに)　**150**
鮒子附(ふなこづけ)　106
鮒のかす漬(ふなのかすづけ)　219
鮒のこゞり(ふなのこごり)　128
鮒の汁(ふなのしる)　**91**,280
鮒焼浸(ふなやきびたし)　178
麩の焼(ふのやき)　**329**
麩の焼玉子(ふのやきたまご)　163,**173**
鰤切(ぶりきり)　**378**
鰤焼(ぶりやき)　173
風呂吹(ふろふき)　**195**
風呂吹大根(ふろふきだいこん)　196
風呂吹ねぎ(ふろふきねぎ)　196
ふわふわ玉子　**174**

南蛮汁(なんばんじる)　**87**
南蛮漬(なんばんづけ)　**229**
南蛮煮(なんばんに)　**143**
南蛮料理(なんばんりょうり)　125
煮和(にあえ)　**143**
煮色(にいろ)　**144**
煮梅(にうめ)　**144**
煮売屋(にうりや)　238
煮貝(にがい)　**145**
煮貝蚫(にがいあわび)　145
苦塩(にがしお)　261
煮かまぼこ(にかまぼこ)　247
苦焼(にがやき)　169
握鮓・握鮨(にぎりずし)　**50**
握飯・摶団飯(にぎりめし)　**28**
梅肉和(にくあえ)　**209**
肉料理(にくりょうり)　4
煮凝(にこごり)　**194**
濁酒(にごりざけ)　356
煮ざまし(にざまし)　133
辛螺貝焼(にしかいやき)　124
煮染(にしめ)　**145**,274
煮出汁(にだし)　288
日光漬(にっこうづけ)　**229**
日光唐辛子(にっこうとうがらし)　229
煮貫(にぬき)　**292**
にぬき汁　292
煮貫玉子・煮抜玉子(にぬきたまご)　**146**
煮貫豆腐・煮熟豆腐(にぬきとうふ)　**146**
二の汁(にのしる)　**87**
二杯酢・二盃酢(にはいず)　**292**
煮浸(にびたし)　**146**
煮豆(にまめ)　274
煮物(にもの)　114
煮麵・入麵(にゅうめん)　62,**66**
煮寄(によせ)　**194**
韮(にらぎ)　214
韮ざうすい(にらぞうすい)　21
鶏(にわとり)　17,87
人参汁(にんじんじる)　**88**
人参大根の汁(にんじんだいこんのしる)　88
人じん焼(にんじんやき)　168,210
にんじん炙(にんじんやき)　371
忍冬酒(にんどうしゅ)　**353**
糠漬(ぬかづけ)　**230**
糠味噌(ぬかみそ)　**292**
糠味噌汁(ぬかみそじる)　88
糠味噌漬(ぬかみそづけ)　214,**230**
ぬた　107
ぬたあえ　107
饅膾・滑膾・沼田膾(ぬたなます)　**107**
ぬっぺい　147
葱(ねぎ)　142,206
葱みそ酢(ねぎみそず)　298
葱飯・根葱飯(ねぎめし)　**29**
練酒(ねりざけ)　**353**
ねり酒酢(ねりざけず)　273
煉湯(ねりゆ)　**354**
練羊羹(ねりようかん)　336
濃餅・能平(のっぺい)　**147**
のつぺいとう(のっぺいとう)　147
野衾(のぶすま)　**147**
海苔(のり)　239,244
海苔巻(のりまき)　41
海苔飯・紫菜飯(のりめし)　**29**
のろ　90

ハ行

梅肉和(ばいにくあえ)　209
白雪糕(はくせつこう)　**328**
博奕汁(ばくちじる)　**89**
ばくはん　32
箱鮓・箱鮨・筥鮓(はこずし)　45,46,47,48,**51**
羽衣煎餅(はごろもせんべい)　323
箸つみ入(はしつみいれ)　259
はす　362
蓮炙(はすやき)　371
八盃豆腐・八杯豆腐(はちはいとうふ)　**148**
八丁みそ(はっちょうみそ)　73
初物(はつもの)　6
鳩酒(はとざけ)　**354**
花鰹(はなかつお)　**377**
花塩(はなしお)　**293**
花玉子(はなたまご)　**148**

天麩羅(てんぷら)　**193**
天ぷらそば　65
伝法焼・田保焼(でんぽうやき)　**171**
てんぽ焼　171
唐辛子酢みそ(とうがらしすみそ)　288
唐辛子みそ酢(とうがらしみそず)　298
冬瓜炙(とうぐわやき)　371
当座ゆべし(とうざゆべし)　335
唐人飴(とうじんあめ)　311
豆腐　89,116,117,122,126,139,146,148,150,152,162,176,186,187,195,240,245,247,253,**259**
豆腐巻(とうふけん)　195
豆腐田楽(とうふでんがく)　170
とうふふわふわ　150
豆腐飯・菽乳飯・豆乳飯(とうふめし)　**26**
道明寺(どうみょうじ)　344
豆淋酒(とうりんしゅ)　349
通し(とおし)　198
溶き入玉子(ときいれたまご)　**85**
常節(とこぶし)　231
心太(ところてん)　62,**261**
土佐麩(とさふ)　264
都春錦(としゅんきん)　**141**
土蔵焼(どぞうやき)　**171**
隣知らず(となりしらず)　330
醅醸(どぶ)　**291**
醅醸汁(どぶじる)　**85**
醅醸漬(どぶづけ)　**228**
どぶを差す　291
留粕(とめかす)　**291**
留粕煮(とめかすに)　291
友和(ともあえ)　212
虎屋饅頭(とらやまんじゅう)　331
鳥(とり)　2
鳥貝鮓(とりがいずし)　**48**
鳥法論味噌(とりほろみそ)　295
取湯(とりゆ)　354
薯蕷汁(とろろじる)　**86**
屯食(とんじき)　28

ナ行

長あへ(ながあえ)　207
長崎麻麩(ながさきまぶ)　189
中原酢(なかはらず)　286
中味噌(なかみそ)　85,92
投作(なげづくり)　**375**
なし物(なしもの)　222
茄子(なす)　165
茄子粕漬(なすかすづけ)　219
茄子糀漬(なすこうじづけ)　221
茄子でんがく(なすでんがく)　170
茄子糠漬(なすぬかづけ)　230
茄子あま漬(なすびあまづけ)　217
なすびいり出し　187
茄子塩圧漬(なすびしおおしづけ)　**228**
なすび南蛮煮(なすびなんばんに)　143
菜漬(なづけ)　**228**
夏こごり(なつこごり)　128
納豆(なっとう)　**262**
納豆汁(なっとうじる)　**86**
なべしり餅　330
鍋焼(なべやき)　**141**
生皮(なまかわ)　**142**
生皮煎(なまかわいり)　142
海鼠(なまこ)　79,105,242,253,254
なます　96,272,273,277,278,287,289,298,364,375
生垂(なまだれ)　**291**
生成(なまなり)　48
生成(なまなれ)　**48**
なま麩(なまふ)　264,267
生ゆば茶碗蒸(なまゆばちゃわんむし)　192
菜飯(なめし)　**26**,31
なめみそ　277,294,295
奈良茶(ならちゃ)　**352**
奈良茶飯・寧良茶飯(ならちゃめし)　**27**
奈良漬(ならづけ)　**229**
なる子(なるこ)　222
馴鮓(なれずし)　**49**
難波煮(なんばに)　**142**
南蛮菓子(なんばんがし)　308,310,316,325

田作和(たつくりあへ)　259
蓼酢(たでず)　**289**
蓼酢みそ(たですみそ)　288
蓼みそ酢(たでみそず)　298
狸汁(たぬきじる)　**83**
瑇脂の干物(たまあぶらのひもの)　249
卵　3,85,118,121,129,138,146,148,149,150,152,153,158,163,173,174,175,188,200,254
玉子いらずかすていら　308
玉子貝焼(たまごかいやき)　125
玉子粥(たまごかゆ)　**24**
鶏卵羹(たまごかん)　336
玉子酒(たまござけ)　**352**
玉子酢(たまごず)　**289**
たまごそうめん　243
玉子素麺・鶏卵素麺(たまごそうめん)　**325**
玉子でんがく　170
玉子豆腐　**190**
玉子とじ　65
玉子ふわふわ　174
玉子飯・鶏卵飯(たまごめし)　**25**
玉子藁煮(たまごわらに)　153
溜(たまり)　**289**
溜醤油(たまりじょうゆ)　290
鱈汁(たらじる)　**84**
垂味噌・溏味噌(たれみそ)　**290**
団子(だんご)　**325**
たんざくうど　375
短冊切(たんざくぎり)　**375**
団茶(だんちゃ)　341
ちぎり麩(ちぎりふ)　264
千倉鮓(ちくらずし)　45
粽・茅巻(ちまき)　308,**326**
ちまき麩(ちまきふ)　264
茶(ちゃ)　341
茶粥(ちゃがゆ)　**25**
茶巾卵(ちゃきんたまご)　138
茶の湯料理(ちゃのゆりょうり)　360
茶飯(ちゃめし)　20,**25**
茶碗玉子(ちゃわんたまご)　**191**
茶碗蒸(ちゃわんむし)　**191**
茶碗焼(ちゃわんやき)　191
朝鮮鱠(ちょうせんなます)　282
調味酢　272
調味料　270
草石蚕寄衣(ちょうろぎよせころも)　**192**
ちょろぎ　192
散しずし(ちらしずし)　43
ちりめん麩(ちりめんふ)　264
陳皮(ちんぴ)　123
摑み酒(つかみざけ)　**352**
筑芋(つくいも)　248
つけあげ　193
漬け菜(つけな)　228
漬松茸(つけまつたけ)　178
漬物(つけもの)　214,234,364
漬物売り(つけものうり)　214
付焼(つけやき)　**168**
筒切(つつぎり)　**375**
筒玉子(つつたまご)　149
包玉子(つつみたまご)　**138**
包豆腐(つつみとうふ)　**139**
包み麩(つつみふ)　264
苞麩(つとふ)　264
つなし雪花菜鮓(つなしからずし)　44
常の味噌(つねのみそ)　297
つばいもちい　327
椿餅(つばきもち)　**327**
壺煎(つぼいり)　168
つぼ抜(つぼぬき)　375
壺焼(つぼやき)　**168**
妻(つま)　**375**
摘入(つみいれ)　**259**,264
摘入豆腐(つみいれとうふ)　**259**
つみれ　259
鶴の汁(つるのしる)　**84**
定家煮(ていかに)　**139**
鉄砲和(てっぽうあえ)　**208**
寺納豆(てらなっとう)　263
田楽(でんがく)　**169**
田楽豆腐　169
田楽焼(でんがくやき)　169
碾茶(てんちゃ)　341
田夫・田麩(でんぶ)　**140**,141,274
田夫煮(でんぶに)　140

背切・瀬切(せぎり)　**373**
背越(せごし)　**373**
瀬多豆腐・勢田豆腐(せたとうふ)　**189**
せたやき芋　189
瀬戸の染飯(せとのそめいい)　22
芹焼(せりやき)　**167**,210,371
繊切・千切・線切(せんぎり)　**374**
善哉(ぜんざい)　321
仙台煮(せんだいに)　298
膳立(ぜんだて)　379
煎茶(せんちゃ)　**350**
煎茶法(せんちゃほう)　341
善徳寺酢(ぜんとくじず)　286
煎羽・煎葉・船場(せんば)　**136**
船場熬(せんばいり)　136
船場煮・煎盤煮(せんばに)　**136**
煎餅(せんべい)　**322**,323
千枚漬(せんまいづけ)　**225**
宗及餅・宗休餅(そうきゅうもち)　**323**
糟鶏(そうけい)　255
桑椹酒(そうじんしゅ)　345
雑炊・雑水・雑吸・増水(ぞうすい)　**21**
雑煮(ぞうに)　**137**
素麺・索麺(そうめん)　**62**
そうめん豆腐　187
そばかいもち　64
蕎麦掻(そばがき)　**64**
蕎麦切(そばきり)　**64**
そばねり　64
蕎麦饅頭(そばまんじゅう)　332
蕎麦飯(そばめし)　**22**
染飯(そめいい)　**22**

タ行

鯛(たい)　23,71,83,86,135,172,186,243,256,266
鯛おらんだ煮　124
鯛をらんだやき　160
大根(だいこん)　88
大根煎出し(だいこんいりだし)　184
大こんたくはひ漬　227
大根の太煮　88
大根早漬香物(だいこんはやづけこうのもの)　**226**
大根早豉漬(だいこんはやみそづけ)　231
大根百本漬(だいこんひゃっぽんづけ)　**226**
大根風呂吹(だいこんふろふき)　196
大根味噌漬(だいこんみそづけ)　232
大根飯(だいこんめし)　23
大菜(だいさい)　368
鯛しんじょ(たいしんじょ)　256
鯛すりながし汁(たいすりながしじる)　83
たいするがに　135
鯛そうめん(たいそうめん)　243
大徳寺納豆(だいとくじなっとう)　262
鯛とろろ(たいとろろ)　86
鯛とろろ汁(たいとろろじる)　71
鯛のすつぽん煮(たいのすっぽんに)　135
太白(たいはく)　281
台引(だいびき)　**374**
大福(だいふく)　324
大福餅(だいふくもち)　**324**
大仏餅(だいぶつもち)　**324**
鯛ぽんぽり(たいぽんぽり)　266
鯛飯(たいめし)　**23**
たいらぎ　204
焚乾飯・焼干飯・炊乾飯(たきぼしめし)　**23**
沢庵漬・宅庵漬・宅安漬(たくあんづけ)　**226**
たけのこ　133
筍刻み寄(たけのこきざみよせ)　**190**
筍臭和(たけのこくさあえ)　206
筍鮨(たけのこずし)　**47**
筍飯・竹子飯(たけのこめし)　**24**
蛸(たこ)　20,124,130
蛸黒和(たこくろあえ)　206
たこのするが煮(たこのするがに)　135
出汁(だし)　**288**
出し酒(だしざけ)　**288**
庵茶(だしちゃ)　350
叩き牛蒡(たたきごぼう)　**138**
たち魚夷人和(たちうおおらんだあえ)　204
たち魚鉄砲和(たちうおてっぽうあえ)　208
田作り(たつくり)　**258**

上用饅頭(じょうようまんじゅう)　319
松露炙(しょうろやき)　371
食禁(しょっきん)　7
薯蕷(じょよ)　60
薯蕷羹(じょよかん)　336
薯蕷饅頭(じょよまんじゅう)　**319**,332
薯蕷麺(じょよめん)　**60**
白和(しらあえ)　**207**
白酢(しらず)　**286**
白酢和(しらずあえ)　286
しら玉　358
白玉(しらたま)　**320**
白玉売(しらたまうり)　320
白蒸(しらむし)　19
白焼(しらやき)　156
尻振茶(しりふりちゃ)　352
汁飴(しるあめ)　304
汁かけ飯(しるかけめし)　11
汁粉(しるこ)　**320**
汁継(しるつぎ)　20
汁物(しるもの)　375
白瓜(しろうり)　220
シロクワイ　199
白こんにゃく一切盛　371
白酒(しろざけ)　**348**
しろず　286
白水(しろみず)　261
白羊羹(しろようかん)　336
糝薯・真薯・新庄(しんじょ)　**256**,264
糝薯吸物(しんじょすいもの)　**81**
しんじょでんがく　170
糂粏(じんた)　292
准麩汁(じんふじる)　**81**
酢(す)　**286**
酢和(すあえ)　**207**,277
剝切(すいぎり)　**371**
吸口(すいくち)　**372**
水繊・水煎・水蟾・水泉(すいせん)　**61**
水前寺苔・水禅寺苔・水泉寺苔(すいぜんじのり)　**257**
水泉寺苔巻鱧へい(すいぜんじのりまきはもへい)　258
水せん鍋(すいせんなべ)　61
吹田くわい(すいたくわい)　198
水団・水飩(すいとん)　**61**
馬尾篩(すいのう)　15
吸物(すいもの)　**81**
酢煎(すいり)　**134**
姿ずし(すがたずし)　52
杉板焼(すぎいたやき)　**166**
杉箱焼　134
鋤焼(すきやき)　**167**
杉焼(すぎやき)　**134**,166
杉やき鯛(すぎやきたい)　166
すくひ鮓(すくいずし)　43
すくい豆腐(すくいどうふ)　245
すくひゆば　267
助惣焼(すけそうやき)　329
酢菜(すさい)　**208**
スサビノリ　240
すじこ　246
すし屋　41
須須保利(すずほり)　214
雀鮓・雀鮨(すずめずし)　**47**
雀焼(すずめやき)　164,**167**
啜団子(すすりだんご)　**321**
硯蓋(すずりぶた)　370
すだれ麩(すだれふ)　264
酢漬・醋漬(すづけ)　**223**
鼈煮(すっぽんに)　**135**
すつぽんもどき　135
捨小舟(すておぶね)　**224**
酢の物(すのもの)　**372**
すはま　330
清汁・澄汁(すましじる)　**82**
清酒(すみざけ)　356
酢味噌(すみそ)　**287**
すり汁(すりじる)　83
摺立汁(すりたてじる)　83
摺流汁(すりながしじる)　**83**
すり流し豆腐　83
豆淋酒(ずりんしゅ)　**349**
駿河煮(するがに)　**135**
するめ　151
せいがい茗荷(せいがいみょうが)　376
赤飯(せきはん)　19,**21**

375,376,379
座禅豆(ざぜんまめ) **131**
薩摩芋飯(さつまいもめし) 13
薩摩鮨(さつまずし) **46**
里芋飯(さといもめし) 13
砂糖・沙糖(さとう) **280**
砂糖榧(さとうがや) 306
さたうせんべい 323
さたうまんぢう 331
鯖鮓・鯖鮨(さばずし) **46**
冷し煮物(さましにもの) 280
醒井餅(さめがいもち) **317**
沙湯(さゆ) 354
さん木かまぼこ 366
算木切(さんぎきり) **366**
さんぎぐはし 319
山椒(さんしよう) 274
山椒酢みそ(さんしょうすみそ) 288
山椒みそ酢(さんしょうみそず) 298
山椒餅(さんしょうもち) **318**
三の汁(さんのしる) **79**
三杯酢・三盃酢(さんばいず) **282**
三盆白(さんぼんじろ) 281
思案麩(しあんふ) **256**
椎茸出汁(しいたけだし) **282**
塩(しお) **282**
塩釜(しおがま) **319**
塩辛(しおから) **222**,254
塩辛納豆(しおからなっとう) 262
塩桜茶飯(しおざくらちゃめし) 20
塩瀬饅頭(しおせまんじゅう) 331
塩煎餅(しおせんべい) 322
塩鳥(しおどり) **222**
塩煮(しおに) **131**
塩煮鰒(しおにあわび) 132
塩引(しおびき) **223**
塩引鮭焙烙焼(しおびきさけほうろくやき) 175
塩ふり焼(しおふりやき) 165
塩焼(しおやき) **165**
塩焼でんがく(しおやきでんがく) 170
地紙切(じがみぎり) **366**
地紙蓮根(じがみれんこん) 368
直焼(じかやき) 156
敷葛(しきくず) 363
鴫壺(しぎつぼ) 165
鴫焼(しぎやき) **165**
時雨煮(しぐれに) **132**
時雨蛤(しぐれはまぐり) 132
蜆飯(しじみめし) **20**
紫蘇(しそ) 225
下地(したじ) **368**
しつき 222
しっぽく 65
卓袱料理・卓子料理(しっぽくりょうり) **368**,377
品川海苔(しながわのり) 240
四半切(しはんぎり) **369**
じぶ煮 **132**
地廻酒(じまわりざけ) 356
しみこんにゃく 252
凍豆腐(しみどうふ) 253
しめじ茸塩煮 132
霜降(しもふり) **370**
釈迦汁(しゃかじる) **79**
重の物(じゅうのもの) 197
重箱引き(じゅうばこびき) 370
重引(じゅうびき) **370**
寿泉苔(じゅせんだい) 257
須弥山汁(しゅみせんじる) **80**
笋羹・筍羹(しゅんかん) **133**
じゅんふ 81
じゅんふ汁 81
生姜酒(しょうがしゅ) **348**
生姜酢みそ(しょうがすみそ) 288
生姜みそ酢(しょうがみそず) 298
小菜(しょうさい) 368
精進揚(しょうじんあげ) 193
精進煎酒(しょうじんいりざけ) **283**
精進の出汁(しょうじんのだし) 276,279,282,**284**,288
上でんがくとうふ 169
上白(じようはく) 281
漿粉(しょうふ) 264
菖蒲酢(しょうぶず) 296
醤油(しょうゆ) **284**

柿鮓・柿鮨(こけらずし) **45**
子籠(こごもり) 223
凝魚(こごり) **128**,194
凝豆腐(こごりどうふ) 253
凝ところてん(こごりところてん) 249
心太(こころぶと) 261
五斎煮(ごさいに) **128**
甑(こしき) 19
漉粉玉子(こしこたまご) **129**
漉玉子(こしたまご) 129
古酒(こしゅ) **347**
胡椒飯(こしょうめし) **18**
呉汁(ごじる) **78**
小杉焼(こすぎやき) 134
こだたみ 79
海鼠湛味・海鼠畳(こだたみ) **105**
海鼠畳汁(こだたみじる) **79**,86
後段(ごだん) 56
子付(こづけ) 105
子付さしみ(こづけさしみ) 105
子附鯛(こづけたい) 106
子付膾(こづけなます) **105**
小つみ入(こつみいれ) 259
小殿腹(ことのばら) 258
五斗味噌(ごとみそ) **278**
後藤味噌(ごとみそ) 278
小禽雑炊(ことりぞうすい) **18**
小鳥焼(ことりやき) **164**
小煮物(こにもの) **129**
海鼠子(このこ) **253**
海鼠腸(このわた) 222,**254**
琥珀玉子(こはくたまご) **188**,**254**
琥珀糖(こはくとう) 254
牛蒡(ごぼう) 138,184
牛房甘煮(ごぼうあまに) 116
牛房太煮(ごぼうふとに) 150
牛蒡餅(ごぼうもち) **316**
胡麻(ごま) 206
胡麻和(ごまあえ) **206**
細煮物(こまかにもの) 129
胡麻羹(ごまかん) 336
胡麻酢(ごまず) **279**
胡麻豆腐(ごまどうふ) **189**
ごまめ 258
胡麻湯(ごまゆ) 354
米酢(こめず) 287
五目粥(ごもくかゆ) **18**
ごもく鮓(ごもくずし) 43
五目飯・骨董飯(ごもくめし) **19**
ころばかし 255
強飯(こわいい) 10
強飯(こわめし) **19**
ごんぎり 109
蒟蒻・蒟蒻(こんにゃく) 252,**255**
こんにゃく粉(こんにゃくこ) 255
昆布出汁(こんぶだし) **279**
金平糖・金餅糖・糖花(こんぺいとう) **316**

サ行

西国米(さいごくまい) 11
賽の目切(さいのめぎり) **365**
賽の目作り(さいのめづくり) 365
さいまんぢう 331
酒塩(さかしお) **280**
酒酢(さかず) 287
酒出し(さかだし) **280**
酒浸(さかびて) **106**
酒麩(さかふ) **130**
ざくざく汁 80
索餅(さくべい) 54
桜煎(さくらいり) **130**
桜煮(さくらに) 130
桜飯(さくらめし) **20**
桜餅(さくらもち) **317**
酒(さけ) 340
酒ずし(さけずし) 46
鮭煮こごり(さけにこごり) 194
鮭の甘漬(さけのあまづけ) 217
笹掻(ささがき) **366**
ささがし 366
ささ煮貝 145
笹吹鱠 108
笹巻鮓(ささまきずし) **45**
さし込(さしこみ) 248
さしみ 96,97,272,288,289,298,364,370,

枸杞飯(くこめし) **17**
臭和(くさあえ) **206**
草餅(くさもち) **312**
串鮑・串蚫(くしあわび) **250**
くじいと **125**
串貝(くしがい) 250
串焼(くしやき) **164**
鯨汁(くじらじる) **77**
鯨餅(くじらもち) **313**
葛あん(くずあん) 358,362
葛切(くずきり) **59**
崩し(くずし) **251**
崩し豆腐 **126**
くずし鱠(くずしなます) 251
葛素麺・葛索麺(くずそうめん) **59**
葛溜(くずだまり) 358,**362**
葛にうめん 62
葛饅頭 **314**
葛餅 **314**
薬白雪糕(くすりはくせつこう) 328
下り醤油(くだりじょうゆ) 271
くちこ 253
口取肴(くちとりさかな) 361
山梔子飯(くちなしめし) **17**
九年母羹(くねんぼかん) 336
くもじ 221
栗生姜(くりしょうが) **363**
栗の粟むし葛あんかけ(くりのあわむしくずあんかけ) 186
栗羊羹(くりようかん) 336
車麩(くるまふ) 264
胡桃(くるみ) 198
胡桃酢(くるみず) **277**
くるみ酢和(くるみすあえ) 208
胡桃卵(くるみたまご) 200
黒和(くろあえ) **206**
クロクワイ 198
黒胡麻(くろごま) 206
黒豆 131
慈姑(くわい) 176,198
桑酒(くわざけ) **345**
桑茶(くわちゃ) 345
鶏飯(けいはん) **17**,31
景物(けいぶつ) 85
鶏卵(けいらん) **315**
毛切(けぎり) **363**
芥子酢(けしず) **278**
けし酢和(けしすあえ) 208
月禁(げっきん) 7
毛抜鮓(けぬきずし) 45
獣肉(けものにく) 3
権・見(けん) **364**
巻繊・巻煎・巻蒸・巻煮(けんちん) **126**
呉(ご) 78
濃口醤油(こいくちしょうゆ) 271
小板蒲鉾(こいたかまぼこ) **251**
小板棒付(こいたぼうつき) 252
鯉筒切(こいつつぎり) 375
鯉の胃入汁(こいのいいりじる) **78**
鯉の小川たたき(こいのおがわたたき) 101
鯉の観世汁(こいのかんぜじる) 76
鯉の毛切(こいのけぎり) 364
鯉の子づけなます(こいのこづけなます) 106
濃味噌(こいみそ) 92
子色膾(こいろなます) 106
麴漬・糀漬(こうじづけ) **221**
江州鮒の鮨(ごうしゅうふなのすし) 49
香煎(こうせん) **346**
香頭(こうとう) 18,372
香物(こうのもの) 274,**364**
合飯(ごうはん) 330
高野豆腐(こうやどうふ) 253
高麗煮(こうらいに) **127**
子うるか 222
氷卸(こおりおろし) **278**
氷蒟蒻・凍蒟蒻(こおりこんにゃく) **252**
氷豆腐・凍豆腐(こおりどうふ) **253**
小角あげ豆腐(こかくあげどうふ) 185
こがし 346
焦湯(こがしゆ) 346
濃漿・濃醤・濃塩・殻焦(こくしょう) **127**
こくせう麺(こくしょうめん) 62
木口切・小口切(こぐちぎり) **365**
木口作り(こぐちづくり) 365
焦湯(こげゆ) **346**

乾鮭・干鮭(からざけ) **248**
からざけ蝦夷汁(からざけえぞしる) 248
干鮭鮓(からざけずし) 248
から鮭冷汁(からざけひやしる) 248
辛子酢(からしず) **274**
辛子酢みそ(からしすみそ) 288
芥子泥(からしでい) 66
からし鱠(からしなます) 105
からしみそ酢(からしみそず) 298
鱲子・唐墨(からすみ) **249**
かりがねそうめん 243
かるめいら **310**
カルメ焼き 310
カルメラ **310**
かるめろ 310
かるめろう 310
かれい煮こごり 194
皮煎(かわいり) **76**
皮煎すまし汁 76
皮鯨(かわくじら) 77
川茸(かわたけ) 257
去皮蕎麦(かわむきそば) 22
土器焼(かわらけやき) 171
瓦煎餅(かわらせんべい) 322
変わり飯(かわりめし) 31,34
観世汁(かんぜじる) **76**
間接焼(かんせつやき) 156
がんぞうなます 104
乾燥ゆば 267
寒天(かんてん) **249**
干瓢出汁(かんぴょうだし) **276**
がんもどき 195
菊玉子 149
きざみ漬 221
雉(きじ) 352,354
雉子飯(きじめし) **16**
碁子麺(きしめん) **58**
雉子焼(きじやき) **162**
生鮓(きずし) **43**
きすそうめん 243
擬製豆腐(ぎせいどうふ) **162**
北風酢(きたかぜず) 287
絹漉豆腐(きぬごしとうふ) 260
木の芽(きのめ) 205
木の芽和(きのめあえ) **205**
木のめでんがく 170
木の芽みそ(きのめみそ) 205
生麩(きぶ) 264
黄身酢(きみず) 289
きゃらごぼう 125
伽羅ごまめ(きゃらごまめ) 125
伽羅煮(きゃらに) **125**
きゃらぶき 125
牛肉(ぎゅうにく) 4
求肥(ぎゅうひ) 311
求肥飴(ぎゅうひあめ) **311**
求肥糖(ぎゅうひとう) 311
ぎゅうひ餅 311
きゅうり 210
魚介類 1
玉露(ぎょくろ) 341
魚飯(ぎょはん) 32
雪花菜汁(きらずじる) **77**
雪花菜鮓(きらずずし) **44**
切山椒(きりさんしょう) 319
切りずし(きりずし) 51
切違え(きりちがえ) **362**
切つみ入(きりつみいれ) 259
切麦(きりむぎ) **58**
切目(きりめ) 373
切飯(きりめし) 28
きんかん麩(きんかんふ) 264
金玉糖(きんぎょくとう) **311**
きんこときんなんの金山寺和 277
きんこわさび酢 299
金山寺味噌・径山寺味噌(きんざんじみそ) **277**
金糸玉子(きんしたまご) **163**
巾着豆腐(きんちゃくどうふ) 139
金団(きんとん) **312**
きんとん餅 312
銀杏(ぎんなん) 197
茎立(くきたち) 78
茎漬(くきづけ) **221**
茎屋(くきや) 214
枸杞茶(くこちゃ) **345**

朧饅頭(おぼろまんじゅう)　332
おむすび　28
親子南蛮(おやこなんばん)　65
夷人和・紅毛和(おらんだあえ)　**204**
阿蘭陀煮(おらんだに)　**124**
紅毛焼・和蘭陀焼(おらんだやき)　**160**
卸膾(おろしなます)　**102**

## カ行

改敷・掻敷(かいしき)　**359**
貝杓子(かいじゃくし)　134
懐石(かいせき)　**360**
会席料理(かいせきりょうり)　**360**
カイ干(かいぼし)　258
かいもち　330
貝焼(かいやき)　**124**
牡蠣(かき)　118
掻和・抓和(かきあえ)　**103**
牡蠣貝焼(かきかいやき)　124
牡蠣吸物(かきすいもの)　**75**
牡蠣雑炊(かきぞうすい)　**14**
掻鯛(かきたい)　**103**
かき玉子　122
かきたま汁　85
蠣肉あへ(かきにくあえ)　209
牡蠣飯(かきめし)　**15**
角しんじょ(かくしんじょ)　256
かけそば　65
かげを落す　**361**
加工食品(かこうしょくひん)　238
葛西苔(かさいのり)　239
菓子(かし)　302
淅米(かしまい)　33
菓子屋(かしや)　303
柏餅(かしわもち)　**307**
糟汁・粕汁(かすじる)　**76**
粕酢(かすず)　287
粕漬・糟漬(かすづけ)　**219**
かすていい　308
かすていら　308
かすてほうろ　308
カステラ　**308**
家主貞良卵・粕ていら玉子(かすてらたまご)　**160**
かすてらぼうろ　308
かせ板(かせいた)　**309**
がぜち和(がぜちあえ)　**204**
がぜちひしお　204
加雑膾・加増膾・和雑膾(かぞうなます)　**104**
堅飴(かたあめ)　304
固粥(かたかゆ)　10
片背切(かたせぎり)　373
片背ごし(かたせごし)　373
片白(かたはく)　356
かつをすりながし　83
鰹出汁(かつおだし)　**273**
鰹節(かつおぶし)　273,377,380
鰹法論味噌(かつおほろみそ)　295
鰹水だし(かつおみずだし)　296
鰹飯(かつおめし)　**15**
かて飯(かてめし)　10
かてもの　13
鹿子糝薯(かのこしんじょ)　**246**,256
鹿の爪切(かのつめぎり)　**362**
蒲焼・樺焼・椛焼(かばやき)　**161**
かびたん漬　**219**
甲比丹飯(かびたんめし)　**15**
かぶ焼　168,210
蕪骨(かぶらほね)　210
蕪蒸(かぶらむし)　**188**
釜炒り茶(かまいりちゃ)　341
鎌倉漬(かまくらづけ)　**220**
蒲鉾・蒲穂子・魚糕(かまぼこ)　**246**
かまぼこ瓦　247
蒲鉾豆腐(かまぼこどうふ)　**247**
雷おこし(かみなりおこし)　307
雷干瓜(かみなりぼしうり)　**220**
かみなり焼　165
鴨そうめん(かもそうめん)　243
鴨南蛮(かもなんばん)　65
榧(かや)　305
加役(かやく)　31
粥(かゆ)　10,**16**,25,31
辛皮(からかわ)　263,**274**

うけいり　259
うけいれ　259
うけ玉子　**121**
五加茶(うこぎちゃ)　345
潮煮(うしおに)　**122**,140
うす　174
渦巻漬(うずまきづけ)　**217**
薄身(うすみ)　373
薄味噌(うすみそ)　92
埋豆腐(うずみどうふ)　**122**
薄焼卵(うすやきたまご)　173
薄雪煎餅(うすゆきせんべい)　323
薄雪とうふ(うすゆきとうふ)　170
鶉くずし(うずらくずし)　251
うづらそうめん(うずらそうめん)　243
鶉焼(うずらやき)　**306**
打附焼(うちつけやき)　**159**
うちわ玉子(うちわたまご)　121,122
十六島海苔・十六嶋海苔(うつぷるいのり)　**243**
うづわ酢煎　134
うど沼田茹(うどぬたあえ)　107
うど焼(うどやき)　371
饂飩(うどん)　**58**
饂飩豆腐(うどんとうふ)　**187**
うどん麩(うどんふ)　264
うなぎ糀焼茶碗蒸(うなぎかばやきちゃわんむし)　192
鰻鱺様(うなぎどうふ)　189
雲丹塩辛(うにしおから)　222
卯の花(うのはな)　44
卯の花汁(うのはなじる)　77
うば　267
うぼぜ難波煮(うぼぜなんばに)　143
うま煮　116
梅が香・梅が鰹(うめがか)　**123**
梅酒(うめしゅ)　**345**
梅醤(うめひしお)　**244**
梅干(うめぼし)　144,244
梅干漬(うめぼしづけ)　**218**
裏白鰹(うらじろかつお)　123
裏白くらげ(うらじろくらげ)　123
裏白椎茸(うらじろしいたけ)　**123**
裏白紫蘇(うらじろしそ)　123
裏白干皮(うらじろほしかわ)　123
うるか　222
上置(うわおき)　**358**
江戸煮(えどに)　**124**
海老(えび)　160
海老しんじょ　256
海老そうめん　243
海老摘入(えびつみいれ)　**244**
海老飯(えびめし)　**14**
江鮒(えぶな)　47
えまし麦(えましむぎ)　32
淹茶法(えんちゃほう)　341
奥州煮(おうしゅうに)　298
黄飯(おうはん)　17
大板蒲鉾(おおいたかまぼこ)　**244**
大かまぼこ　244
大杉焼(おおすぎやき)　134
大手饅頭(おおてまんじゅう)　331
大煮物(おおにもの)　129,133,362
大焼豆腐(おおやきどうふ)　248
おから　44,77
おから汁　77
小川叩(おがわたたき)　**101**
沖漬(おきづけ)　220
翁煎餅(おきなせんべい)　323
沖膾(おきなます)　**102**
小倉羹(おぐらかん)　336
小倉鮓(おぐらずし)　45
小ぐらゆば　267
粔籹米・興米(おこしごめ)　**307**
起し鮓(おこしずし)　**43**
御事汁(おことしる)　116
おこわ　19
折敷(おしき)　198
押しずし　45,51
おじや　21
鬼殻焼・鬼柄焼(おにがらやき)　**160**
おにぎり　28
鬼煎餅(おにせんべい)　322
おはぎ　330
おはらき　377
朧豆腐(おぼろどうふ)　**245**

あるへい　305
あるへいと　305
有平糖(あるへいとう)　**305**
合せ酢(あわせず)　**272**
鮑(あわび)　109,145,153,196,250
あわび煮貝(あわびにがい)　145
あわびむし貝(あわびむしかい)　197
あわびわたあへ　212
粟麩(あわふ)　264
粟蒸(あわむし)　**186**
粟むし岩茸(あわむしいわたけ)　186
粟蒸鯛(あわむしたい)　186
泡蒸鯛(あわむしたい)　186
泡盛鯛(あわもりたい)　**186**
淡雪・泡雪(あわゆき)　**358**
淡雪かん(あわゆきかん)　358
淡雪吸物(あわゆきすいもの)　**74**
淡雪豆腐・泡雪豆腐(あわゆきとうふ)
　**240**,358
淡雪半片・淡雪半平(あわゆきはんぺん)
　**241**,358
淡雪蒸(あわゆきむし)　358
餡掛(あんかけ)　**358**
鮟鱇汁(あんこうじる)　**74**
あんにん　335
いかき　12,63
烏賊くずし(いかくずし)　251
烏賊塩辛(いかしおから)　222
いかそうめん　243
いかだ　375
烏賊ほそづくり　379
いか松風　177
烏賊味噌煮(いかみそに)　280
幾代餅・幾世餅(いくよもち)　**305**
生盛・活盛(いけもり)　**100**
石焼(いしやき)　**159**
和泉酢(いずみす)　286
伊勢あへ　207
伊勢海老煮出し(いせえびいりだし)　187
伊勢杉焼(いせすぎやき)　134
伊勢豆腐(いせどうふ)　**116**
板付かまぼこ(いたつきかまぼこ)　244,
　246,251
板麩(いたふ)　264
一の汁(いちのしる)　91
一夜鮓(いちやずし)　**42**
一夜味噌漬(いちやみそづけ)　231
銀杏切(いちょうぎり)　**359**
いてう大根(いちょうだいこん)　359
一献煮(いっこんに)　**75**
従兄弟煮(いとこに)　**116**
糸作り(いとづくり)　379
糸引納豆(いとひきなっとう)　262
鄙汁粉(いなかしるこ)　321
稲荷鮓(いなりずし)　**42**
肬湯(いぼゆ)　354
今井すし(いまいすし)　47
今出川豆腐(いまでがわどうふ)　**117**
いもかけ豆腐　241
芋籠(いもごみ)　117
芋酒(いもざけ)　**344**
芋糝薯(いもしんじょ)　**241**
芋巻(いもまき)　**117**
芋飯(いもめし)　**13**
煎蠣(いりかき)　**118**
煎榧(いりがや)　**305**
煎海鼠・熬海鼠(いりこ)　**242**
煎鯉膾(いりこいなます)　99
煎酒・熬酒(いりざけ)　**272**
煎酒酢(いりざけず)　**273**
煎出(いりだし)　**187**
煎玉子(いりたまご)　**118**
煎鳥・熬鳥(いりとり)　**119**
煎松茸(いりまつたけ)　**119**
煎物・熬物(いりもの)　**120**
煎焼・熬焼(いりやき)　**121**
色付焼(いろつけやき)　**159**
岩おこし　307
鰯(いわし)　79
鰯かびたん漬(いわしかびたんづけ)　220
鰯飯・鰮魚飯(いわしめし)　**14**
印籠漬(いんろうづけ)　**217**
ういきやう飯(ういきょうめし)　32
外郎(ういろう)　306
外郎餅(ういろうもち)　**306**
魚素麺(うおそうめん)　**243**

# 索　引

記載ページを示す数字のうち，太字は見出しとして立項されていることを示す。

## ア行


鮎並山吹焼(あいなめやまぶきやき)　179
和交・醤交(あえまぜ)　**98**
和物(あえもの)　202,288
青和(あおあえ)　**204**
青鰯(あおいわし)　79
あおがち　73
青がち和(あおがちあえ)　204
青搗汁(あおがちじる)　**73**
青酢(あおず)　**272**
青酢膾(あおずなます)　**98**
青鱠(あおなます)　99
青菜飯(あおなめし)　26
青ぬた　99
青ぬた和(あおぬたあえ)　99
青饅膾(あおぬたなます)　**99**
青豆(あおまめ)　204
青寄せ(あおよせ)　272
青腸(あおわた)　212
赤鰯(あかいわし)　80
赤差し(あかざし)　**73**
赤出し(あかだし)　73
揚牛蒡(あげごぼう)　**184**
揚出(あげだし)　**184**
揚出大根(あげだしだいこん)　184
油煠豆腐(あげどうふ)　185
揚麩(あげふ)　**185**
揚物(あげもの)　182
浅草海苔(あさくさのり)　**239**
麻地酒・浅地酒(あさじざけ)　**343**
浅漬(あさづけ)　214,**216**
浅漬炙(あさづけやき)　371
小豆粥・赤小豆粥(あずきがゆ)　**12**
小豆飯・赤小豆飯(あずきめし)　**12**
温め膾(あたためなます)　**99**
阿茶羅漬・阿茶蘭漬(あちゃらづけ)　**216**
厚揚(あつあげ)　185
厚麩の焼(あつふのやき)　**158**
熱麦(あつむぎ)　**57**
あつめ　74
集貝焼(あつめかいやき)　125
集汁(あつめじる)　**74**
集膾(あつめなます)　112
集飯(あつめめし)　19
厚炙玉子(あつやきたまご)　158
あなごあんかけ　358
油揚(あぶらあげ)　185
油揚豆腐・油上豆腐(あぶらあげどうふ)　**185**
あま　335
甘糟(あまかす)　291
甘酒・醴(あまざけ)　**343**
甘酒早づくり(あまざけはやづくり)　344
甘汁(あまじる)　59
甘漬(あまづけ)　**216**
甘煮(あまに)　**116**
甘海苔(あまのり)　239
神仙菜(あまのり)　239
甘湯(あまゆ)　288
網ざこ煮しめ(あみざこにしめ)　280
飴(あめ)　**304**
鮎石焼(あゆいしやき)　159
洗い(あらい)　**100**
洗鰯(あらいいわし)　100
洗鯉(あらいこい)　100
洗鯛(あらいたい)　100
粗塩焼・荒塩焼(あらしおやき)　**158**
霰豆腐(あられとうふ)　**186**

松下　幸子（まつした　さちこ）

1925年生まれ。東京女子高等師範学校家政科を卒業。埼玉師範学校，埼玉大学を経て1965年より千葉大学に在職。調理学，江戸の食文化専攻。1991年3月定年退官。現在，千葉大学名誉教授。著書に『江戸料理読本』（柴田書店），『祝いの食文化』（東京美術），『錦絵が語る江戸の食』（遊子館），共著に『料理文献解題』（柴田書店），『再現江戸時代料理』（小学館），『料理いろは包丁』（柴田書店）など。埼玉県さいたま市在住。

書　名　図説《ずせつ》　江戸料理事典《えどりょうりじてん》　新装版《しんそうばん》

1996年4月1日　第1刷発行
2009年9月15日　新装版第1刷発行
2016年10月25日　新装版第2刷発行

著　者　松下　幸子

発行者　富澤　凡子

発行所　柏書房株式会社

東京都文京区本郷2-15-13（〒113-0033）
電話　03(3830)1891（営業）
　　　03(3830)1894（編集）

装　丁　天野昌樹

印　刷　株式会社亨有堂印刷所

製　本　小高製本工業株式会社

ISBN978-4-7601-3662-9 C3500

柏書房 〈価格税別〉

# 日本の伝統文化しきたり事典

中村義裕［著］

世界遺産、無形文化遺産として評価され、世界から熱い注目を集めている日本文化。日本人も意外に知らないそのルーツや、他文化との関係から違いまで、楽しくやさしく理解できる1冊。

主な内容 食文化／侍／風俗／日本語／思想／芸能・芸道／文学／美術／建築

四六判上製・五九二頁　本体三、二〇〇円

# 驚きの江戸時代 目付は直角に曲がった

高尾善希［著］

古文書からは見えなかった「江戸」がある。当時の人びとの意識を解明する。

主な内容

**〈時代とひと〉**変革期の意識／尊王攘夷の転変／維新期の身分意識／黒船と江戸の社会／生命・財産の危機

**〈支配とひと〉**儀礼と《身体》／儀礼の中の非儀礼／「表」と「奥」／将軍の《身体》／回顧録と古文書の間

**〈社会とひと〉**大名家の生活と規則／武士の生活と体面／お辞儀／食事／旅／子どもの使い／一人前の働き手

**〈江戸とひと〉**火災／江戸東京人の生活圏／江戸地域論

四六判上製・三五八頁　本体二、〇〇〇円